子どもの本

伝記を調べる2000冊

日外アソシエーツ

Guide to Books for Children

2000 Works
of
Biography

Compiled by

Nichigai Associates, Inc.

本書はディジタルデータでご利用いただくことができます。詳細はお問い合わせください。

●編集担当● 簡 志帆／高橋 朝子
装 丁：浅海 亜矢子

刊行にあたって

伝記は、子ども達に常に興味を持って読まれており、近年はエジソンや豊臣秀吉といった昔からの定番の偉人に加え、多種多様な人物に関する伝記が刊行されている。また、小学校の社会科の授業で歴史上の人物についての調べ学習を行う際、伝記が活用されることも多い。だが、子ども向けに書かれた最近の伝記をまとめて調べられるツールはほとんど出版されていなかった。

本書は、1980年以降に出版された小学生以下を対象とした伝記2,237冊を収録した図書目録である。歴史上の人物から郷土の偉人、現在活躍中のスポーツ選手まで様々な人物に関する伝記を収録し、地域・時代や分野ごとの見出しの下に、個別の人名見出しを設けて図書を分類した。本文は、現在手に入れやすい本がすぐわかるように出版年月の新しいものから順に排列し、初版と改訂版がある場合などは最新版を収録した。また、選書の際の参考となるよう目次と内容紹介を載せ、巻末には書名索引と事項名索引を付して検索の便を図った。

本書が公共図書館の児童コーナーや小学校の学校図書館の場などで、本の選定・紹介・購入に幅広く活用されることを願っている。

2009年6月

日外アソシエーツ

凡　例

1．本書の内容

本書は、小学生以下を対象とした伝記を集め、テーマ別にまとめた図書目録である。

2．収録の対象

1)小学生以下を対象とした伝記（絵本・学習漫画を含む）2,237冊を収録した。
2)原則1980年以降に日本国内で刊行された図書を対象とした。
3)初版と改訂版がある場合などは、最新版を収録した。

3．見出し

各図書を時代・分野・人名ごとに見出しを設けて分類した。

4．図書の排列

各見出しのもとに出版年月の逆順に排列した。出版年月が同じ場合は書名の五十音順に排列した。

5．図書の記述

書名／副書名／巻次／各巻書名／各巻副書名／各巻巻次／著者表示／版表示／出版地＊／出版者／出版年月／ページ数または冊数／大きさ／叢書名／叢書番号／副叢書名／副叢書番号／叢書責任者表示／注記／定価（刊行時）／ISBN（Ⓘで表示）／NDC（Ⓝで表示）／内容

＊出版地が東京の場合は省略した。

6．書名索引

各図書を書名の読みの五十音順に排列して著者名を補記し、本文での掲載ページを示した。

7．事項名索引

本文の各見出しの下に分類された図書に関する用語・テーマ・人名などを五十音順に排列し、その見出しと本文での掲載ページを示した。

8．書誌事項の出所

本目録に掲載した各図書の書誌事項等は主に次の資料に拠っている。

データベース「BOOKPLUS」

JAPAN/MARC

目　次

人物について調べる―人名事典 ………… 1
歴史の中の人びと（世界）………………… 6
アンネ・フランク …………………22
ガンジー …………………………24
キング牧師 ………………………25
クレオパトラ ……………………26
ケネディ …………………………27
ジャンヌ・ダルク ………………27
チンギス・ハン …………………28
ツタンカーメン …………………28
ナポレオン1世……………………28
マリー・アントワネット …………29
リンカーン ………………………29
ワシントン ………………………32
歴史の中の人びと（日本）………………32
北海道の人びと …………………41
東北地方の人びと ………………42
関東地方の人びと ………………43
中部地方の人びと ………………43
近畿地方の人びと ………………45
中国・四国地方の人びと …………46
九州地方の人びと ………………46
沖縄の人びと ……………………46
先史時代～平安時代の人びと …………47
聖徳太子 …………………………49
聖武天皇 …………………………51
平 清盛……………………………52
天智天皇〔中大兄皇子〕……………52
卑弥呼 ……………………………52
藤原 鎌足〔中臣 鎌足〕……………53
藤原 道長…………………………54
源 義経……………………………54
ヤマトタケルノミコト〔日本武尊〕 …………………………………56
鎌倉時代～室町時代の人びと …………56
足利 尊氏…………………………58
足利 義満…………………………59
楠木 正成…………………………60
源 頼朝……………………………60
戦国時代～安土・桃山時代の人びと ……61
上杉 謙信…………………………64
織田 信長…………………………65
真田 幸村…………………………68
武田 信玄…………………………68
伊達 政宗…………………………71
豊臣 秀吉…………………………72
直江 兼続…………………………75
北条 早雲…………………………75
毛利 元就…………………………75
江戸時代～幕末・維新期の人びと ……76
天草 四郎…………………………81
大石 内蔵助〔大石 良雄〕…………82
春日局 ……………………………82
勝 海舟……………………………83
坂本 竜馬…………………………84
ジョン万次郎〔中浜 万次郎〕……86
高杉 晋作…………………………87
徳川 家康…………………………87
徳川 光圀〔水戸黄門〕……………90
徳川 慶喜…………………………90
徳川 吉宗…………………………91
宮本 武蔵…………………………92
山岡 鉄舟…………………………92
明治～今の人びと ………………………93
伊藤 博文…………………………98
大久保 利通………………………99
西郷 隆盛…………………………100
杉原 千畝…………………………102
東郷 平八郎………………………102
新渡戸 稲造………………………102

未知の世界を切り開いた人びと―探検家・冒険家 …… 103
アムンゼン …… 109
植村 直己 …… 109
コロンブス …… 110
シュリーマン …… 111
マゼラン …… 112
間宮 林蔵 …… 112
マルコ・ポーロ …… 113
リビングストン …… 114
社会につくした人びと―教育者・社会事業家 …… 114
アンリ・デュナン …… 125
ウィリアム・スミス・クラーク …… 125
田中 正造 …… 125
津田 梅子 …… 126
ナイチンゲール …… 126
新島 襄 …… 129
二宮 金次郎〔二宮 尊徳〕 …… 129
ヘレン・ケラー …… 130
マザー・テレサ …… 133
科学の発展に貢献した人びと―科学者・宇宙飛行士 …… 136
アインシュタイン …… 143
伊能 忠敬 …… 144
ガリレオ・ガリレイ …… 146
高峰 譲吉 …… 147
ニュートン …… 147
平賀 源内 …… 148
マリー・キュリー〔キュリー夫人〕 …… 149
湯川 秀樹 …… 152
自然の謎にいどんだ人びと―生物学者・博物学者 …… 153
シーボルト …… 158
ダーウィン …… 158
ファーブル …… 159
南方 熊楠 …… 161
レイチェル・カーソン …… 162
医学の進歩のために努力した人びと―医学者・薬学者 …… 163
北里 柴三郎 …… 165
シュヴァイツァー …… 165
杉田 玄白 …… 166
野口 英世 …… 167
パスツール …… 169
新たな事物を作り出した人びと―発明家・実業家 …… 170
エジソン …… 180
渋沢 栄一 …… 182
スチーブンソン …… 183
ノーベル …… 183
本田 宗一郎 …… 183
松下 幸之助 …… 184
ライト兄弟 …… 184
芸術の才能を開花させた人びと―芸術家 …… 186
美術作品で名を残した人びと―画家・建築家 …… 187
ヴォーリズ …… 196
円空 …… 197
葛飾 北斎 …… 197
ゴッホ …… 197
雪舟 …… 198
手塚 治虫 …… 198
ピカソ …… 199
ミケランジェロ …… 199
レオナルド・ダ・ヴィンチ …… 200
音楽・芸能分野で功績をあげた人びと―音楽家・俳優 …… 201
シューベルト …… 209
ショパン …… 209
ジョン・レノン …… 211
滝 廉太郎 …… 211
チャイコフスキー …… 212
チャップリン …… 212
バッハ …… 213
ブラームス …… 213
ベートーヴェン …… 214

モーツァルト …… 216
スポーツの世界で活躍した人びと―スポーツ選手・監督 …… 219
イチロー …… 229
王 貞治 …… 230
小野 伸二 …… 230
高橋 尚子 …… 230
長嶋 茂雄 …… 231
中村 俊輔 …… 231
ベーブ・ルース …… 232
松井 秀喜 …… 233
松坂 大輔 …… 234
すぐれた文学作品を生み出した人びと―作家・文学者 …… 235
アンデルセン …… 242
石川 啄木 …… 243
北原 白秋 …… 243
小泉 八雲〔ラフカディオ・ハーン〕 …… 243
小林 一茶 …… 244
サン・テグジュペリ …… 244
C.S.ルイス …… 244
シートン …… 245
清少納言 …… 246
近松 門左衛門 …… 246
トルストイ …… 247
夏目 漱石 …… 247
ビアトリクス・ポター …… 247
樋口 一葉 …… 248
松尾 芭蕉 …… 248
宮沢 賢治 …… 249
紫式部 …… 251
モンゴメリ …… 251
与謝野 晶子 …… 252
独自の思想を打ち立てた人びと―学者・思想家 …… 252
福沢 諭吉 …… 254
細井 平洲 …… 257
吉田 松陰 …… 257
教えを開き広めた人びと―宗教家・僧侶 …… 258
イエス・キリスト …… 262
一休 …… 264
鑑真 …… 265
空海 …… 266
最澄 …… 266
ザビエル …… 267
釈迦〔ブッダ〕 …… 267
親鸞 …… 268
道元 …… 269
日蓮 …… 269
法然 …… 269
良寛 …… 270
蓮如 …… 271

書名索引 …… 273
事項名索引 …… 299

人物について調べる—人名事典

『人物事典』春日井明, 関真興監修, 川崎堅二, 堀ノ内雅一, 柳川創造, 坂田稔, 小林隆文, 岩井渓, 郡山誉世夫, 阿部高明, 井上大助, 石川森彦, 小沼直人イラスト　集英社　2008.10　253p　23cm　(集英社版・学習漫画—中国の歴史)〈年表あり〉1500円　①978-4-08-248211-4　Ⓝ282.2

目次 第1章 先史時代/殷・周・春秋・戦国時代～秦・漢時代—先史～二二〇年(伝説の時代, 殷 ほか), 第2章 三国・魏晋南北朝時代～隋・唐時代—二二〇～九〇七年(三国, 西晋 ほか), 第3章 五代十国・宋・遼・金時代～元時代—九〇七～一三六八年(五代十国, 宋 ほか), 第4章 明時代～清時代——三六八～一九一二年(明, 清), 第5章 近代中国～中華人民共和国——八九五年～現在(清末～中華民国, 中華民国 ほか)

内容 中国全史をいろどる皇帝をはじめ、英雄・豪傑、文人や学者など四〇〇名あまりをとりあげた中国の歴史人物事典。古代から現代まで王朝ごとに五つの章に分け、時代の概説、王朝系図から始まり、その時代に活躍したおもな人物を楽しい漫画とイラストで紹介。

『日本をつくった日本史有名人物事典—ビジュアル版 1175人—さまざまなジャンルのヒーローたち』「日本史有名人物事典」編集委員会編　PHP研究所　2008.3　254p　29cm　4700円　①978-4-569-68761-2　Ⓝ281.03

目次 第1章 スポーツマン・競技者, 第2章 探検家・冒険者, 第3章 タレント・演出家, 第4章 芸術家, 第5章 音楽家・舞踏家, 第6章 作家・文学者, 第7章 技術者・実業家, 第8章 教育者・思想家, 第9章 学者・研究家, 第10章 宗教家・改革者, 第11章 政治家・軍人

内容 日本を動かした天皇や将軍、政治家たち、文化を育んだ作家や芸術家、夢と感動を与えた俳優やスポーツ選手、世界に認められた学者や発明家、多くの人々に支えられて、現代の日本がつくられてきました。それらの人々の生き方を知ることは、未来の日本を担うみなさんにとって人生の指針となることでしょう。

『まんが日本の歴史人物事典』小西聖一シナリオ, おだ辰夫まんが　小学館　2008.3　439p　19cm　(ビッグ・コロタン 102)〈年表あり〉1000円　①978-4-09-259102-8　Ⓝ281.03

目次 弥生/古墳/飛鳥時代—二〇〇～七一〇年, 奈良時代—七一〇～七九四年, 平安時代—七九四～一一九二年, 鎌倉時代——一九二～一三三三年, 南北朝/室町時代——三三三～一四六七年, 戦国/安土・桃山時代——四六七～一六〇三年, 江戸時代——六〇三～一八六八年, 近・現代(明治、大正、昭和、平成)——八六八年～

内容 時代を変えた人！勇かんに戦った人！努力を重ねた人！楽しく自分の道を生きた人！日本の歴史を、人々の生き方から見ていくと…ほら、こんなにおもしろい。

『日本の歴史人物』佐藤和彦監修　ポプラ社　2006.3　287p　29cm　(ポプラディア情報館)〈年表あり〉6800円　①4-591-09041-8　Ⓝ281

目次 弥生・古墳・飛鳥・奈良時代のようす, 平安時代のようす, 鎌倉・南北朝・室町時代のようす, 戦国・安土桃山時代のようす, 江戸時代のようす, 幕末・明治維新のようす, 明治・大正・昭和・平成時代のようす

内容 日本の歴史を動かした人物がよくわかる大事典！卑弥呼から手塚治虫まで、日本の歴史の流れを大きくかえた歴史人物500人を、時代順に豊富な写真や図版を用いて解説する人物事典。小・中学校の教科書に出てくる歴史人物はもちろん、郷土の歴史につくした人びとについても紹介しています。「時代のようす」をまとめたページで、人物たちの生きた時代の背景もよくわかります。歴代総理大臣、旧国名・都道府県名対照表、年表など、歴史を学ぶうえでかかせない、基本的な資料もついています。

『世界を動かした世界史有名人物事典—ビジュアル版 1000年—冒険家・発明家からアーティストまで』「世界を動かし

た世界史有名人物事典」日本語版翻訳プロジェクトチーム編　PHP研究所　2005.1　255p　29cm　4700円
Ⓘ4-569-68512-9　Ⓝ280
目次 第1章 世界の指導者, 第2章 探検者・冒険家, 第3章 科学者, 第4章 技術者・発明家, 第5章 文学者・改革者, 第6章 舞台・映画のスター, 第7章 芸術家・建築家, 第8章 音楽家・舞踏家, 第9章 アスリート, 第10章 変革者
内容 「余の辞書に不可能の文字はない」という名言を残したナポレオン、東方への海路を切り開いたマゼラン、世界中を魅了したマリリン＝モンロー、万能の天才と呼ばれたダ＝ヴィンチ、ピアノの詩人ショパン、ファッション界をリードしたシャネル―彼らが歴史に与えた影響は計り知れません。この1000年間に活躍した人物を中心に、引き込まれるような人間物語、彼らの知られざる側面が満載の『世界を動かした世界史有名人物事典』は、年代を問わず、人物から世界が読み取れる事典です。

『歴史人物絵事典―国際交流がひと目でわかる』河合敦監修　PHP研究所　2003.9　79p　31cm　2800円
Ⓘ4-569-68416-5　Ⓝ280
目次 飛鳥時代(200年～710年)(小野妹子, 南淵請安 ほか), 奈良時代(710年～794年)(阿倍仲麻呂, 吉備真備 ほか), 平安時代(794年～1192年)(最澄, 空海), 鎌倉時代(1192年～1333年)(栄西, 道元), 室町時代(1333年～1467年)(雪舟), 安土・桃山時代(1467年～1603年)(ザビエル, 天正遣欧使節 ほか), 江戸時代(1603年～1868年)(アダムズ, 隠元 ほか), 明治時代(1868年～1912年)(岩倉具視, 大久保利通 ほか), 大正時代(1912年～1925年)(尾崎行雄, 高橋是清 ほか), 昭和～現代(1925年～)(人見絹枝, 天野芳太郎 ほか)
内容 本書では、日本から海外へわたって活躍した人、海外の文化を吸収して日本で活躍をした人、海外から日本にやってきて日本のために力をつくした人などをとりあげている。

『もっと知りたい！人物伝記事典　5　わたしたちの時代に感動を与えた人びと』漆原智良監修　フレーベル館　2003.4　95p　31cm　2800円
Ⓘ4-577-02603-1,4-577-02598-1
Ⓝ280.8
目次 増山たづ子, 塩屋賢一, やなせたかし, 増井光子, 藤子不二雄A, 衣笠祥雄, 安藤忠雄, 神戸俊平, 毛利衛, 大場満郎〔ほか〕

『もっと知りたい！人物伝記事典　4(学問・科学技術・産業) 人類の進歩につくした人びと』漆原智良監修　フレーベル館　2003.4　103p　31cm〈年譜あり〉2800円
Ⓘ4-577-02602-3,4-577-02598-1
Ⓝ280.8
目次 ガリレオ, ニュートン, 平賀源内, 本居宣長, 杉田玄白, 伊能忠敬, ダーウィン, ファーブル, ノーベル, コッホ〔ほか〕
内容 学問、科学技術、産業の分野で活躍した100人の人物を紹介。

『もっと知りたい！人物伝記事典　3(社会・冒険・スポーツ) 世界に希望を与えた人びと』漆原智良監修　フレーベル館　2003.4　103p　31cm〈年譜あり〉2800円
Ⓘ4-577-02601-5,4-577-02598-1
Ⓝ280.8
目次 コロンブス, フレーベル, ナイチンゲール, 田中正造, 津田梅子, ガンジー, アムンゼン, シュバイツァー, 野口英世, ヘレン・ケラー〔ほか〕
内容 社会、冒険、スポーツの分野で活躍した100人の人物を紹介。

『もっと知りたい！人物伝記事典　2(歴史・政治) 歴史を動かした人びと』漆原智良監修　フレーベル館　2003.4　103p　31cm〈年譜あり〉2800円
Ⓘ4-577-02600-7,4-577-02598-1
Ⓝ280.8
目次 聖徳太子, 平清盛, 源頼朝, 源義経, チンギス・ハン, 足利尊氏, 毛利元就, 武田信玄, 織田信長, 豊臣秀吉〔ほか〕
内容 歴史、政治の分野で活躍した100人の人物を紹介。

『もっと知りたい！人物伝記事典　1(芸術・宗教) 芸術・宗教に生きた人びと』

漆原智良監修　フレーベル館　2003.4　103p　31cm〈年譜あり〉2800円　Ⓘ4-577-02599-X,4-577-02598-1　Ⓝ280.8
目次 雪舟, レオナルド・ダ・ヴィンチ, 歌川広重, ゴッホ, ピカソ, 棟方志功, モーツァルト, ベートーベン, ショパン, 滝廉太郎〔ほか〕
内容 芸術、宗教の分野で活躍した100人の人物を紹介。

『学問・宗教人物事典』山口昌男監修　日本図書センター　2003.2　51p　31cm　(目でみる世界人物百科 5) 4400円　Ⓘ4-8205-8739-0,4-8205-8734-X　Ⓝ280

『芸術・文学人物事典』山口昌男監修　日本図書センター　2003.2　51p　31cm　(目でみる世界人物百科 2) 4400円　Ⓘ4-8205-8736-6,4-8205-8734-X　Ⓝ702.8

『産業・技術人物事典』山口昌男監修　日本図書センター　2003.2　51p　31cm　(目でみる世界人物百科 3) 4400円　Ⓘ4-8205-8737-4,4-8205-8734-X　Ⓝ502.8

『スポーツ・芸能人物事典』山口昌男監修　日本図書センター　2003.2　51p　31cm　(目でみる世界人物百科 1) 4400円　Ⓘ4-8205-8735-8,4-8205-8734-X　Ⓝ780.28

『政治・社会人物事典』山口昌男監修　日本図書センター　2003.2　51p　31cm　(目でみる世界人物百科 4) 4400円　Ⓘ4-8205-8738-2,4-8205-8734-X　Ⓝ312.8

『人物事典』鈴木恒之監修, 岩田一彦構成・文, 笈川かおる, 石川森彦, 和地あつを漫画　集英社　2002.11　333p　23cm　(集英社版・学習漫画―世界の歴史)〈年表あり〉1500円　Ⓘ4-08-249221-6　Ⓝ280

『小学・中学学習人物事典』旺文社編　旺文社　2002.2　551p　22cm　2300円　Ⓘ4-01-010901-7

『日本の歴史人物事典』岡村道雄ほか監修, 小林隆シナリオ, 柳川創造, 坂田稔文, 岩井渓ほか漫画　集英社　2001.12　333p　23cm　(集英社版・学習漫画) 1500円　Ⓘ4-08-239021-9
目次 弥生/古墳/飛鳥時代―二〇〇～七一〇年, 奈良時代―七一〇～七九四年, 平安時代―七九四～一一九二年, 鎌倉時代―一一九二～一三三三年, 南北朝/室町時代―一三三三～一四六七年, 戦国/安土・桃山時代―一四六七～一六〇三年, 江戸時代(前期)―一六〇三～一七一六年, 江戸時代(後期)―一七一六～一八六八年, 近代(明治)―一八六八～一九一二年, 近・現代(大正/昭和/平成)―一九一二年～
内容 邪馬台国の女王卑弥呼から、手塚治虫、黒沢明まで、日本の歴史上の重要人物850人を収録。

『教科書にでる人物学習事典　第8巻　モトーワレ』増補新版　学習研究社　1998.3　255p　27cm〈年表あり〉　Ⓘ4-05-500325-0,4-05-810522-4

『教科書にでる人物学習事典　第7巻　フローモテ』増補新版　学習研究社　1998.3　256p　27cm　Ⓘ4-05-500324-2,4-05-810522-4

『教科書にでる人物学習事典　第6巻　ニサーフレ』増補新版　学習研究社　1998.3　256p　27cm　Ⓘ4-05-500323-4,4-05-810522-4

『教科書にでる人物学習事典　第5巻　タキーニコ』増補新版　学習研究社　1998.3　256p　27cm　Ⓘ4-05-500322-6,4-05-810522-4

『教科書にでる人物学習事典　第4巻　サキータカ』増補新版　学習研究社　1998.3　256p　27cm　Ⓘ4-05-500321-8,4-05-810522-4

『教科書にでる人物学習事典　第3巻　キソーサカ』増補新版　学習研究社　1998.3　256p　27cm　Ⓘ4-05-500320-X,4-05-810522-4

『教科書にでる人物学習事典　第2巻　ウカーキセ』増補新版　学習研究社　1998.3　256p　27cm　Ⓘ4-05-500319-6,4-05-810522-4

『教科書にでる人物学習事典　第1巻　アーウオ』増補新版　学習研究社　1998.3　256p　27cm　Ⓘ4-05-500318-8,4-05-810522-4

『世界の歴史人物事典』方倉陽二ほか漫画　小学館　1995.3　496p　23cm（小学館版学習まんが）〈監修：謝世輝〉1950円　Ⓘ4-09-298512-6

目次　第1章 古代, 第2章 中世, 第3章 近世, 第4章 近代前期, 第5章 近代後期, 第6章 現代

内容　世界を動かした重要人物245人をとりあげています。古代から現代まで、学校の受験や勉強に出てくる中心人物をしっかりととりあげました。特に欠かせない147人を漫画で、さらにそれを補足する98人をコラムで紹介しています。

『学習人名辞典』成美堂出版　1994.9　421p　22cm〈監修：宮沢嘉夫〉1300円　Ⓘ4-415-08073-1

『社会科事典―調べ学習に役立つ　10　歴史人物事典』菊地家達著　国土社　1994.9　78p　27cm　2200円　Ⓘ4-337-26310-1

目次　卑弥呼, 聖徳太子, 小野妹子, 蘇我入鹿, 中大兄皇子, 中臣鎌足, 聖武天皇, 行基, 鑑真, 最澄〔ほか〕

内容　日本歴史の重要人物の学習人名事典。卑弥呼から野口英世までの75人を時代順に収録。1人1ページで解説と人物イラストを記載する。

『21世紀こども人物館』小学館　1993.11　388p　29cm　4900円　Ⓘ4-09-221141-4

内容　総人物項目850人。初のオールカラー人物百科。選びぬいた156人を見開き1人で構成。約3000点の写真・イラストでカラフルに紹介。小学校主要4科の教科書に登場する人物200人を収録。歴史に残る「名言・名句」をわかりやすく解説。知識が広がる参考図書・記念館のガイドつき。

『日本の歴史人物事典』小井土繁漫画　小学館　1993.3　527p　23cm（小学館版学習まんが）〈監修：高山博之〉1950円　Ⓘ4-09-298502-9

内容　日本の歴史を動かした重要人物130人がとりあげてあります。タイトルで、人物の生没年、肖像、業績などが一目瞭然です。

『日本の歴史人物事典―まんがで攻略』渡辺幹雄文, カゴ直利まんが　実業之日本社　1991.12　221p　21cm　1300円　Ⓘ4-408-36117-8

内容　日本史の重要人物199人を一挙紹介。歴史のテストに出題される頻度の高い重要人物199人を掲載。各人物の生涯と業績を、簡潔に説明した本文。人物像や代表的エピソードを漫画で紹介、歴史の流れがよくわかる。小学校上級～中学生向き。

『学研まんが日本の歴史　別巻　教科書人物事典』伊東章夫ほか漫画　学習研究社　1991.10　256p　23cm〈監修：樋口清之〉880円　Ⓘ4-05-105879-4

内容　日本の歴史に登場する42人の人物を中心に166人の重要人物をわかりやすくまとめた一冊。小学校中学年～中学生向。

『小学生の歴史人物はかせ―エピソードいっぱいの人物事典』梶井貢編著　改訂新版　学灯社　1991.9　223p　21cm（はかせシリーズ）1010円　Ⓘ4-312-56021-8

内容　この本は、楽しいエピソードと絵でつづった、やさしい人物事典です。

『人物を調べる事典―どの人物をどうやって調べるか』増田信一編　リブリオ出版　1990.6　460p　27cm　8240円　Ⓘ4-89784-180-1

内容　小・中・高校生にとって必要な500名を、Aランク49名、Bランク101名、Cランク350名に分類し、A・Bには解説と顔写真、Cには1行のコメントをつけ、さらに全ランクにブックリスト（総冊数6,000冊）をつけた。

『小・中学校の教科書にでる学習人物事

典』改訂新版　学習研究社　1989.9　544p　23cm　2200円

内容 小・中学校で学習する約1000人の人物を五十音順に配列し、各人の生きざまをわかりやすく解説してあります。歴史上の人物、学者、音楽家や画家などのほか、郷土につくした人、物語の主人公などもとりあげています。人物のおいたちや業績、エピソードの紹介のほか、関連のある事件や文学作品などの事項解説、人物の肖像や絵画などの写真をできるだけ多くもりこんであります。

『教科書人物事典』てのり文庫編集委員会編　学習研究社　1989.8　254p　18cm　（てのり文庫―事典シリーズ）　550円　Ⓘ4-05-103163-2

『コンサイス学習人名辞典』安在邦夫ほか編　修訂版　三省堂　1989.5　1037,35p　22cm　2900円　Ⓘ4-385-15411-2

内容 小・中学生の学習に役立つ人名をすべて収録しました。学習上重要な人物は1ページを使って解説。くわしい解説と大きな図版を入れ、学習効果を高める内容です。人物にまつわるエピソードや特徴的なことがらを紹介し、図版も豊富に入れて興味深く学べます。付録に小説・物語などに登場する人物を選んで解説した〈架空人名録〉を収録しました。

『現代知識情報事典　10　人物　2 世界人物事典』国土社　1989.4　165p　26cm　3502円　Ⓘ4-337-29610-7

『現代知識情報事典　9　人物　1 日本人物事典』国土社　1989.4　126p　26cm　3502円　Ⓘ4-337-29609-3

『日本・世界人物図鑑―教科書にでてくる』フレーベル館　1987.3　256p　27cm〈監修：益田宗〉3500円　Ⓘ4-577-00010-5

内容 この本には、中学校の歴史の教科書にでてくる日本と世界の人物を中心に、405名の人びとがのっています。内容は、小学生から中学生まで、ひろく理解できるように工夫しました。カラーページでは、教科書や伝記にでてくる頻度の高い人物を、とくにおおきく、くわしくあつかっています。コラムでは、年代順に7名ずつの人物をあつかいました。それぞれの生涯や業績の概略を知ることができます。

『偉人・英雄世界史事典　3　近代～現代』学習研究社　1987.2　240p　23cm　（学研まんが事典シリーズ）〈監修：長沢和俊〉880円　Ⓘ4-05-102034-7

『偉人・英雄世界史事典　2　近代』学習研究社　1986.12　240p　23cm　（学研まんが事典シリーズ）〈監修：長沢和俊〉880円　Ⓘ4-05-102033-9

『偉人・英雄世界史事典　1　古代～近代』学習研究社　1986.10　240p　23cm　（学研まんが事典シリーズ）〈監修：長沢和俊〉880円　Ⓘ4-05-102032-0

『日本の歴史まんが人物事典』ムロタニ・ツネ象著　小学館　1986.9　384p　19cm　（ビッグ・コロタン）〈監修：竹内誠　制作：雪書房〉780円　Ⓘ4-09-259014-8

目次 弥生時代, 飛鳥時代, 奈良時代, 平安時代, 平安末期～鎌倉時代, 室町時代, 安土・桃山時代, 江戸時代, 幕末～明治時代, 大正～昭和時代

内容 日本の歴史をきずいた50人をまんがで紹介する楽しい人物事典です。

『人名・地名おもしろ事典』青木たかお, 木村研漫画　学習研究社　1986.3　244p　23cm　（学研まんが事典シリーズ）〈監修：丹羽基二〉880円　Ⓘ4-05-101760-5

『小学歴史人名事典―日本・世界』瀬川健一郎編　大阪　むさし書房　1986.1　429p　21cm　1350円

『世界の歴史人物事典―学習漫画』三上修平文　集英社　1984.11　271p　23cm〈監修：木村尚三郎〉850円　Ⓘ4-08-253101-7

『日本の歴史人物事典―学習漫画』笠原一男責任編集・考証, 笠原一男, 小栗純子立案・構成, 柳川創造文　集英社

1984.11 277p 23cm〈『人物日本の歴史』別巻〉850円 ①4-08-252101-1

『世界人名事典』 子ども文化研究所著 三鷹 いずみ書房 1982.5 250p 16cm〈監修:子ども文化研究所〉

『日本人名事典』 子ども文化研究所著 三鷹 いずみ書房 1982.5 250p 16cm〈監修:子ども文化研究所〉

歴史の中の人びと(世界)

『発明のヒーロー伝―8分で読める!?歴史のヒーロー感動の名場面 2巻』 天沼春樹監修, 日本児童文芸家協会執筆 教育画劇 2009.4 280p 19×22cm 2800円 ①978-4-7746-0975-1

目次 1話 モンゴルフィエ兄弟,2話 アインシュタイン,3話 安藤百福,4話 チャールズ・ダーウィン,5話レオナルド・ダ・ヴィンチ,6話 伊能忠敬,7話 野口英世,8話 ガリレオ・ガリレイ,9話 アルフレッド・ノーベル,10話 レイチェル・カーソン

内容 現代の文明社会、科学技術の発展は多くの発明家たちの懸命な研究の賜物です。そこにどのような志があったのか、あくなき探究心は見ていて胸が熱くなります。

『冒険のヒーロー伝―8分で読める!?歴史のヒーロー感動の名場面 3巻』 天沼春樹監修, 日本児童文芸家協会執筆 教育画劇 2009.4 274p 19×22cm 2800円 ①978-4-7746-0976-8

目次 1話 チャールズ・リンドバーグ,2話 クリストファー・コロンブス,3話 フェルディナンド・マゼラン,4話 鑑真,5話 ロアール・アムンゼン,6話 ジョン万次郎,7話 クイーン・エリザベス,8話 トール・ヘイエルダール,9話 三蔵法師,10話 津田梅子

内容 誰もまだ見ぬ大陸、未知の文化や文明との遭遇のため、危険をかえりみず、冒険に自分の人生をささげた人たちがいます。その勇気と新しいものを見ようとする意思の強さは、誇り高く感動します。

『戦いのヒーロー伝―8分で読める!?歴史のヒーロー感動の名場面 1巻』 天沼春樹監修 教育画劇 2009.2 263p 19×22cm 2800円 ①978-4-7746-0974-4

目次 1話 織田信長―奇襲を成功させた武将,2話 クレオパトラ―ほこり高き死をえらんだ、古代エジプト女王,3話 源義経―平氏をうちたおした武将,4話 ガンジー―非暴力で戦え!インド独立の父,5話 西郷隆盛―江戸を戦火から救った政治家,6話 諸葛孔明―三国時代、戦いの天才策略家,7話 ナポレオン・ボナパルト―フランス皇帝になった英雄,8話 沖田総司―幕末の京の町を救え!新選組,9話 ユリウス・カエサル―栄光のローマ帝国のもとを築いた武将,10話 北条政子―ふるいたて、男たち!承久の乱で大演説・尼将軍

内容 歴史の中で争いはつきもの。戦いの中で自分の信条、正義をつらぬいた英雄たちを紹介します。多くの武勇伝から、強い志のエネルギーをもらえます。

『オバマ―Yes we can!』 ロバータ・エドワーズ著, ケン・コール絵, 日当陽子訳 岩崎書店 2009.1 78p 22cm〈年表あり〉950円 ①978-4-265-82022-1 Ⓝ289.3

内容 バラク・オバマ―今、世界中でもっとも有名な人のひとりです。両親の肌の色がちがうことから、「自分はほかの人とちがう」と感じてきたバラク少年。自分の『居場所』を見つけ、生活に苦しむ人びとを助けたいと、彼はひとつの夢を持ちました。こつこつと努力をかさね、アメリカ合衆国初の、アフリカ系アメリカ人大統領となるまでを描いた物語。巻末に和英対訳の「勝利宣言」全文収録。

『イレーナ・センドラー―ホロコーストの子ども達の母』 平井美帆著 汐文社 2008.11 119p 22cm 1400円 ①978-4-8113-8498-6 Ⓝ289.3

目次 第1章 第二次世界大戦とユダヤ人(貧しい患者を助けたお父さん,ポーランドのユダヤ人,ドイツ軍のポーランド侵攻,閉じ込められたユダヤ人,ホロコースト),第2章

ゲットーからの救出(泣いている時間はない,助ける勇気,命がけの脱出作戦,家族の再会のために),第3章 闘いは続く(捕まったイレーナ,ドイツの降伏,舞台『ビンの中の命』,ひとりの勇気は世界を変える)

内容 二〇〇八年五月十二日。やさしい目をしたひとりのポーランド人女性が九八歳で亡くなりました。その人の名前は、イレーナ・センドラー。第二次世界大戦中、ドイツ軍に占領されていたポーランドで、ゲットー(ユダヤ人居住区)から、二千五百人のユダヤ人の子どもたちを救った女性です。当時、ホロコースト(ユダヤ人大虐殺)が行われていたポーランドでは、ユダヤ人を助けることは死刑に値する罪でした。それでも、イレーナは自分の命の危険をかえりみず、ひとりでも多くの子どもを救おうと活動を続けました。どんな状況におかれても、決してあきらめず、二千五百人もの子どもたちの命を救ったイレーナ—。その勇敢な人生をのぞいてみましょう。

『こどもに伝えたい50人のおはなし—まんがでわかる偉人伝』よだひでき著 ブティック社 2008.8 159p 26cm (ブティック・ムック no.736) 1000円 Ⓘ978-4-8347-5736-1 Ⓝ280.4

『クレヨンしんちゃんのまんが世界の偉人20人—まんがでわかる偉人の一生』臼井儀人キャラクター原作,造事務所編集・構成 双葉社 2008.7 207p 19cm (クレヨンしんちゃんのなんでも百科シリーズ) 800円 Ⓘ978-4-575-30029-1 Ⓝ280.4

『斎藤孝の親子で読む偉人の話1年生』斎藤孝著 ポプラ社 2008.7 138p 22cm (斎藤孝の親子で読む偉人の話 1) 1000円 Ⓘ978-4-591-10398-2 Ⓝ280.4

目次 みんなちがって、みんないい!—さくらももこ『ちびまる子ちゃん』,おもいつきをメモしよう!—エジソン,みんなをしあわせにして、お金もちになる!—松下幸之助,すきなものにむちゅうになろう!—ファーブル,ことばってなんてふしぎなものなんだ!—ヘレン・ケラー,とりがうたうように生きていこう!—宮沢賢治,チャレンジしなけりゃなにもはじまらない!—ディズニー

内容 いろいろなひとの生き方を知ってたいせつなメッセージを親子で話そう!みんなの心をそだててくれる偉人たちのすがたをやさしく語る。

『斎藤孝の親子で読む偉人の話2年生』斎藤孝著 ポプラ社 2008.7 142p 22cm (斎藤孝の親子で読む偉人の話 2) 1000円 Ⓘ978-4-591-10399-9 Ⓝ280.4

目次 小さなことをつみあげて、すごいけしきを見てみよう!—イチロー,いきを長くはいて、「さとり」をかんじよう!—おしゃかさま,音読して頭をスーパーにしよう!—空海,「論より証拠」なんでもじっけんしてみよう!—ガリレオ,いいものは「をかし」、よくないものは「わろし」!—清少納言,ひとにひつようとされるって、すばらしい!—マザー・テレサ,外国にまけないものを、きっとつくってみせる!—豊田佐吉,おたがいにみがきあう、それが友情だ!—藤子不二雄

内容 いろいろなひとの生き方を知ってたいせつなメッセージを親子で話そう!みんなの心をそだててくれる偉人たちのすがたをやさしく語る。

『斎藤孝の親子で読む偉人の話3年生』斎藤孝著 ポプラ社 2008.7 138p 22cm (斎藤孝の親子で読む偉人の話 3) 1000円 Ⓘ978-4-591-10400-2 Ⓝ280.4

目次 むずかしいほどおもしろい!—福沢諭吉,ひとをわらわせるのは偉大な仕事だ!—チャップリンとMr.ビーン,だれも知らない新しいものをつくろう!—ソニー・井深大と盛田昭夫,最強のコンビになろう!—ホンダ・本田宗一郎と藤沢武夫,音楽は心をうごかす!—バッハ、モーツァルト、ベートーベン,いのちがもえる絵をかきたい!—ゴッホ,この世界はふしぎでいっぱいだ!—アインシュタイン,原爆のこわさを語りつごう…—原爆で亡くなった広島の中学生,つらいときこそ前むきに生きる!—カズ(三浦知良)

内容 いろいろなひとの生き方を知ってたいせつなメッセージを親子で話そう!みんな

の心をそだててくれる偉人たちのすがたをやさしく語る。

『斎藤孝の親子で読む偉人の話4年生』斎藤孝著　ポプラ社　2008.7　142p　22cm　（斎藤孝の親子で読む偉人の話 4）1000円　Ⓘ978-4-591-10401-9　Ⓝ280.4

目次 暴力はだめだ。でも服従はしないぞ！―ガンジー，わたしにはゆめがある！―キング牧師，わたしは、ちいさな命の味方だ！―小林一茶，はらをわって話そう！―西郷隆盛と勝海舟，「こころざし」を持って生きよう！―吉田松陰と高杉晋作，進化ってすごすぎる！―ダーウィン，かんきょうはかいは、ゆるさない！―レイチェル・カーソンと田中正造，やる気になれば、どんな敵もたおせる！―蟻田功（世界保健機関），たくさんすることをおそれるな！―ピカソ，トトロはどうして生まれたのか？―宮崎駿，好きなことに、てっていてきにうちこもう！―手塚治虫

内容 いろいろなひとの生き方を知ってたいせつなメッセージを親子で話そう！みんなの心をそだててくれる偉人たちのすがたをやさしく語る。

『ほんとうにあった！世界の怪人魔人物語』小沢章友作　講談社　2007.7　238p　18cm　（講談社KK文庫）720円　Ⓘ978-4-06-199563-5　Ⓝ147.8

目次 悪魔を飼っていた錬金術師パラケルスス，七千年を見通した予言者ノストラダムス，天使の言葉を読みといた驚異博士ジョン・ディー，怪人カリオストロと首飾り事件，神に愛された少女ジャンヌ・ダルク，天文博士、安倍晴明の呪術合戦，天狗にさらわれた仙童寅吉

内容 陰陽師安倍晴明、予言者ノストラダムス、怪人カリオストロ、不老不死のサン・ジェルマン伯爵…。ほんとうにあった物語。

『ローザ』ニッキ・ジョヴァンニ文，ブライアン・コリアー絵，さくまゆみこ訳　光村教育図書　2007.5　1冊（ページ付なし）29cm　1700円　Ⓘ978-4-89572-664-1　Ⓝ289.3

『みんなが知りたい！「世界の偉人」のことがわかる本』イデア・ビレッジ著　メイツ出版　2007.4　160p　21cm　（まなぶっく）1200円　Ⓘ978-4-7804-0220-9　Ⓝ280

目次 中国春秋時代の思想家孔子，三大陸にわたる大帝国をつくったアレクサンダー大王，古代ギリシアの大哲学者アリストテレス，古代ギリシャを代表する天才学者アルキメデス，中国を統一した最初の皇帝始皇帝，花に落ちたローマの英雄と古代エジプト王国の女王カエサル/クレオパトラ，中国の三国時代に活やくした曹操/諸葛孔明，邪馬台国の女王卑弥呼，中国の文化をとりいれ、日本に仏教を広めた聖徳太子/小野妹子，「大化の改新」をおこなった2人中大兄皇子/藤原鎌足〔ほか〕

内容 この本は、歴史上さまざまな偉業をなしとげた偉人たちを紹介する本です。130人の偉人たちが年代順にならんでいて、それぞれの人物のページをめくると、その人の偉業、関連するできごと、生きた時代などがかんたんにわかるようになっています。

『はじめて読むみんなの伝記―125人の伝記集！』学習研究社　2007.3　287p　26cm　（学研の新まるごとシリーズ）2380円　Ⓘ978-4-05-202739-0　Ⓝ208

目次 人びとに愛と希望をあたえる仕事をした人（ヘレン・ケラー，シュバイツァー ほか），人びとの命をすくう仕事をした人（デュナン，ナイチンゲール ほか），人びとに夢と希望をあたえる仕事をした人（滝廉太郎，紫式部 ほか），リーダーとなって人をみちびく仕事をした人（ケネディ，織田信長 ほか），人びとのくらしを変える仕事をした人（フランクリン，ベル ほか）

『世界の偉人ものがたり22話―夢と希望を与える』PHP研究所編　PHP研究所　2006.6　95p　26cm〈年表あり〉1000円　Ⓘ4-569-65260-3　Ⓝ280.4

目次 信念をつらぬいた人たち，平和のために活動した人たち，夢を形にした人たち，偉大な発見をした人たち，愛で世界を救おうとした人たち，困難に負けなかった人たち

内容 読み聞かせに、歴史の学習に。親子で読むやさしい伝記。

『心を育てる偉人のお話 3(坂本竜馬、徳川家康、キリスト他)』 西本鶏介編著 ポプラ社 2006.3 226p 18cm (ポプラポケット文庫 007-3) 570円 ①4-591-09175-9 Ⓝ280.4

目次 徳川家康—鳴きまねをする小鳥, 長岡半太郎—気味のわるい雲, ガンジー—いじわるな守衛, フレミング—ばい菌を殺す青いカビ, ガリレオ—動いている地球, 坂本竜馬—自分から働く工事のかんとく, コロンブス—テーブルに立つたまご, 石川啄木—おんぶしてみたお母さん, モーツァルト—ピアノの魔法つかい, ミレー—働く人たちを描いた絵〔ほか〕

内容 偉人とはわたしたちとはちがう、とくべつにりっぱな人というのではありません。生まれついての才能を必死な努力でみがきあげた人、自分のやりたい仕事にすべてを打ち込んだ人で、その結果、だれからもすばらしいとほめられる仕事をなしとげた人のことです。全三巻、八十七人の偉人が理解できます。小学校初・中級から。

『心を育てる偉人のお話 2(ヘレン・ケラー、宮沢賢治、ダ・ヴィンチ他)』 西本鶏介編著 ポプラ社 2006.3 225p 18cm (ポプラポケット文庫 007-2) 570円 ①4-591-09174-0 Ⓝ280.4

目次 豊臣秀吉—橋の上に寝ていた男の子, 前島密—はじめての郵便局, 岩崎卓爾—測候所のおじさん, 松浦武四郎—自分の目で見た北の国, マゼラン—見つかったひろい海への出口, ネール—武器を持たない戦争, キュリー夫人—美しく光るラジウム, 一休—うしろむきのお経,葛飾北斎—はじめて彫った役者の絵, 北原白秋—いちばんきらいな先生〔ほか〕

内容 偉人とはわたしたちとはちがう、とくべつにりっぱな人というのではありません。生まれついての才能を必死な努力でみがきあげた人、自分のやりたい仕事にすべてを打ち込んだ人で、その結果、だれからもすばらしいとほめられる仕事をなしとげた人のことです。全三巻、八十七人の偉人が理解できます。小学校初・中級から。

『心を育てる偉人のお話 1(野口英世、ナイチンゲール、ファーブル他)』 西本鶏介編著 ポプラ社 2006.3 223p 18cm (ポプラポケット文庫 007-1) 570円 ①4-591-09173-2 Ⓝ280.4

目次 野口英世—棒のようになった左手, 北里柴三郎—軍人とお医者さん, 大賀一郎—大むかしのハスの花, フランクリン—鳴りだしたベル, チャップリン—悲しいお笑いの映画, 二宮金次郎—古くなったわらじ, 斎藤道三—おかしな油売り, 平賀源内—お酒を飲んだ天神さま, 雪舟—涙で描いたネズミの絵, 酒井田柿右衛門—柿の実の色のおさら〔ほか〕

内容 偉人とはわたしたちとはちがう、とくべつにりっぱな人というのではありません。生まれついての才能を必死な努力でみがきあげた人、自分のやりたい仕事にすべてを打ち込んだ人で、その結果、だれからもすばらしいとほめられる仕事をなしとげた人のことです。全三巻、八十七人の偉人が理解できます。小学校初・中級から。

『アーネスト・サトウー女王陛下の外交官』 古川薫著 小峰書店 2005.10 183p 22cm (時代を動かした人々 維新篇 8)〈画：岡田嘉夫 年譜あり〉 1600円 ①4-338-17108-1 Ⓝ289.1

『伝記ものがたり101話』 チャイルド本社 2005.10 207p 27cm (「おやすみなさい」のお話集 第3集) 2000円 ①4-8054-2654-3 Ⓝ280

目次 世の中をかえた発明・発見家, 未知の場所をきりひらいた探検家, 夢と勇気を与えてくれた人, 人々のくらしをよくするために努力した人, 素晴らしい芸術を残した人, 多くの人の命を救った人

『世界の偉人の謎—学校では教えてくれない』 学習研究社 2005.4 163p 21cm (Gakken mook—早わかりシリーズ 4) 1300円 ①4-05-603887-2 Ⓝ280

『エリザベス女王—イギリスのはん栄をきずいた大女王』 石井美樹子監修, 高瀬直子まんが, 菅谷淳夫シナリオ 小学館 2004.12 159p 23cm (小学館版学習まんが人物館)〈年譜あり〉 850円 ①4-09-270016-4 Ⓝ289.3

目次 第1章 王の娘に生まれて, 第2章 英国との結婚, 第3章 ふたりの女王, 第4章 無てきかん隊を破れ, 第5章 わが王冠の栄光, 終章 変わることなく永遠に―, 学習資料館

内容 若い女の身でエリザベスが国を背負っていけるであろうかと、誰もが不安を覚えました。しかし、エリザベスはひるみませんでした。エリザベスの武器は二つありました。一つは、学問と語学の才能、もう一つは、王冠にたどりつくまでに経験した多くの試練です。苦労を教師として、イギリスを一流国に育てあげたエリザベス女王から、わたしたちは多くのことを学べます。

『ナポレオンの愛した后ジョゼフィーヌ』 椋本千江著　文芸社　2004.11　217p　22cm〈年譜あり〉1800円　①4-8355-5362-4　Ⓝ289.3

『希望を胸に羽ばたいた人々』 矢部美智代著，中釜浩一郎絵　日本教文社　2003.8　148p　22cm　（偉人たちの〈あの日あの時〉）〈発売：世界聖典普及協会〉933円　①4-531-04123-2　Ⓝ280.4

目次 第1章 ほんとうの勇気（キング牧師, 上杉謙信 ほか）, 第2章 熱中するものとの出会い（田中久重, グレン・ミラー ほか）, 第3章 さびしさを力に変えて（ジェイムズ・バリ, ココ・シャネル ほか）, 第4章 尊敬する人からのはげまし（ペレ, ベートーベン ほか）, 第5章 失敗やまわり道があっても（ゴッホ, 宮沢賢治 ほか）

内容 心の中に芽ばえた希望を、大切に育て、一歩一歩あゆんでいけば、新しい世界があなたを待っている―。きらきら光る希望を捨てず、未来に向けて大きく羽ばたいた20人の偉人たち。

『愛で世界を照らした人々』 鈴木洋子著，山岡勝司絵　日本教文社　2003.5　150p　22cm　（偉人たちの〈あの日あの時〉）〈発売：世界聖典普及協会〉933円　①4-531-04122-4　Ⓝ280.4

目次 第1章 人を救う純粋な心（マザー・テレサ, 光明皇后, ナイチンゲール, 沢田美喜）, 第2章 勇気ある行動が世界をかえる（吉田松陰, 西郷隆盛, ジョン・F ケネディ, 鑑真）, 第3章 ひとすじの道をひたすらに（ファーブル, パール・バック, ヘレン・ケラー, 良寛）, 第4章 みんなの役に立つ発見（野口英世, マリー・キュリー, エジソン）, 第5章 新しいものを生みだす発想力！（チャップリン, ウォルト・ディズニー, 松下幸之助, ライト兄弟）

内容 “苦しんでいる人の力になりたい”切なる思いを行動にうつし、世界に愛の輪をひろげた偉人たち。そして、今、あなたがはばたく未来には、すべての人を包みこむ大きな愛が照っている―。心にひびく大きな愛で、世界を照らした19人の物語。

『実はこの人こんな人―教科書を飾る先人たちの意外な例話撰　続』 中西進監修，峯岸誠編集代表　四季社　2003.3　286p　21cm　（いのちとこころの例話シリーズ 3）1200円　①4-88405-184-X　Ⓝ280

『夢をかなえた世界の人々』 岡信子著，山岡勝司絵　日本教文社　2003.3　147p　22cm　（偉人たちの〈あの日あの時〉）〈発売：世界聖典普及協会〉933円　①4-531-04121-6　Ⓝ280.4

目次 第1章 好きなものにかけた一生（スティーブンソン,葛飾北斎 ほか）, 第2章 生涯の仕事との出会い（棟方志功, オーギュスト・ロダン ほか）, 第3章 自分のこころに正直に（ヘンリー・フォード,ドヴォルザーク ほか）, 第4章 勇気をくれた言葉にはげまされて（前畑秀子, 嘉納治五郎 ほか）, 第5章 未来の人々のために（ルイ・パストゥール, 親鸞 ほか）

内容 本書では、偉人たちの子ども時代、少年時代のエピソードを中心に、それぞれテーマ別に紹介。さまざまな偉人たちの物語を通して、人が生きていくうえで、真に大切なものはなにかを感じとってください。

『教科書に出てくる世界の偉人100人のことがよくわかる本』 イデア・ビレッジ著　メイツ出版　2003.1　160p　21cm　1500円　①4-89577-548-8　Ⓝ280

目次 世界平和を願った天才科学者・アインシュタイン, 大正時代を代表する作家・芥川竜之介, 室町幕府を開いた武将・足利尊氏, 応仁の乱から戦国時代へ・足利義政, 室町幕

府最強の将軍・足利義満, はだしでオリンピック2連覇の英雄・アベベ, 古代ギリシャを代表する天才学者・アルキメデス, マッチ売りの少女を書いた童話作家・アンデルセン,「アンネの日記」を書いたユダヤ人少女・アンネ・フランク, 自由民権運動の中心人物・板垣退助〔ほか〕

内容 本書では小学校の教科書にでてくる、歴史上さまざまな偉業をなしとげた100人の偉人たちを紹介する。本の中では100人の偉人たちがあいうえお順にならんでいて、それぞれの人物のページをめくるとその人の職業、生きた時代などがかんたんにわかるようになっている。また「歴史や人物について理解するには、文字だけでなくイメージが大切」という考えから、各人物ごとに大きなイラストを入れた。

『天才たちは10代、20代に何をしたか―知られざる家庭・環境、そして勉強法』 芹沢俊介著　中経出版　2002.7　255p　22cm　1700円　①4-8061-1649-1

目次 前編 天才―激変の時代に志はどう育まれたのか（アルベルト・アインシュタイン, マリア・キュリー, パブロ・ピカソ, アイザック・ニュートン, トーマス・アルバ・エジソン, 毛沢東, ナポレオン・ボナパルト, 織田信長, フィンセント・ファン・ゴッホ, ジンギス・カン, ルートヴィッヒ・ヴァン・ベートーヴェン), 後編 偉人―人への篤き思いはどう芽生えたのか（フロレンス・ナイチンゲール, カール・グスタフ・ユング, 岡本かの子, 高群逸枝, ジャン・ポール・サルトル, シモーヌ・ド・ボーヴォワール, ヘレン・ケラー, エリザベス一世, 西郷隆盛, カール・マルクス, エイブラハム・リンカーン, マザー・テレサ）

内容 天才や偉人の青春の夢や悩みとは。22人の思春期から青春期の意外な真相をあかします。

『実はこの人こんな人―教科書を飾った偉大な人々の意外な一面！』 中西進監修, 峯岸誠編集代表　四季社　2002.4　271p　21cm　（いのちとこころの例話シリーズ 2）1200円　①4-88405-126-2

『いのちのパスポート』 アブラハム・クーパー, 徳留絹枝文, 宮尾三枝子絵　潮出版社　2002.3　1冊　28×27cm　1800円　①4-267-01632-1

内容 ホロコーストという恐ろしい時代に、みずからの危険もかえりみず、10万人の命を救ったラウル・ワレンバーグの勇気ある行動を描く。

『心をそだてるはじめての伝記101人―決定版』 講談社　2001.11　271p　26cm　2800円　①4-06-210952-2

目次 愛とやさしさをしめした人（マザー＝テレサ, ナイチンゲール ほか), すごい発明・発見をした人（エジソン, ベル ほか), くるしくてもきぼうをすてなかった人（ヘレンケラー, ベートーベン ほか), みんなのリーダーになった人（ガンジー, 源義経 ほか), ひとつのことをやりぬいた人（ファーブル, 二宮尊徳 ほか), みんなにゆめをあたえた人（ベーブ・ルース, モーツァルト ほか), もっと知りたい

内容「子どもが共感できる」をテーマに人物・逸話を厳選。「親子のふれあい」のエピソードも多数収録。“子育てのヒント”もかくされている。現代の一流作家・画家による質の高い文章と絵で構成。業績をコンパクトにまとめたコラムつき。写真資料も豊富で、必要な知識が身につく。

『こども歴史人物新聞』 杉原一昭監修　世界文化社　2001.10　159p　24cm　（別冊家庭画報）1200円　①4-418-01136-6

『こども偉人新聞―学校の先生がすすめる偉人85人』 杉原一昭監修　世界文化社　2000.12　159p　24cm　（別冊家庭画報）〈索引あり　文献あり〉1200円　①4-418-00154-9

『サラの旅路―ヴィクトリア時代を生きたアフリカの王女』 ウォルター・ディーン・マイヤーズ作, 宮坂宏美訳　小峰書店　2000.11　159p　20cm　（ノンフィクション・books）〈文献あり〉1400円　①4-338-15504-3

目次 1848年・捕らわれて,1850年・はじめてのイギリス,1851年・ふたたびアフリカへ,1855年・二度目のイギリス,1860年・決心,1862年・サラの結婚,1880年・マデイラ―

最後の日々
内容 古書店でみつけた一束の手紙から掘りおこされた物語。1850年、西アフリカの村で殺されるところを救われ、ヴィクトリア女王の保護を受けたアフリカの若き王女、サラ・フォーブス・ボネッタの生涯。その波瀾に富んだ人生に、様々な資料でせまるノンフィクション。

『ダイアナ妃―悲劇のプリンセスの生涯』 岡田好恵著 講談社 2000.11 189p 18cm (火の鳥人物文庫 1)〈肖像あり 年表あり〉660円 Ⓘ4-06-271201-6
目次 第1章 おちゃめなダイアナ,第2章 プリンセスへの道,第3章 シンデレラのわな,第4章 ボランティア活動に目覚めて,第5章 新しい人生,第6章 死へ向かう道,第7章 悲しみを乗りこえて
内容 弟のめんどうをよくみる心のやさしいダイアナが、19歳でイギリス王室のチャールズ皇太子と婚約、20歳で結婚。2人の王子にめぐまれた幸せも、やがて離婚へ…。ひとりの人間として多くの人々に愛や希望を語りかけながらも、突然の事故で36歳の短い生涯をとじた悲劇のプリンセス、ダイアナ妃の一生を描く。

『自由と人権をもとめて』 岩崎書店 2000.4 159p 20cm (20世紀のすてきな女性たち 7)〈年譜あり 文献あり 索引あり〉1600円
Ⓘ4-265-05147-2,4-265-10218-2
目次 アウン・サン・スーチー,金活蘭,シシリー・ソンダース,市川房枝,ここにすてきな女性たち(楠瀬喜多,津田梅子,相馬黒光,エラ・ベーカー,菅野すが,高群逸枝,住井すゑ,丸岡秀子,ベティ・フリーダン,チカップ美恵子,プーラン・デヴィ,リゴベルタ・メンチュウ),女性はじめて物語―三淵嘉子・久米愛・中田正子

『信念に生きた生涯』 稲垣純ほか著 ぎょうせい 1999.10 253p 20cm (物語・20世紀人物伝 人間ドラマで20世紀を読む 第5巻) 1714円
Ⓘ4-324-05809-1
目次 尾崎行雄―憲政の神様,ジャネット・ランキン―女性にも参政権を!,南方熊楠―霊界熊野の科学者,タゴール―あらゆる人に生きているよろこびを,土光敏夫―ふたつの半生,遠藤周作―カトリック作家の文学

『魂の冒険者』 岡島康治ほか著 ぎょうせい 1999.8 246p 20cm (物語・20世紀人物伝 人間ドラマで20世紀を読む 第4巻) 1714円 Ⓘ4-324-05808-3
目次 宇宙からみた母なる星―ユーリ・ガガーリン(岡島/康治),雲のかなたの自由をつかみに―アメリア・イヤハート(白取春彦),柔道家のみた開拓への夢―前田光世(高橋宏幸),ほろびながら生きていく―種田山頭火(白取春彦),自然と生命の讃歌―草野心平(森一歩),岩壁にいのちをかけて―長谷川恒男(竹野栄)

『あふれる人間愛』 漆原智良ほか著 ぎょうせい 1999.7 245p 20cm (物語・20世紀人物伝 人間ドラマで20世紀を読む 第3巻) 1714円 Ⓘ4-324-05807-5
目次 マザー・テレサ―貧しい人々に神の愛を!!,オードリー・ヘプバーン―ひたむきに“夢”にむかって,北原怜子―たった一輪の花束を,杉原千畝―命をつないだ信念のビザ,マーティン・ルーサー・キング―愛という名の武器だけを手に,ジョン・レノン―平和をわれらに!

『世界の歴史人物伝―世界を動かした人びと まんが』 ムロタニ・ツネ象まんが くもん出版 1999.7 415p 23cm〈年表あり 索引あり〉1600円
Ⓘ4-7743-0325-9
目次 1章 政治や戦いで国を動かした人びと(アレクサンドロス大王,アショカ王,始皇帝 ほか),2章 新しい道をきりひらいた人びと(シャカ,孔子,イエス・キリスト ほか),3章 文化や芸術の発展につくした人びと(イソップ,アルキメデス,ミケランジェロ ほか)
内容 クレオパトラからマザー・テレサまで、世界の歴史の表舞台で活躍した57人の人物たちの生涯。

『発明・発見への挑戦』 天沼春樹ほか著 ぎょうせい 1999.6 237p 20cm (物語・20世紀人物伝 人間ドラマで20世紀を読む 第2巻) 1714円

①4-324-05806-7
目次 アレグザンダー・フレミング―カビから生まれてきた神の手(白取春彦),湯川秀樹―極限ミクロ世界のなぞを追え!(岡島康治),エンリコ・フェルミ―原子の火をともした人(天沼春樹),中谷宇吉郎―天から送られた手紙(竹野栄),本田宗一郎―エンジン好きが求めた夢(漆原智良),島秀雄―「弾丸列車」への長い旅(岡島康治)

『現代の礎を作った人々』稲垣純ほか著 ぎょうせい 1999.5 230p 20cm (物語・20世紀人物伝 人間ドラマで20世紀を読む 第1巻) 1714円
①4-324-05805-9
目次 新渡戸稲造―太平洋のかけ橋になりたい!,ジョン・メイナード・ケインズ―世界経済の危機を救え!,平塚らいてう―目覚める女性たち,ジグムント・フロイト―見えない心の森を冒険する,周恩来―争いではなく対話を!,吉田茂―ワンマンと呼ばれた男

『ネルソン・マンデラ―南アフリカの革命児"黒ハコベ"』リチャード・テームズ著,森泉亮子訳 国土社 1999.3 55p 27cm (愛と勇気をあたえた人びと 2) 〈肖像あり 年譜あり〉 1600円
①4-337-15902-9
目次 その名はトラブルメーカー,アフリカ民族会議,危険人物にされて,アパルトヘイトとは?,自由憲章,"黒ハコベ",南アフリカを変えよう!,ブタバコ入り,世界の国々から受けた賞,釈放せよ!
内容 おさないときのマンデラの名前はロリシャーシャ―問題を起こす人(トラブルメーカー)という意味です。成人したマンデラは、その名にふさわしい人生を送ることになります。少数の白人だけが国を支配するという、人種差別的な政策アパルトヘイトに、南アフリカの"問題児"として政府に立ち向かうための人生が待ち受けていたからです。逮捕、裁判、活動禁止命令…政府のいやがらせはつづきました。それでもマンデラは、ANC(アフリカ民族会議)の中心メンバーとして活躍します。そんなマンデラについたあだ名は"黒ハコベ"でした。

『ダイアナ物語―世界を愛したプリンセス』綾野まさる著 ハート出版 1998.8 159p 22cm (ハートのドキュメンタル童話) 〈肖像あり〉 1200円
①4-89295-220-6
目次 おしゃまな少女,とどろく雷鳴,新しいお母さん,幼稚園の先生になるの,プリンセス誕生,色あせたシンデレラ,母としての願い,ひとりぼっちのクリスマス,パキスタンの少年,二匹のモルモット〔ほか〕
内容 「あなたは、人々に愛と勇気を与えることのできる人です…」マザー・テレサが、ダイアナ妃にいいました。「人々の心の王妃になりたい」1997年8月31日、36才でなくなるまで、ダイアナ妃は、エイズ、対人地雷禁止などの慈善活動に心をかたむけました。その行動は、つねに世界中の注目を集め、多くの人々に感動をあたえました。これは、愛されることより、愛することを選び、世界の人々を愛したプリンセスの物語です。小学校低学年以上向き。

『ダイアナ―恵まれない人びとに手をさしのべたプリンセス』石井美樹子監修,いちかわのりまんが,菅谷淳夫シナリオ 小学館 1998.5 159p 23cm (小学館版学習まんが人物館) 〈肖像あり 年譜あり〉 850円 ①4-09-270014-8
目次 序章 突然の悲劇,第1章 白鳥になったアヒルの子,第2章 おとぎの国への階段,第3章 王宮の中の孤独,第4章 ボランティアこそ、わたしの使命,第5章 新たなる旅立ち,終章 心のプリンセス

『夢を育てた人々』谷川澄雄編・著,小野忠男監修 国立 にっけん教育出版社 1998.5 230p 21cm (にっけん愛の教育図書シリーズ 2) 〈発売:星雲社〉 1500円 ①4-7952-0293-1
目次 1 チャールズ・チャップリン―喜劇の王さま、パントマイムから映画へ,2 リンカーン―人類平等の夢を,3 福沢諭吉―個人の独立・国家の独立,4 エーリヒ・ケストナー―自由と愛を,5 マリー・キュリー―放射性元素を求めて,6 シュリーマン―古代都市を掘る,7 ヘレン・ケラー―光を求めて生きる,8 アンリ・ファーブル―虫の生活をさぐる,9 ゲーテ―心を深く見つめて文学を,10

モーツァルト—音楽に夢を求めて
内容 本書では、夢を育てていった人の感受性・努力をたどるとともに、その父や母がどのように愛情を注いだのか、また、兄弟姉妹とは、どんなふうに共に生きたのかを中心にまとめました。幼児・小学生の両親向き。

『世界の偉人物語—愛と勇気に生きた人々 子どものときに読んでおきたい20人』 世界文化社 1996.11 302p 24cm (別冊家庭画報) 2700円 ①4-418-96127-5

『ロマノフ朝最後の皇女 アナスタシアのアルバム—その生活の記録』 ヒュー・ブルースター著, 河津千代訳 リブリオ出版 1996.11 64p 26×27cm 2575円 ①4-89784-472-X
内容 ロシア皇帝の末娘に生まれ、めぐまれた生活を無邪気に楽しんでいたアナスタシア。しかし、彼女の国は、日露戦争に敗れ、第1次世界大戦によって国力を失い、1917年、ついに革命を起こします。家族とともにシベリアに追放され、処刑されたとき、彼女は17歳になったばかりでした。写真を趣味にしていたアナスタシアは、この激動の時代の一家の生活を、自分ではそうとは気づかず、記録写真にして残しました。ときには白黒の写真に色をつけ、アルバムの台紙に花の絵を描くこともありました。ここにはじめて公開される写真と絵は、このようにしてつくられた彼女のアルバムの一部です。彼女の手紙や、身近にいた人びとの回想も収録してあります。それらはおのずから1つの物語になり、あらゆる年齢の読者をひきつけずにはいないでしょう。

『始皇帝—中国を統一した秦の皇帝』 保永貞夫著 講談社 1996.3 205p 18cm (講談社火の鳥伝記文庫 95) 540円 ①4-06-147595-9
目次 1 黄河は天と地を流れる(世紀の大発見, 地下宮殿の大軍団 ほか),2 始皇帝への道(李斯の登場, 秦王天下統一にのりだす ほか),3 秦帝国の光と影(朕は始皇帝である, まぼろしの仙薬をもとめて ほか)
内容 戦国の七雄が群雄割拠する戦乱の中国。はじめて中国を統一し、文字・貨幣・度量衡を決め、万里の長城の修築など、中国帝国の基礎をつくった始皇帝の波乱の一生をえがく。

『新装世界の伝記 25 チャーチル』 足沢良子著 ぎょうせい 1995.2 303p 20cm 1600円 ①4-324-04402-3
目次 第1章 自由と勇気と, 第2章 自信と野心の時代, 第3章 試練の時代, 第4章 暗雲の時代, 第5章 勝利, 第6章 晩年

『ノストラダムス—予言者で奇跡の医者』 飛鳥昭雄著 講談社 1994.12 189p 18cm (講談社火の鳥伝記文庫 92) 540円 ①4-06-147592-4

『川に毒をながすな—歴史をかえた人びと』 近野十志夫編著 小峰書店 1994.9 127p 22cm (こどもノンフィクション 5) 1280円 ①4-338-11805-9
目次 川に毒をながすな—公害反対運動をおこした田中正造, 黒人に人権を！—南アフリカ共和国はじめての黒人大統領ネルソン・マンデラ, 歴史の目撃者—ロシア革命を世界に報道したジョン・リード, 反逆の画家—戦争にたいするいかりを絵にしたパブロ・ピカソ, 血にそまったギター—歌で抵抗したビクトル・ハラ
内容 わくわくどきどき感動のほんとうにあった話。

『神の声を聞いた少女—女性たちの歴史』 近野十志夫編著 小峰書店 1994.8 127p 22cm (こどもノンフィクション 3) 1280円 ①4-338-11803-2

『エリノア・ルーズベルト—アメリカ大統領夫人で、世界人権宣言の起草に大きな役割を果たした人道主義者』 デイビッド・ウィナー著, 箕浦万里子訳 偕成社 1994.2 192p 22cm (伝記世界を変えた人々 18) 1500円 ①4-03-542180-4
目次 人道主義の勝利, 世界のファースト・レディ, 裕福でも、幸福ではなかった子ども時代, 結婚, 家庭にはいったエリノア, 転機, 「たいへんに有能な政治家」, 州知事夫人, 大恐慌, 大統領, ファースト・レディ, そして失

敗, エリノアと報道関係者, エリノアとフェミニズム（女性の地位向上運動）,「独裁者に従うより、死んだほうがましです」, アメリカ参戦, フランクリン・ルーズベルトの死, はげしい仕事をする能力, 宣言が採択される, アメリカ合衆国が人権に背を向ける, ひとりの市民にもどったエリノア, 国連に復帰, エリノアの死〔ほか〕

内容 人間の尊厳をうたいあげた世界人権宣言は、エリノア・ルーズベルトらの努力により、一九四八年、国連で四十八か国によって採択されました。宣言には、世界中のすべての人がもっている基本的人権について、三十項目が述べられています。アメリカ大統領フランクリン・ルーズベルト夫人エリノア・ルーズベルトは、人道主義者として、人種差別に反対し、黒人の社会的地位の向上に力を尽くすばかりでなく、つねに、悲惨な状況に置かれている人々に目を向け、世界中の人々の権利を守るために貢献しました。世界人権宣言は、国や人種を越えて、いまもなお大きな影響力を持ち続けているのです。

『教科書にでてくる最重要人物185人―まんが・写真 分野別・ビジュアル版』 漆原智良ほか執筆 学習研究社 1994.1 268p 26cm （学研のまるごとシリーズ）〈監修：田代脩, 紫藤貞昭〉 2000円 Ⓘ4-05-200220-2

目次 武将や政治家・74人, 芸術家・38人, 小説家・宗教家・思想家・40人, 科学者・発明家・33人

内容 一冊に、「小学校学習指導要領指定の42人」と小・中学校の教科書で勉強する最重要人物を分野別に収録。

『世界歴史人物なぜなぜ事典 25 マッカーサー・毛沢東・ネール―現代アジアの幕開け』 ぎょうせい 1993.7 199p 27cm （ぎょうせい学参まんが）〈監修：木村尚三郎〉 1900円 Ⓘ4-324-03301-3

目次 GHQ最高司令官となったマッカーサー, 中華人民共和国を築いた毛沢東, インドの初代首相となったネール, なぜなぜ研究室

『世界歴史人物なぜなぜ事典 24 チャーチル、ド・ゴール、蒋介石―第二次世界大戦』 ぎょうせい 1993.7 199p 27cm （ぎょうせい学参まんが）〈監修：木村尚三郎〉 1900円 Ⓘ4-324-03300-5

目次 イギリスを勝利に導いた首相チャーチル, レジスタンスを指導したド・ゴール, 中国国民党を率いた蒋介石, なぜなぜ研究室

『世界歴史人物なぜなぜ事典 23 F.ルーズベルト・ヒトラー/ムッソリーニ・スターリン―世界恐慌と全体主義』 ぎょうせい 1993.7 199p 27cm （ぎょうせい学参まんが）〈監修：木村尚三郎〉 1900円 Ⓘ4-324-03299-8

目次 ニューディール政策を行ったF.ルーズベルト, 全体主義国家を築いたヒトラー&ムッソリーニ, ソ連を大国にしたスターリン, なぜなぜ研究室

『世界歴史人物なぜなぜ事典 22 レーニン・ウィルソン・ガンディー―第一次世界大戦とその後』 ぎょうせい 1993.6 199p 27cm （ぎょうせい学参まんが）〈監修：木村尚三郎〉 1900円 Ⓘ4-324-03298-X

目次 ロシア革命を指導した―レーニン, 国際連盟を提唱した―ウィルソン, インド独立運動の父―ガンディー, なぜなぜ研究室

『世界歴史人物なぜなぜ事典 21 洪秀全・孫文/袁世凱・溥儀―中国の近代』 ぎょうせい 1993.6 199p 27cm （ぎょうせい学参まんが）〈監修：木村尚三郎〉 1900円 Ⓘ4-324-03297-1

目次 中国革命の先駆者―洪秀全, 中国革命期に活躍した―孫文・袁世凱, 清朝最後の皇帝―溥儀, なぜなぜ研究室

『世界歴史人物なぜなぜ事典 20 ナポレオン3世・ビスマルク・レセップス―19世紀のヨーロッパ』 ぎょうせい 1993.5 199p 27cm （ぎょうせい学参まんが）〈監修：木村尚三郎〉 1900円 Ⓘ4-324-03296-3

目次 フランス第二帝政を行ったナポレオン3世, ドイツの鉄血宰相ビスマルク, スエズ運河を建設したレセップス, なぜなぜ研究室

『世界歴史人物なぜなぜ事典 19 ゲーテ・ベートーヴェン・ダーウィン―近代ヨーロッパの文化』ぎょうせい 1993.5 199p 27cm (ぎょうせい学参まんが)〈監修:木村尚三郎〉1900円 Ⓘ4-324-03295-5
目次 『ファウスト』を書いた文豪ゲーテ,『第九交響曲』を作った音楽家ベートーヴェン,『種の起源』を著した科学者ダーウィン,なぜなぜ研究室

『世界歴史人物なぜなぜ事典 18 ワット・アークライト・マルクス/エンゲルス―産業革命の明と暗』ぎょうせい 1993.4 199p 27cm (ぎょうせい学参まんが)〈監修:木村尚三郎〉1900円 Ⓘ4-324-03294-7
目次 蒸気機関を改良したワット,水力紡績機を開発したアークライト,社会主義のために活動したマルクス&エンゲルス,なぜなぜ研究室

『世界歴史人物なぜなぜ事典 17 ワシントン・ジェファソン・リンカン―アメリカ合衆国の成立と発展』ぎょうせい 1993.4 199p 27cm (ぎょうせい学参まんが)〈監修:木村尚三郎〉1900円 Ⓘ4-324-03293-9
目次 初代大統領になったワシントン,独立宣言を書いたジェファソン,奴隷解放を宣言したリンカン,なぜなぜ研究室

『劉備・関羽・張飛―三国志「蜀」の三英雄』桜井信夫著 講談社 1993.4 173p 18cm (講談社火の鳥伝記文庫 84) 490円 Ⓘ4-06-147584-3
目次 1 草の章,2 地の章,3 川の章,4 天の章
内容 三国(魏・蜀・呉)の曹操・劉備・孫権が活躍する戦乱の中国。桃園で義兄弟となった関羽・張飛と、名軍師の孔明をしたがえて、天下をねらう劉備。「蜀」の三英雄の一生をえがく。

『世界歴史人物なぜなぜ事典 16 ルソー・ルイ16世・ナポレオン―フランスの市民革命』ぎょうせい 1993.3 199p 27cm (ぎょうせい学参まんが)〈監修:木村尚三郎〉1900円 Ⓘ4-324-03292-0
目次 自由と平等を唱えた啓蒙思想家ルソー,フランス革命で処刑されたルイ16世,ヨーロッパを支配した英雄ナポレオン,なぜなぜ研究室

『世界歴史人物なぜなぜ事典 15 クロムウェル・ジェームズ2世・モンテスキュー―イギリス革命』ぎょうせい 1993.3 199p 27cm (ぎょうせい学参まんが)〈監修:木村尚三郎〉1900円 Ⓘ4-324-03291-2
目次 ピューリタン革命を導いたクロムウェル,名誉革命で追放されたジェームズ2世,三権分立論を唱えたモンテスキュー,なぜなぜ研究室

『世界歴史人物なぜなぜ事典 14 エリザベス1世・ルイ14世・ピョートル1世―絶対主義の時代』ぎょうせい 1993.2 199p 27cm (ぎょうせい学参まんが)〈監修:木村尚三郎〉1900円 Ⓘ4-324-03290-4

『世界歴史人物なぜなぜ事典 13 コロンブス、ヴァスコ・ダ・ガマ、マゼラン―大航海時代』ぎょうせい 1993.2 199p 27cm (ぎょうせい学参まんが)〈監修:木村尚三郎〉1900円 Ⓘ4-324-03289-0

『世界歴史人物なぜなぜ事典 12 ルター・ロヨラ・カルヴァン―宗教改革とローマ教会』ぎょうせい 1993.1 199p 27cm (ぎょうせい学参まんが)〈監修:木村尚三郎〉1900円 Ⓘ4-324-03288-2
目次 ドイツで宗教改革を始めたルター,イエズス会を設立したロヨラ,ジュネーヴで宗教改革を行ったカルヴァン,なぜなぜ研究室

『世界歴史人物なぜなぜ事典 11 コペルニクス・シェークスピア・ガリレイ―ルネサンスの広がり』ぎょうせい 1993.1 199p 27cm (ぎょうせい学参まんが)〈監修:木村尚三郎〉1900円 Ⓘ4-324-03287-4
目次 地動説を唱えた聖職者コペルニクス,

ルネサンス期の詩人・劇作家シェークスピア, 地動説を確信した科学者ガリレイ, なぜなぜ研究室

『世界歴史人物なぜなぜ事典 10 ダンテ, レオナルド・ダ・ヴィンチ, ミケランジェロ―イタリア＝ルネサンス』 ぎょうせい 1992.12 199p 27cm （ぎょうせい学参まんが）〈監修：木村尚三郎〉1900円 ①4-324-03286-6

『世界歴史人物なぜなぜ事典 9 ティムール・スレイマン1世・アクバル―アジアの専制王朝』 ぎょうせい 1992.12 199p 27cm （ぎょうせい学参まんが）〈監修：木村尚三郎〉1900円 ①4-324-03285-8

『世界歴史人物なぜなぜ事典 8 朱元璋・鄭和・李成桂―明帝国と朝鮮』 ぎょうせい 1992.11 199p 27cm （ぎょうせい学参まんが）〈監修：木村尚三郎〉1900円 ①4-324-03284-X

『世界歴史人物なぜなぜ事典 7 チンギス・ハン、フビライ・ハン、マルコ・ポーロ―モンゴルの大帝国』 ぎょうせい 1992.11 199p 27cm （ぎょうせい学参まんが）〈監修：木村尚三郎〉1900円 ①4-324-03283-1

『世界歴史人物なぜなぜ事典 6 玄奘・玄宗・王安石―唐帝国と宋帝国』 ぎょうせい 1992.10 199p 27cm （ぎょうせい学参まんが）〈監修：木村尚三郎〉1900円 ①4-324-03282-3

目次 インドに渡った高僧玄奘, 開元の治を行った玄宗, 宋の政治を改革した王安石, なぜなぜ研究室

『世界歴史人物なぜなぜ事典 5 マホメット、アリー、イブン・ハルドゥーン―イスラム世界の成立』 ぎょうせい 1992.10 199p 27cm （ぎょうせい学参まんが）〈監修：木村尚三郎〉1900円 ①4-324-03281-5

目次 イスラム教を開いたマホメット,4代目正統カリフとなったアリー, 歴史序説を著したイブン・ハルドゥーン, なぜなぜ研究室

『世界歴史人物なぜなぜ事典 4 カール大帝・インノケンティウス3世・ジャンヌ・ダルク―中世のヨーロッパ』 ぎょうせい 1992.9 199p 27cm （ぎょうせい学参まんが）〈監修：木村尚三郎〉1900円 ①4-324-03280-7

目次 西ヨーロッパを統一したカール大帝, 教皇権拡大に努めたインノケンティウス3世, フランス救国の聖女ジャンヌ・ダルク, なぜなぜ研究室

『世界歴史人物なぜなぜ事典 3 劉邦・武帝・諸葛孔明―中国の統一』 ぎょうせい 1992.9 199p 27cm （ぎょうせい学参まんが）〈監修：木村尚三郎〉1900円 ①4-324-03279-3

目次 漢の初代皇帝劉邦, 漢帝国の発展に尽くした武帝, 三国時代の名宰相諸葛孔明, なぜなぜ研究室

『世界歴史人物なぜなぜ事典 2 シャカ・孔子・始皇帝―東洋の古代文明』 ぎょうせい 1992.8 199p 27cm （ぎょうせい学参まんが）〈監修：木村尚三郎〉1900円 ①4-324-03278-5

目次 仏教を開いたシャカ, 儒教を創始した孔子, 初めて中国を統一した始皇帝, なぜなぜ研究室

『世界歴史人物なぜなぜ事典 1 アレクサンドロス・カエサル・イエス―西洋の古代文明』 ぎょうせい 1992.8 199p 27cm （ぎょうせい学参まんが）〈監修：木村尚三郎〉1900円 ①4-324-03277-7

目次 アジアに大遠征を行ったアレクサンドロス, 共和政ローマの独裁者カエサル, キリスト教を創始したイエス, なぜなぜ研究室

『諸葛孔明―「三国志」の名軍師』 桜井信夫著 講談社 1992.6 189p 18cm （講談社火の鳥伝記文庫 80） 490円 ①4-06-147580-0

目次 1 臥竜の章,2 水魚の章,3 赤壁の章,4 三国の章,5 蜀漢の章,6 落星の章

内容 日本が女王卑弥呼のころの中国は三国（魏・蜀・呉）の曹操・劉備・孫権が活躍する戦乱の時代だった。志をおなじくして劉

備につかえた、名軍師・諸葛孔明の一生をえがく。

『教科書にでてくる人物124人—教科別 5 「社会」にでてくる人物 5(1835〜1976年)』稲垣友美,鈴木喜代春編 稲垣友美著,伴武司画 あすなろ書房 1992.4 85p 27cm ①4-7515-1705-8

『教科書にでてくる人物124人—教科別 4 「社会」にでてくる人物 4(1745〜1899年)』稲垣友美,鈴木喜代春編 菊地家達著,伴武司画 あすなろ書房 1992.4 85p 27cm ①4-7515-1704-X

『教科書にでてくる人物124人—教科別 3 「社会」にでてくる人物 3(1534〜1817年)』稲垣友美,鈴木喜代春編 生越嘉治著,伴武司画 あすなろ書房 1992.4 85p 27cm ①4-7515-1703-1

『教科書にでてくる人物124人—教科別 2 「社会」にでてくる人物 2(1118〜1591年)』稲垣友美,鈴木喜代春編 菊地家達著,伴武司画 あすなろ書房 1992.4 85p 27cm ①4-7515-1702-3

『教科書にでてくる人物124人—教科別 1 「社会」にでてくる人物 1(B.C.5C〜A.D.11C)』稲垣友美,鈴木喜代春編 鈴木喜代春著,伴武司画 あすなろ書房 1992.4 85p 27cm ①4-7515-1701-5

『教科書に出てくる42人』このみひかる作,山田えいし絵 国土社 1992.1 87p 22cm (しゃれた学習歴史まんが 1) 1100円 ①4-337-07731-6

『偉人のおはなし』大石真,竹崎有斐,谷真介,鶴見正夫,西本鶏介,宮脇紀雄文 〔新装版〕 学習研究社 1991.11 223p 26×21cm (学研・カセットえほん 3)〈付属資料:カセットテープ2〉2500円 ①4-05-105765-8

目次 一休,二宮金次郎,野口英世,宮沢賢治,夏目漱石,豊田佐吉,伊能忠敬,新井白石,青木昆陽,紀伊国屋文左衛門,円山応挙,徳川家康,イソップ,アンデルセン,シートン,ファーブル,エジソン,キュリー夫人,ジェンナー,ナイチンゲール,シュバイツァー,アインシュタイン,ニュートン,ノーベル,ワシントン,マルコ・ポーロ,コロンブス,アムンゼン,ウィンパー,リンドバーグ,ベーブ=ルース,モーツァルト,ベートーベン

『ワレンバーグ—ナチスの大虐殺から10万人のユダヤ人を救った、スウェーデンの外交官』M.ニコルソン,D.ウィナー著,日暮雅通訳 偕成社 1991.6 195p 22cm (伝記世界を変えた人々 6) 1500円 ①4-03-542060-3

『国際交流につくした日本人 8 日本を愛した外国人(シーボルト・ライシャワー夫妻ほか)』くもん出版 1991.3 227p 23cm〈監修:長沢和俊,寺田登〉2200円 ①4-87576-589-4

目次 日本の文化に根ざしたキリスト教の伝道 バリニャーノ,一生を日本研究にささげた シーボルト,日本の伝統美術に光をあてた フェノロサ,日本で学んだ「中国近代文学の父」魯迅(ろじん),対話をたいせつにした駐日アメリカ大使 ライシャワー夫妻,文学に日本の心をもとめて キーン〔ほか〕

『ネルソン・マンデラ—アパルトヘイトに立ち向かって』メアリー・ベンソン作,村山淳彦訳 佑学社 1991.3 127p 22cm (愛と平和に生きた人びと) 1100円 ①4-8416-0552-5

目次 1 人びとのためにつくしたい,2 「狂気の政策」アパルトヘイトに立ち向かって,3 刑務所のドアを開けろ!喜んではいろう!,4 犯罪人あつかい,5 こんなことが国家反逆罪なのか?,6 花よめのつきそいは何人いればいいかな?,7 黒ハコベ,8 わたしは抗議しつづけます,9 リボニアの名をわすれるな,10 孤立した島で,11 マンデラを釈放せよ!,12 変革への第一歩

内容 1990年2月11日、南アフリカ共和国で、「ネルソン・マンデラが釈放された」というニュースが世界中をかけめぐりました。南アフリカ共和国の政府は、黒人と白人をわけ、黒人を差別するアパルトヘイト政策(人種隔離政策)をおこなっています。このアパルトヘイトに反対する運動を指導したネルソン・マンデラは、じつに28年間も刑務所

にとじこめられていました。獄中にありながらも、「黒人の希望の星」として人びとから尊敬をうけつづけたマンデラの現在までの活動を紹介します。

『伝記に学ぶ生き方　西洋編』稲垣友美編著　あすなろ書房　1991.2　78p　23cm　（名言・名作に学ぶ生き方シリーズ 10）1500円　Ⓘ4-7515-1390-7
目次「ペスタロッチ」,「ベートーベン」,「アンデルセン」,「リンカーン」,「シュリーマン」,「ファーブル」,「トルストイ」,「マーク・トウェーン」,「ロマン・ロラン」,「キュリー夫人」,「アインシュタイン」,「チャップリン」

『伝記に学ぶ生き方　東洋編』稲垣友美編著　あすなろ書房　1991.2　78p　23cm　（名言・名作に学ぶ生き方シリーズ 9）1500円　Ⓘ4-7515-1389-3
目次「諸葛孔明」,「一休」,「芭蕉」,「伊能忠敬」,「渡辺崋山」,「勝海舟」,「瓜生岩子」,「福沢諭吉」,「渋沢栄一」,「田中正造」,「牧野富太郎」,「ガンジー」,「魯迅」

『明るい話・正しい人　1年生』山本和夫著　〔改装版〕　偕成社　1989.11　198p　21cm　（学年別おはなし文庫）700円　Ⓘ4-03-907190-5
目次 ことりのおやど―すばこをつくったベルレプシュ, ざるあたま―はやしらざんのおしえ, ふじきなこづつみ―ワシントンのおくりもの, あめととのさま―とのさまをいさめたもんばん, ガラスのかけらをひろって―やさしいペスタロッチ, おりづると少女―げんばくの子のどうぞう, こころがけひとつ―したてやからだいとうりょう, 5本のや―ジンギスカンときょうだいたち, たまごはだれのもの―しょうじきなフィリップ, おれたぼたんの木―おこらなかったかいばらえきけん, ゴムつきえんぴつ―おもいつきをいかしたえかきさん, やなぎにとびつくかえる―かえるとおののとうふう, せかい一のでんぽうこぞう―げんきなカーネギー少年, みちばたのなわきれ―おしゃかさまのおしえ, 王さまのたべもの―じゃがいもとフランス王, くるみのから―しばおんこうのはなし
内容 どんなことにも、おもいやりの心をもってせっした人たちが、やがて偉大な仕事をするようになりました。そのような偉人たちの、明るい正しい心は、また多くの人々のはげみにもなりました。楽しくてためになる、偉人たちのお話のかずかずを、ここにたくさん集めました。

『偉人の話　2年生』宮脇紀雄著　改装版　偕成社　1989.11　212p　22cm　（学年別おはなし文庫）700円
Ⓘ4-03-907400-9
目次 みやざわけんじ, ミレー, みなもとよしつね, キュリーふじん, りょうかんさま, コロンブス, こうしさま, フランクリン, ほそかわガラシャふじん, ノーベル
内容 世の中の、みんなの幸福のために、自分をわすれて、どりょくした人たちがいました。その人たちの一生をえがいた物語は、みなさんの心に、あかるい感動をのこしていくでしょう。勇気と、希望をいつも、うしなわなかった、偉人たちの物語です。

『偉人の話　1年生』宮脇紀雄著　偕成社　1989.11　212p　22cm　（学年別おはなし文庫）〈改装版〉700円
Ⓘ4-03-907100-X
目次 にのみやきんじろう, ジェンナー, やまだながまさ, ストウふじん, とよとみひでよし, キリスト, せいしょうなごん, ハーゲンベック, たかみねじょうきち, ネール
内容 世の中の、みんなの幸福のために、自分をわすれて、どりょくした人たちがいました。その人たちの一生をえがいた物語は、みなさんの心に、あかるい感動をのこしていくでしょう。勇気と希望をいつもうしなわなかった、偉人たちの物語です。

『美しい話・いじんの心　3年生』二反長半, 白木茂著　改装版　偕成社　1989.11　204p　22cm　（学年別おはなし文庫）700円　Ⓘ4-03-907650-8
目次 美しいバイオリン モーツァルト, まけない子ども 渋沢栄一, ああ、おそかったフォード, むぎふみをするとのさま 徳川光圀, どきょうのいい子 チャーチル, おやのないすずめ 小林一茶, コロンブスのたまご コロンブス, えかきの学者 渡辺崋山, うそをついて少女 クララ・バートン, ペンはけんよりつよい 福沢諭吉, 王子と四つの門 しゃか,

勇ましい南きょくたんけん 白瀬中尉, 野球のおかげで ベーブ・ルース, 『ねこ』をかいた先生 夏目漱石, のろまくん アインシュタイン, 女らしい心 紫式部, ぼくはこじきでない ワット, 弓うちのうまい少女 北条時宗, ジャングルの病院 シュバイツアー, かんがえる子ども 湯川秀樹

内容 この本には、みなさんが、よくしっている人たちの、子どもじだいの話があつめられています。

『偉人の話 3年生』宮脇紀雄著 偕成社 1989.9 202p 22cm （学年別おはなし文庫）〈改装版〉700円 ①4-03-907700-8

目次 世界のはつめい王エジソン, 日本の国をまもった勝海舟, 黒人をじゆうにしたリンカーン, うつくしい詩をつくった石川啄木, 赤十字のもとをひらいたナイチンゲール, みだれた日本をまとめた織田信長, すばらしい音楽をのこしたベートーベン, 正しいおこないをおしえた中江藤樹, かがやくげいじゅつの天才レオナルド・ダ・ビンチ, 人るいの恩人・日本のほこり野口英世

内容 世の中の、みんなの幸福のために、自分をわすれて、どりょくした人たちがいました。その人たちの一生をえがいた物語は、みなさんの心に、あかるい感動をのこしていくでしょう。勇気と、希望を、いつもうしなわなかった、偉人たちの物語です。

『美しい話・いじんの心 2年生』二反長半, 白木茂著 偕成社 1989.9 212p 22cm （学年別おはなし文庫）〈改装版〉700円 ①4-03-907350-9

目次 森の少年（リンカーン）, しばをせおって本を読む（二宮金次郎）, こおりの国のたんけん（アムンゼン）, アメリカチームとたたかう（沢村栄治）, あばれうし（スチーブンソン）, くらのなかで（樋口一葉）, へいのふしあな（アンデルセン）, ぞうりとりの子ざる（豊臣秀吉）, ふしあわせなヘレン（ヘレン・ケラー）, ぼくのねがい（北里柴三郎）, 水車のついた船（フルトン）, 海のなかの光（御木本幸吉）, よわむしの子（ガンジー）, ふとっちょののろきち（西郷隆盛）, そらいろのたまご（ファーブル）, 小さいかんとくさん（間宮林蔵）, うつくしいかねの音（ベートベーン）, かいたとらをしばれ（一休和尚）, みみずがかわいそう（ダーウィン）, だいくさんの子でも（豊田佐吉）

『美しい話・いじんの心 1年生』二反長半, 白木茂著 偕成社 1989.9 206p 22cm （学年別おはなし文庫）〈改装版〉700円 ①4-03-907050-X

目次 子どものおともだち（良寛）, けがをしたいぬ（ナイチンゲール）, 山おくのうしわかまる（源義経）, たまごをだいた子ども（エジソン）, どじょううりの子（野口英世）, いなくなった子どもたち（ライト兄弟）, なみででかいたねずみ（雪舟）, ひつじかいのふえ（ショパン）, いしをつかむくさ（牧野富太郎）, 本のすきな子（キュリー夫人）, まい日じを四千かく（新井白石）, すごいあたり（ゲーリック）, じゅうどうの先生（三船久蔵）, ワシントンとさくらの木（ワシントン）, あさがおとつるべ（加賀千代）, おもちゃのすいしゃ（ニュートン）, おいもの先生（青木昆陽）

『みどりのランプ―クルプスカヤの青春物語』いじゅういんとしたか著 新読書社 1989.2 166p 22cm 1200円 ①4-7880-9102-X

目次 ポーランドでの生活, 一家の放浪生活, ペテルブルグの生活, お父さんの無罪判決、そしてオボレンスカヤ女学校へ転校, 父の死、生きるための苦闘, 社会に役立つ人間になりたい, 家庭教師をしながらサークルで勉強, 労働者学校の教師になって, レーニンとの出会い, レーニンの母マリヤとの出会い〔ほか〕

内容 この物語は、20世紀を代表する女性たちのうちの一人、すぐれた教育者であり、革命家であり、レーニンの妻であったクループスカヤの幼年時代から青春時代の物語である。彼女の名は、ナジェージュダ、ロシア語で「希望」という意味であり、略してナージャと呼ばれていた。

『日本・世界偉人物語100話』主婦と生活社 1988.4 336p 26cm （主婦と生活生活シリーズ 96）〈監修：広中平祐〉1980円

『海と星と太陽と―フィリップ・メンディオラの生涯』 石上正夫作，こさかしげる絵　あすなろ書房　1987.10　129p　21cm　980円　①4-7515-1227-7

目次 1 南洋群島の教育,2 通訳官として,3 グアム島への出征,4 グアム島の虐殺,5 ロタ島の虐殺,6 捕虜になる日,7 反核市長がんばる,8 長いうったえの旅

内容 日本から2500キロもはなれた太平洋の島、ミクロネシアは、美しい自然にかこまれた、まさに、海と星と太陽のきらめく国です。その美しい国を、大国のつごうで力まかせに侵略されたことへの怒りが、フィリップ・メンディオラのことばの中にこめられています。元・テニアン市長の生涯を通して、戦争の狂気と、平和と反核への祈りを伝えます。

『偉人物語―こども版 あいうえお順』 大石真ほか文　学習研究社　1986.4　2冊　26cm　（学研子どもの本特選シリーズ）　各1950円　①4-05-101848-2

『大地と海と人間―東南アジアをつくった人びと』 鶴見良行著　筑摩書房　1986.3　210p　20cm　（ちくま少年図書館）　1200円　①4-480-04100-1

目次 ガジャ・マダ，イマム・ボシンジョール，スカルノ，ラッフルズ，ヤップ・アロイ，マット・キラウ，クダラート王，リサールとボニファシオ，レクト

『愛と真実の人びと』 岩崎書店　1986.1　10冊　19cm　各680円　①4-265-01701-0

目次 1 シュバイツァー 野村実，武藤甚太郎著 2 ネール 坂本徳松著 3 ロマン・ロラン 蜷川譲著 4 魯迅 山田野理夫著 5 アムンゼン 河合三郎著 6 石川啄木 田村栄著 7 夏目漱石 荒正人著 8 二宮尊徳 寺島文夫著 9 親鸞 林田茂雄著 10 キリスト 赤岩栄著

『運命の人びと―暴君ネロと母と師』 河津千代著，金井塚道栄画　リブリオ出版　1983.2　310p　22cm　1200円

『少年少女世界伝記全集―国際版　別巻 世界の五十人』 小学館　1982.12　134p　28cm　1350円

『少年少女信仰偉人伝　16　ジミー・カーター―良心と平和の政治家』 玉木功著　日本教会新報社　1982.7　195p　22cm　（豊かな人生文庫）　1200円

『せかい伝記図書館』 三鷹　いずみ書房　1982.3　36冊　16cm 〈監修：子ども文化研究所〉 全27800円

目次 1 シャカ・孔子・ソクラテス 岩本暁顕他著 2 アレキサンドロス，シーザー，イエス・キリスト 浜祥子他著 3 マホメット，チンギス・ハン，マルコ・ポーロ 岩本暁顕他著 4 ジャンヌ・ダルク，コロンブス，マゼラン 浜祥子他著 5 ミケランジェロ，レオナルド・ダ・ビンチ，ガリレオ 浜祥子他著 6 ニュートン・フランクリン 有吉忠行他著 7 ワシントン・ペスタロッチ・ジェンナー 鮎川万他著 8 モーツァルト・ナポレオン・ベートーベン 有吉忠行他著 9 スチーブンソン・シューベルト・アンデルセン 永沢樹他著 10 リンカーン・ダーウィン・リビングストン 有吉忠行他著 11 ナイチンゲール・シュリーマン・パスツール 鮎川万他著 12 ファーブル・トルストイ・ロダン 有吉忠行他 13 ノーベル，マーク・トウェーン，コッホ 有吉忠行他著 14 エジソン・ゴッホ・シートン 有吉忠行他著 15 キュリー夫人・ライト兄弟・ガンジー 浜祥子他著 16 アムンゼン・チャーチル・シュバイツァー もりとう博他著 17 アインシュタイン，ヘレン・ケラー，チャップリン 岩本暁顕他著 18 毛沢東・ディズニー・ケネディ 中渡治孝他著 19 聖徳太子・中大兄皇子 有吉忠行他著 20 藤原道長・紫式部 有吉忠行他著 21 平清盛・源頼朝・源義経 鮎川万他著 22 親鸞・日蓮・北条時宗 有吉忠行他著 23 足利尊氏・一休・雪舟 浜祥子他著 24 武田信玄・織田信長・豊臣秀吉 松下忠実他著 25 徳川家康・松尾芭蕉・近松門左衛門 有吉忠行他著 26 新井白石・徳川吉宗・平賀源内 有吉忠行他著 27 本居宣長・杉田玄白・伊能忠敬 足立一夫他著 28 塙保己一・良寛・葛飾北斎 今井育雄他著 29 小林一茶・間宮林蔵・二宮尊徳 吉田健他著 30 渡辺崋山・勝海舟・西郷隆盛 渡辺勝己他著 31 福沢諭

吉・坂本竜馬・板垣退助 岩本暁顕他著 32 伊藤博文・田中正造・北里柴三郎 浜祥子他著 33 牧野富太郎・豊田佐吉 鮎川万他著 34 夏目漱石・野口英世 浜祥子他著 35 与謝野晶子・石川啄木 有吉忠行他著 36 宮沢賢治・湯川秀樹 有吉忠行他著

『少年少女世界伝記全集―国際版 第14巻 モーツァルト,レセップス』小学館 1981.12 133p 28cm 1350円

◆◆アンネ・フランク

『この人を見よ!歴史をつくった人びと伝 7 アンネ・フランク』プロジェクト新・偉人伝著作・編集 ポプラ社 2009.3 143p 22cm〈文献あり 年表あり〉 1200円 ①978-4-591-10729-4 Ⓝ280.8

『アンネ・フランク―短い生涯を日記に残した少女』アン・クレイマー著, 小木曽絢子訳 神戸 BL出版 2008.5 64p 26cm (ビジュアル版伝記シリーズ) 1800円 ①978-4-7764-0278-7 Ⓝ289.3

目次 1 幼い頃のアンネ(銀のネックレス, ヨーロッパのユダヤ人, 知りたがりやの女の子, フランクフルトを出る),2 普通の暮らし(新しい生活, 学校に入学, たくさんの友人, クリスタルナイト, 思春期へ, 戦争と侵略),3 秘密の隠れ家(隠れ家へ, 隠れ家での生活, 大人の女性へ, ホロコースト, 作家になりたい),4 発見と強制輸送(発見される, ヴェステルボルク収容所, 死の収容所―アウシュヴィッツ, ベルゲン・ベルゼン, 死, 日記の行方)

『アンネ・フランク―絵本』ジョゼフィーン・プール文, アンジェラ・バレット絵, 片岡しのぶ訳 あすなろ書房 2005.4 30p 25×27cm〈年表あり〉 1500円 ①4-7515-2277-9 Ⓝ289.3

内容 残されたのは、少女の叫びが記された一冊の日記帳。それは、父の手によって出版され、やがて世界中で読まれるようになった。『アンネの日記』は、どのようにして書かれたのか?アンネの足跡をアンジェラ・バレットの絵とともにたどる伝記絵本。

『アンネ・フランク―「隠れ家」で日記を書き続けた少女』キャロル・アン・リー著, 橘高弓枝訳 偕成社 2003.7 185p 22cm〈年譜あり〉1200円 ①4-03-645010-7 Ⓝ289.3

『アンネ・フランク―戦争の悲惨さを日記で告発した少女』宮脇要子画, 鈴木悦夫作, 高橋数樹監修 コミックス 2001.1 159p 19cm (講談社学習コミック―アトムポケット人物館 5)〈発売:講談社 年表あり〉660円 ①4-06-271805-7

目次 第1章 愛の暮らし, 第2章 呼び出し状, 第3章 裏の家, 第4章 戦争が終わる?, 第5章 日記は永遠に

内容 アンネ・フランクは、ナチスからのがれて「裏の家」で2年間暮らし、生きる望みと平和への願いを日記に書きつづけた少女だよ。

『アンネ・フランク―日記とともに生きつづける少女』リチャード・テームズ著, 来住道子訳 国土社 1999.2 55p 27cm (愛と勇気をあたえた人びと 5)〈肖像あり 年譜あり〉1600円 ①4-337-15905-3

目次 幸せだったフランク家の人々, ナチスとユダヤ人, オランダへ, 侵略されるオランダ, かくれ家へ, 占領下のオランダ, かくれ家の生活, 特別な日, 戦況, かくれ家、発覚!, 強制収容所, アンネは今も

内容 ユダヤ人であるがために、自由に生きることもゆるされず、15歳の短い生涯をとじてしまったアンネ。それでもアンネは最後まで希望をすてず書くという喜びを見つけ、その苛酷な人生を前向きに生きぬきました。「死んだ後も書いたものを通じて生きつづけたい」―アンネはこんな願いをいだき、自分の思いや日々の出来事を、日記に書きつづりました。日記を通じて生きることの意味を訴えつづける少女アンネ。その波乱にとんだ人生の記録ともいえる日記は、やがて世界中の人々に、大きな感動をあたえることになったのです。

『アンネ・フランク』加藤純子文 ポプラ社 1998.11 166p 22cm (おもしろくてやくにたつ子どもの伝記 14)〈肖

像あり　文献あり　年譜あり〉880円
Ⓘ4-591-05839-5
目次 アンネ・フランクってどんな人？, はやわかりアンネ・フランク, アンネが生きた時代, アンネの日記ってなあに？, アンネ・フランクものしりクイズ, アンネのすがお資料館, かくれ家の人びと, かくれ家生活をささえた人たち, これがアンネのかくれ家, アンネがえがいた夢, ホロコーストのはなし, アンネののこしたことば, ユダヤ人をたすけようとした人びと, そして戦争がおわった, 年表でみるアンネ・フランクの生涯, さんこうにした本など
内容 ユダヤ人だというだけで、迫害されたアンネたち一家。けれどもアンネは、かくれ家のなかでも、いつも希望をうしないませんでした。

『アンネ・フランク―戦争の中で生きる希望を書きつづけた少女』 高瀬直子まんが, 杉原めぐみシナリオ　小学館　1996.10　159p　23cm　（小学館版学習まんが人物館）〈監修：篠光子〉880円
Ⓘ4-09-270008-3

『アンネ・フランク』 木島和子文, レンナ絵　小学館　1994.1　116p　21cm　（新訂版オールカラー世界の伝記 12）980円　Ⓘ4-09-231110-9
目次 1 おとうさんのくんしょう,2 パパ、どうして？,3 かくれ家の白ばら,4 世界一のプレゼント,5 さよなら、日記帳さん,6 地ごくの天使,7 たった十五さいで
内容 ユダヤ人というだけで、自由をうばわれ、十五年の短い生涯をとじた少女アンネ。いつも生きる希望をうしなわなかったアンネがのこした日記や童話は、今も世界中の人びとの心に、平和のとうとさと、戦争の恐ろしさをうったえかけています。

『写真物語 アンネ・フランク』 リュート・ファン・デル・ロル, リアン・フェルフーヴェン著, アンネ・フランク財団編, 難波収, 岩倉務訳・編, 平和博物館を創る会編　平和のアトリエ　1992.12　64p　29×22cm　2000円　Ⓘ4-938365-16-2
目次 誕生日の一番すてきなプレゼント, フランクフルトからアムステルダムへ,『愛するキティ』, 日記は遺った
内容 この写真集『アンネ・フランク』では、“裏の家”での潜行時代を中心として、アンネの人生史をあつかっています。しかし、それだけはなく、彼女の生きた時代の背景や、アンネの日記自体の歴史にもふれています。

『アンネ・フランクものがたり―かくれ家の少女』 J.ハルウィッツ作, 斉藤美加訳, 高田勲画　金の星社　1992.6　100p　18cm　（フォア文庫 B134）520円
Ⓘ4-323-01948-3
内容 第二次世界大戦中の1942年6月12日、アンネは13歳のたんじょうプレゼントに、お父さんから日記帳をもらいました。キティーと名づけたこの日記帳に、アンネは、おそろしい、かくれ家での2年間の生活を記しています。後に公開され、全世界の人びとに戦争のいたましさを伝えた「アンネの日記」を書いた、少女のものがたりです。小学校中・高学年向。

『アンネ・フランク―平和を願う人の心に生きつづける少女』 森有子構成・漫画　集英社　1992.3　141p　23cm　（集英社版・学習漫画―世界の伝記）〈監修：田中澄江〉800円　Ⓘ4-08-240023-0
目次 おしゃまなアンネ, 暗い流れ, わたしのキティー, かくれ家のくらし, ときめく心, 愛の天使, 死んでもなお
内容 アンネ・フランクは、ユダヤ人の少女でした。第2次世界大戦のとき、ナチス・ドイツがユダヤ人を迫害したので、家族といっしょに、かくれ家でくらし、そのあいだに、日記を書きつづけました。この日記では、夢と希望、平和への祈りがつづられ、アンネのやさしく強い心や、成長していくようすがうかがえます。しかしアンネはついにナチスにとらえられ、強制収容所で短い一生をおえたのです。

『悲劇の少女アンネ―「アンネの日記」の筆者・感動の生涯』 シュナーベル著, 久米穣編訳　新版　偕成社　1991.6　274p　22cm　1200円　Ⓘ4-03-711330-9
目次 しあわせだった日々（少女アンネの誕生, 父オットー＝フランクのおいたち, おそ

ろしい足音が, のろわれた血, わたしもユダヤ人です ほか), かくれ家のアンネ(信頼できる人たち, 回転本だな, 屋根裏べやのふたり, 死のサイレンが…,『小ぐまのブリュリー』―アンネの童話, 最後の日 ほか), 夜と霧への道(不幸は靴から, 赤ちゃんのために, 再会, アンネの日記 ほか), アンネ＝フランク略年譜

内容 ナチ・ドイツのユダヤ人迫害により、15歳の「生」を終えたアンネ・フランク…。短く悲しいその生涯をあますところなく伝える感動ふかいノンフィクション。小学上級から中学生向。

『アンネ＝フランク』小山内美江子著, 伊勢英子画　講談社　1989.6　277p　22cm　(少年少女伝記文学館 第24巻)　1440円　①4-06-194624-2

目次 やんちゃんなアンネ(誕生日のプレゼント, アンネの生いたち, ふたりのパウラ, 黒い雲, ユダヤ人, 生まれ故郷をはなれる), オランダ(アムステルダム, アンネの夢, 迫害の日々, アンネの疑問, 自転車, ユダヤ人中学校へ, ダビデの星のマーク, 夜間外出禁止命令, 脱出), かくれ家の生活(かくれ家―黄色い郵便, ミープさん, プリンセン堀, ドアのむこうがわ, かくれ家の暮らし, ペーター, デュッセル氏, アンネの作品, 小さな恋, 自分は何者なのだろうか?), 死んでも生きつづけたい(ふみこまれたかくれ家, フランク一家、収容所へ, 死のアウシュビッツ収容所, 奇跡の再会, ろうそくの灯の消えるように, 永遠に生きる日記)

内容 25か月のあいだ、屋根裏のかくれ家で、いわれない人種差別にたえながら、自由のくる日をまちぞみ生きる希望をうしなわなかった、少女アンネの短かくも光にかがやいた一生。

『アンネ・フランク―死んでからも生きつづけたい』アンジェラ・ブル作, 笹川真理子訳　佑学社　1987.8　125p　22cm　(愛と平和に生きた人びと)〈解説：高木敏子〉980円　①4-8416-0541-X

目次 1 床にちった紙,2 世界がひっくりかえった,3 かくれ家,4 びくびく、いらいら,5 誤解,6 かくれ家の生活,7 書きたいの,8 ペーター,9 心のなぐさめ,10 アンネがわすれられることはありません

内容 ユダヤ人だから…。ただそれだけの理由で迫害され、死んでいったひとりの少女。アンネの生涯、そしてアンネの生きた時代の流れを見つめなおすことによって、現代を生きるわたしたちに平和の意味をうったえる、新しいアンネの伝記。

『母と子でみるアンネ・フランク―隠れ家を守った人たち』早乙女勝元編　〔改装版〕草の根出版会　1987.4　111p　21cm　(母と子でみるシリーズ 4)　1200円　①4-87648-005-2

目次 1 隠れ家への第一歩,2 隠れ家までのアンネは…,3 隠れ家生活761日間,4 隠れ家から収容所へ,5隠れ家を守った人たち, エピローグ 待望の平和は…

内容 アンネがじっと息をひそめて2年余の歳月を過ごした隠れ家。その家とアンネを守りつづけた人びとがいた。

『アンネ＝フランク―やねうらべやの少女』中川美登利著　講談社　1984.1　245p　18cm　(講談社火の鳥伝記文庫)　390円　①4-06-147550-9

『アンネのアルバム―写真と資料でつづるアンネの記録』小学館　1983.6　135p　20cm　880円　①4-09-294005-X

『世界の伝記―国際カラー版　第10巻　アンネ・フランク』木島和子文, ジアンニ・レンナ絵　小学館　1983.6　116p　21cm　650円　①4-09-231110-9

『少年少女世界伝記全集―国際版　第11巻　マーク・トウェイン, アンネ・フランク』小学館　1981.9　133p　28cm　1350円

『アンネ・フランク―写真集』木島和子訳・編　小学館　1981.8　125p　27cm　1350円

◆◆ガンジー

『ガンジー―暴力にたよらず勝利する』林良作, R.イングペン絵, 今西大文　鈴木出版　2001.4　1冊　31cm　(はじめてであう世界なるほど偉人伝)〈年譜

あり 文献あり〉2500円
①4-7902-3081-3,4-7902-3072-4
内容 今でもインドの人々はガンジーを「マハートマー（偉大なる魂）」「バープー（父）」と呼び、敬愛しています。同時に、ガンジーは世界中から尊敬される存在でもあります。暴力を使わず少ない流血で独立運動を戦ったガンジーの姿に、人々は強い感銘を受けるのです。小学校中学年から中学生。

『インドの独立につくした人―ガンジー』 真鍋和子文，金成泰三絵 岩崎書店 1993.4 103p 26cm （伝記・人間にまなぼう 19）2400円 ①4-265-05419-6
目次 つれさられたおとうさん，ランプをかこんで，こわがりやのモハンダス，ひみつ，ロンドンの日々，ま夜中の駅で，はじめの一歩，ほんとうの力とは？，インドへかえって，うちくだかれたのぞみ，チャルカのひびき，塩の行進，ひとつのインドを

『ガンジー』 マイケル・ニコルソン著，坂崎麻子訳 偕成社 1992.2 168p 22cm （伝記世界を変えた人々 9） 1500円 ①4-03-542090-5
目次 分水嶺― 人生の変わり日，統治されるもの，はじめての抵抗運動，インド国民会議のたてなおし，不服従運動，円卓会議，分割，たったひとりの部隊，最後の断食，インドと世界へのガンジーの贈りもの〔ほか〕
内容 腰布とサンダルしか身につけなかったガンジーは、なぜこのように有名なのでしょうか？職業ももたず、財産とよべるものは、何ひとつもつことがなかったガンジー。しかし、ガンジーが暗殺されたとき、その葬儀には、世界の半数以上の国の代表者たちが参列しました。ガンジーは、イギリスから、その帝国の宝石であったインドを、戦争もなしに手放させ、独立に導いたのです。ガンジーは、現代の聖者でした。その信念のうち、何よりも大切なのは、非暴力主義で、不正とたたかうには暴力を使うほかないのだという迷信をやぶり、不正をうちくだき、勝利をもたらしたのです。小学中級から大人まで。

『ガンジー』 辛島昇著，小原拓也画 講談社 1991.9 269p 22cm （少年少女伝記文学館 第19巻）1600円
①4-06-194619-6

『ガンジー―魂はわれわれとともに』 キャスリン・スピンク作，長井裕美子訳，手塚治虫解説 佑学社 1988.1 119p 22cm （愛と平和に生きた人びと）980円 ①4-8416-0545-2
目次 1 首相の息子,2 教育と少年期の結婚,3 イギリスの紳士として,4 歓迎せざる客,5 宗教の探究,6 質素な生活,7 国民のリーダー,8 投獄と塩の行進,9 独立への道,10 ただならぬ光
内容 暗やみ、泥棒、ヘビ、お化け…これは、子どものころのガンジーが、もっともこわがっていたものです。イギリスの支配からインドを救い出し、愛の戦士とうたわれたガンジーも、ふつうの一人の人間で、欠点や弱さもたくさんもちあわせていました。その彼の武器となったのは、銃でも剣でもなく、人間の暴力に無言で立ち向かう勇気と、平和をねがう人類愛だったのです。今もなお、世界中の人びとに影響を与えつづけるガンジーの生き方と、独立までの軌跡とを、彼の人間的なみ力にふれながら見ていきましょう。

『伝記世界の偉人 16 ガンジー』 川本コオ作画 中央公論社 1985.3 143p 23cm （中公コミックス）〈監修：永井道雄，手塚治虫〉750円
①4-12-402504-1

◆◆キング牧師

『キング牧師の力づよいことば―マーティン・ルーサー・キングの生涯』 ドリーン・ラパポート文，ブライアン・コリアー絵，もりうちすみこ訳 国土社 2002.11 29p 29cm 1500円
①4-337-06241-6 Ⓝ289.3
内容 世界をうごかし、今もわたしたちをはげましつづけるキング牧師の力づよいことばと、愛と勇気にみちた生涯を、詩のように簡潔な文体と、才気あふれる大胆なコラージュで描き出す。2002年全米図書館協会選定コレッタ・スコット・キング・オナー

賞、2001年ニューヨークタイムズブックレヴュー優秀絵本選定、2002年コールデコット・オナー賞受賞。

『キング牧師』 V.シュローデト,P.ブラウン著，松村佐知子訳　偕成社　1991.4　187p　22cm　（伝記世界を変えた人々 2）1500円　①4-03-542020-4

目次 奴隷制度,奴隷からの解放,「ジム・クロウ（黒人隔離法）」,KKK（クー・クラックス・クラン）,教会ですごした子ども時代,人種差別のなかでの青春時代,苦い経験,父キングの教訓,学生時代,非暴力の考え方,コレッタとの出会い,理想の女性,南部へ里帰り,幸福な時期,変革が必要だ,バス後部座席,ローザ・パークス事件,パークス夫人の逮捕,ボイコット計画,第一日目,キング牧師の演説,三つの要求,最初の雨の日,強硬政策,愛と憎しみとの出会い,徒歩運動さらにつづく,最高裁判決,運動の拡大,危機一髪（生と死を分けたくしゃみ）,学生運動,ジョン・F・ケネディの救いの手,フリーダム・ライダー,「ジム・クロウ（黒人隔離法）」の廃止,バーミンガムのたたかい,バーミンガム刑務所からの手紙,ブル・コナーの攻撃,ブル・コナーとエイブラハム・リンカーン,1963年、ワシントンでの行進,『わたしには夢がある』,早すぎた期待,「あなたの町の警察を応援しよう」,投票権の獲得,運動さらに進む,北部へ,約束の地,非暴力の死？,ついに手に入れた自由

内容 マーティン・ルーサー・キングが暗殺者の弾丸にたおれた、1968年4月4日、世界中は大きな悲しみにつつまれた。1950〜60年代にかけて、キング牧師は、アメリカの黒人差別に対してたたかう公民権運動の中心として活躍。今では、アメリカの黒人差別問題は、かなり改善されたが、南アフリカなど多くの国では、まだ人種差別が解決されないままだ。黒人だけでなく、あらゆる人のための正義・平和・自由をもとめた、非暴力主義のキング牧師のメッセージが、今ほど大切なときはない。

『キング牧師―わたしには夢がある』 ナイジェル・リチャードソン作，金原瑞人訳，オスマン・サンコン解説　佑学社　1987.10　125p　22cm　（愛と平和に生きた人びと）980円　①4-8416-0543-6

内容 みなさんのお父さんやお母さんが生まれたころ、アメリカでは、黒人はひどい差別をうけていました。学校も、レストランも、バスの席も、みんな黒人用と白人用に分かれていました。黒人は投票もできず、「くろんぼう」とばかにされ、つらい仕事をしても、少しのお金しかもらえませんでした。「もうがまんできません…」ついにキング牧師は立ち上がりました。本当の自由と正義をアメリカにもたらした、黒人運動の指導者、マーチン・ルーサー・キング牧師の、暴力を使わない戦いの記録。

『キング牧師ってどんな人？』 J.T.ドゥケイ著，瀬戸毅義訳，田口智子画　新教出版社　1985.12　74p　21cm　1200円

◆◆クレオパトラ

『クレオパトラ―古代エジプトの最後の女王』 千明初美漫画，柳川創造シナリオ　集英社　1995.11　141p　23cm　（集英社版・学習漫画―世界の伝記）〈監修：吉村作治〉800円　①4-08-240031-1

内容 絶世の美女とうたわれたクレオパトラは、紀元前一世紀に生きた、古代エジプトの最後の女王です。幼いころから、語学や知識にひいでていたクレオパトラは、女王として、ローマの侵略や内乱から国を守ろうとしました。美しいだけの女性ではなく、エジプトを愛し、エジプトのために生きた、愛国の人でもあったのです。

『新装世界の伝記　13　クレオパトラ』 山主敏子著　ぎょうせい　1995.2　289p　20cm　1600円　①4-324-04390-6

『クレオパトラ―エジプトさいごの女王』 保永貞夫著　講談社　1994.7　189p　18cm　（講談社火の鳥伝記文庫 91）540円　①4-06-147591-6

目次 1 海の都の王女（運命の出会い,王宮にひびく笛の音,泳ぐ人魚姫,かしこい王女,西の風、東の風,海の都アレクサンドリア）,2 ナイルのあらし（悲しみとよろこびと,聖なるめがねへびの王冠,風雲うごく,カエサル

登場, 海賊におそわれて,「さいころは投げられた!」),3 女王と毒蛇(ナイル川をさかのぼる, 愛の日々,「来た、見た、勝った!」, カエサル暗殺される, 二度めの使者, つりあげた魚の干物, 結婚の贈りもの, 決戦のときさたる, エジプト女王の死, 新しい時代への幕ひらく, クレオパトラの年表, 解説)

内容 ピラミッド・スフィンクス・ミイラ黄金の副葬品…人類の偉大な遺産を伝えるエジプト文化。ローマに攻められ危機におちいっていた古代エジプト王国をまもろうとした女王。

◆◆ケネディ

『ケネディ―理想を追求したアメリカの大統領』蛭海隆志シナリオ, 古城武司漫画 集英社 1996.11 141p 23cm (集英社版・学習漫画―世界の伝記) 800円 Ⓘ4-08-240038-9

『ケネディ―銃弾に倒れた若き大統領』 平松おさむまんが, 菅谷淳夫シナリオ 小学館 1996.3 159p 23cm (小学館版学習まんが人物館)〈監修:鳥越俊太郎〉880円 Ⓘ4-09-270001-6

『ケネディ―勇気と決断の大統領』きりぶち輝著 講談社 1983.7 181p 18cm (講談社火の鳥伝記文庫) 390円

◆◆ジャンヌ・ダルク

『絵本ジャンヌ・ダルク伝』ジョゼフィーン・プール文, アンジェラ・バレット絵, 片岡しのぶ訳 あすなろ書房 2004.10 30p 25×27cm 1500円 Ⓘ4-7515-2272-8 Ⓝ289.3

内容 ある夏の日、ジャンヌはふしぎな"天の声"をきいた。それが彼女の数奇な運命のはじまりだった。信じる道をひるまず歩み、フランスの危機を救ったひとりの少女の物語。

『ジャンヌ・ダルク―祖国フランスの危機を救った少女 火刑にされた悲劇の聖少女』岸田恋作・画, 高山一彦監修 コミックス 2001.2 159p 19cm (講談社学習コミック―アトムポケット人物館 7)〈発売:講談社 年譜あり〉660円 Ⓘ4-06-271807-3

目次 第1章 ドンレミ村の少女, 第2章 旅立ち, 第3章 オルレアンへ, 第4章 戴冠式, 第5章 神との約束, ジャンヌ・ダルクの聖乙女館(ジャンヌ・ダルクが、今も愛されつづける秘密とは?, 人物紹介・ジャンヌ・ダルクをめぐる人々, 年表・ジャンヌ・ダルクの生涯)

内容 ジャンヌ・ダルクは、英仏百年戦争の末期、「神の声」を聞いてフランスのために戦った聖少女だよ。

『ジャンヌ・ダルク―フランスを救ったオルレアンの乙女』高瀬直子漫画, 柳川創造シナリオ 集英社 1995.11 141p 23cm (集英社版・学習漫画―世界の伝記)〈監修:木村尚三郎〉800円 Ⓘ4-08-240032-X

内容 ジャンヌ・ダルクは、フランスの危機を救った勇敢な少女で、「オルレアンの乙女」と呼ばれて、いまでも国内の尊敬を集めています。一五世紀のはじめ、フランスとイギリスは長い戦争をしていました。ジャンヌは信心深い農家の娘でしたが、ある日、「国を救え」という神のお告げをきき、それを自分の使命と信じました。そして、つらい戦いに身を投じ、固い意志と勇気でフランスを勝利に導いたのです。

『新装世界の伝記 19 ジャンヌ=ダルク』榊原晃三著 ぎょうせい 1995.2 285p 20cm 1600円 Ⓘ4-324-04396-5

『ジャンヌ=ダルク―フランスをすくった少女』長谷川敬著 講談社 1993.12 205p 18cm (講談社火の鳥伝記文庫 88) 490円 Ⓘ4-06-147588-6

目次 1 神の声をきく,2 フランスをすくうために,3 オルレアンの攻防,4 先頭に立つジャンヌ,5 火あぶりにされた聖女

内容 フランスの王位継承をとなえてイギリス国王がフランスに出兵した百年戦争。神のお告げを聞いて、危機のフランスをすくい、人々に希望をあたえた少女ジャンヌの感動の一生。

『伝記世界の偉人 5 ジャンヌ・ダルク』原のり子作画 中央公論社 1985.4 143p 23cm (中公コミックス)〈監

修：永井道雄, 手塚治虫〉750円
①4-12-402493-2

◆◆チンギス・ハン

『チンギス・ハン―大草原の英雄』渡辺世紀著　講談社　1997.7　325p　18cm（講談社火の鳥伝記文庫）〈肖像あり　年譜あり〉670円　①4-06-149902-5

目次 1 蒼き狼（テムジン誕生, 眼に火あり、顔に光あり, 父の死とモンゴルの分裂 ほか）,2 草原の覇者（アンダ（盟友）は、ここに, 結婚と同盟, メルキット族の奇襲 ほか）,3 モンゴル帝国へ（ハン対ハン・荒野の激突, ジルゴアダイという名の兵士, 政略結婚のわな ほか）

内容 “眼に火あり、顔に光あり”。モンゴルの草原に生まれたテムジンは、勇気があり、友をたいせつにし、組織力にすぐれる。ついにチンギス＝ハンを名のり、世界を駆ける…。

『新装世界の伝記　21　ジンギスカン』吉田比砂子著　ぎょうせい　1995.2　295p　20cm　1600円　①4-324-04398-1

『チンギス・ハン―モンゴル帝国をきずいた草原の勇者』三上修平シナリオ, 古城武司漫画　集英社　1992.11　141p　23cm（集英社版・学習漫画―世界の伝記）〈監修：長沢和俊〉800円
①4-08-240025-7

『王者ジンギスカンの最期』たかしよいち原作, 吉川豊漫画　理論社　1992.10　111p　22cm（まんが世界なぞのなぞ　2）950円　①4-652-01882-7

『燃えろ！若きジンギスカン』たかしよいち原作, 吉川豊漫画　理論社　1992.7　119p　22cm（まんが世界なぞのなぞ　1）950円　①4-652-01881-9

◆◆ツタンカーメン

『少年王ツタンカーメン―わたしが歩いた古代エジプトへの道』たかしよいち著　大日本図書　1986.10　141p　22cm（大日本ジュニア・ノンフィクション）1200円　①4-477-16500-5

目次 1 なぞのパピルス,2 墓どろぼうの村,3 マルカタ遺跡をたずねる,4 ひみつのかくし場所,5 ミイラは語る,6 王家の谷,7 盗掘王ベルツォーニ,8 考古学者カーター,9 黄金の宝,10 ツタンカーメン王の生涯,11 栄光と悲劇

内容 少年王ツタンカーメンをおおう黄金の仮面は何を語りかける？黄金にかがやく仮面の下から現われた若きツタンカーメンのミイラ。「王家の谷」に古代エジプトの真実をもとめて歩く。

『ツタンカーメン』ピエロ・ベントゥーラ絵, ジアン・パオロ・チェゼラーニ文　評論社　1986.8　1冊　30cm（児童図書館・絵本の部屋―探検と発掘シリーズ）〈監修：吉村作治〉1400円
①4-566-00142-3

内容 黄金の仮面におおわれた、エジプトの若きファラオ（王）ツタンカーメン。その3千年の眠りをさました、2人の探検家―。世紀の大発掘の発端から結末までを生き生きと再現し、また、神秘と謎にみちた古代エジプトのすぐれた文明を解明する。

◆◆ナポレオン1世

『ナポレオン―ヨーロッパを駆けめぐった“荒鷲”』小宮正弘監修, 小林たつよしまんが, 菅谷淳夫シナリオ　小学館　2008.7　159p　23cm（小学館版学習まんが人物館）〈肖像あり　年譜あり〉900円　①978-4-09-270019-2　Ⓝ289.3

目次 第1章 コルシカに生まれて, 第2章 救世主ナポレオン誕生, 第3章 フランスの頂点へ, 第4章 獅子奮迅の日々, 第5章 さらばフランスよ

内容 ナポレオンを一生にわたって動かしていった原動力、それは少年時代からの夢でしょう。ナポレオンは九歳のときにコルシカ島からフランス本土に渡ります。大きく見れば、このときナポレオンという容器から島はすべり落ち、そうした容器にアレクサンドロス大王とかカエサルという古代の英雄たちの事蹟とイメージ、数学その他の学問、フランス革命へといたる新しい思想などが注がれてくるのです。

『新装世界の伝記　31　ナポレオン』浜田けい子著　ぎょうせい　1995.12　309p　20cm　1600円　Ⓘ4-324-04474-0

目次 第1章 鷲ははばたいた（地中海の小島, 船出, ラパイオネ ほか）, 第2章 鷲はまいあがった（断頭台, 美の女神, 兵士たちよ ほか）, 第3章 鷲はおちた（革命は終った, 皇帝ナポレオン一世, アウステルリッツの太陽 ほか）

『ナポレオン―荒れ野のライオンとよばれた英雄』三上修平シナリオ，古城武司漫画　集英社　1992.3　141p　23cm　（集英社版・学習漫画―世界の伝記）〈監修：木村尚三郎〉800円　Ⓘ4-08-240021-4

目次 荒れ野のライオン, 軍人への道, さらばコルシカ, ツーロンの英雄, フランスの救世主, 革命はおわった, フランス皇帝, 栄光のにじ

内容 ナポレオンは、その名まえの意味から、「荒れ野のライオン」とよばれ、「英雄」としてたたえられました。みなさんのなかには、戦争のような悪いことをした人は、英雄ではないという人もいると思います。しかし、フランス革命がおきたあと、フランス国内は混乱し、また、まわりの国ぐには、新政府をつぶそうとしました。この危機からフランスをすくったのが、ナポレオンでした。この本を読んで、ナポレオンがどうして英雄といわれたか、また、なぜ人気があるのかを考えてほしいと思います。

『ナポレオン―ライオン皇帝』那須辰造著　講談社　1982.3　237p　18cm　（講談社火の鳥伝記文庫）390円　Ⓘ4-06-147523-1

『少年少女世界伝記全集―国際版　第16巻　ナポレオン, ノーベル』小学館　1982.2　133p　28cm　1350円

◆◆マリー・アントワネット

『マリー・アントワネット―革命の犠牲になったフランス最後の王妃』石井美樹子監修，市川能里まんが，黒沢哲哉シナリオ　小学館　2005.4　159p　23cm　（小学館版学習まんが人物館）〈年譜あり〉850円　Ⓘ4-09-270017-2　Ⓝ289.3

目次 第1章 ひとりぼっちの王女, 第2章 首かざり事件, 第3章 しのびよる革命の嵐, 第4章 嵐の中の小舟, 第5章 最後のとき

内容 外国人の王妃は、民衆にとって、憎むにはつごうのいい対象でした。民衆は王妃を「オーストリア女」とよび、ののしりました。フランス革命のぎせいとなったマリー・アントワネットは、堂どうとした態度で死にのぞみました。革命の犠牲になったフランス最後の王妃の物語。

『マリー・アントアネット―革命に散った悲劇の王妃』堀ノ内雅一シナリオ，千明初美漫画　集英社　1992.3　141p　23cm　（集英社版・学習漫画―世界の伝記）〈監修：木村尚三郎〉800円　Ⓘ4-08-240020-6

目次 おてんばのお妃候補,14歳の花嫁, パリの人気者, フランス王妃の座, 落ちていく人気, 革命の足音, フランスをすてて, なみだの別れ, いけにえにされた王妃

内容 マリー・アントアネットは、ぜいたくな生活をして、国民にきらわれたフランス王妃として有名です。そのためフランス革命がおき、処刑されたのはあたりまえだと思っている人もいることでしょう。たしかに王妃として自覚がたりなかったところもありますが、この時代、マリー・アントアネット自身ではどうにもならない社会のしくみや、歴史の流れがあったのです。

『マリーアントワネット』真野一雄文，鈴木博子絵　オレンジーポコ　1986.2　31p　30×21cm　（English is Fun オレンジ絵本伝記シリーズ 第22巻）840円　Ⓘ4-900359-47-5

◆◆リンカーン

『リンカーン』小沢正文，宮本忠夫絵　ひさかたチャイルド　2006.11　31p　27cm　（伝記絵本ライブラリー）〈年譜あり〉1400円　Ⓘ4-89325-670-X　Ⓝ289.3

内容 満足に学校へ通えず、家族にも恵まれなかった少年時代。それでも、決して希望を捨てなかったリンカーンは、やがてアメ

リカの英雄とまで呼ばれるようになります。「人民の人民による人民のための政治」を勝ち取るために闘い、ついにはどれい解放を実現させた、信念の人の物語。

『エイブ・リンカーン』吉野源三郎著，向井潤吉絵　童話屋　2003.12　429p　16cm　（この人を見よ 1）1500円　①4-88747-040-1　Ⓝ289.3
目次 第1部 労働者エイブ（船出, ケンタッキーの思い出 ほか）, 第2部 いなか弁護士（ふしぎな地下鉄, 苦闘十五年 ほか）, 第3部 最後の勝利（私情を越えて,「失われた演説」ほか）, 第4部 人民の父（大統領就任, 戦争はついに始まった ほか）
内容 だれにも生きる意味がある。役目がある。天才なんていない。みんなふつうなのだ。リンカーンも、ふつうだ。だが、彼は差別を憎んだ。勇敢にたたかって、奴隷を解放した。きみは何をするか。リンカーンがお手本だ。

『リンカーン』小沢正文，宮本忠夫絵　チャイルド本社　2002.10（第4刷）30p　25cm　（こども伝記ものがたり2 絵本版 7　西本鶏介責任編集）　571円　①4-8054-2418-4
内容 貧しい開拓民の子どもとして丸太小屋で生まれ、満足に学校へも行けなかった少年が、大統領までのぼりつめた一生。

『エイブ・リンカーン』吉野源三郎著　改訂版　ポプラ社　2000.7　323p　20cm　（吉野源三郎全集 ジュニア版 4）〈年譜あり〉1200円　①4-591-06535-9
目次 第1部 労働者エイブ（船出, ケンタッキーの思い出 ほか）, 第2部 いなか弁護士（ふしぎな地下鉄, 苦闘十五年 ほか）, 第3部 最後の勝利（私情を越えて,「失われた演説」ほか）, 第4部 人民の父（大統領就任, 戦争はついにはじまった ほか）
内容 ここでわたしたちの語ることなどを、長く記憶していないでしょう。人民の、人民による、人民のための政治を、断じてこの地上から死滅させないこと、であります。

『リンカーン―自由と平等をもとめた人』内田庶作，金成泰三絵　岩崎書店　1999.5　142p　18cm　（フォア文庫 B214）〈年譜あり〉560円　①4-265-06325-X
目次 人民の人民による人民のための政治, 本ずきの少年, なにが正しいか、すぐわかる, どれい市場, 正直エイブ, ぼうしの郵便局, ゆううつそうな顔, 学校へ行っていない大統領候補,『独立宣言』が泣く, 北と南にわかれて, ひざまずくのは神様だけに
内容 アメリカの開拓民の子に生まれたリンカーンは、少年のころに新しいおかあさんの影響で読書に熱中し、『独立宣言』を読んで、人間がだれでも平等で自由と幸福をもとめる権利があることに目を開かれます。そして、ひとりで法律を勉強して弁護士になった後、国会議員から大統領にかけあがり、どれい解放をさけんだためについに暗殺されるまでの感動の一生とは…。小学校中・高学年向。

『新装世界の伝記　50　リンカーン』山主敏子著　ぎょうせい　1995.12　297p　20cm　1600円　①4-324-04493-7
目次 第1章 青春時代（丸太小屋の赤ん坊, 荒野を旅して, やさしい義母サラ ほか）, 第2章 壮年時代（州議員に最高点当選, 弁護士業を始める, メアリー・トッドと会う ほか）, 第3章 大統領時代（棒杭作りの大統領, 離れわざのワシントン入り, ホワイトハウスの女主人 ほか）

『エイブラハム・リンカン―「奴隷解放宣言」を発して奴隷制度を廃止し、民主主義の指針を示したアメリカの大統領』アンナ・スプロウル著，茅野美ど里訳　偕成社　1994.3　177p　22cm　（伝記 世界を変えた人々 16）1500円　①4-03-542160-X
目次 黄金のペンを持った男,「奴隷としてとらわれているすべての人々」, 自由とそれに…, 三つの“業績”, 丸太小屋に生まれて, フロンティア, サリーと本, もうたくさん, ひと味ちがう暴れ者, 政治と法律,「人間はみな平等」, 北部と南部, 市場と機械と、それに綿, 馬のほうがまし, 奴隷の家族の運命, 自由が待っている北部,『アンクル・トムの小屋』,〈最大の義務〉, 新政党の指導者もとむ,

エイブラハム・リンカン、大統領に, 人民による人民のための政府, 南北戦争, リンカンの〈秘密兵器〉, リンカン、決意する, 大統領の契約, ゲティスバーグの戦い, 連邦の戦没者墓地, 黒人が入隊する, ジョージア州でのシャーマン, 次は平和を勝ちとること, 銃声, 大統領の死, 選挙権,「わたしには夢がある」〔ほか〕

内容 一八六三年一月一日、アメリカ合衆国第十六代大統領エイブラハム・リンカンは、「奴隷解放宣言」に署名し、四百万人ちかい奴隷の解放を宣言しました。リンカンには、南部の州の奴隷を自由にすることによって、アメリカを二分している南北戦争を終わらせ、連邦の統一をはかるという政治的な考えがありましたが、「奴隷解放宣言」を発した勇気、またその人間性から考えた「宣言」の影響の大きさは、はかりしれません。奴隷制度が廃止された後も、アメリカの黒人たちをはじめ、ほんとうの人種的平等を勝ちとる闘いは、世界各地で、今日まで続けられていますが、その最初の記念すべき第一歩は、一八六三年一月元旦に踏みだされたのです。小学中級から大人まで。

『リンカーン』上崎美恵子文, カターニオ絵　小学館　1994.1　116p　21cm　(新訂版オールカラー世界の伝記 11)　980円　Ⓘ4-09-231105-2

目次 1 丸木小屋の一家,2 新しい母親,3 オハイオ川のわたしぶね,4 かなしいどれいたち,5 大とうりょうのあごひげ,6 南北戦争,7 どれいかいほうの父

内容 丸木小屋で生まれたリンカーンは、家が貧しくて学校へも行けませんでした。リンカーンは独力で勉強を続け、ついにアメリカの第十六代大統領に選ばれました。人間の自由と平等を説いて、南部の黒人どれいを解放するために戦いました。

『リンカン―アメリカを変えた大統領』ラッセル・フリードマン著, 金原瑞人訳　偕成社　1993.8　237p　22cm　1800円　Ⓘ4-03-814150-0

目次 第1章 なぞの人、リンカン, 第2章 開拓地の少年, 第3章 法律を学び、政治の世界へ, 第4章 奴隷制度を半ばみとめ、半ばみとめず, 第5章 黒人奴隷に自由を！, 第6章 このひさんな戦い, 第7章 ホワイトハウスでだれか死んだのかね？, リンカン年譜

内容 丸太小屋からホワイトハウスへというアメリカン・ドリームを体現した大統領の努力と栄光そして苦悩。アメリカの変革の歴史を重ねあわせ、豊富な写真・図版で構成。ニューベリー賞受賞の決定版。

『自由と平等をもとめた人―リンカーン』内田庶文, 金成泰三絵　岩崎書店　1992.4　99p　26cm　(伝記・人間にまなぼう 9)　2400円　Ⓘ4-265-05409-9

目次 人民の人民による人民のための政治, 本ずきの少年, なにがただしいか、すぐわかる, どれい市場, 正直エイブ, ぼうしの郵便局, ゆううつそうな顔, 学校へいっていない大統領候補,『独立宣言』が泣く, 北と南にわかれて, ひざまずくのは神様だけに, 略年表

『リンカーンものがたり―平等と平和を勝ちとった大統領』西岡光秋ぶん, 小室しげこえ　金の星社　1991.3　75p　22cm　(せかいの伝記ぶんこ 5)　780円　Ⓘ4-323-01435-X

目次 かなしいながめ, あたらしいおかあさん, どれいいちば, ぼうしゆうびんきょく, ひげのだいとうりょう, みんなのためのせいじ, へいわとじゆうのために

内容 偉人たちは、どんな子どもだったのだろう？リンカーンは、正義感のつよい子だった!?…おとなになると、大統領になり、奴隷を解放しました。大きくて、よみやすい文字、人気マンガ家のたのしいさしえ。小学校2・3・4年生向。

『リンカーン―どれい解放をおこなった大統領』三上修平シナリオ, かたおか徹治漫画　第2版　集英社　1989.9　141p　21cm　(学習漫画 世界の伝記)　700円　Ⓘ4-08-240010-9

目次 開拓者の子, 悲しみをのりこえて, 勉強が大好き!!, 法律の力, ニュー・オリンズへ, どれい市場, 政治家リンカーン, 第16代大統領, 南北戦争, どれい解放の父

内容 リンカーンは、「どれい解放の父」といわれていまも尊敬されている、アメリカ合衆国第16代大統領です。開拓者の子どもと

して丸木小屋に生まれたリンカーンは、ほとんど学校へは、いっていません。しかし、努力して弁護士のしかくをとり、やがて大統領になりました。そして、合衆国がどれい制度をめぐってふたつに分裂する危機をふせぎました。

『リンカーン』砂田弘著，柳柊二画　講談社　1989.3　237p　22cm　（少年少女伝記文学館　第11巻）1400円　①4-06-194611-0

目次 1 丸太小屋の少年,2 波乱の青年時代,3 大統領への道,4 人民のための政治

内容 アメリカ独立宣言の精神、自由と平等を尊重し、どれい解放をめざした大統領リンカーン。不幸な南北戦争をのりこえ、その心は現代に生きている。

『リンカーン―かわいそうなどれいを自由にしたアメリカの大統領』牧ひでを文，木村光雄絵　学習研究社　1985.11　67p　23cm　（学研アニメ伝記シリーズ）650円

『伝記世界の偉人　11　リンカーン』平松修作画　中央公論社　1985.4　143p　23cm　（中公コミックス）〈監修：永井道雄，手塚治虫〉750円　①4-12-402499-1

『偉人リンカーン―丸太小屋に生まれた「奴隷解放の父」』小山規まんが　秋田書店　1985.3　145p　23cm　（まんが学習アルバム―伝記シリーズ）〈監修：児玉三夫〉750円　①4-253-01033-4

『世界の伝記―国際カラー版　第5巻　リンカーン』上崎美恵子文，ピエロ・カターニオ絵　小学館　1982.12　116p　21cm　650円

『リンカーン―どれい解放の父』松岡洋子著　講談社　1981.11　229p　18cm　（講談社火の鳥伝記文庫）390円　①4-06-147515-0

『少年少女世界伝記全集―国際版　第3巻　リンカーン，ベートーベン』小学館　1981.1　133p　28cm　1350円

◆◆ワシントン

『世界の伝記―国際カラー版　第28巻　ワシントン』有馬志津子文，セベリノ・バラルディ絵　小学館　1984.11　116p　21cm　650円　①4-09-231128-1

『ワシントン―アメリカ建国の父』わだとしお著　講談社　1984.4　205p　18cm　（講談社火の鳥伝記文庫）390円　①4-06-147552-5

『ワシントン―アメリカの初代大統領』清水博監修　学習研究社　1984.3　128p　23cm　（学習まんが―伝記シリーズ）680円　①4-05-100407-4

『少年少女世界伝記全集―国際版　第23巻　ワシントン，ツェッペリン』小学館　1982.9　133p　28cm　1350円

歴史の中の人びと（日本）

『子供寺子屋 親子で学ぶ偉人伝　巻4』荒川和彦，荒川春代監修　明成社　2008.11　271p　21cm〈付属資料：DVD1〉2000円　①978-4-944219-69-8

目次 乃木希典，明治天皇，福島安正，夏目漱石，豊田佐吉，広瀬武夫，寺田寅彦，昭和天皇，修身，唱歌

内容 日本の頭脳と背骨を創った偉人たち。

『子供寺子屋 親子で学ぶ偉人伝　巻3』荒川和彦，荒川春代監修　明成社　2008.6　255p　21cm〈付属資料：DVD1〉2000円　①978-4-944219-68-1

目次 二宮金次郎，鹿持雅澄，藤田東湖，西郷隆盛，吉田松陰，橋本左内，高杉晋作，東郷平八郎，修身，唱歌

内容 日本の頭脳と背骨を創った偉人たち。

『子供寺子屋 親子で学ぶ偉人伝　巻2』荒川和彦，荒川春代監修　明成社　2008.4　255p　21cm〈付属資料：DVD1〉2000円　①978-4-944219-67-4

目次 9 源義家,10 北条時宗,11 楠正成,12

豊臣秀吉,13 山鹿素行,14 荷田春満,15 賀茂真淵,16 間宮林蔵, 修身(ことばづかひ, 自信, 主婦の務, 勤労, 兄弟, 油断するなかれ, 日本は神の国, 徳行), 唱歌(八幡太郎, 茶摘, 箱根八里, 村祭, われは海の子, 夏は来ぬ, 紅葉, ふるさと)

内容 日本の頭脳と背骨を創った偉人たち。スカイパーフェクTV「日本文化チャンネル桜」で放送された『子ども寺子屋桜』をもとに製作。授業で暗誦された「修身」の文章及び唱歌を巻末に掲載。附録のDVDには、本書に掲載の偉人を取りあげた八回分の授業が収録されてる。

『子供寺子屋 親子で学ぶ偉人伝 巻1』 荒川和彦, 荒川春代監修 明成社 2008.2 271p 21cm〈付属資料:DVD1〉2000円 ①978-4-944219-64-3

目次 1 天石屋戸,2 天孫降臨,3 神武天皇,4 崇神天皇,5 垂仁天皇,6 聖徳太子,7 藤原鎌足,8 和気清麻呂, 修身, 唱歌

内容 日本の頭脳と背骨を創った偉人たち。

『生活・行事をはじめた人』 湯本豪一監修 日本図書センター 2008.2 51p 31cm (まるごとわかる「日本人」はじめて百科 1) 4400円 ①978-4-284-20079-0 Ⓝ380

『政治・社会の仕組みをつくった人』 湯本豪一監修 日本図書センター 2008.2 51p 31cm (まるごとわかる「日本人」はじめて百科 5) 4400円 ①978-4-284-20083-7 Ⓝ300

『日本の偉人ものがたり22話—夢と希望を与える』 PHP研究所編 PHP研究所 2006.6 95p 26cm〈年表あり〉1000円 ①4-569-65259-X Ⓝ281.04

目次 困難に負けなかった人たち, 信じた道をつらぬいた人たち, 新しい発明・発想をした人たち, 平和のために活動した人たち, やさしさ・愛を与えた人たち

内容 読み聞かせに、歴史の学習に。親子で読むやさしい伝記。

『日本の歴史ライバル対決—まんがヒーロー列伝』 田代脩監修, 大沼津代志まんが原作, かわのいちろう, 工藤ケン, 河伯りょうまんが 学習研究社 2005.10 191p 19cm 743円 ①4-05-202433-8 Ⓝ210.1

目次 聖徳太子VS煬帝, 源頼朝VS源義経, 足利尊氏VS楠木正成, 織田信長VS今川義元, 徳川家康VS石田三成, 西郷隆盛VS大久保利通

内容 なぜ義経は頼朝と対立したのか!?歴史を変えた6大ライバルが激突。

『時代のヒーローたちのホントの話—100人のおもしろ歴史人物伝』 平野あきら著, 藤生ゴオ画 ポトス出版 2004.12 205p 21cm 1500円 ①4-901979-09-4 Ⓝ281

『日本の歴史ライバル人物伝』 ながいのりあきまんが・イラスト, 川口素生構成・解説 小学館 2004.10 191p 19cm (小学館学習まんがシリーズ—科学・歴史人物伝 2)〈年表あり〉743円 ①4-09-296302-5 Ⓝ210.1

目次 まんが「中大兄皇子対蘇我入鹿」, まんが「源頼朝対源義経」, まんが「織田信長対明智光秀」, まんが「武蔵対小次郎」, まんが「新選組対尊皇攘夷派」, まんが「白虎隊対新政府軍」

内容 邪馬台国の昔から、日本の歴史はライバルたちの闘いによって築かれてきた。大化の改新から幕末明治維新まで、その時代を象徴するヒーローたちの対決の真実に迫る。

『伝えたいふるさとの100話』 「伝えたいふるさとの100話」選定委員会監修, 地域活性化センター編 地域活性化センター 2004.2 209p 26cm〈編集協力:総務省自治行政局自治政策課〉Ⓝ281

『感謝の心を忘れずに—勇気を与えてくれる歴史上の人物12人の絵物語』 下川高士絵・文 新人物往来社 2003.11 77p 21cm (シリーズ:こどもとおとなたちに贈る人物日本の歴史 2) 1000円 ①4-404-03172-6 Ⓝ281

目次 井深八重—ハンセン病患者の看護に一生を捧げた看護師, 行基—仏教を民衆に広め、社会事業に尽くした僧侶, 金田一京助—アイヌ語研究に先駆的役割を果たした言語

学者，西郷隆盛―鹿児島に生まれた明治維新の指導者的政治家，菅原道真―学問の神様として祀られた平安時代の悲運の学者，杉原千畝―ナチスの迫害から多くのユダヤ人を救った外交官，徳川家康―戦乱の世に終止符を打った江戸幕府初代将軍，新田義貞―鎌倉幕府を倒し、南北朝の動乱を生きた悲劇の武将，土方歳三―激動の幕末期を「誠」に生きた新選組「鬼の副長」，北条政子―源頼朝亡き後の鎌倉幕府を命懸けで守った尼将軍，細川ガラシャ―明智光秀の娘で、愛と信仰に生きた戦国大名の妻，吉川英治―『宮本武蔵』など、数多くの作品を残した大衆小説家

内容 勇気を与えてくれる歴史上の人物12人の絵物語。

『努力は必ず報われる―勇気を与えてくれる歴史上の人物12人の絵物語』 下川高士絵・文　新人物往来社　2003.6　77p　21cm　（シリーズ：こどもとおとなたちに贈る人物日本の歴史 1）1000円　Ⓘ4-404-03132-7　Ⓝ281

目次 新井白石―徳川将軍を支えた記憶力抜群の儒学者，伊能忠敬―正確な日本地図を初めて作成した測量者，楠本いね―シーボルトの娘、日本人初の女医，坂本竜馬―薩長同盟の実現に尽力した志士，田中正造―足尾銅山鉱毒問題に、半生をかけて闘った政治家，二宮尊徳―荒れ果てた農村の復興に力を尽くした農政家，野口英世―細菌学研究に取り組んだ世界的な医学者，塙保己一―盲目をのりこえて古典の研究に貢献した学者，樋口一葉―独学で教養を身につけた天才小説家，福沢諭吉―慶応義塾を創設し、多くの学者を輩出した思想家，前畑秀子―オリンピック競泳女子で日本人初の金メダリスト，牧野富太郎―約2500種の植物の名付け親になった植物分類学者

内容 歴史上に名を残した偉人たち。でも、元をただせば普通の人々。それぞれが、その時々に努力・感謝・信念を心に持ちつづけて物事を成し遂げてきたのです。現代社会に生きる私たちが、苦境に立たされたときに、生きるヒントと勇気を与えてくれます。

『ノーベル賞を受賞した日本人―人類の発展につくした日本人』 戎崎俊一監修　ポプラ社　2003.4　48p　29cm　（ノーベル賞100年のあゆみ 7）2800円　Ⓘ4-591-07517-6,4-591-99483-X　Ⓝ281

目次 2002年日本人初のダブル受賞，湯川秀樹，朝永振一郎，川端康成，江崎玲於奈，佐藤栄作，福井謙一，利根川進，大江健三郎，白川英樹，野依良治，小柴昌俊，田中耕一，ノーベル賞候補となった日本人

『日本史人物55人のひみつ』 小和田哲男監修，甲斐謙二まんが　学習研究社　2003.3　136p　23cm　（学研まんが新ひみつシリーズ）〈年表あり〉880円　Ⓘ4-05-201767-6　Ⓝ281

目次 第1章 大むかしの世の中 古墳～飛鳥時代（まじないによる神のおつげで国に支配した―卑弥呼，仏教を日本にひろめた豪族―蘇我馬子 ほか），第2章 貴族の世の中 奈良～平安時代（平和を願い大仏をつくった―聖武天皇，藤原氏をさかえさせた―藤原道長 ほか），第3章 武士の世の中 鎌倉～安土桃山時代（平氏をやぶり鎌倉幕府を開いた―源頼朝，平氏と戦った頼朝の弟―源義経 ほか），第4章 徳川幕府の世の中 江戸時代（関ヶ原の戦いに勝ち江戸幕府を開いた―徳川家康，キリスト教を禁止し鎖国をおこなった―徳川家光 ほか），第5章 文明開化の世の中 明治時代（憲法を発布し近代国家をつくった―明治天皇，官軍をひきいて幕府をたおした―西郷隆盛 ほか）

『日本の歴史15人』 小学館　2002.8　191p　19cm　（ドラえもんの学習シリーズ―ドラえもんの社会科おもしろ攻略）760円　Ⓘ4-09-253176-1

目次 卑弥呼，聖徳太子，聖武天皇，藤原道長，平清盛，源頼朝，北条時宗，足利義満，豊臣秀吉，徳川家康，徳川吉宗，西郷隆盛，伊藤博文，犬養毅，吉田茂

内容 歴史には、たくさんの人々が登場する。本書では、日本の時代の流れを知る上で最初のキーポイントになる人物15人を取り上げて、わかりやすく漫画で解説した。この人を柱にしていろいろな事実を肉付けする事によって、子どもたちの歴史理解が一層深まる。また、全国的に中学入試に高い合格実績を持つ、「日能研」の指導を受け

ているので、社会科の成績アップと中学入試の基礎勉強に役立つ。

『おもしろ歴史人物100―学校では教えない』古川範康監修，講談社編　講談社　1999.8　229p　21cm〈索引あり〉1500円　①4-06-209270-0

目次 旧石器・縄文時代「50万年前～2300年前」,弥生時代「紀元前400～紀元300年ころ」,古墳時代「300～500年ごろ」,飛鳥時代「592～710年」,奈良時代「710～784年」,平安時代「794～1192年」,鎌倉時代「1192～1333年」,室町時代「1336～1573年」,安土・桃山時代「1573～1603年」,江戸時代「1603～1867年」,明治時代「1868～1912年」,大正時代「1912～1926年」,昭和時代「1926～1989年」

内容 歴史の調べ学習に役立つエピソードがいっぱい！大人にも読んでほしい、1万年の最新歴史物語。小学校5年生から。

『日本の歴史人物伝―時代を動かした人びと　まんが』ムロタニ・ツネ象まんが　くもん出版　1999.7　415p　23cm〈年表あり　索引あり〉1600円　①4-7743-0326-7

目次 1章 政治や戦いで国を動かした人びと(卑弥呼,聖徳太子,中大兄皇子 ほか),2章 新しい道をきりひらいた人びと(空海,日蓮,一休宗純 ほか),3章 文化や芸術の発展につくした人びと(紫式部,松尾芭蕉,葛飾北斎 ほか)

内容 卑弥呼から坂本竜馬、夏目漱石まで、日本の歴史の表舞台で活躍した55人の人物たちの生涯。

『日本の偉人物語―子どものときに読んでおきたい20人 夢と信念に生きた人々』世界文化社　1998.6　301p　24cm(別冊家庭画報) 2700円　①4-418-98112-8

『新しい産業をおこす』笠原秀文　ポプラ社　1996.4　47p　31cm　(きょう土につくした人びとふるさと歴史新聞 5)〈監修：次山信男〉2800円　①4-591-05038-6

目次 昭和時代初期 とうきょう(東京都台東区)―地下鉄と早川徳次,江戸時代末期 ふくしま(福島県いわき市)―常磐炭田と片寄平蔵,明治時代末期 いばらき(茨城県日立市)―日立製作所と小平浪平,明治時代中期 ひたち(茨城県水戸市)―水戸納豆と笹沼清左衛門,明治時代初期 ぐんま(群馬県藤岡市)―新しい養蚕法と高山長五郎,大正時代前期 かながわ(神奈川県川崎市)―京浜工業地帯と浅野総一郎,明治時代前期 やまなし(山里県勝沼町)―甲州ワインと高野正誠・土屋助次郎〔ほか〕

『新しい特産物をつくる』和順高雄文　ポプラ社　1996.4　47p　31cm　(きょう土につくした人びとふるさと歴史新聞 4)〈監修：次山信男〉2800円　①4-591-05037-8

目次 明治時代中期 みえ(三重県鳥羽市)―真珠の養殖と御木本幸吉,江戸時代後期 おわせ(三重県尾鷲市)―シビ漁と芝田吉之丞,明治時代後期 ほっかいどう(北海道上磯町)―男爵イモと川田竜吉,明治時代初期 いしかり(北海道広島町)―米づくりと中山久蔵,明治時代初期 さっぽろ(北海道札幌市)―酪農指導とエドウィン・ダン,明治時代初期 あおもり(青森県弘前市)―青森リンゴと菊池楯衛,明治時代後期 あきた(秋田県小坂町)―十和田湖のヒメマスと和井内貞行〔ほか〕

『あれ地を田畑に！　西日本編』笠原秀文　ポプラ社　1996.4　47p　31cm　(きょう土につくした人びとふるさと歴史新聞 2)〈監修：次山信男〉2800円　①4-591-05035-1

目次 江戸時代末期 くまもと(熊本県矢部町)―通潤橋と布田保之助,江戸時代中期 ひご(熊本県多良木町)―幸野溝と高橋政重,大正時代末期 かごしま(鹿児島県鹿屋市)―笠野原台地開発と中原菊次郎,とくしま(徳島県徳島市)―袋井用水と楠藤吉左衛門,昭和時代初期 かがわ(香川県大野原町)―豊稔池石積みダムと加地茂治郎,明治時代中期 おかやま(岡山県岡山市)―児島湾かんたくと藤田伝三郎,江戸時代初期 しまね(島根県出雲市)―荒木新田と大梶七兵衛〔ほか〕

『あれ地を田畑に！　東日本編』笠原秀文　ポプラ社　1996.4　47p　31cm　(きょう土につくした人びとふるさと歴史新

聞 1)〈監修：次山信男〉2800円
Ⓘ4-591-05034-3
目次 明治時代中期 ほっかいどう(北海道帯広市)―十勝平野の開たくと依田勉三, 江戸時代後期 あおもり(青森県十和田市)―三本木原開たくと新渡戸伝, 江戸時代後期 あきた(秋田県能代市・秋田市)―海岸植林と栗田定之丞, 江戸時代後期 おが(秋田県若美町)―男鹿半島の新田開発と渡部斧松, 昭和時代中期 はちろうがた(秋田県大潟村)―八郎潟のかんたく, 明治時代後期 みやぎ(宮城県鹿島台町)―品井沼かんたくと鎌田三之助, 明治時代中期 とちぎ(栃木県西那須野町)―那須疎水と印南丈作・矢板武〔ほか〕

『川とたたかう』二木紘三文 ポプラ社 1996.4 47p 31cm (きょう土につくした人びとふるさと歴史新聞 3)〈監修：次山信男〉2800円
Ⓘ4-591-05036-X
目次 明治時代中期 きょうと(京都府京都市)―琵琶湖疎水と田辺朔郎, 江戸時代初期 たんば(京都府亀岡市)―保津川開さくと角倉了以, 昭和時代中期 いわて(岩手県紫波町)―山王海ダムと藤尾太郎, 江戸時代初期 とうきょう(東京都羽村市〜新宿区)―玉川上水と玉川兄弟, 明治時代中期 かながわ(神奈川県横浜市)―横浜上水道とパーマー, 江戸時代中期 さがみ(神奈川県山北町)―皆瀬川改修と湯山弥五右衛門, 室町時代後期 やまなし(山梨県竜王町)―信玄堤と武田信玄〔ほか〕

『ふるさとに文化のともしびを』和順高雄文 ポプラ社 1996.4 47p 31cm (きょう土につくした人びとふるさと歴史新聞 6)〈監修：次山信男〉2800円
Ⓘ4-591-05039-4
目次 明治時代中期 みやざき(宮崎県高鍋町)―多くの孤児をすくった石井十次, 江戸時代末期 ぐんま(群馬県館林市)―天然痘の予防接種をした長沢理玄, 明治時代初期 とうきょう(東京都新島)―新島の医療につくした上平主税, 明治時代初期 かながわ(神奈川県藤沢市)―村民教育につくした小笠原東陽, 明治時代初期 ちくま(長野県飯田市)―麻績小校をたてた村人たち, 明治時代末期 ながの(長野県飯山市)―スキーの普及と市川達譲, 昭和時代後期 きそ(長野県南木曽町)―妻籠宿の保存と片山亮喜〔ほか〕

『ふるさとの自然をまもる』笠原秀文 ポプラ社 1996.4 47p 31cm (きょう土につくした人びとふるさと歴史新聞 7)〈監修：次山信男〉2800円
Ⓘ4-591-05040-8
目次 1910年ころ わかやま(和歌山県田辺市)―神島の自然保護と南方熊楠,1970年ころ くしろ(北海道釧路市)―釧路湿原の保護と田中瑞穂,1985年ころ ねむろ(北海道根室市)―シマフクロウの保護と山本純郎,1990年ころ あきた(秋田県藤里町)―白神山地のブナ林と鎌田孝一,1985年ころ みやぎ(宮城県迫町・築館町・若柳町)―伊豆沼・内沼の保護と堺博,1900年ころ とちぎ(栃木県足尾町)―足尾鉱毒事件と田中正造,1970年ころ ぐんま(群馬県片品村)―尾瀬の自然保護と平野長靖〔ほか〕

『歴史を生きた78人一人物アルバム 6 日本と外国をむすんだ人たち―鑑真・支倉常長・ペリー・中浜万次郎・新渡戸稲造など13人』桜井信夫文 PHP研究所 1992.11 37p 31cm 2600円
Ⓘ4-569-58797-6

『歴史を生きた78人一人物アルバム 5 未知の世界にいどんだ人たち―杉田玄白・伊能忠敬・間宮林蔵・野口英世・湯川秀樹など13人』美田健一郎文 PHP研究所 1992.11 37p 31cm 2600円
Ⓘ4-569-58796-8

『歴史を生きた78人一人物アルバム 4 文化をそだてた人たち―紫式部・雪舟・松尾芭蕉・葛飾北斎・夏目漱石など13人』藤森陽子文 PHP研究所 1992.11 37p 31cm 2600円 Ⓘ4-569-58795-X

『歴史を生きた78人一人物アルバム 3 時代をかえた武将たち―源頼朝・足利尊氏・織田信長・豊臣秀吉・徳川家康など13人』三田村信行文 PHP研究所 1992.11 37p 31cm 2600円
Ⓘ4-569-58794-1

『歴史を生きた78人一人物アルバム　2　国を動かした人たち一聖徳太子・中大兄皇子・藤原道長・徳川家光・明治天皇など13人』笠原秀文　PHP研究所　1992.11　37p　31cm　2600円　①4-569-58793-3

『歴史を生きた78人一人物アルバム　1　未来をみつめた人たち一平賀源内・坂本竜馬・福沢諭吉・田中正造・豊田佐吉など13人』三浦はじめ文　PHP研究所　1992.11　37p　31cm　2600円　①4-569-58792-5

『地域につくした人たち』高野尚好指導　学習研究社　1991.4　62p　27cm　（絵で見るふるさとの伝統さがし 7）　①4-05-105541-8

『国際交流につくした日本人　7　南アメリカ/オセアニア（天野芳太郎・黒沼ユリ子ほか）』くもん出版　1991.3　227p　23cm〈監修：長沢和俊, 寺田登〉2200円　①4-87576-588-6

目次 ブラジル移民の父 上塚周平, アンデス文明に魅せられた男たち 泉靖一と天野芳太郎, 白人社会のかべをのりこえて 奥村政太郎, ニューギニア高地人と心の友となった藤木高嶺, アマゾンの少数民族をたずねて 豊臣靖, 太平洋をわたる音楽のかけ橋 黒沼ユリ子〔ほか〕

『国際交流につくした日本人　6　北アメリカ（ジョン万次郎・津田梅子ほか）』くもん出版　1991.3　227p　23cm〈監修：長沢和俊, 寺田登〉2200円　①4-87576-587-8

目次 漂流から日米外交のかけ橋に ジョン万次郎, 日本初の女子留学生 津田梅子, アラスカに新しい村を建設した フランク安田, 人類のために生きた医学者 野口英世, 世界じゅうで愛される映画監督 黒沢明, サイエンスに国境はない 江崎玲於奈, 分子生物学で生命のなぞにいどむ 利根川進

内容 そのころ、日本から外国へ行く留学生は、だいたいヨーロッパやアメリカへ行って、それぞれの進んだ文化を学ぼうとしました。とくにアメリカは、1854年、ペリーが「日米和親条約」をむすび、はじめて日本を開国にふみきらせたので、多くの日本人が留学しました。第6巻では、北アメリカの国の人びととの交流につくした人たちをとりあげました。小学校中級以上むき。

『国際交流につくした日本人　5　ヨーロッパ2/ソ連（大黒屋光太夫・奥寺康彦ほか）』くもん出版　1991.3　227p　23cm〈監修：長沢和俊, 寺田登〉2200円　①4-87576-586-X

目次 江戸をめざすもロシアに漂着 大黒屋光太夫, 日・露・共同で船を建造 戸田村の人びと, 免疫血清療法で医学に貢献 北里柴三郎, ドイツの“私設公使”として大活やく 玉井喜作, ヨーロッパ統合の祖母 クーデンホーフ伯爵夫人光子, 六千人のユダヤ人を救出 杉原千畝, 日本人初のプロサッカー選手 奥寺康彦

内容 1990年11月23日、一機の飛行機が、新潟空港からソ連へ向けてとびたちました。機内には、大やけどがなおって元気になったコンスタンチン君と、そのご両親が乗っていました。このニュースは、テレビや新聞などでも大きくとりあげられ、日本とソ連との友好の深まりをあらわすできごととして、わたしたちに大きな感動をあたえました。この巻では、ソ連とドイツをふくめたヨーロッパ東部にわたって、交流につくした日本人をとりあげました。小学校中級以上むき。

『国際交流につくした日本人　4　ヨーロッパ1（福沢諭吉・三浦環ほか）』くもん出版　1991.1　227p　23cm〈監修：長沢和俊, 寺田登〉2200円　①4-87576-585-1

目次 自由と平等の社会をめざして 福沢諭吉, 東京オリンピック開催のために力をつくした 嘉納治五郎, 大英博物館の日本人学者 南方熊楠, 世界のプリマドンナ 三浦環, ラグーザ玉 イタリアの日本画教授, 日本の洋画に独自の画風をつくりあげた 梅原竜三郎, 林忠正 浮世絵が世界の絵をかえた, 世界にほこるホンダのエンジン ホンダF1チーム

内容 いまの日本は、経済大国として、世界でいちばんゆたかな国だといわれています。しかし、いまから百年前の日本は、やっと

近代化の第一歩をふみだしたばかりでした。そのころ、もっともさかえていたのは、ヨーロッパの国ぐにでした。第四巻は、おもにヨーロッパの西のほうの国ぐにで交流につくした人たちをとりあげました。小学中級以上むき。

『国際交流につくした日本人 3 アジア3/アフリカ（伊谷純一郎・桂ゆきほか）』 くもん出版 1991.1 227p 23cm〈監修：長沢和俊, 寺田登〉2200円 ①4-87576-584-3

目次 明治時代のペルシア・トルコ親善使節 吉田正春, アフリカの素朴な絵に心をうたれた画家 桂ゆき, アフリカの大地をめぐるチンパンジー研究 伊谷純一郎, 今西錦司 類人猿に人類のルーツをさぐる, 古代エジプトの遺跡発掘に力をつくした 川村喜一, アラビアの砂漠に緑をよみがえらせた 向後元彦, アフリカの野生動物を守る獣医 神戸俊平

内容 昔からよく、「生活にこまった人には、魚をおくるのではなく、魚のつり方を教えることがたいせつだ」と、いわれます。実地にもとづいた技術援助こそ、人びとの役に立つものになるでしょう。第三巻では、西アジアやアフリカで、国際交流につくした人びとの姿をえがきました。小学中級以上むき。

『歴史人物なぜなぜ事典―ぎょうせい学参まんが 25 田中正造・野口英世・北里柴三郎・志賀潔』 ぎょうせい 1991.1 207p 27cm〈監修：栗岩英雄, 中村太郎〉1850円 ①4-324-02155-4

目次 足尾鉱毒事件を追及した田中正造, 世界的な医学者野口英世, 近代医学の恩人たち北里柴三郎・志賀潔, なぜなぜ研究室

『歴史人物なぜなぜ事典―ぎょうせい学参まんが 24 伊藤博文・陸奥宗光・小村寿太郎・東郷平八郎』 ぎょうせい 1991.1 207p 27cm〈監修：栗岩英雄, 中村太郎〉1850円 ①4-324-02154-6

目次 立憲政治をうちたてた伊藤博文, 条約改正につくした陸奥宗光・小村寿太郎, 日本海海戦で勝利した東郷平八郎, なぜなぜ研究室

『歴史人物なぜなぜ事典―ぎょうせい学参まんが 23 板垣退助・大隈重信・新渡戸稲造』 ぎょうせい 1991.1 207p 27cm〈監修：栗岩英雄, 中村太郎〉1850円 ①4-324-02153-8

目次 自由民権運動の闘士板垣退助, 政治に生涯をささげた大隈重信, 太平洋のかけ橋新渡戸稲造, なぜなぜ研究室

『歴史人物なぜなぜ事典―ぎょうせい学参まんが 22 クラーク・福沢諭吉・中江兆民』 ぎょうせい 1990.12 207p 27cm〈監修：栗岩英雄, 中村太郎〉1850円 ①4-324-02152-X

目次 すぐれた教育者クラーク, 近代社会の啓蒙家福沢諭吉, 自由と平等の思想家中江兆民, なぜなぜ研究室

『歴史人物なぜなぜ事典―ぎょうせい学参まんが 21 大久保利通・岩倉具視・明治天皇』 ぎょうせい 1990.12 207p 27cm〈監修：栗岩英雄, 中村太郎〉1850円 ①4-324-02151-1

目次 明治政府の中心人物 大久保利通, 王政復古の指導者 岩倉具視, 明治国家の最高権力者 明治天皇, なぜなぜ研究室

『国際交流につくした日本人 2 アジア2（河口慧海・植村直己ほか）』 くもん出版 1990.11 227p 23cm〈監修：長沢和俊, 寺田登〉2200円 ①4-87576-583-5

目次 シャム・ラオスの探検 岩本千綱, 山田長政 東南アジアの日本町, 世界の秘境チベットをめざして 河口慧海, 戦争から守った博物館・植物園 田中館秀三, 石橋正二郎 タイヤ工場を守る, ハンセン病の治療に命をかけて 宮崎松記, 岩村昇 ネパールに医療を, 戦場のカメラマン 沢田教一, エベレストにかけた青春 植村直己, 東南アジア・南アジアと日本人

内容 明治から昭和にかけては、おおぜいの日本人が、東南アジアやインドに出かけました。ただ金もうけのために行った人も、少なくありませんが、なかには、第二次世界大戦中でも、東南アジアの文化や学問のためにつくした人もいます。とくに1960年ごろからは、多くの日本人が、東南アジア

『歴史人物なぜなぜ事典―ぎょうせい学参

で国際交流のために活やくしています。この巻では、そのなかでも代表的な人びとの業績を集めました。小学中級以上むき。

『国際交流につくした日本人 1 アジア1(空海・平山郁夫ほか)』くもん出版 1990.11 227p 23cm〈監修：長沢和俊, 寺田登〉2200円 ①4-87576-582-7

目次 中国から密教をつたえた大宗教家 空海,『間宮海峡』を発見した探検家 間宮林蔵, 雨森芳洲 江戸時代の朝鮮外交, 中国革命に命をかけて 宮崎滔天, 中央アジアに仏教のあとをもとめて 橘瑞超, 中国残留孤児の父 山本慈昭, 望月カズ 三十八度線のマリア, シルクロードに夢をもとめて平山郁夫, 柳宗悦 朝鮮の美の発見, 日本と東アジアとの国際交流

内容 わたしたち日本人は、いままで多くの国ぐにと交際してきました。外国との交際を正しくおこなった人もあり、失敗した人もあります。その姿をよく知ることは、これからの国際交流にとってたいせつなことです。第1巻は、東アジアの国の人びとと交流した人たちをとりあげました。小学中級以上むき。

『歴史人物なぜなぜ事典ーぎょうせい学参まんが 20 西郷隆盛・木戸孝允・榎本武揚』ぎょうせい 1990.11 207p 27cm〈監修：栗岩英雄, 中村太郎〉1850円 ①4-324-02150-3

目次 明治維新の指導者・西郷隆盛, 明治新政府の立役者・木戸孝允, 箱館戦争でたたかった榎本武揚, なぜなぜ研究室(士族の反乱, 周辺人物ミニ事典, 交通・通信の発達, 史跡めぐり, 写真のはじまり)

『歴史人物なぜなぜ事典ーぎょうせい学参まんが 19 高杉晋作・坂本竜馬・勝海舟』ぎょうせい 1990.11 207p 27cm〈監修：栗岩英雄, 中村太郎〉1850円 ①4-324-02149-X

目次 長州の革命児・高杉晋作, 幕末の台風の目・坂本竜馬, 日本の海をひらいた勝海舟, なぜなぜ研究室(江戸幕府の幕切れ, 太平洋をこえた咸臨丸,「ええじゃないか」の熱狂, 周辺人物ミニ事典, あすなき志士たちの生活, 史跡めぐり)

『歴史人物なぜなぜ事典ーぎょうせい学参まんが 18 吉田松陰・井伊直弼・ペリー・ハリス』ぎょうせい 1990.10 207p 27cm〈監修：栗岩英雄, 中村太郎〉1850円 ①4-324-02148-1

目次 松下村塾をひらいた吉田松陰(長州藩の藩校をなんといいますか?, はじめて日本に開国をすすめたのはどこの国ですか? ほか), 攘夷派を弾圧した井伊直弼(井伊直弼はどのような青年時代をすごしましたか?, アメリカ合衆国と最初にむすんだ条約をなんといいますか? ほか), 日米両国をむすんだペリー・ハリス(ペリーの職業はなんでしたか?, ハリスが上陸したのは日本のどこでしたか? ほか), なぜなぜ研究室(藩政改革, 尊王攘夷の動き ほか)

『歴史人物なぜなぜ事典ーぎょうせい学参まんが 17 伊能忠敬・間宮林蔵・シーボルト』ぎょうせい 1990.10 207p 27cm〈監修：栗岩英雄, 中村太郎〉1850円 ①4-324-02147-3

目次 日本地図をつくった伊能忠敬(子どものころ伊能忠敬はなにが得意でしたか?, 伊能忠敬ははたらきながらなにに興味をもちましたか? ほか), 間宮海峡を発見した間宮林蔵(宮間林蔵は幼いころどのような子どもでしたか?, 間宮林蔵はどこでロシア人とたたかいましたか? ほか), 日本を愛し研究したシーボルト(シーボルトはどこの国の船で日本にきましたか?, シーボルトはどのような事件をおこしましたか? ほか), なぜなぜ研究室(江戸時代の数学, 北方探検史 ほか)

『歴史人物なぜなぜ事典ーぎょうせい学参まんが 16 平賀源内・本居宣長・杉田玄白』ぎょうせい 1990.9 207p 27cm〈監修：栗岩英雄, 中村太郎〉1850円 ①4-324-02146-5

目次 エレキテルを復元した平賀源内, 国学を完成した本居宣長, 蘭学の発展につくした杉田玄白, なぜなぜ研究室

『歴史人物なぜなぜ事典ーぎょうせい学参まんが 15 松尾芭蕉・近松門左衛門・歌川広重』ぎょうせい 1990.9 207p 27cm〈監修：栗岩英雄, 中村太郎〉

1850円 ①4-324-02145-7
目次 旅に生きた俳人松尾芭蕉, 浄瑠璃・歌舞伎の作者近松門左衛門, 浮世絵の風景画家歌川広重, なぜなぜ研究室

『歴史人物なぜなぜ事典―ぎょうせい学参まんが 14 徳川家康・徳川家光・徳川吉宗』 ぎょうせい 1990.8 207p 27cm〈監修：栗岩英雄, 中村太郎〉 1850円 ①4-324-02144-9

『歴史人物なぜなぜ事典―ぎょうせい学参まんが 13 千利休・豊臣秀吉・山田長政』 ぎょうせい 1990.8 207p 27cm〈監修：栗岩英雄, 中村太郎〉 1850円 ①4-324-02143-0

『歴史人物なぜなぜ事典―ぎょうせい学参まんが 12 北条早雲・武田信玄・上杉謙信・織田信長』 ぎょうせい 1990.7 207p 27cm〈監修：栗岩英雄, 中村太郎〉 1850円 ①4-324-02142-2

『歴史人物なぜなぜ事典―ぎょうせい学参まんが 11 足利義政・雪舟・ザビエル』 ぎょうせい 1990.7 207p 27cm〈監修：栗岩英雄, 中村太郎〉 1850円 ①4-324-02141-4

『歴史人物なぜなぜ事典―ぎょうせい学参まんが 10 後醍醐天皇・足利尊氏・足利義満』 ぎょうせい 1990.6 207p 27cm〈監修：栗岩英雄, 中村太郎〉 1850円 ①4-324-02140-6
目次 天皇の政治をめざした 後醍醐天皇, 室町幕府をひらいた 足利尊氏, 室町幕府を安定させた 足利義満

『歴史人物なぜなぜ事典―ぎょうせい学参まんが 9 法然・親鸞・北条泰時・北条時宗』 ぎょうせい 1990.6 207p 27cm〈監修：栗岩英雄, 中村太郎〉 1850円 ①4-324-02139-2
目次 仏教の改革者 法然・親鸞, 鎌倉幕府の名執権 北条泰時, 元寇の若き英雄 北条時宗

『歴史人物なぜなぜ事典―ぎょうせい学参まんが 8 源頼朝・北条政子・運慶・快慶』 ぎょうせい 1990.6 207p 27cm〈監修：栗岩英雄, 中村太郎〉 1850円 ①4-324-02138-4
目次 鎌倉幕府をひらいた源頼朝, 執権体制をきずいた北条政子, 仏教彫刻の頂点運慶・快慶, なぜなぜ研究室

『歴史人物なぜなぜ事典―ぎょうせい学参まんが 7 源義仲・藤原秀衡・源義経』 ぎょうせい 1990.6 207p 27cm〈監修：栗岩英雄, 中村太郎〉 1850円 ①4-324-02137-6
目次 木曽の暴れん坊源義仲, 奥州平泉の名君藤原秀衡, 悲劇の天才武将源義経, なぜなぜ研究室

『歴史人物なぜなぜ事典―ぎょうせい学参まんが 6 源義朝・平清盛・後白河上皇』 ぎょうせい 1990.4 207p 27cm〈監修：栗岩英雄, 中村太郎〉 1850円 ①4-324-02136-8
目次 悲劇の武将 源義朝(源氏の一族とはどのような人びとですか?, 保元の乱で源史の運勢はどうかわりましたか?, 平治の乱はなぜおこったのでしょうか? ほか), 武士の世をひらいた 平清盛(平氏が活躍しはじめたのはいつごろですか?, 平清盛の幼いころはどんな世の中でしたか?, 平清盛の家は京のどこにありましたか? ほか), 源平争乱をいきた後白河上皇(当時はどんな政治がおこなわれていましたか?, 後白河天皇はどんな人物という評判でしたか?, 後白河天皇の即位がおくれたのはなぜですか? ほか), なぜなぜ研究室(武士のおこり, 日宋貿易, 院政, 周辺人物ミニ事典, 史跡めぐり)

『歴史人物なぜなぜ事典―ぎょうせい学参まんが 5 紀貫之・清少納言・紫式部』 ぎょうせい 1990.4 207p 27cm〈監修：栗岩英雄, 中村太郎〉 1850円 ①4-324-02135-X
目次 平安中期の代表的歌人 紀貫之, 随筆文学の生みの親 清少納言, 平安中期の女性文学者 紫式部, なぜなぜ研究室

『新教科書に出てくる42人の人物と日本の歴史』 学習研究社 1990.3 8冊(セット) 30cm 24720円
目次 卑弥呼, 聖徳太子, 小野妹子, 中大兄皇

子, 中臣鎌足, 聖武天皇, 鑑真, 行基, 藤原道長, 紫式部, 清少納言, 平清盛, 源頼朝, 源義経, 北条時宗, 足利義満, 足利義政, 雪舟, ザビエル, 織田信長, 豊臣秀吉, 徳川家康, 徳川家光, 近松門左衛門, 本居宣長, 杉田玄白, 伊能忠敬, 歌川広重, ペリー, 木戸孝允, 西郷隆盛, 勝海舟, 大久保利通, 福沢諭吉, 明治天皇, 板垣退助, 伊藤博文, 大隈重信, 陸奥宗光, 東郷平八郎, 小村寿太郎, 野口英世

内容 このシリーズは、小学校でならう日本の歴史を、時代とともに登場する人物をとおして、親しみやすく学べるようにくふうしています。

『歴史人物なぜなぜ事典—ぎょうせい学参まんが 4 坂上田村麻呂・空海・藤原道長』ぎょうせい 1990.3 207p 27cm〈監修:栗岩英雄, 中村太郎〉1850円 Ⓘ4-324-02134-1

目次 東北平定につくした坂上田村麻呂(坂上田村麻呂が幼いころはどんな時代でしたか?,797年、坂上田村麻呂はどんな役に任命されましたか? ほか), 真言宗をひらいた空海(空海はどうして唐にわたったのですか?, 空海と最澄はどんな関係ですか? ほか), 摂関政治を確立した藤原道長(藤原道長はどうして藤原家のあるじになれたのですか?, 藤原道長はどうやって天下をおもうがままにしたのですか? ほか), なぜなぜ研究室(多賀城と古代の東北, 密教の世界, 弘法大師信仰, 貴族の屋敷寝殿造, 周辺人物ミニ事典, 史跡めぐり)

『歴史人物なぜなぜ事典—ぎょうせい学参まんが 3 聖武天皇・行基・鑑真』ぎょうせい 1990.3 207p 27cm〈監修:栗岩英雄, 中村太郎〉1850円 Ⓘ4-324-02133-3

目次 奈良の大仏をつくった聖武天皇(平城京に都がうつったのはいつですか?, 女性の天皇がつづいたのはなぜですか? ほか), 人びとからしたわれた僧行基(行基にえいきょうをあたえた僧はだれですか?, 行基が国から弾圧をうけたのはなぜですか? ほか), 日本にきた唐の高僧鑑真(日本が唐へ遣唐使をおくっていた目的はなんですか?, 鑑真が日本いきを決意したのはなぜですか? ほか), なぜなぜ研究室(奈良時代の人びとのくらし, 奈良の大仏様, 奈良時代の文化, 周辺人物ミニ事典, 史跡めぐり)

『歴史人物なぜなぜ事典—ぎょうせい学参まんが 2 蘇我入鹿・中臣鎌足・天智天皇』ぎょうせい 1990.2 207p 27cm〈監修:栗岩英雄, 中村太郎〉1850円 Ⓘ4-324-02132-5

目次 蘇我一族最後の権力者蘇我入鹿, 政治改革の名参謀中臣鎌足, 律令制を導入した天皇天智天皇, なぜなぜ研究室(古墳文化の歴史, 古墳からでてくる出土品, 壬申の乱, 律令国家への動き, 周辺人物ミニ事典, 史跡めぐり)

『歴史人物なぜなぜ事典—ぎょうせい学参まんが 1 卑弥呼・聖徳太子・小野妹子』ぎょうせい 1990.2 207p 27cm〈監修:栗岩英雄, 中村太郎〉1850円 Ⓘ4-324-02131-7

目次 神秘の女王卑弥呼, 新しい国家をめざした聖徳太子, 飛鳥時代の外交官小野妹子, なぜなぜ研究室(弥生時代の人びとのくらし, 仏教伝来の道, 飛鳥文化, 周辺人物ミニ事典, 史跡めぐり)

◆◆北海道の人びと

『釧路湿原—北海道カウボーイ物語』朽木寒三著, 小泉澄夫絵 理論社 1989.12 331p 19cm (シリーズ・ヒューマン・ドキュメント) 1500円 Ⓘ4-652-01848-7

目次 第1章 釧路湿原へ(馬放先生はホラこきだ, 柵に腰かけた少年, 神八三郎, 奇馬「カケタカ号」, 裸馬とつき合う法 ほか), 第2章「カメ」天をかける(大湿原の少さな家, 小さな宇宙人, 眠れる名馬「第三オーカメ」, つめの裂けた「ジンプウ」,「カメ」大手柄 ほか), 第3章 黄金のトビ(雪が降る, ドスナラが燃えた, 雪の砦, 赤い雪, 黄金のトビ ほか)

内容 この本は、戦後の最も激しかった一時期、釧路湿原のある小牧場に生きた人たちを、当時16歳であった斎藤昭少年を中心において活写した庶民の伝記である。

『北の広野にいどんだ人』原田津作, 高田勲絵 岩崎書店 1986.12 78p 22cm

（愛と勇気のノンフィクション） 780円
Ⓘ4-265-01313-9

内容 明治時代の牛飼い、宇都宮仙太郎という人がいた。16歳のとき、親にいわずに家をでて、船にのって東京にでた。大臣になるつもりだったが、すぐあきらめて、牛飼いになろうとアメリカにわたった。そして北海道で、自分の牧場をつくった。くろうにくろうをかさね、とうとう北海道を酪農大国にした。

◆◆東北地方の人びと

『鶴岡が生んだ人びと―郷土人物集』 鶴岡市教育委員会編 新装版 鶴岡 鶴岡市教育委員会 2008.10 204,4p 22cm Ⓝ281.25

『郷土に光をかかげた人々』 米沢児童文化協会編 改訂3版 米沢 米沢児童文化協会 2008.6 290p 19cm 1500円 Ⓝ281.04

『荒れ野を拓く―伊達相模宗直物語 登米伊達氏開府四百年』 伊達宗弘監修，登米開府四百年を語る会制作・編集，阿部敏昭絵 〔登米町(宮城県)〕 登米町・登米開府四百年記念事業推進協議会 2004.12 1冊（ページ付なし） 30cm 〈年表あり〉 Ⓝ289.1

『横山実―戦災復興に心血注いだ初代民選市長 まんが伝記』 矢野功作・画 青森 青森市 2002.3 159p 22cm

『ちょっと素敵なまちの物語 第7編 白石温麺鈴木味右衛門物語』 小岩庄一監修 佐久間梢イラスト 〔白石〕 白石青年会議所社会開発委員会（製作） 〔2000〕 10p 26cm

『ちょっと素敵なまちの物語 第6編 孝女宮城野・信夫物語』 小岩庄一監修 〔白石〕 白石青年会議所（製作） 1999 20p 26cm

『いのちの大地―ある開拓者の物語』 高橋昭著，藤本四郎絵 ポプラ社 1997.6 270p 21cm （心にのこる文学 26） 1400円 Ⓘ4-591-05383-0

目次 第1章 新しい土地, 第2章 たったひとりの挑戦, 第3章 波動, 第4章 戦いの果てに

内容 “あの広い大地を、好きなだけたがやしてみたい”山あいの小さな村からやってきた佐藤佐市郎は、誰もがあきらめていた沼地の開墾に成功する。だが、そんな佐市郎の前に、思わぬ試練が―。明治の東北で、大地に夢をかけた青年の情熱の物語。

『ダニイル須川長之助』 井上幸三著 盛岡 岩手植物の会 1997.3 172p 20cm 〈肖像あり 年譜あり〉 2000円 Ⓘ4-87720-214-5

『伝記石川理紀之助』 佐藤正人著 秋田 秋田文化出版 1995.10 78p 22cm 980円

『すばらしい先輩たち―五城目町のほこり 3』 小野一二著，五城目町教育委員会編 五城目町（秋田県） 五城目町教育委員会 1995.3 88p 21cm

『ちょっと素敵なまちの物語 第3編 響け世界に―片倉小十郎物語』 小岩庄一監修 〔白石〕 白石青年会議所（製作） 1995 22p 26cm 〈年譜あり〉

『和井内貞行・内藤湖南―鹿角の偉人』 鹿角市先人顕彰館編 鹿角 鹿角市教育委員会 1993.3 143p 22cm

『すばらしい先輩たち―五城目町のほこり 2』 小野一二著，五城目町教育委員会編 五城目町（秋田県） 五城目町教育委員会 1993.1 85p 21cm

『ちょっと素敵なまちの物語 第2編 水面に消えた若葉―小野さつき訓導物語』 小岩庄一監修 〔白石〕 白石青年会議所（製作） 1993 1冊 26cm

『ちょっと素敵なまちの物語 第1編 水音の城下町―片平観平物語』 小岩庄一監修 〔白石〕 白石青年会議所（製作） 1992 21p 26cm 〈年表あり〉

『黒石人物伝』 黒石人物伝編集委員会編 〔黒石〕 黒石市教育委員会 1991.3 277p 21cm

『最上川にひびくうたごえ』山形県小中学校校長会，山形県小中学校教育研究会図書館部会共編　山形　山形教育用品　1990.9　165p　22cm　（少年少女やまがた人物風土記 5）1030円

『すばらしい先輩たち―五城目町のほこり1』小野一二執筆，五城目町教育委員会編　五城目町（秋田県）五城目町教育委員会　1990.3　108p　21cm

『郷土の偉才松森胤保』志田正市文，松森胤保翁顕彰会編　〔松山町（山形県）〕松森胤保翁顕彰会　1989.7　69p　22cm

『先人のあしあと―須賀川市人物読本』福島県須賀川市教育委員会編　須賀川　須賀川市教育委員会　1989.7　131p　21cm

『外はふぶきでも』山形県小中学校校長会，山形県小中学校図書館部会共編　山形　山形教育用品　1986.9　165p　22cm　（少年少女やまがた人物風土記）980円

◆◆関東地方の人びと

『埼玉の三偉人に学ぶ』堺正一著　さいたま　埼玉新聞社　2006.9　205p　19cm〈年譜あり〉1200円　Ⓘ4-87889-280-3　Ⓝ289.1

『明日へ伝えたい桐生の人と心』「明日へ伝えたい桐生の人と心」編集委員会編　桐生　桐生市教育委員会　2004.3　383p　26cm　（桐生人物誌 下巻）〈市制施行八十周年記念　年譜あり〉Ⓝ281.33

『埼玉の偉人たち―郷土の偉人を学ぼう』埼玉県総合政策部文化振興課編　さいたま　埼玉県総合政策部文化振興課　2004.3　78p　30cm〈文献あり〉Ⓝ281.34

『明日へ伝えたい桐生の人と心』「明日へ伝えたい桐生の人と心」編集委員会編　桐生　桐生市教育委員会　2003.3　275p　26cm　（桐生人物誌 上巻）〈市制施行八十周年記念　年譜あり〉Ⓝ281.33

『太田に光をあたえた先人たち―中世から近現代までの』太田市教育委員会編　太田　太田市教育委員会　2003.3　206p　30cm〈年譜あり　文献あり　年表あり〉Ⓝ281.33

『彩の国埼玉の偉人たち―郷土の偉人を学ぼう』埼玉県総合政策部文化振興課編　さいたま　埼玉県総合政策部文化振興課　2003.3　36p　30cm　Ⓝ281.34

『絵本・熊谷次郎直実一代記―永久にきらめく郷土の星』熊谷市立図書館美術・郷土係編　熊谷　熊谷市立図書館　1998.9　89p　30cm〈年譜あり　文献あり〉

『牛久シャトー―創設者神谷伝衛兵物語』牛久市立図書館刊行物編集委員会編，高岡次子絵　牛久　牛久市立中央図書館　1998.3　31p　31cm　（牛久むかしばなし 伝記 7）〈英文併記　年譜あり〉

『矢板武―郷土の発展につくした恩人』〔矢板〕矢板市教育委員会　1998.3　39p　26cm〈年譜あり〉Ⓝ289.1

『おっしょさん―郷土の人 三橋欣三郎』野村昇司作，阿部公洋絵　横浜　ぬぷん児童図書出版　1996.6　1冊　27×24cm　（ぬぷん ふるさと絵本シリーズ 21）1236円　Ⓘ4-88975-421-0

内容 本書の主人公・三橋欣三郎は、幕末の大変な時代を生きた人です。明治政府につかえ、出世することもできたでしょうに羽田の町で「おっしょさん」とよばれ、生涯を過ごしました。

『ぜんろくさん―市川ではじめて梨を作った人 小学校・中高学年用』なかつゆうこさく，あづまてるこえ　〔市川〕〔中津攸子〕　1990.9　28p　30cm　780円

◆◆中部地方の人びと

『語りつぎたい黒部人―黒部に足あとを残した人々』黒部市教育委員会編　黒部

黒部市教育委員会　2008.3　90p　30cm　Ⓝ281.42

『ふるさとが生んだふたりの英雄』ふたりの英雄編集委員会編　改訂版　〔南魚沼〕　南魚沼市教育委員会　2008.3　60p　30cm〈年譜あり〉Ⓝ375.322

『かなざわ偉人物語　6　産業の分野に活躍した人びと』金沢こども読書研究会編　金沢　金沢市立泉野図書館　2006.11　215p　22cm〈年譜あり　年表あり〉Ⓝ281.43

『郷土の人々―神島人物伝 子供たちに残したいふるさとの物語』下保真吾, 加賀見義公, 稲見毅, 沼田宗敏編　礪波　神島ふれあいセンター　2006.11　27p　21cm　Ⓝ281.42

『高森の人―今村清之助・今村信行』〔高森町（長野県）〕　高森町歴史民俗資料館〔2006〕　100p　26cm〈共同刊行：高森町教育委員会　年譜あり〉Ⓝ289.1

『ミステリーはぼくの夢―読む・知る・発見あいち人物館』愛知県小中学校長会, 愛知県小中学校PTA連絡協議会, 名古屋市立小中学校PTA協議会編　名古屋　愛知県教育振興会　2005.11　151p　21cm〈年譜あり〉800円　Ⓝ281

『鬼もおどる花祭りの里―読む・知る・発見あいち人物館』愛知県小中学校長会, 愛知県小中学校PTA連絡協議会, 名古屋市立小中学校PTA協議会編　名古屋　愛知県教育振興会　2004.11　151p　21cm〈年譜あり　年表あり〉800円　Ⓝ281.55

『かなざわ偉人物語　5　文学や芸能の分野に活躍した人びと』金沢こども読書研究会編　金沢　金沢市立泉野図書館　2004.10　215p　22cm〈年譜あり　年表あり〉Ⓝ281.43

『伊東むかし物語―伊東祐親とその時代 ふるさとコミック』綿引勝美, 嶋田真之シナリオ, 松久寿仁コミック　伊東　伊東市文化財史蹟保存会　2004.3　143p　22cm　Ⓝ289.1

『『ごんぎつね』にともす心の灯―読む・知る・発見あいち人物館』愛知県小中学校長会, 愛知県小中学校PTA連絡協議会, 名古屋市立小中学校PTA協議会編　名古屋　愛知県教育振興会　2003.11　151p　21cm〈年表あり〉800円　Ⓝ281.55

『安八町の先人』「安八町の先人」編集委員会編　〔安八町（岐阜県）〕　安八町　2003.3　143p　26cm　Ⓝ281.53

『かなざわ偉人物語　4　美術や工芸の分野に活躍した人びと』金沢こども読書研究会編　金沢　金沢市立泉野図書館　2002.10　215p　22cm〈年譜あり　年表あり〉Ⓝ281.43

『かなざわ偉人物語　3　教育や福祉の分野に活躍した人びと』金沢こども読書研究会編　金沢　金沢市立泉野図書館　2000.9　215p　22cm〈年譜あり　年表あり〉

『信州から世界をみよう』信州社会科教育研究会編　長野　信濃教育会出版部　1999.8　103p　26cm〈年表あり　文献あり〉①4-7839-1049-9　Ⓝ281.52

『かなざわ偉人物語　2　学問や文化の発展につくした人びと』金沢こども読書研究会編　金沢　金沢市立泉野図書館　1999.1　243p　22cm

『善の綱―槍ヶ岳開山播隆上人伝』平林治康文, 和田春奈絵　三郷村（長野県）　三郷村教育委員会　1997.5　133p　21cm　（ふるさと三郷 2）〈肖像あり　年譜あり〉非売品

『かなざわ偉人物語―科学の進歩につくした人びと』金沢こども読書研究会編　金沢　金沢市立泉野図書館　1997.2　219p　22cm

『中山竜次―十日町の父 少年少女のための伝記』平野幸作著　長岡　めぐみ工

房　1992.6　165p　26cm

『真田志ん・塚原健二郎・吉岡運右衛門』長野市校長会編　〔長野〕長野市教育委員会　1992.2　106p　21cm　(長野市の先人に学ぶ 第2集)〈発売:信濃教育会出版部(長野)〉Ⓝ281.52

『パリのオギス』愛知県小中学校長会編　名古屋　愛知県教育振興会　1989.11　165p　22cm　(愛知に輝く人々 10)　720円

『郷土のひかり―平・上平の人物誌　第2集』平区域教育センター編　〔平村(富山県)〕平区域教育センター　1989.9　63p　21cm

『よくばりおっさま』愛知県小中学校長会編　名古屋　愛知県教育振興会　1988.11　165p　22cm　(愛知に輝く人々 9)　700円

『おにの作左』愛知県小中学校長会編　名古屋　愛知県教育振興会　1987.11　165p　22cm　(愛知に輝く人々 8)　700円

『カエルはとんだ』愛知県小中学校長会編　名古屋　愛知県教育振興会　1986.11　165p　22cm　(愛知に輝く人々 7)　700円

『あらしの朱印船』愛知県小中学校長会編　名古屋　愛知県教育振興会　1985.11　165p　22cm　(愛知に輝く人々 6)　700円

『立山を仰いで―ふるさとの先賢　第3集』富山県教育記念館編　富山　富山県教育記念館　1985.1　179p　18×21cm　700円

『ひびけエンジン』愛知県小中学校長会編　名古屋　愛知県教育振興会　1984.11　165p　22cm　(愛知に輝く人々 5)　600円

『みちしるべ―若狭に光をかかげた人たち』小浜ライオンズクラブ編　小浜　小浜ライオンズクラブ　1984.10　45p　26cm

『明治のともしび』愛知県小中学校長会編　名古屋　愛知県教育振興会　1983.11　165p　22cm　(愛知に輝く人々 4)　600円

『郷土のひかり―滑川の人物誌2』郷土のひかり編集委員会編　滑川　滑川市教育委員会　1983.10　102p　21cm

『ひげのとのさま』愛知県小中学校長会編　名古屋　愛知県教育振興会　1982.11　165p　22cm　(愛知に輝く人々 3)　600円

『立山を仰いで―ふるさとの先賢　第2集』富山県教育記念館編　富山　富山県教育記念館　1982.9　165p　19×21cm　670円

『郷土のひかり―滑川の人物誌』郷土のひかり編集委員会編集　〔滑川〕滑川市教育委員会　1982.3　101p　21cm

『ゆめの用水』愛知県小中学校長会編　名古屋　愛知県教育振興会　1981.11　165p　22cm　(愛知に輝く人々 2)　600円

『立山を仰いで―ふるさとの先賢　第1集』富山県教育記念館編　富山　富山県教育記念館　1981.1　178p　19×21cm

『サルとねる少年』愛知県小中学校長会編　名古屋　愛知県教育振興会　1980.11　165p　22cm　(愛知に輝く人々 1)　600円

◆◆近畿地方の人びと

『生きるこころ歩むすがた―ふるさと草津の人物』ふるさと草津の人物編集委員会, 草津市立教育研究所編　〔草津〕草津市教育委員会　2001.4　105p　26cm

『このひとすじの道を―播磨で育った文人たち』川口汐子著　姫路　ひめしん文化会　1995.3　123p　21cm　800円

『おまえの道を進めばいい―播磨の文人たちの物語』安水稔和著　神戸　神戸新聞総合出版センター　1991.11　137p　21cm　1000円　①4-87521-029-9
目次　はじめに 播磨野の人々,三上参次 成敗ともに責任を感じて,井上通泰 うぶすなの杜のやまもも,辻善之助 一生は長いのだ、あせることはない,有本芳水 播磨はわれの父の国、播磨はわれの母の国,和辻哲郎 おまえの道を進めばいい,初井しづ枝 姫山パークの桜にたくさんの蕾がついた,阿部知二 ぐずぐずしていると間にあわなくなる,椎名麟三 人間の自由が一生の課題だ,岸上大作 恋と革命のために生きなければ,おわりに みごとな花を咲かせることでしょう
内容　和辻哲郎、有本芳水、初井しづ枝、椎名麟三など、播磨が生んだ文人たちの、みずみずしい少年・少女時代。

◆◆中国・四国地方の人びと

『きらり・山口人物伝―夢チャレンジ v.2』山口　山口県ひとづくり財団　2008.9　140p　21cm〈年譜あり〉Ⓝ281.77

『芋代官と金三郎―石見銀山』寿山五朗文・絵　庄原　寿山五朗　2007.12　134p　19cm　1000円　Ⓝ289.1

『きらり・山口人物伝―夢チャレンジ v.1』山口　山口県ひとづくり財団　2007.8　140p　21cm〈年譜あり〉Ⓝ281.77

『まんが八幡浜偉人伝　1』八幡浜　八幡浜青年会議所　2006.12　70p　26cm（八幡浜JCコミックス）〈年譜あり〉Ⓝ289.1

『光政と綱政―近世岡山の人づくり 後楽園築庭三〇〇年記念編 劇画・郷土の歴史』柴田一監修，タケバヤシ哲郎作画　〔岡山〕　岡山放送　1999.2　155p　21cm〈発売：吉備人出版（〔岡山〕）年譜あり〉952円　①4-906577-25-3

『浜田の人物ものがたり』浜田市教育委員会編著　〔浜田〕　〔浜田市教育委員会〕　1995.4　80p　21cm

『伊予聖人とくざんせんせいのおはなし―子どものための伝記』十日会編著　小松町（愛媛県）　十日会　1988.11　11p　27cm〈監修：渡部盛幹〉1000円

『山口・人物ものがたり』「山口・人物ものがたり」研究会編　フレーベル館　1984.3　171p　22cm　1200円

◆◆九州地方の人びと

『風雲菊池一族―まんが 今よみがえる白竜伝説』菊池祭り再興を考える会企画・構成　菊池　菊池祭り再興を考える会　1995.3　184p　23cm

『武丸の正助さん』〔宗像〕　宗像市　1991　96p　21cm〈漫画：小川修　年譜あり〉

『なぞの女王と少年のゆめ―ヤマタイ国をさがした宮崎康平』岡本文良作，高田勲絵　佼成出版社　1985.10　163p　23cm　（ノンフィクション・シリーズかがやく心）1200円　①4-333-01192-2

『郷土八代に灯をともした人びと』八代　八代市教育委員会　1984.8　125p　21cm〈付（別冊 16p 26cm）：資料〉

◆◆沖縄の人びと

『読谷の先人たち』読谷村史編集委員会編　読谷村（沖縄県）　読谷村　2005.3　368p　26cm〈年表あり　文献あり〉1500円　Ⓝ281.99

『察度王ものがたり』新里恒彦作，座間味香深絵　中城村（沖縄県）　むぎ社　2003.9　133p　22cm　1500円　①4-944116-23-3　Ⓝ289.1

『沖縄歴史人名事典』島尻地区小学校社会科研究会著　那覇　沖縄文化社　1996.3　94p　19cm〈年表あり〉Ⓝ281.99

『沖縄の偉人―まんが歴史事典　続』たまきまさみ絵，那覇出版社編集部編　南風原町（沖縄県）　那覇出版社

1986.11 157p 22cm〈監修：島尻勝太郎〉1300円

『沖縄の星―悲劇の英雄阿麻和利加那』 増田信一著，北島新平画 リブリオ出版 1985.12 270p 22cm 1200円
①4-89784-121-6

『沖縄の偉人―まんが歴史事典』 たまきまさみ絵，那覇出版社編集部編 南風原町（沖縄県） 那覇出版社 1985.5 167p 22cm〈監修：島尻勝太郎〉1300円

『沖縄の先人たち』 沖縄の先人たち編集委員会編 那覇 沖縄教育出版 1981.6 235p 22cm 1380円

先史時代〜平安時代の人びと

『人物なぞとき日本の歴史 2 平安時代』 高野尚好監修 小峰書店 2008.4 55p 29cm〈年表あり〉3200円
①978-4-338-23302-6,978-4-338-23300-2 Ⓝ210
目次 平安時代前期（平安京をきずいた桓武天皇, 東北地方に支配を広げた坂上田村麻呂, 天台宗を開いた最澄, 真言宗を開いた空海, 学問の神様となった菅原道真）, 平安時代中期（貴族政治の頂点をきわめた藤原道長, 平等院鳳凰堂を建てた藤原頼通, 平安時代を代表する女流作家清少納言, 不朽の名作『源氏物語』を書いた紫式部, 関東で反乱をおこした平将門, 瀬戸内海で反乱をおこした藤原純友）, 平安時代後期（院政という新しい政治を始めた白河天皇, 源氏と平氏をあやつった後白河天皇, 武士で初めて政権をにぎった平清盛, 法皇との対立から都を追われた源義仲, 源平の戦いで平氏をほろぼした源義経, 平泉に黄金文化をきずいた奥州藤原氏）
内容 歴史上の主要人物の生い立ちから業績などをなぞときで紹介。

『人物なぞとき日本の歴史 1 縄文〜奈良時代』 高野尚好監修 小峰書店 2008.4 55p 29cm〈年表あり〉3200円
①978-4-338-23301-9,978-4-338-23300-2 Ⓝ210
目次 弥生時代（邪馬台国のなぞの女王卑弥呼）, 古墳時代（大和朝廷の伝説の英雄ヤマトタケル）, 飛鳥時代（天皇中心の国づくりをめざした聖徳太子, 遣隋使として活躍した小野妹子, 大化の改新を進めた中大兄皇子（天智天皇）, 壬申の乱に勝利した天武天皇（大海人皇子））, 奈良時代（奈良の大仏をつくった聖武天皇, 大仏づくりに協力した行基,6度目の航海で日本に来た鑑真）
内容 歴史上の主要人物の生い立ちから業績などをなぞときで紹介。

『右大臣道真の怨霊―学問の神さまはこうして生まれた』 小西聖一著，高田勲絵 理論社 2005.11 140p 22cm （ものがたり日本歴史の事件簿 1）1200円
①4-652-01631-X Ⓝ289.1
目次 都に不気味な事件あいつぐ（左大臣藤原時平公急死―道真公の怨霊説が急浮上, 祈禱も効果なし―災害やまず ほか）, 学問の世界から政治のトップに―道真公の華麗な転進（文章博士―菅原家から三代連続, 胸をうつ「寒早十首」―「貧窮問答歌」と双璧との評価も ほか）, 栄光の昇進から急転―悲劇の主人公へ（右大臣を左遷―謀反計画はあったのか？背後に時平公の影, 道真公配流の地へ―「東風吹かば」の歌を残して ほか）, 怨霊から神へ―道真公の人気ますますひろがる（占いも政治の一部―タブーやジンクスにしばられた日常, 道真公、ふたたび右大臣に―没後二十年の復権 ほか）
内容 平安時代の初期、京の都でさまざまな不気味なできごとがあいついだ。まず、そのころ朝廷でならぶ者のない力をもっていた左大臣藤原時平が、とつぜん重病にかかり、三十九歳で亡くなった。死のまぎわ、時平は「道真が取りついたな！」とさけんだという。その前年からは異常気象がつづいていた。干ばつや洪水で不作がつづき、疫病がはびこって、京の町を死体が累々とうめつくした。いよいよ、道真の復しゅうが始まったのだ！都の人びとは、無実の罪で左遷され、悲嘆に暮れながら病死した道真の怨霊のせいだと、うわさし合った。

『日本を変えた53人―人物日本の歴史 2』高野尚好監修・指導　学習研究社　2002.2　63p　27cm　2800円　Ⓘ4-05-201566-5,4-05-810664-6

目次 聖武天皇,鑑真,行基,藤原道長,紫式部,清少納言

内容 本シリーズでは、小学校で習う日本の歴史に必ず登場する42人の人物に加えてほとんどの教科書に登場する11人の人物を親しみやすく学べるように工夫しています。各人物の物語の後には「人物のなぞにせまるQ&A」のページがあり、その人物の活躍した時代背景や業績などをさらにくわしく紹介しています。「人物調べ情報ガイド」では、調べ学習のヒントになる情報源を紹介しています。

『日本を変えた53人―人物日本の歴史 1』高野尚好監修・指導　学習研究社　2002.2　63p　27cm　2800円　Ⓘ4-05-201565-7,4-05-810664-6

目次 卑弥呼,ヤマトタケルノミコト,聖徳太子,小野妹子,中大兄皇子,中臣鎌足

内容 本シリーズでは、小学校で習う日本の歴史に必ず登場する42人の人物に加えてほとんどの教科書に登場する11人の人物を親しみやすく学べるように工夫しています。各人物の物語の後には「人物のなぞにせまるQ&A」のページがあり、その人物の活躍した時代背景や業績などをさらにくわしく紹介しています。「人物調べ情報ガイド」では、調べ学習のヒントになる情報源を紹介しています。

『原始・大和・奈良・平安時代の50人』PHP研究所編　PHP研究所　2001.2　47p　31cm　(歴史人物アルバム日本をつくった人たち大集合 1)〈索引あり〉2900円　Ⓘ4-569-68261-8,4-569-29456-1

目次 原始・大和・奈良時代(卑弥呼―邪馬台国のなぞの女王,仁徳天皇―日本最大の墓にねむる天皇,蘇我馬子―飛鳥寺を建立した豪族,推古天皇―日本最初の女帝 ほか),平安時代(桓武天皇―平安時代最初の天皇,坂上田村麻呂―蝦夷平定に活躍した武将,最澄―天台宗をひらいた僧,空海―真言宗をひらいた僧 ほか)

内容 小中学校の教科書に出てくる人物をはじめ、歴史上重要な役割をはたした50人を、豊富なカラー写真やイラストを入れ、わかりやすく解説。各人物の歩んだ道のほか、時代背景も紹介しています。索引付き。小学校高学年～中学生向。

『知っててほしい貴族・武士の世に活躍した人びと―平安・鎌倉時代』佐藤和彦監修　あかね書房　2000.4　47p　31cm　(楽しく調べる人物図解日本の歴史 2)〈索引あり〉3200円　Ⓘ4-251-07932-9

目次 都を京都にうつした―桓武天皇,新しい仏教を開いた―空海と最澄,学問の神さまとなった―菅原道真,東と西で反乱をおこした―平将門と藤原純友,貴族政治の頂点にたった―藤原道長,平等院鳳凰堂をたてた―藤原頼通,王朝文学を代表する才女―紫式部と清少納言,平氏の全盛時代をきずいた―平清盛,東北に黄金文化をきずいた―藤原秀衡,鎌倉で武家政治を始めた―源頼朝〔ほか〕

内容 藤原道長の摂関政治とは？源頼朝は、なぜ鎌倉に幕府を開いた？

『知っててほしい日本の国づくりに活躍した人びと―弥生・古墳・飛鳥・奈良時代』佐藤和彦監修　あかね書房　2000.4　47p　31cm　(楽しく調べる人物図解日本の歴史 1)〈索引あり〉3200円　Ⓘ4-251-07931-0

目次 邪馬台国のなぞの女王―卑弥呼,巨大古墳にねむる―仁徳天皇,飛鳥の朝廷であらそった実力者―蘇我馬子と物部守屋,日本の国の基礎をきずいた―聖徳太子,遣隋使として活躍した―小野妹子,大化の改新をすすめた―天智天皇と藤原鎌足,天皇中心の政治をすすめた―天武天皇と持統天皇,東大寺(奈良)の大仏をつくった―聖武天皇,民間に仏教を広めた―行基,唐(中国)の文化を日本にもたらした―遣唐使〔ほか〕

内容 聖徳太子の十七条の憲法は、どんな内容？聖武天皇は、なぜ大仏をつくった？

『陰陽師安倍晴明』志村有弘文，加藤道子絵　勉誠社　1997.1　116p　22cm　(親子で楽しむ歴史と古典 13)1545円　Ⓘ4-585-09014-2

目次 一条戻橋の鬼女,鬼女の来襲,酒呑童子

と四天王, 藤原保昌の武勇, 大江山の酒呑童子, 式神, 花山天皇の譲位, 前世の髑髏, 算術, 鬼が見える〔ほか〕

内容 京の都の悪霊退治師、安倍晴明。楽しいお話。

『弓の名人為朝』 矢代和夫文, 柳沢秀紀絵 勉誠社 1996.5 146p 21cm （親子で楽しむ歴史と古典 6）1236円 ①4-585-09007-X

内容 知と創造の宝庫へご招待。祖先たちのひたむきな生きざま、古典を楽しく味わい、歴史の事実を正確に知る。豊かな人生を開く鍵をあなたに。

『絵物語 斎藤実盛』 柳田敏司文, あおむら純絵 浦和 さきたま出版会 1996.4 87p 21cm 1200円 ①4-87891-338-X

目次 妻沼聖天宮, 武士団の誕生, 前九年、後三年の役, 実盛の誕生, 長井斎藤氏の系譜, 大蔵の戦い, 駒王丸の救出, 保元の乱, 平治の乱, 平氏全盛〔ほか〕

『英雄木曽義仲』 松本利昭原作・監修, 小井土繁作画 少年写真新聞社 1996.1 135p 23cm （少年写真新聞社の歴史まんが）1200円 ①4-87981-072-X

『平将門―坂東の風雲児』 森藤よしひろまんが, 西原和海シナリオ 岩井 岩井市 1993.12 175p 23cm

『奥州藤原氏四代―黄金の王国平泉』 木暮正夫著 講談社 1993.8 221p 18cm （講談社火の鳥伝記文庫 86） 490円 ①4-06-147586-X

目次 1 みちのくの世界,2 安倍氏と清原氏,3 奥羽はだれの手に,4 花ひらく平泉,5 北方の王者、秀衡,6 燃える平泉

内容 およそ800年前の鎌倉幕府成立の以前、東北の平泉を中心に黄金と文化の王国をきずいた藤原氏。その奥州藤原氏の祖経清と、清衡・基衡・秀衡・泰衡四代の波乱の歴史と伝記。

『日本の歴史をつくった人びと 3 貴族の時代―貴族文化をささえるもの』 学校図書 1990.5 127p 22cm〈監修：鳥海靖〉1000円 ①4-7625-0867-5

目次 菅原道真, 藤原道長, 紫式部, 清少納言

内容 教科書に登場する歴史上の人物42名を中心に編集。写真、イラスト、図表を豊富に使った楽しく読みながら歴史がわかる伝記シリーズ。小学校5・6年向。

『日本の歴史をつくった人びと 2 天皇中心の国へ―花ひらく仏教文化』 学校図書 1990.5 127p 22cm〈監修：鳥海靖〉1000円 ①4-7625-0866-7

目次 中大兄皇子, 中臣鎌足, 蘇我入鹿, 行基, 鑑真, 聖武天皇, 桓武天皇

内容 教科書に登場する歴史上の人物42名を中心に編集。写真、イラスト、図表を豊富に使った楽しく読みながら歴史がわかる伝記シリーズ。小学校5・6年向。

『日本の歴史をつくった人びと 1 「くに」から「国」へ―邪馬台国から大和国家へ』 学校図書 1990.5 127p 22cm 〈監修：鳥海靖〉1000円 ①4-7625-0865-9

目次 卑弥呼, ヤマトタケル, 聖徳太子, 小野妹子

内容 教科書に登場する歴史上の人物42名を中心に編集。写真、イラスト、図表を豊富に使った楽しく読みながら歴史がわかる伝記シリーズ。小学校5・6年向。

『武蔵坊弁慶―怪力無双の僧』 田代脩監修 学習研究社 1986.7 125p 23cm （学研まんが伝記シリーズ）680円 ①4-05-102284-6

内容 NHKテレビで大人気の武蔵坊弁慶を、まんがで読もう！子供時代の弁慶のことがよくわかる！

◆◆聖徳太子

『こちら葛飾区亀有公園前派出所両さんの聖徳太子』 秋本治キャラクター原作, 佐藤真樹漫画, 遠山美都男監修・原案 集英社 2007.6 207p 19cm （満点人物伝）〈年譜あり〉880円 ①978-4-08-314023-5 Ⓝ288.44

目次 第1章 あの海の向こうに（聖徳太子をめぐる人々, 太子のしたこと/伝説の中の聖

徳太子,大和の国と大和政権),第2章 父の死(太子はなぜ天皇になれなかったか?/魂の宿る名前,飛鳥時代の生活と習慣,仏教は新しい文化だった,蘇我氏vs物部氏,国際都市だった飛鳥),第3章 大王暗殺(三人体制で支えた大和朝廷,国のしくみを整える/書物に残る聖徳太子),第4章 日出づる処の天子(太子ゆかりの飛鳥マップ,太子をしのんで明日香を歩こう,斑鳩へ行こう/斑鳩マップ,海を渡り文化を伝えた遣隋使/仏教に重きをおいた太子,聖徳太子の理想の地、斑鳩),第5章 天寿国へ(蓮の花の上に生まれ変わる太子,おもしろい古代の歴史,満点ホームページ図書館,年表 聖徳太子の生涯)

内容 悩める皇子はなぜ日出づる処の天子となったのか!?父の死、大王の暗殺…暗雲たちこめる時代に遠い海の彼方に目を向け憲法十七条、冠位十二階、遣隋使など、国の礎を築いた心優しき人、聖徳太子。

『聖徳太子と仏教伝来』三田村信行文 フレーベル館 2004.1 48p 27cm (あるいて知ろう!歴史にんげん物語 1)〈年譜あり〉2900円 Ⓘ4-577-02785-2 Ⓝ288.44

目次 ふしぎなゆめ,四天王にちかう,理想にもえて,和をもって…,日いずる国の天子,斑鳩寺を建てる,さいごのことば,人物しらべ—聖徳太子と同時代の人びと,たずねてみよう!歴史の舞台

『聖徳太子—日出ずる国に理想を』酒寄雅志監修,小西聖一著 理論社 2003.10 105p 25cm (NHKにんげん日本史)〈年表あり〉1800円 Ⓘ4-652-01464-3 Ⓝ288.44

目次 飛鳥の都,第1章 混乱の世に生まれて(聖徳太子の名前,蘇我氏と聖徳太子 ほか),第2章 大和朝廷と朝鮮半島(摂政となる,仏教をさかんに ほか),第3章 太子がめざした政治(隋への使者,冠位十二階の制度 ほか),第4章 斑鳩の里(太子の新しい宮,法隆寺 ほか),飛鳥の都、その後

『聖徳太子』南谷恵敬監修 ポプラ社 2003.4 79p 27cm (徹底大研究日本の歴史人物シリーズ 1)〈年譜あり〉2850円 Ⓘ4-591-07550-8,4-591-99489-9 Ⓝ288.44

目次 第1章 大和の飛鳥と聖徳太子誕生(飛鳥地方をみわたす,聖徳太子誕生前の大和の朝廷 ほか),第2章 少年時代の聖徳太子(伝説にいろどられた少年,仏教をめぐるふたつの勢力のあらそい ほか),第3章 太子の初陣から摂政まで(蘇我氏と物部氏の戦い、太子の初陣,日本初の寺院、飛鳥寺がたてられた ほか),第4章 政治の表舞台にたつ(弥勒菩薩半跏像を秦河勝にさずける,冠位十二階の制定と十七条憲法 ほか),第5章 仏法の世界へ(仏との対話に親しんだ太子,聖徳太子の死 ほか)

内容 大和地方を舞台に、日本初の女帝推古天皇をささえ、仏教文化をとりいれ、統一国家への新しい政治をくりひろげた聖徳太子。なぞと伝説につつまれた太子の一生を、ゆかりの地をたずねながらときあかします。

『聖徳太子』ひろさちや原作,芝城太郎漫画 鈴木出版 1998.4 145p 22cm (まんが日本の高僧 教科書にでてくる人物 1)〈年譜あり〉1800円 Ⓘ4-7902-1082-0

『聖徳太子—理想の国をめざした政治家 飛鳥時代』あおむら純まんが 小学館 1995.8 159p 19cm (小学館版学習まんが—ドラえもん人物日本の歴史 第2巻)〈責任監修:上原和〉680円 Ⓘ4-09-230402-1

『まんが聖徳太子』さいわい徹脚本・画 太子町(大阪府) 磯長山叡福寺 1995.1 111p 21cm〈監修:武田佐知子〉1000円

『聖徳太子』きりぶち輝文,狩野富貴子絵 舞阪町(静岡県) ひくまの出版 1991.3 77p 22cm (新しい日本の伝記 5) 1300円 Ⓘ4-89317-154-2

内容 平和な国づくりをめざし、仏教のおしえをひろめた聖徳太子ものがたり。親と子の歴史散歩付、小学校中級以上向。

『聖徳太子—絵本』山本和子文,河野南画 善本社 1991.1 37p 15×15cm 600円 Ⓘ4-7939-0270-7

『聖徳太子』沢田ふじ子著，小市美智子画　講談社　1988.9　293p　22cm　（少年少女伝記文学館 第2巻）1400円　Ⓘ4-06-194602-1

目次 1 飛鳥の空（厩戸誕生, 磐余と大王家のなりたち, 仏教伝来, 孝養太子）,2 政治の舞台へ（蘇我・物部の戦い, 崇峻暗殺, 女帝と摂政, 三宝興隆すべし）,3 理想と現実のはざまで（冠位十二階, 和をもって貴しとなし, 日出ずるところの天子, 斑鳩の日々, 天寿国への旅, 上宮王家滅亡）, 聖徳太子二王子画像, 聖徳太子ミニ百科, 記念館・博物館めぐり, 年表・聖徳太子と古代仏教, 歴史人物伝記・尾崎秀樹編（小野妹子, 鑑真, 恵慈, 聖武天皇, 天智天皇, 最澄, 柿本人麻呂, 空海, 山上憶良, 行基）

内容 人間は善悪二つの心を持っている。わたしもそうだ。―王権をめぐる争乱の時代に生まれた聖徳太子。仏法の理想と現実の調和をかぎりなく追求していく。

『聖徳太子―日出ずる国の皇子』柳井道弘著，柳井愛子画　新学社・全家研　1988.9　197p　22cm　（少年少女こころの伝記 1）1300円

『聖徳太子』宮崎章指導，荘司としお漫画　くもん出版　1988.5　120p　19cm　（くもんのまんがおもしろ大研究―歴史人物シリーズ）580円　Ⓘ4-87576-381-6

目次 序章 大王家の期待をになって, 第1章 仏教と神がみのあいだで, 第2章 蘇我氏と物部氏の争い, 第3章 推古天皇の摂政となって, 第4章 はなばなしい太子の政治, 第5章 斑鳩にふく風, おもしろ研究（『磐余』と『飛鳥』ってどんなところ？, 大王家と豪族たちはどんな関係だったか？, 仏教はどのようにしてうけいれられたか？, 法隆寺は世界最古の木造建築？）

『聖徳太子―法隆寺をたてた政治家』蔵持重裕立案・構成，柳川創造シナリオ，久松文雄漫画　集英社　1988.4　141p　23cm　（集英社版・学習漫画―日本の伝記）〈監修：永原慶二〉680円　Ⓘ4-08-241005-8

目次 第1章 蘇我と物部, 第2章 少年時代, 第3章 戦う厩戸皇子, 第4章 推古天皇を助ける, 第5章 憲法十七条, 第6章 海をわたる遣隋使, 第7章 太子と仏教, 第8章 太子の死

内容 聖徳太子は推古天皇をたすけ、遣隋使などをおくり中国のすぐれた文化や仏教をすすんで政治にとりいれました。マンガで学ぼう、英雄の生涯。

『聖徳太子』浜田泰三著，高橋国利絵　さ・え・ら書房　1982.3　192p　23cm　1200円　Ⓘ4-378-02105-6

『聖徳太子―日本に文化の灯をともした』保永貞夫著　講談社　1981.12　221p　18cm　（講談社火の鳥伝記文庫）390円　Ⓘ4-06-147516-9

◆◆聖武天皇

『聖武天皇』滝浪貞子監修　ポプラ社　2004.4　79p　27cm　（徹底大研究日本の歴史人物シリーズ 9）〈年譜あり〉2850円　Ⓘ4-591-07994-5　Ⓝ288.41

目次 第1章 生まれながらの天皇（聖武天皇ってどんな人？, 藤原氏の血をひく皇子 ほか）, 第2章 混乱する政情と聖武天皇（長屋王事件がおこる, 藤原四兄弟と疫病の流行 ほか）, 第3章 聖武天皇悲願の大仏造立（大仏造立の詔を出す, 聖武天皇、平城京へ帰る ほか）, 第4章 晩年の聖武上皇と奈良の朝廷（唐僧鑑真により戒律をさずかる, 聖武上皇、56年の生涯を終える ほか）

内容 聖武天皇はなぜ、巨大な奈良の大仏をつくったのか？そのわけをさぐりつつ一生を再現します。

『聖武天皇と行基―大仏にかけた願い』酒寄雅志監修，小西聖一著　理論社　2004.2　113p　25cm　（NHKにんげん日本史）〈年表あり〉1800円　Ⓘ4-652-01467-8　Ⓝ210.35

目次 奈良の大仏, 第1章 奈良に都がつくられたころ（律令時代へ, 奈良の都 ほか）, 第2章 行基のまなざし（行きだおれの人びと, 行動する行基 ほか）, 第3章 聖武天皇の時代（生まれながらの天皇, 長屋王と藤原氏 ほか）, 第4章 大仏建立（国分寺と大仏, 大僧正行基 ほか）, 守りつたえられる大仏

内容 奈良に大仏を作る！仏教で人々を救うため、国家的大事業を完成させた二人はど

んな人物だったのか…。

『聖武天皇―奈良の大仏を建立した天皇』 蔵持重裕立案・構成，三上修平シナリオ，古城武司漫画　集英社　1989.5　141p　23cm　（集英社版・学習漫画―日本の伝記）〈監修：永原慶二〉700円　①4-08-241016-3

目次 第1章 希望の皇子, 第2章 花咲く奈良の都, 第3章 聖武天皇誕生, 第4章 天平のはじまり, 第5章 のろわれた都, 第6章 さすらいの天皇, 第7章 大仏開眼

内容 仏教を信仰し、全国に国分寺を、奈良に東大寺を建てた聖武天皇。その愛用の品は今も正倉院に残っています。わかりやすくておもしろい、マンガで学ぼう、英雄の生涯。

『聖武天皇―大仏はなぜつくられたか』 保永貞夫著　講談社　1986.9　197p　18cm　（講談社火の鳥伝記文庫）420円　①4-06-147559-2

目次 1 花さく奈良の都,2 さすらいの天皇,3 大仏開眼

内容 しばしば人々をおそう飢饉、疫病、氏族の対立や反乱。はげしくゆれうごく8世紀の時代に、奈良の平城京に世界最大の大仏を建立し、はなやかな天平文化を花開かせた聖武天皇のすがた。

◆◆平 清盛

『平清盛』 鈴木喜代春文，阿部肇絵　舞阪町（静岡県）ひくまの出版　1991.4　77p　22cm　（新しい日本の伝記 8）1300円　①4-89317-157-7

内容 古い貴族の世の中に新しい武士のちからをしめした平清盛ものがたり。親と子の歴史散歩付。小学校中級以上向。

『平清盛―平氏の全盛期をきずいた政治家』 蔵持重裕立案・構成，三上修平シナリオ，リッキー谷内漫画　集英社　1989.3　141p　23cm　（集英社版・学習漫画―日本の伝記）〈監修：永原慶二〉680円　①4-08-241014-7

目次 第1章 父と子（高平太・鼻平太, 美しい舞人, 殿上のやみ討ち）, 第2章 平氏繁栄の道（祇園社との争い, せまる僧兵, 父の死）, 第3章 保元の乱（朝廷内の対立, 夜討ち, 武士の世）, 第4章 平治の乱（新たな対立, 平氏の勝利）, 第5章 さかえる平氏（西国支配, 太政大臣, 清盛の出家, 平氏への反発）, 第6章 法皇との対立（鹿ケ谷の陰謀, 平氏独裁）, 第7章 平氏のたそがれ（上皇福原へ, 以仁王の乱, 福原遷都, 清盛の死）

内容 保元・平治の乱を勝ちぬき、政治の実権をにぎった平清盛は、朝廷を平氏でかため勢力をほこりました。わかりやすくておもしろい！、マンガで学ぼう、英雄の生涯。

『平清盛―あらそう白旗と赤旗』 柚木象吉著　講談社　1982.5　189p　18cm　（講談社火の鳥伝記文庫）390円　①4-06-147528-2

◆◆天智天皇〔中大兄皇子〕

『中大兄皇子と藤原鎌足―大化の改新のちかい』 酒寄雅志監修，小西聖一著　理論社　2004.10　105p　25cm　（NHKにんげん日本史）〈年譜あり　年表あり〉1800円　①4-652-01475-9　Ⓝ288.44

目次 第1章 まかれた種（天皇のあとつぎをめぐって, 蝦夷と入鹿, 山背大兄皇子の運命, 出会い）, 第2章 大化の改新（蘇我氏を討つ, 新たなちかい, 改新の詔, しかし事件はつづく, 有間皇子）, 第3章 ピンチは海の向うから（百済からのしらせ, 遠征軍, 白村江の戦い, 戦いの代償, 防人の歌）, 第4章 新しい都で（鎌足の死, はじめての戸籍, こころざし半ばで）

『天智天皇―大化の改新』 原島サブローまんが　学習研究社　1984.9　148p　23cm　（学研まんが人物日本史）〈監修：樋口清之〉680円　①4-05-101036-8

◆◆卑弥呼

『卑弥呼―なぞの国、なぞの女王』 酒寄雅志監修，小西聖一著　理論社　2004.6　108p　25cm　（NHKにんげん日本史）〈年表あり〉1800円　①4-652-01471-6　Ⓝ210.273

目次 第1章 弥生という時代（小さな国々の記録, ひろがっていく米づくり ほか）, 第2章 卑弥呼登場（倭人の国々への道, 邪馬台国はどこに ほか）, 第3章 卑弥呼と魏の国（魏の国への使者, 卑弥呼のおみやげ、魏の国のお

みやげ ほか), 第4章 それからの邪馬台国(卑弥呼の死、大きな塚, なぞが残った)

『卑弥呼』山岸良二監修 ポプラ社 2004.4 79p 27cm (徹底大研究日本の歴史人物シリーズ 8)〈年譜あり〉 2850円 ①4-591-07993-7 Ⓝ210.273

目次 第1章 卑弥呼が登場する前の日本(卑弥呼は、なぜ有名になった?, 日本人の祖先はどこからきた? ほか), 第2章 卑弥呼、邪馬台国の女王となる(卑弥呼は、なぜ女王になった?, 女王卑弥呼の「鬼道」とは? ほか), 第3章 卑弥呼の時代のくらし(倭人のくらしはどうだった? 気候や産業、産物は? ほか), 第4章 邪馬台国はどこだ(邪馬台国の場所は、なぜわからない?, 邪馬台国にいたるまでの倭の国ぐに ほか), 第5章 卑弥呼の死とその後の邪馬台国(狗奴国王の卑弥弓呼とたたかう, 卑弥呼の死と大きな墓づくり ほか)

内容 邪馬台国のなぞの女王卑弥呼とは、いったいどんな女性だったのか? その実像にせまります。

『卑弥呼—邪馬台国の女王』真鍋和子著 講談社 1997.7 205p 18cm (講談社火の鳥伝記文庫 100)〈肖像あり 年表あり〉 580円 ①4-06-149900-9

目次 1 邪馬台国の女王,2 女王になった日,3 帰ってきたナシメ,4 狗奴国との戦争

内容 中国の歴史書『魏志』倭人伝にその名をきざまれていた、倭国(日本)の最大の国、邪馬台国の女王卑弥呼。神のことばを人々につげる巫女。その人物と時代を描く歴史伝記物語。

『卑弥呼—邪馬台国のなぞの女王 弥生時代』あおむら純まんが 小学館 1995.7 160p 19cm (小学館版学習まんが—ドラえもん人物日本の歴史 第1巻)〈責任監修:佐原真〉 680円 ①4-09-230401-3

目次 第1章 邪馬台国のムラ, 第2章 ムラのくらし, 第3章 親魏倭王・卑弥呼, 第4章 戦乱といのりと

『卑弥呼—邪馬台国のなぞの女王』木村茂光立案・構成, 柳川創造シナリオ, すがともこ漫画 集英社 1988.3 141p 23cm (集英社版・学習漫画—日本の伝記)〈監修:永原慶二〉 680円 ①4-08-241004-X

目次 第1章 女王国の使い, 第2章 ヒミコの登場, 第3章 巫女から女王へ, 第4章 魏の国へ, 第5章 やってきた魏の使い, 第6章 狗奴国との戦い, 第7章 月日は流れて

内容 今から1750年ほど前、日本にあった邪馬台国の女王卑弥呼は、ふしぎな予知の力で国をおさめました。マンガで学ぼう、女王の生涯。

『ヒミカ(卑弥呼)—むかし倭国に女王がいた』中山千夏著 ブロンズ新社 1987.11 170p 22cm (にんげんの物語) 1300円

目次 1 たぶん昔こんなことがあった〈1〉,2 ヒミカの神々の物語,3 たぶん昔こんなことがあった〈2〉,4 オオ国の神々の物語,5 たぶん昔こんなことがあった〈3〉,6 倭国のはじまり,7 マエツキミ,8 ヒミカの時代へ,9 つかいの話,10 女王の時代,11 それから

『ヒミコ』宮崎章指導, 森有子まんが くもん出版 1987.9 120p 20cm (くもんのまんがおもしろ大研究—歴史人物シリーズ)〈監修:水野祐〉 580円 ①4-87576-378-6

目次 序章 あれは幸せの星, 第1章 ふしぎな少女, 第2章 青い石の少年, 第3章 神の声をきけ, 第4章 かがやく稲穂, 第5章 大陸からの使者, 第6章 最後の戦い, 終章 平和ふたたび, おもしろ研究1 『魏志倭人伝』を読む, おもしろ研究2 邪馬台国のなぞ, おもしろ研究3 大陸の文化と技術, おもしろ研究4 弥生人のくらし

内容 女王ヒミコと古代のナゾをさぐる。まんがでたどる、ヒミコの生涯。

◆◆藤原 鎌足〔中臣 鎌足〕

『中大兄皇子と藤原鎌足—大化の改新のちかい』酒寄雅志監修, 小西聖一著 理論社 2004.10 105p 25cm (NHKにんげん日本史)〈年譜あり 年表あり〉 1800円 ①4-652-01475-9 Ⓝ288.44

目次 第1章 まかれた種(天皇のあとつぎを

めぐって,蝦夷と入鹿,山背大兄皇子の運命,出会い),第2章 大化の改新(蘇我氏を討つ,新たなちかい,改新の詔,しかし事件はつづく,有間皇子),第3章 ピンチは海の向うから(百済からのしらせ,遠征軍,白村江の戦い,戦いの代償,防人の歌),第4章 新しい都で(鎌足の死,はじめての戸籍,こころざし半ばで)

『新装世界の伝記 40 藤原鎌足』中沢巠夫著 ぎょうせい 1995.12 293p 20cm 1600円 Ⓘ4-324-04483-X

目次 第1章 蝕まれる日輪,第2章 易占と託宣,第3章 大化の改新,第4章 その後に来るもの

『カマタリー談山神社の御祭神・大織冠藤原鎌足公』和田たつみ劇画,森ようねん脚本 河出書房新社 1994.6 97p 20cm〈大化改新1350年祭記念〉870円 Ⓘ4-309-90124-7

◆◆藤原 道長

『藤原道長』朧谷寿監修 ポプラ社 2003.4 79p 27cm (徹底大研究日本の歴史人物シリーズ 2)〈年譜あり〉2850円 Ⓘ4-591-07551-6,4-591-99489-9 Ⓝ289.1

目次 第1章 藤原氏の始まりと発展(貴族政治の頂点にのぼりつめた道長,藤原氏の祖先をたどってみよう ほか),第2章 道長、朝廷の中心に立つ(道長、おいの伊周をおさえ、内覧となる,道長をとりまく人々 ほか),第3章 道長、栄華をきわめる(むすめ彰子を、天皇にとつがせる,宮中の女房は、どんな人たち? ほか),第4章 晩年の道長と子孫たち(道長の信仰は、どんなものだった?,さまざまな病気に苦しんだ道長 ほか)

内容 藤原道長は、非凡な才能と幸運にめぐまれ、平安時代の貴族政治の頂点にたちました。名門の家系を受けついだ道長が、いかにしてこの世の栄華を手にしたか、さまざまな資料をもとに再現します。

『藤原道長ー藤原氏の全盛』人見倫平まんが 学習研究社 1983.10 147p 23cm (学研まんが人物日本史)〈監修:樋口清之〉680円 Ⓘ4-05-100540-2

◆◆源 義経

『悲運に散った若武者義経ーそして伝説が生まれた』小西聖一著,小泉澄夫絵 理論社 2005.11 153p 22cm (ものがたり日本歴史の事件簿 2) 1200円 Ⓘ4-652-01632-8 Ⓝ289.1

目次 源平合戦の幕があく—源氏の若武者義経、すい星のごとくデビュー(源氏緒戦を制す—飛ぶ鳥の羽音にもおびえる平氏,二十年の空白をこえて—源氏の兄弟、涙の再会 ほか),勝利をよぶ作戦—義経、はなばなしい戦果をあげる(頼朝、義経兄弟に亀裂か—八幡宮上棟式の怪,義経初陣—京の都を制圧 ほか),ヒーローからおたずね者に—なぜおきた兄弟の対立(頼朝、義経の目通りを許さず—源平合戦後の意外な展開,対立が決定的に—頼朝、義経暗殺に動く ほか),壮絶な最期に集まる同情(弁慶の奮闘もむなし—義経、高館に散る,生きていてほしい—人びとの願いが義経伝説に)

内容 いまなお、時をこえて語りつがれる義経伝説の、かくされた真実と、その背景にスポットを当てる。

『こちら葛飾区亀有公園前派出所両さんの源義経』秋本治キャラクター原作,谷川淳漫画,奥富敬之監修 集英社 2005.5 207p 19cm (満点人物伝)〈年譜あり〉880円 Ⓘ4-08-314028-3 Ⓝ289.1

目次 第1章 鞍馬の天狗(永遠のヒーロー源義経はこんな人,義経の家来はつわものぞろい),第2章 奥州の鷹(貴族の世から武士の世へ,百年の平和と独立を守った北の黄金郷 ほか),第3章 東国の覇者(源氏と平家ライバルの歴史,武士の時代を開いた!!平清盛 ほか),第4章 祇園精舎の鐘(日本初の武士政権鎌倉幕府誕生!,源頼朝を助けた人たち ほか),第5章 伝説の始まり(軍事の天才義経のスーパーパワー,源平合戦の時代を生きた人たち ほか)

内容 貴族社会から武家社会への転換期、彗星のように現われ天才的な軍事能力で武家社会の実現に力をかしながら悲劇的な死を迎えた。ドラマチックなまんがと両さんのくわしい解説で描く源義経の31年の人生。

『源義経』今西祐行作,田代三善絵 小

峰書店　2004.12　103p　22cm　800円
Ⓘ4-338-08145-7　Ⓝ289.1

内容 日本人にもっとも人気のある武将義経。その生涯を義経記、伝説をもとにわかりやすく語ります。源氏と平氏の戦いで、輝かしい武勲をたてながらも、兄にうとまれ、悲劇の最期を迎える武将の生涯を描いた、小学生向き伝記の決定版。

『源義経』砂田弘著，狩野富貴子絵　ポプラ社　2004.12　135p　22cm　900円
Ⓘ4-591-08331-4　Ⓝ289.1

目次 第1章 牛若丸から義経へ（雪のふりしきる道,鞍馬山のてんぐ,その名は源九郎義経,さかえる平家一門）,第2章 兄弟のめぐり会い（立ちあがった頼朝,富士川の合戦,なみだの対面,京都の朝日将軍）,第3章 英雄の時代（初陣での大勝利,一ノ谷の合戦,つぶよりの百五十騎,平家をほろぼす）,第4章 英雄のさいご（梶原景時のうったえ,追いつめられた義経,さすらいの旅はつづく,ふたたび奥州へ,燃えあがる館）

内容 現在から、時をさかのぼること八百余年。源平争乱の世をかけぬけた、ひとりの若き武将がいた—。武将の名は源義経。さまざまな伝説を生み、いまなお愛される英雄・義経の活躍と悲劇をたどり、波乱に満ちた生涯をえがく悲しくも華々しい歴史絵巻。小学中級から。

『源義経』西本鶏介著，伊吹アスカ絵　ポプラ社　2004.12　178p　18cm　（ポプラ社文庫―伝記文庫 D-22）600円
Ⓘ4-591-08339-X　Ⓝ289.1

内容 戦場の天才、心やさしき武将、そして、悲劇の英雄。数々の伝説を生んだ英雄・義経の生涯を描く本格伝記物語。

『源義経　3　新しき天地』二階堂玲太著，杉山真理画　国土社　2004.12　253p　19cm　1600円　Ⓘ4-337-11103-4

内容 ひどいね。とうとう法皇さまもお見すてなされた。もう頼朝はとっくに義経のことを弟などと思っていない。だから、義経は、なにもかもすてて、新しい天地に行くんだ。もっとおおらかな天地が、義経を待っているよ。

『源義経　2　栄光をつかむ』二階堂玲太著　国土社　2004.11　245p　19cm　1600円　Ⓘ4-337-11102-6

内容 ひよどり越えの上で、義経は眼下の戦いを見ていた。生田の森の大手は、松明の動きからすると、源氏がたがくずれそうだ。鹿が二頭、ひよどり越えをくだっていった。霧がわいていた。「この霧はわれらに味方する！」と、義経は言った。「よいか、みなの者。馬どうしの腹をつけるようにして落とせ。馬はおたがいをかばいあう。馬に猿どもを乗せよ」。伝説を生んだ悲劇の武将。新しい源義経像が、あなたを魅了する。

『源義経の大常識』樋口州男監修，河野美智子文　ポプラ社　2004.11　143p　22cm　（これだけは知っておきたい！ 16）880円　Ⓘ4-591-08342-X　Ⓝ289.1

目次 その1 伝説にいろどられた子ども時代（源義経、戦乱の年に生まれる,牛若と兄たちの苦難の道 ほか）,その2 義経をとりまく人びと（源氏の棟梁 源義朝,平治の乱で平氏に敗北 源義朝 ほか）,その3 源平の合戦のすべて（宇治の橋合戦 源氏の最初の反乱,石橋山の戦い 伊豆の源頼朝、立つ ほか）,その4 悲劇への道をたどる義経（頼朝との対立 義経を遠ざける頼朝,頼朝との対立 義経の気持ちをつづった腰越状 ほか）,その5 人びとの心に生きる義経（伝説 義経は生きのびて北海道にわたった!?,伝説 義経はモンゴルのチンギス・ハーンになった!? ほか）

内容 義経のすべてがわかる。義経の秘密を徹底攻略。

『源義経　1　はばたきの時』二階堂玲太著，杉山真理画　国土社　2004.10　263p　19cm　1600円　Ⓘ4-337-11101-8

内容 「もう一歩ふみ出せば、広い世の中がありますぞ。牛若さま」「おれはもう、牛若じゃねえ。遮那王と名乗っているぞ。牛若などという幼い時の名前は、とっくにすてた！」伝説を生んだ悲劇の武将、新しい源義経の物語。

『源義経―平氏をたおした悲劇の英雄 平安時代末期』小井土繁まんが　小学館　1995.11　157p　19cm　（小学館版学習

まんが―ドラえもん人物日本の歴史 第5巻）〈責任監修：高橋富雄〉680円 ①4-09-230405-6

『義経記』岸田恋漫画 くもん出版 1993.10 159p 20×16cm （くもんのまんが古典文学館）1200円 ①4-87576-724-2

『源義経―平氏をたおした源氏の武将』蔵持重裕立案・構成，柳川創造シナリオ，荘司としお漫画 集英社 1988.6 141p 23cm （集英社版・学習漫画―日本の伝記）〈監修：永原慶二〉680円 ①4-08-241007-4

目次 第1章 母との別れ, 第2章 鞍馬寺での生活, 第3章 平泉へ, 第4章 源氏の旗あげ, 第5章 奇襲戦法, 第6章 平家の滅亡, 第7章 英雄の落日

内容 源平の合戦で活やくした若き勇将。兄の頼朝とともに平氏を滅ぼした源義経は、そののち頼朝と対立して追われ、奥州で討たれました。

『世界の伝記―国際カラー版 第26巻 源義経』久保喬文，安井庸浩絵 小学館 1984.9 116p 21cm 650円 ①4-09-231126-5

『源義経―源平の悲劇の武将』今西祐行著 講談社 1982.6 189p 18cm （講談社火の鳥伝記文庫）390円 ①4-06-147530-4

◆◆ヤマトタケルノミコト〔日本武尊〕

『ヤマトタケル』松田稔文，柳沢秀紀絵 勉誠社 1996.5 131p 21cm （親子で楽しむ歴史と古典 1）1236円 ①4-585-09002-9

内容 知と創造の宝庫へご招待。祖先たちのひたむきな生きざま、古典を楽しく味わい、歴史の事実を正確に知る。豊かな人生を開く鍵をあなたに。

『ヤマトタケル―ヤマトの伝承英雄』保永貞夫著 講談社 1995.5 205p 18cm （講談社火の鳥伝記文庫 94）540円 ①4-06-147594-0

目次 序 白鳥伝説,1 ヤマトは国のまほろば,2 吉備の空の下で,3 火の国・雲の国をいく,4 愛と死の歌

内容 『古事記』がつたえる英雄の物語。ヤマトタケルは、父の命令で九州のクマソタケル、出雲のイズモタケルやエミシを、たくみなはかりごとでつぎつぎと討ち、故郷をめざすが。教科書に出てくる人の伝記。

『ヤマトタケル』高橋宏幸文，村井香葉絵 舞阪町 ひくまの出版 1991.2 77p 22×19cm （ひくまの出版“新しい日本の伝記”シリーズ 7）1300円 ①4-89317-156-9

内容 ヤマトタケルは、国づくりをはじめたばかりの古代日本にあらわれた若い英雄でした。小学校中級以上向。

『ヤマトタケル』浜田けい子作，堤のぶき画 金の星社 1991.1 227p 21×16cm （新・文学の扉 4）1250円 ①4-323-01734-0

内容 やまと（いまの奈良盆地のあたり）の、緑の野を自由にかけめぐる少年、小碓命（のちにヤマトタケル）。実の兄を殺したという無実の罪をきせられ、遠い西の国へ旅立つことを命ぜられたが、それは次の大王の座をねらう者の、ワナだった。部下も、友人も失い、心の友であった塩路までも…。長い旅のなかで、真実を知ったヤマトタケルは、勇気をもって、大王の前に出る。愛するやまとの国のために。小学校5・6年生から。

『ヤマトタケルノミコト―神話の中の英雄』ムロタニツネ象まんが 学習研究社 1983.10 148p 23cm （学研まんが人物日本史）〈監修：樋口清之〉680円 ①4-05-100539-9

鎌倉時代〜室町時代の人びと

『楠木正行』後藤久子文，えんどうえみこ絵 新教育者連盟 2008.5 178p 21cm （子供のための伝記シリーズ 7

—日本武士道の源流「楠公父子物語」下)〈年譜あり〉953円
Ⓘ978-4-902757-13-2　Ⓝ289.1

『人物なぞとき日本の歴史　3　鎌倉・室町時代』高野尚好監修　小峰書店　2008.4　55p　29cm〈年表あり〉3200円
Ⓘ978-4-338-23303-3,978-4-338-23300-2　Ⓝ210
目次 鎌倉時代(鎌倉で武士による政治を始めた源頼朝, 尼将軍とよばれ、幕府を取りしきった北条政子, 執権政治の基礎を固めた北条泰時, 仏教彫刻で新時代をきずいた運慶, モンゴルの襲来をふせいだ北条時宗), 室町時代(建武の新政を行った後醍醐天皇, 後醍醐天皇につくした楠木正成, 鎌倉を攻め落とした新田義貞, 室町幕府を開いた足利尊氏, 室町幕府の力を強めた足利義満, 今日の形に能を完成させた世阿弥, 日本の水墨画を大成した雪舟, 東山文化をきずいた足利義政)
内容 歴史上の主要人物の生い立ちから業績などをなぞときで紹介。

『日本を変えた53人—人物日本の歴史　3』高野尚好監修・指導　学習研究社　2002.2　63p　27cm　2800円
Ⓘ4-05-201567-3,4-05-810664-6
目次 平清盛, 源頼朝, 源義経, 北条政子, 北条時宗, 足利尊氏, 足利義満, 足利義政, 雪舟
内容 本シリーズでは、小学校で習う日本の歴史に必ず登場する42人の人物に加えてほとんどの教科書に登場する11人の人物を親しみやすく学べるように工夫しています。各人物の物語の後には「人物のなぞにせまるQ&A」のページがあり、その人物の活躍した時代背景や業績などをさらにくわしく紹介しています。「人物調べ情報ガイド」では、調べ学習のヒントになる情報源を紹介しています。

『畠山重忠一代記—絵本』福島茂徳著　川本町(埼玉県)　川本町教育委員会　2001.3　105p　30cm

『鎌倉・室町・安土桃山時代の50人』PHP研究所編　PHP研究所　2001.2　47p　31cm　(歴史人物アルバム日本をつくった人たち大集合 2)〈索引あり〉2900円　Ⓘ4-569-68262-6,4-569-29456-1
目次 鎌倉時代(源頼朝—幕府をたて武家政治をはじめた将軍, 法然—仏教を民衆のものにした浄土宗の開祖, 栄西—禅と茶を日本につたえた臨済宗の僧, 鴨長明—世のはかなさに心をむけた随筆家 ほか), 室町時代(後醍醐天皇—政治を朝廷にとりもどした天皇, 足利尊氏—室町幕府と南北朝をつくった将軍, 足利義満—幕府の力をもっとも高めた将軍, 世阿弥—能楽をまとめあげた能役者で謡曲作家 ほか), 安土桃山時代(北条早雲—関東で勢力をふるった戦国大名, 毛利元就—「3本の矢」の教訓をしめした戦国大名, 武田信玄—川中島の合戦で有名な戦国大名, ザビエル—日本にキリスト教をつたえた宣教師 ほか)
内容 小中学校の教科書に出てくる人物をはじめ、歴史上重要な役割をはたした50人を、豊富なカラー写真やイラストを入れ、わかりやすく解説。各人物の歩んだ道のほか、時代背景も紹介しています。索引付き。小学校高学年〜中学生向。

『知っててほしい戦乱の世に活躍した人びと—南北朝・室町時代』佐藤和彦監修　あかね書房　2000.4　47p　31cm　(楽しく調べる人物図解日本の歴史 3)〈索引あり〉3200円　Ⓘ4-251-07933-7
目次 建武の新政を始めた—後醍醐天皇, 後醍醐天皇を助けた—楠木正成, 鎌倉をせめおとした—新田義貞, 室町幕府を開いた—足利尊氏, 室町幕府の力を強めた—足利義満, 室町幕府をついだ—足利15代の将軍たち, 琉球(沖縄)を統一した—尚巴志, 能を完成させた—世阿弥, 応仁の乱のときの将軍と妻—足利義政と日野富子, 応仁の乱であらそった—山名宗全と細川勝元〔ほか〕
内容 足利尊氏は、なぜ後醍醐天皇にそむいた?雪舟は、どんな子どもだった?

『足利義昭』筑波常治作, 坂本玄絵　国土社　1999.3　222p　22cm　(堂々日本人物史 戦国・幕末編 6) 1200円
Ⓘ4-337-21006-7
目次 室町幕府の落日, あわれな将軍たち, 身にせまる危険, 決死の脱出, 失意の日々, あこ

がれの十五代将軍の座に,織田信長と対立,義昭、巻き返しをはかる,反信長の連合軍,宿命のあらそい〔ほか〕

『日野富子ー応仁の乱に生きる』真鍋和子著　講談社　1994.2　205p　18cm（講談社火の鳥伝記文庫 89）490円　①4-06-147589-4

目次 1 希望,2 将軍の妻として,3 応仁の乱,4 戦いはつづく

内容 足利八代将軍義政の夫人日野富子。政治をおろそかにする義政にかわり、わが子を将軍につかせ、その権威を死守した。11年もの長い応仁の乱の中でたくましく生きた女性のすがた。

『北条時宗ー日本の危機、蒙古襲来』浜野卓也著　講談社　1992.8　205p　18cm（講談社火の鳥伝記文庫 81）490円　①4-06-147581-9

目次 1 太郎、そのまま射よ！筏 怪僧日蓮,3 阿蘇のふもとの人々,4 モンゴル大帝国の野望,5 日蓮の高笑い,6 元軍の侵略はいつ？,7 文永の役—博多の浜の決戦,8 鎌倉への道,9 決戦弘安4年の夏,10 『竹崎季長絵詞』

内容 世界史上最大のモンゴル帝国が、海をわたって日本にせめてきた13世紀。日本防衛のために、18歳で鎌倉幕府の執権となり、よく国難をのりきった若き指導者北条時宗の一生。

『新田義貞ー太平記＝悲運の武将』浜野卓也著　講談社　1990.12　189p　18cm（講談社火の鳥伝記文庫 74）460円　①4-06-147574-6

目次 1 南朝方、悲運の武将—新田義貞,2 一所懸命とは死ぬことなり—本間資貞と資忠親子,3 多々良浜の決戦—少弐頼尚と菊池一族,4 さすらいの皇子—宗良親王

内容 南北朝の戦乱のなかで南朝の後醍醐天皇につくした新田義貞、赤坂城にせめいった本間資貞・資忠親子、九州で菊池一族と争った足利方の少弐頼尚、後醍醐天皇の皇子宗良親王など、それぞれの立場で『太平記』の時代に生きた人々を描く。

『日本の歴史をつくった人びと　6　室町幕府と民衆の力』学校図書　1990.5　127p　21cm（学図の伝記シリーズ）1000円　①4-7625-0870-5

目次 足利義満,足利義政,世阿弥,雪舟

内容 教科書に登場する歴史上の人物42名を中心に編集。写真、イラスト、図表を豊富に使った楽しく読みながら歴史がわかる伝記シリーズ。小学生5、6年向。

『日本の歴史をつくった人びと　5　武士の時代』学校図書　1990.5　127p　21cm（学図の伝記シリーズ）1000円　①4-7625-0869-1

目次 北条政子,北条時宗,後醍醐天皇,足利尊氏

内容 教科書に登場する歴史上の人物42名を中心に編集。写真、イラスト、図表を豊富に使った楽しく読みながら歴史がわかる伝記シリーズ。小学生5、6年向。

『日本の歴史をつくった人びと　4　武士のおごりー源平の戦い』学校図書　1990.5　127p　22cm〈監修：鳥海靖〉1000円　①4-7625-0868-3

目次 源義家,平清盛,源義経,源頼朝

内容 教科書に登場する歴史上の人物42名を中心に編集。写真、イラスト、図表を豊富に使った楽しく読みながら歴史がわかる伝記シリーズ。小学校5・6年向。

◆◆足利 尊氏

『足利尊氏』佐藤和彦監修　ポプラ社　2003.4　79p　27cm（徹底大研究日本の歴史人物シリーズ 4）〈年譜あり〉2850円　①4-591-07553-2,4-591-99489-9　Ⓝ289.1

目次 第1章 源氏の名門、足利氏（足利氏、有力な御家人になる,尊氏の祖父家時が自殺ほか）,第2章 幕府の滅亡と建武の新政（各地で北条氏への反乱がおこる,六波羅探題をほろぼす ほか）,第3章 南北朝時代の幕開け（後醍醐天皇とたもとを分かつ,尊氏、西へ東へ転戦する ほか）,第4章 室町幕府の創設（新しい幕府を京都に開く,京都と吉野に2つの朝廷 ほか）,第5章 はてしない戦乱（尊氏・直義が兄弟であらそう,幕府の争いのすきに南朝が攻勢にでる ほか）

内容 足利尊氏は、なぜ北条氏の幕府にそむ

き、後醍醐天皇の政府とたもとをわかって室町幕府を開いたのか。尊氏の歩んだ道をたどりながら、南北朝が対立した時代を読み解きます。

『足利尊氏―南北朝の動乱を生きぬいた武将』 木村茂光立案・構成，柳川創造シナリオ，古城武司漫画　集英社　1990.12　141p　23cm　（集英社版・学習漫画 日本の伝記）〈監修：永原慶二〉 800円　Ⓘ4-08-241018-X

目次 第1章 名門足利家, 第2章 みかどの野望, 第3章 鎌倉幕府の滅亡, 第4章 建武の新政, 第5章 幕府をひらく, 第6章 南北朝時代

内容 室町幕府を開いた尊氏は、ふたつの朝廷のはざまで悩みながら、武家政権をおしすすめました。わかりやすくておもしろい、マンガで学ぼう、英雄の生涯。

『足利尊氏』 手島悠介文，狩野富貴子絵　舞阪町（静岡県） ひくまの出版　1990.11　74p　22cm　（新しい日本の伝記 1）　1300円

内容 足利尊氏は、いくさがつづいていた時代に、人びとが平和にくらすことのできる国をつくろうと力をそそいだのでした。'91年度NHK大河ドラマ「太平記」の主人公足利尊氏のかつやくをおもしろく、わかりやすく、えがく。親と子の歴史散歩付。

『足利尊氏と楠木正成―こども太平記』 海城文也著，伊東章夫画　ポプラ社　1990.11　158p　21cm　（テレビドラマシリーズ 6） 880円　Ⓘ4-591-03669-3

内容 戦いと陰謀のうずまく南北朝時代の歴史物語『太平記』のなかで、とくに足利尊氏と楠木正成を中心に、この時代に生きたさまざまな武将たちのすがたを、したしみやすくたのしくえがいた子どものための『太平記』。波瀾の世に生きた足利尊氏と楠木正成の生き方とは、一生とは…。

『足利尊氏―南北朝の争い』 伊東章夫漫画　学習研究社　1990.10　148p　21cm　（学研まんが 人物日本史）〈第35刷（第1刷：79.2.25）〉 700円　Ⓘ4-05-003615-0

目次 1 ゆらぐ鎌倉幕府,2 楠木正成の挙兵,3 足利一族の願い,4 幕府ほろびる,5 建武の新政,6 尊氏のむほん,7 再び京へ！,8 南北朝の対立,9 室町幕府の成立

『太平記の武将たち―足利尊氏と楠木正成』 木暮正夫著，堀田あきお画　ポプラ社　1990.8　222p　18cm　（ポプラ社文庫） 480円　Ⓘ4-591-02928-X

目次 1 犬公方とみかどの評判,2 みかどのくわだて,3 父と子,4 もえおちる笠置山,5 赤坂城の楠木正成,6 天王寺の『未来記』,7 まきかえす後醍醐天皇,8 六波羅かいめつ、鎌倉炎上,9 まんじどもえの対立,10 桜井のわかれ,11 後醍醐帝、むねんの吉野,12 そして、たたかいはおわった

内容 武士の力が圧倒的に強くなってきた世、後醍醐天皇のもとですばらしい策略と戦術をつかって北条と対した楠木正成と、自分の力で世をおさめようとした足利尊氏の生き方を軸に、南北朝時代の武将たちのさまざまな姿を力強く描いた物語。

『足利尊氏―よみがえる武将』 浜野卓也著　講談社　1982.11　181p　18cm　（講談社火の鳥伝記文庫） 390円　Ⓘ4-06-147538-X

◆◆足利 義満

『足利義満―金閣にこめた願い』 酒寄雅志監修，小西聖一著　理論社　2005.1　101p　25cm　（NHKにんげん日本史）〈年譜あり　年表あり〉 1800円　Ⓘ4-652-01478-3　Ⓝ289.1

目次 第1章 ひきついだ宿題（おじいさんの時代に, 京都の朝廷、吉野の朝廷 ほか）, 第2章 公家の世界、武家の世界（目をみはる昇進, 花の御所 ほか）, 第3章 北山第にて（出家の理由, この世の浄土 ほか）, 第4章 終わりに見た夢（わが子の元服, とつぜんの死 ほか）

『足利義満―金閣を建てた実力者』 蔵持重裕立案・構成，三上修平シナリオ，荘司としお漫画　集英社　1989.1　141p　23cm　（集英社版・学習漫画―日本の伝記） 680円　Ⓘ4-08-241012-0

目次 第1章 南北朝の動乱, 第2章 三代将軍誕生, 第3章 花の御所, 第4章 南北朝の合一,

第5章 栄光の金閣, 第6章 日本国王

内容 室町幕府の全盛期をきずいた名将軍であり、南北朝の二つの朝廷を合一した三代将軍義満は明との貿易に力をつくし、北山文化をもりたてました。

◆◆楠木 正成

『楠木正成』後藤久子文，えんどうえみこ絵 新教育者連盟 2008.2 193p 21cm (子供のための伝記シリーズ 6—日本武士道の源流「楠公父子物語」上)〈年譜あり〉953円 Ⓘ978-4-902757-12-5 Ⓝ289.1

『楠木正成―太平記=知勇の武将』浜野卓也著 講談社 1990.12 205p 18cm (講談社火の鳥伝記文庫 73) 460円 Ⓘ4-06-147573-8

目次 1 悪党がゆく,2 東大寺とのあらそい,3 だまされた僧兵,4 後醍醐天皇,5 ひるがえった菊水の旗,6 天下取りの夢,7 決戦、湊川

内容 河内に生まれた武士楠木正成は、後醍醐天皇が鎌倉幕府をたおす決心をしたとき、彗星のようにあらわれて幕府軍や足利尊氏と戦った。わずか数年の活躍ののち、湊川の戦いに散った、知恵と勇気の武将楠木正成の波乱の一生を描く。

『楠木正成―南北朝の武将』うめだふじおまんが 学習研究社 1990.12 148p 23cm (学研まんが人物日本史)〈監修：樋口清之〉700円 Ⓘ4-05-105274-5

目次 1 多聞天の子,2 河内の悪党,3 討幕のくわだて,4 菊水の旗あがる,5 ふしぎな『未来記』,6 千早城の攻防,7 新しい建武政府,8 巻きおこる風雲,9 七たび生まれて

『足利尊氏と楠木正成―こども太平記』海城文也著，伊東章夫画 ポプラ社 1990.11 158p 21cm (テレビドラマシリーズ 6) 880円 Ⓘ4-591-03669-3

内容 戦いと陰謀のうずまく南北朝時代の歴史物語『太平記』のなかで、とくに足利尊氏と楠木正成を中心に、この時代に生きたさまざまな武将たちのすがたを、したしみやすくたのしくえがいた子どものための『太平記』。波瀾の世に生きた足利尊氏と楠木正成の生き方とは、一生とは…。

『太平記の武将たち―足利尊氏と楠木正成』木暮正夫著，堀田あきお画 ポプラ社 1990.8 222p 18cm (ポプラ社文庫) 480円 Ⓘ4-591-02928-X

目次 1 犬公方とみかどの評判,2 みかどのくわだて,3 父と子,4 もえおちる笠置山,5 赤坂城の楠木正成,6 天王寺の『未来記』,7 まきかえす後醍醐天皇,8 六波羅かいめつ、鎌倉炎上,9 まんじどもえの対立,10 桜井のわかれ,11 後醍醐帝、むねんの吉野,12 そして、たたかいはおわった

内容 武士の力が圧倒的に強くなってきた世、後醍醐天皇のもとですばらしい策略と戦術をつかって北条と対した楠木正成と、自分の力で世をおさめようとした足利尊氏の生き方を軸に、南北朝時代の武将たちのさまざまな姿を力強く描いた物語。

◆◆源 頼朝

『源頼朝―武家の時代を開く』酒寄雅志監修，小西聖一著 理論社 2004.1 109p 25cm (NHKにんげん日本史)〈年表あり〉1800円 Ⓘ4-652-01466-X Ⓝ289.1

目次 武士の時代がやってくる, 第1章 おごる平氏(頼朝の生い立ち, 頼朝の命、義経の命 ほか), 第2章 頼朝立つ(以仁王の令旨, 挙兵 ほか), 第3章 源平の合戦(木曽義仲, 京都制圧 ほか), 第4章 天下草創(頼朝と義経, 義経を討て ほか), それからの鎌倉幕府

『源頼朝』奥富敬之監修 ポプラ社 2003.4 79p 27cm (徹底大研究日本の歴史人物シリーズ 3)〈年譜あり〉2850円 Ⓘ4-591-07552-4,4-591-99489-9 Ⓝ289.1

目次 第1章 源氏のあとつぎ(源頼朝と源氏のルーツ, 頼朝が生まれたころの源氏 ほか), 第2章 伊豆の頼朝と都の平氏(伊豆に流されて20年, 栄華をきわめる平氏 ほか), 第3章 頼朝の旗あげ(山木館に夜襲をかける, 石橋山の戦いにやぶれる ほか), 第4章 おいつめられる平氏(木曽義仲、倶利伽羅峠の戦いで大勝, 平氏の都落ちと義仲の短い天下 ほか), 第5章 鎌倉幕府の誕生(頼朝と義

経の対立, 諸国に守護と地頭をおく ほか)
内容 平氏に捕われ九死に一生を得た頼朝が、20年後に挙兵して、武家の政権を打ち立てるまでの波瀾万丈の一生をたどります。合戦の仕方、武士の鍛錬、大鎧などについても徹底研究。鎌倉歴史散歩のガイド付き。

『新装世界の伝記 45 源頼朝』浜野卓也著 ぎょうせい 1995.12 321p 20cm 1600円 Ⓘ4-324-04488-0
目次 第1章 落ちゆく少年, 第2章 流人のくらし, 第3章 挙兵, 第4章 源氏再興, 第5章 光と影

『源頼朝』高橋宏幸文, 村井香葉絵 舞阪町(静岡県) ひくまの出版 1991.4 77p 22cm (新しい日本の伝記 10) 1300円 Ⓘ4-89317-159-3
内容 20年もの長いあいだ伊豆に流された頼朝は、やがて平氏をたおし鎌倉に幕府をひらきました。これが、日本ではじめての武家政治です。小学校中級以上向。

『源頼朝』今西祐行著, 折井宏光画 講談社 1989.5 285p 22cm (少年少女伝記文学館 第3巻) 1440円 Ⓘ4-06-194603-X
内容 20年ものあいだ伊豆にながされながら、源氏の再興に立ちあがった頼朝は、肉親までも亡きものにしながら、武士の時代をきりひらいていく。

『源頼朝—鎌倉幕府を開いた源氏のリーダー』木村茂光立案・構成, 柳川創造シナリオ, 古城武司漫画 集英社 1989.2 141p 23cm (集英社版・学習漫画—日本の伝記)〈監修:永原慶二〉680円 Ⓘ4-08-241013-9
目次 第1章 源氏の嫡男(頼朝誕生, 平治の乱, 東国をめざして, 敗れた者の運命), 第2章 伊豆の流人(蛭ケ小島, 東国の武士たち, 平氏のさかえ, 頼朝と政子), 第3章 頼朝たつ(以仁王の令旨, 山木攻め, 頼朝危機一髪, 集まる武士たち), 第4章 戦乱の中へ(富士川の戦い, 東国の安定, 京の大乱, 義仲を討つ), 第5章 武士の政権(源氏対平氏, 鎌倉の政治, 平氏ほろびる, 義経と後白河法皇), 第6章 鎌倉幕府(守護と地頭, 奥州藤原氏, 征夷大将軍)

『源頼朝』宮崎章指導, 山口太一まんが くもん出版 1988.7 120p 19cm (くもんのまんがおもしろ大研究—歴史人物シリーズ)〈監修:石井進〉580円 Ⓘ4-87576-382-4
目次 この手で源氏の再興を, 武士の子棟梁の子, 伊豆の佐殿, 戦うのはいまだ, 武士の町鎌倉をつくろう, 源平の合戦, 鎌倉殿から征夷大将軍へ, 武家政権の夢, おもしろ研究(武家の棟梁—源氏と平氏, 東国武士の館をたずねて, 鎌倉政権を支えたしくみ, 頼朝の切り札—守護・地頭の設置), 源頼朝なんでもおもしろミニブック
内容 鎌倉にきずけ、武士による世の中。まんがでたどる源頼朝の生涯。小学中級以上向き。

『源頼朝—武家政治をひらいた』左近義親著 講談社 1985.9 205p 18cm (講談社火の鳥伝記文庫) 390円 Ⓘ4-06-147557-6

戦国時代〜安土・桃山時代の人びと

『人物なぞとき日本の歴史 4 戦国・安土桃山・江戸時代前期』高野尚好監修 小峰書店 2008.4 55p 29cm〈年表あり〉3200円 Ⓘ978-4-338-23304-0,978-4-338-23300-2 Ⓝ210
目次 戦国時代(日本にキリスト教を伝えたザビエル), 安土桃山時代(天下統一の一歩手前で夢破れた織田信長, 天下統一をなしとげた豊臣秀吉), 江戸時代前期(江戸幕府の基礎を固めた徳川家康, 幕府のしくみと鎖国を完成させた徳川家光, 生類あわれみの令を出した徳川綱吉, 日本のシェークスピアとよばれる近松門左衛門, 俳諧を高度な芸術に発展させた松尾芭蕉)
内容 歴史上の主要人物の生い立ちから業績などをなぞときで紹介。

『鳥居強右衛門』若松正和作, 村山能子切り絵 文芸社 2007.12 30p 27cm

1000円 Ⓘ978-4-286-03894-0 Ⓝ289.1

内容 一万五千の武田軍に、長篠城を包囲されたわずか五百の奥平軍。この危機を主・徳川家康に知らせるために伝令を放つ。その大役を買って出たのが、一人の雑兵・鳥居強右衛門だった。男は城をぬけ出し家康の元にたどりつき、使命を無事に果たすことに成功したのだが…。

『加藤清正一戦国人物伝』 加来耕三企画・構成, すぎたとおる原作, 早川大介作画, 島田真祐監修 ポプラ社 2007.5 127p 22cm （コミック版日本の歴史 5）〈年譜あり〉 1000円 Ⓘ978-4-591-09794-6 Ⓝ289.1

内容 秀吉配下の豪の者、民を思うこと深き内政の巧者、そして熊本城築城の英雄。さまざまな側面をのぞかせる加藤清正の一生涯とは―。

『戦国武将がわかる絵事典一日本の歴史を学んでみよう 名将のエピソードを知ろう』 山村竜也著 PHP研究所 2006.11 79p 29cm 2800円 Ⓘ4-569-68633-8 Ⓝ281.04

目次 第1章 織田信長の活躍（桶狭間の戦いで名をあげる, 上洛して天下取りをねらう ほか）, 第2章 豊臣秀吉の天下統一（信長の家来となる, 主君信長の仇を討つ ほか）, 第3章 徳川家康の野望（つらい人質生活をおくる, 秀吉と天下をあらそう ほか）, 第4章 全国各地の戦国武将（東北, 関東 ほか）

『一無心豊一クニ塾授業・山内一豊に学ぶ家定教科書』 国枝法音著 文芸社 2006.7 201p 19cm 1200円 Ⓘ4-286-00877-0 Ⓝ289.1

『川を治め水と戦った武将たち一武田信玄・豊臣秀吉・加藤清正』 かこさとし作 瑞雲舎 2004.7 31p 26cm （土木の歴史絵本 第2巻）〈年表あり〉 1200円 Ⓘ4-916016-45-9 Ⓝ510.921

内容 ここにプロジェクトXの原点がある。戦国時代の武将は戦いをするだけでなく、領土や領民を守るため、土木の工事で大きな役割を果たした。

『千利休と戦国武将』 藤森陽子文 フレーベル館 2004.2 48p 27cm （あるいて知ろう！歴史にんげん物語 6）〈年譜あり〉 2900円 Ⓘ4-577-02790-9 Ⓝ791.2

目次 ととやのせがれ, 鉄砲と茶の湯, 敵は本能寺, 妙喜庵「待庵」, 天下の茶人, 野菊の茶会, 一条戻り橋, 人物しらべ―千利休と同時代の人びと, たずねてみよう！歴史の舞台

『日本を変えた53人一人物日本の歴史 4』 高野尚好監修・指導 学習研究社 2002.2 63p 27cm 2800円 Ⓘ4-05-201568-1,4-05-810664-6

目次 ザビエル, 織田信長, 豊臣秀吉, 徳川家康, 徳川家光, 雨森芳洲

内容 本シリーズでは、小学校で習う日本の歴史に必ず登場する42人の人物に加えてほとんどの教科書に登場する11人の人物を親しみやすく学べるように工夫しています。各人物の物語の後には「人物のなぞにせまるQ&A」のページがあり、その人物の活躍した時代背景や業績などをさらにくわしく紹介しています。「人物調べ情報ガイド」では、調べ学習のヒントになる情報源を紹介しています。

『知っててほしい天下統一に活躍した人びと一戦国・安土桃山時代』 佐藤和彦監修 あかね書房 2000.4 47p 31cm （楽しく調べる人物図解日本の歴史 4）〈索引あり〉 3200円 Ⓘ4-251-07934-5

目次 川中島であらそった戦国のライバル―武田信玄と上杉謙信, 日本にキリスト教をつたえた―ザビエル, はじめて鉄砲を手にした―種子島時堯, 天下統一をめざした―織田信長, 三日天下の戦国武将―明智光秀, 政略で結婚させられた信長の妹―お市の方, キリシタン大名―大友宗麟と高山右近, 天下統一をはたした―豊臣秀吉, 安土桃山文化を代表する画家―狩野永徳, 全国各地で活躍した―戦国の武将たち〔ほか〕

内容 織田信長が、安土に城をきずいたわけは？豊臣秀吉は、農民出身？

『島津義久』 筑波常治作, 坂本玄絵 国土社 1999.3 222p 22cm （堂々日

本人物史 戦国・幕末編 7）1200円
Ⓘ4-337-21007-5
目次 七百年、かわらぬ大名, 戦乱あいつぐ南九州, 名君と野心家, 鉄砲とキリスト教, 三州の統一をめざして, 義久と三人の弟たち, 九州の覇者をめざす, 義久の人格と教養, 秀吉の九州征伐, 負けるが勝ち, 義弘の武勇と戦略, 徳川家康と石田三成, 関ヶ原の敵中突破, 外交による戦い, まことの英雄

『高山右近』筑波常治作，坂本玄絵　国土社　1999.3　205p　22cm　（堂々日本人物史 戦国・幕末編 9）1200円
Ⓘ4-337-21009-1
目次 フランシスコ・ザビエル, キリストの使徒, 日本へ, あべこべになった論争, 右近、信者になる, 地上の天国, 板ばさみの試練, 信長と秀吉につかえる, しのびよる迫害, ついにきた最悪の日, あらしの前の静かさ, 異国の空に死す

『武田勝頼』筑波常治作，坂本玄絵　国土社　1999.3　237p　22cm　（堂々日本人物史 戦国・幕末編 5）1200円
Ⓘ4-337-21005-9
目次 宿命の父と子, 武田信玄の少年のころ, 追放された信虎, 戦国の女性の悲しみ, 人は城、人は石垣、人は濠, 家族の悲劇はつづく, いまこそ若者の時代, 陰謀と失敗, 長篠城をめぐる攻防, 運命のとき〔ほか〕
内容 信玄にとっての敵は、上杉謙信や織田信長よりも、まずじぶんの体内に巣くう病菌であり、また家庭の内部にある複雑な家族関係でした。同様に、勝頼にとっては、父親にたいする劣等感と反抗心であり、さらに自己の能力への過信こそが敵だったといえます。そういうさまざまな意味において、武田勝頼の生涯は、戦国時代にとどまらず、いつの世の人間にとっても、考えさせられる問題を提供しています。

『山中鹿之介』筑波常治作，坂本玄絵　国土社　1999.3　229p　22cm　（堂々日本人物史 戦国・幕末編 2）1200円
Ⓘ4-337-21002-4
目次 三日月に祈る人, 山陰の雄、十一州の太守, 鹿之介、世にでる, 鹿と狼の一騎うち, 尼子氏の滅亡, 新宮党の遺児, ふたたび尼子の旗を, 富田城をめぐる攻防戦, 敵をあざむいて脱走, 織田信長に援助をたのむ〔ほか〕

『水とたたかった戦国の武将たち―武田信玄・豊臣秀吉・加藤清正』かこさとし画・構成，おがたひでき文・編集　全国建設研修センター　1997.2　32p　24×24cm　（土木の絵本シリーズ）〈監修：高橋裕　企画：全国建設研修センター〉
Ⓘ4-916173-00-7

『土のさむらい』岡本文良作，加藤英夫画　くもん出版　1996.12　197p　19cm　（くもんの児童文学）1339円
Ⓘ4-7743-0093-4
目次 義経と祖先と大木, 土居家のわか武者, 海からの敵, 清良の元服, たたかいと落城, かなしい運命, 土佐一条家へ, よろこびの帰国, 満月の夜の風景, 盆おどりと大文字やき, 長いたたかいへ, たんぼでとれた鉄砲〔ほか〕
内容 いまから、約四百年前のこと…。長い戦いのすえに、「天下統一」をとげた豊臣秀吉は、全国に役人をおくり、検地をおこなった。田畑のよしあしをしらべて、農民から年貢という税をとりたてるためだ。このとき、四国・伊予国（現在の愛媛県）の三間をおとずれた役人が、おどろきの声をあげた。「三間こそは、日本でいちばん米がとれるところにちがいない…！」農民とともに生きた戦国武将・土居清良の波乱にとんだ物語。小学上級から。

『戦国の武将おもしろ人物事典』保永貞夫, 小林隆文，講談社編　講談社　1991.12　143p　18cm　（講談社KK文庫）680円　Ⓘ4-06-199532-4
目次 1 戦国・国とり合戦,2 織田信長と天下統一,3 豊臣秀吉と徳川家康,4 戦国の剣豪と忍者
内容 織田信長、豊臣秀吉、徳川家康など戦国時代の武将をはじめ、大名、文化人など、歴史上の人物がわかる、おもしろ事典。

『明智光秀―本能寺の変』浜野卓也著　講談社　1991.11　205p　18cm　（講談社火の鳥伝記文庫 78）460円
Ⓘ4-06-147578-9
目次 1 山道をいく落人たち,2 京の暗殺者,3

のぞみはとげたが,4 坂本城の城主,5 中国地方への遠征,6 むごい主命,7 決戦天王山
内容 自分の城を追われ、放浪の旅をつづけながら、武芸と学問をおさめた明智光秀は、織田信長につかえた。光秀が、なぜ主君信長を本能寺におそったか、そのなぞの一生を描く。

『今川義元—桶狭間の戦い』 浜野卓也著 講談社 1991.11 205p 18cm （講談社火の鳥伝記文庫 79） 460円
Ⓘ4-06-147579-7
目次 1 義元の少年時代,2 今川一族と北条氏,3 義元、今川家の当主に,4 義元と家康の出会い,5 ゆれうごく駿河,6 義元と三国同盟,7 義元、京をめざす
内容 18さいで名門今川家をつぎ、東海道を制した今川義元。天下を治めるため天皇の許可をえようと京へのぼる途中、桶狭間で織田信長の奇襲にあって落命した悲運の武将の伝記。

『日本の歴史をつくった人びと 7 天下統一に向けて』 学校図書 1990.5 127p 21cm （学図の伝記シリーズ） 1000円 Ⓘ4-7625-0871-3
目次 フランシスコ・ザビエル, 織田信長, 豊臣秀吉, 千利休
内容 教科書に登場する歴史上の人物42名を中心に編集。写真、イラスト、図表を豊富に使った楽しく読みながら歴史がわかる伝記シリーズ。小学生5、6年向。

『戦国武将おもしろ大百科』 山梨輝雄著 広済堂出版 1987.9 263p 13cm （豆たぬきの本 208） 380円
Ⓘ4-331-20108-2
目次 第1部 乱世にはばたく武将たち（北条早雲, 斎藤道三, 毛利元就, 尼子経久, 今川義元, 武田信玄, 上杉謙信）, 第2部 天下統一に燃える勇将たち（織田信長, 明智光秀, 豊臣秀吉, 黒田官兵衛, 長曽我部元親, 伊隆, 真田幸村, 後藤達政宗）, 第3部 家康の野望をめぐる名将たち（徳川家康, 本多正信, 加藤清正, 福島正則, 藤堂高虎, 黒田長政, 山内一豊, 石田三成, 小西行長, 九鬼嘉降, 後藤又兵衛, 塙団右衛門, 木村重成）
内容 キミたちにも興味深い戦国時代。そして、あこがれの戦国武将。それらのすべてがわかる本の登場。学校では習わない子供時代の姿、その合戦ぶり、面白いエピソード、謎、死にぎわetc.…。これ1冊でキミは戦国通だ！

『細川ガラシャ—炎の十字架』 さかいともみ作, 青空風太郎絵 教育出版センター 1984.11 144p 22cm （ジュニア・ノンフィクション） 1000円
Ⓘ4-7632-4116-8

『淀君—戦国時代の悲劇の姫君』 さかぐち直美まんが 学習研究社 1983.11 148p 23cm （学研まんが人物日本史） 〈監修：樋口清之〉 680円
Ⓘ4-05-100542-9

◆◆上杉 謙信

『上杉謙信』 加来耕三著 ポプラ社 2009.4 207p 17×12cm （ポプラポケット文庫） 570円
Ⓘ978-4-591-10906-9
目次 鬼若殿、見参, 天室光育の教え, 男子三日会わざれば, 父の葬儀, 初陣, 兵法修行, 栃尾城へ, 毘沙門天の化身, 越後平定, 義将への道, 謙信の引退決意, 越後をすくえ！, 信玄、かかってこい！, 奇跡の勝利, 横笛と琵琶, 血戦・川中島, 信玄、死す, 信長、謙信にやぶれる
内容 武田信玄、織田信長などの名将を相手に戦いつづけ、「戦国最強の武将」とおそれられた上杉謙信。生涯、妻も子も持たず、法衣に身を包み、毘沙門天を信仰した義将は、欲をすて、「義」の精神をつらぬき、戦国の世をかけぬけました。いまなお愛されつづける上杉謙信の魅力とその人生にせまります。

『武田信玄と上杉謙信—戦国人物伝』 加来耕三企画・構成・監修, すぎたとおる原作, 中島健志作画 ポプラ社 2008.1 125p 22cm （コミック版日本の歴史 4） 〈年表あり〉 1000円
Ⓘ978-4-591-09793-9 Ⓝ289.1
目次 第1章 甲斐の虎, 第2章 越後の竜, 第3章 両雄相見ゆ, 第4章 竜虎相剋, 第5章 邂逅
内容 甲斐の虎と越後の竜、宿命の戦いの結末は。

『上杉謙信』筑波常治作，坂本玄絵　国土社　1999.3　206p　22cm　（堂々日本人物史 戦国・幕末編 3）1200円　Ⓘ4-337-21003-2
目次 みだれきった越後国，長尾一族のあらそい，けんかの種はつきない，虎千代の夢，さいしょの大勝利，景虎のなやみ，強敵・武田信玄あらわる，正義のいくさと野望のいくさ，宿命のライバル，武将をやめる決心〔ほか〕

『信玄と謙信―川中島でたたかった両雄 戦国時代』小井土繁まんが　小学館　1995.9　159p　19cm　（小学館版学習まんが―ドラえもん人物日本の歴史 第6巻）〈責任監修：小和田哲男〉680円　Ⓘ4-09-230406-4

『新装世界の伝記　5　上杉謙信』中沢巠夫著　ぎょうせい　1995.2　296p　20cm　1600円　Ⓘ4-324-04382-5

『上杉謙信』砂田弘著，鴇田幹画　ポプラ社　1987.11　190p　18cm　（ポプラ社文庫）450円　Ⓘ4-591-02075-4
目次 虎千代誕生，林泉寺での日び，栃尾城主となる，晴景か景虎か，越後に長尾景虎あり，その名は武田晴信，はためく「毘」の旗，はじめての上洛，ふたたび川中島へ，人は城、人は石垣，ひとりぼっちのかなしみ，三たび、川中島へ，ばく大なみつぎもの，越後軍、関東をいく，四たび、川中島へ，キツツキの戦法を見やぶる，血にそまる川中島，謙信、信玄をおそう，敵に塩を送る，信長、天下統一にのりだす，武田信玄、死す，信長をはさみうちにしよう，さいごのたたかい，かなしみの春日山城
内容 小・中学生のための上杉謙信。信玄の宿敵。

『上杉謙信』松永義弘著，成瀬数富絵　あかね書房　1987.10　253p　18cm　（あかね文庫）450円　Ⓘ4-251-10017-4
目次 毘沙門天，春日山城，お屋形，川中島，北陸の王者
内容 政虎は、不安をおぼえ、おもわず手すりにつかまった。くらい霧の下を、なにか巨大なものが移動しているような気配を感じた。にぶい、重々しい気配は、軍兵の動きのような気がした。14歳から32歳の今日まで戦場往来してきた政虎のするどい勘にうったえるものがあった。信玄との川中島の合戦。竜虎宿命の対決！

『上杉謙信』鈴木俊平著　講談社　1986.6　205p　18×12cm　（講談社 火の鳥伝記文庫）420円　Ⓘ4-06-147562-2
内容 力ずくで国をうばいあう戦国の世におどりでた越後の国の名将上杉謙信。宿敵武田信玄との信濃の国川中島で対決した川中島の合戦。関東への出兵。天下統一を目ざしながら病にたおれた上杉謙信の一生を描く。

『上杉謙信と武田信玄川中島のたたかい』広岡球志著　講談社　1985.4　209p　22cm　（学習コミック・戦国の武将）〈監修：桑田忠親〉580円　Ⓘ4-06-189111-1

◆◆織田 信長

『この人を見よ！歴史をつくった人びと伝 11　織田信長』プロジェクト新・偉人伝著作・編集　ポプラ社　2009.3　143p　22cm〈文献あり 年表あり〉1200円　Ⓘ978-4-591-10733-1　Ⓝ280.8

『織田信長―戦国人物伝』加来耕三企画・構成・監修，すぎたとおる原作，早川大介作画　ポプラ社　2007.11　118p　22cm　（コミック版日本の歴史 1）〈年譜あり〉1000円　Ⓘ978-4-591-09790-8　Ⓝ289.1
目次 第1章 尾張のうつけ者，第2章 平手政秀の死，第3章 天下布武への道，第4章 長篠・設楽原の合戦，第5章 本能寺に消ゆ，織田信長をもっとよく知るための基礎知識
内容 乱世を駆け抜けた稀代の英雄、その鮮烈な生きざま。

『織田信長―戦国の覇王』桑田忠親監修，一橋弘構成，藤木てるみ漫画　新装版　学習研究社　2007.3　128p　22cm　（学研まんが伝記シリーズ）〈年譜あり〉700円　Ⓘ978-4-05-202778-9　Ⓝ289.1
目次 決戦！桶狭間，尾張のばかとの，ばかとののよろこびと悲しみ，ばかとのの正体，天

下統一はわが手で,新戦術三だんうち,安土の栄え,あわれ本能寺

『織田信長―天下布武の道のり』酒寄雅志監修,小西聖一著　理論社　2003.9　113p　25cm　(NHKにんげん日本史)〈年表あり〉1800円　Ⓘ4-652-01463-5　Ⓝ289.1

目次 戦国の世,第1章 都をめざす,第2章 あやうし!信長,第3章 安土城,第4章 天下布武を前に,天下統一のいしずえ

『織田信長』谷口克広監修　ポプラ社　2003.4　79p　27cm　(徹底大研究日本の歴史人物シリーズ 5)〈年譜あり〉2850円　Ⓘ4-591-07554-0,4-591-99489-9　Ⓝ289.1

目次 第1章 尾張の風雲児(信長が生まれたころの日本,信長の誕生と織田家 ほか),第2章 天下布武(斎藤道三の死後、美濃を攻略,つぎつぎと同盟をむすぶ信長 ほか),第3章 室町幕府の滅亡(将軍義昭と対立する,姉川の戦いで浅井・朝倉軍をやぶる ほか),第4章 安土の時代(安土に壮麗な城をきずく,石山合戦、終結に向かう ほか)

内容 戦国時代に生まれた信長が、いかにして天下統一直前にまでいたったか、信長の戦いぶりや世界観、趣味などを通して、その人物像を再現します。大名たちを紹介する人物コーナー、安土や一乗谷の歴史散歩もあり。

『織田信長―天下統一を推し進めた戦国武将』中島健志画,すぎたとおる作,加来耕三監修　コミックス　2002.6　143p　19cm　(講談社学習コミック―アトムポケット人物館 11)〈発売:講談社〉700円　Ⓘ4-06-271811-1

目次 第1章 二人の父親,第2章 生駒屋敷の出会い,第3章 うつけ殿の孤独,第4章 天下布武,第5章 あの山の向こう,アトムと博士のQ&A(戦国時代ってどんな時代?,信長はどんな子供だった?,安土城ってどんな城?,信長はどんな国をつくろうとしたのかな?),年表 織田信長の生涯

内容 本気で天下を取ろうとした初めての武将と言われる織田信長。彼は鉄砲の採用や楽市楽座、そして天守閣を持った最初の城、安土城の築城など、これまでにないことをどんどん始めて、常識を打ち破って新しい時代を築こうとしたんだ。信長は日本をどんな国にしようとしたのかな?小学3年生〜中学生対象。

『織田信長』筑波常治作,坂本玄絵　国土社　1999.3　206p　22cm　(堂々日本人物史 戦国・幕末編 4)　1200円　Ⓘ4-337-21004-0

目次 領主の子と領民の子,わかさまは大うつけ者,目にあまるふるまい,斎藤道三との対面,おとうとと妻のうらぎり,都をめざす諸大名,桶狭間のたたかい,松平元康との同盟,天下統一をめざして,あこがれの都大路〔ほか〕

『織田信長』吉本直志郎文　ポプラ社　1999.2　174p　22cm　(おもしろくてやくにたつ子どもの伝記 20)〈文献あり　年譜あり〉880円　Ⓘ4-591-05880-8

目次 尾張の大将、うつけじゃそうな,まずは尾張の平定じゃ,尾張のうつけにマムシもほれた,天下取りの第一歩、桶狭間の合戦,美濃は力でとるより、知恵でとれ,上洛戦は、成るや成らずや,さからうやつは、みな殺せ!,有為転変は世のならい,敵は本能寺にあり!

内容 この本は、前からもうしろからもよむことができます。どちらからよんでも、織田信長のことがよくわかるようになっています。すきなほうから、よんでください。人びとのしあわせと社会のために、力いっぱい生きた人物が、みんなの心によみがえります。ものしりガイドつき。

『信長はどんな人物だった?―戦国・安土桃山時代』佐藤和彦監修　ポプラ社　1998.4　47p　29cm　(調べ学習にやくだつ日本史の大疑問 5)〈索引あり〉3000円　Ⓘ4-591-05699-6,4-591-99229-2

『織田信長―天下統一をめざした風雲児　戦国時代・安土桃山時代』小井土繁まんが　小学館　1995.8　159p　19cm　(小学館版学習まんが―ドラえもん人物日本の歴史 第7巻)〈責任監修:小和田哲男〉680円　Ⓘ4-09-230407-2

『織田信長―ジュニア版』近藤竜太郎著 吟遊社 1992.1 121p 22cm (少年・少女伝記ノンフィクション)〈発売:星雲社〉1200円 ①4-7952-9403-8

目次 1 天下騒乱(戦乱の落し子,尾張のうつけ者,運命の桶狭間),2 天下統一への道(美濃攻め,信長の上洛,非情な戦い,一向一揆との戦い,長篠の戦い),3 信長無念の夢(安土城築城,毛利との戦い,本能寺の変)

『織田信長』小和田哲男作,小井土繁絵 小学館 1991.12 222p 18cm (てんとう虫ブックス) 550円 ①4-09-230547-8

目次 1『うつけどの』が行く,2 父信秀の死,3 清須城へうって出る,4 決戦、桶狭間,5 美濃を盗る,6 上洛,7 宣教師たちとの出会い,8 姉川の戦い,9 叡山焼き討ち,10 長篠の戦い,11 安土の春,12 本能寺の変

内容 少年時代「うつけ者」とよばれた信長。父信秀の跡をついだときは、だれもが尾張国の将来を心配した。しかし、桶狭間の戦いで、今川義元を敗った信長は、その名を天下にとどろかせたのである。そして、信長の夢は大きくふくらんでいく…。

『織田信長歴史おもしろゼミナール』中西立太文・絵 講談社 1991.11 143p 18cm (講談社KK文庫) 680円 ①4-06-199530-8

目次 第1章 織田信長の一生(織田信長と戦国時代,気の強い赤ん坊だった信長,斎藤道三の娘、濃姫と結婚,尾張のうつけ若さま,父の死をかなしんだ信長 ほか),第2章 戦国おもしろ資料館(これが足軽〈兵士〉の行軍用装備だ,足軽の夏と冬の装備,戦国武将のよろいとかぶと,足軽のよろいとかぶと ほか)

内容 この本は、織田信長の生涯と、信長の生きた戦国時代を、イラストレーションで復元したものです。一枚一枚のイラストには、歴史、人物、文化、武器・武具など多くの情報がもりこまれています。みなさんは楽しみながらイラストを見ていくなかで、これらの情報にふれ、織田信長の人物と、戦国時代のすがたを十分に理解することになるでしょう。

『織田信長―天下の風雲児』海城文也著,鴇田幹絵 ポプラ社 1991.10 175p 22cm (テレビドラマシリーズ 9) 980円 ①4-591-03937-4

内容 室町幕府の力がおとろえると、諸国の大名は、領地のうばいあいをはじめます。ある者はさかえ、ある者はほろび…。そして、多くの英雄も出現しました。尾張(愛知県)の国の小大名の家に生まれた織田信長は、これらの英雄たちのなかでもとびぬけた存在でした。戦国の風雲児・信長の真のすがたにせまる。

『織田信長なんでも事典』小和田哲男責任編集 集英社 1991.10 173p 23cm (集英社版・学習漫画) 980円 ①4-08-288016-X

目次 第1章 「うつけ」の正体は?,第2章 信長流・新戦法,第3章 古い権威への挑戦,第4章 西洋文化との出会い,第5章 新しい時代の城づくり,第6章 有能な家臣を生かす,第7章 戦いのない日び,第8章 信長の見果てぬ夢,信長がもっとわかる なんでも資料館

内容 マンガで信長がよくわかる。豊富な写真・イラスト入りの文章で信長がもっとわかる。さらに、信長が生きた時代がカンペキにわかる。

『織田信長』童門冬二著,成瀬数富絵 あかね書房 1991.9 253p 18cm (あかね文庫) 680円 ①4-251-10047-6

目次 第1章 大うつけと大マムシ,第2章 信長と猿,第3章 天下を取った信長,織田信長の年譜

内容 家来の明智光秀にうらぎられ本能寺で無念の死をとげた織田信長の一生を描く。

『織田信長』津本陽著,東啓三郎画 講談社 1991.9 237p 22cm (少年少女伝記文学館 7) 1600円 ①4-06-194607-2

『織田信長』角田光男文,狩野富貴子絵 舞阪町(静岡県) ひくまの出版 1991.2 77p 22cm (新しい日本の伝記 4) 1300円 ①4-89317-153-4

内容 織田信長は、戦国時代に未来をみつめ、文明をもとめて炎のように走りぬけた武将でした。小学校中級以上向。

『織田信長―戦乱の世の風雲児』木村茂光立案・構成，柳川創造シナリオ，かたおか徹治漫画　集英社　1988.1　141p　23cm　（集英社版・学習漫画―日本の歴史）〈監修：永原慶二〉680円
①4-08-241002-3
目次 第1章 吉法師誕生, 第2章 うつけ者, 第3章 尾張の若武者, 第4章 天下統一への道, 第5章 天下布武, 第6章 安土新時代, 第7章 本能寺の変
内容 戦国の天下とりレースのトップにたった信長。しかし天下統一を目前に、明智光秀の反乱でたおれました。マンガで学ぼう、英雄の生涯！

『織田信長』宮崎章指導，森藤よしひろまんが　くもん出版　1987.11　120p　20cm　（くもんのまんがおもしろ大研究―歴史人物シリーズ）〈監修：米原正義〉580円　①4-87576-380-8
目次 序章 戦国の父と子, 第1章 大うつけと若殿, 第2章 桶狭間の戦い, 第3章 天下統一の決意, 第4章 魔王の戦い, 第5章 安土城の王者, 第6章 本能寺炎上, おもしろ研究1 下剋上と織田一族, おもしろ研究2 信長が保護したキリスト教, おもしろ研究3 長篠の戦いが変えた戦法と築城術
内容 信長は走る、天下統一への道を。まんがでたどる、織田信長の生涯。

『織田信長―血みどろの妖怪武将』山中恒著　ブロンズ新社　1987.11　219p　22cm　（にんげんの物語）1300円
目次 1 坂本城へ忍びがあらわれたこと,2 信長が平次の夢枕に立つこと,3 またもや忍びがあらわれること,4 光秀が平次に信長の話をすること,5 十五郎が死人の数をかぞえること,6 松永久秀が信長の悪口をいうこと,7 光秀がめちゃくちゃ使われること,8 平次が人質となるために行くこと,9 信長の顔がまっ黒であったこと,10 平次が城の留守の頭にされること,11 信長の光秀に対する乱暴のこと,12 平次の初陣こそ本能寺にあること

『織田信長―まんがでべんきょう』森田拳次作・絵　ポプラ社　1986.4　127p　18cm　（ポプラ社・コミック・スペシャル）450円　①4-591-02269-2
目次 1 吉法師,2 尾張のうつけ,3 まむしの道三,4 桶狭間の戦い,5 明智光秀,6 本能寺の変

『織田信長と桶狭間のたたかい』荘司としお著　講談社　1985.4　209p　22cm　（学習コミック・戦国の武将）〈監修：桑田忠親〉580円　①4-06-189112-X

『織田信長―戦国の風雲児』鈴木俊平著　講談社　1983.5　181p　18cm　（講談社火の鳥伝記文庫）390円
①4-06-147542-8

『織田信長』山本和夫著　ポプラ社　1982.11　180p　18cm　（ポプラ社文庫）390円

◆◆真田 幸村

『真田幸村―大阪の陣悲運の武将』砂田弘著　講談社　1992.11　189p　18cm　（講談社火の鳥伝記文庫 82）490円
①4-06-147582-7
内容 豊臣家のために命をかけ、大阪の陣で徳川軍とたたかった幸村。あの家康をもふるえあがらせ、「信州に真田あり」とうたわれた真田幸村のたたかいに生きぬいた一生をえがく。

『真田幸村と大坂城のたたかい』古城武司著　講談社　1985.4　209p　22cm　（学習コミック・戦国の武将）〈監修：桑田忠親〉580円　①4-06-189115-4

『真田幸村―大阪冬の陣夏の陣』広岡ゆうえいまんが　学習研究社　1982.6　148p　23cm　（学研まんが人物日本史）〈監修：樋口清之〉680円
①4-05-004428-5

◆◆武田 信玄

『武田信玄と上杉謙信―戦国人物伝』加来耕三企画・構成・監修，すぎたとおる原作，中島健志作画　ポプラ社　2008.1　125p　22cm　（コミック版日本の歴史 4）〈年表あり〉1000円
①978-4-591-09793-9　Ⓝ289.1

目次 第1章 甲斐の虎, 第2章 越後の竜, 第3章 両雄相見ゆ, 第4章 竜虎相剋, 第5章 邂逅
内容 甲斐の虎と越後の竜、宿命の戦いの結末は。

『武田信玄―風林火山の旗がゆく』 田代脩監修, 本山一城漫画 新装版 学習研究社 2007.3 128p 22cm (学研まんが伝記シリーズ)〈年譜あり〉700円 Ⓘ978-4-05-202780-2 Ⓝ289.1
目次 太郎誕生, 少年の日々, 元服と結婚, あざやかな初陣, 甲斐の国主, 諏訪攻め, 国を豊かに, 上田原の決戦, 信州攻略, 竜虎相まみえる, 川中島の激戦, 塩止め, 駿河攻め, 三方ヶ原, 巨星落つ, 武田信玄の足あとをたどってみよう

『武田信玄』 西本鶏介文 ポプラ社 2006.12 198p 18cm (ポプラポケット文庫 007-10)〈1987年刊の新装版 年譜あり〉570円 Ⓘ4-591-09535-5 Ⓝ289.1
内容 風林火山の旗を立て、戦国時代最強とうたわれる武田騎馬軍をひきいた武将、武田信玄。しかし同時に、家族を愛するロマンチストでもあった。山本勘助や板垣信方などの家臣たちとともに快進撃を続け、天下を目の前にして病にたおれた武田信玄の人生を、わかりやすく読みときます。小学校上級向け。

『武田信玄』 上野晴朗監修, 武田和子文, 村上正師画 善本社 2002.4 1冊 17×17cm (歴史絵本) 1000円 Ⓘ4-7939-0415-7

『信玄と謙信―川中島でたたかった両雄 戦国時代』 小井土繁まんが 小学館 1995.9 159p 19cm (小学館版学習まんが―ドラえもん人物日本の歴史 第6巻)〈責任監修：小和田哲男〉680円 Ⓘ4-09-230406-4

『武田信玄』 今津巳嗣作, 平田昭吾企画製作 永岡書店 1988.7 189p 18cm (アニメ名作文庫) 480円 Ⓘ4-522-01854-1

『決戦川中島―風雲の武将・武田信玄』 松本清張著, 矢田貝寿広絵 講談社 1988.6 299p 18cm (講談社 青い鳥文庫 127‐1―日本の歴史名作シリーズ) 490円 Ⓘ4-06-147244-5
内容 21歳の若さで父・信虎のあとを継いで甲斐の国(山梨県)の領主になった信玄は、隣国、信濃(長野県)の諸豪の領地を攻めとり、いよいよ越後(新潟県)の勇将・上杉謙信と川中島で決戦する…。天下統一を夢みた風雲の武将・武田信玄の波瀾の一生を雄大なスケールで描いた力作。

『武田信玄―愛と戦いの生涯』 佐々木守文, 安井庸浩絵 小学館 1988.4 222p 18cm (てんとう虫ブックス) 450円 Ⓘ4-09-230506-0
目次 第1章 13歳の花婿と15歳の花嫁, 第2章 はるかなり、京の都, 第3章 おれが領主だ！, 第4章 決戦、川中島, 第5章 海がほしい！: 第6章 父上、お恨みに存じます, 第7章 最大の敵、織田信長, 第8章 甲斐の流れ星, 第9章 信玄の夢、はるか
内容 父・信虎の追放！ライバル・上杉謙信と激突した川中島の戦い！いどみかかる織田信長・徳川家康！…戦の天才として恐れられながら、ついに、天下への夢を果たすことなく散った武将・武田信玄。戦国時代をかけぬけたその激しく悲しい生涯のすべてがよみがえります。

『武田信玄―まんが人物伝』 土橋治重原案, 小井土繁漫画 小学館 1988.4 193p 23cm (小学館版学習まんがスペシャル) 750円 Ⓘ4-09-296501-X
目次 第1章 若き日の信玄, 第2章 大いなる野望, 第3章 苦難の日々, 第4章 川中島合戦, 第5章 上洛の決意, 資料編 信玄にかかわった人びと

『武田信玄ものがたり―戦国のえいゆう』 桜井信夫文, 竹村よしひこ絵 金の星社 1988.4 79p 22cm (せかいの伝記ぶんこ) 680円 Ⓘ4-323-01438-4
目次 かちいくさにうまれた子, おそろしいとのさま, かいのくにをまもるために, 信玄のくにづくり, 風林火山, 川中島のたたかい, ゆめはきえずに

内容 室町時代末期の乱世—戦国時代に、甲斐源氏の血をうけつぐ武田信玄が活躍しました。信玄は、隣接諸国との戦いに明け暮れながらも、領内の治世に心をくだきました。信玄をめぐり、たくさんの逸話や伝説が残されていますが、それは、のちの世の多くの人びとが、信玄に敬愛の心を寄せたからに違いありません。小学校2・3・4年生むき。

『風林火山の武田信玄』浜野卓也作，広岡球志絵　偕成社　1988.4　175p　19cm　580円　Ⓘ4-03-690210-5

目次 1 火のなかのたんじょう,2 親がだいじか国がだいじか,3 軍師、山本勘助,4 ゆたかな国づくり,5 風林火山の旗がゆく,6 いくさの天才,7 鉄砲が300ちょう,8 桶狭間のたたかい,9 決戦川中島,10 信玄の死, 武田信玄の年表

内容 いくさにあけくれた戦国の世に、風林火山のはたのもとに、負けを知らぬ戦いをすすめる武田信玄。甲斐の国の領主の長男として生まれ、国のため、領民のため、よんどころなく父をも国外に追う。西へ、北へ、南へ、やすむ間もなく馬をすすめ、川中島での上杉謙信との激突！全生涯を描く。

『武田信玄なんでも大全集』秋田書店　1988.3　169p　21cm〈監修：坂本徳一〉590円

内容 NHK大河ドラマ「武田信玄」の波乱に満ちた生涯を立体構成！

『絵本武田信玄—風雲川中島』小島勇監修，島津政光絵　御坂町（山梨県）武田の里信和会　1988.2　46p　16cm　Ⓝ289.1

『武田信玄』野村敏雄作，梶鮎太画　金の星社　1988.2　278p　20cm　980円　Ⓘ4-323-01225-X

内容 大永元（1521）年11月、甲斐の国に1人の男児が生まれた。後の武田信玄。21歳で実の父、暴君信虎を追放、甲斐の国を立て直す。その才気は、周囲にすぐれた部下を集め、信玄の名を不動のものにした。風林火山の旗をひるがえし、天下をとることを夢見て戦い続けた武将の、波乱に満ちた熱いドラマが始まる—。

『武田信玄—戦国の英雄』浜野卓也著，鴇田幹絵　偕成社　1988.1　222p　22cm　880円　Ⓘ4-03-634220-7

目次 1 新妻の死,2 美少年、春日源助,3 父よさらば,4 のろいの大雨,5 山本勘介参上,6 けんか両成敗は正しいか,7 勝弦峠の奇襲,8 越後の若虎,9 信玄入道の誕生,10 桶狭間の戦い,11 決戦川中島,12 うらみはふかし、風林火山

内容 甲斐の領主の長男として生まれながら、父に愛されぬ若き日の武田晴信の悩み！国のため、領民のため、よんどころなく父信虎を追い、領主として北へ、西へ！生涯のライバル、上杉謙信との川中島での激突！戦国の英雄の全生涯を描く！

『武田信玄—風林火山の名武将』蔵持重裕立案・構成，柳川創造シナリオ，古城武司漫画　集英社　1987.12　141p　23cm（集英社版・学習漫画—日本の伝記）〈監修：永原慶二〉680円　Ⓘ4-08-241001-5

目次 第1章 信玄の誕生, 第2章 信虎追放, 第3章 政治家・信玄, 第4章 信濃の平定, 第5章 川中島の戦い, 第6章 京をめざして

内容 21歳で甲斐と領主となった武田信玄。11年間にわたる上杉謙信との川中島の戦いは、多くの伝説をうみました。マンガで学ぼう、英雄の生涯！

『武田信玄』今道英治まんが　くもん出版　1987.12　123p　19cm（くもんのまんがおもしろ大研究—おもしろ人物伝）〈監修：米原正義〉580円　Ⓘ4-87576-394-8

目次 第1章 天下を夢みた少年, 第2章 風林火山の旗のもと, 第3章 決戦！川中島, 第4章 天下統一の野望, 下剋上にゆれ動く戦国時代と信玄, 戦国最強の武田軍団その強さのひみつ

『戦国の虎武田信玄—カラー保存版』学習研究社　1987.11　114p　26cm〈監修：磯貝正義　付（図1枚）〉800円　Ⓘ4-05-102690-6

目次 第1部 武田信玄・写真資料館（NHK大河ドラマ 武田信玄カラー情報, 武田信玄の進んだ道, 信玄の遺品）, 第2部 伝記絵物語

戦国の虎武田信玄(戦の中で生まれた甲斐の若虎, 父、信虎を追いやる, 人は城、人は石垣, 風林火山を旗じるしに,「毘」の旗とせりあう, 刀と軍配の一騎討ち, 無念！巨星落つ！), 第3部 信玄のひみつなんでもQ&A(信玄のひみつ, 武田軍のひみつ, 信玄の政治のひみつ), 第4部 戦国雑学ゼミナール(戦国時代とは, 城攻め, 火縄銃, 戦場での装備, 人びとのくらし, 戦国時代の文化)

『武田信玄』 童門冬二著, 成瀬数富絵 あかね書房 1987.10 249p 18cm (あかね文庫) 450円 ①4-251-10016-6

目次 1 父ににくまれた少年時代,2 父信虎を追放する,3 川中島前夜,4 人は城人は石垣人は堀,5 雪の中の大敗戦,6 風林火山の旗が行く,7 影武者誕生,8 動かざること山のごとし,9 川中島の決戦,10 長男をころして京都へ,11 巨星落つ

内容 風林火山を旗印に、乱世を駆け抜けたその生涯。

『風林火山武田信玄』 木暮正夫著, 伊東章夫画 ポプラ社 1987.10 158p 22cm (テレビドラマシリーズ) 780円 ①4-591-02593-4

内容 母のふかい愛にささえられてそだった勝千代丸は、元服して晴信(信玄)と名のり、武田家のあとをつぐ。良い家臣にかこまれ、ひとびとのくらしをゆたかにするため努力した信玄は、上杉謙信との戦いの場、川中島へ。風林火山のはたをかかげ、ひたすら京をめざす武田信玄のものがたり。

『武田信玄―学習マンガ物語』 正岡たけし画 光書房 1987.2 122p 22cm 650円 ①4-89322-214-7

内容 戦国の生んだ英雄、武田信玄。おとなも子供も楽しめる学習マンガ物語。

『武田信玄―風林火山の旗風』 木暮正夫著 講談社 1986.6 205p 18cm (講談社 火の鳥伝記文庫) 420円 ①4-06-147561-4

内容 「風林火山」の旗のもと、騎馬軍団をひきいて天下統一のゆめにかける武田信玄は、領民のために治水工事をおこし、鉱山を開発し、農業をさかんにする人でもあった。戦国武将信玄と武田三代の波乱の姿を描く。

『上杉謙信と武田信玄川中島のたたかい』 広岡球志著 講談社 1985.4 209p 22cm (学習コミック・戦国の武将) 〈監修：桑田忠親〉580円 ①4-06-189111-1

◆◆伊達 政宗

『伊達政宗―戦国の独眼竜』 田代脩監修, 川手浩次漫画 学習研究社 1988.2 125p 23cm (学研まんが伝記シリーズ) 680円 ①4-05-102564-0

『独眼竜政宗』 西本鶏介著, 伊東章夫画 ポプラ社 1987.6 158p 22cm (テレビドラマシリーズ) 780円 ①4-591-02524-1

内容 父、輝宗のやさしい心と、母、義姫のはげしい心をあわせもち、しかもおさなくして、不幸な右目のため、くるしみのあじを知った梵天丸。独眼竜政宗が、つよい指導力と、まよわずすすむ勇気をひめた武将となるには…。わかくして戦乱の東北を統一した独眼竜政宗の勇気と愛のものがたり。

『伊達政宗読本』 伊達政宗読本編集委員会編 4版 松島町(宮城県) みちのく伊達政宗歴史館 1987.4 143p 21cm 380円

『伊達政宗―学習マンガ物語』 義澄了画 光書房 1987.2 122p 21cm〈監修：伊達泰宗〉600円 ①4-89322-188-4

内容 今日からは想像もつかない厳しい制約の中で、つねに壮大な夢を持ち続けた政宗の一生を描いたのが本書です。学習マンガ物語として、多くの方々に読みやすいように、ドラマチックな構成にも配慮が行き届いています。

『独眼竜伊達政宗』 木暮正夫著, 鴇田幹画 ポプラ社 1986.12 214p 18cm (ポプラ社文庫) 420円 ①4-591-02396-6

目次 1 梵天丸の誕生,2 失われた右眼,3 花よめの名は愛姫,4 いざ、初陣,5 伊達家17代の若あるじ,6 だましうちにされた父,7 人取橋の戦い,8 決戦摺上原,9 小田原の秀吉,10

金ぴかのはりつけ柱,11 3度目のいのちびろい,12 まぼろしの百万石,13 慶長支倉使節,14 経ケ峯にねむる

『伊達政宗―戦国をかける独眼竜』 浜野卓也著 講談社 1986.10 213p 18cm (講談社火の鳥伝記文庫) 420円 ①4-06-147560-6

目次 1 ひとりぼっちの梵天丸,2 愛姫いとしや,3 人取橋の合戦,4 小次郎、死んでもらう,5 金色のはりつけ柱,6 関ヶ原の合戦,7 はてしない夢

内容 きびしい戦国の世に生まれ、幼くして片目をうしない、独眼竜とよばれた政宗。豊臣秀吉、徳川家康と天下人がかわる激動の時代にあって、武勇と知略でたくましく生きぬいた東北の英雄、伊達政宗の一生。

『伊達政宗―東北の勇将』 ムロタニツネ象まんが 学習研究社 1986.9 147p 23cm (学研まんが人物日本史)〈監修:樋口清之〉680円 ①4-05-102322-2

内容 NHK大河ドラマで活やくする『独眼竜政宗』の物語。人気ドラマをまんがで先読み。

◆◆豊臣 秀吉

『この人を見よ!歴史をつくった人びと伝 12 豊臣秀吉』 プロジェクト新・偉人伝著作・編集 ポプラ社 2009.3 143p 22cm〈文献あり 年表あり〉1200円 ①978-4-591-10734-8 Ⓝ280.8

『豊臣秀吉』 吉本直志郎文 ポプラ社 2009.3 182p 18cm (ポプラポケット文庫 072-3―子どもの伝記 3)〈ものしりガイドつき 1998年刊の新装改訂版 文献あり 年表あり〉570円 ①978-4-591-10859-8 Ⓝ289.1

目次 はぐれ猿、蜂須賀小六にひろわれる,藤吉郎、信長につかえる,とったぞ、義元の首!,わしが墨俣に城をきずいてやる,美濃の麒麟児、藤吉郎の軍師となる,美濃の戦さは、戦さにあらず,伊勢の平定、口八丁で,有為転変は、世のならい,いまこそ、天下をとるときだ,逆賊、明智光秀を討て!,天下のことは、筑前どのに,夢のまた夢

内容 そのむかし、日本の国をひとつにするなんて、だれにもできないとおもわれていました。ところが、その天下統一をなしとげた人間がいたのです。その名は、豊臣秀吉―。秀吉ものしりガイド付。小学校中級から。

『豊臣秀吉―戦国人物伝』 加来耕三企画・構成・監修,すぎたとおる原作,滝玲子作画 ポプラ社 2007.11 118p 22cm (コミック版日本の歴史 2)〈年譜あり〉1000円 ①978-4-591-09791-5 Ⓝ289.1

目次 第1章 小ザルの出世,第2章 竹中半兵衛との出会い,第3章 信長の死,第4章 天下人へ,第5章 駆け続けた生涯,豊臣秀吉をもっとよく知るための基礎知識

内容 戦国の世に乱れ咲く日本一の出世物語。

『豊臣秀吉―天下を統一した風雲児』 桑田忠親監修,きりぶち輝構成,斉藤あきら漫画 新装版 学習研究社 2007.3 144p 22cm (学研まんが伝記シリーズ)〈年譜あり〉700円 ①978-4-05-202779-6 Ⓝ289.1

目次 墨俣の一夜城,わんぱく小ザル,小六との出会い,にがいタンポポ,人は心でござる,尾張のばかとの,サル知恵も使いよう,3日で十分,やり試合,千成びょうたん,その後の秀吉

『豊臣秀吉―なにわの夢天下統一』 酒寄雅志監修,小西聖一著 理論社 2004.8 113p 25cm (NHKにんげん日本史)〈年表あり〉1800円 ①4-652-01473-2 Ⓝ289.1

目次 第1章 なぞの放浪時代(下剋上の時代に,武士の世界へ),第2章 信長に仕えて(ぞうり取りからのスタート,命がけの奉公,一城のあるじ,毛利ぜめの総大将),第3章 頂上への階段(戦場にとどいたしらせ,中国大返し,山崎の戦い,だれが信長のあとをつぐのか,もうひとりのライバル),第4章 権力と黄金(大坂城,関白・太政大臣,検地と刀狩り,バテレン追放,大陸への野望、理由のない戦い,露と消えにし)

『豊臣秀吉』 谷口克広監修 ポプラ社 2004.4 79p 27cm (徹底大研究日本

の歴史人物シリーズ 11）〈年譜あり〉 2850円 Ⓘ4-591-07996-1 Ⓝ289.1

目次 第1章 秀吉の伝説の時代（秀吉はいつどこで生まれた？, 秀吉が生まれたころの世の中 ほか）, 第2章 城ぜめの天才秀吉（前線で活躍、姉川の戦い,12万石の小谷城主となる ほか）, 第3章 天下統一への道（山崎の戦いと光秀の最期, 織田家をつぐものはだれ？ ほか）,（大阪城主となる, 小牧・長久手の戦い ほか）, 第4章 夢とくだけた野望（豊臣家の悲劇の始まり, 朝鮮出兵の野望と名護屋城 ほか）

内容 農民の子から織田信長の家来となり、天下統一をなしとげた秀吉の一生をときあかします。

『とよとみ・ひでよし』西本鶏介文, 村上豊絵 チャイルド本社 2002.3（第4刷） 30p 25cm （こども伝記ものがたり 絵本版 12 西本鶏介責任編集）〈年譜あり〉581円 Ⓘ4-8054-2360-9

『太閤秀吉』轟竜造文, 中間嘉通絵 勉誠社 1996.5 110p 21cm （親子で楽しむ歴史と古典 8）1236円 Ⓘ4-585-09009-6

目次 生い立ち, 信長公のけらいになる, 信長公の心をつかむ, 出世の糸口、清洲城壁の修理, 足軽大将木下藤吉郎, 薪炭奉行にばってきされる, ひょうたんの旗印, 敵地の城作りに成功, 京都守護職となる, 中国征伐の総大将, 高松城の水攻め〔ほか〕

『天下統一をめざす太閤秀吉』吉本直志郎著, 鴇田幹画 ポプラ社 1996.3 302p 18cm （テレビドラマ文庫 2） 680円 Ⓘ4-591-04927-2

内容 尾張の国のお百姓の家に生まれた日吉丸が、この乱れた世の中を平定して、すべての人が平和に安穏に暮らせることを夢みて、もちまえの明るさと機転で、信長に愛され、万民に愛されながら、天下を統一する姿を、ユーモアたっぷりに描く。―日本を平和な国にすることという大きな夢にむかってつき進む秀吉の波瀾にみちた生涯―。

『豊臣秀吉―足軽から知恵ひとつでかけ上った天下人』大林かおるまんが, 千葉幹夫シナリオ 小学館 1996.3 159p 23cm （小学館版学習まんが人物館）〈監修：小和田哲男〉880円 Ⓘ4-09-270101-2

『新装世界の伝記 28 豊臣秀吉』西沢正太郎著 ぎょうせい 1995.12 338p 20cm 1600円 Ⓘ4-324-04471-6

目次 第1章 夢はるか, 第2章 本能寺の異変前後, 第3章 天下統一, 第4章 渡海のはて

『太閤秀吉』高野正巳編訳, 鴇田幹絵 講談社 1995.12 315p 18cm （講談社青い鳥文庫）690円 Ⓘ4-06-148431-1

内容 尾張の国に生まれた日吉丸は、武士になることをゆめみて故郷の村をあとにした。木下藤吉郎と名のり織田信長につかえ、桶狭間など数々のいくさにてがらをたてて出世する。大名となり羽柴秀吉と名を改めて、城ぜめにあけくれる日々。そして信長の死後、秀吉はついに天下統一をなしとげる…。波乱にみちた豊臣秀吉の生涯を生き生きと描く物語。

『日吉丸のお通りだい―天下統一をめざす豊臣秀吉』吉本直志郎著, 高橋信也絵 ポプラ社 1995.11 175p 22cm （テレビドラマシリーズ 27） 980円 Ⓘ4-591-04904-3

内容 戦争のない日本にしたいとかんがえた日吉丸。さまざまな人とであい、さまざまなことをまなび、やがて自分が決めた人―織田信長とであい、みんながびっくりするような計略で、天下をまとめていく。日本人が大好きな歴史上の人物、豊臣秀吉の誕生から青年時代を描く。

『豊臣秀吉―農民から太閤になった天下人 安土桃山時代』小井土繁まんが 小学館 1995.10 160p 19cm （小学館版学習まんが―ドラえもん人物日本の歴史 第8巻）〈責任監修：小和田哲男〉 680円 Ⓘ4-09-230408-0

『豊臣秀吉歴史おもしろゼミナール』中西立太文・絵 講談社 1992.8 143p 18cm （講談社KK文庫）680円 Ⓘ4-06-199542-1

目次 第1章 豊臣秀吉の一生, 第2章 秀吉おもしろ情報館
内容 名もない農民の子として生まれ、天下統一をはたした豊臣秀吉。名画でつづる秀吉の波乱の生涯と、秀吉の時代を大図解、完全復元する。

『豊臣秀吉物語』古田足日作, 田島征三画 童心社 1991.2 196p 18cm (フォア文庫 C099) 550円 ①4-494-02681-6
内容 時は、戦国。サルのようにすばしこい針売りの少年が、知恵と才気で、ぐんぐん出世し、ついに太閤にのしあがるまで…。読みだしたらやめられない、波瀾万丈のものがたり。

『豊臣秀吉―戦国の世に輝いた太陽の子』福田清人著, 吉崎正巳画 新学社・全家研 1988.9 213p 22cm (少年少女こころの伝記 7) 1300円

『豊臣秀吉』豊田穣著, 松室加世子画 講談社 1988.4 333p 21cm (少年少女伝記文学館 8) 1400円 ①4-06-194608-0
目次 1 サル少年、武士になる,2 信長の部将として,3 天下人となる
内容 秀吉の特色は、いつも太陽のように明るく、むねをはり、歌をうたいながら、山の頂上をめざすところにあります。農民の子に生まれて天下をとるのは、なみたいていのことではありませんが、秀吉はいっきに天下をめざしたわけではありません。「いつも自分のおかれた場所で、自分のできるだけのことをやる。」これが少年時代の秀吉の信念でした。

『豊臣秀吉―戦国の世を統一した天下人』蔵持重裕立案・構成, 柳川創造シナリオ, 久松文雄漫画 集英社 1988.2 141p 23cm (集英社版・学習漫画―日本の伝記)〈監修:永原慶二〉680円 ①4-08-241003-1
目次 第1章 少年、日吉丸, 第2章 農民からさむらいへ, 第3章 大名、秀吉, 第4章 大坂城築城, 第5章 天下統一, 第6章 刀狩りと検地, 第7章 朝鮮出兵
内容 尾張の農民の子にうまれ、織田信長につかえた秀吉は頭の良さと行動力で出世し、戦国の世を終結させました。マンガで学ぼう、英雄の生涯!

『豊臣秀吉』宮崎章指導, 山口太一まんが くもん出版 1987.5 120p 19cm (くもんのまんがおもしろ大研究―歴史人物シリーズ)〈監修:桑田忠親〉580円 ①4-87576-348-4
目次 第1章 さまよう小ざる, 第2章 ぞうりとりから城もち大名に, 第3章 信長の軍団長として, 第4章 天下人への道, 第5章 ゆめのまたゆめ, おもしろ研究(秀吉出生のなぞをさぐる, 墨俣城は一夜でできたか, 秀吉がきずいた大阪城をさぐる, きびしかった検地と刀狩り)

『豊臣秀吉―まんがでべんきょう』伊東章夫作・絵 ポプラ社 1985.11 127p 18cm (ポプラ社・コミック・スペシャル) 450円 ①4-591-02140-8

『豊臣秀吉―まずしい家に生まれさいごに天下をおさめた大名』木暮正夫文, 人見倫平絵 学習研究社 1985.9 67p 23cm (学研アニメ伝記シリーズ) 650円

『豊臣秀吉と天下統一のたたかい』三原一晃著 講談社 1985.4 209p 22cm (学習コミック・戦国の武将)〈監修:桑田忠親〉580円 ①4-06-189113-8

『世界の伝記―国際カラー版 第30巻 豊臣秀吉』浜野卓也文, 石津博典絵 小学館 1985.1 116p 21cm 650円 ①4-09-231130-3

『豊臣秀吉』北島春信著 ポプラ社 1982.9 172p 18cm (ポプラ社文庫) 390円

『少年少女世界伝記全集―国際版 第17巻 クララ・シューマン, 豊臣秀吉』小学館 1982.3 133p 28cm 1350円

『豊臣秀吉―ぞうりとりから戦国の英雄に』岡田章雄著 講談社 1981.11 237p 18cm (講談社火の鳥伝記文庫)

390円 Ⓘ4-06-147512-6

◆◆直江 兼続

『直江兼続、愛と義に生きた武将―天下人徳川家康にいどむ』小西聖一著, 牧田広美絵 理論社 2009.3 133p 22cm (新・ものがたり日本歴史の事件簿)〈文献あり〉1200円 Ⓘ978-4-652-01651-0 Ⓝ289.1

目次 直江状―歴史を動かした一通の手紙, 戦国の世を生きぬく―越後の名コンビ誕生(謙信の生きざまを見つめながら, 御館の乱―信玄から越後を引きつぐ ほか), 秀吉の時代がやって来た―上杉家は新しい領地へ(出あい―兼続と三成, 急接近―秀吉を支える武将として ほか), 秀吉の死、関ヶ原の戦い―大きなうねりのなかで(新しい領地会津―混乱する大坂, 戦の前夜―家康の標的 ほか), 上杉家再生―試練のときにこそ輝いた兼続の働き

内容 直江兼続が生きた時代と、その生涯をわかりやすく伝える一冊。

『直江兼続』加来耕三著 ポプラ社 2008.12 190p 18cm (ポプラポケット文庫 70-1)〈年譜あり〉570円 Ⓘ978-4-591-10698-3 Ⓝ289.1

目次 主従, 武術修行, お屋形さまはすごい!, お屋形さまの秘密, 毘沙門天と合体, 愛染明王の化身, 激闘・川中島の戦い, やってきた美少年, 謙信と兼続, 去りゆくひとびと, 御館の乱を制す, 信長と戦い、秀吉と和睦する, 秀吉の死と家康の決断, 家康、くるならこい!, 関ヶ原の戦い、もうひとつの関ヶ原, さらば、兼続

内容 上杉謙信によって、その才能を見いだされた直江兼続。謙信の死後、兼続はわかくして上杉家の家老となり、主である上杉景勝をささえます。豊臣秀吉、徳川家康、伊達政宗という、名だたる武将と対等に渡りあい、「義」と「愛」をつらぬいた兼続の人生をえがきだします。小学校上級〜。

『直江兼続―家康に対峙した戦国の宰相』上田史談会文, 樋口峰夫画 改訂版 新潟 考古堂書店 2007.6 45p 27cm (ビジュアルふるさと風土記 6)〈年譜あり〉1200円 Ⓘ978-4-87499-682-9 Ⓝ289.1

◆◆北条 早雲

『北条早雲』筑波常治作, 坂本玄絵 国土社 1999.3 204p 22cm (堂々日本人物史 戦国・幕末編 1) 1200円 Ⓘ4-337-21001-6

目次 なぞの城主, 領民たちの人気, 乱れはてた政治, 内輪もめにつぐ内輪もめ, 「いよいよ出番だ!」, 韮山城をわがものに, 伊豆半島を占領する, 天下をねらう野心, 恩を仇でかえす, 生涯最悪の悩み〔ほか〕

『北条早雲―さいしょの戦国大名』浜野卓也著 講談社 1998.2 205p 18cm (講談社火の鳥伝記文庫 104)〈肖像あり 年譜あり 年表あり〉590円 Ⓘ4-06-149904-1

目次 1 京中悪党, 2 たちあがる農民たち, 3 難民をすくえ, 4 応仁の乱, 5 新九郎、ついにたつ, 6 風雲小田原城

内容 15世紀から16世紀のおよそ100年間、全国に戦国大名が生まれ、はげしく争った。領民につくし、機略で小田原城を手にした、さいしょの戦国大名北条早雲の風雲録。

『北条早雲―下剋上のあらし』伊東章夫まんが 学習研究社 1984.9 148p 23cm (学研まんが人物日本史)〈監修:樋口清之〉680円 Ⓘ4-05-101038-4

◆◆毛利 元就

『はばたけ西国の智将毛利元就』吉本直志郎著, 村井香葉画 ポプラ社 1997.1 252p 18cm (テレビドラマ文庫 3) 680円 Ⓘ4-591-05242-7

内容 日本の西国、その中の小さな地方を治めていた毛利家の次男としてうまれた元就。兄の死によって家をついだ元就が自分の智力と、忍者たちの情報、まわりの人たちの力によって、やがて、西国一の大名にまでなる姿を描く。

『毛利元就―西国の覇者』小和田哲男監修, 原田久仁信漫画 講談社 1996.12 216p 19cm (おもしろ日本史) 1500円 Ⓘ4-06-267301-0

目次 第1章 戦国乱世を生きる, 第2章 毛利家をささえて, 第3章 毛利本家を継ぐ, 第4章 安芸統一の戦い, 第5章 大内の出雲遠征に従軍, 第6章 激戦、厳島合戦, 第7章 尼子氏をくだす

内容 地方豪族の次男にうまれながら、持ちまえの忍耐と英知で、西国の覇者にまで登りつめた元就、その戦術と人間性をあますところなく描く。

『毛利元就―西国の武将英雄』吉本直志郎著　講談社　1996.12　221p　18cm　(講談社火の鳥伝記文庫 98) 590円　Ⓘ4-06-147598-3

目次 1 たたかう元就,2 元就と三本の矢,3 西国平定への道

内容 三人の子を三本の矢にたとえて、協力することのたいせつさを教えたといわれる戦国武将、毛利元就。戦いの続く日々、ついに西国の英雄となる波乱と激動の人生を描く。

『毛利元就―きりのなかの忍者合戦』稲垣純著, 後藤長男画　ポプラ社　1996.11　143p　22cm　(テレビドラマシリーズ 30) 1030円　Ⓘ4-591-05213-3

内容 中国地方の小さな国を治めていた家の次男として生まれながら、思いがけなく家をつぐことになった元就。大きな国にはさまれた小さな国が生きのこっていくために、元就は忍者をつかって情報をあつめ、ついに毛利家を中国一の家にする。人と人との和をたいせつにした毛利元就の生き方を描く。

『毛利元就』浜野卓也作, 伊藤悌夫画　岩崎書店　1996.10　170p　18cm　(フォア文庫 B180) 550円　Ⓘ4-265-06305-5

目次 猿掛城のみなしご, 鬼となった元就, 郡山城を守れ, 七騎坂の七地蔵, 愛する者たちとのわかれ, 厳島の合戦, 山中鹿之介, 名ごりの歌集

内容 戦国時代、中国地方を治めていた武将・毛利元就。信長、秀吉、家康などにおそれられるほどの戦いの天才でありながら、一方では、家族や領民を愛したことでも知られています。子ども時代の元就、手に汗にぎる合戦の場面など、みなさんにとって興味あるエピソードがこの本にはたくさん描かれています。小学校中・高学年向き。

江戸時代〜幕末・維新期の人びと

『和宮』神津良子文, こばやしひろえ絵, 窪田雅之解説　松本　郷土出版社　2008.10　1冊　19×27cm　(ふるさとの歴史人物絵本シリーズ 3) 1600円　Ⓘ978-4-87663-977-9

『花のお江戸のスーパースター―名奉行大岡越前物語』小西聖一著, 井上正治絵　理論社　2008.9　141p　22cm　(新・ものがたり日本歴史の事件簿 7) 1200円　Ⓘ978-4-652-01647-3　Ⓝ289.1

目次 大岡さまの名裁き その一「飛鳥山の花盗人」, 行きづまった幕府の政治―改革にとり組む新将軍(八大将軍徳川吉宗、大岡忠相を抜てき, 吉宗と忠相―政治改革に挑戦した名コンビ, 目安箱―「いいたいことをいわせることが大切だ」), 大江戸改造計画(大岡さまの名裁き その二「三方一両損」, ふくらみつづける町―江戸には百万の人が生きていた, かわらぶきと蔵造り―火事に強い町をつくれ, 町火消し―町人による町人のための消防隊, 養生所―薬の買えない病人のために), 幕府の台所は火の車―そのうえ飢饉もおそってきた(大岡さまの名裁き その三「大工の道具箱」, 甘藷先生青木昆陽―飢饉が生んだ特産品, 町奉行の役目をこえて), 正義の味方―名奉行伝説誕生(庶民が育てたヒーロー像, 大岡さまの名裁き その四「子を思う母の心」)

『日本初、新聞が発行された―幕末の漂流者ジョセフ・ヒコがまいた種』小西聖一著, 小泉澄夫絵　理論社　2008.7　141p　22cm　(新・ものがたり日本歴史の事件簿 6) 1200円　Ⓘ978-4-652-01646-6　Ⓝ289.1

目次 はてしない海―運命を変えた未知の体験(十四歳、とつぜんあらしの中へ, 栄力丸の幸運―アメリカ船に救助される, ふくらむ不安―帰国の願いはかなうのか), 第二の祖

国アメリカ―生まれ変わる日本（恩人とのであい―新しい目標，ふるさと日本への旅立ち―多くの人たちに支えられて，開港場横浜―九年目の帰国，三度目のアメリカ―開国と攘夷のはざまで），新聞と憲法―アメリカで学んだことをつたえたい（目の前で動いていく歴史，そして新聞が誕生した，日本の未来図―憲法草案），故郷への道

『人物なぞとき日本の歴史 6 幕末～明治時代前期』高野尚好監修 小峰書店 2008.4 55p 29cm〈年表あり〉3200円 ①978-4-338-23306-4,978-4-338-23300-2 Ⓝ210

目次 江戸時代末期（日本を開国させたアメリカ海軍提督ペリー，江戸を戦火から守った勝海舟，大政奉還を成立させた坂本竜馬，江戸幕府最後の将軍となった徳川慶喜），明治時代前期（西南戦争に敗れた新政府の功労者西郷隆盛，明治新政府の中心となった大久保利通，長州藩を指導し、明治新政府をささえた木戸孝允，西洋文明を日本に広めた福沢諭吉，自由民権運動を指導した板垣退助，近代天皇制のもととなった明治天皇，日本で最初の政党内閣をつくった大隈重信，日本で最初の総理大臣となった伊藤博文）

内容 歴史上の主要人物の生い立ちから業績などをなぞときで紹介。

『人物なぞとき日本の歴史 5 江戸時代中期・後期』高野尚好監修 小峰書店 2008.4 55p 29cm〈年表あり〉3200円 ①978-4-338-23305-7,978-4-338-23300-2 Ⓝ210

目次 江戸時代中期（幕府の立て直しに成功した8代将軍徳川吉宗，商業政策に力を入れた田沼意次，寛政の改革をおし進めた老中松平定信，『解体新書』を出版した蘭学者杉田玄白，『古事記伝』をあらわし、国学を大成した本居宣長），江戸時代後期（全国を測量して日本地図をつくった伊能忠敬，間宮海峡を発見した探検家間宮林蔵，西洋の学問を日本に紹介したシーボルト，風景画の名作を数多くえがいた歌川広重，70年にわたって浮世絵をかき続けた葛飾北斎，文人画にもすぐれた俳人与謝蕪村，人間味あふれる俳句をつくった小林一茶，農村の復興につくした二宮尊徳，大塩の乱をおこした元奉行所役人大塩平八郎）

内容 歴史上の主要人物の生い立ちから業績などをなぞときで紹介。

『みんなの篤姫』寺尾美保著，尚古集成館監修 鹿児島 南方新社 2008.3 201p 21cm〈年譜あり 文献あり〉1500円 ①978-4-86124-132-1 Ⓝ289.1

『橋本左内って知ってるかい？』福井市立郷土歴史博物館編 福井 福井市立郷土歴史博物館 2007.3 15p 21cm（わかりやすいふくい歴史人物シリーズ 1）〈年譜あり〉Ⓝ289.1

『えほん 森の石松』静岡県立森高校3年5組（2005年度）文・絵，中村勝芳編著 浜松 ひくまの出版 2006.5 37p 30cm〈本文：日英両文〉952円 ①4-89317-358-8

内容 「食いねぇ、食いねぇ、すし食いねぇ」、「バカは死ななきゃなおらない」で有名な幕末のアイドル、森の石松を、地元の高校生が絵本にした話題作。

『井伊直弼ってどんな人？―小学生用解説書』彦根城博物館編 彦根 彦根城博物館 2005.3 15p 21cm Ⓝ289.1

『やさしい啓発録』はしもとさない著，福井市立郷土歴史博物館編 福井 福井市立郷土歴史博物館 2005.3 53p 26cm Ⓝ289.1

『川尻浦久蔵』吉村昭原作 〔川尻町（広島県）〕 川尻町立川尻小学校PTA 2004.3 31p 22×31cm 非売品 Ⓝ289.1

『支倉常長―ジュニア版』仙台市博物館編 仙台 仙台市博物館 2003.3 20p 26cm〈年譜あり〉Ⓝ289.1

『米百俵―小林虎三郎物語』長岡 長岡市米百俵財団 2002.3 96p 21cm〈年譜あり〉300円 Ⓝ289.1

『日本を変えた53人―人物日本の歴史

6』高野尚好監修・指導　学習研究社　2002.2　64p　27cm　2800円
Ⓘ4-05-201570-3,4-05-810664-6
目次 ペリー, 徳川慶喜, 大塩平八郎, 勝海舟, 坂本竜馬, 西郷隆盛, 木戸孝允, 大久保利通
内容 本シリーズでは、小学校で習う日本の歴史に必ず登場する42人の人物に加えてほとんどの教科書に登場する11人の人物を親しみやすく学べるように工夫しています。各人物の物語の後には「人物のなぞにせまるQ&A」のページがあり、その人物の活躍した時代背景や業績などをさらにくわしく紹介しています。「人物調べ情報ガイド」では、調べ学習のヒントになる情報源を紹介しています。

『日本を変えた53人—人物日本の歴史 5』高野尚好監修・指導　学習研究社　2002.2　63p　27cm　2800円
Ⓘ4-05-201569-X,4-05-810664-6
目次 近松門左衛門, 本居宣長, 杉田玄白, 伊能忠敬, 歌川広重
内容 本シリーズでは、小学校で習う日本の歴史に必ず登場する42人の人物に加えてほとんどの教科書に登場する11人の人物を親しみやすく学べるように工夫しています。各人物の物語の後には「人物のなぞにせまるQ&A」のページがあり、その人物の活躍した時代背景や業績などをさらにくわしく紹介しています。「人物調べ情報ガイド」では、調べ学習のヒントになる情報源を紹介しています。

『米百俵の心—小林虎三郎の決断』稲川明雄文, 番場三雄画　新潟　考古堂書店　2001.12　1冊　27cm　(ビジュアルふるさと風土記)〈年譜あり〉1200円　Ⓘ4-87499-967-0

『白河藩主松平定信公物語』遠藤勝著　白河　白河市教育委員会　2001.3　245p　22cm〈肖像あり　年譜あり〉Ⓝ289.1

『江戸時代の61人』PHP研究所編　PHP研究所　2001.2　47p　31cm　(歴史人物アルバム日本をつくった人たち大集合 3)〈索引あり〉2900円
Ⓘ4-569-68263-4,4-569-29456-1
目次 徳川家康—関ケ原の戦いに勝ち江戸幕府をひらいた武将, 角倉了以—朱印船貿易と水運をひらいた事業家, アダムズ—家康の外交相談役となったイギリス人航海士, 支倉常長—悲運のヨーロッパ通商使節, 徳川家光—参勤交代をおこない鎖国を完成した将軍, 山田長政—シャム国王に信頼された日本人, 天草四郎時貞—島原の乱で戦った少年総大将, 林羅山—徳川4代の将軍につかえた儒学者, 酒井田柿右衛門—赤絵磁器を完成した陶工, 徳川光圀—『大日本史』をつくった水戸藩の名君〔ほか〕
内容 小中学校の教科書に出てくる人物をはじめ、歴史上重要な役割をはたした61人を、豊富なカラー写真やイラストを入れ、わかりやすく解説。各人物の歩んだ道のほか、時代背景も紹介しています。索引付き。小学校高学年〜中学生向。

『河井継之助—幕末の風雲児』辺見輝夫画, 稲川明雄文　新潟　考古堂書店　2001.1　1冊　27cm　(ビジュアルふるさと風土記)〈年譜あり〉1200円
Ⓘ4-87499-587-X

『知っててほしい江戸幕府の世に活躍した人びと—江戸時代』佐藤和彦監修　あかね書房　2000.4　47p　31cm　(楽しく調べる人物図解日本の歴史 5)〈索引あり〉3200円　Ⓘ4-251-07935-3
目次 江戸幕府を開いた初代将軍—徳川家康, 鎖国を完成させた3代将軍—徳川家光, 島原の乱の中心となった少年—益田(天草)四郎, 新商法で成功した越後屋主人—三井高利, 一晩で千両も使った豪商—紀伊国屋文左衛門, 生類憐みの令を出した5代将軍—徳川綱吉, 江戸幕府の政治を行った—徳川家の将軍たち, 江戸時代を代表する文化人—井原西鶴と近松門左衛門, 新しい俳句をつくった俳人—松尾芭蕉, 幕府のたてなおしに成功した名将軍—徳川吉宗〔ほか〕
内容 徳川家康は、なぜ江戸に幕府を開いた？伊能忠敬の地図は、どのくらい正確だった？

『知っててほしい幕末・明治維新に活躍した人びと—江戸時代末期・明治時代』佐藤和彦監修　あかね書房　2000.4　47p

31cm （楽しく調べる人物図解日本の歴史 6）〈索引あり〉 3200円
①4-251-07936-1,4-251-07933-7
目次 幕府に開国をせまった提督—ペリー，力の政治を行った大老—井伊直弼，アメリカを見てきた漂流民—ジョン万次郎，幕末の熱血先生—吉田松陰，幕末に活躍した大名—島津斉彬，咸臨丸で太平洋を横断した幕臣—勝海舟，奇兵隊をつくった長州藩士—高杉晋作，薩長同盟のなかだちをした—坂本竜馬，朝廷から将軍家にとついだ—和宮，徳川幕府最後の将軍—徳川慶喜〔ほか〕
内容 ペリーは、なぜ日本にやってきた？西郷隆盛が、明治新政府でしたことは？

『ゴンザ』石森史郎著 ポプラ社 1999.3 276p 19cm 1400円 ①4-591-06014-4
目次 プロローグ，薩摩の海の潮騒，異郷での子守唄，ゴンザよ、命の星を覚えておけ，憧れの海の男、ソウザ，名工船源の帆船若潮丸，帆檣に落雷，神のみが知る明日の運命，ゴンザ、折れた帆檣に日を刻む，正月の夢と鷗〔ほか〕
内容 薩摩の少年ゴンザ。享保十三年（1728年）大坂に向かう船に乗った十歳のゴンザは、薩摩の港をあとにした。ところが、その船は嵐に遭い、半年あまり太平洋を漂流し、ロシアのカムチャッカに漂着した。ゴンザは、二度と日本の土を踏むことはなかった。元文四年（1739年）二十一歳の若さでなくなるゴンザは、わずか三年あまりで、それまでに覚えたロシア語を使い、露日辞典など、六さつの著作を書き遺す。数奇な運命をたどるゴンザ。遠いふるさとを離れた異郷の地で、ゴンザの胸に去来するものは…。

『近藤富蔵』筑波常治作，田代三善絵 国土社 1999.3 222p 22cm （堂々日本人物史 戦国・幕末編 14） 1200円
①4-337-21014-8
目次 島流し六十年，探検家の近藤重蔵，鬼のような父，くらい、かなしい少年，やくざな半之助，がまんにもほどがある，富蔵のたくらみ，一家みなごろし，とおい海のはて八丈島，はなれ島のくらし，愛するむすこにさきだたれて，すぐれた探検記「八丈実記」，はなれ島にとりのこされて，なつかしい東京へ，思い出の人はいまいずこ，巡礼の旅，島こそわが故郷

『島津斉彬』筑波常治作，寺田政明絵 国土社 1999.3 222p 22cm （堂々日本人物史 戦国・幕末編 15） 1200円
①4-337-21015-6
目次 ハイカラな殿様，ほまれ高い若殿さま，調所笑左衛門，外国艦隊がやってきた，斉彬をにくむ人びと，密告，お由良くずれ，西郷吉之助，黒船きたる，日本ではじめての蒸気船〔ほか〕

『柴五郎ものがたり—人を信じ、愛しつづけた』鈴木喜代春作，阿部誠一絵 北水 1998.12 156p 22cm 1400円
①4-939000-08-7
目次 はじめに 国流しの斗南藩，京都を守る会津藩の松平容保，新しいしくみの国，滅んだ幕府，なぜ「朝敵」に？，会津に攻め入る政府軍，五郎の衝撃，無念！若松城落城，母たちの骨を拾う五郎，捕虜にされた会津の兵士〔ほか〕
内容 徳川慶喜の「大政奉還」のかげで大きく運命を変えられた柴五郎。母やきょうだいをうしない「生きるんだ」という父の言葉を胸にひもじさと寒さにたえながら、けなげに学ぶ。

『柳生十兵衛—剣術の達人』砂田弘著 講談社 1997.10 189p 18cm （講談社火の鳥伝記文庫）〈肖像あり 年譜あり 文献あり〉 530円 ①4-06-149901-7
内容 徳川幕府の剣術指南役柳生家の二代目として、新陰流をきわめ、三代将軍家光の時代に諸国めぐりの数々のエピソードを生んだ柳生十兵衛三厳。その波乱となぞの一生を描く。

『上杉鷹山公—世界に誇る名君 絵ばなし』米沢 酸漿出版 1993.4 38p 14×19cm 700円

『オロシャ雪原の逃亡者—日本にはじめて種痘法をもちこんだ男』鈴木喜代春作，鴇田幹絵 PHP研究所 1992.12 183p 22cm （PHP愛と希望のノンフィクション） 1300円 ①4-569-58813-1

目次 1 ロシア船がやってきた,2 五郎治つかまる,3 日本をあとに,4 オホーツクの土をふむ,5 逃亡,6 はてしない凍った原野,7「おらを日本にかえせ」,8 一さつのロシア語の本,9 日本ではじめての種痘
内容 幕末、択捉島をおそったロシア船につかまり、むりやりオホーツクにつれさられた漁場番人、五郎治。その二度にわたる逃亡のドラマと気骨の生涯をえがく。小学上級以上向。

『咸臨丸の男たち—勝海舟・ジョン万次郎・福沢諭吉』 砂田弘著　講談社　1990.12　150p　22cm　980円　①4-06-205149-4
目次 その名は咸臨丸,ふとっぱらの江戸っ子—それまでの勝海舟,身分制度とたたかう—それまでの福沢諭吉,アメリカにわたった少年—それまでのジョン万次郎,咸臨丸、太平洋をゆく,ゆれうごく日本,あたらしい日本の夜明け,明治を生きぬく,咸臨丸よ永遠なれ
内容 1860(安政7)年3月17日朝。130年まえのこの日、白いきりのたちこめる、アメリカのサンフランシスコの港にはいってきた一せきの船があった。日本からはじめて太平洋をわたった船で、その名は咸臨丸。この咸臨丸には、幕末から明治時代にかけて活躍した人たちが偶然、乗りあわせていた—。小学上級から。

『日本の歴史をつくった人びと　11　新しい国家の開花—幕末、維新』 学校図書　1990.5　127p　22cm　(学図の伝記シリーズ)　1000円　①4-7625-0875-6　Ⓝ210
目次 西郷隆盛・大久保利通・木戸孝允・ペリー・勝海舟・福沢諭吉・明治天皇

『日本の歴史をつくった人びと　10　民衆の文化—江戸時代の文化』 学校図書　1990.5　127p　22cm　(学図の伝記シリーズ)　1000円　①4-7625-0874-8　Ⓝ210
目次 近松門左衛門・歌川広重・井原西鶴・松尾芭蕉

『日本の歴史をつくった人びと　9　ゆらぐ幕府政治—学問文化の発展』 学校図書　1990.5　127p　22cm　(学図の伝記シリーズ)　1000円　①4-7625-0873-X　Ⓝ210
目次 徳川吉宗・新井白石・本居宣長・杉田玄白・伊能忠敬・青木昆陽

『日本の歴史をつくった人びと　8　江戸幕府の成立』 学校図書　1990.5　127p　21cm　(学図の伝記シリーズ)　1000円　①4-7625-0872-1
目次 徳川家康,徳川家光,徳川綱吉
内容 教科書に登場する歴史上の人物42名を中心に編集。写真、イラスト、図表を豊富に使った楽しく読みながら歴史がわかる伝記シリーズ。小学5、6年向。

『幕末維新ものしり大百科』 山梨輝雄著　広済堂出版　1989.1　251p　13cm　(豆たぬきの本 223)　680円　①4-331-20123-6
目次 千葉周作,ペリー,ハリス,吉田東洋,勝海舟,小栗忠順,河井継之助,西郷隆盛,武市瑞山,吉田松陰,大久保利通,木戸孝允,橋本左内,近藤勇,坂本竜馬,土方歳三,山岡鉄舟,榎本武揚,徳川慶喜,中岡慎太郎,桐野利秋,後藤象二郎,高杉晋作,飯沼貞吉
内容 いま歴史がおもしろい。さあ、いまから百年以上前の幕末維新にタイムスリップしてみよう。日本は明治維新にむかって大きく変わろとしていた。そして、本書に登場したのは、この激動の時代をたくましく生きた、とびっきりのヒーローたちだ。

『夢のかけ橋—ジョセフ・彦のものがたり』 竹田道子著,高田勲絵　国土社　1988.12　163p　22cm　(現代の文学)　1200円　①4-337-20524-1
目次 第1章 嵐の前(栄力丸,救助),第2章 希望の嵐(サンフランシスコ,めぐりあい・トマス,はじめての通訳),第3章 嵐の後(領事官通訳,『漂流記』出版,海外新聞発行)
内容 国際化の嵐にみまわれた幕末から明治初めの動乱期に、二つの祖国を持つジョセフ彦は、日本とアメリカ両国のかけ橋たらんと挺身する。兵庫生まれの少年彦太郎の数奇な運命と、二つの国のはざまにゆれる夢

と苦しみを描いた労作。小学校高学年より。

『音吉少年漂流記』春名徹作，田代三善絵　旺文社　1988.3　199p　21cm　（旺文社ジュニア・ノンフィクション）980円　Ⓘ4-01-069497-1

目次 第1部 あらしの中で—日本（千石船の少年，暴風雨，太平洋の14か月），第2部 未知の世界へ—アメリカ大陸（インディアンに救われる，白人と会う，まわり道，ホーン岬からロンドンへ），第3部 遠いふるさと—中国（マカオのギュツラフ，聖書を訳す，いよいよ日本へ，大砲で撃たれる，もう1度やってみよう），第4部 異郷に生きる—香港と上海（7人の約束，ふたたび日本へ，栄力丸の人々），第5部 はるかな祖国—シンガポール（それからの音吉）

内容 江戸時代末期、まだ幕府が、外国との行き来や取り引きを禁止していた（鎖国）時代に、船が難破し、漂流した人々は、いったい、どのような運命をたどったのでしょうか。この物語は、そういう時代に1人の少年が漂流民として、たどった数奇な運命を史実と豊富な資料をもとに見事にえがき出した感動の実話物語です。小学校上級から。

『徳川家光ーキリシタン追放と鎖国』田中正雄まんが　学習研究社　1984.12　148p　23cm　（学研まんが人物日本史）〈監修：樋口清之〉680円　Ⓘ4-05-101039-2

『ジュリア・おたあーあらしの時代に生きたキリシタン』谷真介著，ませなおかた絵　女子パウロ会　1983.3　169p　22cm　980円　Ⓘ4-7896-0144-7

◆◆天草 四郎

『少年天草四郎の決起ー島原・天草の乱に散った人びと』小西聖一著，打道宗広絵　理論社　2006.2　148p　22cm　（ものがたり日本歴史の事件簿 4）1200円　Ⓘ4-652-01634-4　Ⓝ289.1

目次 島原・天草地方に空前の一揆—総大将に十六歳の少年天草四郎（キリシタン迫害が原因か—緒戦は一揆勢が圧倒，奇跡をおこなう少年天草四郎—なぞにつつまれたその経歴，江戸幕府が一揆の鎮圧に乗り出す—戦いは長期化か），西洋との出会い—キリスト教の運命は（戦国乱世にキリスト教がつたわる，秀吉の天下—キリスト教暗黒時代が始まる，江戸幕府、鎖国への道をつき進む），原城の風雲——揆勢の奮戦に幕府軍苦戦（蜂起へ—もうひとつの共通点，原城の攻防開始—元日の戦いで幕府軍の司令官が討ち死に，幕府軍、作戦を転換，原城に最後の日がせまる），四郎の運命、三万七千人の運命（なだれこむ幕府軍—抵抗もむなしく一揆勢敗北，幕府、鎖国体制を完成させる）

内容 大阪夏の陣から二十年あまり後の寛永十四年、九州・島原の地、原城の城跡に、数え切れない十字架の旗が、三万七千人の農民の手によってかかげられた。その一揆勢の中心にいて采配をふるのは、わずか十六歳の少年、天草四郎。四郎の行くところ、かならず奇跡が起こる！四郎こそ、しいたげられた農民たちと、迫害されるキリシタンたちの、希望の星だった。島原の一揆に呼応して、対岸の天草でも農民たちが立ちあがった。一揆勢は島原の城下になだれこみ、町を焼き、城をかこんだ。事の重大さにあわてた徳川幕府は、鎮圧に乗り出した。司令官は「知恵伊豆」と呼ばれた松平伊豆守信綱。やがて十二万の軍勢が、十重二十重に原城をとりかこむ。原城に、最後の日がせまった…。徳川政権をゆるがすこの大事件がなぜおこったのか。日本の民衆にとっての宗教、信仰とはなにかを考える。

『天草四郎』筑波常治作，坂本玄絵　国土社　1999.3　206p　22cm　（堂々日本人物史 戦国・幕末編 10）1200円　Ⓘ4-337-21010-5

目次 いばる役人、あわれな農民，なさけしらずの領主たち，キリシタン浪人の陰謀，ゼウスの神の使者，いまぞ起つべきとき！，初戦の大勝利，捕われた母と妹，原城をめぐる攻防戦，さすがは“智恵伊豆”，肉親の愛，和平の機会はなくなる，ゆらぐ自信，うらぎり者，ついに最後，いざ天国へ昇りゆかん

『まぼろしの天使ー天草四郎』松永伍一著，平野遼絵　偕成社　1986.10　230p　21cm　（偕成社の創作文学）1200円　Ⓘ4-03-720680-3

内容 総大将は16歳の少年だった。1637年秋、九州の島原・天草におこったキリシタン一揆は総数3万7千人、有馬の原城にたてこもって抵抗した。その総大将、神の子といわれた天草四郎の姿を5人の身近にあった人びとの語りでつづるユニークな歴史物語!

◆◆大石 内蔵助〔大石 良雄〕

『大石内蔵助—赤穂四十七士』 西本鶏介著 新装版 講談社 1998.11 205p 18cm (講談社火の鳥伝記文庫)〈年譜あり〉590円 ①4-06-149908-4

目次 1 江戸城松の廊下の事件(内匠頭、御馳走役になる,つめたいしうち ほか),2 国家老、大石内蔵助(江戸からの悲報,赤穂城をうずめた怒り ほか),3 江戸の浪士と京の内蔵助(赤穂の町,やはり昼あんどんか ほか),4 消えたお家再興のゆめ(上野介、隠居となる,父にしたがう子 ほか),5 討ち入りの日(内蔵助、江戸へ,最後の同志のあつまり ほか)

内容 戦いのない、はなやかな元禄時代に、人々の目をさますように起きた赤穂浪士の討ち入り事件。浪士たちを導いた大石内蔵助とはどんな人物か?その一生と事件の真相を描く。

『大石内蔵助』 浜野卓也作,鴇田幹画 岩崎書店 1998.10 169p 18cm (フォア文庫 B208)〈年譜あり〉560円 ①4-265-06322-5

内容 元禄十五年(1702年)十二月十四日、雪の降りしきる中、四十七人のさむらいが本所松坂町の吉良邸にむかっていました。大石内蔵助ひきいる赤穂浪士の面々です。めざすは主君のかたき吉良上野介。お家とりつぶしとなって以来、苦労を重ねてきた彼らがついに討ち入りの日をむかえたのです。小学校中・高学年向き。

『大石良雄(大石内蔵助)—赤穂四十七士』 西本鶏介著 講談社 1992.12 205p 18cm (講談社火の鳥伝記文庫 83) 490円 ①4-06-147583-5

『大石良雄—赤穂浪士の討ち入り』 広岡ゆうえいまんが 学習研究社 1984.4 148p 23cm (学研まんが人物日本史) 680円 ①4-05-100543-7

◆◆春日局

『春日局—大奥の権勢をにぎった女性の波乱の一生』 安西篤子著,柳井愛子画 新学社・全家研 1989.6 193p 22cm (少年少女こころの伝記 9) 1340円

『春日局—三代将軍家光の乳母』 田代脩監修,佐々木みすず漫画,桜井和夫原作 学習研究社 1988.12 125p 23cm (学研まんが伝記シリーズ) 680円 ①4-05-103041-5

内容 学研まんが「伝記シリーズ」は、偉人がどんなりっぱな仕事をしたのか、どのようにして、その仕事をなしとげたのか、どのような子供時代を送ったのかなどを、まんがで、わかりやすく説明した本です。このまんがには、『春日局』と歴史のまめちしきが、ほとんどのページに入っています。

『春日局—将軍を守り育てた女性』 加藤秀著,鴇田幹絵 偕成社 1988.11 166p 21cm 880円 ①4-03-634330-0

目次 1 裏切り者の子として(お姫さまそだち,はりつけになった父,さすらいながらの勉強),2 徳川将軍家の乳母となる(運命の立て札,江戸へくだる),3 若君の誕生(からだがよわい竹千代,弟が生まれる,すずめのひなをとってまいれ),4 将軍への道をかためる(敵にかこまれたなかで,竹千代、自殺をはかる,いのちがけで家康と会見,将軍の席へまねかれた竹千代),5 生まれながらの将軍(豊臣家ほろぶ,お妃となった和子姫,大奥のきまりをととのえる,将軍の病気をなおす),6 つとめを果たして(お江与の方の死,自殺した忠長,将軍家の使者となって,安らかなさいご)

内容 裏切り者の子として育った春日局は、夫と幼い3人の子とわかれて、徳川将軍家の乳母となる。女性らしいやさしさと、男まさりの行動力によって、三代将軍家光を守り育て、江戸幕府の基礎をきずく、偉大な女性の伝記。小学中級から。

『春日局』 西本鶏介著,鴇田幹画 ポプラ社 1988.11 204p 18cm (ポプラ社文庫) 450円 ①4-591-02877-1

内容 明智光秀の重臣の子として生まれ、幼くして父を失ったお福(後の春日局)は、逆境に負けることなく、自分の意志で自分の運命を切りひらいてゆく。将軍家光の乳母として、女性でありながら絶大な影響をもった春日局の一生の物語。

『将軍家光をささえた春日局』真鍋和子著,伊東章夫画 ポプラ社 1988.11 158p 22cm (テレビドラマシリーズ) 780円 ①4-591-02810-0

目次 出陣,さあ、お祝いだ,三日天下におわる,おちのびて,さらしくび,あたらしい土地,南国の少女,大きなゆめ,やっとあえた,花よめ,親のかたき,天下わけめのたたかい,はじめからやりなおし,たてふだ,江戸へのたび,母の愛、お福の愛,お伊勢まいり,かなしいおもいで,将軍家光,乳母将軍,京へのりこむ,いくさのない世のなかに

内容 将軍徳川家光の乳母となり平和を祈りつづけた春日局のさわやかな一生の物語。

『春日局―三代将軍家光の乳母』鈴木俊平著 講談社 1988.10 221p 18cm (講談社火の鳥伝記文庫) 420円 ①4-06-147568-1

目次 1 戦乱のあらしにゆれて(坂本城のしあわせ,反逆者の子,はりつけ台の父,かくれ住む3年,母の死),2 江戸幕府の火花とともに(武将の妻へ,天下は家康へ,乳母さがし,竹千代の誕生,三代将軍の日),3 江戸城の光の中で(ほんとうの強さとは,忠長のわがまま,「御年寄」になる,御水尾天皇のもとへ,乳母よ、乳母),春日局の年表

内容 幼いころに父をうしない、やがて徳川家康の孫、竹千代(家光)の乳母となった春日局。ゆたかな母性愛とかしこさと、だいたんな行動力で、江戸城の大奥をとりしきり、家光を名将軍に育てた春日局の一生。

『春日局―徳川家光をささえた偉大な女性』木村茂光立案・構成,柳川創造シナリオ,貝塚ひろし漫画 集英社 1988.10 141p 23cm (集英社版・学習漫画―日本の伝記)〈監修:永原慶二〉680円 ①4-08-241009-0

目次 第1章 少女お福,第2章 正成の妻,第3章 将軍の乳母,第4章 三代将軍 家光,第5章 春日局,第6章 最後の日び

内容 乳母として三代将軍・家光を育てた春日局は、徳川家康の信任あつく、江戸城に権勢をふるいました。マンガで学ぼう、才女の生涯!NHKテレビ'89大河ドラマ放映!

◆◆勝 海舟

『勝海舟―わが青春のポセイドン』古川薫著,岡田嘉夫画 小峰書店 2001.8 209p 22cm (時代を動かした人々 維新篇 3)〈年譜あり〉1600円 ①4-338-17103-0

『勝海舟―国家建設に尽くしながら幕臣で終わった人』竹内孝彦著 明治図書出版 1997.12 118p 19cm (教科書が教えない歴史人物の生き方 幕末・明治編 no.8 自由主義史観研究会編)〈年譜あり 文献あり〉1048円 ①4-18-461816-2

『勝海舟』杉田幸三文,梶鮎太絵 勉誠社 1997.1 142p 22cm (親子で楽しむ歴史と古典 21) 1545円 ①4-585-09022-3

目次 お正月のお餅,江戸城へ,犬に襲われる,剣術の修行,蘭学への道,辞典の筆写,夜中に通う,隠れた人物,私塾をひらく,大砲の注文,黒船あらわる,大切なまごころ,徳川の海軍,長崎で〔ほか〕

内容 幕末、江戸を支えた男、勝海舟。楽しいお話。

『新装世界の伝記 7 勝海舟』滑川道夫著 ぎょうせい 1995.2 258p 20cm 1600円 ①4-324-04384-1

『勝海舟―江戸を戦火からすくった』保永貞夫著 講談社 1987.9 205p 18cm (講談社火の鳥伝記文庫) 390円 ①4-06-147556-8

『勝海舟―江戸城あけわたし』ムロタニツネ象まんが 学習研究社 1984.10 148p 23cm (学研まんが人物日本史)〈監修:樋口清之〉680円 ①4-05-101040-6

◆◆坂本 竜馬

『この人を見よ！歴史をつくった人びと伝 14 坂本竜馬』プロジェクト新・偉人伝著作・編集 ポプラ社 2009.3 143p 22cm〈文献あり 年表あり〉1200円 ①978-4-591-10736-2 Ⓝ280.8

『坂本竜馬―幕末・維新人物伝』加来耕三企画・構成・監修，すぎたとおる原作，早川大介作画 ポプラ社 2008.12 126p 22cm （コミック版日本の歴史 11）〈文献あり 年表あり〉1000円 ①978-4-591-10598-6 Ⓝ289.1

目次 第1章 二人の母, 第2章 黒船来航, 第3章 脱藩, 第4章 薩長同盟, 第5章 船中八策

内容 改革の熱き風を受け、新時代の海へこぎ出す。夢を追い、理想を求め、幕末・維新を駆け抜けた男たちの物語。

『竜馬の夢は君たちの夢―竜馬に学ぶ夢と希望の人生 明日をみつめる』百瀬昭次著 学習研究社 2004.1 223p 19cm〈年譜あり〉1200円 ①4-05-402357-6 Ⓝ289.1

目次 1章 竜馬は君たちの最高の手本(竜馬は変革期を生きる名人だった, 歴史的人物(偉人)と竜馬 ほか),2章 竜馬に学ぶ、夢のある人生(竜馬が使った二つの「宝物」, 人間は夢をかなえるために生まれてくる ほか),3章 竜馬に学ぶ、夢を実現する生き方(「行雲流水」のこころを見習う,「出会い」を求め、「出会い」を生かす ほか),4章 竜馬に学ぶ、学校生活の生かし方(学業(勉強)の生かし方, 得意なものをつくる！ ほか), 終章 二十一世紀とみなさんの「使命」(二十一世紀は日本の世紀,「日本の洗濯」を志す ほか)

内容 竜馬は幕末の大変革に不可欠なドラマを次々に演出、自らの命をもかけてその使命を果たした。一つ一つの行動は21世紀を担う君たちへのメッセージであった。

『坂本竜馬―日本の“洗濯”にいどむ』酒寄雅志監修，小西聖一著 理論社 2003.7 105p 25cm （NHKにんげん日本史）〈年表あり〉1800円 ①4-652-01461-9 Ⓝ289.1

目次 第1章 脱藩までの竜馬(はじめての江戸で, アジアに進出する西洋の国々 ほか), 第2章 日本の未来を考える竜馬(脱藩後の竜馬の足どり, 勝海舟 ほか), 第3章 日本を動かす竜馬(海へ。亀山社中, 薩長同盟 ほか), 第4章 竜馬暗殺(河原町三条近江屋, 竜馬を殺したのはだれ ほか)

『竜馬海へ』浜田けい子著，依光隆画 四季社 2003.5 189p 21cm 1600円 ①4-88405-202-1

内容 泣き虫ではなたれ小僧、これがよく知られる少年竜馬。しかし、本当の竜馬は大きな理想に満ちあふれていた。今まであまり書かれなかった少年竜馬の実像にせまる。

『薩摩と竜馬』住吉重太郎著 隼人町(鹿児島県) 住吉重太郎 2002.7 279p 19cm〈製作・発売：南日本新聞開発センター(鹿児島) 年譜あり〉1714円 ①4-86074-000-9 Ⓝ289.1

『坂本竜馬―明治維新のプロデューサー 日本を近代国家に導いた幕末の風雲児』宮崎知子画，すぎたとおる作，木村幸比古監修 コミックス 2000.11 159p 19cm （講談社学習コミック―アトムポケット人物館 4）〈発売：講談社〉660円 ①4-06-271804-9

目次 第1章 わしは弱虫かいや？, 第2章 強うなりたいがよ！, 第3章 もっと楽しくやれんかの, 第4章 日本を洗濯いたし申し候, 第5章 フリーな国にするぜよ！, 坂本竜馬の幕末資料館

内容 彼の名は坂本竜馬。黒船にあこがれて海外のことを勉強し、新しい日本のあり方を示した幕末の武士だよ。小学3年生〜中学生。

『坂本竜馬―飛べ！ペガスス』古川薫著，岡田嘉夫画 小峰書店 2000.5 185p 22cm （時代を動かした人々 維新篇 1）〈年譜あり〉1500円 ①4-338-17101-4

内容 刀より懐に万国公法。竜馬の大きな夢を心に。若い世代におくる本格歴史小説。

『坂本竜馬』筑波常治作，田代三善絵 国土社 1999.3 222p 22cm （堂々

日本人物史 戦国・幕末編 18）1200円
Ⓘ4-337-21018-0
目次 なきむしの子ども, 土佐勤王党, 脱藩, 勝海舟の弟子, つぶされた勤王党, 西郷隆盛とのであい, ゆかいな竜馬, “なかなおり”ということ, 亀山社中の人びと, 暗殺の魔手〔ほか〕

『坂本竜馬』横山充男文 ポプラ社 1998.11 166p 22cm （おもしろくてやくにたつ子どもの伝記 13）〈肖像あり 文献あり 年譜あり〉880円 Ⓘ4-591-05838-7
目次 坂本竜馬ってこんな人, はやわかり坂本竜馬, 竜馬はどんな子どもだった？, 坂本竜馬ものしりクイズ, 世界のうごきと日本, ゆれる日本と、竜馬, 竜馬がとりくんだこと, あたらしい国をつくる, 竜馬をとりまく人びと, 竜馬をたすけた女性たち, 竜馬のすがお写真館, 暗殺者はだれだ, 年表でみる坂本竜馬の生涯, さんこうにした本など
内容 幕末の激動の時代を、駆けぬけるように生きた竜馬。その魅力的な人がらと、自由な考え方で、周囲の人びとをうごかし、時代をうごかしていったのです。

『坂本竜馬―海原遠くに夢をかけた男の生涯』小宮宏著 明治図書出版 1997.11 118p 19cm （教科書が教えない歴史人物の生き方 幕末・明治編 no.10 自由主義史観研究会編）〈年譜あり 文献あり〉1048円 Ⓘ4-18-462017-5

『坂本竜馬』泉淳文, 田村元絵 勉誠社 1997.1 136p 22cm （親子で楽しむ歴史と古典 22）1545円
Ⓘ4-585-09023-1
目次 いじめられっ子, 成長, 水練, 江戸へ, 佐那子, 小竜, 全国優勝のタイトル, 勤王党, 川畔, 論争, こわい人, 国脱けの御時勢, 勝と識り海軍を学ぶ〔ほか〕

『坂本竜馬―大政奉還を実現させた志士 江戸時代末期』小井土繁まんが 小学館 1995.11 157p 19cm （小学館版学習まんが―ドラえもん人物日本の歴史 第11巻）〈責任監修：飛鳥井雅道〉680円 Ⓘ4-09-230411-0

『新装世界の伝記 17 坂本竜馬』山下喬子著 ぎょうせい 1995.2 318p 20cm 1600円 Ⓘ4-324-04394-9

『明治維新をしかけた男―坂本竜馬』北川幸比古文, 鴇田幹絵 岩崎書店 1993.4 103p 26cm （伝記・人間にまなぼう 13）2400円 Ⓘ4-265-05413-7
目次 竜馬という名, ねしょうべんと、おかし, じぶんから手をだしたらあかん, 道場がよい五年間ののちに, 黒船がきた, 暗殺の時代がきた, ねっしんに航海術をまなんで, 国をこえ、世界の海援隊へ, ふしぎな夢

『竜馬が走る―若き日の坂本竜馬』海城文也著, 高橋信也絵 ポプラ社 1992.5 174p 21cm （テレビドラマシリーズ 13）980円 Ⓘ4-591-04148-4
内容 ペリーがひきいる黒船があらわれ、江戸幕府の力が弱まってきたとき、四国の土佐（高知県）から、一人の若者が慧星のごとくあらわれました。それが坂本竜馬です。竜馬の力によって、歴史は大きく動いていきます。激動の時代を精一杯生きた竜馬の生涯は、波瀾にみちたものでした。

『坂本竜馬ものがたり―明治維新のえいゆう』西岡光秋ぶん, 竹村よしひこえ 金の星社 1990.9 79p 22cm （せかいの伝記ぶんこ 6）780円
Ⓘ4-323-01436-8
内容 坂本竜馬は、いつも、ないている子だった。…でも、がんばって、明治維新のためにはたらきました。2・3・4年生向。

『坂本竜馬―明治維新につくした志士』木村茂光立案・構成, 柳川創造シナリオ, 古城武司漫画 集英社 1988.7 141p 23cm （集英社版・学習漫画―日本の伝記）〈監修：永原慶二〉680円
Ⓘ4-08-241008-2
目次 第1章 少年時代（坂本のよばあたれ, 母の死）, 第2章 黒船（江戸の風雲, 開国, 桜田門外の変）, 第3章 めざめる竜馬（土佐勤王党, 脱藩, 勝海舟との出会い, 神戸海軍操練所, 長州と薩摩, 攘夷から開国へ）, 第4章 倒幕のうねり（いらだつ尊王派, 池田屋の悲劇, 西郷隆盛）, 第5章 薩長同盟（亀山社中, 竜

馬・動きだす, 西郷のつぐない, 薩長同盟, 寺田屋事件, 海戦), 第6章 新しい日本(海援隊, 大政奉還, 竜馬暗殺)

内容 新しい時代をきりひらいた幕末の志士！海援隊を組織し、薩長同盟を成功にみちびいた坂本竜馬は、新しい日本の夜明けを目前にして倒れました。マンガで学ぼう、英雄の生涯！

『坂本竜馬』古川薫著, 鴇田幹画 講談社 1988.6 309p 22cm (少年少女伝記文学館 第14巻) 1400円 ①4-06-194614-5

目次 1 黒潮の町(泣き虫小僧, 町人郷士, 変身, 日根野道場, 不安な列島, 真昼の桂浜),2 剣士と黒船(千葉道場, ペリー艦隊, 疾風怒濤の時代へ),3 脱藩(しずかなふるさと, 河田小竜にあう, 剣術の卒業証書, 安政の大獄, 土佐勤王党, 飛翔する竜),4 あたらしい波(勝海舟とのであい, 日本を洗濯する, 異変と脱藩, 薩馬の怪人物),5 薩長連合(薩摩と長州, 桜島のけむり, 西郷の肩すかし, 長州征伐, ついに手をむすんだ薩長),6 夜明けまえ(寺田屋の乱闘, 海援隊, 船中八策, 永遠の旅だち)

内容 長州の桂小五郎と薩摩の西郷吉之助をむすびつけて、日本の歴史を大きくかえようと、たくましく行動する竜馬。だが、小さいころは、「よばれたれ(寝小便たれ)」とばかにされる、泣き虫少年であった。子どもにも大人にもおもしろい、あたらしい竜馬伝！

『坂本竜馬』宮崎章指導, 森藤よしひろまんが くもん出版 1987.6 120p 20cm (くもんのまんがおもしろ大研究―歴史人物シリーズ) 〈監修：奈良本辰也〉 580円 ①4-87576-350-6

目次 序章 のりだせ世界の海へ, 第1章 泣き虫竜馬, 第2章 黒船がきた, 第3章 せまい土佐からとびだせ, 第4章 大海原がよんでいる, 第5章 貿易会社をつくろう, 第6章 日本で一番いそがしい男, 第7章 世界の海援隊, 第8章 すい星が消える日, おもしろ研究(鎖国日本にアタックした欧米の国ぐに, もうひとつの黒船ショック―帆船から蒸気船へ, 討幕のリーダー薩摩・長州はどんな国, 日本の進む道を決めた「船中八策」)

内容 まんがでたどる坂本竜馬の生涯。

『坂本竜馬―幕末の風雲児』田代脩監修 学習研究社 1986.7 128p 23cm (学研まんが伝記シリーズ) 680円 ①4-05-102285-4

『坂本竜馬―明治維新の原動力』砂田弘著 講談社 1985.11 213p 18cm (講談社火の鳥伝記文庫) 390円 ①4-06-147558-4

◆◆ジョン万次郎〔中浜 万次郎〕

『ジョン万次郎物語』アーサー・モニーズ絵, ウエルカムジョン万の会文 冨山房インターナショナル 2006.10 41p 31cm〈英語併記〉1500円 ①4-902385-31-7 Ⓝ289.1

『ジョン・万次郎―幕末日本の開国を助けた漂流少年』西東玄著 明治図書出版 1997.11 119p 19cm (教科書が教えない歴史人物の生き方 幕末・明治編 no.7 自由主義史観研究会編)〈年譜あり 文献あり〉1048円 ①4-18-461727-1

『開国に生きた海の男―中浜万次郎』清水驍文, 高田勲絵 岩崎書店 1993.4 103p 26cm (伝記・人間にまなぼう 12) 2400円 ①4-265-05412-9

目次 あらしにあう, 無人島での生活, 外国船にすくわれる, ハワイからアメリカへ, 学校にはいる, 日本へかえる, 薩摩、長崎をへて土佐へ, 黒船さわぎ, 文明をひらく, 咸臨丸, 幕末から明治へ

『See！Sea！She！―ジョン万次郎物語』アーサー・モニーズ絵, ウエルカムジョン万の会文 創現社出版 1992.12 1冊 30cm〈英文併記〉1400円 ①4-88245-050-X

『中浜万次郎―世界をみてきたジョン＝マン』春名徹著 講談社 1986.7 221p 18cm (講談社火の鳥伝記文庫) 420円 ①4-06-147563-0

内容 15さいの少年漁師万次郎は嵐で無人島に漂着。アメリカ船に救われ、日本人として初めて11年間の海外生活ののち帰国。激動

の幕末、明治期に日本とアメリカの文化をつないだジョン＝マン、中浜万次郎の生涯。

◆◆高杉 晋作

『吉田松陰と高杉晋作―幕末・維新人物伝』加来耕三企画・構成・監修，すぎたとおる原作，滝玲子作画　ポプラ社　2009.3　126p　22cm　（コミック版日本の歴史 13）〈文献あり 年表あり〉1000円　Ⓘ978-4-591-10600-6　Ⓝ121.59

目次 第1章 寅次郎学ぶ, 第2章 黒船来航, 第3章 上海行, 第4章 攘夷, 第5章 おもしろきこともなき世をおもしろく…

内容 信念の男は、まっすぐ生きた。情熱の男は、激しく生きた。夢を追い、理想を求め、幕末・維新を駆け抜けた男達の物語。

『高杉晋作―明治維新への道を開いた幕末の英俊』後藤久子文，えんどうえみこ絵　新教育者連盟　2007.12　197p　21cm　（子供のための伝記シリーズ 5）〈年譜あり　文献あり〉953円　Ⓘ978-4-902757-11-8　Ⓝ289.1

『高杉晋作―走れ！若き獅子』古川薫著，岡田嘉夫画　小峰書店　2000.8　197p　22cm　（時代を動かした人々 維新篇 2）〈年譜あり〉1500円　Ⓘ4-338-17102-2

内容 若い世代におくる本格歴史小説。時代の名遊撃手を見よ。

『高杉晋作』筑波常治作，田代三善絵　国土社　1999.3　222p　22cm　（堂々日本人物史 戦国・幕末編 20）1200円　Ⓘ4-337-21020-2

目次 うらみはふかき関ヶ原, ぐれかけた少年, 長州一の吉田松陰, 松陰、密航にしっぱい, 松下村塾の名声, 幕府の学校, 身分のかべはあつい, われは海の子, はじめての外国ゆき, 外国公使館を焼きうつ, 下関で外国船を砲撃, 奇兵隊をつくる, 絶体絶命の長州, あっぱれな外交手腕, 奇兵隊の勝利

『高杉晋作―誇りと気概に生きた幕末の風雲児』藤岡信勝著　明治図書出版　1997.12　139p　19cm　（教科書が教えない歴史人物の生き方 幕末・明治編 no.1　自由主義史観研究会編）〈年譜あり　文献あり〉1048円　Ⓘ4-18-461118-4

『高杉晋作―幕末・維新の風雲児』堀江卓まんが　学習研究社　1989.11　143p　23cm　（学研まんが人物日本史）〈監修：奈良本辰也〉700円　Ⓘ4-05-103357-0

目次 わんぱく少年晋作, 明倫館と松下村塾, 天才学者吉田松陰, 松陰と塾生たち, 安政の大獄と松陰の死, きまぐれ晋作東へ西へ, 晋作、上海へ行く, 幕府への挑戦, 晋作、奇兵隊を結成, 第一次長州征伐, 藩内改革, 薩長同盟, 第二次長州征伐, 奇才晋作の最期

『高杉晋作―幕末をかけぬけた男』浜野卓也著　講談社　1983.8　189p　18cm　（講談社火の鳥伝記文庫）390円　Ⓘ4-06-147544-4

◆◆徳川 家康

『この人を見よ！歴史をつくった人びと伝 13　徳川家康』プロジェクト新・偉人伝著作・編集　ポプラ社　2009.3　143p　22cm〈文献あり 年表あり〉1200円　Ⓘ978-4-591-10735-5　Ⓝ280.8

『徳川家康―戦国人物伝』加来耕三企画・構成・監修，すぎたとおる原作，丹波鉄心作画　ポプラ社　2007.11　119p　22cm　（コミック版日本の歴史 3）〈年譜あり〉1000円　Ⓘ978-4-591-09792-2　Ⓝ289.1

目次 第1章 人質として, 第2章 清洲同盟, 第3章 盟友死す, 第4章 関ヶ原の合戦, 第5章 天下太平の世へ, 徳川家康をもっとよく知るための基礎知識

内容 「江戸」を作った男の波乱に満ちた人生とは。

『徳川家康―戦国の世を終わらせた天下人』桑田忠親監修，里丘茂構成，藤木てるみ漫画　新装版　学習研究社　2007.5　144p　22cm　（学研まんが伝記シリーズ）〈年譜あり〉700円　Ⓘ978-4-05-202831-1　Ⓝ289.1

目次 天下分けめの戦い,生きわかれの母,さらわれた竹千代,父の死,ふたたび人質に,つらい日び,元服して岡崎へ,いざ戦場へ,あっぱれ若大将,その後の家康,徳川家康の足あとをたどってみよう

『徳川家康』谷口克広監修 ポプラ社 2004.4 79p 27cm (徹底大研究日本の歴史人物シリーズ 12)〈年譜あり〉2850円 ①4-591-07997-X Ⓝ289.1

目次 第1章 人質時代(家康が生まれたころの日本と世界,三河の松平郷から初代親氏が登場 ほか),第2章 信長との同盟(松平元康、岡崎城に入る今川氏から独立,三河の一向一揆との戦い ほか),第3章 秀吉との戦い(信長、本能寺で死す天下は秀吉に,小牧・長久手の戦いで秀吉と対陣 ほか),第4章 天下人への道(豊臣家臣団、武断派と文治派に分裂,天下分け目の関ヶ原の戦い ほか)

内容 260年あまりもつづく平和の時代の基礎をつくった家康の生涯を、松平家の成り立ちからときあかし、その人物像にせまります。

『徳川家康―乱世から太平の世へ』酒寄雅志監修,小西聖一著 理論社 2004.3 113p 25cm (NHKにんげん日本史)〈年譜あり 年表あり〉1800円 ①4-652-01469-4 Ⓝ289.1

目次 第1章 人質だった少年時代(家を守るために,今川義元のもとで ほか),第2章 信長と家康(清洲同盟,三河武士のきずな ほか),第3章 鳴くまで待とう(ライバル秀吉,戦うべきか、したがうべきか ほか),第4章 天下をかためる(ライバル登場,天下分け目 ほか)

『徳川家康』浜野卓也作,金成泰三画 岩崎書店 1999.10 166p 18cm (フォア文庫 B231)〈年譜あり〉560円 ①4-265-06329-2

目次 人質の竹千代,織徳同盟,決戦三方ケ原,三郎信康の悲劇,天王山で勝った秀吉,小牧・長久手合戦,家康、江戸にうつる,関ケ原の合戦,ウイリアム・アダムス,大坂冬の陣,大坂夏の陣,文化国家の建設へ,家光と春日局

内容 天下分け目のたたかいといわれた関ヶ原の合戦で勝利をおさめ、江戸に幕府をひらいた徳川家康はどんな人物だったのでしょうか。この本では、武将、政治家としてのかつやくぶりとともに、人間味あふれる姿を描いています。後半では、秀忠、家光も紹介。小学校中・高学年向き。

『徳川家康』筑波常治作,坂本玄絵 国土社 1999.3 228p 22cm (堂々日本人物史 戦国・幕末編 8) 1200円 ①4-337-21008-3

目次 小さな領主の手,今川義元の人質,織田信長と同盟する,徳川家康と名のる,強敵!武田信玄,妻と子の悲劇,天下の座をめざす,小牧山の合戦,豊臣秀吉に服する,江戸城へ〔ほか〕

内容 家康の手のとどかぬところでおきたできごとが、結果的には家康のために、天下人への道をひらいたことになります。偶然が幸運に転じたのでした。しかし、もとは偶然であっても、それを幸運に変えることまで、偶然にまかせていてはできません。変えることができたのは、やはり家康その人の能力でした。くりかえし発生する偶然を、くりかえし開運に転化させた事実こそ、家康のすぐれた素質を証明しています。現代からみると、江戸時代の社会は、もちろんいくたの欠陥が目につきます。とくに身分制度などで、きびしく批判されるべき問題が、数多くあります。その事実を忘れてはなりません。けれども一面、三百年の平和により、世界的にみて、高い水準の学問や芸術が生まれたこともたしかで、家康じしん学問に理解の深かった点が影響したと考えられます。

『徳川家康』西本鶏介文 ポプラ社 1999.1 182p 22cm (おもしろくてやくにたつ子どもの伝記 17)〈文献あり 年譜あり〉880円 ①4-591-05877-8

目次 わずか三さいで母とわかれて,駿府のつもりが尾張の熱田,きもっ玉のすわった子ども,ひさしぶりに見るふるさと,初陣は火つけ作戦,天は元康を見はなさず,われらもはやく岡崎城へ,逃げだした今川氏真〔ほか〕

内容 およそ二百六十年もつづいた江戸時代。戦乱の時代を知恵と力で生きぬいて、長い太平の世の基礎をつくった徳川家康と

は、いったいどんな人だったのでしょう。どちらから読んでもよくわかる、新しい伝記シリーズ！ものしりガイドつき。

『新装世界の伝記 27 徳川家康』村松定孝著 ぎょうせい 1995.12 296p 20cm 1600円 ①4-324-04470-8
目次 第1章 松平竹千代の時代, 第2章 風雲急を告ぐ時代, 第3章 興亡つねならぬ時代, 第4章 日本を統一の時代

『徳川家康―江戸幕府を開いた将軍 安土桃山時代・江戸時代』小井土繁まんが 小学館 1995.9 159p 19cm （小学館版学習まんが―ドラえもん人物日本の歴史 第9巻）〈責任監修：小和田哲男〉680円 ①4-09-230409-9

『徳川家康歴史おもしろゼミナール』中西立太文・絵 講談社 1993.7 143p 18cm （講談社KK文庫）680円 ①4-06-199550-2
目次 家康六つのひみつ, 第1章 戦国の武将, 第2章 海道一の弓取り, 第3章 天下統一の戦い, 第4章 天下分け目の合戦, 第5章 徳川家康と江戸幕府, 第6章 徳川の世の中
内容 十二年間の苦難に満ちた人質生活のすえ、信長、秀吉ら天下人とともに戦いぬいた家康が、天下統一するまでをカラーイラストで再現。また家康六つのひみつ、城と武将、関ケ原の戦いなどを大図解、家康のすべてがわかる決定版。

『徳川家康ものがたり―平和をきずいた政治家』大蔵宏之ぶん, 神谷純え 金の星社 1991.2 79p 22cm （せかいの伝記ぶんこ 10）780円 ①4-323-01440-6
内容 徳川家康は、とても、がまんづよい子だった。…がんばりつづけて、三百年つづく、徳川幕府をひらきました。2・3・4年生向。

『徳川家康―江戸に幕府を開いた将軍』三上修平シナリオ, 後藤長男漫画 第2版 集英社 1989.9 141p 21cm （学習漫画 世界の伝記）700円 ①4-08-240005-2
目次 悲しい時代, 乱世の子, 希望の星, あっぱれ若武者, 岡崎城へ, 勝つもの負けるもの, 秀吉の天下, 平和への道
内容 徳川家康は、戦国時代の末期に三河の弱小大名の長男として生まれました。そのため、幼いうちから両親とわかれ、13年もの長いあいだ苦しい人質生活を送らなければなりませんでした。しかし、持ち前の頭の良さと忍耐力で、めきめき頭角をあらわし、天下を統一しました。そして江戸に幕府を開き、250年以上にわたる江戸時代の基礎をきずきました。

『徳川家康―江戸幕府を開いた政治家』木村茂光立案・構成, 柳川創造シナリオ, 貝塚ひろし漫画 集英社 1988.12 141p 23cm （集英社版・学習漫画―日本の伝記）680円 ①4-08-241011-2
目次 第1章 少年竹千代, 第2章 戦国大名家康, 第3章 戦乱の中で, 第4章 秀吉と家康, 第5章 天下をとる, 第6章 江戸幕府
内容 関ケ原の戦いや大坂冬・夏の陣で、勝利をおさめた家康は、天下を統一し幕府の土台をかためました。わかりやすくておもしろい、マンガで学ぶ英雄の生涯。

『徳川家康』宮崎章指導, 小杉彰まんが くもん出版 1988.7 120p 19cm （くもんのまんがおもしろ大研究―歴史人物シリーズ）〈監修：米原正義〉580円 ①4-87576-383-2
目次 一か八か？三方ケ原の戦い, 苦難の駿河ぐらし, 運命を変えた桶狭間の戦い, 三河全土を統一する, 海道一の弓取り, 関東の王者, 天下分け目の決戦, 江戸幕府の基礎をつくる, おもしろ研究（家康の先祖たちはどんな人だったか？, どんな人たちが家康の頭脳だったか？, 江戸の町づくりはどのように進んだか？, 家康はどうやって大名を統制したか？）, 徳川家康なんでもおもしろミニブック
内容 決戦、関ケ原、勝ちぬけ徳川家康。まんがでたどる徳川家康の生涯。小学中級以上向き。

『徳川家康』松本清張著, 稲木皓人画 講談社 1988.2 341p 22cm （少年少女伝記文学館）1400円 ①4-06-194609-9

内容 戦国武将は勇ましいはたらきで有名な人は多いですが、勇ましいあまりに家をほろぼした人も少なくないのです。「忍耐」もまた大きな勇気であることを、家康は教えてくれます。家康は、はなやかな武将ではありませんが、努力の英雄だと思います。実力作家が書き下ろす本格的な人間伝。

『徳川家康—まんがでべんきょう』伊東章夫作・絵　ポプラ社　1986.4　127p　18cm　（ポプラ社・コミック・スペシャル）450円　①4-591-02268-4

目次 1 つよい大名、よわい大名,2 人質,3 今川の人質,4 初陣,5 今川義元の死,6 織田信長,7 豊臣秀吉,8 江戸づくり,9 関が原のたたかい,10 大坂夏の陣

『徳川家康と関ケ原のたたかい』広岡球志著　講談社　1985.4　209p　22cm　（学習コミック・戦国の武将）〈監修：桑田忠親〉580円　①4-06-189114-6

『世界の伝記—国際カラー版　第8巻　徳川家康』岡本文良文，鴇田幹絵　小学館　1983.5　116p　21cm　650円　①4-09-231108-7

『徳川家康』二反長半著　改訂　ポプラ社　1982.10　226p　23cm　（世界伝記全集）880円

『徳川家康—江戸幕府をひらく』松本清張著　講談社　1982.9　325p　18cm　（講談社火の鳥伝記文庫）450円　①4-06-147522-3

『徳川家康』平方久直著　ポプラ社　1982.8　172p　18cm　（ポプラ社文庫）390円

◆◆徳川 光圀〔水戸黄門〕

『水戸黄門』松尾政司文，鈴木悠子絵　勉誠社　1997.1　124p　22cm　（親子で楽しむ歴史と古典 16）1545円　①4-585-09017-7

内容 天下の副将軍、水戸黄門。楽しいお話。

『徳川光圀(水戸黄門)—天下の副将軍』鈴木俊平著　講談社　1990.6　221p　18cm　（講談社火の鳥伝記文庫）460円　①4-06-147571-1

目次 1「水戸黄門慢遊記」,2 ふしぎな星の下に,3 知恵と情熱のゆくえ,4 無欲の道をもとめて,5 正義はほろびるか

内容 テレビでおなじみのヒーロー、天下の副将軍「水戸黄門」さま。そのほんとうのすがたは、御三家の一つである水戸徳川家の第2代藩主、徳川光圀のこと。「大日本史」のへんさんにつくし、天下の名君として、人々からしたわれた光圀公の一生。

◆◆徳川 慶喜

『徳川慶喜』筑波常治作，田代三善絵　国土社　1999.3　222p　22cm　（堂々日本人物史 戦国・幕末編 19）1200円　①4-337-21019-9

目次 さいごの将軍, ゆらぐ幕府, 安政の大獄, めまぐるしい浪士のうごき, 公家たちの腰ぬけ, しくまれた罠, 蛤御門の変, 二度の長州征伐, あたらしい政治とは, 名をすてて実をとれ〔ほか〕

内容 慶喜は、とてもかしこい人でした。もしかれが、もっとはやく将軍になっていたら、幕府も、あんなみじめなことには、ならなかったかもしれません。にっちもさっちもゆかなくなってから、かれは、他人のやった失敗のあとしまつを、おしつけられたようなものです。しかし、このさいごの将軍は、そのいやな役目を、りっぱにやりとげた、といえます。

『15代将軍徳川慶喜』吉本直志郎著，高田勲絵　ポプラ社　1998.2　246p　18cm　（テレビドラマ文庫）700円　①4-591-05559-0

内容 徳川治世三百年、突然、浦賀沖に現れた外国の船団。あわてふためく徳川幕府。日本は大きく歴史の転換をせまられることになった。政治のかじとりをまちがえたら日本は戦乱に—そんなとき将軍の座についた慶喜の苦悩と英断を描く。

『マンガ徳川慶喜』佐久間好雄監修，高橋達央作画　水戸　茨城新聞社　1998.2　178p　23cm〈肖像あり　文献あり〉1500円　①4-87273-111-5

『徳川慶喜―最後の将軍』原田久仁信まんが　講談社　1997.12　223p　20cm　（おもしろ日本史）〈肖像あり　年譜あり〉1500円　①4-06-267302-9

『徳川慶喜―最後の将軍』百瀬明治著　講談社　1997.11　205p　18cm　（講談社火の鳥伝記文庫）〈肖像あり　年譜あり〉580円　①4-06-149903-3

目次 1 将軍にはなりたくない,2 将軍を後見する,3 将軍に擁立される,4 将軍を辞任する,5 「最後の将軍」の戦い

内容 江戸三百年の泰平の夢は、黒船の来航によって破られた。開国か攘夷か、尊王か佐幕か。激動の時代にたちむかった“最後の将軍”徳川慶喜の波乱に富んだ戦いの日々をえがく。

『徳川慶喜―最後の将軍』吉橋通夫著，鴇田幹画　岩崎書店　1997.10　156p　18cm　（フォア文庫 B194）〈年譜あり〉560円　①4-265-06314-4

目次 1 水戸のわんぱく,2 江戸へ,3 ゆれる日本,4 安政の大獄,5 京都炎上,6 最後の将軍

内容 慶喜は徳川幕府最後の将軍として大政奉還をおこない、江戸城を明け渡した人として知られています。ペリーの来航などにはじまる外国からの圧力。幕府側と反幕府側の対立・抗争。十五代将軍となった慶喜はそれらの難問にどのように取りくんでいったのでしょうか。この本では、子ども時代の慶喜を中心に、幕末に活躍した人たちをわかりやすく描いています。

◆◆徳川 吉宗

『徳川吉宗―幕府をたて直した米将軍 江戸時代中期』小井土繁まんが　小学館　1995.7　159p　19cm　（小学館版学習まんが―ドラえもん人物日本の歴史 第10巻）〈責任監修：辻達也〉680円　①4-09-230410-2

目次 第1章 紀伊のわんぱく少年, 第2章 藩政の改革, 第3章 八代将軍吉宗, 第4章 改革の苦悩

『徳川吉宗―「天下一」の将軍』斎藤晴輝著　講談社　1994.12　189p　18cm　（講談社火の鳥伝記文庫 93）540円　①4-06-147593-2

目次 1 かわり者将軍あらわれる,2 紀州の三男坊、大大名に,3 家康以来の本物将軍,4 家康にならぶ幕府第二の開祖

内容 思いがけないめぐりあわせで徳川幕府の8代将軍となった吉宗。思いきった財政のひきしめや人材の登用で幕府をたてなおそうとした吉宗の、波乱にみちた一生をいきいきとえがく。

『八代将軍徳川吉宗』浜野卓也作，高田勲画　ポプラ社　1994.10　220p　18cm　（テレビドラマ文庫 1）680円　①4-591-04600-1

内容 紀州徳川家の四男に生まれたので、決して歴史の表舞台で活躍することはできないと思われていた吉宗が、不思議な運命にみちびかれるように、紀州の殿さまとなり、やがて徳川八代将軍となっていく姿を、当時の歴史的背景をやさしく解説しながら描く。一庶民の暮らしに目をむけ、政治のたてなおしに心をくだいた吉宗の波瀾万丈の生涯。小・中学生向き。

『吉宗がゆく！』稲垣純著，高田勲絵　ポプラ社　1994.10　143p　22cm　（テレビドラマシリーズ 23）980円　①4-591-04119-0

目次 1章 家康公のひ孫,2章 大名になった新之助,3章 質素な藩主さま,4章 八代将軍になる,5章 天下一さま,6章 名奉行大岡越前,7章 目安箱,8章 白い象

内容 紀州徳川家の四男に生まれ、けらいにそだてられ、あばれんぼうといわれていた吉宗が、やがて紀州の殿さまとなり、さらに徳川八代将軍として日本をうごかしていくようすを、いきいきとえがく。

『徳川吉宗』宮崎章指導，森有子まんが　くもん出版　1989.8　120p　19cm　（くもんのまんがおもしろ大研究―歴史人物シリーズ）〈監修：竹内誠〉600円　①4-87576-384-0

目次 序章 江戸のあばれん坊, 第1章 紀州の四男坊, 第2章 うわさの名藩主, 第3章 8代将軍吉宗登場, 第4章 吉宗と大岡越前, 第5章

目安箱の政治, 第6章 外国文化への関心, 第7章 苦闘する吉宗, おもしろ研究1 徳川将軍家と御三家, おもしろ研究2 吉宗の改革とその後の改革, おもしろ研究3 吉宗もなやんだ江戸の火事, おもしろ研究4 江戸の町人のすがた, 巻末特別付録 徳川吉宗なんでもおもしろミニブック
内容 8代将軍は江戸のあばれん坊。まんがでたどる徳川吉宗の生涯。

◆◆宮本 武蔵

『宮本武蔵―戦国人物伝』 加来耕三企画・構成，すぎたとおる原作，滝玲子作画，島田真祐監修　ポプラ社　2007.5　127p　22cm　（コミック版日本の歴史 6）〈年譜あり〉 1000円
①978-4-591-09795-3　Ⓝ289.1
内容 佐々木小次郎など当代一流の剣士たちと死闘を繰り広げ、比類のない剣豪として名を残した宮本武蔵。その一生をコミックで読み解く。

『こちら葛飾区亀有公園前派出所両さんの宮本武蔵』 秋本治キャラクター原作，ひらまつつとむ漫画，大河内昭爾監修　集英社　2003.4　207p　19cm　（満点人物伝） 880円　①4-08-314017-8　Ⓝ289.1
目次 第1章 青雲の章（吉川英治の小説『宮本武蔵』, 出生の謎・沢庵和尚と出会ったかも疑問？ ほか）, 第2章 独行の章（武蔵の時代の剣豪たち, 吉岡側の記録・子供たちの五輪書 ほか）, 第3章 無双の章（武蔵は異相だった, 遅れて来た兵法者「宮本武蔵」ほか）, 第4章 巌流の章（実像がみえない佐々木小次郎, 武蔵には三人の養子がいた ほか）, 第5章 五輪の章
内容 “巌流島の闘い”佐々木小次郎との宿命の戦いはもちろん、相手によって武器を、戦い方を変えた数々の死闘。兵法者宮本武蔵が極めた“二天一流”の神髄『五輪書』。熱く、激しく生きた武蔵の実像に漫画と両さんの解説で迫った一冊。

『宮本武蔵』 浜野卓也著　ポプラ社　2002.12　174p　18cm　（ポプラ社文庫―伝記文庫 D-21） 600円
①4-591-07455-2　Ⓝ289.1
目次 第1章 青い目の弁之助（左手のふしぎ, 有馬喜兵衛をたおす ほか）, 第2章 武蔵兵法者志願（吉岡道場, 吉岡清十郎 ほか）, 第3章 どじょうをとるこども（伊織, 尾張の名門柳生 ほか）, 第4章 武蔵、熊本にゆく（出雲,「巌の身」ほか）
内容 数々の決闘をくぐりぬけ、無敗をつらぬいた男の一生。

『宮本武蔵』 砂田弘著，岡本順絵　ポプラ社　2002.12　127p　22cm　900円
①4-591-07448-X　Ⓝ289.1
目次 第1章 無敵の少年剣士（目つきのするどい少年, 十三歳で初対決 ほか）, 第2章 神仏にたよらず勝つ（京都にのりこむ, 一乗寺下り松の決戦 ほか）, 第3章 武蔵か小次郎か（にせものの武蔵あらわれる, 江戸で道場をひらく ほか）, 第4章 剣ひとすじの人生（大坂城の宮本武蔵, 東へ西へと旅はつづく ほか）
内容 つばめがえしか、二刀流か。佐々木小次郎との巌流島の決戦をはじめ、生がい六十数回にわたる決闘にいどみ、すべてのたたかいに勝ちつづけた男、宮本武蔵―。その、剣ひとすじに生きたすがたを追う本格伝記物語。

『宮本武蔵―二刀流の剣豪』 田代脩監修　学習研究社　1984.4　139p　23cm　（学習まんが―伝記シリーズ） 680円
①4-05-101016-3

『宮本武蔵―二刀流の剣聖』 木暮正夫著　講談社　1983.11　205p　18cm　（講談社火の鳥伝記文庫） 390円
①4-06-147549-5

◆◆山岡 鉄舟

『維新の大聖山岡鉄舟　人の巻』 あきやま耕輝画　日本出版放送企画　1991.9　143p　21cm〈発売：星雲社〉 780円
①4-7952-5314-5

『維新の大聖山岡鉄舟　地の巻』 あきやま耕輝画　日本出版放送企画　1991.7　143p　21cm〈発売：星雲社〉 780円
①4-7952-5313-7

『天かける山岡鉄舟―歴史まんが　第一巻』矢野功作・画　日本出版放送企画　1990.12　143p　21cm〈発売：星雲社〉　780円　Ⓘ4-7952-5312-9

明治～今の人びと

『いのち燃ゆ―乃木大将の生涯』乃木神社, 中央乃木会監修　近代出版社　2009.2　126p　27cm〈年譜あり〉1500円　Ⓘ978-4-907816-24-7　Ⓝ289.1

目次 第1章 青少年時代(「立派な武士になれ」との父母の教へ, 元服に際しての迷ひ文と武の二つの道, 大切な、人との出会ひ, 青年武士の初陣、そして、軍人の道へ), 第2章 挫折と苦悩の青年将校(晴れて陸軍少佐として, 愛する弟と恩師との別れ, 痛恨の軍旗喪失 西南戦争にて, 苦悩の中で、結婚, 心機一転のドイツ留学), 第3章 日本軍人の模範にならう(軍服中心の毎日, いざ日清戦争へ, 次は台湾だ, 日露戦争に備へ、最後の訴へ), 第4章 つひに、日露決戦(長男・勝典の戦死、乃木大将の出陣, 進め！肉弾の総攻撃, 旅順なほ落ちず…, つひに、二〇三高地、旅順を落とす, 昨日の敵は今日の友、水師営の会見), 第5章 日本の平和と発展を願って(遺族と傷病兵を見舞ふ毎日、乃木大将の戦後, 学習院長として乃木精神を教へる, 迪宮様や、生徒達に慕はれる乃木大将, 明治天皇の崩御, 殉死)

『内山完造の生涯―日中友好の架け橋 漫画』南一平作画　井原　先人顕彰会・井原　2008.9　123p　27cm〈内山完造先生没後50周年記念　年譜あり〉Ⓝ289.1

『夢のひとつぶ』左近蘭子文, 朝倉めぐみ絵　世界文化社　2008.7　63p　22cm〈年譜あり〉1200円　Ⓝ289.1

内容 今から150年ほどもむかし、とある港町に生まれた、一人の元気な男の子。かれがふるさとの海に夢をかけ、果たすまでをえがいた物語。失敗しても、失敗してもくじけず、夢をもって生きることの大切さをうったえた感動実話絵本。

『人物なぞとき日本の歴史　7　明治時代後期～平成時代』高野尚好監修　小峰書店　2008.4　59p　29cm〈年表あり　1巻―7巻の索引あり〉3200円　Ⓘ978-4-338-23307-1,978-4-338-23300-2　Ⓝ210

目次 明治時代後期(条約改正に力をつくした陸奥宗光, 日露戦争で活躍した東郷平八郎, 不平等条約の改正に成功した小村寿太郎, 明治時代を代表する実業家渋沢栄一, 足尾鉱毒問題に半生をささげた田中正造, 明治時代を代表する文豪夏目漱石, 軍医としても活躍した文豪森鷗外, 短い生涯に多くの傑作を残した女流作家樋口一葉), 大正時代(細菌の研究に命をかけた野口英世, 自然を愛し、すぐれた詩や童話を残した宮沢賢治), 昭和時代(長く続いた戦争の時代), 昭和・平成時代(国際的に活躍したおもな人々1 ノーベル賞受賞・国際活動, 国際的に活躍したおもな人々2 産業・文化・スポーツ)

内容 歴史上の主要人物の生い立ちから業績などをなぞときで紹介。

『乃木希典―武士道精神を生きた至誠一筋の人』千葉ひろ子文, 遠藤恵美子絵　新教育者連盟　2005.8　160p　21cm　(子供のための伝記シリーズ 2)〈年譜あり〉953円　Ⓘ4-902757-02-8　Ⓝ289.1

『昭和天皇―戦争を終結させ、国民を救った日本の元首』明成社　2005.4　29p　21cm　(まほろばシリーズ 1)〈年譜あり〉400円　Ⓘ4-944219-34-2　Ⓝ288.41

目次 1 昭和天皇と今上天皇,2 大東亜戦争とご聖断,3 マッカーサーとの会見,4 国民の手紙,5 皇居勤労奉仕のはじまり,6 全国巡幸,7 戦後の復興

『桂小五郎―奔れ！憂い顔の剣士』古川薫著, 岡田嘉夫画　小峰書店　2004.11　187p　22cm　(時代を動かした人々 維新篇 7)〈年譜あり〉1600円　Ⓘ4-338-17107-3　Ⓝ289.1

『ユタ日報のおばあちゃん・寺沢国子』上

坂冬子文，加古里子絵　瑞雲舎　2004.9　31p　26cm　（海を渡った日本人 第2巻）1500円　Ⓘ4-916016-46-7　Ⓝ289.1

内容 太平洋戦争中の敵国アメリカで、日系人のよりどころになる日本語新聞「ユタ日報」を発行し続けた日本人女性がいた。

『現代人の伝記—人間てすばらしい、生きるってすばらしい　2』致知出版社編著　栄光　2004.2　85p　26cm　800円　Ⓝ375

目次 大平光代/清水哲/永守重信/塩沢みどり/畠山重篤/奥崎祐子/草間吉夫/尾車浩一/大橋秀行

『板垣退助—三日月に祈る自由民権の志士』古川薫著，岡田嘉夫画　小峰書店　2003.10　189p　22cm　（時代を動かした人々 維新篇 6）〈年譜あり〉1600円　Ⓘ4-338-17106-5　Ⓝ289.1

『現代人の伝記—人間てすばらしい、生きるってすばらしい　1』致知出版社編著　栄光　2003.4　101p　26cm〈発売：エデュケーショナルネットワーク（さいたま）〉800円　Ⓝ375

目次 セーラ・マリ・カミングス/鍵山秀三郎/矢谷長治/向野幾世/山下泰裕/家本賢太郎/潮谷愛一/相田みつを

『わたしの呼び名は〈まあもちゃん〉』森山真弓文・写真　岩波書店　2002.11　44p　26cm　（岩波フォト絵本）1700円　Ⓘ4-00-115353-X　Ⓝ289.1

内容 まあ公、まあもねえちゃん、古川さん、ハチマキ、森山さん、奥さん、ママ、森山課長、森山局長、まゆみ先生…まあもちゃん、森山法務大臣。「女性初」という枕ことばをいつもつけられながら歩んできた女性国会議員のシンボルが、本人の呼び名を切り口にしてファミリーアルバムでたどる、もうひとつの昭和・平成史。

『「教育・学問・文化」につくした日本人』畠山哲明監修　くもん出版　2002.4　47p　28cm　（めざせ！21世紀の国際人 この人たちから学ぼう！国際社会の“現在”と“未来” 3）2800円　Ⓘ4-7743-0619-3

目次 小山内美江子—カンボジアに学校をつくる，手塚治虫—マンガは国際語だと、世界に向けて発信した，中田新一—映画で、日中友好のかけはし，平山郁夫—文化財の保護と平和につくす日本画家，吉村作治—小学校4年生のときの夢をかなえ、さらなる夢を追う，安井清子—字をもたないモン族としじゅう絵本をつくる，シャプラニール—バングラデシュの農民のくらしの向上をめざす，井上アメリア—日本でくらす外国人を支援する，安東ウメ子—アイヌ民族の伝統文化を次の世代に伝える

内容 本巻では、教育と文化のたいせつさを考え、子どもたちの明るい未来のために、国際社会で活動している人びとを紹介しました。小学校高学年～中学生向け。

『「国際平和」につくした日本人』畠山哲明監修　くもん出版　2002.4　47p　28cm　（めざせ！21世紀の国際人 この人たちから学ぼう！国際社会の“現在”と“未来” 1）2800円　Ⓘ4-7743-0617-7

目次 秋野豊—地域紛争にたちむかった国際政治学者，緒方貞子—難民のない世界へ，有森裕子—地雷廃絶をいのりカンボジアの大地を走る，堀田正彦—草の根支援の新しい形，杉原千畝—6000人の命のビザ，吉田ルイ子—少数者へのあたたかなまなざし，湯川秀樹と科学者京都会議—科学者たちの平和宣言，原爆ドーム—平和のシンボル、世界遺産に

内容 本巻では、各地の紛争や貧困、飢え、病気、不衛生な環境、難民、人種差別や海外支援の問題など、いま世界がかかえていて、すぐに解決しなければならないむずかしい海外の問題に、それぞれの人生をかけてとりくんだ7人の人びとと1団体を紹介します。小学校高学年～中学生向け。

『日本を変えた53人—人物日本の歴史　8』高野尚好監修・指導　学習研究社　2002.2　64p　27cm　2800円　Ⓘ4-05-201572-X,4-05-810664-6

目次 陸奥宗光，東郷平八郎，小村寿太郎，野口英世，田中正造，平塚雷鳥

内容 本シリーズでは、小学校で習う日本の歴史に必ず登場する42人の人物に加えてほ

とんどの教科書に登場する11人の人物を親しみやすく学べるように工夫しています。各人物の物語の後には「人物のなぞにせまるQ&A」のページがあり、その人物の活躍した時代背景や業績などをさらにくわしく紹介しています。「人物調べ情報ガイド」では、調べ学習のヒントになる情報源を紹介しています。

『日本を変えた53人—人物日本の歴史 7』 高野尚好監修・指導 学習研究社 2002.2 64p 27cm 2800円 ①4-05-201571-1,4-05-810664-6

目次 福沢諭吉,明治天皇,板垣退助,伊藤博文,大隈重信,津田梅子,与謝野晶子

内容 本シリーズでは、小学校で習う日本の歴史に必ず登場する42人の人物に加えてほとんどの教科書に登場する11人の人物を親しみやすく学べるように工夫しています。各人物の物語の後には「人物のなぞにせまるQ&A」のページがあり、その人物の活躍した時代背景や業績などをさらにくわしく紹介しています。「人物調べ情報ガイド」では、調べ学習のヒントになる情報源を紹介しています。

『きんさんぎんさん百年の物語—日本一長生きのふたごおばあちゃん!』 綾野まさる作,長谷川聖写真,高橋貞二画 ハート出版 2001.7 159p 22cm (ハートのドキュメンタル童話) 1200円 ①4-89295-250-8

目次 むかーしむかし,白いひげの神主さん,ちいさなお母さん,あかいぐみの実,お蚕さんのおくりもの,べっぴんさんがとおる,胸がどきどきのお見合い,新婚旅行は畑のなか,おーい、産婆さんやーい!,オチンチンをわすれたあかちゃん,この子をたすけてくだせぇ,にわとりたちの大合唱,魔ものに吸いこまれたお城,人間は、自然には勝てん,いつも、となりにライバルがいる,気力でのこした五本の歯,百才のなみだをありがとう

内容 二十一世紀が開けた二〇〇一年二月二十八日—。蟹江ぎんさんは、一〇八才の生涯を閉じました。それは、ふたごの姉、成田きんさんが一〇七才で亡くなってから一年後のことでした。ふたりは、八年前、その百才とは思えない元気なすがたで、たちまちお茶の間の人気ものになりました。けれども、その笑顔のかげには、たくさんの苦難の日々があったのです。これは、きんさんとぎんさんがたどった百年にわたる涙と笑いの物語です。小学校中学年以上向き。

『矢野竜渓—近代化につくしたマルチ人間 普及版』 山田繁伸文,江原勲絵 〔大分〕 大分県教育委員会 2001.3 198p 19cm (大分県先哲叢書 大分県立先哲史料館編)〈折り込1枚 年譜あり〉 Ⓝ289.1

『大正・昭和・平成時代の50人』 PHP研究所編 PHP研究所 2001.2 47p 31cm (歴史人物アルバム日本をつくった人たち大集合 5)〈索引あり〉2900円 ①4-569-68265-0,4-569-29456-1

目次 大正時代(白瀬矗—南極にいどんだ最初の日本人探検家,原敬—はじめて本格的な政党内閣をつくった政治家,尾崎行雄—憲政の神様とよばれた政治家,吉野作造—民本主義をとなえた政治家 ほか),昭和・平成時代(犬養毅—5・15事件で暗殺された首相,宮沢賢治—『銀河鉄道の夜』を書いた詩人・童話作家,人見絹枝—世界で活躍した女子陸上競技選手,小林多喜二—『蟹工船』を書いたプロレタリア作家 ほか)

内容 小中学校の教科書に出てくる人物をはじめ、歴史上重要な役割をはたした50人を、豊富なカラー写真やイラストを入れ、わかりやすく解説。各人物の歩んだ道のほか、時代背景も紹介しています。索引付き。小学校高学年〜中学生向。

『明治時代の54人』 PHP研究所編 PHP研究所 2001.2 47p 31cm (歴史人物アルバム日本をつくった人たち大集合 4)〈索引あり〉2900円 ①4-569-68264-2,4-569-29456-1

目次 岩倉具視—王政復古をなしとげた公家,西郷隆盛—西南戦争をたたかった政治家,大久保利通—明治新政府の基礎をつくった政治家,岩崎弥太郎—三菱財閥をつくった実業家,木戸孝允—薩長同盟で幕府をたおした政治家,渋沢栄一—実業界のリーダーとして活躍した実業家,新島襄—キリスト教教育を

創始した教育者, クラーク—札幌農学校で指導した教育者, モース—大森貝塚を発見した科学者, フェノロサ—日本美術を研究した哲学者〔ほか〕

内容 小中学校の教科書に出てくる人物をはじめ、歴史上重要な役割をはたした54人を、豊富なカラー写真やイラストを入れ、わかりやすく解説。各人物の歩んだ道のほか、時代背景も紹介しています。索引付き。小学校高学年〜中学生向。

『松沢求策ものがたり—自由と民権のさきがけ』 松沢求策顕彰会著　長野　信濃毎日新聞社　2001.1　161p　21cm〈肖像あり　年譜あり〉1200円

①4-7840-9885-2

目次 物語の始まるまえに, きかん坊の少年時代, 学問に目覚める, はじめての上京, 村芝居と役人の下働き, せぎもり, 水とのたたかい, 用拙先生, 大きな飛躍, 若い民権家たち, コレラと民権家, 大阪へ, 困難にひるむことなく, 大きな舞台で, 栄光と挫折, 求策がのこしたもの

内容 長野県を代表して国会開設運動を展開した松沢求策。本書は、子どもにも読める松沢求策の伝記である。

『麻はん—宮田麻太郎と娘・林芙美子』 吉本栄作作, 久米麻美絵, 佐藤公平監修　名古屋　KTC中央出版　2000.7　183p　22cm　1400円　①4-87758-186-3

目次 第1章 少年時代(平蔵との出会い, 扇屋に現れた男, 秋祭りでの再会 ほか), 第2章 青年時代(麻はんときく, 現実の壁, 来たぞ、我らが… ほか), 第3章 壮年時代(初めての壬生川, 佐志久山, 父の実家 ほか), 第4章 黄昏へ(作家・林芙美子との別れ, 最期のとき, そして明日へ)

内容 麻はんとその娘・林芙美子とのほんものの愛を描く。

『サムライの娘—杉本鉞子著「武士の娘」より』 佐々木佳子文, 曽田文子絵　新潟　考古堂書店　2000.7　1冊　26cm〈本文：日英両文〉1200円

①4-87499-578-0

内容 アメリカ人に日本の文化や生活習慣などを紹介するため、自伝的に書いた "A Daughter of the Samurai"は、たちまち全米でベストセラーとなりました。やがて、その本は世界8カ国で翻訳出版され、明治の日本を世界に紹介するところとなりました。著者の杉本鉞子は、異国にあっても、和服でとおし、明治の女性のたしなみを身につけ、そしてサムライの娘として誇り高く生きました。この度、杉本鉞子の生涯を21世紀に伝えるため、親しみやすい絵本にて紹介いたします。美しい絵や文章、英訳も、すべて女性の手で完成された画期的な絵本です。

『知っててほしい近代日本の歩みに活躍した人びと—明治・大正・昭和・平成時代』 佐藤和彦監修　あかね書房　2000.4　47p　31cm（楽しく調べる人物図解日本の歴史 7）〈索引あり〉3200円

①4-251-07937-X

目次 西洋文明を日本に広めた—福沢諭吉, 大日本帝国憲法をつくった—伊藤博文, 近代国家日本の天皇—明治天皇, 日本にやってきて活躍した—おやとい外国人, 自由民権運動を指導した—板垣退助, 最初の政党内閣をつくった—大隈重信, 明治時代を代表する実業家—渋沢栄一, 公害問題に半生をささげた—田中正造, 女子教育に力をつくした—津田梅子, 条約改正に力をつくした—陸奥宗光〔ほか〕

内容 福沢諭吉の『学問のすゝめ』ってベストセラーなの？伊藤博文は、大日本帝国憲法をどうやってつくった？

『21世紀を元気に生きる・女性資料集』 岩崎書店編集部編, 高林寛子, 池田靖子, 大関清子著　岩崎書店　2000.4　163,3p　20cm（20世紀のすてきな女性たち 10）〈年表あり〉1600円

①4-265-05150-2,4-265-10218-2

目次 1 誕生・一生・家族,2 教育・進路,3 性・健康,4 女性と労働,5 結婚・離婚,6 女性の人権,7 政治や社会への参画,8 女性差別撤廃条約

『ブラジルの大地に生きて—「日系移民の母」渡辺トミ・マルガリーダの生涯』 藤崎康夫作　くもん出版　1998.12　213p　20cm〈年表あり　文献あり〉1300円

①4-7743-0290-2

目次 第1章 カツオの村, 第2章 新天地ブラジル, 第3章 生涯の地「ブラジル」, 第4章 日本人移民の子どもとともに, 第5章 苦難の時代へ, 第6章 戦争と救済活動, 第7章 みんなで生きる, 第8章 「憩の園」の人びと

内容「金のなる木がある」…。明治時代のおわりごろ、富をもとめ、多くの日本人が、移民として、ブラジルへとわたりました。そのなかに、あどけない、ひとりの少女がいました。家族のため、そして自分自身のために新天地へむかう少女。名前はトミ。まだ、十一歳でした…。貧困、病気、そして戦争…その生涯を、苦難する移民の救済にささげた女性、渡辺トミ・マルガリーダの愛のすがたをえがく、感動のノンフィクション。小学上級から。

『江藤新平―近代日本のかたちをデザインした人』中島優著　明治図書出版　1997.11　108p　19cm　（教科書が教えない歴史人物の生き方 幕末・明治編 no.2　自由主義史観研究会編）〈年譜あり　文献あり〉1048円
①4-18-461207-5

『戦後の沖縄を創った人―屋良朝苗伝』喜屋武真栄著　同時代社　1997.11　200p　19cm　1600円　①4-88683-381-0

目次 からだも細く、臆病者だった, 相撲が好き, 畑の中で過ごした少年時代, 初めて飛行機を見る, きびしかった野良仕事, 戦争はほんとにいや, すすめられて学校の使丁に, 同期生が先生に, 今からでもおそくない, あこがれの師範学校へ〔ほか〕

内容 本書は、沖縄のはじめての主席公選で、琉球政府行政主席に選ばれた屋良朝苗の伝記です。

『わが夢は八重瀬をこえて―謝花昇物語』比屋根照夫監修, 新里堅進作画　東風平町（沖縄県）東風平町教育委員会・生涯学習振興課　1997.3　253p　22cm　〈肖像あり　年譜あり〉Ⓝ289.1

『ブータンの朝日に夢をのせて―ヒマラヤの王国で真の国際協力をとげた西岡京治の物語』木暮正夫作, こぐれけんじろう絵　くもん出版　1996.12　197p　22cm　（くもんのノンフィクション・愛のシリーズ 25）1236円
①4-7743-0095-0

目次 はじめに パロ盆地の丘,1 草花ずきのお母さん,2 ふたりの東北ネパール,3 いよいよブータンへ,4 ゼロからの出発,5 オンディさんとザンモさん,6 評判になりはじめた野菜,7 国王とダイコンのたね,8 ながされたパロ農場,9 シェムガン県パンバン村,10 ダショーと空飛ぶ野菜たち, おわりに ニシオカ橋はいまも

内容 一九九二年三月、ヒマラヤの山やまにいだかれたブータン王国で、ひとりの日本人のお葬式がいとなまれていました。その人の名は、西岡京治。日本から夫人の里子と共にやってきて二十八年め、京治はこの地で生涯をとじたのです。国王をはじめ、あらゆるブータン国民が、京治の死をかなしみ、なみだをながしました。西岡京治は、ブータンの人びとに心から愛された日本人です。小学中級以上むき。

『平和へのかけ橋』明石康著　講談社　1996.7　165p　22cm　1400円
①4-06-208093-1

目次 第1章 ふるさと, 第2章 戦争の時代, 第3章 イイ語, 第4章 旅立ち, 第5章 国際公務員, 第6章 国連マン, 第7章 史上最大のPKO, 第8章 光と影, 第9章 勝利した国民, 第10章 新たな挑戦

内容「地球上に島国なんてないんだよ！」日本が好きな人ならば、世界じゅうで活躍できるってほんと!?21世紀の人たちに、国連ナンバー2がいま語る。世界一有名な日本人が書いた初めての自伝。

『新装世界の伝記　23　高橋是清』中沢巠夫著　ぎょうせい　1995.2　286p　20cm　1600円　①4-324-04400-7

『塩っぱい河をわたる』野添憲治著, 津田櫓冬画　福音館書店　1994.9　275p　19cm　（福音館日曜日文庫）1300円
①4-8340-1248-4

内容「みちのく」と世界を結ぶ戦中・戦後。棄民する国家、つらぬいた自我。三度の開拓人生が残した物語。第42回産経児童出版文化賞受賞作。

『高原の青い空の下―清里の父ポール・ラッシュ』中川なをみ作, 杉田明維子絵　小峰書店　1991.11　111p　22cm　（いきいき人間ノンフィクション 8）1080円　①4-338-09208-4
目次 花にさそわれて, なつかしい清里, わたしが宣教師？, 清里へ行こう, ミッキーに会った, 募金に支えられて, 試練, ポールのねがい, お礼はだれにいいましょう
内容 太平洋戦争後の、山河も、人の心も社会もあれはてた日本…。地域の人びととの交流をとおし、清里を日本再建のモデルにしようと、寒冷地農業の実験農場をつくり、病院や教会をつくったアメリカ人がいた。小学校中級以上。

『大隈重信―学の独立・早稲田大学創立者』鈴木俊平著　講談社　1991.10　205p　18cm　（講談社火の鳥伝記文庫 77）460円　①4-06-147577-0
目次 1 ひらけ青春の門,2 かわる日本、いばらの道,3 権力よ、さらば,4 都の西北、早稲田とともに
内容 早稲田大学をつくった民衆政治家大隈重信。よわ虫だった少年時代から、爆弾による足のけがにも負けず、総理大臣をつとめ、明治からの近代日本の設計者となった波乱の一生。

『利根川のはじまり探検―源流をみた小野伊喜雄』林朝子作, 池田仙三郎絵　小峰書店　1990.12　115p　22cm　（いきいき人間ノンフィクション 5）1080円　①4-338-09205-X
目次 坂東太郎の水上に, ながれてきた大木, 源流の妖怪, 探検隊がいた, ほんものの探検隊だぞ, ねこまくり, 山はよぶ, またまた探検隊, 熊おじさん, 夢にむかって, はじめての一滴, かがり火によせて
内容 利根川は、日本を代表する大きな川です。飲み水や電力など、わたしたちの生活ときりはなすことのできない、だいじな川です。そのはじまりは、どこなのでしょう？水源にいってみたいと夢みた少年がいました。小学校中級以上。

『明治天皇』きりぶち輝文, 阿部肇絵　舞阪町（静岡県）ひくまの出版　1990.11　75p　22cm　（新しい日本の伝記 2）1300円　①4-89317-151-8
内容 新しい日本の国づくりをすすめた明治天皇の愛と勇気のものがたり。

『日本の歴史をつくった人びと 12 近代国家への道―開花する明治』学校図書　1990.5　127p　22cm　（学図の伝記シリーズ）〈年表あり　監修：鳥海靖〉①4-7625-0876-4　Ⓝ281.04

『平塚らいてう―女性が輝く時代を拓く』日野多香子作　草土文化　1989.10　196p　21cm　1350円　①4-7945-0364-4
目次 第1章 めざめ, 第2章 自立, 第3章 新しい女たち, 第4章 めぐりあい, 第5章 「青鞜」の終わり

『川島芳子』大坪かず子文, 万純・マッカーラム絵　松本　郷土出版社　1989.6　149p　22cm　（信濃の伝記シリーズ 1）1200円　①4-87663-131-X

『道けわしくても心きよらかに―婦人の地位向上につくした市川房枝』岩崎京子作, こさかしげる絵　佼成出版社　1986.2　163p　23cm　（ノンフィクション・シリーズかがやく心）1200円　①4-333-01214-7
内容 女性の地位向上のために身を捧げ、ついには婦人参政権を獲得した市川房枝の半生が、自由の大切さ、勇気ある行動の必要さを伝えます。

『生命村長―深沢晟雄物語』及川和男著, 藤田勝治画　童心社　1985.2　181p　22cm　（ノンフィクション・ブックス）1200円

◆◆伊藤 博文

『伊藤博文―明治日本を創った志士』古川薫著, 岡田嘉夫画　小峰書店　2007.3　217p　22cm　（時代を動かした人々 維新篇 10）〈年譜あり〉1800円　①978-4-338-17110-6　Ⓝ289.1
内容 命を賭けるという心ばえと「周旋家」の才をもって…。古川薫が贈る、若き志士

たちの熱い思い。

『伊藤博文―明治の国づくりをリードして』酒寄雅志監修，小西聖一著　理論社　2004.12　113p　25cm　（NHKにんげん日本史）〈年譜あり　年表あり〉　1800円　Ⓘ4-652-01477-5　Ⓝ289.1

目次 第1章 時代が動く（松下村塾，うずのなかへ，日本の力 西洋の力，幕府をたおせ），第2章 新しい国への船出（文明開化のかげで，目標，分裂，ひろがる不満―自由民権運動と士族の反乱，暗殺），第3章 憲法と国会（トップに立って，秘密のうちに，憲法発布，国会開設），第4章 世界と日本（治外法権，条約改正，日清戦争，日露戦争，韓国と日本、そしてハルビン駅の凶弾），戦争の時代へ

『伊藤博文』坂本一登監修　ポプラ社　2004.4　79p　27cm　（徹底大研究日本の歴史人物シリーズ 14）〈年譜あり〉　2850円　Ⓘ4-591-07999-6　Ⓝ289.1

目次 第1章 開国の時代を見た少年博文（博文の生まれた天保年間，伊藤博文の幼少の時代 ほか），第2章 イギリス留学で開眼（尊王攘夷運動に加わる，博文、世界を見る ほか），第3章 激動の明治維新のなかで（大政奉還と王政への道，博文、新政府の要職につく ほか），第4章 大日本帝国の時代にむけて（大久保政権をささえる，木戸孝允と大久保利通の死 ほか），第5章 日清・日露戦争（日清戦争と講和条約，藩閥政治から政党政治へ ほか）

内容 幕末から明治へ。日本の近代化をめざし、立憲政治を確立した初代首相の素顔にせまります。

『伊藤博文―アジアで最初の立憲国家への舵取り』勝本淳弘著　明治図書出版　1997.12　123p　19cm　（教科書が教えない歴史人物の生き方 幕末・明治編 no.9　自由主義史観研究会編）〈年譜あり　文献あり〉1048円　Ⓘ4-18-461925-8

『はじめての総理大臣―伊藤博文』高橋宏幸，小西正保文，高田三郎絵　岩崎書店　1993.4　103p　26cm　（伝記・人間にまなぼう 15）2400円　Ⓘ4-265-05415-3

目次 伊藤博文、うたれる，黒船の来航，おいたち，松下村塾にまなぶ，はじめての外遊，帰国ごのかつやく，徳川幕府の崩壊と新政府の樹立，日本ではじめての総理大臣，憲法の発布

『伊藤博文―日本最初の総理大臣』鶴見正夫著　講談社　1992.2　205p　18cm　（講談社火の鳥伝記文庫）460円　Ⓘ4-06-147576-2

目次 1 豊臣秀吉のように,2 幕末のあらしの中で,3 明治新政府のもとで,4 初代の内閣総理大臣,5 戦争とゆれうごくアジア

内容 子どものころ、豊臣秀吉のような人物になりたいと思った伊藤博文。日本最初の内閣総理大臣となって、大日本帝国憲法をつくり、近代日本の国づくりをすすめた波乱の一生。

◆◆大久保 利通

『西郷隆盛と大久保利通―新しい時代、明治の礎となって』酒寄雅志監修，小西聖一著　理論社　2005.2　109p　25cm　（NHKにんげん日本史）〈年譜あり　年表あり〉1800円　Ⓘ4-652-01479-1　Ⓝ289.1

目次 第1章 鹿児島から日本を変える（黒船の来航，鎖国の夢が破られた ほか），第2章 幕府をたおせ（大逆転，追いこまれた長州 ほか），第3章 新しい国の建設（文明開化，ふくれあがる不満 ほか），第4章 それぞれの道（東京と鹿児島，西南戦争）

『大久保利通―明治政府の指導者』大倉元則まんが　学習研究社　1989.12　148p　23cm　（学研まんが人物日本史）〈監修：樋口清之〉700円　Ⓘ4-05-103409-7

目次 1 薩摩の噴煙,2 外国をうちはらえ,3 藩を動かせ,4 公武合体の運動,5 対立から同盟へ,6 王政復古のあらし,7 新政府の幕明け,8 近代国家を目ざして

『西郷隆盛と大久保利通』千葉幹夫著，高田勲絵　ポプラ社　1989.11　158p　22cm　（テレドラマシリーズ 5）810円　Ⓘ4-591-03356-2

目次 黒船がきた江戸へ，開国でおおさわぎの江戸，お庭方としてかつやくする，吉之助、天下に名をしられる，のろいの丑の刻まいり，

大じしんと斉彬の決心, 薩摩にもどった吉之助, 京都でかつやくする吉之助, 斉彬の死と、おわれる吉之助, 大島にながされた吉之助, 吉之助、島からもどる, また島流しになった吉之助, 薩摩と長州のあらそい, 長州征討, 吉之助、勝海舟とあう, 薩摩と長州が手をむすぶ, ついに幕府たおれる, 鳥羽・伏見のたたかい, あたらしい国をつくる, 版籍奉還と鹿児島の西郷, 大久保、西郷を東京につれだす, この西郷がおります, 大久保たち、外国へ, わからずやの政府にいることはできない, ふまんが国じゅうにひろがる, 西郷、ついにたちあがる, 大久保のさいご
内容 薩摩の下級武士の子としてうまれながら、すぐれた頭脳と、やさしさ、そしてひとをひきつける人間性で、日本の歴史をうごかした西郷隆盛。その西郷を兄と思い、ともにかつやくした大久保利通。新しい日本をきずくため命をかけた隆盛と利通のものがたり。

◆◆西郷 隆盛

『西郷隆盛—幕末・維新人物伝』加来耕三企画・構成・監修, すぎたとおる原作, やまざきまこと作画　ポプラ社　2009.2　126p　22cm　(コミック版日本の歴史 12)〈文献あり 年表あり〉1000円　Ⓘ978-4-591-10599-3　Ⓝ289.1
目次 第1章 小吉と正助, 第2章 斉彬のもとで, 第3章 二度の流島, 第4章 討幕, 第5章 西南戦争, 人物・西郷隆盛を知るための基礎知識

『西郷隆盛と大久保利通—新しい時代、明治の礎となって』酒寄雅志監修, 小西聖一著　理論社　2005.2　109p　25cm　(NHKにんげん日本史)〈年譜あり 年表あり〉1800円　Ⓘ4-652-01479-1　Ⓝ289.1
目次 第1章 鹿児島から日本を変える(黒船の来航, 鎖国の夢が破られた ほか), 第2章 幕府をたおせ(大逆転, 追いこまれた長州 ほか), 第3章 新しい国の建設(文明開化, ふくれあがる不満 ほか), 第4章 それぞれの道(東京と鹿児島, 西南戦争)

『西郷隆盛—薩摩ハヤトのバラード』古川薫著, 岡田嘉夫画　小峰書店　2001.12　201p　22cm　(時代を動かした人々 維新篇 4)〈年譜あり〉1600円　Ⓘ4-338-17104-9

『西郷隆盛』筑波常治作, 田代三善絵　国土社　1999.3　222p　22cm　(堂々日本人物史 戦国・幕末編 16)　1200円　Ⓘ4-337-21016-4
目次 農民のくらしを知る, お由良くずれ, 島津斉彬, 庭方役になる, 斉彬急死する, 投身自殺, 奄美の島民とくらす, 島津久光とあらそう, ふたたび島流し, 天下の動き〔ほか〕
内容 西郷さんは、愛情ゆたかな人でした。鹿児島の青年たちや、奄美大島の農民たちから、ふかくしたわれたのも、そのためでした。まがったことはだいきらいで、うつくしい心の人だったのです。けれども、政治というのは、うそをついたり、人をだましたりすることが、いくらでもおこなわれるような世界なのです。西郷さんは、そんな世界でくらすことに、がまんができませんでした。それで、とうとうさいごには、城山で戦死するようなことになってしまったのです。りっぱな心根の人であっただけに、かえって不幸になったのだともいえるでしょう。

『西郷隆盛—幕末・維新に活やくした英雄 江戸・明治時代』小井土繁まんが　小学館　1995.12　160p　19cm　(小学館版学習まんが—ドラえもん人物日本の歴史 第12巻)〈責任監修：村野守治, 児玉正志〉680円　Ⓘ4-09-230412-9

『新装世界の伝記 16 西郷隆盛』福田清人著　ぎょうせい　1995.2　312p　20cm　1600円　Ⓘ4-324-04393-0

『西郷隆盛—明治維新の指導者』下中弥三郎作　岩崎書店　1989.12　209p　22cm　(岩崎少年文庫 28)　980円　Ⓘ4-265-92928-1
目次 大目玉の吉, 農民の味方, 西郷はわが藩の宝, 安政の大獄はじまる, さすがの隆盛とほうにくれる, 月照の最後, 土中の死骨—菊池源吾, 島で聞く桜田門の変, 他人のしりぬぐいなどまっぴら, 平野さん、こんどはあんたと死ぬ番, 久光いかる—罪なき配所の月,

寺田屋事件〔ほか〕
内容 江戸時代末期、薩摩の貧しい武士の家に生まれた西郷隆盛は、若いころに悲惨な農民の生活をみて心を痛めます。その後、尊皇攘夷の影響をうけ、幕府改革運動にのりだした隆盛は、さまざまな困難をのりこえ、薩長連合を成立。大政奉還・倒幕を果し、勝海舟と会見して官軍を江戸城に無血入城させます。明治新政府では廃藩置県、軍制の改革などを断行しますが、外交の問題で対立し帰郷。隆盛は鹿児島で私学校を設置し、青年の教育にあたりますが、政府に反乱して西南戦争をおこし、戦死。50歳を目前にその生涯をとじました。西郷隆盛の波乱に富んだ生涯をいきいきと描いた、小・中学生向き感動篇。

『西郷隆盛―明治維新をなしとげた指導者』蔵持重裕立案・構成，柳川創造シナリオ，古城武司漫画　集英社　1989.11　141p　23cm　（集英社版・学習漫画―日本の伝記）700円　①4-08-241017-1
目次 第1章 薩摩の下級士族，第2章 名君斉彬とともに，第3章 苦難の日日，第4章 維新をめざして，第5章 ゆれる新政府，第6章 西南戦争
内容 西郷さんは、薩長同盟、王政復古、戊辰戦争などで活躍、明治維新の指導者として慕われました。

『西郷隆盛』こばやし将まんが　くもん出版　1989.11　119p　20cm　（くもんのおもしろ大研究―おもしろ人物伝）〈監修：鳥海靖〉600円　①4-87576-451-0
目次 第1部 幕末の風雲（南国のふたつの巨星，孤島の西郷，明治新政府の誕生），第2部 西南の反乱（近代日本の夜明け，西南の風雲），おもしろ研究（西郷を生んだ南国・薩摩，ペリーと倒幕のもりあがり，日本の内戦・戊辰戦争）

『西郷隆盛―明治維新を生きた男』砂田弘著，鴇田幹絵　講談社　1989.11　245p　21cm　780円　①4-06-204502-8
目次 わかき日の西郷，島の英雄，ゆれうごく日本，日本の夜明け，西郷は死なず
内容 協力して明治維新をなしとげた西郷と大久保。ともにおくった少年時代から西南戦争まで、ふたりの生涯を描く。

『西郷隆盛と大久保利通』千葉幹夫著，高田勲絵　ポプラ社　1989.11　158p　22cm　（テレドラマシリーズ 5）810円　①4-591-03356-2
目次 黒船がきた江戸へ，開国でおおさわぎの江戸，お庭方としてかつやくする，吉之助、天下に名をしられる，のろいの丑の刻まいり，大じしんと斉彬の決心，薩摩にもどった吉之助，京都でかつやくする吉之助，斉彬の死と、おわれる吉之助，大島にながされた吉之助，吉之助、島からもどる，また島流しになった吉之助，薩摩と長州のあらそい，長州征討，吉之助、勝海舟とあう，薩摩と長州が手をむすぶ，ついに幕府たおれる，鳥羽・伏見のたたかい，あたらしい国をつくる，版籍奉還と鹿児島の西郷，大久保、西郷を東京につれだす，この西郷がおります，大久保たち、外国へ，わからずやの政府にいることはできない，ふまんが国じゅうにひろがる，西郷、ついにたちあがる，大久保のさいご
内容 薩摩の下級武士の子としてうまれながら、すぐれた頭脳と、やさしさ、そしてひとをひきつける人間性で、日本の歴史をうごかした西郷隆盛。その西郷を兄と思い、ともにかつやくした大久保利通。新しい日本をきずくため命をかけた隆盛と利通のものがたり。

『西郷隆盛―維新の巨星』木暮正夫著，高田勲画　ポプラ社　1989.10　222p　18cm　（ポプラ社文庫）470円　①4-591-03352-X
目次 1 お由羅騒動と斉彬のお国入り，2「西郷とよんでくれ」，3 斉彬、まさかの急死，4 一蔵の久光接近作戦，5 吉之助、久光をおこらせる，6 赦免状のとどく日，7 竜馬、登場，8 薩長の同盟，9 "菊"は栄えて"葵"は枯れて…，10 雨の田原坂から城山へ
内容 近代日本の夜明け、明治維新に活躍した西郷隆盛の愛と波瀾にみちた生涯とは―。おさななじみの大久保利通とともに、新しい日本を築くため、せいいっぱい生き、ついに城山にひとり散った悲劇の英雄、維新の巨星の物語。小学中級以上。

『西郷隆盛』一色次郎著，中沢正人絵

あかね書房　1989.9　237p　18cm　（あかね文庫）480円　①4-251-10040-9

目次 血染めの肌着, 島津斉彬の急死, ああ、薩摩潟！, 島の西郷さん, 元治慶応、葵は枯れる, 西南戦争

内容 主人公「西郷隆盛」が西南戦争で、悲劇の最後をとげるまでの波乱にみちた生涯を描いた感動編。

『西郷隆盛—「天を敬い、人を愛す」細心・大胆の人』 童門冬二著，吉崎正巳画　新学社・全家研　1989.6　213p　22cm　（少年少女こころの伝記 17）1340円

『西郷隆盛—明治維新の功労者』 福田清人著　講談社　1982.4　189p　18cm　（講談社火の鳥伝記文庫）390円　①4-06-147526-6

◆◆杉原 千畝

『6000にんのいのちをすくえ』 こわせ・たまみ文，宮本忠夫絵　チャイルド本社　2005.1　29cm　25cm　（感動ノンフィクション絵本 10）571円　①4-8054-2573-3　Ⓝ289.1

『杉原千畝—命のビザにたくした願い』 酒寄雅志監修，小西聖一著　理論社　2004.3　109p　25cm　（NHKにんげん日本史）〈年譜あり　年表あり〉1800円　①4-652-01470-8　Ⓝ289.1

目次 第1章 戦争の時代（二〇世紀の幕開け, 最初の世界戦争 ほか）, 第2章 満州の地で（ロシア語—新たな挑戦, 平和をめざす世界 ほか）, 第3章 カウナスでのできごと（世界をおおう黒い雲, ナチスドイツ、第二次世界大戦、ユダヤ人 ほか）, 第4章 戦争が終わって（これまでにない痛手, 平和の誓い、ふたたび ほか）

『杉原千畝物語—命のビザをありがとう』 杉原幸子, 杉原弘樹著　金の星社　2003.6　198p　18cm　（フォア文庫）600円　①4-323-09027-7　Ⓝ289.1

目次 1 ヨーロッパへの旅だち,2 リトアニアの日本領事,3 ユダヤ人難民の群れ,4 外務省の命令にそむいて,5 ユダヤ人の命のビザ,6 「ありがとう、スギハラ！」,7 大戦下のヨーロッパで,8 ブカレストの日び,9 やぶれた国の外交官,10 日本への長い旅,11 わたしたちは忘れない

内容 杉原千畝は、一九三九年、第二次世界大戦のさなか、リトアニアの日本領事館の領事代理になりました。千畝は迫害されたユダヤ人を救うため、外務省の命令にそむいて、自分の意志で日本通過のビザを発給しつづけ、六千人のユダヤ人の命を救ったのです。心の命令にしたがった外交官杉原千畝の生涯。愛と感動のノンフィクション。

『杉原千畝—六千人の命を救った外交官』 渡辺勝正監修，あべさよりまんが，稲垣収シナリオ　小学館　2001.12　159p　23cm　（小学館版学習まんが人物館）〈肖像あり　年譜あり〉850円　①4-09-270113-6

目次 序章 命を救うビザ, 第1章 海の向こうの国へ, 第2章 若き外交官, 第3章 命をかけた決心, 第4章 28年ぶりの再会

◆◆東郷 平八郎

『東郷平八郎—日本艦隊はなぜロシア艦隊に勝ったか』 上原卓著　明治図書出版　1997.12　114p　19cm　（教科書が教えない歴史人物の生き方 幕末・明治編 no.4　自由主義史観研究会編）〈年譜あり　文献あり〉1048円　①4-18-461410-8

『東郷平八郎』 手島悠介文，阿部肇絵　舞阪町（静岡県）ひくまの出版　1991.4　77p　22cm　（新しい日本の伝記 6）1300円　①4-89317-155-0

内容 大国ロシアの艦隊をやぶった日本の海の英雄、東郷平八郎ものがたり。親と子の歴史散歩付。小学校中級以上向。

◆◆新渡戸 稲造

『新渡戸稲造—世界平和につくした教育者』 三上修平シナリオ，宮田淳一漫画　第2版　集英社　1989.9　141p　21cm　（学習漫画 世界の伝記）700円　①4-08-240016-8

目次 新渡戸家の人びと, わんぱく稲之助, 学問の道, 苦しみの中で, アメリカへ, メリーと

の出会い, 日本人の心, 教育者として, 平和への願い
内容 新渡戸稲造は、明治から大正時代にかけてかつやくした教育者です。またそのあいだ、世界の舞台にはばたき、国際人としてのさきがけとなりました。21歳のとき稲造は、「太平洋の橋になりたい。」といっています。そのことばどおり、37歳のとき稲造は「武士道」という本を書き、西洋の国ぐにに日本を紹介しました。また教育界で指導的役割をはたした後、国際連盟事務局次長をつとめました。

『太平洋にかけた平和の橋―世界のために働いた新渡戸稲造』吉田比砂子作, 杵淵やすお絵　佼成出版社　1986.10　163p　23cm　（ノンフィクション・シリーズ―かがやく心）1200円　Ⓘ4-333-01241-4
目次 小さなさむらい, あこがれの東京へ, いいわけは、しない, えらい人って？, 目がいたい、頭がいたい, お母さま！, メリーさんに会う, 稲造とみなしご, 愛のちかい, ニトベ先生、大すき, 『武士道』, 世界のニトベ, おわりの日びに
内容 世界の平和を願い、世界の国ぐにと日本のかけ橋の役をはたした新渡戸稲造（五千円札の肖像）。その情熱と努力の姿を感動的に描きます。

『新渡戸稲造―太平洋のかけ橋』斉藤栄一漫画　学習研究社　1985.3　125p　23cm　（学研まんが・伝記シリーズ）〈監修：新渡戸憲之〉680円　Ⓘ4-05-101642-0

『新渡戸稲造―太平洋のかけ橋』保永貞夫著　講談社　1984.2　213p　18cm　（講談社火の鳥伝記文庫）390円　Ⓘ4-06-147547-9

未知の世界を切り開いた人びと
―探検家・冒険家

『確かに生きる―10代へのメッセージ』野口健著　名古屋　クリタ舎　2007.7　236p　20cm〈発売：ごま書房〉1500円　Ⓘ978-4-341-17226-8　Ⓝ289.1
内容 これぞノグチイズムだっ。いじめはなくならない。もともと平等なんてない。それなら、どう動くか？ アルピニスト野口健が伝えたい一番たいせつな話。

『あきらめないこと、それが冒険だ―エベレストに登るのも冒険、ゴミ拾いも冒険！』野口健著　学習研究社　2006.6　119p　22cm　（ヒューマン・ノンフィクション）1200円　Ⓘ4-05-202536-9　Ⓝ786.1
目次 1 父の言葉,2 落ちこぼれ,3 ぼくの進む道はこれだ！,4 モンブランとキリマンジャロ,5 五大陸最高峰登頂をめざして,6 世界一登るのがむずかしい山,7 次は清掃登山に挑戦だ,8 もうゴミがない！
内容 一九九九年に世界7大陸最高峰の登頂という冒険に成功した野口健さん。そのときエベレストに、大量のゴミが捨てられていることを知った。そしてその多くが日本の登山隊のゴミだった。「日本は経済は一流だけど、マナーは三流だね。」そこから地球を守るという野口さんの次の冒険が始まったのだ。

『アラスカのほし』谷真介文, 篠崎三朗絵　チャイルド本社　2004.12　28p　25cm　（感動ノンフィクション絵本 9）571円　Ⓘ4-8054-2572-5　Ⓝ289.1

『夢、一直線』吉村作治著　講談社　2003.4　142p　20cm　（ヒューマンbooks）〈年表あり〉950円　Ⓘ4-06-271355-1　Ⓝ289.1

『小さな反逆者』C.W.ニコル作, 鈴木晶訳　福音館書店　2002.6　315p　17cm　（福音館文庫）700円　Ⓘ4-8340-1823-7
目次 黒いカーテン, 墓掘りのおじいさん, ブタとおんなじ, アナウサギ, ペグおばさんのカエル, ポリーおばさん,「トマスさん」, 小馬, チャーリイ, プリンス, 二つのクリスマス, ワラビの隠れ家, 花のコレクション, カワウソ, ウナギと狙撃手
内容 冒険家・ナチュラリストとして知られ

るC・W・ニコルの、三歳から十三歳に至る回想記。自然や動物が大好きで夢見がちの少年は、異端者扱いといじめの中で、自らを「反逆者」としてきたえていきます。ちくちくと痛くせつなく、しかし比類なく美しい子ども時代の一つが、ここに書きとめられました。小学校上級以上。

『明日はどの道を行こう―インディアン少女サカジャウィア物語』 ジュディス・セントジョージ著，杉本恵理子訳　グリーンアロー出版社　2000.8　164p　20cm　1400円　①4-7663-3308-X

『野口健―最高峰でつかんだ未来』 綾野まさる著　旺文社　2000.5　143p　20cm　（素顔の勇者たち）〈肖像あり　年譜あり〉1000円　①4-01-072493-5

目次 男は、ケ、ジ、メだ！，エジプトの青い空，“落ちこぼれ”のレッテル，はじめての旅，勇気をくれた“1冊の本”，ぼくには山しかない，夢にまで見たモンブラン，たいせつなものをくれたシェルパたち，たったひとりのマッキンリー，植村さん、ありがとう，山頂まで、あと48メートル

内容 もう落ちこぼれじゃない！7大陸のてっぺんにのぼりつめた男の物語。勇気と力が出てくる本。

『アメリカの空へ―大探検を助けた少女、サカジャウェア』 ケネス・トーマスマ著，西江雅之監修，加原奈穂子訳　武蔵野　出窓社　2000.2　221p　20cm　1524円　①4-931178-29-4

目次 レミ・ショショニ族からのメッセージ，プロローグ，舞台設定，探検日誌（フォート・マンダンでの出会い，ミズーリ川の上流へ，病とのたたかい，グレートフォールズを越えて ほか），エピローグ

内容 1805年春、16歳の少女は、生まれたばかりの赤ん坊を背負い、史上名高いルイスとクラーク探検隊の一員として、壮大な旅に出発しました。それは、ミズーリ川の源流を遡り、ロッキー山脈を越え、太平洋へと向かう21か月にも及ぶ苦難の旅でした。そして、この大探検の成功に、サカジャウェアは計り知れない貢献をしたのです。

『リンドバーグ』 今西祐行文，徳田秀雄絵　チャイルド本社　1998.11　30p　25cm　（こども伝記ものがたり2 絵本版 8　西本鶏介責任編集）〈年譜あり〉581円　①4-8054-2163-0

内容 「パリだ。あれがパリの灯だ。―ありがとう、セントルイス号、セントルイスの仲間たち、そして、お父さん。とうとう、パリに着きました。」世界初の大西洋無着陸単独横断飛行をなしとげたリンドバーグ。はげしい嵐、寒さ、おそいかかる眠気と闘いながら飛んだ冒険飛行をドラマチックに描く物語です。

『「弥生の村」を探しつづけた男―工藤正と垂柳遺跡』 鈴木喜代春著　あすなろ書房　1996.9　205p　21cm　1545円　①4-7515-1235-8

目次 貫頭衣をまとい、田おこし，「津軽新報」のねがい，弥生の米づくりの村，「はなどり」をする正，かけらを拾う正，田植えを手伝う正，「おら、米ばつくりたい」，「足のわるいことは罪でも悪でもない」，ここは弥生の村だ，田舎館式土器と伊東信雄先生〔ほか〕

内容 「東北地方の古代にも稲作文化があった」という仮説のもと、出身地・田舎館村（青森県南津軽地区）の垂柳遺跡で、それを実証した在野の考古学者、工藤正の苦難の生涯をたどる物語。

『猫と海賊』 なだいなだ著，小幡堅絵　偕成社　1995.5　237p　22cm　1200円　①4-03-643030-0

内容 小笠原諸島発見。猫が語る歴史物語。延宝三年（一六七五年）船頭、嶋谷市左衛門たちは江戸幕府から無人島探検の命令を下される。中国式の帆船ジャンクに乗った一行はみごと今の小笠原諸島を発見。探検をし、地図を書いた。知られざる歴史的事実をふまえた壮大な物語。

『雪にあこがれて南極へ―女性初の日本南極観測隊員・森永由紀さんの記録』 島田治子文，タカタケンジ絵　偕成社　1995.1　174p　22cm　（わたしのノンフィクション 32）1200円　①4-03-634600-8

目次 1 南極へ出発！,2 「雪のことが知りたい」,3 女性初の日本南極観測隊員に,4 「お風呂事件」,5 「しらせ」での観測,6 オーローラが見えた！,7 ペンギンのお出迎え,8 ついに南極大陸に立つ,9 みずほ基地への旅,10 無人気象観測器のとりつけに成功

内容 幼いころから雪が大好きで、とうとう、雪と氷と気候についての研究者となった森永由紀さん。観測のためヒマラヤへ、女性初の日本観測隊員として南極へ、そして、チベットへ—。おっちょこちょいで、失敗もするけれど、けっしてくじけない彼女の足跡を追うとともに、いま、話題の環境問題、オゾンホールや地球温暖化についても、やさしく語る本です。小学校中級以上向き。

『日本をあるいた四千万歩—世界の探検冒険』近野十志夫編著　小峰書店　1994.8　127p　22cm　（こどもノンフィクション 4）1280円　Ⓘ4-338-11804-0

『王家の谷とファラオの呪い—世界の遺跡のなぞ』近野十志夫編著　小峰書店　1994.7　127p　22cm　（こどもノンフィクション 2）1280円　Ⓘ4-338-11802-4

目次 王家の谷とファラオの呪い—ツタンカーメン王のはかを発見したハワード・カーター,トロイにあこがれた少年の夢—伝説の遺跡を発掘したハインリヒ・シュリーマン,動くさばくの湖ロプ・ノール—ローランの遺跡を発見したスウェン・ヘディン,日本を愛した偉大な学者—大森貝塚を発見したエドワード・モース,さばくの巨大図のなぞ—ナスカ地上絵の保護につくしたマリア・ライヘ

『人物大探検』藤子・F・不二雄著　小学館　1994.3　127p　23cm　（ドラえもんふしぎ探検シリーズ 11）880円　Ⓘ4-09-296521-4

目次 極点をめざして—アムンゼンとスコット,南極大陸にいどんだ日本人 白瀬矗,西洋に日本を紹介したマルコ・ポーロ,ツェッペリンとリンドバーグ,世界にほこる冒険家植村直己,砂漠の王国を発見した探検家ヘディン,宇宙飛行士毛利衛,月への第1歩アームストロング船長〔ほか〕

内容 ドラえもんと、歴史に残る人物たちを大探検。世界と日本の大天才はこれだ。

『西堀栄三郎ものがたり』西堀栄三郎記念探検の殿堂編，樋口正博文，日向山寿十郎絵　湖東町（滋賀県）滋賀県湖東町〔1994〕31p　25cm

『さんちゃんのピラミッド—古代エジプトに夢をかけた考古学者』吉村作治文，瀬野丘太郎画　学習研究社　1993.7　135p　22cm　（学研のノンフィクション）1100円　Ⓘ4-05-200173-7

目次 カイロの朝,三千年つづいた古代エジプト文明,より道,いじめられっ子図書室でカーターに会う,はじめての発掘,ぼくの家族,浪人生の出会った皿,混乱のなかからの出発,古代エジプトの歴史,エジプトへ行きたい,バスに乗れたら一人前のカイロっ子,さいしょの収穫は、ただの石ころ,村人とのふれあい,新王国時代の都テーベ,生者の町と死者の町,墓どろぼうとのちえくらべ,ロゼッタ・ストーンの発見,日本はなぜ協力しなかったのですか,ついに発掘がはじまる,人夫希望者が五百人,神のいかりをまねいた？大発見,よろこびと悲しみと,新しい発掘技術の開発,困難にも、めげずくじけず,古代エジプト史年表

内容 小学生のころ、いじめられっ子だったさんちゃんは、学校の図書室へとじこもりがちだった。本好きになったさんちゃんは、そこでツタンカーメンの墓を発掘した、カーターの伝記に出会った。「エジプトへ行きたい。」さんちゃんの夢がふくらんだ。小学中級から。

『大自然にいどんだ冒険』金の星社　1991.3　127p　22cm　（まんが世界のノンフィクション 2）〈監修：長沢和俊〉980円　Ⓘ4-323-01602-6

目次 世界の山と極地にいどんだ植村直己—極限にかけた青春,いかだで南太平洋を漂流したハイエルダール—古代のなぞを追って南の島へ,アジアまで旅行したマルコ・ポーロ—中国へのはるかなる道,アクアラングで海にもぐったクストー—海底の神秘にいどむ,アマゾン川を初めて下ったオレラーナ—秘境をこえて大河をゆく,冒険を待つ地球

内容 いかだで南太平洋を漂流したハイエルダールの話など、5つの冒険を収録。小学校

4・5・6年生むき。

『未知の世界を開いた探検』 金の星社 1991.3 127p 22cm (まんが世界のノンフィクション 1)〈監修：長沢和俊〉980円 ①4-323-01601-8

目次 コロンブスの新大陸発見—大西洋にかけたゆめ, マゼランの世界一周—はるかな海原をこえて, 間宮林蔵のカラフト探検—なぞの海峡をさぐれ, スコットとアムンゼンの南極探険—南極点をめざして, ヘディンの中央アジア探検—魔の砂漠タクラマカン, 探検で開かれた世界

内容 新大陸を発見したコロンブスの話など、世界地図をかえた5つの探検を収録。小学校4・5・6年生むき。

『エヴェレストをめざして』 ジョン・ハント作, 松方三郎訳 岩波書店 1989.4 186p 18cm (岩波少年文庫)〈第26刷改版(第1刷：1954年)〉510円 ①4-00-113022-X

内容 1953年5月、世界最高峰のエヴェレスト(チョモランマ)は、ついに人類の足跡をしるした。長年にわたる入念な踏査と周到な準備、国境を越えた人びとの友情と団結の力、チャレンジ精神—この隊をひきいたイギリス遠征隊の隊長みずからが若い人たちに語る感動的な冒険物語。

『歴史をかえた15人の冒険者たち』 山主敏子作, アオシマチュウジ絵 ポプラ社 1989.1 189p 18cm (ポプラ社文庫) 450円 ①4-591-02899-2

目次 コロンブスの新大陸発見, 全日本地図をつくった伊能忠敬, 漂流して西欧文化をつたえた中浜万次郎, アフリカの父、リビングストン, ガラパゴス島のダーウィン, マッターホルンを征服したウィンパー, 北極探検にいどんだナンセン, 南極点一番のりに成功したアムンゼン, 中央アジアのなぞに挑戦したヘディン, リンドバーグの大西洋横断無着陸飛行, 高空と深海に挑戦したピカール, ハイエルダールのコンチキ号航海, ガガーリン、世界最初の宇宙飛行, 宇宙船アポロ11号の月面着陸, 冒険に生涯を賭けた植村直己

内容 むかしから人びとは、常に未知の世界に挑戦してきました。海へ、山へ、空へ、そして極地や宇宙などへ…。夢の実現を願って活躍した冒険者たちの輝かしい業績を、ドラマチックに描いています。

『まぼろしの難波宮—山根徳太郎物語』 浜田けい子文, 依光隆絵 講談社 1987.6 269p 22cm 1200円 ①4-06-203269-4

目次 女学校の新米先生, あみだ池のふしぎな話, 古代の瓦が二枚, りっぱな協力者たち, 感動の出土品“鴟尾！”, なぞにつつまれる上町台地, 徳太郎の地図, 発掘はじまる, すばらしい発見, やはり難波宮が, 発見された古代の火事あと, 大極殿跡見つかる, 難波宮は永遠に

内容 古代、摂津の難波(現在の大阪市)に宮殿があった—日本最古の歴史書に名をあげられながら、それは、たんなる言い伝えとしかうけとめられていなかった。そのため、難波宮はまさにまぼろしの宮であった。二枚の瓦の出土がてがかりになって、1200年の間、土中深くねむっていた古代都市、難波宮の所在が明らかになった…。このまぼろしの難波宮の発掘に成功したのが、山根徳太郎である。歴史がぐんぐんおもしろくなる感動の物語！

『はるかなり モヨロの里—貝塚に魅せられた米村喜男衛の一生』 吉樹朔生作, 高田勲絵 くもん出版 1987.4 173p 21cm (くもんのノンフィクション・愛のシリーズ 13) 1100円 ①4-87576-236-4

目次 序章 まぼろしを見る人, ひとりぼっちの修業時代, 幸運と熱中の日び, 郷土の発展をねがって, 戦争とモヨロ貝塚, モヨロのチャチャ

内容 アイヌ民族を研究するため、北海道にわたった米村喜男衛は、網走の地で、おもいもかけぬ貝塚を発見した。かつて北のはての地に、まぼろしの民がすんでいたことのあかしを見つけたのだった。その後、貝塚とまぼろしの民に、“モヨロ”と名づけた喜男衛は、家業の理髪店をいとなみながら、郷土博物館をたて、この文化遺産をまもるため、弧軍奮闘したのだった。

『夢をもとめた人びと 2 探検・冒険』

玉川学園編　町田　玉川大学出版部　1987.3　126p　22cm　1200円　Ⓘ4-472-05581-3

目次 ゆめと冒険にいどんだ人―植村直己, つかれを知らない二人の山男―ヒラリー、テンジン, つばさへのゆめ―リンドバーグ, だれも行ったことのない土地へ―アムンゼン, めざせ！南極を―白瀬矗, トロヤの城をほりだす―シュリーマン, アフリカ大陸の探検―リビングストン, 大陸へ向けて北へ北へ―間宮林蔵, 日本地図をはじめて作った人―伊能忠敬, 太平洋への道をさがして―マゼラン, 見知らぬ大地へ―コロンブス, あこがれの東洋への旅―マルコ・ポーロ

内容 今は、わたしたちがすんでいる地球は、どうなっているか、だいたいわかってきています。でも、アメリカ大陸が発見される500年ぐらい前は、ほんとうに地球がまるいのかさえもわかっていませんでした。人びとは人間をよせつけない、まだだれも行ったことのない土地をもとめて歩きつづけました。なんとすばらしい人間たちだったでしょう。この本には、未来に夢をもって生き、探検し冒険したそのすばらしい人間たちの話があつめてあります。

『冒険者たちの世界史―ラルース版・劇画 23　南極大陸死の踏破―スコットとアムンゼン・バード提督』ミシェル・ド・フランス編集, 榊原晃三訳　タイムライフブックス　1983.11　48p　30cm〈日本語版監修：林健太郎〉1200円　Ⓘ4-8275-1191-8

『冒険者たちの世界史―ラルース版・劇画 22　北極点の征服者―ナンセン・ピアリー』ミシェル・ド・フランス編集, 榊原晃三訳　タイムライフブックス　1983.11　48p　30cm〈日本語版監修：林健太郎〉1200円　Ⓘ4-8275-1190-X

『冒険者たちの世界史―ラルース版・劇画 19　アメリカ大陸横断―ルイスとクラーク・西部の開拓者たち』ミシェル・ド・フランス編集, 榊原晃三訳　タイムライフブックス　1983.11　48p　30cm〈日本語版監修：林健太郎〉1200円　Ⓘ4-8275-1187-X

『冒険者たちの世界史―ラルース版・劇画 17　アフリカ奥地探検―リビングストン・スタンレー』ミシェル・ド・フランス編集, 榊原晃三訳　タイムライフブックス　1983.11　48p　30cm〈日本語版監修：林健太郎〉1200円

『冒険者たちの世界史―ラルース版・劇画 24　高山、深海、そして宇宙へ―ヒラリーとピカール・宇宙飛行士たち』ミシェル・ド・フランス編集, 榊原晃三訳　タイムライフブックス　1983.10　48p　30cm〈日本語版監修：林健太郎〉1200円　Ⓘ4-8275-1192-6

『冒険者たちの世界史―ラルース版・劇画 20　世界一周博物紀行―ダーウィン・砂漠の大陸の挑戦者』ミシェル・ド・フランス編集, 榊原晃三訳　タイムライフブックス　1983.10　48p　30cm〈日本語版監修：林健太郎〉1200円　Ⓘ4-8275-1188-8

『冒険者たちの世界史―ラルース版・劇画 11　ミシシッピ川をくだる―ハドソンとバレンツ, ラ・サール』ミシェル・ド・フランス編集, 榊原晃三訳　タイムライフブックス　1983.10　48p　30cm〈日本語版監修：林健太郎〉1200円　Ⓘ4-8275-1179-9

『冒険者たちの世界史―ラルース版・劇画 8　秘境アマゾン―オレリャーナ・スターデン』ミシェル・ド・フランス編集, 榊原晃三訳　タイムライフブックス　1983.10　48p　30cm〈日本語版監修：林健太郎〉1200円　Ⓘ4-8275-1176-4

『冒険者たちの世界史―ラルース版・劇画 21　ヒマラヤをこえて―アルト・ヘディン』ミシェル・ド・フランス編集, 榊原晃三訳　タイムライフブックス　1983.9　48p　30cm〈日本語版監修：林健太郎〉1200円　Ⓘ4-8275-1189-6

『冒険者たちの世界史―ラルース版・劇画 18　ナイルの源流を求めて―スタンレー・古代ローマ軍の探検家たち』ミ

シェル・ド・フランス編集，榊原晃三訳　タイムライフブックス　1983.9　48p　30cm〈日本語版監修：林健太郎〉1200円　①4-8275-1186-1

『冒険者たちの世界史―ラルース版・劇画 13　オーストラリアの発見―タスマン・ダンピア』ミシェル・ド・フランス編集，榊原晃三訳　タイムライフブックス　1983.9　48p　30cm〈日本語版監修：林健太郎〉1200円　①4-8275-1181-0

『冒険者たちの世界史―ラルース版・劇画 7　インカ帝国の最期―ピサロ・バルディビア』ミシェル・ド・フランス編集，榊原晃三訳　タイムライフブックス　1983.9　48p　30cm〈日本語版監修：林健太郎〉1200円　①4-8275-1175-6

『冒険者たちの世界史―ラルース版・劇画 16　まぼろしの都トンブクツ―マンゴ・パーク,カイエとバルト』ミシェル・ド・フランス編集，榊原晃三訳　タイムライフブックス　1983.8　48p　30cm〈日本語版監修：林健太郎〉1200円　①4-8275-1184-5

『冒険者たちの世界史―ラルース版・劇画 10　新大陸開拓のあけぼの―カルティエ・ローリー』ミシェル・ド・フランス編集，榊原晃三訳　タイムライフブックス　1983.8　48p　30cm〈日本語版監修：林健太郎〉1200円　①4-8275-1178-0

『冒険者たちの世界史―ラルース版・劇画 6　アズテクの黄金―コルテス,デ・ソト』ミシェル・ド・フランス編集，榊原晃三訳　タイムライフブックス　1983.8　48p　30cm〈日本語版監修：林健太郎〉1200円　①4-8275-1174-8

『冒険者たちの世界史―ラルース版・劇画 3　東方見聞の旅―マルコ・ポーロ,イブン・バツータ』ミシェル・ド・フランス編集，榊原晃三訳　タイムライフブックス　1983.8　48p　30cm〈日本語版監修：林健太郎〉1200円　①4-8275-1171-3

『冒険者たちの世界史―ラルース版・劇画 15　バウンティ号の反乱―ブライ船長と水夫たち・デジネフ』ミシェル・ド・フランス編集，榊原晃三訳　タイムライフブックス　1983.7　48p　30cm〈日本語版監修：林健太郎〉1200円　①4-8275-1183-7

『冒険者たちの世界史―ラルース版・劇画 12　七つの海の海賊船―ドレーク船長・メンダナとキロス』ミシェル・ド・フランス編集，榊原晃三訳　タイムライフブックス　1983.7　48p　30cm〈日本語版監修：林健太郎〉1200円　①4-8275-1180-2

『冒険者たちの世界史―ラルース版・劇画 5　香辛料の国インドをめざす―バスコ・ダ・ガマ,アルブケルケ』ミシェル・ド・フランス編集，榊原晃三訳　タイムライフブックス　1983.7　48p　30cm〈日本語版監修：林健太郎〉1200円　①4-8275-1173-X

『冒険者たちの世界史―ラルース版・劇画 2　バイキングの英雄たち―アスコルド・赤毛のエリク』ミシェル・ド・フランス編集，榊原晃三訳　タイムライフブックス　1983.7　48p　30cm〈日本語版監修：林健太郎〉1200円　①4-8275-1170-5

『冒険者たちの世界史―ラルース版・劇画 14　太平洋の冒険者―クック船長,ラ・ペルーズ』ミシェル・ド・フランス編集，榊原晃三訳　タイムライフブックス　1983.6　48p　30cm〈日本語版監修：林健太郎〉1000円　①4-8275-1182-9

『冒険者たちの世界史―ラルース版・劇画 9　最初の世界一周―マジェラン・ザビエル』ミシェル・ド・フランス編集，榊原晃三訳　タイムライフブックス　1983.6　48p　30cm〈日本語版監修：林健太郎〉1000円　①4-8275-1177-2

『冒険者たちの世界史―ラルース版・劇画

4 アメリカ大陸発見―コロンブス・バルボア』ミシェル・ド・フランス編集，榊原晃三訳 タイムライフブックス 1983.6 48p 30cm〈日本語版監修：林健太郎〉1000円 ①4-8275-1172-1

『冒険者たちの世界史―ラルース版・劇画 1 古代の冒険王―オデュッセウス・アレクサンドロス大王』ミシェル・ド・フランス編集，榊原晃三訳 タイムライフブックス 1983.6 48p 30cm〈日本語版監修：林健太郎〉1000円 ①4-8275-1169-1

『少年少女世界伝記全集―国際版 第20巻 シューベルト，ヘディン』小学館 1982.6 133p 28cm 1350円

◆◆アムンゼン

『新装世界の伝記 2 アムンゼン』永井萌二著 ぎょうせい 1995.2 285p 20cm 1600円 ①4-324-04379-5

『南極にいどむ―アムンセンとスコットの物語』堂本暁子文，木川秀雄絵 教育社 1988.6 141p 27cm 1600円 ①4-315-50681-8

内容 そこまでたどり着ければ、燃料も食糧も手に入る。スコット隊の運命は、すべてそこにかかっていた。だが…。この本は、「南極点」をきそったアムンセンとスコットというイギリスとノルウェーの探険家の物語です。ほんとうの探険とは何か。冒険にあこがれる子どもたちへ教育社がおくる探検絵本。

『伝記世界の偉人 15 アムンゼン』みやぞえ郁雄作画 中央公論社 1985.6 143p 23cm （中公コミックス）〈監修：永井道雄，手塚治虫〉750円 ①4-12-402503-3

『アムンゼン―北極南極の探検王』戸川幸夫著 講談社 1982.1 205p 18cm （講談社火の鳥伝記文庫）390円 ①4-06-147519-3

『少年少女世界伝記全集―国際版 第4巻 野口英世，アムンゼン』小学館 1981.2 133p 28cm 1350円

◆◆植村 直己

『この人を見よ！歴史をつくった人びと伝 3 植村直己』プロジェクト新・偉人伝著作・編集 ポプラ社 2009.3 143p 22cm〈文献あり 年表あり〉1200円 ①978-4-591-10725-6 Ⓝ280.8

『植村直己―エベレストから極点までをかけぬけた冒険家』本庄敬まんが，滝田よしひろシナリオ 小学館 1996.6 159p 23cm （小学館版学習まんが人物館）〈監修：中出水勲〉880円 ①4-09-270102-0

目次 第1章 ドングリ、山に登る，第2章 世界を歩く，第3章 エベレストに登る，第4章 ジャパニ・エスキモー，第5章 極地をかけぬける，第6章 北極点に立つ，第7章 はるかなる南極を夢見て

『植村直己―大自然にいどむ』長尾三郎著 講談社 1990.8 205p 18cm （講談社火の鳥伝記文庫 72）460円 ①4-06-147572-X

目次 1 日本人初のエベレスト登頂（友だちのぶんもがんばる，感激のなみだ ほか），2 牛飼いの少年（自然の中でそだつ，外国にいきたい ほか），3『ジャパニ＝エスキモー』（北極圏にいどむ，愛する人との結婚 ほか），4 北極点大遠征（世界でもっとも勇気のある男 ほか），5 夢をのこして（公子、いってくるよ，マッキンリーに死す ほか），植村直己の年表

内容 日本人による、はじめてのエベレスト登頂、世界の5大陸最高峰の征服、北極圏1万2000キロの単独犬ぞりの旅など、宇宙にロケットの飛ぶ時代に、ただひとり勇気をもって大自然にいどんだ、植村直己の感動のドキュメント。

『植村直己・地球冒険62万キロ』岡本文良作，高田勲画 金の星社 1990.2 220p 18cm （フォア文庫 C091）500円 ①4-323-01071-0

内容 モンブラン、エベレストなど五大陸の最高峰登頂をはたし、北極の氷原を犬ぞりで走りぬき…植村直己は、次つぎと新しい目標を求め、強い意志と壮絶な努力によっ

て、人間の限界に挑戦した。命をかけて少年のように夢を追いつづけた、ひとりの冒険家の足跡をたどり、その情熱と勇気を生き生きと描く、感動のノンフィクション。

『植村直己―たった一人の冒険者』 岩間芳樹著，平野恵理子挿絵　ブロンズ新社　1988.7　172p　22cm　（にんげんの物語）1300円

目次 どんぐり，アルプスをめざして，ゴジュンバ・カン2峰に立つ，五大陸最高峰単独登頂の夢，日本人初のエベレスト登頂，夢は、極地へ，公子というひと，北極点、そしてグリーンランド縦断，南極横断の夢は砕けて

『植村直己ものがたり―オーロラにかける』 さかいともみ作，青空風太郎絵　教育出版センター　1985.2　154p　22cm　（ジュニア・ノンフィクション）〈監修：西堀栄三郎〉980円　①4-7632-4120-6

◆◆コロンブス

『コロンブス―未知の世界へ船出した"冒険商人"』 青木康征監修，みやぞえ郁雄まんが，佐口賢作シナリオ　小学館　2008.9　159p　23cm　（小学館版学習まんが人物館）〈年譜あり〉900円　①978-4-09-270018-5　Ⓝ289.3

目次 序章 父から息子へ，第1章 ジェノバ育ちの航海士，第2章 リスボンでの再会，第3章 西の夢・足踏みの時代，第4章 インディアスへの航海，第5章 新大陸到達と栄光の日々，第6章 探検と混乱の日々，終章 大洋の提督から息子たちへ，学習資料館

内容 西へ…！黄金と栄誉のために。自分の夢を信じて、ついに新大陸へ到達した提督の航海と冒険の物語。

『コロンブス』 香山美子文，赤坂三好絵　ひさかたチャイルド　2006.3　31p　27cm　（伝記絵本ライブラリー）〈年譜あり〉1400円　①4-89325-665-3　Ⓝ289.3

内容 海が大好きで、船に憧れていた少年コロンブス。海を見つめるその瞳はいつもきらきらと輝いていました。「ぼくは大きくなったら絶対に行くんだ。この海の向こうに広がっているはずの豊かな国々へ！」新大陸アメリカを発見した勇者コロンブスの冒険を描いた物語。

『コロンブス』 香山美子文，赤坂三好絵　チャイルド本社　2001.7（4刷）30p　25cm　（こども伝記ものがたり 絵本版 4　西本鶏介責任編集）〈年譜あり〉581円　①4-8054-2352-8

『新装世界の伝記　15　コロンブス』 榊原晃三著　ぎょうせい　1995.2　285p　20cm　1600円　①4-324-04392-2

『コロンブス―空想の地図を信じたのだ』 平見修二著，村松雅一絵　リブリオ出版　1994.5　63p　27cm　（科学史のヒーローたち 第7巻）①4-89784-388-X,4-89784-381-2

『コロンブス』 谷真介文，ソラリーノ絵　小学館　1993.11　116p　21cm　（新訂版オールカラー世界の伝記 9）980円　①4-09-231113-3

『コロンブス・苦難の航海』 ジョン・ダイソン著，ピーター・クリストファー写真，柴田和雄訳　リブリオ出版　1993.4　63p　29cm　（検証シリーズ そのとき何が起きたかそのとき人びとはどうしたか 2）2884円　①4-89784-349-9

目次 第1章 コロンブスの航路をめぐる謎，第2章 「ジェノバ生まれの変人がまたもどってきた！」，第3章 「全員、甲板に集合せよ！」，第4章 はてなき海を越えて，第5章 コロンブスの命は、あと3日，第6章 「サンタ・マリア号が沈没していく！」，第7章 ニーニャ号が救助にかけつける，エピローグ コロンブスの亡霊とともに，はたしてコロンブスは秘密の海図をもっていたのでしょうか？

内容 遺跡や沈没船などを、科学的、考古学的に調査し、検証するシリーズ。実際の調査現場の様子だけではなく、当時の生活を少年や少女の目から描いています。この巻の物語の主人公は、船乗り見習いの少年ペドロです。

『コロンブス―歴史を変えた海の冒険者』 ナンシー・スマイラー・レビンソン著，橘高弓枝訳　偕成社　1992.10　205p

22cm　1800円　Ⓘ4-03-814130-6

『コロンブス―海の冒険者』加藤輝男著，佐野真隆絵　金の星社　1992.5　126p　22cm　1300円　Ⓘ4-323-01845-2

内容 いまから5百年以上むかし、ヨーロッパの人びとにとって、海のむこうは、なぞにみちた、おそろしいところでした。けれども、少年コロンブスは夢をいだきました。「ひろい海をわたり、黄金の国ジパングへいこう！」やがて、勇気ある船乗りとなったコロンブスは、小さな船で、大西洋を横断する冒険に出発しました。そして、新世界のとびらがひらかれたのです…。小学三・四年から。

『コロンブス物語』古田足日著　童心社　1990.6　234p　18cm　（フォア文庫）500円　Ⓘ4-494-02678-6

目次 インディオの町―白い神, 第1章 インディアスへの道, インディオの町―若い戦士, 第2章 コロンブスの波紋, インディオの町―海をうごく丘, 第3章 夢と黄金の都

内容 いまから500年まえ、スペインの港から大西洋へ船出した3せきの帆船。提督コロンブスの夢は、新大陸発見へひろがる。だが、彼の「発見」とはなんだったのか…。小学校高学年・中学向。

『コロンブス―新大陸を発見した探検家』竹村早雄シナリオ，渡部さとる漫画　第2版　集英社　1989.9　141p　21cm　（学習漫画 世界の伝記）700円　Ⓘ4-08-240018-4

目次 黄金の国ジパング, 兄弟のゆめ, ポルトガルへ, 世界はまるい, 悲しみの中で, イサベル女王のたすけ, アジアをめざして！, コロンブスのたまご, 不幸な最期

内容 コロンブスは、イタリアに生まれた偉大な探検家です。子どものころ学校にいけなかったコロンブスは、自分ひとりで地理を勉強しました。そして、西へ航海すれば、アジアに着けると信じるようになり、多くの困難を乗りこえて、ついに新大陸を発見しました。年をとってからは、めぐまれない生活をおくりましたが、歴史上で、もっとも意義ある発見をした探検家として、コロンブスの名は、いまでもたいへん有名です。

『コロンブス』保永貞夫著，依光隆画　講談社　1989.2　277p　22cm　（少年少女伝記文学館 6）1400円　Ⓘ4-06-194606-4

目次 1 大洋と船のゆめを追って,2 女王と海の流れ者,3 黄金と香料の国を求めて,4 天国と地獄とのあいだで,5 海の英雄の末路

内容 世界像もさだかでない500年前、ヨーロッパの西の果てから日本(ジパング)への航海をゆめみたコロンブス。あざわらいや非難にも負けず、未知の海原をわたって、ついに新世界を発見した海の英雄の波乱の生涯。

『コロンブス―アメリカ大陸を発見した冒険家』牧ひでを文，高橋信也絵　学習研究社　1985.11　67p　23cm　（学研アニメ伝記シリーズ）650円

『伝記世界の偉人　7　コロンブス』かたおか徹治作画　中央公論社　1985.2　143p　23cm　（中公コミックス）〈監修：永井道雄, 手塚治虫〉750円　Ⓘ4-12-402495-9

『世界の伝記―国際カラー版　第13巻　コロンブス』谷真介文，ソラリーノ絵　小学館　1983.7　116p　21cm　650円　Ⓘ4-09-231113-3

『コロンブス―新世界発見の大航海者』保永貞夫著　講談社　1981.11　229p　18cm　（講談社火の鳥伝記文庫）390円　Ⓘ4-06-147507-X

『少年少女世界伝記全集―国際版　第9巻　ベーブ・ルース, コロンブス』小学館　1981.7　133p　28cm　1350円

◆◆シュリーマン

『シュリーマン』香山美子文，草間俊行絵　チャイルド本社　2003.2（第4刷）30p　25cm　（こども伝記ものがたり2 絵本版 11　西本鶏介責任編集）〈年譜あり〉571円　Ⓘ4-8054-2422-2　Ⓝ289.3

内容 子どものとき、心動かされた本が、人生にどれほど大きな力を持つか、それを教えてくれたのが、ハインリヒ・シュリーマン

です。父からもらった一冊の本によって古代への夢をかきたてられ、生涯をかけてそれを追い求め、ついにはみずからの手で、すばらしい遺跡を掘り出すことになったのですから。この伝記物語は、発掘のための苦労話を書いたものではなく、子どもの頃の夢を育てあげた努力の物語です。シュリーマンは伝記を通じて、過去の時代への思いを、ほんとうに豊かに持っていました。そして自分の夢を、自分の努力で育て、実現していったところに、彼の偉大さがあります。

『夢を掘りあてた人―トロイアを発掘したシュリーマン』ヨハンナ・インゲ・フォン・ヴィーゼ作，大塚勇三訳　岩波書店　2001.10　314p　21cm　2500円　①4-00-110825-9

内容 考古学は、おもに発掘によって、ずっとむかしの遺跡や道具などを研究し、とおい人類の歴史や文化をあきらかにする学問ですが、この考古学がたいへんに進んだのは、十九世紀のことでした。そしてシュリーマンのトロイア発掘は、人をおどろかす大事件でした。神話とホメロスの世界をもとめてすすんだシュリーマンは、人類のすばらしい遺産である、こうした一世界への扉をおし開いたのでした。本書は、考古学者シュリーマンの業績をのべるものではなく、人間像をえがきだすのに力点をおいた伝奇小説である。

『シュリーマン―夢を発掘した人』佐藤一美著　講談社　1998.10　205p　18cm　（講談社火の鳥伝記文庫 107）〈肖像あり　年譜あり　文献あり〉590円　①4-06-149906-8

目次 1 少年の日の夢,2 まずしい青年時代,3 商人から大金持ちに,4 少年の日の夢をおいかけて,5 発掘はつづく,6 「トロイの宝物」はどこに？

内容 トロイ(トロイア)の都は、きっとどこかにある！少年時代に夢見た都をもとめ、まぼろしの遺跡を発掘。ついに輝く黄金の宝物を発見したシュリーマンの伝記。

『よみがえる黄金の宝』たかしよいち原作，吉川豊漫画　理論社　1991.8　108p　22cm　（まんが世界ふしぎ物語 6）950円　①4-652-01856-8

内容 ギリシア神話に出てくる古代王国トロイアやミケーネは、ほんとうにあった。少年のころ、そんな夢をえがきながら、おとなになって、ついにまぼろしの都の発掘にいどんだシュリーマン。かれは、どうやって黄金にかがやく、すばらしい宝物を掘り当て、まぼろしの都をさがし出したのでしょうか…。

『少年少女世界伝記全集―国際版　第6巻　アンデルセン，シュリーマン』小学館　1981.4　133p　28cm　1350円

◆◆マゼラン

『マゼラン』谷真介文，なかの・ひろたか絵　チャイルド本社　1998.9（3刷）30p　25cm　（こども伝記ものがたり2 絵本版 6　西本鶏介責任編集）〈年譜あり〉581円　①4-8054-2161-4

内容 「いかりをあげて、西へ進め！地球がまるいことを、この目でたしかめるんだ！」昔、人々が、海の果ては滝になっていると信じていた頃―。嵐にもまれ、飢えとたたかいながら、西をめざしたマゼラン隊。そしてとうとう、はじめて世界を一周し、地球がまるいことをたしかめたのです。

『マゼラン―世界一周はたのんだぞ』平見修二著，土屋ヒデル絵　リブリオ出版　1994.5　63p　27cm　（科学史のヒーローたち 第8巻）　①4-89784-389-8,4-89784-381-2

『少年少女世界伝記全集―国際版　第19巻　マゼラン，魯迅』小学館　1982.5　133p　28cm　1350円

◆◆間宮 林蔵

『間宮林蔵豆辞典―間宮林蔵へのぎもんに答えます』やまおかみつはる著　〔山形〕　藤庄印刷　2004.10　33p　15cm　（豆辞典シリーズ 2）200円　①4-944077-72-6　Ⓝ289.1

『間宮林蔵』筑波常治作，田代三善絵　国土社　1999.3　222p　22cm　（堂々日本人物史 戦国・幕末編 12）1200円　①4-337-21012-1

目次 世界に知られた探検家,"日本一の人になりたい",樺太は島か半島か,千島の負けいくさ,樺太へとばされる,第一回の探検,ふたたび樺太へ,海峡を発見する,原住民の村でくらす,シベリア大陸の奥地へ,なつかしい日本へ,とくいの絶頂,高橋景保とシーボルト,シーボルト事件,隠密になる

『「地図に残った人生」間宮林蔵―その数奇な運命』平柳益実作,こうのかなん絵 三友社出版 1995.6 142p 22cm (コミック巨人再発見 2) 1300円 Ⓘ4-88322-602-6

◆◆マルコ・ポーロ

『マルコ・ポーロ』ニック・マカーティ著,久松武宏訳 神戸 BL出版 2009.1 64p 26cm (ビジュアル版伝記シリーズ) 1800円 Ⓘ978-4-7764-0310-4

目次 1 ヴェネツィアの少年(商人の子,ニッコロとマッフェオ,よく学び、よく遊べ,ヴェネツィア,ポーロ兄弟、ヴェネツィアへ帰る),2 出航(ヴェネツィアの商人,フビライ・ハーンとの約束,東方見聞録,帆をあげよ),3 はるか東方への旅(旅路,たどった道のり,ホルムズへ,マルコ、病にたおれる,動く砂),4 フビライの特使(ハーンの宮殿,モンゴル,マルコ、スパイになる,ヴェネツィアへ,帰ってきた旅人,マルコの遺産)

『マルコ・ポーロ』木暮正夫文,清水耕蔵絵 ひさかたチャイルド 2006.11 31p 27cm (伝記絵本ライブラリー) 〈年譜あり〉 1400円 Ⓘ4-89325-669-6 Ⓝ289.3

内容 父とともに未知の世界、東洋を目指した少年マルコ。恐ろしい盗賊、険しい山々、砂漠の魔物…。すべての困難を乗り越えたマルコが、その旅の果てに見たものは…。遠く隔たった東洋と西洋を初めて結んだマルコ・ポーロの物語。

『玄奘法師とマルコ=ポーロ―人類の交流と冒険』鈴木恒之監修,藤崎康夫シナリオ,アンベ久子漫画 全面新版 集英社 2002.11 165p 23cm (集英社版・学習漫画―世界の歴史 8) 〈年表あり〉 900円 Ⓘ4-08-249208-9 Ⓝ209

『マルコ・ポーロ』木暮正夫文,清水耕蔵絵 チャイルド本社 2002.6(第4刷) 30p 25cm (こども伝記ものがたり2 絵本版 3 西本鶏介責任編集) 571円 Ⓘ4-8054-2414-1

『マルコ・ポーロ―旅は世界を明るくする』薇薇夫人作,R.イングペン絵,今西大文 鈴木出版 2001.4 1冊 31cm (はじめてであう世界なるほど偉人伝) 〈年譜あり 文献あり〉 2500円 Ⓘ4-7902-3082-1,4-7902-3072-4

内容 マルコ・ポーロの旅行記には、ほんとうだろうか、というような場面やできごとがたくさんでてきます。ほとんどの人も、この本を、ただ奇想天外な空想物語だと思って、おもしろく読みました。しかし、なかには、事実としてまじめに読んだ人もいます。現代のわたしたちが読んでも、いきいきと当時のようすを伝え、想像力をかきたててくれるのは、マルコの観察力と、人種や宗教に対するきわめて公平な態度のせいでしょう。小学校中学年から中学生向き。

『新装世界の伝記 44 マルコ=ポーロ』須知徳平著 ぎょうせい 1995.12 288p 20cm 1600円 Ⓘ4-324-04487-2

目次 第1章 東方への旅(ジェノバの牢獄,父の帰国,旅立ち ほか),第2章 中国の旅(フビライ=ハーンに会う,フビライの政治,カタイ人の謀反 ほか),第3章 帰国への旅(コカチン姫とともに,チャンバ王の降伏,ジャワからセイロンへ ほか)

『探検家マルコ・ポーロ』砂田弘著,依光隆画 童心社 1991.9 172p 18cm (フォア文庫) 520円 Ⓘ4-494-02684-0

目次 1 アジアとヨーロッパ,2 ニコロとマッフェオ,3 大旅行へ出発,4 白昼の盗賊カラウナ,5 地上の天国,6 「世界のやね」をこえる,7 ロブ砂漠をよぎる,8 3人ポーロ、上都に着く,9 大都での生活,10 南の国ぐにへいく,11 帰国を願い出る,12 帰国の旅,13 3人ポーロ、故郷に帰る,14 百万のマルコ,15 牢獄のマルコ,16 大旅行家の予言,17 20世紀の探検家たち,現代に生きるマルコの探検,年表

内容 日本を「黄金の国・ジパング」と、はじめて、ヨーロッパに紹介したマルコ・ポーロって、どんな人か、知ってるかな？さあ、700年前にさかのぼってマルコ・ポーロといっしょに、大冒険の旅に出よう。

『マルコ＝ポーロ』春名徹著，宮本忠夫画 講談社 1988.8 285p 22cm （少年少女伝記文学館 4）1400円 Ⓘ4-06-194604-8
目次 1 遠くへのあこがれ,2 旅はマルコの学校だ,3 神秘の国、中国,4 ゆれうごく元朝,5 永遠の旅人
内容 マルコ＝ポーロの名まえは、その著作の『東方見聞録』とともによく知られています。マルコが地中海沿岸を旅立ってから、見るもの聞くものは、すべて物めずらしく新しいことばかりでした。マルコの観察の細かいこと、自分の暮らしていたヨーロッパの文化のちがいについて、偏見をもたずに、ありのままを冷静に記録しておく態度などは、今日でもわたしたちが学ぶべき多くのものをもっています。旅をして、異なった文化、異なった世界の存在することを知り、そのことによって自分が何であるのかをも、いっそうよく知ることになる。—人間は昔からこうして旅のなかから学んできました。

『世界の伝記—国際カラー版 第21巻 マルコ・ポーロ』たかしよいち文，リビコ・マラーヤ絵 小学館 1983.11 116p 21cm 650円 Ⓘ4-09-231121-4

『マルコ＝ポーローシルク＝ロードの冒険』保永貞夫著 講談社 1982.10 229p 18cm （講談社火の鳥伝記文庫）390円 Ⓘ4-06-147539-8

『少年少女世界伝記全集—国際版 第1巻 キュリー夫人，マルコ・ポーロ』小学館 1980.10 133p 28cm 1350円

◆◆リビングストン

『リビングストン発見隊』ヘンリー＝モートン・スタンレー作，山口進訳，小沼直人絵 講談社 1997.6 221p 18cm （講談社青い鳥文庫）670円 Ⓘ4-06-148463-X
目次 第1章 忘れられた大陸，第2章 宣教師リビングストン，第3章 行方不明，第4章 博士をさがせ，第5章 リビングストン発見隊，第6章 感激の対面，第7章 リビングストンとの対話，第8章 かがやく湖水，第9章 別れ，第10章 リビングストンの願い，第11章 最後の行進，第12章 アフリカのスタンレー，第13章 ルアラバ川下り，第14章 非惨なコンゴ川，第15章 スタンレーの活躍
内容 “アフリカの父”をさがせ！感動の探検記。アフリカ奥地で探検とキリスト教伝道、奴隷売買の防止運動を続けるリビングストン博士が行方不明になった。ニューヨーク＝ヘラルド新聞の若き記者スタンレーの苦しい旅がはじまる。ゆく手をはばむ密林、激しい雨、あふれる谷川、そして熱病。だが、博士は生きていた！ついに感激の対面が…。小学上級から。

『新装世界の伝記 48 リビングストン』野火晃著 ぎょうせい 1995.12 291p 20cm 1600円 Ⓘ4-324-04491-0
目次 第1章 医療宣教師としての出発，第2章 アフリカ中央部単独横断，第3章 ザンベジ河とその支流，第4章 相次ぐ不幸にもめげず：第5章 最後の探検旅行

『世界の伝記—国際カラー版 第19巻 リビングストン』神戸淳吉文，アルド・リパモンティ絵 小学館 1983.10 116p 21cm 650円 Ⓘ4-09-231119-2

『少年少女信仰偉人伝 12 リビングストン—アフリカ伝道の開拓者』佐藤一枝著 日本教会新報社 1982.7 208p 22cm （豊かな人生文庫）1200円

『少年少女世界伝記全集—国際版 第10巻 リビングストン，鑑真』小学館 1981.8 133p 28cm 1350円

社会につくした人びと
—教育者・社会事業家

『教育・文化をはぐくんだ人』湯本豪一監

修 日本図書センター 2008.2 51p 31cm (まるごとわかる「日本人」はじめて百科 3) 4400円
Ⓘ978-4-284-20081-3 Ⓝ210.12

『伏してぞ止まんぼく、宮本警部です―現代の偉人伝・誠と勇気』山口秀範文, 竹中俊裕絵 福岡 寺子屋モデル 2008.1 31p 25cm〈発売:高木書房〉1200円
Ⓘ978-4-88471-407-9 Ⓝ289.1

『マリア・モンテッソーリ―「平和は子どもからはじまる」と世界じゅうにつたえたイタリアの教育者 世界がもっとよくなるようにどりょくした人』国際モンテッソーリ教育101年祭実行委員会編 〔川崎〕 てらいんく 2008.1 31p 22cm〈年譜あり〉1143円
Ⓘ978-4-86261-015-7 Ⓝ289.3
内容 「平和は子どもからはじまる」と世界じゅうにつたえたイタリアの教育者。

『沢柳政太郎物語』成城学園初等学校社会科研究部著 成城学園初等学校出版部 2007.12 65p 27cm (成城学園初等学校研究双書 95)〈成城学園創立90周年記念 年譜あり〉Ⓝ289.1

『ドリームじいちゃん―世界平和の夢を追いつづけて』千葉杲弘著 くもん出版 2007.12 183p 20cm 1300円
Ⓘ978-4-7743-1347-4 Ⓝ289.1
目次 ずっと戦争だった子ども時代, 身にしみた平和のありがたさ, 世界の有名大学で学びたい, 夢をかなえる大学の発見, 教育へのかぎりない興味, マンガと国際理解, ユネスコへ向けて一歩前進, まずしくとも、生きがいのあった日々, 守りつづけてくれた父, いよいよパリへ〔ほか〕
内容 "夢はかならず実現できる!"―千葉杲弘、ユネスコ勤務30年。国際舞台を飛びまわった著者が、若者たちにおくるメッセージ。

『半分のふるさと―私が日本にいたときのこと』イサンクム作, 帆足次郎画 福音館書店 2007.11 452p 17cm (福音館文庫)〈1993年刊の増訂〉850円
Ⓘ978-4-8340-2302-2 Ⓝ289.2
目次 私のルーツ, キマちゃんだったころ, 一年生, 岡広先生, 桃源郷, 江田島小学校, 終戦と帰国
内容 広島で生れ、戦争の辛苦を経験し、終戦の年、十五歳までを日本で育った朝鮮人の著者に、母は、"民族の誇りを持って生きよ"と教える。日本への愛憎を胸に、祖国への愛にも目覚めはじめるさまを描く、躍動的な自伝。坪田譲治文学賞、産経児童出版文化賞・JR賞、野間児童文芸新人賞受賞作。

『甚兵衛と大和川―ジュニア版 小学校四年生の大和川授業・中甚兵衛ものがたり』中九兵衛著 大阪 中九兵衛 2007.7 169p 21cm (大和川叢書 3)〈肖像あり 年表あり 年譜あり〉1000円 Ⓝ517.2163

『よいっつぁん夢は大きく―台湾の「ダムの父」・八田与一』まつだしょういち文, たにうちまさと版画 金沢 北国新聞社 2007.3 43p 30cm (ふるさと偉人絵本館 4 ふるさと偉人絵本館編集委員会編, 金沢市立ふるさと偉人館監修)〈解説:高橋裕〉1714円
Ⓘ978-4-8330-1565-3 Ⓝ289.1

『未来のきみが待つ場所へ―先生はいじめられっ子だった』宮本延春作 講談社 2006.12 197p 20cm 1100円
Ⓘ4-06-213672-4 Ⓝ289.1
目次 第1部 痛みと苦しみの小学校(焼かれたランドセル, 漢字ドリル, 作文コンクール ほか), 第2部 もがき続けた青春時代(中学校の成績表はオール1, 少林寺拳法との出合い, 高校進学を断念 ほか), 第3部 動き出した運命の歯車(運命を変えた一本のビデオ, 小学校三年の算数ドリルを始める, 高校入学へ向けて猛勉強 ほか)
内容 小中学校と卑劣ないじめを繰り返され、成績はオール1の落ちこぼれ。家庭内暴力と貧困に苦しみ、死ぬことも考えた―。絶望の淵からはい上がった「奇跡の教師」が伝える、生きる力を届ける言葉。

『津波からみんなをすくえ!―ほんとうにあった「稲むらの火」浜口梧陵さんの

お話』環境防災総合政策研究機構監修，和歌山県教育委員会企画・制作，クニ・トシロウ作，ケイ・タロー絵　文渓堂　2006.11　31p　27cm〈地震・津波まめ知識つき〉1000円　Ⓘ4-89423-514-5　Ⓝ289.1

内容 江戸時代のおわりごろ、村に津波がおしよせたとき、浜口梧陵さんが、人びとのいのちをすくうために、おこなったことは？そして、津波の被害から村を立て直すためにおこなったことは？お話とQ&Aで学ぶ「津波へのそなえ」。

『聴導犬ロッキー―犬の訓練ひとすじ、藤井多嘉史ものがたり』桑原崇寿作　ハート出版　2006.4　141p　22cm〈画：日高康志〉1200円　Ⓘ4-89295-536-1　Ⓝ289.1

目次 少年の夢，日本に帰国，訓練所を開業，訓練士養成学校，訓練の基本，盲導犬の記事，シェルティ犬ロッキー，チャイムの訓練，赤ちゃんは苦手？，聴導犬一号、二号誕生!!，捨て犬から聴導犬へ，終わりのない夢

内容 昭和五十七年、日本小動物獣医師会は、日本にまだいなかったヒアリングドッグ（聴導犬）を作ろうとしました。その委託を受けたベテラン訓練士の藤井さんは、その時六十歳。わずかな資料をもとに、創意工夫をこらしてモデル犬に成功しました。犬が大好きだった藤井少年は、中学を卒業すると、税関監視犬の育成所で働きはじめます。戦争をはさんで平成の現在まで、犬の訓練ひとすじにがんばって、いつしか「日本の聴導犬の父」とよばれるようになりました。日本初の聴導犬を育てた人たちの記録。小学校中学年以上向き。

『ハンセン病の療養所をつくったお坊さん』トレヴァー・マーフィ著　ルック　2006.3　87p　22cm〈絵：溝江純〉1200円　Ⓘ4-86121-042-9　Ⓝ188.92

目次 不思議なお坊さん，ハンセン病とは、どんな病気でしょう，綱脇さんの子どもの頃の夢，綱脇さんのあこがれの人，わたしたちは、みんな「一人分」の人間です，可愛いお坊さんが教えてくれたこと，綱脇さんは、なにになろうとしたのでしょう，日本が強い国になろうとしていた頃，綱脇さんの心の葛藤，綱脇さんがつくった「身延深敬病院」，どうしても成し遂げたいと思う時…，批判に値するものに、勇気をもって堂々と，ものごとの善し悪しを見分ける眼，勇気のある生き方について

内容 100年も前に、ハンセン病の療養所をつくった綱脇竜妙というお坊さんが教えてくれる勇気ある生き方とは。

『ぼくはマサイ―ライオンの大地で育つ』ジョゼフ・レマソライ・レクトン著，ハーマン・ヴァイオラ編，さくまゆみこ訳　さ・え・ら書房　2006.2　161p　20cm　1500円　Ⓘ4-378-03404-2　Ⓝ289.3

目次 第1章 ライオン狩り，第2章 誇り高き者，第3章 牛，第4章 つねり屋，第5章 学校，第6章 牛飼い，第7章 成人になる儀式，第8章 カバラック校，第9章 サッカー，第10章 アメリカ，第11章 二つの世界の戦士

内容「ライオンを恐れないで、夢をもちつづけてください」。「目標を定めて努力すれば、どんな困難も乗りこえられる」。マサイ族の少年が、周囲の理解を得て学業をつづけ、アメリカの教壇に立つまで。

『美作もも語り―三渓園』安藤由貴子著　農山漁村文化協会　2005.11　38p　31cm　1143円　Ⓘ4-540-05290-X　Ⓝ289.1

内容 この物語は、今から百数十年昔の話です。江戸時代末期の安政五年、安藤茂正は美作の地、岡山県勝田郡湯郷村稲穂に生まれました。茂正は与曽右衛門、よ祢の長男として生まれました。茂正の家は代々農業を営んでいました。稲穂という村は丘陵地にあるため昔から日照りが続くと干ばつにみまわれていました。「稲穂には、むかし、むかしつらいことがあったんじゃ。日照りが続き米が一粒もとれん年があった。その年の暮れに土地を捨て村中の者が逃げ出した。もう二度と稲穂の地に戻る者はおらなんだそうな。茂正、お前は世の中の役に立つ人間になれ。新しい時代になって学校にも行かれるようになった。しっかり勉強せえよ」。祖母は幼い茂正の頭をなでながら言っ

てきかせるのでした。幼い茂正の脳裏には、祖母のことばが深く残っていました。茂正は、家族の愛に包まれながら、正義感の強い少年から青年へと成長していきました。

『津波から人びとを救った稲むらの火―歴史マンガ浜口梧陵伝』「歴画浜口梧陵伝」編集委員会監修，クニ・トシロウ作・画　文渓堂　2005.9　151p　22cm　1200円　①4-89423-453-X　Ⓝ289.1

目次 1 江戸,2 銚子,3 師匠,4 故郷,5 津波襲来,6 稲むらの火,7 津波のつめあと,8 堤防建設,9 危機,10 堤防完成

内容 江戸時代末期の安政元年（一八五四年）、巨大地震によって引きおこされた大津波が村むらをおそったとき、避難場所の目印にと、貴重な稲むらに火をつけ、多くの人びとを救ったひとりの男がいた…浜口梧陵である。戦前・戦中、不朽の防災テキストといわれた「稲むらの火」のモデルとなった浜口梧陵。その真実の姿が、今、ここにあきらかにされる。読んで見て学ぶ「津波への備え」。

『中江藤樹―近江聖人と慕われたまごころの教育者』千葉ひろ子文，遠藤恵美子絵　新教育者連盟　2005.1　139p　21cm　（子供のための伝記シリーズ 1）〈年譜あり〉953円　①4-902757-00-1　Ⓝ121.55

『夢を実現させた男―先覚者小林久敬 猪苗代湖疏水はこうしてつくられた』酒井徹郎著　会津若松　歴史春秋出版　2004.12　197p　21cm〈肖像あり　年表あり〉1143円　①4-89757-521-4　Ⓝ289.1

『さわってごらん、ぼくの顔』藤井輝明著　汐文社　2004.11　131p　22cm　1300円　①4-8113-7934-9　Ⓝ289.1

目次 第1章 どうしてぼくの顔はちがうの（ぼくの病気,どうしてほっぺが赤いの？,バケモノなんかじゃない！ ほか）,第2章 将来、何になりたいのだろう（浪人と大学生活,どこもやとってくれない,十時間の大手術 ほか）,第3章 みんなに伝えていきたいこと（ぼくのニコニコ戦術,子どもたちからの手紙,ふれ合いタッチング授業 ほか）

内容 ぼくの顔には大きなふくらんだアザがある。外を歩いているときに、ジロジロ顔を見てくる人はたくさんいるけれど、ぼくはだれにでも、いつも笑顔でおじぎをするんだ。そうしたら、中にはぼくにつられて笑顔になる人だっている。まるで友だちになれたみたいで、ぼくも、相手もうれしくなるんだ―。顔に病気や障害をもつ人たちに対する差別・偏見をなくすために、全国で講演交流活動を行っている著者が、子どもたちに伝えるあたたかいメッセージ。

『盲導犬が日本に生まれた日―国産盲導犬第1号チャンピイを育てた塩屋賢一』竹内恒之文　偕成社　2004.10　150p　22cm　1200円　①4-03-634720-9　Ⓝ369.275

目次 三十九年めの記念日,この犬が光をあたえた（犬のすきな少年,アスター、チャンピオンになる ほか）,盲導犬第一号の誕生（チャンピイとのであい,「切手を買ってきてください。」ほか）,多くの人にささえられて（「飼育奉仕」のはじまり,しかることと、おこること ほか）,育てあげた九百頭のアイメイトたち（ついにザ・シーイング・アイへ,犬に助けられた人生 ほか）,読んでくださってありがとう―あなたへ、そしてお父さん、お母さんへ

内容「失明したむすこのために、盲導犬を育ててほしい。」一九五六年の冬、塩屋賢一はこんな依頼を受けた。日本で盲導犬を育てた人は、まだだれもいない。参考になる資料もみつからない。手さぐりではじめた訓練がようやく終わったのは、一年以上ものちのことだった。日本の盲導犬第1号チャンピイを誕生させ、その後、視覚障害者の自立をめざして九百頭以上の盲導犬を育てた塩屋賢一の半生をたどる。小学中級から。

『石井のおとうさんありがとう―石井十次の生涯』和田登著，和田春奈画　総和社　2004.7　229p　22cm〈年譜あり〉1400円　①4-901337-84-X　Ⓝ289.1

目次 第1話 美しい夜明けの星（松ちゃんのナワ帯,ランプの下の迷い ほか）,第2話 愛のそよ風（定一という少年,おそい夜のお客ほか）,第3話 ほのおが燃えた日（日本のミュ

ラーになりたい, 河原のみなし児たち ほか), 第4話 千代ちゃんの秘密(あっ、大地震だ!, 菊ちゃんのおねしょ ほか), 第5話 お父さん、ありがとう(牛太郎という少年, 一本のサツマイモ ほか)
内容 明治初期、孤児を救うために人生の全てをなげうったひとりの男がいた…。「日本の福祉のいちばん星」—石井十次の波乱の生涯を綴った感動の児童文学。

『暮らしをまもり工事を行ったお坊さんたち—道登・道昭・行基・良弁・重源・空海空也・一遍・忍性・叡尊・禅海・鞭牛』 かこさとし作　瑞雲舎　2004.5　31p　26cm　(土木の歴史絵本 第1巻)〈年表あり〉1200円　Ⓘ4-916016-44-0　Ⓝ510.921

『サリバンせんせい』 武鹿悦子文, 広野多珂子絵　チャイルド本社　2004.5　29p　25cm　(感動ノンフィクション絵本 2)　571円　Ⓘ4-8054-2565-2　Ⓝ289.3

『あきらめないでまた明日も—岩田美津子点字つき絵本にかける夢』 越水利江子著　岩崎書店　2004.4　157p　20cm　〈年譜あり〉1300円　Ⓘ4-265-80136-6　Ⓝ289.1

『大蔵永常—人々の豊かな生活を願った農学者 普及版』 小泊立矢文, 鈴木忠実絵　〔大分〕　大分県教育委員会　2004.3　214p　19cm　(大分県先哲叢書　大分県立先哲史料館編)〈年譜あり〉　Ⓝ289.1

『カンボジアに心の井戸を—僧侶・内田弘慈さんの汗と涙の記録』 井上こみち文　学習研究社　2003.9　143p　22cm　(学研のノンフィクション)　1200円　Ⓘ4-05-201934-2　Ⓝ518.12
目次 きれいな水さえあれば(あこがれのアンコール・ワットへ, いためつけられた遺跡 ほか), 井戸ほりを始める(第一号井戸はお寺だ, きれいな水が出たぞ! ほか), 水の精現れる(やさしい日本人・内田さん, 強力な協力者 ほか), 井戸を贈る日本の子どもたち(おいしいごはん, たのもしいソリカ園長 ほか), リンダの夢はみんなの夢(『だるま愛育園』建設にむけて, 日本ツアーに出発 ほか)
内容 「子どもたちに、きれいな水を飲ませたい。」内田弘慈さんは、カンボジアの村むらを訪ね、井戸をほりつづけている。今では、井戸ほりだけでなく、子ども好きの内田さんは、孤児をあずかり、一年の半分をカンボジアですごす。小学中級から。

『ノーベル平和賞—平和のためにつくした人びと』 戎崎俊一監修　ポプラ社　2003.4　48p　29cm　(ノーベル賞100年のあゆみ 5)　2800円　Ⓘ4-591-07515-X,4-591-99483-X　Ⓝ280.8
目次 ノーベル平和賞と20世紀, アンリ・デュナン, トーマス・ウィルソン, フリチョフ・ナンセン, ジェーン・アダムズ, アルベルト・シュバイツァー, ダーグ・ハマーショルド, マーティン・ルーサー・キング, マザー・テレサ, ダライ・ラマ14世, アウン・サン・スー・チー, ネルソン・マンデラ, 金大中(キム・デジュン), ユニセフ(国連児童基金), アムネスティ・インターナショナル, 国境なき医師団, ノーベル平和賞受賞者一覧

『出雲の虹—児童文学・開拓と治水に生涯をかけた大梶七兵衛』 村尾靖子作, 高田勲絵　岩崎書店　2002.8　165p　22cm　1300円　Ⓘ4-265-80110-2

『大梶七兵衛—小説・治水の偉人』 寺井敏夫著　岩崎書店　2002.8　280p　21cm　1400円　Ⓘ4-265-80112-9

『大梶七兵衛—漫画・治水の偉人伝』 寺戸良信作　岩崎書店　2002.8　205p　22cm　1300円　Ⓘ4-265-80111-0

『だから、あなたも生きぬいて』 大平光代著　講談社　2002.7　259p　18cm　(講談社青い鳥文庫)　580円　Ⓘ4-06-148592-X
目次 第1章 いじめ, 第2章 自殺未遂, 第3章 下り坂, 第4章 どん底, 第5章 転機, 第6章 再出発, 第7章 司法試験に向かって, 第8章 難関突破, 第9章 後悔
内容 大好きなおばあちゃんや、両親の愛情

につつまれた、幸せいっぱいの幼女時代—それが一変したのは、転校先の中学でのいじめだった。親友の裏切り、先生の無理解、絶望の果ての自殺未遂、そして暴力団への転落の道…。どん底から立ち直るきっかけをつくってくれた養父に励まされ、弁護士になるまでの波乱の半生を描いた感動のノンフィクション。小学上級から。

『コルベ神父—優しさと強さと』早乙女勝元著　草の根出版会　2002.6　135p　23cm　（母と子でみる A18）2200円　Ⓘ4-87648-167-9　Ⓝ198.22

『聖ルイーズ・ド・マリヤック』ジュヌビエーブ・ルー，エリザベス・シャルピー文，オーギュスタ・キュレリ絵，竹下節子訳　ドン・ボスコ社　2002.4　68p　20cm　900円　Ⓘ4-88626-324-0

『とどまることなく—奴隷解放につくした黒人女性ソジャーナ・トゥルース』アン・ロックウェル文，もりうちすみこ訳，グレゴリー・クリスティー絵　国土社　2002.4　1冊　24×30cm　1500円　Ⓘ4-337-06240-8　Ⓝ289.3

『天使のピアノ—石井筆子の生涯』真杉章文，藤崎康夫写真　小金井　ネット武蔵野　2000.12　39p　26×21cm　1143円　Ⓘ4-944237-02-2

目次 滝乃川学園と古いピアノ，市民が注目、復元へ，石井筆子の生い立ちとフランス留学，結婚・長女誕生，苦悩の訪れ，打ち続く不幸，石井亮一と滝乃川学園，静修女学校と万国婦人国際会議，筆子、滝乃川学園へ，筆子、石井亮一と再婚〔ほか〕

内容 知的障害をもつ人の日本で最初の福祉施設「滝乃川学園」。近年そこで発見された日本最古級の1台のピアノ。それはいったい何を意味し、何を物語り、21世紀を生きるわたしたちに、何を問いかけているのか。半世紀の眠りから覚めた「ピアノ」だけが知っていた！鹿鳴館時代の貴族令嬢が、一転して知的障害児の教育と福祉に後半生を捧げた、愛と感動の人間ドキュメント。

『バキタのおはなし』オーギュスタ・キュレリ文・絵，金松エイ子訳　ドン・ボスコ社　2000.9　47p　24cm　600円　Ⓘ4-88626-288-0

『デイゴの花かげ—盲目の先達・高橋福治』赤座憲久作，山城見信絵　オンデマンド版　小峰書店　2000.7　141p　21cm〈原本：1989年刊　年譜あり〉2100円　Ⓘ4-338-08002-7　Ⓝ289.1

内容 沖縄には、きっと自分とおなじような目のみえない人がいるだろう。…盲目の青年は、沖縄に盲学校をつくろうと決意した。盲人の教育に生涯をかけた、高橋福治の愛と苦闘の物語。小学校上級から。

『五体不満足』乙武洋匡作，武田美穂絵　講談社　2000.6　302p　18cm　（講談社青い鳥文庫）〈肖像あり〉670円　Ⓘ4-06-148534-2

目次 第1部 幼児期・小学校時代—車いすの王様（いばりん坊，重い扉 ほか），第2部 中学校・高校・予備校時代—全力疾走（ドリブルの名手!?，お祭り男 ほか），第3部 早稲田大学時代—心のバリアフリー（衝撃デビュー，宝の持ちぐされ ほか）

内容 「障害をもっていても、ボクは毎日が楽しいよ。」両手と両足がなくったって、いつもいきいきとしているオトちゃんこと乙武洋匡さん。ひみつはすてきな家族と友だち、それに小学校のころは、とっくみあいのけんかもしたという負けずぎらいの性格にもありそうです。だれよりも元気に、明るく暮らしているオトちゃんのゆかいで痛快な半生記。小学上級から。

『しあわせと平和がほしい』岩崎書店　2000.4　167p　20cm　（20世紀のすてきな女性たち 8）〈年譜あり　文献あり　索引あり〉1600円　Ⓘ4-265-05148-0,4-265-10218-2

目次 マザー・テレサ，田内千鶴子，上原栄子，平塚らいてう，ここにすてきな女性たち（ローザ・ルクセンブルク，萩原タケ，宗慶齢，アンネ・フランク，中村文子，緒方貞子，石牟礼道子，ジョディ・ウィリアムズ），女性はじめて物語—黒柳徹子

『バリアを越えて』岩崎書店　2000.4

159p 20cm (20世紀のすてきな女性たち 6)〈年譜あり 文献あり 索引あり〉1600円
①4-265-05146-4,4-265-10218-2
目次 ヘレン・ケラー, 斎藤百合, 萩生田千津子, バージニア・A.イエンセン, ここにすてきな女性たち(中村久子, 沢田美喜, 矢島せい子, 宮城まり子, 安積遊歩, レーナ・マリア・クリングヴァル), 女性はじめて物語―鴨志田厚子

『盲導犬チャンピィ―日本初の盲導犬を育てた塩屋賢一ものがたり』桑原崇寿作 ハート出版 1999.10 152p 22cm 1200円 ①4-89295-223-0
目次 愛犬アスター, 白い杖の少年, 一枚のハガキ, 新しいボス, あぶない街角, ワンとツー, チャンピィを信じて, 盲導犬あらわる, 最後のテスト, もう、やめよう, きせきの再出発, アイメイトと歩む
内容 誕生から、まもなく45年、764頭の盲導犬はこうして生まれた！これは、ほんとうにあったお話です。小学校中学年以上向き。

『大蔵永常』筑波常治作, 田代三善絵 国土社 1999.3 222p 22cm (堂々日本人物史 戦国・幕末編 11) 1200円 ①4-337-21011-3
目次 伝兵衛じいさん, 天明の大飢饉, 家をとびでる, じぶんの生きる道, 薩摩へ潜入, 大阪での生活, 農民をみちびくには, 本をあらわす, はりきった毎日, 農村を旅する〔ほか〕

『わが道は白衣とともに―看護婦として女性の自立に命をもやした萩原タケ』森下研作, 高田勲絵 PHP研究所 1998.3 175p 22cm (PHP愛と希望のノンフィクション)〈肖像あり 文献あり〉1260円 ①4-569-68096-8
目次 男と女のちがいは, 自由民権の風のなか, お針も手裏剣も, 見えたともしび, 看護の道へ, 心の色は赤十字, 病院という戦場で, めざめのとき, 人災と天災にゆれる, 夢を海のかなたに, 命もやしつくして
内容 女性として、人間として胸をはって働ける仕事があった！看護婦として、明治から大正、昭和を生きた萩原タケは日本のナイチンゲールとよばれた。そのひたむきな生き方は、真に自立する人間の強さとやさしさを伝えてくれる。小学上級以上向。

『中村久子の一生―いのちありがとう』瀬上敏雄編著 春秋社 1997.2 204p 20cm 1442円 ①4-393-13715-9
内容 両手足のない悲しい運命をのりこえ、多くの人々に生きる力と勇気を与えた中村久子女史。その感動の生涯を、少年少女とその父母に向けて贈る決定版。

『光はやみより―愛と希望の灯台守 タケオ・イワハシの伝記』手島悠介作, 藤本四郎絵 中央法規出版 1996.12 222p 22cm (ハートシリーズ) 1442円 ①4-8058-1528-0
目次 1 暗やみのなかで,2 こわれていく,3 いのち、この重たいもの,4 門出,5 贈りもの,6 内なる人,7 光をもとめて,8 幸福の青い鳥,9 ひとつぶの麦
内容 二十才のころ突然失明した岩橋武夫は、血のにじむような努力をし、イギリスのエジンバラ大学を卒業した。ヘレン・ケラーとのあつい友情から戦前・戦後とヘレンの二度の来日を実現させ、さらに日本の障害者の権利を確立する基礎づくりもおこなった。盲目の人々に光を与えた岩橋武夫の感動的な伝記。

『平和にかける虹―人間・下中弥三郎』立石巌著, 山本忠敬画 岩崎書店 1994.8 173p 22cm (イワサキ・ライブラリー 2) 1800円 ①4-265-02732-6
目次 1 つらかった少年時代,2 弥三郎、大志を抱く,3 青春をさまよう,4 教育界を先導する,5 世界平和の先頭に立って

『リゴベルタの村―ノーベル平和賞メンチュウ女史の半生』工藤律子著, 浜田桂子絵, 篠田有史写真 講談社 1994.3 190p 22cm 1500円 ①4-06-206814-1
目次 平和の使者リゴベルタ, 美しいマヤの大地に生きる, 山をおりたところにある地獄, お金持ちのようにはなりたくない, 土地をめぐる闘いの始まり, 闘う共同体, 農民統一委員会, 引きさかれる家族のきずな, 悲しみの国境を越えて, メキシコでの日々, 世界には

ばたくリゴベルタ, 五百年めの叫び, リゴベルタの村

内容 グアテマラの先住民族、マヤとして生まれたリゴベルタ。貧しくとも、ひとつ屋根の下で、家族そろって生活したい―こんなささやかな願いすらも奪ってゆく、お金持ちや軍部の手先に対して、リゴベルタたちは死にものぐるいの抵抗を始めた。この闘いは大きな広がりをみせていったが、その間、お父さんやお母さん、そしてきょうだいたちまでもが殺されてしまい、リゴベルタ自身も、軍部の追及を危機一髪のところで免れ、故国グアテマラをあとに、メキシコに逃れてゆく…。

『愛の点字図書館長―全盲をのりこえて日本点字図書館を作った本間一夫』池田澄子文, 田代三善絵　偕成社　1994.2　182p　22cm　(わたしのノンフィクション 31) 1100円　①4-03-634590-7

目次 1 カモメの町で生まれた子,2 つらい運命とのたたかい,3 点字との出会い,4〈盲人図書館〉の誕生,5 あたらしい時代の波

内容 五歳の冬、突然失明した一夫は、十三歳になって函館盲唖院(現在の北海道函館盲学校)に入学した。そこではじめて出あった「点字」が、一夫の運命を大きく変えていく。日本点字図書館の創設者として、視覚障害者のためにかぎりない力をつくした本間一夫の半生を克明にたどる。

『夜明けへの道』岡本文良作, こさかしげる画　金の星社　1993.12　189p　21×16cm　(新・文学の扉 19) 1300円　①4-323-01749-9

目次 1 しいたげられた少年,2 立ちあがったビーム,3 おとずれた夜明け,4 幻にみちびかれ…

内容「なぜ、ぼくたちマハール族だけがいじめられるのだろう?」インドに生まれた少年ビームは、いつも考えていた。同じインド人でありながら、マハール族の者は人間としてあつかわれない。差別にきずつきながらビームは成長し、やがて、しいたげられた大勢の人びとのために立ち上がる―。時はながれ、ビームの志を受けつぐことになったのは、ひとりの日本人の青年だった。小学5・6年生から。

『あばれ天竜を恵みの流れに―治山治水に生涯をささげた金原明善』赤座憲久作, 岩淵慶造絵　PHP研究所　1993.6　139p　22cm　(PHP愛と希望のノンフィクション) 1300円　①4-569-58838-7

目次 1 天竜川のほとり,2 金原少年,3 地蔵院の和尚,4 往復三里,5 洪水と地震,6 横浜の遠江屋,7 父親の死,8 天竜川ぞいの小屋,9 老人岩,10 瀬尻の植林,11 位はいりません,12 東海道線、開通のころ,13 根尾谷の植林,14 しずむ夕日の美しさ

内容 天竜川の洪水によって多くの命や財産を奪われる非惨な状況を、何度も体験した明善は、やがて自己財産をなげうってまで植林と堤防工事を進めるようになり、その熱意は、政府をも動かしていく…。小学上級以上。

『社会のためにつくした人類愛』金の星社　1993.2　127p　22cm　(まんが世界のノンフィクション 8)〈監修:長沢和俊〉980円　①4-323-01608-5

目次 苦しむ人にあたたたかい愛を―ノーベル平和賞を受けた聖女マザー・テレサ, 見えない人類の敵への挑戦―伝染病研究に一生をささげた野口英世, 世界をわかせた喜劇王―映画で平和をうったえたチャップリン, ランプを持った天使―看護の大切さを世界に広めたナイチンゲール, ジャングルにともる希望の灯―未開の地に病院をきずいたシュバイツァー, 社会のためにつくした人びと

内容 有名な話から最新の話まで、本当にあったことを、カラーたっぷりのまんがで再現した読みごたえのある一冊。小学校4・5・6年生むき。

『恐竜公園たんじょう物語―情熱とロマンの人・小島武彦』和田登作, 岩淵慶造絵　PHP研究所　1992.12　163p　22cm　(PHP愛と希望のノンフィクション) 1300円　①4-569-58809-3

目次 1 夜明けの霧,2 胸さわぐ日々,3 植物園ですか!?,4 ニギリメシ三つ,5 おおっ!雷雨だ,6 ススキの原の首長竜,7 秘密の作戦,8 決意,9 恐竜は夕やけがよくにあう,10 風呂

から生まれた知恵,11 恐竜だって涙をながすさ

内容 恐竜公園は、長野市茶臼山の苛酷な自然条件を、数々のアイデアで克服して誕生した。そのかげには、小島武彦の大きな愛と情熱と、そして苦闘のドラマがあった…。小学上級以上。

『手塚縫蔵』高田充也文，宮浦真之助絵　松本　郷土出版社　1992.7　173p　19cm　（信濃の伝記シリーズ 5）1200円　Ⓘ4-87663-200-6

『新田開発に賭けた男』手塚忠憲作，段丹枝子絵　長野　ほおずき書籍　1992.5　73p　22cm　1000円　Ⓘ4-89341-161-6

『ブライユ―目の見えない人が読み書きできる"点字"を発明したフランス人』ビバリー・バーチ著，乾侑美子訳　偕成社　1992.3　178p　22cm　（伝記世界を変えた人々 8）1500円　Ⓘ4-03-542080-8

内容 ルイ・ブライユは、まだ3歳だったときに、失明しました。大きくなるにつれて、盲目だからといって、教育をうけられなかったり、まわりの人に頼らなければ生きられないということではいけない、と強く思うようになりました。盲人も、目の見える人と同じように、世界の文化を楽しみ、さらに、世界をより豊かなものにしていかねばなりません。ブライユは、まだ15歳だったとき、点字を発明しました。点字は、小さくもりあがった点を使って、目の不自由な人が、書いたり、読んだりできるようにした、簡単で正確な方法で、今では、世界中の盲人が使っています。

『ツツ大主教―南アフリカの黒人差別・アパルトヘイト（人種隔離）政策に対してたたかう勇敢な大主教』デイビッド・ウィナー著，箕浦万里子訳　偕成社　1991.11　174p　22cm　（伝記世界を変えた人々 4）1500円　Ⓘ4-03-542040-9

目次 ツツ大主教、ケープタウンで抗議する，南アフリカに来た最初の白人，イギリスが、ケープをひきつぐ，「グレート・トレック（内陸大移動）」，金とダイヤモンド，新しい苦難，若きデズモンド，一生の友だち，アパルトヘイト選挙，レアとの出会い〔ほか〕

内容 デズモンド・ツツは、南アフリカ共和国のほこりっぽい町で生まれました。この国の法律は、黒人の彼には、つらいものばかりで、そんな人種差別をするアパルトヘイト（人種隔離）政策に対して彼はついに立ち上がり、敬虔な教会指導者として、非暴力の抗議行動を続けています。1984年ツツは、ノーベル平和賞を受賞しましたが、現在まだ、南アフリカでは、差別されている人々が真の自由を求めて、最後の苦しい戦いをしているのです。小学校中級から大人まで。

『平和をきずく―平和賞』ネイサン・アーセング著，牧野賢治訳　大日本図書　1991.3　155,4p　22cm　（ノーベル賞の人びと 3）1200円　Ⓘ4-477-00077-4

目次 1 決意の人―ジェーン・アダムズ,2 ナチスへの抵抗―カルル・フォン・オシーツキー,3 核兵器への警告―ライナス・ポーリング,4 見えない鎖―マーチン・ルーサー・キング,5 国家への反逆―アンドレイ・サハロフ,6 宗教のテロ―ベティ・ウィリアムズとマイレード・コリガン,7 "連帯"の指導者―レフ・ワレサ,8 アパルトヘイトへの抗議―デズモンド・ツツ,9 対決から対話へ―ミハイル・ゴルバチョフ

『運河 物語・川村孫兵衛重吉伝』今西祐行著　偕成社　1990.2　210p　21cm　（今西祐行全集 11）2060円　Ⓘ4-03-739110-4

目次 1 標流船,2 蒲生の里,3 乱雲,4 紛鉄の里,5 地図,6 再会,7 城下,8 津波,9 北上川の改修,10 ともしび

内容 北上川から阿武隈川にいたる日本最長の運河がある。今も仙台地方に残る貞山堀がそれである。民衆とともに生きた土木技師・川村孫兵衛重吉のひたむきな生涯を描く。

『優しさと強さと―アウシュビッツのコルベ神父』早乙女勝元文　小学館　1989.10　174p　18cm　（てんとう虫ブックス）460円　Ⓘ4-09-230523-0

目次 生き地獄アウシュビッツ，餓死室の壁に人形が，家畜用貨車は走りつづけた，死体の口をこじあけ，食うか食われるか，アンネの涙の泉，囚人番号16670号，絶望を乗りこえ

る愛を, 聖母マリア、われらのために, 男の子の名はライモンド,25歳で哲学・神学博士, 汚れなき聖母の園, 長崎は雨だった, 戦争の悲劇の幕が, 狂おしい夏, 友のために死す, 死の地下室を出てガス室へ, コルベ神父の死亡記録, エピローグ1982年夏、長崎にて

内容 死の収容所アウシュビッツで、一人の神父が昇天した。マキシミリアノ・コルベ神父である。これは、身をもって聖書の教えを実践した神父の生涯です。

『アリの街のマリア―北原怜子の生涯』 酒井友身著, 矢車涼絵　女子パウロ会　1988.6　181p　22cm　1100円　①4-7896-0292-3

目次 第1章 クリスマス, 第2章 ゼノさんとの出会い, 第3章 眠れぬ夜, 第4章 アリの街の子どもたち, 第5章 復活, 第6章 野のユリ, 第7章 不治の病, 第8章 奇跡, 第9章 愛の神イエス・キリスト

内容 これは、第二次世界大戦の終戦後、焼け野原になった東京の一角で、家を失い食べ物もろくになかった人々のためにその短い生涯をささげたひとりの女性の物語です。彼女がほかの人と大きくな違った点は、自らを貧くしてその人たちと共に苦しみ、悲しみを分かちあった点です。この物語の主人公、北原怜子さんは実在の人物です。

『愛と勇気の鐘―孤児たちに一生をささげる品川博の愛の軌跡』 藤崎康夫作　くもん出版　1987.11　181p　21cm　（くもんのノンフィクション・愛のシリーズ 15）1100円　①4-87576-377-8

目次 ふたりの戦災孤児, かたい決意, 上野駅の子どもたち, 収容施設の子どもたち, 狩りこみ, 脱走, わが道をいく, 旅だち, 故郷、富士見村へ, とんがり帽子の時計台, みどりの丘, 巣立つ子どもたち, よろこび, いまも生きる「鐘の鳴る丘」

内容 戦後復員してきた品川博は、祖国日本のかわりはてた惨状にがくぜんとする。戦火で両親をうしなった数多くの戦災孤児に心をいため、ついに独力で救済にのりだす。当時、日本じゅうの人びとの心をとらえたラジオドラマ『鐘の鳴る丘』の主人公とおなじ生き方をつづけ、今もなお、ひたすらはしりつづける品川博の愛の軌跡は、もうひとつの現実のドラマである。

『ユーカラの祭り―アイヌ文化の保護につくす』 塩沢実信著, 北島新平絵　理論社　1987.6　194p　21cm　（ものがたり北海道）1500円　①4-652-01565-8

目次 1 カラフトのアイヌたち,2 “ハダカ判官”松本十郎,3 対雁の悲劇,4 にわか和人（シャモ）,5 同化策すすむ,6 青い眼の伝道師,7 アイヌ語を話すイギリス人,8 イヨマンテの祭り,9 言葉は失われた,10 9年目の信者第1号,11 無理な同化教育,12 金田一京助との出会い,13 近文の一夜,14 ユーカラの伝承,15 よみがえったアイヌ文化

内容 急激にすすむ開拓に、ますます追いつめられていくアイヌ。心ある人々がアイヌを救うために立ちあがった。アイヌ語の保存、アイヌ人学校の設立につくした多くの先達の生涯。

『青い眼の教師たち―開拓につくした外国人』 塩沢実信著, 北島新平絵　理論社　1987.4　192p　21cm　（ものがたり北海道）1500円　①4-652-01564-X

目次 ケプロンのおどろき, 豊かな美しい大地, 給料を上げてくれ, みにくいあらそい, ありあまる資源を, 北の空に光が, 牧畜の功労者ダン, 体で教えるアメリカ農法, ケプロンふたたび来る, 汽車、北海道を走る, 馬上でむかえた誕生日, 近代化のいしずえ, 馬に追われるえぞシカ, あばれまわるえぞオオカミ, 日本の女性を妻に, オオカミ退治, ダン、故郷へ帰る

内容 樺太を視察した黒田清隆は、あまりに違う日本とロシアの国力の差におどろく。黒田は早速アメリカへ渡り、アンチャル、クラークなどの派遣を要請、農・鉱業の指導をうける。

『夢をもとめた人びと　6　国際社会』 玉川学園編　町田　玉川大学出版部　1987.3　126p　22cm　1200円　①4-472-05621-6

目次 みんなの愛に囲まれて―野口英世, ジャングルの聖者―シュバイツァー, スポーツを通じて世界の平和を―クーベルタン, 稲造と世界地図―新渡戸稲造, 日本や東洋の文

化を世界にひろめた人—岡倉天心, 財産を平和と文化のために—ノーベル, 世界に開かれた日本に—福沢諭吉, クリミアの天使—ナイチンゲール, 人間の愛を信じた人—デュナン, どれいたちの自由のために—ストウ夫人, きかんぼうが日本に来た—シーボルト, 日本に仏教をひろめた人—聖徳太子
内容 世界にはたくさんの国があり、たくさんの民族が住んでいます。それぞれの国や民族は、それぞれにその歴史がちがい、習慣がちがい、考えかたがちがっています。世界中のすべての人たちが、一つ心になり、手をとりあって平和で豊かなくらしができたらと願っていても、それはなかなかむずかしいことなのです。国と国との政治や宗教、考えかたのちがいによって、今でも地球上では争いのたえることがなく、まずしく苦しい生活をしている人びとがおおぜいいるのです。この本では、世界平和を願い、国と国とのほんとうの理解を深め、人びとの苦しみを救うために、いのちがけで働いた人びとの物語を集めました。

『夢をもとめた人びと 5 郷土開発』玉川学園編 町田 玉川大学出版部 1987.3 126p 22cm 1200円 Ⓘ4-472-05611-9
目次 地球を殺してはならない—カーソン, 子どもたちにゆめを—ディズニー, 尾瀬の自然をまもるために—平野長蔵, ヒメマスが帰ってきた！—和井内貞行, 鉱毒とたたかった人—田中正造, あばれ天竜にささげた一生—金原明善, 美しいゆたかな国をつくるために—ダルガス, スエズ運河に命をかけて—レセップス, みんなのために水をひく—布田保之助, 農村を救った人—二宮金次郎, かんしょ先生—青木昆陽, 田畑をうるおす水を！—大庭源之丞、友野与右衛門
内容 わたしたちは毎日、なに不自由なく、楽しく生活していますが、このような平和なくらしができるようになったのは、ようやく30年ぐらい前からなのです。今でも、その日その日の食べ物に困ったり、戦争があって苦しい生活をしている人びとが、世界中にはたくさんいるのです。むかしは、もっともっと生活が苦しく、まずしくて、人びとはその日その日を生きていくことに、せいいっぱいでした。このような毎日の苦しい生活を少しでもよくしていこうと、おおぜいの人びとが知恵を出しあい、努力してきたのです。この本には、郷土の開発につくした人びとの物語を集めました。

『運河—物語・川村孫兵衛重吉伝』今西祐行著, 斎藤博之絵 偕成社 1986.3 214p 21cm (偕成社の創作文学 63) 1200円 Ⓘ4-03-720630-7
内容 ふしぎな縁から伊達政宗に召しかかえられた川村孫兵衛は、領内各地でつぎつぎに大土木工事をおこなった。北上川改修工事も、今日北上運河、貞山堀などと呼ばれる大運河も、彼が苦難の中で設計したものであったという。

『水平の旗をかかげて—解放の父・松本治一郎』西田英二作, 吉郷幸治絵 大阪 解放出版社 1985.12 186p 21cm 1200円

『むねをはろう大空にむかって—混血孤児二千人の母・沢田美喜』児玉美智子作, 岩淵慶造絵 佼成出版社 1985.10 163p 23cm (ノンフィクション・シリーズかがやく心) 1200円 Ⓘ4-333-01194-9

『さえむさん—伊東三右衛門伝』野村昇司作, 阿部公洋絵 伊東奨学会 1985.3 1冊(ページ付なし) 27cm〈年表あり〉 Ⓝ289.1

『天香さん』村田正喜文, 小沢和夫絵 京都 一灯園出版部 1984.4 1冊 25cm〈監修：一灯園生活研究所〉1200円

『志喜屋孝信伝』志喜屋孝信伝編集委員会編 〔具志川〕 志喜屋孝信先生遺徳顕彰事業期成会 1983.7 172p 22cm

『少年少女信仰偉人伝 24 ドレーパー—横浜訓盲院の創設者』今村鎮夫著 日本教会新報社 1982.7 200p 22cm (豊かな人生文庫) 1200円

『少年少女信仰偉人伝 22 ペスタロッチ—教育者の父』鎌田正著 日本教会

新報社　1982.7　194p　22cm　（豊かな人生文庫）1200円

『少年少女信仰偉人伝　18　林文雄―救ライに一生をささげた人』伊達浩子著　日本教会新報社　1982.7　199p　22cm　（豊かな人生文庫）1200円

『少年少女信仰偉人伝　11　カール・ライシャワー―教育と福祉のために働いた宣教師』畑昭夫著　日本教会新報社　1982.7　199p　22cm　（豊かな人生文庫）1200円

『少年少女信仰偉人伝　8　賀川豊彦―キリスト愛の実践者』栗栖ひろみ著　日本教会新報社　1981.5　202p　22cm　（豊かな人生文庫）1200円

『少年少女信仰偉人伝　2　沢田美喜―混血児たちの母』栗栖ひろみ著　日本教会新報社　1980.11　213p　22cm　（豊かな人生文庫）1200円

◆◆アンリ・デュナン

『アンリ・デュナン』江間章子著，朝倉摂絵　童話屋　2004.11　305p　16cm　（この人を見よ　5）1500円　Ⓘ4-88747-049-5　Ⓝ289.3

目次 1 おいたち（母の願い, 絵の中の人 ほか）,2 魔のアルジェリア（白羽の矢, アルジェリアの友 ほか）,3 皇帝をたずねて（イタリア戦争, 戦場の旅人 ほか）,4 赤十字誕生（みんなきょうだい, ソルフェリーノの思い出 ほか）

内容 命の重さに敵も味方もあるものか。ぐうぜんに遭遇した戦場でデュナンは傷ついた血みどろの兵士に手をさしのべた。敵味方の区別なく、命は助けなくてはいけない、とする赤十字の思想は、この時デュナンの清い魂から生まれた。

『少年少女世界伝記全集―国際版　第18巻　シートン,デュナン』小学館　1982.4　133p　28cm　1350円

『デュナン―赤十字の父』那須田稔著　講談社　1982.2　189p　18cm　（講談社火の鳥伝記文庫）390円

Ⓘ4-06-147521-5

◆◆ウィリアム・スミス・クラーク

『北の時計台―札幌農学校にかけた夢』塩沢実信著，北島新平絵　理論社　1987.8　186p　21cm　（ものがたり北海道）1500円　Ⓘ4-652-01566-6

目次 1 クラーク博士、北へ,2 船中の一大事件,3 信仰を教育の基本に,4 愛弟子とともに,5 洗礼第1号,6 まず“紳士たれ”,7 禁酒・禁煙の誓い,8 土足でクラーク博士の上に,9 少年の大志を抱け,10 風変りな“新入生歓迎”,11 札幌農学校の救い主,12 内村鑑三、入信のすすめ,13 立行社の4人組,14 “太平洋の橋”になりたい

『大志と野望―ウィリアム・スミス・クラークの足跡をたずねて』北海道放送「大志と野望」特別取材班構成，阿部進企画，児玉喬夫絵　KABA書房　1981.12　64p　27cm　（はかせブックス）〈発売：創造教育センター〉1500円

◆◆田中　正造

『たたかいの人―田中正造』大石真著　フレーベル館　2007.9　283p　21cm　〈年譜あり〉1500円　Ⓘ978-4-577-03486-6　Ⓝ289.1

目次 明治の夜明け, 光と影, 死の大地, 闇の中のさけび

内容 「わたしは、政治の世界にふみこんだときから、いつでも、人々のために、自分の命を投げすてる覚悟でやってきました。今こそ、そのときが来たような気がしますのじゃ…」。足尾銅山の鉱毒に苦しむ渡良瀬川沿岸の人々の声を届けようと命をかけてたたかいつづけた田中正造のものがたり。

『田中正造―公害の原点、足尾鉱毒事件とたたかう』酒寄雅志監修，小西聖一著　理論社　2005.3　113p　25cm　（NHKにんげん日本史）〈年譜あり　年表あり〉1800円　Ⓘ4-652-01480-5　Ⓝ289.1

目次 第1章 そのまなざし（わかい名主, 無実の罪 ほか）, 第2章 鉱毒事件ととり組む（憲法と国会, 足尾鉱毒問題を国会に ほか）, 第3章 亡国に至るを知らざれば（押し出し, こんどこそ ほか）, 第4章 谷中村に生き、谷中村

に死す（毒をためるダム，谷中村へ ほか）

『少年少女世界伝記全集―国際版 第24巻 オルコット，田中正造』小学館 1982.10 133p 28cm 1350円

『少年少女信仰偉人伝 29 田中正造―公害と戦った愛と熱の人』満江厳著 日本教会新報社 1982.7 187p 22cm （豊かな人生文庫）1200円

『田中正造―公害とたたかった鉄の人』砂田弘著 講談社 1981.11 189p 18cm （講談社火の鳥伝記文庫）390円 ①4-06-147514-2

◆◆津田 梅子

『津田梅子―六歳でアメリカに留学した女子教育のパイオニア』津田塾大学津田梅子資料室監修，みやぞえ郁雄まんが，菅谷淳夫シナリオ 小学館 1997.11 159p 23cm （小学館版学習まんが人物館）〈年譜あり〉850円 ①4-09-270112-8

『アメリカで学んだ少女―津田梅子ものがたり』浜田けい子作，高田勲絵 岩崎書店 1986.4 78p 22cm （愛と勇気のノンフィクション）780円 ①4-265-01310-4

内容 100年ほどまえ、津田梅子は7歳でアメリカに留学した。アメリカの自由な社会で、女性の地位の平等を学び、そして日本にも女子の教育をたかめようと…。

◆◆ナイチンゲール

『ナイチンゲール』武鹿悦子文，ふりやかよこ絵 チャイルド本社 2009.5 30p 25×21cm （絵本版 こども伝記ものがたり 2）571円 ①978-4-8054-2350-9

『この人を見よ！歴史をつくった人びと伝 18 ナイチンゲール』プロジェクト新・偉人伝著作・編集 ポプラ社 2009.3 143p 22cm〈文献あり 年表あり〉1200円 ①978-4-591-10740-9 Ⓝ280.8

『ナイチンゲール』武鹿悦子文，ふりや・かよこ絵 ひさかたチャイルド 2006.10 31p 27cm （伝記絵本ライブラリー）〈年譜あり〉1400円 ①4-89325-667-X Ⓝ289.3

内容 心やさしい少女フローレンスは、めぐまれない人々のために一生を捧げることを決心します。人のためにつくすことの大切さ、苦難に負けない強い意志と実行力。本当のやさしさと強さについて教えてくれる、「ランプをもった天使」フローレンス・ナイチンゲールの物語です。

『ランプをもったてんし』香山美子文，牧野鈴子絵 チャイルド本社 2004.11 29p 25cm （感動ノンフィクション絵本 8）571円 ①4-8054-2571-7 Ⓝ289.3

『ちびまる子ちゃんのナイチンゲール』さくらももこキャラクター原作，宮原かごめ漫画，小玉香津子監修 集英社 2004.4 191p 19cm （満点人物伝）〈肖像あり 年譜あり〉880円 ①4-08-314024-0 Ⓝ289.3

目次 第1章 未来を決定した神の声（ナイチンゲールはこんな人，ナイチンゲールの7つの顔 ほか），第2章 華やかな社交界（ナイチンゲールの生きたイギリス，ナイチンゲールが生きた時代の世界情勢），第3章 看護の道へ（ナイチンゲールがのこした業績，ナイチンゲール関連地図 ほか），第4章 クリミア戦争（ナイチンゲールとクリミア戦争，ナイチンゲールと病院大改革 ほか），第5章 後進の看護婦のために（アンリ・デュナン，看護の歴史 ほか）

内容 お金持ちのお嬢さまでありながら、貧しい病人や傷ついた兵士の看護に立ち上がった、闘う看護師、ナイチンゲール。ドラマチックなまんがと、ちびまる子ちゃんのくわしい解説で、今までの伝記には書かれていないナイチンゲールの新しい魅力にあふれた一冊。

『ナイチンゲール―看護の重要性を世に訴えた人 近代看護の母』橋本るい画，柳川茂作，小玉香津子監修 コミックス 2001.3 159p 19cm （講談社学習コミック―アトムポケット人物館 9）〈発

売：講談社　年譜あり〉660円
①4-06-271809-X
目次 第1章 ナイチンゲール家の人々, 第2章 私の仕事, 第3章 戦い, 第4章 クリミア戦争, 第5章 戦いは終わらない
内容 看護の重要性を世に訴えた、近代看護の母ナイチンゲールの少女時代をクローズアップした新しい人物伝。

『ナイチンゲール―人につくす喜びこそ生きる喜び』 リチャード・テームズ著, 来住道子訳　国土社　1999.3　55p　27cm（愛と勇気をあたえた人びと 8）〈肖像あり　年譜あり〉1600円
①4-337-15908-8
目次 なじめない上流社会, ナイチンゲール以前の看護婦, 看護の道へ, クリミア戦争, ランプをもつレディー, シドニー・ハーバート, 改革者として, イギリス植民地下のインド, ナイチンゲール・ナース
内容 19世紀のイギリスで、上流階級に生まれ、華やかなくらしを送っていたナイチンゲール。しかし、そんな彼女には裕福な生活よりも、もっと大切な夢がありました。それは病人や貧しい人々のためにつくす看護婦になることでした。当時の病院は、どこもすたれきり、まともな訓練を受けた看護婦はほとんどおらず、悲惨な状態におかれていたのです。そうした状況を目の当たりにしたナイチンゲールは、自ら看護の問題に取り組もうと立ち上がります。看護婦という仕事を、ひとつの立派な職業として確立した彼女の愛に満ちた生きざまを見つめていきます。

『ナイチンゲール』 早野美智代文　ポプラ社　1998.10　157p　22cm（おもしろくてやくにたつ子どもの伝記 11）〈文献あり　年譜あり〉880円
①4-591-05798-4
目次 ふたりの女の子, 心にあいたあな, 神のよびかけ, なにかをさがして, わたしの生きる道, つらいたたかい, あたらしい一歩, クリミアのたたかい, つぎの目標へ, いのちのかぎり, 金色の夕やけ
内容 戦場できずついて、苦しむ兵士たち。かれらを勇気づけたのは、ナイチンゲールひきいる看護婦たちの、けんめいなはたらきでした。看護の基礎をきずいた女性のものがたりです。

『ナイチンゲール―“戦場の天使”とよばれたイギリスの看護婦』 真斗まんが, 黒沢哲哉シナリオ　小学館　1996.12　159p　23cm（小学館版学習まんが人物館）〈監修：長谷川敏彦〉880円
①4-09-270010-5

『新装世界の伝記　30　ナイチンゲール』 足沢良子著　ぎょうせい　1995.12　283p　20cm　1600円　①4-324-04473-2
目次 第1章 フローレンスの望み, 第2章 クリミア戦争, 第3章 ナイチンゲール学校, 第4章 健康と幸せのために, 第5章 晩年

『ナイチンゲール』 香山美子文, レンナ絵　小学館　1993.10　116p　21cm（新訂版オールカラー世界の伝記 8）980円
①4-09-231107-9
目次 1 二人の女の子,2 神さまの声,3 ヨーロッパへの旅,4 フローのねがい,5 ながい手紙,6 クリミア戦争,7 あたたかい毛布,8 フローレンスのかかげた灯, ナイチンゲールアルバム, 年表
内容 ナイチンゲールは、イギリスの名門貴族の家に生まれました。みんなの反対をおしきり、看護婦となってクリミアの戦場に到着し、きずついた兵士たちの手当てにあたりました。のち、すぐれた看護婦を育てる看護婦学校をつくりました。

『ナイチンゲール』 パム・ブラウン著, 茅野美ど里訳　偕成社　1991.5　180p　22cm（伝記世界を変えた人々 5）1500円　①4-03-542050-6
目次 ナイチンゲール一家のヨーロッパ大旅行, カイゼルスベルスで,『カッサンドラ』, クリミア戦争, フローレンスの到着,「ランプをもった淑女」, ナイチンゲール基金,“英雄”フローレンス, ビクトリア女王の助け, パーサの結婚,『看護について』, ナイチンゲール看護婦養成学校の看護婦たち, インドの陸軍, 救貧院の改革, ふたたびセント・トーマス病院へ〔ほか〕
内容 フローレンス・ナイチンゲールは、現

在の看護のあり方を確立しました。1854年のクリミア戦争で、負傷兵を看病してまわった、聖人のような「ランプを持った淑女」として知られてきましたが、それだけではなく、ナイチンゲールは、才覚があり、不屈の精神の持ち主で、病院の環境などの改善をもとめて、軍の指揮官や政府の大臣とたたかいました。50年間にわたって、骨身をおしまず力をつくし、病院看護のあらゆる分野についての専門家となり、病院の大変革をなしとげたのです。

『ナイチンゲールものがたり—看護婦の母』 岡信子ぶん，忠津陽子え　金の星社　1990.12　75p　22cm　（せかいの伝記ぶんこ 2）780円

『ナイチンゲール—愛に生きたクリミアの天使』 甲斐汎シナリオ，よしかわ進漫画　第2版　集英社　1989.9　141p　21cm（学習漫画 世界の伝記）700円
①4-08-240003-6

目次 やさしい女の子フローレンス, クリスティ先生とのであい, 神さまのよびかけ, ハウ博士のはげまし, シドニー・ハーバートとのであい, クリミア戦争, 愛のともしび, なによりのおくりもの, 看護婦の母

内容 ナイチンゲールは、イギリスの貴族に生まれました。貧しい人、病気で苦しんでいる人たちを救いたいと考えて、そのころはあまりなる人がいなかった看護婦の道をえらびました。クリミア戦争では、自分から望んで戦場にいき、負傷兵の看護にあたり、「クリミアの天使」とよばれ、赤十字発足のもととなりました。

『ナイチンゲール』 重兼芳子著，室井東志生画　講談社　1988.3　309p　22cm（少年少女伝記文学館 第12巻）1400円
①4-06-194612-9

目次 1 かごの中のやさしい小鳥,2 かごからの脱出,3 はばたくレディー,4 クリミアでのたたかい,5 看護婦の母として

内容 家族の強い反対をはねのけ、33さいをすぎて、ようやく看護婦になったナイチンゲール。よろこびにあふれ、ちょっとの時間も、くやんだり、立ち止まったりしないで働く彼女を、大きなできごとが待ちうけていた。

『ナイチンゲール—だれもひとりで死なせてはならない』 アンジェラ・ブル作，榊直子訳，長谷川敏彦解説　佑学社　1988.1　119p　22cm（愛と平和に生きた人びと）980円　①4-8416-0546-0

目次 フローレンスとその家族, 舞踏会と数学, 長いたたかい, 神からあたえられたつとめ, 仮設病院で, ランプを手にした貴婦人, ふたたび故郷へ, 兵士らのために, 看護婦にはじまり看護婦に終わる

内容 かつて病院は、病人やけが人の捨て場所のようだった。薬も水も、トイレさえないところで、自分の汚物と血にまみれながら、だれにもみとられずに死んでいくクリミア戦争の負傷兵たち。「兵士たちは、軍隊に強いられたこのみじめな生活のつぐないを受けるべきだ」。貴族に生まれ、家族の反対をおし切って看護婦になったナイチンゲールの手で、人間性回復のための病院改革が、いまはじまろうとしている…。

『ナイチンゲール』 吉森みき男作・絵　ポプラ社　1985.11　127p　18cm（ポプラ社・コミック・スペシャル）450円
①4-591-02141-6

『ナイチンゲール—せんそうできずついた人をすくったかんごふさん』 岡信子文，ゆうちみえこ絵　学習研究社　1985.4　67p　23cm（学研アニメ伝記シリーズ）650円

『世界の伝記—国際カラー版　第7巻　ナイチンゲール』 香山美子文，ジアンニ・レンナ絵　小学館　1983.4　116p　21cm　650円　①4-09-231107-9

『少年少女信仰偉人伝　14　ナイチンゲール—白衣の天使』 伊藤明子著　日本教会新報社　1982.7　209p　22cm（豊かな人生文庫）1200円

『ナイチンゲール』 土田治男著　ポプラ社　1982.3　166p　18cm（ポプラ社文庫）390円

『ナイチンゲール—赤十字の母』 村岡花

子著　講談社　1981.11　229p　18cm（講談社火の鳥伝記文庫）390円
Ⓘ4-06-147503-7

『少年少女世界伝記全集―国際版　第7巻　ナイチンゲール, 福沢諭吉』 小学館　1981.5　133p　28cm　1350円

◆◆新島 襄

『新島襄』 岡本清一著　翻刻版　奈良　青山社　2002.4　254p　19cm〈原本：広島図書昭和23年刊〉1500円
Ⓘ4-921061-03-3

『新島襄』 新島襄編集委員会編　安中　新島襄刊行会　1990.4　86p　21cm〈製作：あさを社（高崎）〉

『新世界に学ぶ―新島襄の青春』 福本武久著　筑摩書房　1985.8　225p　20cm（ちくま少年図書館）1200円

『少年少女信仰偉人伝　15　新島襄―日本の教育の先覚者』 小松栄治郎著　日本教会新報社　1982.7　191p　22cm（豊かな人生文庫）1200円

◆◆二宮 金次郎〔二宮 尊徳〕

『二宮金次郎―報徳精神で村をたてなおした実践の人』 千葉ひろ子文, えんどうえみこ絵　新教育者連盟　2007.10　155p　21cm（子供のための伝記シリーズ 4）〈文献あり　年譜あり〉953円　Ⓘ4-902757-00-1　Ⓝ157.2

『童話二宮金次郎の一生』 森実与子著　掛川　大日本報徳社　2007.7　62p　21cm〈画：清水トム〉200円　Ⓝ289.1

『二宮金次郎・富田高慶からの贈りもの―報徳仕法原町市版』 報徳仕法原町市版副読本編集委員会編　原町　原町市　2004.9　64p　30cm〈文献あり〉
Ⓝ157.2

『二宮金次郎』 和田伝著, 朝倉摂絵　童話屋　2003.12　317p　16cm（この人を見よ 2）1500円　Ⓘ4-88747-041-X
Ⓝ289.1

目次 足柄平野（酒匂川のほとり, わらじの知恵 ほか）, のびゆく大樹（広い世間へ, 名主と作男 ほか）, 尊徳先生（草かりじいさん, 開墾場風景 ほか）, 人民愛の偉人（大磯のぶちこわし, 不義の富 ほか）

内容 毎日ハラの立つことばかり。思いどおりにならないのは、ひとのせい、時代のせい、社会のせい、女房のせい。でもそれはほんとうか。失敗は自分のせいだ。気弱だっただけだ。大丈夫、きみは日本人。正直と勤勉さがある。

『二宮金次郎』 木暮正夫文　ポプラ社　1999.1　166p　22cm（おもしろくてやくにたつ子どもの伝記 18）〈文献あり　年譜あり〉880円　Ⓘ4-591-05878-6

目次 天明の大ききん, お人よしの父, 二百本の松苗,「手本は二宮金次郎」, 兄弟はなればなれ, あんどんの油, 土地の買いもどし, 家老の家も火の車, 殿さまから表彰されて, むずかしいたのみ, にげだした金次郎, ききんがくるぞ！, たちなおった村むら

内容 たきぎをせおって本をよむ、二宮金次郎の像を知っていますか？金次郎は、本からだけではなく、くらしの中からたくさんの発見をして、農民たちのために役だてていったのです。

『二宮金次郎―学問と勤労の大切さを教えた人』 山下智之著　明治図書出版　1997.11　102p　19cm（教科書が教えない歴史人物の生き方 幕末・明治編 no.3　自由主義史観研究会編）〈年譜あり　文献あり〉1048円
Ⓘ4-18-461316-0

『新装世界の伝記　32　二宮尊徳』 岡上鈴江著　ぎょうせい　1995.12　285p　20cm　1600円　Ⓘ4-324-04475-9

目次 第1章 少年・金次郎, 第2章 新しい道, 第3章 桜町仕法, 第4章 仕法に生きる

『二宮金次郎』 松山市造著　ポプラ社　1993.12　174p　18cm（ポプラ社文庫―伝記文庫 D-13）580円
Ⓘ4-591-03995-1

目次 おしよせる大水, ふるいわらじ, おとうさん, おとうとのために, 学問がしたい, おか

あさん, おじさんの家へ, じぶんのあぶら, 一ぴょうのもみ, おひゃくしょうとおぼうさん, 金次郎ののぞみ, おばあさんの家, ほんとうのべんきょう, ひとりだちになる, ひろい世のなかへ, 服部家のたてなおし, とのさまのたのみ, こころをたがやす, だんなはどこだ, ひとのこころ, ひとをあいする

『二宮金次郎—農業の発展につくした偉人』 三上修平シナリオ, 古城武司漫画　第2版　集英社　1989.9　141p　21cm（学習漫画 世界の伝記）700円　Ⓘ4-08-240014-1

目次 悲しいおいたち, かさなる不幸, 小さな一歩, ひとり立ち, 服部家のたてなおし, 桜町の人びと, 桜町をたてなおす, 成田山での断食, 報徳仕法

内容 二宮金次郎は、お金にこまっている藩や、生活に苦しんでいる農村のたてなおしをした指導者としてゆうめいです。金次郎は江戸時代のおわりころ、神奈川県の農家に生まれました。はやくに父母に死にわかれた金次郎は、苦労しながら農業について勉強をしました。そして人手にわたった生家を復興したことがみとめられ、小田原藩の財政や、農村のたてなおしに力をつくしました。

『二宮尊徳—世のため人のために働き学んだ人』 伊藤桂一著, 吉崎正巳画　新学社・全家研　1988.9　189p　22cm（少年少女こころの伝記 15）1300円

『二宮尊徳—幕末の農政家』 八木繁樹, 田代脩監修, 小山田つとむ漫画　学習研究社　1985.3　125p　23cm（学研まんが伝記シリーズ）680円　Ⓘ4-05-101643-9

『二宮金次郎—農と村に生きた尊徳』 打木村治著　講談社　1982.8　189p　18cm（講談社火の鳥伝記文庫）390円　Ⓘ4-06-147534-7

◆◆ヘレン・ケラー

『この人を見よ！歴史をつくった人びと伝 6　ヘレン・ケラー』 プロジェクト新・偉人伝著作・編集　ポプラ社　2009.3　143p　22cm〈文献あり 年表あり〉1200円　Ⓘ978-4-591-10728-7　Ⓝ280.8

『ヘレン・ケラー』 武鹿悦子文, ふりや・かよこ絵　ひさかたチャイルド　2006.2　31p　27cm（伝記絵本ライブラリー）〈年譜あり〉1400円　Ⓘ4-89325-661-0　Ⓝ289.3

内容 目も見えない、耳も聞こえない、口もきけない…。そんなヘレンの暗闇の中で閉ざされていた小さな心を開き、光を与えてくれたのは、サリバン先生の大きな愛でした。苦しみに立ち向かい打ち克った奇跡の人ヘレン・ケラーと、その奇跡を支えたサリバン先生の感動のストーリー。

『ちびまる子ちゃんのヘレン・ケラー』 さくらももこキャラクター原作, 宮原かごめ漫画, 関宏之監修　集英社　2003.4　191p　19cm（満点人物伝）〈年譜あり〉880円　Ⓘ4-08-314022-4　Ⓝ289.3

目次 第1章 突然の病(ヘレン・ケラーはこんな人, ヘレン・ケラーの家族 ほか), 第2章 サリバン先生との出会い(ヘレン・ケラー愛用の品々, サリバン先生), 第3章 もっと勉強がしたい(有能な秘書とともに, 激動のアメリカとヘレン・ケラー), 第4章 失恋とサリバン先生との別れ(岩橋武夫, 来日したヘレン『幸福の青い鳥』), 第5章 世界と日本の障害者のために(ヘレンを愛し、見守った著名な人たち, バリア・フリーな生活のために)

内容「見えない・聞こえない・話せない」という三重苦を背負うことになったヘレン・ケラー。その障害を乗り越えて、世界の障害者のために尽くすようになった人生を、ドラマチックなまんがと、ちびまる子ちゃんによるくわしい解説と豊富な資料で追い、今までの伝記には描かれていないヘレン・ケラーの新しい魅力にあふれた一冊。

『ヘレン・ケラー—障害者福祉の母 三重苦をのりこえた奇跡の人』 八木理英画, 柳川創造作, 東京ヘレン・ケラー協会監修　コミックス　2000.11　159p　19cm（講談社学習コミック—アトムポケット人物館 2）〈発売：講談社〉660円　Ⓘ4-06-271802-2

目次 第1章 光もなく音もなく, 第2章 運命

の出会い, 第3章 WATER(水)!, 第4章 もっと言葉をしゃべりたい, 第5章 ランプをもっと高く, ヘレン・ケラーの社会福祉館
内容 目と耳と口の不自由を克服し、障害をもつ人も、もたない人もあたりまえの生活をすること(ノーマライゼーション)をだれよりも願ったヘレン・ケラー女史。戦争や人種差別にも反対し、世界の人々の心に夢と希望を与えつづけた女史の精神はいまも強く生きています。女史は3度、日本を訪れています。3回目の1955年(昭和30年)には、東京ヘレン・ケラー協会を訪れ、併設のヘレン・ケラー学院の生徒たちの『幸福の青い鳥』の合唱にタクトを振るなど、肌を通して触れ合いました。その強く暖かな精神は、いまも学園の支えとなって息づいています。21世紀を担う子供たちにしっかりともってもらいたいのが、女史の自立の精神です。その手助けとなる本が『アトムポケット人物館ヘレン・ケラー』として刊行されました。愛に満ちたヘレン・ケラー女史の生涯が、明るく、キメ細かく見事にイメージ化されています。小学校3年生～中学生。

『ヘレン・ケラー―光と音を求めた“奇跡”の人生』 リチャード・テームズ著, 山田恵子訳　国土社　1999.3　55p 27cm　(愛と勇気をあたえた人びと 4)〈肖像あり　年譜あり〉1600円
Ⓘ4-337-15904-5
目次 暗闇の世界, ベル博士の電話機, アニーとヘレン, アイルランドの大飢饉, ボストンへ, 学問の道, ブライユ点字法, 苦しみを乗りこえて, 社会主義, 世界をまわる, ルーズベルト大統領, 戦争の悲劇, 絶望にとざされた世界, かぎりない前進
内容 赤ん坊のときの重い病気により、ヘレンは三重苦の障害をおい、暗闇と沈黙の世界にとじこめられてしまいます。不憫に思った家族に甘やかされ、もともと活発で強情なヘレンは、手のつけられない“野性児”に成長します。しかし、アニー・サリバンとの出会いにより、“光”と“音”の世界への扉をあけます。“水”の意味を知ったことをきっかけに、ヘレンはつぎつぎとことばを覚え、点字を習得し、あらゆる困難を克服して、大学にまで進学します。そして今度は、みずからが“光”となり、障害のある他の人びとを助けようと決意するのです。

『ヘレン・ケラー』 砂田弘文　ポプラ社 1998.8　166p　22cm　(おもしろくてやくにたつ子どもの伝記 7)〈肖像あり 年譜あり　文献あり〉880円
Ⓘ4-591-05758-5
目次 元気でかしこいあかちゃん, とつぜんの不幸, ヘレンのいらだち, お父さんとお母さんのねがい, サリバン先生の生い立ち, ヘレンと先生のたたかい, きせきがおこった!, 果樹園も川岸も教室, ボストンに旅だつ, 声がだせるよろこび〔ほか〕
内容 病気のために、目が見えず、耳がきこえず、話せなくなってしまったヘレン・ケラー。サリバン先生とであって、そのきびしい障害をのりこえてゆきます。ヘレンの生き方は、世界中の人びとに、希望と勇気をあたえました。

『ヘレン・ケラー』 武鹿悦子文, ふりや・かよこ絵　チャイルド本社　1998.4 30p　25cm　(こども伝記ものがたり2 絵本版 1　西本鶏介責任編集)〈年譜あり〉581円　Ⓘ4-8054-2156-8
内容 目も見えない、耳も聞こえない、口もきけない―不幸の暗闇の中で閉ざされていたヘレンの小さな心。そんなヘレンの心を開き、光をあたえてくれたのは、サリバン先生の豊かな愛とまごころでした。苦しみに立ち向かいうちかった奇跡の人ヘレン・ケラーとその奇跡をささえたサリバン先生の感動の人間ドラマです。

『ヘレン・ケラー―暗闇から光を投げかけた愛の天使』 高瀬直子まんが, 杉原めぐみシナリオ　小学館　1996.6　159p 23cm　(小学館版学習まんが人物館)〈監修：加覧俊吉〉880円
Ⓘ4-09-270005-9
目次 第1章 光の日び, 第2章 暗やみの少女, 第3章 サリバン先生, 第4章 流れこむことば, 第5章 ひらけゆく世界, 第6章 ふたりの旅路

『新装世界の伝記　42　ヘレン＝ケラー』 山主敏子著　ぎょうせい　1995.12 288p　20cm　1600円　Ⓘ4-324-04485-6

目次 第1章 三重苦の少女(光から闇へ, いたずらっ子, 最初の汽車の旅 ほか), 第2章 きびしい青春の日々(声を出して話す,「霜の王様」事件, ナイアガラの滝と世界博 ほか), 第3章 奇跡の人と呼ばれて(盲人たちのために, ヘレンが住む世界とは, 喜ばれぬ反戦演説 ほか)

『ヘレン・ケラー—目・耳・口が不自由という障害を乗りこえ、人々に愛と希望を与えつづけた運動家』フィオナ・マクドナルド著, 菊島伊久栄訳 偕成社 1994.3 178p 22cm (伝記世界を変えた人々 14) 1500円 Ⓘ4-03-542140-5

目次 見世物?, 運動家, 平等, 障害をもつ人々,「いちばん元気のいい赤ちゃん」, 閉ざされた世界, ミス・サリバン,「わたしの魂の誕生日」,「奇跡」, めざましい成長, 発声に挑戦すべきか, ラドクリフ女子大学、そして書くこと, 著作家への道, アンの結婚, 赤旗, 人間優先, 平和運動, ポリー・トムソン, 恋愛, 生活上の問題,「光の天使」, サリバン先生の死, 第二次世界大戦, 晩年〔ほか〕

内容 ヘレン・ケラーは、1880年アメリカ南部のタスカンビアという小さな町で、元気に生まれました。しかし、生後19か月の時、突然おそろしい病気におそわれ、見ることも聞くこともできなくなってしまいました—。まったく音のない暗闇の孤独な世界です。アン・サリバンが家庭教師としてやってきて、くる日もくる日も幼いヘレンの手のひらに文字をつづり、ついに、ヘレンと心を通わせ、語り合うことに成功します。その時から、ヘレンとアンのふたりは深く結びつき、お互い離れられない存在となりました。そして、ヘレン・ケラーは、重い障害を乗りこえ、世界中の障害者のためにつくす運動家として活躍、いまも人々に愛と希望を与えつづけているのです。小学校中級から大人まで。

『ヘレン・ケラー』久米みのる文, レンナ絵 小学館 1993.5 116p 21cm (新訂版オールカラー世界の伝記 1) 980円 Ⓘ4-09-231114-1

『ヘレン・ケラーものがたり—ひかりの天使』若林利代ぶん, サイキ敬子え 金の星社 1990.9 79p 22cm (せかいの伝記ぶんこ 4) 780円 Ⓘ4-323-01434-1

『ヘレン・ケラー—三重苦をのりこえた奇跡の人』三上修平シナリオ, 森有子漫画 第2版 集英社 1989.9 141p 21cm (学習漫画 世界の伝記) 700円 Ⓘ4-08-240002-8

目次 くらやみの世界, いたずらっ子ヘレン, きぼうの光, サリバン先生, 愛のたたかい, ちえのとびら, パパママただいま, 広がる世界, ハーバード大学へ, 心に光を

内容 病気のため「見る」「聞く」そして「話す」ことができなくなったヘレン・ケラーは、サリバン先生の愛情と、大変な努力で、この三重苦をのりこえました。ヘレンは"奇跡の人"とか、同じ苦しみを持つ人に希望を与える"心の灯"といわれています。

『ヘレン=ケラー—不屈の魂が生んだ奇跡の聖女』内山登美子著, たに・としひこ画 新学社・全家研 1988.9 197p 22cm (少年少女こころの伝記 26) 1300円

『ヘレン・ケラー—20世紀の奇跡』村岡花子著 改訂版 偕成社 1988.4 270p 19cm 1200円 Ⓘ4-03-808160-5

目次 おさない頃(幸福な赤ちゃん, あわれ、ヘレンよ, パーキンス学院, その日その時), サリバン先生と共に(めざましい第一歩, 大自然のなかで, 心の芽, ひらけゆく世界), 光を求めて(口がきけるようになった, 聾啞学校, ハーバード大学へ), 栄光への道(目が見えないということ, 盲人を救うために, 光の天使, かがやく栄冠)

『ヘレン=ケラー』ヘレン=ケラー著, 井上一夫訳, 小松崎邦雄画 講談社 1987.12 309p 22cm (少年少女伝記文学館 第21巻) 1400円 Ⓘ4-06-194621-8

『ヘレン=ケラー—ふじゆうな体で平和のためにつくした人』香山美子文, さかぐち直美絵 学習研究社 1986.4 67p 23cm (学研アニメ伝記シリーズ) 650円

『ヘレン・ケラー―まんがでべんきょう』山根赤鬼作・絵　ポプラ社　1985.11　127p　18cm　（ポプラ社・コミックス・スペシャル）450円　Ⓘ4-591-02138-6

『世界の伝記―国際カラー版　第14巻　ヘレン・ケラー』久米みのる文，ジアンニ・レンナ絵　小学館　1983.8　116p　21cm　650円　Ⓘ4-09-231114-1

『ヘレン・ケラー』吉田定一著，高田勲絵　ポプラ社　1983.1　111p　22cm　（二年生文庫）750円

『少年少女信仰偉人伝　27　ヘレン・ケラー―三重苦をこえた奇跡の人』松下文代著　日本教会新報社　1982.7　198p　22cm　（豊かな人生文庫）1200円

『少年少女世界伝記全集―国際版　第21巻　パスツール，ヘレン・ケラー』小学館　1982.7　133p　28cm　1350円

『ヘレン・ケラー』山口正重著　ポプラ社　1982.1　182p　18cm　（ポプラ社文庫）390円

『ヘレン＝ケラー自伝―三重苦の奇跡の人』今西祐行訳　講談社　1981.11　229p　18cm　（講談社火の鳥伝記文庫）390円　Ⓘ4-06-147504-5

◆◆マザー・テレサ

『この人を見よ！歴史をつくった人びと伝　9　マザー・テレサ』プロジェクト新・偉人伝著作・編集　ポプラ社　2009.3　143p　22cm〈文献あり　年表あり〉1200円　Ⓘ978-4-591-10731-7　Ⓝ280.8

『マザー・テレサ』やなぎや・けいこ文　ポプラ社　2009.3　154p　18cm　（ポプラポケット文庫 072-2―子どもの伝記2）〈ものしりガイドつき　1998年刊の新装改訂版　文献あり　年表あり〉570円　Ⓘ978-4-591-10858-1　Ⓝ198.22
目次 世界のお母さん、マザー・テレサ, スコピエのまち, ロレット修道会, もっともまずしい人につかえなさい…, まずしい人は美しい, シシュ・ババン（聖なる子どもの家）, ニルマル・ヒルダイ（清い心の家）, あの自動車を賞品に？, ノーベル平和賞, 天国へいってから、やすみます, もっとも美しいものは
内容 マザー・テレサは、まずしい人びとをすくう活動を、たったひとりではじめました。その小さな活動が、やがて大きな力となって、ひろがっていきます。愛の力で世界をうごかした女性のものがたりです。マザーものしりガイド付。小学校中級から。

『世界のお母さんマザー・テレサ―レンズの中に愛がみえた』小林正典著　ポプラ社　2003.10　207p　18cm　（私の生き方文庫）〈年譜あり〉650円　Ⓘ4-591-07906-6　Ⓝ198.22
目次 プロローグ 世界の子どもを撮るのが好き,1 カメラを置いたカメラマン,2 カリガート（死を待つ人の家）,3 カルカッタの街,4 路上生活者,5 「神の子」,6 無料診療所,7 ボランティア,8 シシュババン（子どもの家）,9 エグザム神父との出会い,10 私の中の「小さな巨人」マザー・テレサ
内容 テロと戦争で始まった21世紀。多くの人が望んでいるのは戦争ではなく、平和のはずなのに、きっかけがつかめない。どんな貧しい人の中にも尊厳を見出す一方、豊かな国の心の貧しさを指摘したマザー・テレサの言葉、ひたむきな生き方から平和な世界へのヒントがきっと見えてくる。

『マザー・テレサ―ほんとうの愛』綾野まさる作，日高康志画　新版　ハート出版　2003.10　142p　22cm〈年譜あり〉1200円　Ⓘ4-89295-299-0　Ⓝ198.22
目次 ともった明かり, ゆめにまで見たインド, 小さな疑問, ひとりの少女, スラムの学校, あなたを、愛しているからよ, 天国ゆきのきっぷ, ゴミのなかのあかちゃん, 魔法のようなアイディア, 愛のしずく, ひとりからひとりへ
内容 「さあ、あなたのまわりにいる人を愛することからはじめてください」「スラムの学校」「死をまつ人の家」「孤児たちの家」「平和の村」…数々の奇跡を実現させ、多くの人々を救ってきた“神の愛の宣教者”マザー・テレサの生涯。小学校中学年以上向き。

『マザー・テレサ―貧しい人々に手を差し

伸べた修道女』岸田恋画，鬼海正秀作，沖守弘監修　コミックス　2002.9　143p　19cm　（講談社学習コミック―アトムポケット人物館 14）〈発売：講談社〉700円　①4-06-271814-6

目次 第1章 花のつぼみ, 第2章 修道女になりたい, 第3章 インスピレーション・デー, 第4章 スラムの中で, 第5章 世界に向かって, アトムと博士のQ&A（マザー・テレサはどんな少女だった？, 修道女になるってどういうこと？, マザー・テレサはインドでどんなことをしたの？, マザー・テレサが精力的に活動できたのはなぜ?）, 年表 マザー・テレサの生涯

内容 18歳で単身インドに渡り、修道女となったマザー・テレサ。彼女は、貧しい人のなかでも最も貧しい人々へ心から献身する、という“第四の誓願”をたて、「死を待つ人の家」「孤児の家」などの施設を世界中に設立して活動したんだ。彼女が活動を通じて説いた“犠牲をともなう痛い愛”とはどういうものなのかな？小学3年生～中学生向き。

『マザー・テレサーかぎりない愛の奉仕』 沖守弘作　くもん出版　2002.8　174p　21cm〈「マザー・テレサ愛に生きる」（くもん出版1984年刊）の増補改訂版〉1300円　①4-7743-0656-8

目次 “インドの星”マザー・テレサ, マザーとの出会い, 宣教の地、インドへ, 若い協力者たち, マザーと姉妹たち, ひろがる愛の輪, 愛のわざは、平和のわざ

内容 マザー・テレサの活動は、いま世界百二十五か国いじょうにひろがり、孤独な老人のためのホーム、孤児院、ホームレスの人たちの給食所、エイズセンターなど、施設は六百二か所におよぶ。そこで奉仕するシスターは四千人をこえている。本書は、マザー・テレサとのたびかさなる対話と、許可をえて撮られた多くの写真を通し、マザーのおいたちから生涯とシスターたちとの愛のはたらき、著者とマザーとの交流もあますところなく語っている。

『マザー・テレサーほんとうの奉仕とはなにか』 薇薇夫人作，R.イングペン絵，今西大文　鈴木出版　2001.4　1冊　31cm　（はじめてであう世界なるほど偉人伝）〈年譜あり　文献あり〉2500円　①4-7902-3080-5,4-7902-3072-4

内容 すべてをすてて、まずしい人とともにくらし、すべてをわかちあう。マザーは、スラムであえぐまずしい人びとの身近に行くことからはじめ、ひとりひとりのなかに神さまを見、つかえたのです。小学校中学年から中学生。

『マザー・テレサーすべての人に愛を伝える世界の母』 リチャード・テームズ著，内藤ゆかり訳　国土社　1999.3　55p　27cm　（愛と勇気をあたえた人びと 1）〈肖像あり　年譜あり〉1600円　①4-337-15901-0

目次 宣教師になりたい, ロレット修道会, シスター・テレサ、先生になる, カルカッタ, 神さまの声が！, ベンガル地方とベンガル語, やすらかに天国へ行ってほしい, ハンセン氏病, 世界へむけて, ノーベル賞, ノーベル平和賞受賞, マザー・テレサのメッセージ

内容 インドへ行って貧しい人のために働きたい。それがマザー・テレサの子どものころからの夢でした。やがて夢は現実に。18歳でシスターとなったテレサは、インドのカルカッタへ修道院付属学校の教師として派遣されます。しかし、そこはテレサのもとめた貧しい人のいるところとは別世界でした。自分がほんとうにしたいことは？悩むテレサに、ある日神の声が聞こえてきます。迷わずスラムにとびこんだシスター・テレサは、たったひとりで貧しい人たちのために働きはじめました。お金より愛をもとめたマザー・テレサの活動は、世界へ広がっていったのです。

『マザー・テレサ』 間所ひさこ文，たかはしきよし絵，沖守弘監修　フレーベル館　1998.2　29p　27×21cm　（おはなしえほん 16）1000円　①4-577-01859-4

『マザーテレサー貧しい人びとに限りなき愛をそそいだ現代の聖女』 沖守弘監修，あべさよりまんが，滝田よしひろシナリオ　小学館　1997.8　157p　23cm　（小学館版学習まんが人物館）〈年譜あ

り〉850円 ①4-09-270013-X

『マザー・テレサ—貧しい人のために生涯をささげる聖女』三上修平シナリオ，高瀬直子漫画 集英社 1992.3 141p 23cm （集英社版・学習漫画—世界の伝記）〈監修：沖守弘〉800円 ①4-08-240024-9

目次 ノーベル平和賞，信仰の心，わたしのゆめ，修道女への道，修道院の窓の外，貧しさのなかへ，神の愛の宣教者たち，死をまつ人の家，孤児の家，平和の村，世界のマザーに

内容 マザー・テレサは、30数年にわたって、インドに住む貧しい人たちのために、救いと愛の手をさしのべてきました。この活動に対して、1979年、ノーベル平和賞がおくられました。マザーは、日本にも3度こられ、貧しい人たちへの愛を説くことによって、平和と豊かさのなかで忘れがちな心の貧しさと、その存在に気づかせてくれました。

『マザー・テレサ』シャーロット・グレイ著，橘高弓枝訳 偕成社 1991.4 184p 22cm （伝記世界を変えた人々 3）1500円 ①4-03-542030-1

目次 ノーベル平和賞の授賞式，ごく平凡な女の子，アグネス、修道女になる，ささやかな生き方，激動の時代，インスピレーションがわいた日，待ちつづける日々，ロレット修道院をはなれて，修道院の囲いの外，病院のシスターたちからのアドバイス，カルカッタへもどって，新しい仕事、はじまる，シスター・テレサの新しい住まい，スラムにとびだしてまもないころ，最初の協力者，貧しさとたたかう5人の仲間，すばらしいミスター・ゴメス，ルールを作ることと破ること，仕事と息ぬき，組織がしだいにふくらんで，修道会としてみとめられる日，シスター・テレサから〈マザー・テレサ〉へ，イラスム教徒から提供されたマザーハウス，望まず、むだにせず，〈孤児の家〉のあわただしい一日，特別な愛，愛情あふれるエピソード，シアルダー駅のいたましい光景，路上で暮らす浮浪者のむれ，〈死を待つ人の家〉，ヒンズー教徒による迫害，陽気なチャルバーラ，特殊な病院，〈神の愛の宣教者会〉のシスターになること，シスターの所持品，〈マザーハウス〉の一日，愛の贈り物，〈神の愛のブラザー宣教者会〉，たゆみない努力，ローマのバラック小屋，孤独な世界，貧しい人のなかで、もっとも貧しい人たち，新しい奉仕活動，マザー・テレサ、行動をおこす，チタガールの新しい療養所，ハンセン病患者に理解と思いやりを，ひとりの女性、ひとつの世界

内容 1948年、37歳のマザー・テレサは、インドのカルカッタのスラム街に出て、人間社会のどん底で生活する人々のなかに入っていた。自分は、愛の心に動かされて活動するのだという強い信念だけをたよりに、たったひとりで、無一文から活動を始めたマザー・テレサ。彼女のつくった修道会“神の愛の宣教者会”は、急速に成長し、現在、70か国以上に広がって活躍している。この本は、マザー・テレサとシスター（修道女）たちが、貧しい人々にまじって、どのように活動しているか—現代のもっとも人道的な行為を伝える。

『マザー・テレサ—痛みとなるまで愛すること』パトリシア・ギフ作，成田朱美訳，鳥飼玖美子解説 佑学社 1988.10 126p 22cm （愛と平和に生きた人びと）980円 ①4-8416-0548-7

目次 アルバニアの子ども時代，神の教えにみちびかれて，シスター・テレサ誕生，なにかがちがう，修道院の外へ，スラムの学校，一度にひとりずつ，あなたも愛されています，痛みとなるまで愛すること，世界のマザー

内容 故郷、家族、そして修道院での平和な生活をすて、みずからの意志で、カルカッタのスラムではたらきつづけて40年。それはまさに、自分自身の痛みとなるまではたらいて、貧しい人びとに、身も心もささげつくした半生でした。「インドの母」とよばれるマザー・テレサの、現在の活動までを紹介した、感動の伝記。

『マザー＝テレサ—ノーベル平和賞に輝く聖女』望月正子著 講談社 1988.5 213p 18cm （講談社 火の鳥伝記文庫 67）420円 ①4-06-147567-3

目次 1 スラムへの道（まずしい人々にかわって，アグネスのゆめ，修道女への道，神の声，そまつなサリーに着かえて），2 スラムの

天使(スラムの学校, シスターからマザーに, あなたもたいせつな人, 命は生かすもの, 神はみすてない, さばくに花をさかせて),3 世界じゅうに愛を手を(ひろがる愛の手, 神にみちびかれて, そこにまずしい人々がいるのなら, コレラとたたかう, 賞金と、のこりもの, 神の平和の道具として, 愛すること、わかちあうこと), マザー＝テレサの年表

内容 ひもじさに泣く子どもたち、治療もうけられずうずくまる病人。まずしい者のなかの、もっともまずしい人々に愛の手をさしのべた、ノーベル平和賞に輝く聖女マザー＝テレサの、愛と勇気にみちた感動の半生。

『マザー・テレサこんにちは』 千葉茂樹著, 依光隆絵　女子パウロ会　1980.7　195p　22cm　900円

科学の発展に貢献した人びと
—科学者・宇宙飛行士

『月のえくぼを見た男麻田剛立』 鹿毛敏夫著, 関屋敏隆画　くもん出版　2008.4　229p　20cm〈年譜あり〉1400円
①978-4-7743-1391-7　Ⓝ289.1

目次 1 少年の疑問,2 天体観測と暦,3 人生の転機,4 "麻田剛立"第二の人生,5 大宇宙の探究,6 天文学を科学に,7 剛立天文学の精神

内容「これがいつも見ていた月の表面か…？」反射望遠鏡の先に見えた月の地表面の光景に、剛立は言葉を失った。剛立がクレーターのようすをスケッチした図は、日本最古の月面観測図となった。江戸時代、幼少年期から日月食や天体の観測をつづけた剛立は、独学でケプラーの第三法則をも見つけていた。大坂(大阪)に天文塾"先事館"を開き、日本の近代天文学の礎となった麻田剛立の生涯を彼の生きた時代と支えた人びととのつながりの中で描く。

『ゴーリューの空』 鹿毛敏夫原作, 岩尾善幸絵, 結城文宏監修　文芸社　2007.6　29p　22×31cm　2000円
①978-4-286-02896-5　Ⓝ289.1

内容 太陽、月、星空の輝きに、大宇宙のいのちを感じた少年は人生のすべてを天文学に捧げ、医学にも多大なる影響を残した。自分のやりたいことに打ちこみ、その結果すばらしい仕事をなしとげる—夢と希望を持つこと、努力することの大切さを伝え、これから未来を生きる私たちに勇気を与えてくれる。今こそ出会ってほしい偉人の物語。

『心に太陽を唇に歌を—未来に生きる君たちへ』 藤原正彦著　世界文化社　2007.4　55p　23cm　1200円
①978-4-418-07506-5　Ⓝ289.1

内容 小学校四年生から卒業するまでの多感なガキ大将・正彦少年の心の成長物語。けんか、貧困、卑怯、友情、尊敬…さまざまな経験を経て、成長していく姿は、ラストの感動場面へとつながる。

『栄は元気ないちばん星—「Z項」を発見した天文学者・木村栄』 かつおきんや文, やまだゆみこ絵　金沢　北国新聞社　2007.4　43p　30cm　(ふるさと偉人絵本館 5　ふるさと偉人絵本館編集委員会編, 金沢市立ふるさと偉人館監修)〈解説：菊地直吉〉1714円
①978-4-8330-1566-0　Ⓝ289.1

内容 石川ゆかりの偉人たちの少年時代に焦点をあてたシリーズ。「Z項」を発見した天文学者、木村栄の少年時代。

『おがわたくじ』 まつしたちえぶん, ふじいひろゆきえ　和歌山　わかやま絵本の会　2006.9　44p　21×21cm　(郷土絵本 no.82)〈年譜あり〉800円　Ⓝ289.1

『世界にかがやいた日本の科学者たち』 大宮信光著　講談社　2005.3　239p　22cm　1400円　①4-06-212773-3　Ⓝ402.8

目次 高峰譲吉—世界ではじめてホルモンをつきとめた応用化学者, 山極勝三郎—世界ではじめて人工的に癌をつくりだした病理学者, 池田菊苗—食べものの「うま味物質」を抽出した物理化学者, 屋井先蔵—電気の缶づめ—乾電池の発明者, 長岡半太郎—物質の最小単位「原子」の正しい形を発見した理論物理学者, 豊田佐吉—七十年以上もまえに、世

界一の自動織機を発明, 大森房吉―大森式地震計と震央を知る測定式を考案した地震学者, 木村栄―地球の緯度観測で、明治時代に世界的な発見をした天文学者, 本多光太郎―世界最先端の合金を発明、工業の発展につくした物理冶金学者, 鈴木梅太郎―人間が健康に欠かせないビタミンB1(ビーワン)を発見, 佐伯矩―世界に先がけて栄養学を創始した医学者, 大賀一郎―縄文時代のハスの種を発掘し美しい花を咲かせた植物学者, 古賀逸策―最先端の機器につかわれる水晶振動子を発見した電気工学者, 高柳健次郎―テレビジョンをつくった電子工学の先駆者, 中谷宇吉郎―人工的に雪の結晶をつくった物理学者, 島秀雄―夢の超特急「新幹線」をつくった天才技術者, 湯川秀樹―日本ではじめてノーベル賞を受賞した物理学者, 木原均―ゲノム理論をつくった遺伝学者, 岡崎令治―DNA(遺伝子)のコピーのされかたを発見した分子生物学者, 木村資生―ダーウィンにつぐ進化論を提唱した集団遺伝学者

内容 小柴昌俊教授、田中耕一さんたちがノーベル賞にかがやくまえに、こんなに多くの先輩たちがいた。算数や理科が好きになる、おもしろいミニ伝記。

『探検！発見！科学者列伝』綿引勝美原作, 高橋功一郎まんが　小学館　2004.10　193p　19cm　(小学館学習まんがシリーズ―科学・歴史人物伝 1)〈年表あり〉743円　Ⓘ4-09-296301-7　Ⓝ402.8

目次 第1部 古代生物たちの謎と不思議編(まんが「消えたネアンデルタール人」, まんが「恐竜を発見した男」, まんが「野尻湖のナウマンゾウ化石」), 第2部 不思議に挑む科学者たち編(まんが「奇跡のマリー・キュリー」, まんが「甘藷先生青木昆陽」, まんが「幸吉、空を飛ぶ」, まんが「からくり儀右衛門」)

内容 ちょっとドジな少年“カケル”が、人間型タイムマシン“メリー”とともに時空を超えて繰り広げる探検&発見の旅。人類の祖先が生きた古代から現代まで、それぞれの時代で夢と情熱にかけた人々を追う。

『理科室から生まれたノーベル賞―田中耕一ものがたり』国松俊英著, 藤本四郎絵　岩崎書店　2004.4　112p　22cm　(イワサキ・ライブラリー 13) 1200円　Ⓘ4-265-02743-1　Ⓝ289.1

目次 第1章 タナカサン、おめでとう(ノーベル賞授賞式, 人の命をすくう仕事がしたい), 第2章 ひまわり組の耕一くん(父のしごと, かんけりはおわらない, 八人町小学校へ, 先生の手つだい), 第3章 理科と実験がだいすき(自分の頭で考え、あるく, ホウ酸の実験、磁石の観察, ニワトリ自動えさやり機), 第4章 やりたいことをやりとおす(わかるまで質問する, 深夜歩行会と合唱コンクール), 第5章 もったいないが生んだ大発見(田中くんをすいせんします, たんぱく質の分析装置, すてなかった補助剤)

内容 二〇〇二年十月。四三歳の田中耕一さんはノーベル化学賞を受賞しました。常識にとらわれず、失敗もぎゃくに生かした研究がはえある賞につながったのです。理科の実験がだいすきで、工作も得意。富山の豊かな自然と、すばらしい家族や恩師につつまれ、科学への夢をはぐくんでいった少年時代から、ノーベル賞受賞までの日々…。科学への夢を大きくそだてた田中耕一さんの少年時代をえがいた感動のノンフィクション。

『ノーベル化学賞―物質の謎を解明した人びと』戎崎俊一監修　ポプラ社　2003.4　48p　29cm　(ノーベル賞100年のあゆみ 3) 2800円　Ⓘ4-591-07513-3,4-591-99483-X　Ⓝ430.28

目次 ノーベル化学賞と20世紀, スバンテ・アレニウス, アーネスト・ラザフォード, イレーヌ・ジョリオ‐キュリー, ゲオルク・ヘヴェシー, オットー・ハーン, ウェンデル・スタンリー, アーネ・ティセリウス, ライナス・ポーリング, フレデリック・サンガー, マックス・ペルーツ, ドロシー・ホジキン, ウォルター・ギルバート, リチャード・エルンスト, キャリー・マリス, パウル・クルッツェン, アハメド・ズヴェイル, ノーベル化学賞受賞者一覧

『ノーベル物理学賞―自然現象の謎を解明した人びと』戎崎俊一監修　ポプラ社　2003.4　48p　29cm　(ノーベル賞100

年のあゆみ 2）2800円
Ⓘ4-591-07512-5,4-591-99483-X
Ⓝ420.28
目次 ノーベル物理学賞と20世紀, ヴィルヘルム・レントゲン, マリー・キュリー, グリエルモ・マルコーニ, マックス・プランク, アルバート・アインシュタイン, ニールス・ボーア, ヴェルナー・ハイゼンベルク, ウィリアム・ショックレー, チャールズ・タウンズ, アーノ・ペンジアスとロバート・ウィルソン, エルンスト・ルスカ, ジャック・キルビー, ノーベル物理学賞受賞者一覧

『麻田剛立―宇宙に魅せられた江戸時代人』 鹿毛敏夫文, 岩尾善幸絵, 大分県立先哲史料館編　普及版　〔大分〕 大分県教育委員会　2003.3　184p　19cm（大分県先哲叢書）〈年譜あり〉 Ⓝ289.1

『向井千秋―日本人初の女性宇宙飛行士』 橋本るい画, 小川容子作, 宇宙開発事業団監修　コミックス　2002.10　143p　19cm （講談社学習コミック―アトムポケット人物館 15）〈発売：講談社〉 700円　Ⓘ4-06-271815-4
目次 第1章 初めての宇宙飛行, 第2章 夢は大きく, 第3章 外科医としての岐路, 第4章 長い道のり, 第5章 宇宙のお医者さん, アトムと博士のQ&A
内容 向井千秋さんは、「病気で苦しんでいる人を助けたい」という夢を持って心臓外科医として活躍していたんだ。しかし新しい夢を抱いて猛勉強し、みごと宇宙飛行士になって二度もスペース・シャトルに搭乗、宇宙医学などの実験で世界の科学進歩に貢献したんだ。「大切なのは夢を持ち続けること」という向井さんの半生を見てみよう。

『「医療・保健衛生」につくした日本人』 畠山哲明監修　くもん出版　2002.4　47p　28cm （めざせ！21世紀の国際人 この人たちから学ぼう！国際社会の"現在"と"未来" 5）2800円　Ⓘ4-7743-0621-5
目次 神戸俊平―ケニア初の日本人獣医, 秦野環―ネパールで保健衛生活動, 菅谷昭―チェルノブイリでの小児がん治療, 中村哲―パキスタン、アフガニスタンでのハンセン病治療, 吉田真美―ルワンダで義肢づくり, 国境なき医師団―国境をこえて人びとの命を救う, 向井千秋―アジア人初の女性宇宙飛行士は、心臓外科医, 野口英世―世界の偉大な"英雄", 肥沼信次―戦後ドイツで、チフス治療に身をささげた日本人医師
内容 本巻では、国際社会で、医療・保健衛生の面で活動し、あるいは活動していた人びとを紹介します。小学校高学年～中学生向き。

『科学に魅せられて』 岩崎書店　2000.4　163p　20cm （20世紀のすてきな女性たち 3）〈年譜あり　文献あり　索引あり〉 1600円
Ⓘ4-265-05143-X,4-265-10218-2
目次 マリー・キュリー, 保井コノ, レイチェル・カーソン, 柳沢桂子, ここにすてきな女性たち（荻野吟子, 和田英, キャスリーン・ロンズデール, 湯浅年子, 遠橋勝子, ダイアン・フォッシー, 向井千秋, 森永由紀）, 女性はじめて物語―塚本こなみ

『中谷宇吉郎物語―天からの手紙を読んだ雪博士』 小納弘, 神田健三著, 深田幸太郎イラスト　加賀　加賀市地域振興事業団　2000.3　36p　26cm〈制作：中谷宇吉郎雪の科学館　肖像あり〉
Ⓘ4-907820-02-X　Ⓝ289.1

『デンジロウ博士がやってくる！―米村伝治郎のおもしろ実験物語』 木暮正夫文, 伊東美貴画　学習研究社　1997.8　143p　22cm （学研のノンフィクション）1200円　Ⓘ4-05-200913-4
目次 1 デンジロウ博士がやってくる！,2 デンちゃんは勉強ぎらいだった,3 なんでも実験、また実験,4 ただで作れる「リサイクル電池」の発明,5 「おれは日本のガリレオだ!?」,6 実験教室はおどろきの連続,7 世界へはばたく日, デンジロウ博士のおもしろ実験集
内容 いま、テレビ「それいけキンキ大放送」や「デジタル・ドリーム・キッズ実験室」や科学技術館「ワークス」で話題・注目の米村伝治郎って、どんな人？サイエンス・プロデューサー米村伝治郎先生の、少年時代から現在までの生い立ち、考え方を、小学生

向けにまとめた読み物。小学中級～。

『科学偉人伝―まんが発明発見の科学史』 ムロタニ・ツネ象著　くもん出版　1997.2　327p　23cm　1545円　①4-7743-0121-3

『子どもと一緒に楽しむ科学者たちのエピソード20』 米山正信著　名古屋　黎明書房　1996.12　189p　19cm　（理科のとっておきの話 4）〈『理科が楽しくなる発明・発見ものがたり』改題書〉1442円　①4-654-03014-X

目次 "カッケ"で死んだ二十五人の乗組員―オリザニン（ビタミンB1）の発見者、鈴木梅太郎, ノーベル賞とダイナマイト―ノーベル一家の不屈のたましい, 絹よりも細く鋼鉄よりも強いせんい、ナイロンの発見―悲劇の化学者カロザース, すべての物質は原子からできている―色盲の化学者ジョン・ドールトン, ナポレオン三世のスプーンはアルミニウムだった―アルミニウムの工業的製造法を発明したホールとエルーの不思議な一致, 石炭から生まれた美しい紫色―合成染料の発見者ルンゲ、ホフマン、パーキンを結ぶ線, 電気化学を確立した先生とその弟子―でっち小僧から化学者になったデーヴィとファラデー, 生きた人間の骨が見える！―X線の発見者、レントゲン, "馬のない馬車"を動かすエンジンを開発した発明家たち―車時代を作りあげたルノワール、オットー、ダイムラー、フォード, 水圧機の原理を発見した大天才―「人間は考える葦である」で有名なパスカル〔ほか〕

内容 有名な科学者たちの、人物や業績にまつわる楽しいエピソードを紹介。

『フランクリン』 板倉聖宣著　仮説社　1996.8　279p　19cm　（やまねこ文庫）1957円　①4-7735-0121-9

目次 第1章 印刷工としてのスタート, 第2章 印刷・出版業者としての活躍, 第3章 科学者フランクリンの誕生, 第4章 実業界を引退して, 第5章 フランクリンの社会の科学の研究, 第6章 英国でのさまざまな活躍, 第7章 アメリカ独立革命とフランクリン, 第8章 アメリカ合衆国憲法の制定

内容 凧上げをして雷の正体をつきとめ、避雷針を発明したフランクリン。でも、そんなことは彼のしてきた仕事のほんの一部でしかありません。新聞やベストセラーになるような暦を発行したり、アメリカの独立にも大きな役割をはたしたり…。学校へは2年しか行っていないのに、科学者・実業家・政治家として夢のある仕事をたくさんしてきた彼の魅力的な生涯を紹介します。

『ぼくが宇宙をとんだわけ―毛利衛と宇宙のこれから』 日野多香子文　講談社　1994.7　214p　22cm〈監修：黒田泰弘〉1400円　①4-06-207027-8

目次 第1部 天文少年の大きなゆめ（その日がきた！, 獣医さんちの末むすこ, 科学者への道, 宇宙飛行士になる, 宇宙へ), 第2部 宇宙開発のあゆみ（宇宙へのあこがれ, 宇宙開発の先駆者たち, 月へ、そしてスペースシャトルの時代へ, 日本の宇宙開発, これからの宇宙開発, 二十一世紀の宇宙), 第3部 宇宙のゆめははてしなく（ほんとうに火星にいけるの？―二十一世紀の宇宙開発, 「自分はぜったいたすかる」と考えて努力する―宇宙飛行士になるためには, 人間は二百歳まで生きられるか？―宇宙進出の意味, 自分の可能性をひろげて―読者へのメッセージ）

内容 日本ではじめてスペースシャトルに乗った毛利衛さんは、どのようにして宇宙飛行士になつたのか。少年時代から、宇宙に飛びたつまで、毛利さんのあゆんできた道をたどるとともに、「宇宙ステーション」や「月面基地」など、将来の宇宙のすがたをあわせて紹介。小学校中級から。

『いつもUFOのことを考えていた―UFOライブラリー・荒井欣一さん訪問記』 和田登著　文渓堂　1994.6　159p　22cm　1300円　①4-89423-036-4

目次 1 星空を見つめる少年, 2 UFOへの目ざめ, 3 日本空飛ぶ円盤研究会誕生, 4 あいつぐUFO事件, 5 それでも円盤は飛ぶ, 6 貝塚の円盤写真事件, 7 地球大変動？騒動のなかで, 8 暗い日々…そしてUFOライブラリー開設！

内容 UFOに魅せられ、膨大な資料を収集、ついに東京・五反田にUFOライブラリーを開設・運営するにいたった荒井欣一氏の半

生を描く。内外とりまぜたUFO・宇宙人目撃事件の数々、「日本空飛ぶ円盤研究会(JFSA)」の活動、トリック写真の解明談などを紹介しながら、荒井氏のUFOに託したロマンが熱っぽく語られる。

『アルフレッド・ウェゲナー―大陸は動いている』平見修二著，ムラタ・ユキトシ絵　リブリオ出版　1994.5　63p　27cm　(科学史のヒーローたち 第10巻)　①4-89784-391-X,4-89784-381-2

『チコ・ブラーエ―地球が動いてたまるか』平見修二著，三善和彦絵　リブリオ出版　1994.5　63p　27cm　(科学史のヒーローたち 第1巻)　①4-89784-382-0,4-89784-381-2

『ホーキング―宇宙論のスーパー・ヒーロー』キティ・ファーガスン著，栗原一郎訳　偕成社　1994.4　349p　22cm　2500円　①4-03-814160-8

目次 第1章 ルーカス教授, 第2章 20世紀の二大理論, 第3章 青春時代, 第4章 特別研究員, 第5章 ホーキング放射, 第6章 成功をおさめて, 第7章 境界なき宇宙, 第8章 ベストセラー, 第9章 名声のなかで, 第10章 主人は、ねむってはいません

内容 クラシック音楽とSF小説が大好きなイギリスのごくふつうの少年が、病との闘い、宇宙論との出会いによって天才科学者へと変貌をとげる。ホーキングの描く宇宙論が、もっともわかりやすく語られる。

『野の天文学者 前原寅吉』鈴木喜代春作，三浦福寿絵　あすなろ書房　1993.12　199p　21cm　1300円　①4-7515-1230-7

『真実をときあかした発見』金の星社　1992.6　127p　22cm　(まんが世界のノンフィクション 5)〈監修：長沢和俊〉980円　①4-323-01605-0

『教科書にでてくる人物124人―教科別 8 「理科・算数(数学)」にでてくる人物』稲垣友美,鈴木喜代春編　永井萌二著，松沢慧画　あすなろ書房　1992.4　85p　27cm　①4-7515-1708-2

『科学と技術を創造した人々―科学・技術人物事典』インタラクティブ編集構成　ほるぷ出版　1992.3　144p　22cm　(漫画人物科学の歴史 19)〈監修指導：山崎正勝〉1700円　①4-593-53149-7

内容 この人名事典には、小学校・中学校・高等学校の理科の教科書に出てくる、科学・技術者の中から、重要人物を世界216人・日本65人選んであります。人物の紹介は、科学技術に関する業績を中心に、その人物を理解するためのエピソードをふくめ、楽しく読めるようにしてあります。

『湯川秀樹・朝永振一郎・利根川進―平和と環境と科学・技術』藤井博司漫画，佐々木ケンシナリオ　ほるぷ出版　1992.2　144p　21cm　(漫画人物科学の歴史 日本編 18)　1300円　①4-593-53148-9

目次 湯川秀樹・朝永振一郎(渾沌, 量子力学の始まり, 量子力学の続き, 量子力学の発展, 原子核, 中間子理論, くりこみ理論, 今日の量子力学), 利根川進

『江川太郎左衛門 宇田川榕菴―科学・技術の飛躍』熊谷聡漫画，草川昭シナリオ　ほるぷ出版　1992.1　144p　21cm　(漫画人物科学の歴史 日本編 15)　1300円　①4-593-53145-4

目次 宇田川榕菴(本草学から植物学へ, 蘭学の発展, 宇田川榕菴の登場, 化学への目ざめ, 化学的な考え方, 新しい学問舎密加, 日本最初の化学書『舎密開宗』), 江川太郎左衛門＝坦庵(海の守りの大切さ, 坦庵の心配, 坦庵と蘭学, 蘭学の弾圧, 西洋砲術の威力, この巻の年表)

『仁科芳雄 本多光太郎―基礎科学体系化なる』関口たか広漫画，佐々木ケンシナリオ　ほるぷ出版　1991.12　144p　21cm　(漫画人物科学の歴史 日本編 17)　1300円　①4-593-53147-0

目次 仁科芳雄(日本の物理学, 理化学研究所, サイクロトロンと原子爆弾), 本多光太郎(実験の鬼,KS鋼)

内容 仁科芳雄と本多光太郎―西欧に比べ、はるかに遅れてスタートした日本の近代化

は、とくに科学技術の研究で、世界の水準に並ぶまでには大変な努力が必要でした。物理学のような基礎科学の面で、世界に誇れる成果が日本で生まれるようになるのは、やっと20世紀にはいってからでした。仁科芳雄と本多光太郎は、この時期の代表的な科学者です。のちに理化学研究所の所長になった仁科は、そこで湯川秀樹や朝永振一郎はじめ多くの理論物理学者を育て、また磁石鋼の発明で世界に名を成した本多は、東北大学に金属材料研究所を創設し、金属研究者の育成に当たりました。この2つの研究所の設立は、ともに第1次世界大戦中のことでしたが、この時期に成功した研究所として知られています。そしてそのどちらもが、それまでばらばらだった日本の技術・工学と、基礎科学の結び付きを深めました。これらの功績により、のちにこの2人は、あい前後して文化勲章を授与されています。

『ガモフ ウェゲナー—地球と宇宙』佐々木ケン漫画・シナリオ　ほるぷ出版　1991.5　144p　21cm　(漫画人物科学の歴史 世界編 11) 1100円　Ⓘ4-593-53141-1

目次 ガモフ(ハローミスター＝トムスキン, 膨張宇宙, アルファベーテガモフ論理,3K放射), ウェゲナー(アルプス山脈, 大陸移動説, プレート・テクトニクス)

内容 大宇宙の起源に関して、数々の業績を残したガモフだが、現代最前線の科学を、一般の人々に、分かりやすく説き明かした業績も高く評価されている。またユーモア好きの物理学者としても知られる。ウェゲナーは、4回目のグリーンランド探検中に遭難、50年の生涯を閉じた。アフリカの西海岸と南アメリカの東海岸の相似に驚き、のちに「大陸移動説」を提唱した。

『ヴォルタ ジュール ハーシェル—宇宙はうごいている』宮川正行漫画・シナリオ　ほるぷ出版　1991.3　144p　21cm　(漫画人物科学の歴史 世界編 07)　1100円　Ⓘ4-593-53137-3

『未来をひらく—物理学賞、化学賞ほか』ネイサン・アーセング著, 牧野賢治訳　大日本図書　1991.3　141,5p　22cm　(ノーベル賞の人びと 2) 1200円　Ⓘ4-477-00076-6

目次 1 皮膚をとおりぬける光—エックス線写真,2 大気からのメッセージ—無線通信,3 心臓からのメッセージ—心電計,4 見えないものが見えてくる—位相差顕微鏡,5 コンピュータ時代の幕開け—トランジスタ,6 過去のひみつを解く—放射性炭素による年代測定,7 光の力—レーザー,8 脳の三次元写真—CTスキャナー,9 日本人がもらった物理学賞、化学賞

『ラヴォワジェ ドルトン—物質はなにでできているのか』宮川正行シナリオ・漫画　ほるぷ出版　1991.1　144p　21cm　(漫画人物科学の歴史 世界編 06)　1100円　Ⓘ4-593-53136-5

内容 18世紀末年、ラヴォワジェが、水が酸素と水素の化合物であることを明らかにするまで、人々は2000年もの間、アリストテレスの唱えた4元素説を信じていた。彼は、化合物の命名法を体系化するなど"現代科学の父"といわれる偉大な業績を残しながら、徴税請負人の職についていたため、フランス革命の犠牲者となり、断頭台に消えた。ラヴォワジェが現代科学の父とよばれるのに対し、ほぼ同時代の化学者ドルトンは『化学の新体系』を著して"近代原子論の父"といわれるようになった。しかし、天才はだのドルトンが化学に注目したのは27歳のとき。それまでは気象学に熱中しており、21歳のときからつけ始めた気象観測日誌は生涯続けられ、記録は20万回以上にも。1844年7月26日、この世を去った日の日誌にも「本日小雨」と記している。

『ガリレオ・ガリレイ ハーヴェー—近代科学のあけぼの』佐々木ケン漫画・シナリオ　ほるぷ出版　1990.11　144p　21cm　(漫画人物科学の歴史 世界編 03) 1100円　Ⓘ4-593-53133-0

目次 ガリレオ・ガリレイ(議論屋ガリレオ, 新しい科学, 力学の大発見, 天文学の大発見, 聖書と地動説, 近代科学の扉を開いたガリレオ), ハーヴェー(医学の中心パドヴァ大学, 人体の構造, 心臓と血液, その後のハーヴェー)

『パスカル ニュートン―近代科学への離陸』佐々木ケン漫画・シナリオ　ほるぷ出版　1990.11　144p　21cm　（漫画人物科学の歴史 世界編 04）1100円　Ⓘ4-593-53134-9
目次 パスカル（トリチェリの真空, 天才パスカル, ボイルの法則）, ニュートン（陰気な天才, ニュートンの三大発見, 王立協会とフック, プリンキピア, ニュートンとライプニッツ, 最後の魔術師）

『アリストテレス/アルキメデス―科学の誕生』関口たか広漫画，インタラクティブ編　ほるぷ出版　1990.10　144p　21cm　（漫画人物科学の歴史 世界編 01）〈監修・指導：山崎正勝, 木本忠昭〉1100円　Ⓘ4-593-53131-4　Ⓝ289.3

『まんが仁科芳雄博士物語』遠藤孝次構成・画　里庄町（岡山県）科学振興仁科財団　1990.10　159p　22cm〈仁科芳雄博士生誕100年記念〉

『レオナルド＝ダ＝ヴィンチ/コペルニクス―ルネサンスの科学』宮川正行漫画，インタラクティブ編　ほるぷ出版　1990.10　144p　21cm　（漫画人物科学の歴史 世界編 02）〈監修・指導：山崎正勝, 木本忠昭〉1100円　Ⓘ4-593-53132-2　Ⓝ289.3

『世界の科学者―ガリレイ・ニュートン・エジソン・キュリー夫人・アインシュタイン』手塚治虫編　中央公論社　1990.4　743p　21cm〈ジュニア愛蔵版〉1200円　Ⓘ4-12-001908-X
目次 ガリレイ, ニュートン, エジソン, キュリー夫人, アインシュタイン, 深く知るための資料
内容 今日、私たちが当り前のように享受しているさまざまな文明の恩恵。それらは天才的科学者たちの柔軟でざん新な発想から生れている。

『夢にむかって飛べ―宇宙飛行士エリソン＝オニヅカ物語』毛利恒之文，吉田純絵　講談社　1989.11　261p　22cm　1160円　Ⓘ4-06-204537-0
内容 スペースシャトルの爆発事故で、宇宙のかがやく星となったエリソンが呼びかける。―みんな夢をもとう。夢の実現に挑戦しよう。その努力が世界をよくする。

『科学者・探検家120人物語―世界と日本の人物科学史』朝日新聞社　1989.4　191p　26cm　（朝日ジュニアブック）〈執筆：青山聖子ほか〉980円　Ⓘ4-02-220605-5
内容 わくわくする読み物とゆかいなイラスト。おなじみの科学者・探検家が続ぞく登場、日本、江戸時代以降の50人、世界、ルネサンス以降の50人、探検家、地図を書きかえた20人。発明・発見年表、ノーベル賞受賞者一覧。

『夢をもとめた人びと　1　発明・発見』玉川学園編　町田　玉川大学出版部　1987.3　126p　22cm　1200円　Ⓘ4-472-05571-6
目次 努力こそ一番たいせつ！―湯川秀樹, 空をかけるゆめ―ライト兄弟, がんばりつづけてラジウム発見―キュリー夫人, はたおり機をつくってやる！―豊田佐吉, 日本の美を世界に―御木本幸吉, 発明に一生をささげた人―エジソン, 新しいもようのおりものを―井上でん, ただ直すだけでは満足しなかった人―ワット, 人のためになるために―フランクリン, なぜ水車は回るのか―ニュートン, 苦心の20年―酒井田柿右衛門, 近代科学の父―ガリレオ・ガリレイ
内容 みなさんは、夜でも明るい電灯の下で、本を読んだり、テレビを見たりすることができます。自動車や列車や飛行機で、日本だけでなく、遠い外国にも、かんたんに行くことができます。ダイヤルをまわすだけで、外国に住んでいる人と、話をすることもできます。それは、わたしたちの前に生きていた人たちが、世の中を、少しでも住みよくしようと、苦労をかさね、夢を求めて新しいものをつくったり、見つけたりしてきたからです。なんとすばらしい人たちだったことでしょうか。この本には、そのすばらしい人たちの話が集めてあります。

『フランクリン』加藤恭子文，太田大八絵　チャイルド本社　1986.11　30p　25cm

（チャイルド絵本館—伝記ものがたり）500円 Ⓘ4-8054-7628-1

『冬の花びら—雪博士中谷宇吉郎の一生』 高田宏著 偕成社 1986.4 169p 22cm 1200円 Ⓘ4-03-634120-0

目次 日本の雪、世界の雪, かんざしをさした蛇, スノウ・クリスタル（雪の結晶）, 雪をつくる, 白い海の航海, イグアノドンのうた, 雪は資源である

『まんが世界の科学者物語』 舟木嘉浩構成, 関口たか広まんが 誠文堂新光社 1985.12 243p 26cm 980円 Ⓘ4-416-38528-5

『努力で生まれた数学界の星—フィールズ賞（数学界のノーベル賞）を受けた広中平祐』 渡辺誠作, 上総潮絵 佼成出版社 1985.10 163p 23cm （ノンフィクション・シリーズかがやく心）1200円 Ⓘ4-333-01195-7

『ロケットの父—アニメ伝記・ツィオルコフスキー』 小学館 1983.12 40p 21cm （小学館のテレビ名作—ミームいろいろ夢の旅）330円 Ⓘ4-09-110433-9

『化学をつくった人びと』 三井澄雄編 国土社 1983.4 193p 20cm （日本少年文庫）1200円 Ⓘ4-337-05316-6

『科学をひらいた人びと』 田中実著 国土社 1982.2 221p 20cm （日本少年文庫）980円 Ⓘ4-337-05306-9

◆◆アインシュタイン

『この人を見よ！歴史をつくった人びと伝 8 アインシュタイン』 プロジェクト新・偉人伝著作・編集 ポプラ社 2009.3 143p 22cm〈文献あり 年表あり〉1200円 Ⓘ978-4-591-10730-0 Ⓝ280.8

『アインシュタイン—相対性理論を生んだ物理学者』 岩崎こたろう画, 氷室勲作, 佐藤勝彦監修 コミックス 2002.12 143p 19cm （講談社学習コミック—アトムポケット人物館 17）〈発売：講談社 年譜あり〉700円 Ⓘ4-06-271817-0 Ⓝ289.3

目次 第1章 内気な少年, 第2章 不遇の日々, 第3章 オリンピア・アカデミー, 第4章 証明された新理論, 第5章 後悔

内容 26歳の若さで「相対性理論」という独創的な理論を発表して、物理学界に革命をもたらしたアインシュタイン。彼は少年時代に思った「光の速さで光を見たら、どう見えるだろう」という疑問をずっと抱き続け、その謎解きの過程でノーベル物理学賞を受賞したんだ。20世紀最大の科学者とも言われるアインシュタインはどんなことを考えていたのかな。小学3年～中学生向き。

『おしえて、アインシュタイン博士』 アリス・カラプリス編, 杉元賢治訳 大月書店 2002.3 10,131p 18cm〈年譜あり〉1400円 Ⓘ4-272-44030-6

『アインシュタイン—常識をうちやぶった想像力』 劉思源, 李廉歩作, G.フェッリ絵, 今西大文 鈴木出版 2001.4 1冊 31cm （はじめてであう世界なるほど偉人伝）〈年譜あり 文献あり〉2500円 Ⓘ4-7902-3076-7,4-7902-3072-4

内容 今日の科学技術をささえる近代科学は、ガリレイやニュートンが活躍した16世紀後半から17世紀に生まれました。18・19世紀と着実に発見を積み重ね、新しい技術に応用されました。しかし、それらが人々のあいだに浸透し、その暮らしぶりを一変させるのは20世紀に入ってからです。アインシュタインはそんな20世紀を代表する科学者です。小学校中学年から中学生。

『アインシュタイン—科学の巨人』 岡田好恵著 講談社 1998.4 205p 18cm （講談社火の鳥伝記文庫 105）〈肖像あり 年譜あり〉590円 Ⓘ4-06-149905-X

目次 1 おとなしい男の子,2 青春のスイス,3 科学の巨人、世界をめぐる,4 しのびよる影,5 老巨人の死

内容 時間や空間がのびたり、ちぢんだり、光がまがったりする！それはなぜ?『相対性理論』で、宇宙観を変えた天才科学者。学校なんか大きらいな “なぜなぜぼうや”が…。

『アインシュタイン』スティーヴ・パーカー著, 山崎正勝訳　岩波書店　1995.9　32p　25cm　(世界を変えた科学者)　1600円　①4-00-115692-X
目次 1 幼いころ,2 運動する分子,3 波か粒子か,4 特殊相対性理論,5 宇宙を説明する,6 平和と戦争,7 現代におけるアインシュタイン

『新装世界の伝記　1　アインシュタイン』瀬川昌男著　ぎょうせい　1995.2　318p　20cm　1600円　①4-324-04378-7

『アインシュタイン―相対性理論により、わたしたちの世界観を一変させ、平和運動にも貢献した天才物理学者』フィオナ・マクドナルド著, 日暮雅通訳　偕成社　1994.3　171p　22cm　(伝記世界を変えた人々 19)　1500円　①4-03-542190-1
目次 真実か、それともでたらめか, 光はいつもまっすぐ進むわけではない, 世界を変えた理論, 天才の誕生, 学校での成功, 神と自然界, ドイツをはなれる, 仕事さがし, 結婚, 絶対空間と絶対時間, 光の速度をはかる, アインシュタインの答え, 新しい世界観, 離婚, 病気と回復, 量子力学, さらに国際的な賞を受賞, ユダヤ人との団結, ナチズム, 原子爆弾,「戦争には勝利したが、平和は勝ちとられていない」, 天才の死,「永遠の未来のためのもの」〔ほか〕
内容 天才物理学者アルバート・アインシュタインは、わたしたちの世界観を一変させてしまう相対性理論を生みだしました。その理論は、時間と空間についてのまったく新しい考え方で、宇宙の仕組みをはじめ、その発生や消滅などの大問題をとくきっかけとなる画期的なものでした。彼はまた、平和運動や人権を守る運動に対して貢献し、独創的な考えで、人間の自由と正義、平等という問題にも積極的にとりくみました。アインシュタインは、科学的な業績だけでなく、その生き方や人柄においても、多くの人の心をとらえ、世界じゅうの人たちに影響をあたえつづけているのです。小学中級から大人まで。

『アインシュタイン―相対性理論を生みだした天才科学者』柳川創造シナリオ, よしかわ進漫画　集英社　1992.11　141p　23cm　(集英社版・学習漫画―世界の伝記)〈監修：竹内均〉800円　①4-08-240027-3
目次 科学へのめざめ, 宇宙を知る, 光を追いかけて, ニュートンを超えて, 戦争のさなかで, ナチスのかげ, 平和を求めて

『アインシュタイン　コンピュータと半導体をめぐる人々―ミクロへの挑戦』関口たか広漫画, 佐々木ケンシナリオ　ほるぷ出版　1991.8　144p　21cm　(漫画人物科学の歴史 世界編 13)　1100円　①4-593-53143-8
目次 アインシュタイン(伝説の人, 相対性原理, ミクロの世界), コンピュータと半導体をめぐる人々(エニアック, シリコン戦争), 資料室(ナチスとユダヤ人の迫害, 東西冷戦と科学技術, 半導体, 科学者と平和運動)

『伝記世界の偉人　17　アインシュタイン』手塚プロダクション作画　中央公論社　1985.7　143p　23cm　(中公コミックス)〈監修：永井道雄, 手塚治虫〉750円　①4-12-402505-X

◆◆伊能 忠敬

『伊能忠敬豆辞典―伊能忠敬へのぎもんに答えます』やまおかみつはる著　〔山形〕　藤庄印刷　2004.2　41p　15cm　(豆辞典シリーズ 1)　239円　①4-944077-77-7　Ⓝ289.1

『伊能忠敬―足で日本を測る』酒寄雅志監修, 小西聖一著　理論社　2003.11　102p　25cm　(NHKにんげん日本史)〈年表あり〉1800円　①4-652-01465-1　Ⓝ289.1
目次 第1章 下総の国佐原村(少年の夢, あたえられた仕事 ほか), 第2章 足もとを見る、空を見る(高橋至時との出会い, 星と暦と地図 ほか), 第3章 格別の儀も御座なく候(四万キロへのスタート, 忠敬が使った観測の道具 ほか), 第4章 歩きとおした四万キロ(めざすは全国の地図, 弟子の破門 ほか)

『天と地を測った男―伊能忠敬』岡崎ひ

でたか作, 高田勲画, 伊能忠敬記念館監修 くもん出版 2003.6 247p 20cm 〈年譜あり 文献あり〉1500円 Ⓘ4-7743-0690-8 Ⓝ289.1

内容 一八〇〇(寛政十二)年閏四月十九日に江戸深川から、伊能忠敬は蝦夷地(北海道)測量への第一歩を歩みはじめた。測量方法は、歩測による実測。その後生涯はすべて測量にささげ、ついに完成させた「大日本沿海輿地全図」は、現在の地図と変わらぬほど正確なものだった。幼くして算法に目ざめ、伊能家の当主として辣腕をふるい、家督を長男に譲った後に天文暦学を修め、地球一周にも等しい距離を実測し忠敬の生涯を、時代の流れと師高橋至時や測量を支えた人々とのつながりの中で描く。

『伊能忠敬』清水靖夫監修 ポプラ社 2003.4 79p 27cm (徹底大研究日本の歴史人物シリーズ 6)〈年譜あり〉2850円 Ⓘ4-591-07555-9,4-591-99489-9 Ⓝ289.1

目次 第1章 伊能忠敬の生まれ育ち(伊能図がつくられる前の日本地図,伊能図と現在の地図をならべてみる ほか),第2章 50歳からの学問修業(19歳年下の高橋至時に弟子入り,忠敬の歩測練習の道 ほか),第3章 測量の第1歩は千住宿から(第1次・第2次測量の旅,三浦半島と伊豆半島の旅 ほか),第4章 伊能忠敬の測量の旅(第3次測量・東北地方,第4次測量・北陸地方 ほか),第5章 伊能図の完成(忠敬不参加の第9次測量,第10次測量と忠敬の死 ほか)

内容 伊能忠敬は、55歳をこえてから日本列島の海岸線をひたすら歩いて測量し、日本初の実測による地図をつくりあげました。どのように測量して、どんな地図を作ったのか、忠敬の人物像を通してあかします。

『伊能忠敬―歩いてつくった日本地図』鈴木喜代春作,金成泰三絵 岩崎書店 1998.4 154p 18cm (フォア文庫 B207)〈年譜あり〉560円 Ⓘ4-265-06320-9

目次 さびしい子,つらい年月,「伊能忠敬」となる,五十一歳の生徒,いよいよ蝦夷地へ,蝦夷地の地図,あるきつづける忠敬,西国をあるきつづける,「大日本沿海輿地全図」の完成

内容 伊能忠敬は、五十歳になってから天体の動きや暦のつくりかたを学んで、五十五歳から本格的な日本地図づくりにとりかかりました。それから、北海道から九州まで日本のすみずみまで主に海岸線にそって地球をひとまわりする以上の道のりをあるいたのです。できあがった地図はそのころの世界的水準にあったといわれます。それをなしとげた伊能忠敬はどんな人物だったのでしょう?老年になって偉大なことをなしとげた人間の真実とは。

『日本を足で測った男―伊能忠敬 下巻』一森純直作,神江里見画 名古屋 KTC中央出版 1995.8 201p 22cm (まんが読み物人物セレクション) 1200円 Ⓘ4-924814-64-4 Ⓝ726.1

『日本を足で測った男―伊能忠敬 中巻』一森純直作,神江里見画 名古屋 KTC中央出版 1995.2 202p 22cm (まんが読み物人物セレクション) 1200円 Ⓘ4-924814-56-3 Ⓝ726.1

内容 蝦夷地測量の旅から帰った忠敬は、ほっとする間もなく、地図の制作にとりかかった。それは、緯度、経度を使った画期的なものであった。そして、この地図により忠敬は幕府から苗字帯刀を許された。蝦夷地測量で二十七里と出た子午線一度の長さは、正しいのだろうか。子午線一度の長さがわかれば、地球の大きさを求めることもできる。地球の大きさに魅せられた忠敬は、くり返し測量の旅に出ることになる。第二回、第三回の測量で得られた数値は二十八・二里であった…。

『日本を足で測った男―伊能忠敬 上巻』一森純直作,神江里見画 名古屋 KTC中央出版 1994.8 204p 22cm (まんが読み物人物セレクション) 1200円 Ⓘ4-924814-43-1 Ⓝ726.1

『伊能忠敬―測量に歩いた距離は地球一周分』藤原稔裕マンガ 草土文化 1994.6 141p 22cm (マンガ大江戸パワフル人物伝)〈監修:小和田哲男〉1400円 Ⓘ4-7945-0638-4

内容 ヨーロッパ人も驚いた「伊能図」はどうやって生まれたのか。よりパワフルな生き方を求め、50歳にして大変身。一生を二度生きた男、伊能忠敬の生涯。

『歩いてつくった日本地図―伊能忠敬』 鈴木喜代春文, 金成泰三絵　岩崎書店　1993.4　103p　26cm　(伝記・人間にまなぼう 11) 2400円　①4-265-05411-0
目次 さびしい子, つらい年月, 「伊能忠敬」となる, 五十一歳の生徒, いよいよ蝦夷地へ, 蝦夷地の地図, あるきつづける忠敬, 西国をあるきつづける, 「日本輿地全図」の完成

『伊能忠敬―かがやく日本地図』 今井誉次郎著　講談社　1982.12　189p　18cm　(講談社火の鳥伝記文庫) 390円　①4-06-147540-1

◆◆ガリレオ・ガリレイ

『真実はひとつ ガリレオ』 後藤幹文, 杉山薫里絵　汐文社　2009.3　47p　26cm　(絵で読む 教科書に出てくる世界の科学者たち) 2000円　①978-4-8113-8411-5
目次 第1章 ガリレオを知ろう(ガリレオ家のガリレオ, 技術者ガリレオ, ガリレオが生まれた国イタリア ルネッサンス ほか), 第2章 天動説と地動説(ガリレオの発見・発明, 古代人の宇宙, 天動説 ほか), 第3章 物が動くとは(落下と力, ガリレオの考え, 振り子の実験 ほか)
内容 偉大な科学者ガリレオの生涯が楽しく絵で学べるよ。

『星の使者―ガリレオガリレイ』 ピーター・シス文・絵, 原田勝訳　徳間書店　1997.11　1冊　31cm　1600円　①4-19-860782-6
内容 時の権力者に屈せず、地動説を唱え続けたガリレオ。たとえ罪を着せられても、自分の信念を曲げず、自分の目で見たことを信じる理性と勇気を持っていた偉大な科学者ガリレオ・ガリレイの生涯を細部まで描き込んで、美しい絵で織りあげている。宝石のような一冊。

『ガリレオ』 スティーヴ・パーカー著, 鈴木将訳　岩波書店　1995.9　32p　25cm　(世界を変えた科学者) 1600円　①4-00-115691-1
目次 1 初期のころ,2 数学教授になる,3 夜空を探る,4 教会とのトラブル,5 晩年,6 ガリレオ以後

『新装世界の伝記　10　ガリレオ』 大野進著　ぎょうせい　1995.2　309p　20cm　1600円　①4-324-04387-6

『ガリレオものがたり』 岡信子文　金の星社　1994.11　77p　18cm　(フォア文庫 B163―マーブル版) 750円　①4-323-01964-5
目次 あたらしいかんがえ, 力づよいみかた, すばらしい発見, くだされた命令, おそろしい刑ばつ, とらわれの日び, ガリレオの名は今も

『ガリレオ・ガリレイ―宇宙をのぞき見したぞ』 平見修二著, 久世アキ子絵　リブリオ出版　1994.5　63p　27cm　(科学史のヒーローたち 第2巻)　①4-89784-383-9,4-89784-381-2

『ガリレオ・ガリレイ―地動説をとなえ、宗教裁判で迫害されながらも、真理を追究しつづけた偉大な科学者』 マイケル・ホワイト著, 日暮雅通訳　偕成社　1994.2　174p　22cm　(伝記世界を変えた人々 17) 1500円　①4-03-542170-7
目次 宗教裁判,『天文対話』, 闘い, 反権力的な考え, 学生時代の終わり, ピサふたたび, 斜面の実験, 時間の測定, 加速, 弾道学, 砲丸, 超新星, 望遠鏡, かがやかしい幸運, ねたみ, 迫害, 有罪宣告, 生きつづける, 最後の日々, ガリレオ・ガリレイの遺産〔ほか〕
内容 16・17世紀イタリアの科学者ガリレオの研究分野は、物の運動から宇宙の構造まで、とても幅広いものでした。彼は真理の追究に喜びを見いだし、その時代に信じられていたことのまちがいをつぎつぎと証明しました。そして、当時の世の中を支配していたカトリック教会の教えに反対して、地球は宇宙の中心であり、その回りを太陽がまわっているという“天動説”を否定し、地球が太陽の回りをまわっているのだと“地

動説"を支持したのです。そのためにガリレオは、おそろしい宗教裁判にかけられ、異端の罪で有罪とされてしまいます。しかし、ガリレオは屈することなく、科学を信じ、研究をつづけ、その科学的な方法は、のちの時代の世界じゅうの科学者に大きな影響をあたえたのです。

『ガリレオ』北川幸比古文，バラルディ絵　小学館　1993.10　116p　21cm　（新訂版オールカラー世界の伝記 7）980円　Ⓘ4-09-231124-9
目次 1 ガリレオ家のガリレオ,2 ピサ大学にはいる,3 やくにたつ学問を,4 自由なパドバ大学,5 あたらしい星があらわれた,6 ぼうえんきょう,7 教会のてきとされる,8 法王庁のさいばん, ガリレオアルバム, 年表
内容 科学者ガリレオは、ふしぎなことにであうと、じぶんでじっけんしてたしかめました。じぶんでつくったぼうえんきょうで、太陽や星のかんそくをつづけ「太陽を中心に地球はうごく」という、コペルニクスの地動説はただしいととなえました。

『ガリレオ・ガリレイ―「それでも地球は動く」といった物理学の父』堀ノ内雅一シナリオ，熊谷さとし漫画　集英社　1992.11　141p　23cm　（集英社版・学習漫画―世界の伝記）〈監修：竹内均〉800円　Ⓘ4-08-240026-5

『ガリレオ・ガリレイ ハーヴェー―近代科学のあけぼの』佐々木ケン漫画・シナリオ　ほるぷ出版　1990.11　144p　21cm　（漫画人物科学の歴史 世界編 03）1100円　Ⓘ4-593-53133-0
目次 ガリレオ・ガリレイ（議論屋ガリレオ, 新しい科学, 力学の大発見, 天文学の大発見, 聖書と地動説, 近代科学の扉を開いたガリレオ）, ハーヴェー（医学の中心パドヴァ大学, 人体の構造, 心臓と血液, その後のハーヴェー）

『それでも地球はまわる―ガリレオ物語』伊藤仁作，伊藤悌夫絵　岩崎書店　1987.12　31p　25cm　（絵本ノンフィクション）880円　Ⓘ4-265-91428-4

『伝記世界の偉人　8　ガリレイ』伴俊男作画　中央公論社　1985.9　143p　23cm　（中公コミックス）〈監修：永井道雄, 手塚治虫〉750円　Ⓘ4-12-402496-7

『世界の伝記―国際カラー版　第24巻　ガリレオ』北川幸比古文，セベリノ・バラルディ絵　小学館　1984.1　116p　21cm　650円　Ⓘ4-09-231124-9

『ガリレオ―それでも地球は動く』草下英明著　講談社　1982.6　197p　18cm　（講談社火の鳥伝記文庫）390円　Ⓘ4-06-147529-0

『ガリレイ―天文学の開拓者』青木国夫監修，大野進構成，よこたとくおまんが　学習研究社　1981.12　128p　23cm　（学研まんが伝記シリーズ）680円

『少年少女世界伝記全集―国際版　第12巻　良寛, ガリレオ』小学館　1981.10　133p　28cm　1350円

◆◆高峰 譲吉

『譲吉は行く波のりこえて―タカジアスターゼを発見した化学者・高峰譲吉』かつおきんや文，かみでしんや絵　金沢　北国新聞社　2007.5　43p　30cm　（ふるさと偉人絵本館 6　ふるさと偉人絵本館編集委員会編，金沢ふるさと偉人館監修）〈解説：増山仁〉1714円　Ⓘ978-4-8330-1567-7　Ⓝ289.1

『北里柴三郎 高峰譲吉―国際舞台への登場』新津英夫漫画，藤本彰シナリオ　ほるぷ出版　1992.2　144p　21cm　（漫画人物科学の歴史 日本編 16）1300円　Ⓘ4-593-53146-2
目次 北里柴三郎（激動の明治, 念願のドイツ留学, 破傷風菌の純粋培養に成功, 微生物狩りの天才, 帰国後の北里）, 高峰譲吉（青年の誓い, アメリカへの旅立ち, タカジアスターゼの発見, アドレナリンの研究～そして日本のために）

◆◆ニュートン

『アイザック・ニュートン―すべてを変え

た科学者』フィリップ・スティール著，赤尾秀子訳　神戸　BL出版　2008.5　64p　26cm　（ビジュアル版伝記シリーズ）1800円　①978-4-7764-0279-4　Ⓝ289.3

目次 1 少年アイザック(こごえる冬に生まれて,世界はひっくりかえった,日々の暮らし,学校へかよう),2 きらめく才能(カレッジ時代,自然哲学から科学へ,るつぼ,新しい科学),3 宇宙の神秘(研究生活,錬金術と望遠鏡,王立協会,すい星のしっぽ),4 歴史に名を残す(プリンキピア,友とライバル,ロンドンの日々,「すべては光になった」,熱意の人)

『ニュートン―どうすれば引力が見えるか』劉思源,李廉歩作，M.エバンゲリスタ絵，今西大文　鈴木出版　2001.4　1冊　31cm　（はじめてであう世界なるほど偉人伝）〈年譜あり　文献あり〉2500円　①4-7902-3077-5,4-7902-3072-4

内容 ニュートンは、疑問やひらめきを、実験によって、ひとつひとつたしかめていきました。ほんとうに偉大な点は、それまでまったく関係のない現象だとされたり、ちょっと見ただけでは、ちがうと思われるようなできごとや変化も、原因は同じであることを示し、それをだれもが使える法則にまとめあげたことです。小学校中学年から中学生。

『ニュートン』スティーヴ・パーカー著，小出昭一郎訳　岩波書店　1995.11　32p　25cm　（世界を変えた科学者）1600円　①4-00-115698-9

『コミック ニュートン―近代科学を築いた知の巨人』犬上博史作，石田おさむ画　丸善　1994.6　218p　19cm　（丸善コミックス 7）1250円　①4-621-03959-8

目次 プロローグ 秘密の箱,第1章 光と色の新理論,第2章 落ちるリンゴと落ちる月,第3章 『聖書』と錬金術,第4章 高級官僚に変身,第5章 真理の大海を前にして

内容 コミック『ニュートン』は科学、思想、人間などに関心をもつ人々の必読マンガです。

『ニュートン―万有引力の法則を発見した科学者』よしかわ進漫画，堀ノ内雅一シナリオ　集英社　1993.3　141p　22cm　（集英社版・学習漫画―世界の伝記）〈監修：竹内均〉800円　①4-08-240028-1

目次 村の小さな発明家,驚異の2年間,27歳の大学教授,フックとの論争,『プリンキピア』,真理の大海

内容 ニュートンは、「万有引力の法則」を発見し、科学書『プリンキピア』を書いたことで有名な、イギリスの偉大な科学者です。子どものころからニュートンは、ものごとにじっくり取り組む性格で、自分で機械をくふうしてつくるのが大好きでした。そして、大人になってからも、ほとんどの時間を研究や実験のためにささげ、次つぎにすばらしい成果をあげていきました。

『パスカル ニュートン―近代科学への離陸』佐々木ケン漫画・シナリオ　ほるぷ出版　1990.11　144p　21cm　（漫画人物科学の歴史 世界編 04）1100円　①4-593-53134-9

目次 パスカル(トリチェリの真空,天才パスカル,ボイルの法則),ニュートン(陰気な天才,ニュートンの三大発見,王立協会とフック,プリンキピア,ニュートンとライプニッツ,最後の魔術師)

『伝記世界の偉人　9　ニュートン』中本力作画　中央公論社　1985.8　143p　23cm　（中公コミックス）〈監修：永井道雄,手塚治虫〉750円　①4-12-402497-5

『ニュートン―りんごはなぜおちるか』斎藤晴輝著　講談社　1984.5　181p　18cm　（講談社火の鳥伝記文庫）390円　①4-06-147551-7

◆◆平賀 源内

『新装世界の伝記　37　平賀源内』瀬川昌男著　ぎょうせい　1995.12　329p　20cm　1600円　①4-324-04480-5

目次 第1章 物産学者源内(硝子の筒は回れども,お神酒天神,第一回長崎行 ほか),第2章 文芸家源内(真淵の門に入る,戯作の道へ,『根南志具佐』と『風柳志道軒伝』ほか),

第3章 技術者源内(第二回長崎行, 大坂にて, 中津川鉄山と秋田行 ほか)

『江戸をいくアイデア・マン―平賀源内』 岡本文良文, 金成泰三絵 岩崎書店 1992.4 103p 26cm (伝記・人間にまなぼう 1) 2400円 ①4-265-05401-3

目次 よっぱらった天神さま, てんぐこぞう, とのさまのおよびだし, いきいきした長崎, 江戸へとびだず, ひらりとアイデア, とのさまのおとも, かたい決心, 日本一の物産学者, 小説家になる, なんでもやってやろう, 二どめの長崎, エレキ先生, かなしいさいご, 略年表

『杉田玄白/平賀源内―科学のはじまり』 スタジオ・ネコマンマ, もり・せ・いちる著, インタラクティブ編 ほるぷ出版 1991.11 144p 21cm (漫画人物科学の歴史 日本編 14) 〈監修・指導:奥山修平〉 1300円 ①4-593-53144-6 Ⓝ726.1

『平賀源内―江戸の天才発明家』 ムロタニツネ象まんが 学習研究社 1989.7 148p 23cm (学研まんが人物日本史) 〈監修:樋口清之〉 700円 ①4-05-103249-3

目次 1 天狗小僧四方吉,2 長崎で勉強だ!,3 物産会で名をあげる,4 東都薬品会大成功,5 『風流志道軒伝』,6 もえない布をつくるぞ,7 源内焼をつくる,8 『解体新書』なる,9 エレキテルを完成する,10 非常の死

『平賀源内―エレキテルをつくった天才発明家』 蔵持重裕立案・構成, 三上修平シナリオ, 古城武司漫画 集英社 1988.11 141p 23cm (集英社版・学習漫画―日本の伝記) 〈監修:永原慶二〉 680円 ①4-08-241010-4

目次 第1章 志度の天狗小僧, 第2章 長崎遊学, 第3章 江戸で名をあげる, 第4章 はてしない好奇心, 第5章 戯作者風来山人, 第6章 鉱山開発, 第7章 悲しきエレキテル

内容 長崎や江戸で本草学などを学んだ平賀源内は、寒暖計やエレキテルをつくり、世間をおどろかせました。マンガで学ぼう、英雄の生涯。

『少年少女世界伝記全集―国際版 第15巻 トルストイ, 平賀源内』 小学館 1982.1 133p 28cm 1350円

◆◆マリー・キュリー〔キュリー夫人〕

『マリー・キュリー―科学の流れを変えた女性』 フィリップ・スティール著, 赤尾秀子訳 神戸 BL出版 2008.11 64p 26cm (ビジュアル版伝記シリーズ) 1800円 ①978-4-7764-0308-1

目次 1 ワルシャワの少女(末っ子マーニャ, 母と姉の死, 当事のポーランド, 勉強にはげむ),2 青春の日々(美しい16歳, 家庭教師時代, マリアからマリーへ, 未来のための科学, ソルボンヌ),3 天才の二人三脚(マリーとピエール, ポロニウムとラジウムの発見, 放射能の謎を解く, 栄光のあとの悲劇),4 最後の闘い(絶望の縁で, 生か死か, 戦争、そして永遠の眠り, マリーの夢)

『キュリー夫人』 武鹿悦子文, 牧野鈴子絵 ひさかたチャイルド 2006.3 31p 27cm (伝記絵本ライブラリー) 〈年譜あり〉 1400円 ①4-89325-664-5 Ⓝ289.3

内容 「あなた、見て!」実験室の暗闇に青白い光が浮かんでいます。ラジウムの光です。それは、まるで水の上でおどる月の光のよう…。キュリー夫人は、共に研究を続けてきた夫ピエールの手をとりました。妻として、母として、科学者として生きたキュリー夫人の努力の物語。

『マリ・キュリー』 桶谷繁雄著, 朝倉摂絵 童話屋 2004.4 291p 16cm (この人を見よ 3) 1500円 ①4-88747-042-8 Ⓝ289.3

目次 第1章 パリに来たマリ・スクロドフスカ, 第2章 母の死, 第3章 家庭教師, 第4章 未来の夫に会う, 第5章 新しい人生へ, 第6章 ラジウムの発見, 第7章 苦しい生活, 第8章 栄光と悲しみ, 第9章 世界のマリ・キュリーへ, 第10章 あとにつづく者たち

内容 マリ・キュリーは女性で初めてノーベル賞を受賞、さらにもう一度受賞しました。初めは夫ピエールと二人で物理学賞を、二回目は化学賞を一人で受けています。ノー

ベル賞を同じ人が二回も受賞したのはマリ・キュリーが初めてです。

『キュリーふじん』武鹿悦子文，牧野鈴子絵　チャイルド本社　2002.2（第4刷）　30p　25cm　（こども伝記ものがたり絵本版 11　西本鶏介責任編集）〈年譜あり〉581円　Ⓘ4-8054-2359-5

『マリー・キュリー―未来科学のとびらを開いた女性』リチャード・テームズ著，内藤ゆかり訳　国土社　1999.3　55p　27cm　（愛と勇気をあたえた人びと 7）〈肖像あり　年譜あり〉1600円　Ⓘ4-337-15907-X

目次 天才少女マーニャ，ピエール・キュリー，二人三脚での研究，光るラジウム，ノーベル賞，栄光と悲しみの中で，イレーヌ・キュリー，世界へはばたく女性科学者

内容 新元素ラジウムを発見し、2度のノーベル賞受賞に輝いた女性科学者マリー・キュリー。教師を両親にもつマリーは、小さなころから才女ぶりを発揮。大学進学のためポーランドからフランスへ留学し、物理学者ピエールとしあわせな結婚をしました。夫とともに発見した人類初の放射性元素ラジウムの研究は、科学を根底からくつがえすことになります。けれどマリーの人生にも、大きな波風がありました。最愛の夫の死、戦争、女性科学者にたいする偏見、放射能障害。数々の苦難のすえ、ようやくマリーは世界から功績をたたえられるようになります。

『キュリー夫人』伊東信文　ポプラ社　1998.9　158p　22cm　（おもしろくてやくにたつ子どもの伝記 9）〈肖像あり　文献あり　年譜あり〉880円　Ⓘ4-591-05781-X

目次 末っ子のマーニャ，ひみつの授業，お母さんは天国へ，三つめの金メダル，マーニャのやくそく，住みこみの家庭教師，あこがれのパリへ，ソルボンヌ大学で，キュリー夫人，ラジウムを発見〔ほか〕

内容 二度のノーベル賞にかがやいたキュリー夫人。自分の利益をかんがえず、いつも人びとのしあわせをねがって研究をつづけた科学者です。

『マリー・キュリー―二つのノーベル賞をうけた人』佐藤一美文，伊藤悌夫絵　岩崎書店　1997.6　146p　18cm　（フォア文庫 B189）〈肖像あり　年譜あり〉560円　Ⓘ4-265-06310-1

目次 はじめに 一九九二年、キュリー館をたずねて，マリア・スクロドフスカ，家庭教師，シチューキ村で，わかれ，パリのマリー，ピエール・キュリーとのであい，ラジウムの発見，二つのノーベル賞，人びとのために，おわりに マリー・キュリーのねがい

内容 マリー・キュリーは、女性ではじめてノーベル賞をうけ、そのご二つめのノーベル賞を受賞した、偉大な科学者です。それは、たゆまぬ努力のたまものでした。彼女のこの発見と研究は、科学のあたらしいまくあけとなり、今の原子力の時代へとつながっています。科学者としてばかりか、キュリーは妻として母として、女性のやくわりをはたした人でもありました。二つのノーベル賞（物理学と化学）にかがやく、キュリーの伝記。小学校中・高学年。

『キュリー夫人―はじめてノーベル賞をとった女性科学者』あべさよりまんが，杉原めぐみシナリオ　小学館　1996.4　159p　23cm　（小学館版学習まんが人物館）〈監修：竹内均〉880円　Ⓘ4-09-270002-4

『マリー・キュリー』スティーブ・パーカー著，百々佑利子訳　岩波書店　1995.9　31p　25cm　（世界を変えた科学者）1600円　Ⓘ4-00-115693-8

目次 1 少女時代，2 パリ，3 ラジウムの発見，4 初の女性科学者，5 新しい基準をさだめる，6 戦争と戦後，7 マリー・キュリーの業績

『新装世界の伝記　11　キュリー夫人』山主敏子著　ぎょうせい　1995.2　285p　20cm　1600円　Ⓘ4-324-04388-4

『キュリー夫人』生源寺美子文，バラルディ絵　小学館　1993.8　116p　21cm　（新訂版オールカラー世界の伝記 5）　980円　Ⓘ4-09-231101-X

目次 1 かしこいマーニャ，2 わたしはポーランド人，3 たのしい村のおまつり，4 おねえ

さんがんばって,5 すばらしい町、パリ,6 すてきなピエール,7 いだいな発見,8 かなしみをのりこえて

内容 マリー・キュリーは、夫のピエールとともに、ピッチブレンドという石が、ほうしゃのうをもっていることに気づき、長くつらい研究のすえに、くらやみに青白く光るラジウムを発見。ノーベル物理学賞とノーベル化学賞の二つを受賞しました。

『二つのノーベル賞をうけた人―マリー・キュリー』佐藤一美文, 伊藤悌夫絵 岩崎書店 1993.4 103p 26cm (伝記・人間にまなぼう 20) 2400円 ①4-265-05420-X

目次 マリア・スクロドフスカ, 家庭教師, シチューキ村で, わかれ, パリのマリー, ピエール・キュリーとのであい, ラジウムの発見,2つのノーベル賞, 人びとのために, マリー・キュリーのねがい―おわりに

『キュリー夫人―光は悲しみをこえて』ドーリー作, 榊原晃三訳 偕成社 1993.1 290p 19cm (偕成社文庫) 800円 ①4-03-651620-5

目次 1 マーニャはうたう,2 マーニャは学ぶ,3 反逆者,4 まる1年の休暇,5 ポーランドの人びと,6 幸運な不幸,7 変化,8 「太陽をつかんで、投げると…」,9 マリーの恋,10 キュリー夫人,11 偉大な発見,12 やみのなかの光,13 非売品,14 暗黒,15 どんなことが起こっても,16 戦争,17 わが家で,18 外国へ,19 休暇, キュリー夫人の年譜

内容 物理・化学者として偉大な功績を残したキュリー夫人。ラジウムの発見者であり放射線化学の先駆者であったマリー・キュリーの生涯をあますところなく描いた名著の完訳版。カーネギー賞。

『キュリー夫人』ビバリー・バーチ著, 乾侑美子訳 偕成社 1991.4 173p 22cm (伝記世界を変えた人々 1) 1500円 ①4-03-542010-7

目次 ラジウムの輝き, 新しい放射能, 子ども時代, 悲しいできごと, 学校生活, いなかの日々, すばらしい計画, 砂糖工場の小さな学校, 待ちつづける, ソルボンヌ, 屋根裏の暮らし, 最初の資格, ピエール, あたらしい生活, 「物理学博士」, 放射能の研究をはじめる, どこかよそから線がでている?, 未知の世界へ, ラジウムの追跡, ラジウムの発見, 勝利, ラジウムが、謎をとく, 原子の研究, 奇跡の力, 博士号, ラジウムによる病気, 有名になったマリー, 成功のかげに, つらい年, マリーのライフワーク, 戦争中のマリー, とうとう研究所がひらかれる, もうひとつの勝利, マリー・キュリーののこしたもの

内容 1898年、もの静かで内気なポーランド女性が、歴史の流れを変える発見をなしとげた。彼女の名はマリー・キュリー。ラジウムの発見者であり、放射線化学のパイオニアである。二度もノーベル賞を受賞。しかし、マリーの生涯は、輝かしい科学的な業績だけでなく、ひとりの仕事が人類をたすけることができるのだという強い信念をもって、不可能の壁に立ちむかった勇気の物語である。

『キュリー夫人ものがたり―2度のノーベル賞』桂木寛子ぶん, まるやま佳え 金の星社 1990.12 75p 22cm (せかいの伝記ぶんこ 7) 780円 ①4-323-01437-6

『キュリー夫人―ラジウムを発見した科学者』比留間五月シナリオ, 森有子漫画 第2版 集英社 1989.9 141p 21cm (学習漫画 世界の伝記) 700円 ①4-08-240006-0

目次 ちいさなマーニャ, わたしはポーランド人, なみだをふいて, ゆめがかなうまで, ポーランドの明日のために, あこがれのパリ, すばらしいであい, とつぜんのわかれ, かなしみの中から

内容 キュリー夫人は女性としてはじめて、しかも2回もノーベル賞を受賞した科学者です。1回目はラジウムを発見し、夫のピエールとともに受賞しました。そして夫の死後、数多くの困難にもめげず、2回目のノーベル賞を受賞したのです。このラジウムの発見、研究は、今日の原子力時代へと科学を発展させました。

『キュリー夫人』ドーリー著, 中山知子訳, 庄司栄吉画 講談社 1988.5 285p 22cm (少年少女伝記文学館 第17巻) 1400円 ①4-06-194617-X

目次 1 少女マーニャ(マーニャはうたう, マーニャは学ぶ, 抵抗者たち,1年間の休暇, 民衆, 幸運な不運),2 ラジウムとともに(わたしは太陽をとって投げる, マリーの恋の物語, キュリー夫人, 大きな発見, やみの中の光),3 未来への願い(戦争と平和, イレーヌとエーブ, 野の花のように), 余筆(実験室でのキュリー夫妻, マリー＝キュリーミニ百科, 年表・マリー＝キュリーと科学のあゆみ)
内容 目標を見うしなうことなく、貧しさと世間のつめたい目に耐え、ラジウムを発見したマリー・キュリー。あらゆる困難にも屈せずに、研究をつづけた姿勢には、すさまじい美しさがある。

『いとしのマーニャ―キュリー夫人の少女時代』ヴァンダ・ジュウキェフスカ文, レオニヤ・ヤネツカ画, つかだみちこ, 田村和子訳　草の根出版会　1987.5　258p　20cm　1300円　Ⓘ4-87648-022-2
目次 1 夢、そして現実,2 今日の最後の授業,3 小さな浮浪者,4 夕暮れ時の喜びと悲しみ,5 手わましオルガンの老人,6 くるのかな、こないのかな？,7 ポドヴァレで,8 おじいさんとヴァレレクの箱の秘密,9いのちの水
内容 ノーベル物理学者のキュリー夫人は祖国ポーランドでどんな少女時代をすごしたのでしょうか。マーニャ(キュリー夫人の少女時代の呼び名)の良き相談相手だったヘラ姉さん、病床からやさしく見守ってくれたお母さん、謎の少年ヴァレレク、そして犬のランツェト。家族や友だちに囲まれて暮らした日々を生きいきと紹介します。小学上級向き。

『キュリー夫人―まんがでべんきょう』山根あおおに作・絵　ポヤラ社　1986.4　127p　18cm　(ポプラ社・コミック・スペシャル) 450円　Ⓘ4-591-02265-X
目次 1 神秘な光,2 なかよしきょうだい,3 家庭教師,4 がんばりやのマリー,5 くるしい研究と実験,6 ラジウムはみんなのもの,7 2度目のノーベル賞,8 戦争,9 アメリカ旅行

『キュリー夫人―ノーベル賞を2度うけた科学者』山下喬子文, 大野豊絵　学習研究社　1986.4　67p　23cm　(学研アニメ伝記シリーズ) 650円

『偉人キュリー夫人―二度のノーベル賞に輝く「女性化学者」』大坪万記まんが　秋田書店　1985.4　145p　23cm　(まんが学習アルバム―伝記シリーズ)〈監修：青木国夫〉750円

『伝記世界の偉人　14　キュリー夫人』はやせたくみ作画　中央公論社　1985.3　143p　23cm　(中公コミックス)〈監修：永井道雄, 手塚治虫〉750円　Ⓘ4-12-402502-5

『世界の伝記―国際カラー版　第1巻　キュリー夫人』生源寺美子文, セベリノ・バラルディ絵　小学館　1982.12　116p　21cm　650円

『キュリー夫人』山本和夫著　ポプラ社　1982.2　174p　18cm　(ポプラ社文庫) 390円

『キュリー夫人―輝く二つのノーベル賞』ドーリー著, 桶谷繁雄訳　講談社　1981.11　261p　18cm　(講談社火の鳥伝記文庫) 390円　Ⓘ4-06-147505-3

『少年少女世界伝記全集―国際版　第1巻　キュリー夫人, マルコ・ポーロ』小学館　1980.10　133p　28cm　1350円

◆◆湯川 秀樹

『湯川秀樹』二反長半著　ポプラ社　1994.3　174p　18cm　(ポプラ社文庫―伝記文庫 D-19) 580円　Ⓘ4-591-03744-4
目次 東京の子・京都の子, おとうさまの病気, あたまのいい子, おとなしいけれど, やさしいおかあさま, ぼく、いわん, たのしい小学校, さいしょの友だち, ナンバ先生, 中学生に, われるか、われないか, はじめてかいた童話, むねをはって, がんばれ、三高, 大じしん, 理論物理学, あたらしいけんきゅう, あっ、これだぞ, ノーベル賞にかがやく

『湯川秀樹・朝永振一郎・利根川進―平和と環境と科学・技術』藤井博司漫画, 佐々木ケンシナリオ　ほるぷ出版

1992.2 144p 21cm （漫画人物科学の歴史 日本編 18）1300円 Ⓘ4-593-53148-9

目次 湯川秀樹・朝永振一郎（渾沌, 量子力学の始まり, 量子力学の続き, 量子力学の発展, 原子核, 中間子理論, くりこみ理論, 今日の量子力学）, 利根川進

自然の謎にいどんだ人びと
—生物学者・博物学者

『虫に出会えてよかった』 矢島稔著 フレーベル館 2004.3 230p 22cm 1400円 Ⓘ4-577-02755-0 Ⓝ289.1

目次 昆虫のドラマに魅せられて, 遊びあいては、昆虫たち, 悲惨な戦争がはじまった, 五つの「トラウマ」, 一日中、じっと浮きを見つづける, 「昆虫記」を書こう！, 夜の山で、孤独な戦い, ガをおって、鍾乳洞にとまりこみ, 遊園地に昆虫館をつくる, 幻の映画『小さきものの世界』, 多摩動物公園に昆虫館を, 「インセクタリウム」創刊, 東京にホタルをふやそう, 昆虫生態園会園, 新しい夢「ぐんま昆虫の森」, つづけることは、おもしろい, 昆虫に学ぶ生きかた

内容 「虫なんか調べて、何になる？」どんなに人から言われても、著者はもう50年以上、もくもくと虫の研究に取りくんできました。いろいろな虫をさがして野原を歩きまわり、山では徹夜で虫を採集、鍾乳洞にもとまりこみました。やがて、多摩動物公園に世界最大の昆虫生態園を設立。現在は、広大なフィールドをもつ「ぐんま昆虫の森」の園長をつとめます。著者がこれほど虫にひかれ、のめりこんでいったのは、いままでだれにも語らなかった戦争体験による心の傷が、大きく影響していたのです。虫一筋に生きてきた人生をつづりながら、昆虫という生きもののすばらしさ、そして人生の不思議さ、おもしろさを、大いに語ります。

『環境教育の母—エレン・スワロウ・リチャーズ物語』 エスリー・アン・ヴェア著, ジェニファー・ヘイジャーマン挿絵, 住田和子, 住田良仁訳 東京書籍 2004.2 86p 22cm〈1997年刊の改訂新版 年譜あり〉1300円 Ⓘ4-487-75740-1 Ⓝ289.3

『生きもの、みんな友だち』 ジャック・T.モイヤー著 フレーベル館 2003.3 174p 22cm 1400円 Ⓘ4-577-02639-2 Ⓝ289.3

目次 噴火, カンザスの大草原, すばらしい夏休み, ジャズとバスケットボール, 冒険、冒険、また冒険, 運命をかえた朝鮮戦争, 戦場で野鳥をしらべる, あこがれの三宅島でくらす, 科学者への道, 三宅の海で、世界的発見！, 人生で最高のおくり物, 三宅島サマースクール, バイバイ、ミヤケ

『ウォーターハウス・ホーキンズの恐竜』 バーバラ・ケアリー文, ブライアン・セルズニック絵, 千葉茂樹訳 光村教育図書 2003.2 1冊（ページ付なし）32cm 1900円 Ⓘ4-89572-633-9 Ⓝ289.3

内容 模型作りを依頼されたウォーターハウスは、科学者リチャード・オーウェンのたすけをかりて、筋肉や骨、つめまで、徹底的に研究した。ウォーターハウスがめざすのは完全な恐竜の模型だ。19世紀のロンドンに、恐竜に魅せられたひとりの男がいた。ほんの小さな化石のかけらから巨大な実物大の模型を作り上げ、イグアノドン・パーティーで一流の科学者たちを圧倒した、情熱の天才芸術家ウォーターハウス・ホーキンズの波乱の生涯が、いま明かされる！ 2002年度コルデコット賞銀賞受賞作のノンフィクション絵本。

『「地球環境」につくした日本人』 畠山哲明監修 くもん出版 2002.4 47p 28cm （めざせ！21世紀の国際人 この人たちから学ぼう！国際社会の“現在”と“未来” 2）2800円 Ⓘ4-7743-0618-5

目次 加藤登紀子—大地のメッセージを歌にのせて, 野口健—「地球のシンボル」世界最高峰を守る, 星野道夫—アラスカの生命に魅せられて, 高野孝子—野外活動を通じて自然のすばらしさを伝える, 向後元彦—「緑の冒険」にいどむマングローブ植林行動計画, 遠

山正瑛―沙漠の緑化に生涯をかけた,気候フォーラム―人の輪が地球を守る,オーシャニック・ワイルドライフ・ソサエティ―自然の楽園を取りもどせ,高木仁三郎―原発問題に生涯をかけた市民科学者

内容 本巻では、地球を深く愛し、その自然や環境を守り、子どもたちに残すために、国際社会で活動している日本の人びとを紹介しました。小学校高学年～中学生向け。

『麦さんーいい麦作った権田愛三』青木雅子著，石原真澄絵　国立　けやき書房　2002.2　148p　22cm　（童話の森）1400円　①4-87452-692-6

目次 剣道少年,どの子にも食べ物を！,くず屋だけどほこりをもて！,借金取りと麦ふみ,麦さんに、土のふとんを,土は作物のおっぱいだ,広幅うすまき,ふるさとの祭り,ボロ先生,別れ

内容 いい麦作った権田愛三は、埼玉県熊谷市の生まれ、それまで日本の麦作は、種をまいてから、ほとんど手入れをせず、収穫もしれたものだった。どの子にも、腹一杯食べさせたいと願った愛三は、麦の栽培法に生涯をかけ、おどろくほどの多収穫に成功。その生き方をまとめた本。小学生中学年より。

『化石をみつけた少女ーメアリー・アニング物語』キャサリン・ブライトンさく，せなあいこやく　評論社　2001.1　1冊　28cm　（児童図書館・絵本の部屋）1300円　①4-566-00702-2

『まいあがれ！春の女神ー昆虫博士・名和靖ものがたり』赤座憲久作，安井庸浩絵　PHP研究所　1994.2　126p　22cm　（PHP愛と希望のノンフィクション）1200円　①4-569-58875-1

目次 ギフチョウを育てる子ら,めずらしいチョウ,靖の生い立ち,毛虫さわぎ,バラに集まる虫たち,天狗があらわれる？,ギフチョウの卵や幼虫,昆虫研究所を開く,ウンカの大発生,研究所で昆虫展覧会,昆虫研究所の移転,「昆虫翁」から「白蟻翁」,ギフチョウ発見の地で目覚め

内容 ファーブルと同じ頃、日本にも昆虫博士がいた。ギフチョウ（春の女神）の発見者としても知られている名和靖である。学校での毛虫騒動から、害虫駆除の社会貢献までの生涯を、ゆかいなエピソードもまじえ、紹介します。小学上級以上向。

『森の昆虫博士ー自然とともに生きる』松居友作，西山史真子絵　小峰書店　1994.2　111p　22cm　（いきいき人間ノンフィクション 12）1200円　①4-338-09212-2

目次 そよ風のなかの思い,エゾサンショウウオ,秘密の草小屋,昆虫やってくえるか,害虫という名の虫はいない,熊の世界と人の世界,知床のヒグマそうどう,大雪山をまもる,みんなへのメッセージ いま森があぶない

内容「…虫が好きだから、おれの人生は、虫以外にはありえないんだと、信念みたいなものがありましたね」北海道の大自然の中で、虫をこよなく愛し、少年の魂を持ち、自然を観察しつづけてきた人。西島浩名誉教授を語る。小学校中級以上。

『水族館のクジラ博士ー海獣の友だち中島将行』北川幸比古作，むかいながまさ絵　小峰書店　1993.9　131p　22cm　（いきいき人間ノンフィクション 11）1180円　①4-338-09211-4

目次 銀色にこおる海の、アザラシ,江戸っ子ツトムちゃんの夢,大空にあこがれて,捕鯨船にのって南氷洋へ,北海道でオットセイを追う,イルカのショウをしながら、博士に,海獣の友だち

内容 遊ぶのが好きだった。貿易商になりたかったが、大空にあこがれて飛行機乗りになった。食べ物不足の時代に、水産の増殖技師になった。そしてマリンランドにうつって、大活躍。海獣の友だちがここにいる。小学校中級以上。

『ピーター・スコットーWWF（世界自然保護基金）をつくり、自然保護に一生をささげたイギリス人』ジュリア・コートニー著，乾侑美子訳　偕成社　1993.2　178p　22cm　（伝記世界を変えた人々 11）1500円　①4-03-542110-3

目次「おそろしいところ」,世界をうごかした博物学者,有名な父の息子として,トカゲ、毛虫、ガン,さまざまな生物がいることのすばらしさ,新しい学校,ケンブリッジ大学,鳥

打ち, 画家としての成功, 狩猟—変化のはじまり, 灯台に住む, 活動のとき, 戦争, 艦長として, スリムブリッジの魔法, 野生水鳥トラスト, 真実の瞬間, しあわせ, 理想と成果, 鳥たちを絶滅からすくう, 国際的な活動, ノア氏とノア夫人, 白鳥の湖, つらい調査, スリムブリッジでの教育, 未来を見つめる, グライダーとヨットのチャンピオン, 新しい世界, サンゴ礁, ピーター、テレビ番組を持つ, 地球全体の問題とその解決, レッド・データ・ブック, 世界野生生物基金のはじまり, 自然保護の理念,WWFの初期の活動, 特別な経験, 極地へ, 活動の日々,〈トラ作戦〉, サー・ピーター,WWF、発展する, クジラをすくう, 受賞, クジラのためのよびかけ, 国々が力をあわせて, しあわせな日々

内容 ピーター・スコットは、イギリスの探検家スコット大佐の息子として生まれました。ピーターは、幼いときから自然を愛する心と絵の才能にめぐまれ、鳥を観察し、鳥の絵を描くための旅行をしているうちに、さまざまな動植物が、絶滅の危機にさらされていることを知ったのです。その後、自然保護運動に取り組みはじめ、ついに世界で最も大きな自然保護団体・WWF(世界自然保護基金)を創立しました。ピーター・スコットは、現在の"自然保護運動の父"として、世界中の絶滅しかかっている動植物に人々の目を向けさせ、多くの生物を救ったのです。

『野鳥とともに生きる―中西悟堂』国松俊英文, 高田勲絵　岩崎書店　1992.4　103p　26cm　(伝記・人間にまなぼう 4) 2400円　Ⓘ4-265-05404-8

目次 かまどからおばけが, ことりたちが、ひざのうえに, 多摩川のチドリ, 野原はわたしの食料庫, ヘビを飼う、トゲウオをそだてる, ヨシゴイのチャカ、カラスのカン公, 日本野鳥の会の出発, 冬空のチョウゲンボウ, 略年表

『砂漠に緑の園を―"地球の森"をまもりつづける向後元彦』日野多香子作, 出雲公三絵　PHP研究所　1991.11　165p　22cm　(PHP愛と希望のノンフィクション) 1200円　Ⓘ4-569-58506-X

目次 第1章 砂漠に緑を, 第2章 試練の日々, 第3章 今、夜が明ける, 第4章 砂漠のジャンナ(楽園), 第5章 世界にはばたく

内容 数々の困難にたちむかい、砂漠地帯でのマングローブ林育成に成功。"緑の冒険"に挑戦しつづける向後元彦の熱いロマンを描く。小学中級以上向。

『オパーリン ワトソン―生命の探究』熊谷聡漫画, 佐々木ケンシナリオ　ほるぷ出版　1991.7　144p　21cm　(漫画人物科学の歴史 世界編 12) 1100円　Ⓘ4-593-53142-X

目次 オパーリン(化学進化), ワトソン(遺伝学の発展, セントラルドグマ, その後のワトソン), 資料室(パブロフと条件反射の研究, エルトンと食物連鎖,『沈黙の春』, バイオテクノロジー)

内容 オパーリン―ダーウィンの影響を受けたオパーリンだが、第一ビークル号が、「種の起原」を訪ねてガラパゴス諸島など、太平洋の島々をさ迷ったのとは違い、第二ビーグル号は、天文学、地球物理学、地質学、有機化学、生化学など、新しい科学的事実の海に「生命の起原」を訪ねる旅だった。1924年、旅の成果である「生命の起原」論の著者は、現代の生命の起原論でもっとも重要な考えである化学進化論を初めて提唱したにもかかわらず、ロシア語で書かれていたために、当初ヨーロッパの学会では全く無視されてしまった。ワトソン―「生命はまず細胞として誕生した」というオパーリンの考え方に古さを感じる人もいるかもしれない。生命のあらゆる情報が遺伝物質DNAに書き込まれているなら、細胞ではなくDNAが最初に誕生したと考えたほうがよいように思えてくる。このような遺伝物質で生物を見る今日の見方を徹底的に推し進めたのが、ワトソンとクリックだった。

『鶴になったおじさんの動物記―空気銃でヒグマをたおす・キツネをだました話ほか』高橋良治文, 稲船正男絵　偕成社　1991.1　126p　21cm　(わたしのノンフィクション 20) 1000円　Ⓘ4-03-634440-4

目次 1 勉強なんて大きらい,2 山で遊んで日がくれて,3 さかな釣りの名人,4 ポチは友

だち,5 キツネをだました話,6 空気銃でヒグマをたおす,7 湿原のまいご,8 そして大きくなった

内容 北海道釧路市でタンチョウを人工飼育した記録物語『鶴になったおじさん』は全国の人びとに読まれ感動をよんだ。はてしなくひろがる釧路湿原をかけまわり動物たちとすごした鶴おじさんの少年時代は…。

『魔術師のくだものづくり―ネパールの人と自然を愛し、果樹を育てる近藤亨』 岡本文良作，高田勲絵　くもん出版　1990.10　189p　22cm　(くもんのノンフィクション・愛のシリーズ 21) 1200円　①4-87576-580-0

目次 最初のネパール,悲しみをのりこえて,二度、三度、ネパールはよぶ

内容 国際協力事業団の果樹栽培プロジェクトのチームリーダーとして、ネパールの山地に、ブドウ、クリ、ミカンなどの栽培を成功させた近藤亨の物語。

『野鳥と生きた80年―鳥類の研究と保護に生涯をささげた山階芳麿』 岡本文良作，依光隆絵　PHP研究所　1990.6　143p　22cm　(PHP愛と希望のノンフィクション) 1200円　①4-569-58456-X

目次 1章 まぼろしの鳥発見！,2章 鳥へのあこがれ,3章 標本館をみんなのものに,4章 困難をのりこえて,5章 世界にひろがる活動

内容 日本における鳥類の研究と保護に大きな足跡をのこした山階芳麿の物語。ひとすじに鳥とあゆんだその一生を描く。小学上級以上。

『ゲンジボタルと生きる―ホタルの研究に命を燃やした南喜市郎』 国松俊英作，こさかしげる絵　くもん出版　1990.5　173p　22cm　(くもんのノンフィクション・愛のシリーズ 20) 1130円　①4-87576-537-1

目次 ホタルの研究をやりなさい,虫めがねとピンセットで,とべないホタル、光らないホタル,人工飼育にとりくむ,ヘイケボタルがとんだ,ホタルがよみがえる日

内容 川底をのぞくと、ゲンジボタルの幼虫がうごいていた。そばには巻き貝のカワニナがある。ようすが変だ。よく見ると、カワニナにホタルの幼虫が食いついているではないか。「ついに見つけたぞ」喜市郎はそれまでわからなかった幼虫のえさをたしかめたのだ。ホタルに魅せられた南喜市郎は、研究の道にはいっていく。そして日本で最初にホタルの人工飼育にも成功したのだった。小学中級以上むき。

『牧野富太郎―植物を愛し研究しつづけた九十余年の生涯』 林富士馬著，井口文秀画　新学社・全家研　1989.6　189p　22cm　(少年少女こころの伝記 23) 1340円

『まぼろしの花がさいた―二千年まえのハスを開花させた大賀一郎博士の六十年』 神戸淳吉作，木俣清史絵　くもん出版　1988.9　149p　22cm　(くもんのノンフィクション―愛のシリーズ) 1100円　①4-87576-431-6

目次 ハスがさきました,三百年つづいた家,心をとらえた本,一ちゃん先生,内村鑑三のすすめ,ミスター・アサガオ,子づれの大学生,ドーナツ・パーティ,ハスの種の命,戦争はぜったいにいけない,天皇にそむいたため,しっぱにくじけず,雨と泥のなかで,二千年の命・大賀ハス

内容 大賀一郎は小さいときから草や花がすきだった。大きくなって植物の道にすすんだ。とくにハスを愛し、満州(いまの中国の東北地方)では古ハスの種とであった。ねむりつづけた古ハスの種は芽を出すだろうか？しんじる人はいない。しっぱいはつづく…。それでも一郎はあきらめなかった。日本でも二千年まえのハスの種を見つけ出し、一生の夢とロマンをかけて、まぼろしの花をさかせたのだ…。小学中級以上向き。

『緑のドクター―老木の治療に生涯をささげる樹医・山野忠彦』 藤崎康夫作，根岸佐千子写真　くもん出版　1988.9　157p　22cm　(くもんのノンフィクション―愛のシリーズ) 1100円　①4-87576-435-9

目次 生きぬいた被爆エノキ,朝鮮の山やま,樹医をめざして,よみがえれ、古木,緑の名医,いそがしい日び,工夫,後継者,おられる

イチョウ

内容 百年千年と生きる樹木は、人間よりもはるかに生命力が上まわる。そのような老木の治療に、生涯をささげる樹医・山野忠彦の物語。小学中級以上むき。

『ブラジルに夢をおって一移民植物学者橋本ゴロウ物語』馬場淑子文，中沢潮絵　講談社　1988.7　205p　22cm　1000円　①4-06-203961-3

内容 ブラジルの植物の知識を早く身につけて、移住した人たちに教えてあげたい。マンジョーカ中毒なんかで、いのちを落とす人がひとりもいなくなるように。植物の魅力にとりつかれたゴロウ少年。少年の日の夢をおい、未知の植物をもとめてブラジルにわたった…。ブラジル在住50年をこえる移民植物学者、橋本梧郎の感動の物語。小学上級から。

『ボクは動物少年だい！ーヒゲさんの動物人生』吉村卓三著，青木宣人絵　講談社　1988.4　219p　18cm　（講談社 青い鳥文庫 125‐1）420円　①4-06-147241-0

目次 プロローグ 真夜中の動物園, 第1章 わんぱく少年卓ぼん誕生, 第2章 初代クロとの出会い, 第3章 クロとのわかれ、そして旅立ち, エピローグ 2通の手紙、その後

内容 イヌも、ネコも、タヌキも、動物だったら、みんな大好き。気がついたら、野良イヌは8ぴき、飼育中のニワトリが200羽。「大きくなったら、動物園を持つんだ。」と、ゆめ見た卓三少年。動物園開設の資金集めに、闇屋や卵屋をし、喜劇役者をめざして…。ユニークな体験をしながら、とうとう“移動動物園”を開いた動物大好き少年のユーモラスな半生記。

『みどりのゆめーすじの60年一世界のさばくと遠山正瑛』岡本文良作，高田勲絵　佼成出版社　1987.5　163p　23cm　（ノンフィクション・シリーズかがやく心）1200円　①4-333-01275-9

目次 きかんぼう, ぼたもち幹事, ミカンとナシ, 学者のたまご, 砂あらしのおどろき, 結婚と戦争, 鳥取へ, たった1人から, ナガイモを売る教授, 鳥取1万日, 太陽と月のさばく〔ほか〕

内容 世界の砂漠を緑の作物でいっぱいにしたい—。その夢実現に今も心血をそそぎ続ける遠山正瑛。男の夢とロマンを追う姿を感動的に描きます。

『森のメルヘンをおいもとめて一東大北海道演習林を育てた高橋廷清』高橋健作，石倉欣二絵　佼成出版社　1986.10　163p　23cm　（ノンフィクション・シリーズ—かがやく心）1200円　①4-333-01242-2

内容 北海道に日本で一番美しい森をつくった、自称“どろがめ先生”高橋延清の姿をとおして、自然を愛し、大切にする心をつたえます。

『野鳥よ、おれとうたおう一大自然を友に一小鳥仙人・中西悟堂』鶴見正夫作，かみやしん絵　佼成出版社　1986.2　163p　23cm　（ノンフィクション・シリーズかがやく心）1200円　①4-333-01210-4

内容 野鳥を愛し、自然を守るためにたたかい続けた「日本野鳥の会」の創設者・中西悟堂。その愛とやさしさに満ちた姿を感動的に描く。

『ミズバショウの花いつまでも一尾瀬の自然を守った平野長英』蜂谷緑作，津田櫓冬絵　佼成出版社　1985.10　163p　23cm　（ノンフィクション・シリーズかがやく心）1200円　①4-333-01193-0

『日本のファーブルたち一昆虫を友として』長谷川洋著　講談社　1984.8　189p　18cm　（講談社火の鳥伝記文庫）390円　①4-06-147554-1

『人類の起源にいどむ男』A.マラテスタ,R.フリードランド著，河内まき子訳　筑摩書房　1982.6　233,7p　20cm　（ちくま少年図書館）1200円

『牧野富太郎一花に恋して九十年』山本和夫著　講談社　1982.3　189p　18cm　（講談社火の鳥伝記文庫）390円　①4-06-147524-X

◆◆シーボルト

『発覚、シーボルト事件―新しい学問をめざした人たち』小西聖一著, 高田勲絵　理論社　2006.3　145p　22cm　(ものがたり日本歴史の事件簿 5) 1200円　①4-652-01635-2　Ⓝ289.3

目次 台風があばいた事件の証こ―オランダ商館医師シーボルト取り調べ, オランダ商館に新しい医師が赴任―日本人の間にも評判がたかまる, 江戸への旅―運命を変えた一四三日, 鎖国が生んだ悲劇、シーボルト事件, 十年後の事件、十五年後のできごと, 日本開国―シーボルトふたたび日本へ

内容 明治維新をさかのぼること四十年、文政十一年八月十七日の深夜、猛烈な台風が長崎地方をおそった。その荒れくるう港の中で、一隻のオランダ船が座礁した。オランダ商館の医師シーボルトは、その船で、明日にでも母国に向けて出航するはずだった。事件の発端は、その積み荷の中から、強固な鎖国政策をとる幕府が持ち出しを禁止している、いわゆる禁制品が、数多く見つかったことからだ！なかで、もっとも問題とされたのは、日本地図だった。伊能忠敬や間宮林蔵たちが苦労の末に完成させた、最新の全図だ。たちまち、幕府のきびしい追及が始まった。地図を渡した容疑で、高橋景保がとらえられて獄死。事件に関わったとされる五十人あまりが刑に処せられた。ついに、シーボルトもとらえられて国外に追放！わが国の近代化への夜明けを前にして起こった、日本の学問の発展を渇望した人たちの苦悩を考える。

『シーボルト豆辞典―シーボルトへのぎもんに答えます』やまおかみつはる著　〔山形〕藤庄印刷　2004.10　33p　15cm　(豆辞典シリーズ 3) 200円　①4-944077-73-4　Ⓝ289.3

◆◆ダーウィン

『ダーウィン進化の海へ』杉山薫里文・絵　汐文社　2008.8　47p　27cm　(絵で読む教科書に出てくる世界の科学者たち)〈年譜あり〉2000円　①978-4-8113-8408-5　Ⓝ289.3

目次 第1章 ダーウィンを知ろう(集めることが大好き！, 学校嫌い, 牧師の道へ, ビーグル号の切符, 結婚生活, おだやかな晩年), 第2章 ビーグル号航海記(ビーグル号大図解, 航海の道のり, 探検旅行, 様々な出会い, 魔法の島, イギリスへ), 第3章 種の起源(期待の博物学者, 不思議な標本, 秘密の研究, 長い道のり, 世紀の大事件, 事実は一つ, 進化論と日本)

内容 ダーウィンは、ある悩みを抱えながら研究を続け、『種の起源』という論文を発表した。何を悩んでいたのだろう？きみは、人間の祖先がサルに似た動物だった事は知ってる？じゃあ、サルの祖先は何かと言うと、ツパイというネズミみたいな動物だと言われているんだ。さらに祖先をつきつめていくと、地球上の生き物の祖先は、海から生まれたと言われている。でもこれは、研究が進んだ今の話。ダーウィンが『種の起源』を書いていたころには、このような考えはなく、キリスト教の世界では、地球上の生き物はすべて神様が作ったとみんな思っていた。その中でダーウィンは、それはまちがいだと言ったんだよ。きみだって、みんなが信じていることを「ちがう！」って言うにはすごく勇気がいるし、その理由をしっかり考えるよね。ダーウィンだって同じだ。理由を考えて、探して、悩んだ。そして書きあげたのが『種の起源』なんだ。

『生命の樹―チャールズ・ダーウィンの生涯』ピーター・シス文・絵, 原田勝訳　徳間書店　2005.6　1冊(ページ付なし)　32cm　1700円　①4-19-862027-X　Ⓝ289.3

内容 すべての生き物は神によって創られた―そう信じられていた19世紀のイギリスで、自然淘汰による「進化論」を発表し、世界を揺るがせた博物学者チャールズ・ダーウィン。学校嫌いの少年が、やがて青年になり調査船ビーグル号で、未知の世界―南米、ガラパゴス諸島をめぐる航海に乗りだし生命の神秘に迫る偉大な科学者になったのだ…。小学校低学年～。

『ダーウィン』スティーヴ・パーカー著, 八杉竜一訳　岩波書店　1995.11　32p　25cm　(世界を変えた科学者) 1600円

Ⓘ4-00-115695-4

『新装世界の伝記　22　ダーウィン』瀬川昌男著　ぎょうせい　1995.2　298p　20cm　1600円　Ⓘ4-324-04399-X

『ダーウィンものがたり』岡信子文　金の星社　1994.6　77p　18cm　（フォア文庫―マーブル版）750円　Ⓘ4-323-01961-0

目次 ひろい海へ, ふしぎな生きもの, つづくたんけん, とけたなぞ, ダーウィンのなやみ, わきあがった反対の声, 進化論の勝利

内容 1809年チャールズ・ダーウィンは、イギリスに生まれました。植物や動物が大すきで、1831年22さいの時に、博物学者として、ビーグル号に乗りこみました。この航海で上陸したガラパゴス諸島で、ふしぎな生きものに出会います。1839年にダーウィンは、この航海のことを「ビーグル号航海記」として出版しました。また、ガラパゴスの生きもののなぞをときあかしたいと、研究にうちこみます。そして、1859年50さいの時に出した「種の起源」という本のなかで、「進化論」を発表するのです。

『チャールズ・ダーウィン―人間のはじめはじめを知りたい』平見修二著，佐分優絵　リブリオ出版　1994.5　63p　27cm　（科学史のヒーローたち 第5巻）Ⓘ4-89784-386-3,4-89784-381-2

『ダーウィン―生物は、自然選択によって進化してきたという進化論をとなえ、世界観を変えた博物学者』アンナ・スプロウル著，乾侑美子訳　偕成社　1993.6　182p　22cm　（伝記世界を変えた人々 13）1500円　Ⓘ4-03-542130-8

目次 おそすぎた, 黒い大地, 新しい種ができるまで, 生きのびるための戦い, むかしの友だち, そんなことはできない, 世界を変えた本, ハトと化石とウシ, 偉大な創造主がつくったのだろうか?, 革命をおこす力を持つ本, 「おまえは、おまえ自身の恥だ」, どんな職業につくか〔ほか〕

内容 チャールズ・ダーウィンは、軍艦ビーグル号に乗って、5年間にわたり世界を一周したあとで、19世紀の社会を根本からゆりうごかす理論をあみだします。彼は『種の起源』という本のなかで、人間もふくめ、あらゆる生き物は自然選択（自然淘汰）によって進化してきたものだ、とのべたのです。「人間は神の手によって、神の姿に似せてつくられた」と信じていた当時の教会や人々は、この考え方に大きなショックをうけ、はげしい議論がくりかえされました。しかし、時がたつにつれ、科学者たちはダーウィンの説に賛成するようになり、今日では、その説をもとにさまざまな研究が花開いているのです。

『ダーウィン パスツール―生物は進化する』佐々木ケンシナリオ・漫画　ほるぷ出版　1991.1　144p　21cm　（漫画人物科学の歴史 世界編 08）1100円　Ⓘ4-593-53138-1

内容 19世紀半ばまでのキリスト教社会では、ほとんどの人々が「あらゆる生物は神が創造した」と信じていた。しかし、ダーウィンは1859年11月、『種の起原』を著し「人間はサルから進化した」といった。進化論の反響は激しく、教会の怒りをかったダーウィンはその後、問題の紛糾を嫌い、細かい点で多少の妥協をしたために「初版が最も優れている」という後世の批判を残している。「病気は細菌によるものだ」というパスツールの発見は、古今東西を通じて医学上最大の発見であったが、世界で第一級の化学者・生物学者・医学者にも悲劇が…。

『世界の伝記―国際カラー版　第25巻　ダーウィン』瀬川昌男文，ピエロ・カターニオ絵　小学館　1984.1　116p　21cm　650円　Ⓘ4-09-231125-7

『少年少女世界伝記全集―国際版　第8巻　エジソン,ダーウィン』小学館　1981.6　133p　28cm　1350円

◆◆ファーブル

『この人を見よ！歴史をつくった人びと伝 19　アンリ・ファーブル』プロジェクト新・偉人伝著作・編集　ポプラ社　2009.3　143p　22cm〈文献あり 年表あり〉1200円　Ⓘ978-4-591-10741-6　Ⓝ280.8

『ファーブル―『昆虫記』を著した博物学者』平松修画，柳川創造作，栗林慧監修　コミックス　2003.2　143p　19cm（講談社学習コミック―アトムポケット人物館 19）〈発売：講談社　年譜あり〉700円　Ⓘ4-06-271819-7　Ⓝ289.3
目次 第1章 生きものへの興味, 第2章 パンと詩集, 第3章 博物学との出会い, 第4章 自分の目で見たもの, 第5章 約束の地
内容 52歳で書きはじめた『昆虫記』全10巻を通じて、すばらしい知恵と工夫に満ちた小さな虫たちの暮らしを紹介したファーブル。彼は自分の目で発見したことだけを信じて、粘り強く昆虫の観察と記録を続けたんだ。彼の生涯にふれて、自然の大切さや生命の不思議について考えてみよう。

『ファーブル』小林清之介文，草間俊行絵　チャイルド本社　2001.8（4刷）30p　25cm（こども伝記ものがたり 絵本版 5　西本鶏介責任編集）〈年譜あり〉581円　Ⓘ4-8054-2353-6

『ファーブル』砂田弘文　ポプラ社　1999.2　158p　22cm（おもしろくてやくにたつ子どもの伝記 19）〈文献あり　年譜あり〉880円　Ⓘ4-591-05879-4
目次 知りたがり屋のおちびさん, すばらしい学校, 昆虫にはげまされる, 一番で試験に合格, その名はファーブル先生, ぬすんだ本で勉強する, コルシカ島での四年間, びんぼうがなんだ！, パスツールやミルと知りあう, はたらく人の手〔ほか〕
内容 小さな虫を愛し、自然を愛したファーブル。たくさんの虫を、じっくり観察しつづけて、「昆虫記」全十巻をつづりました。昆虫たちの、不思議で魅力的な世界を、わたしたちに知らせてくれたのです。

『ファーブル―虫のことばを聞いた詩人』あべさよりまんが，黒沢哲哉シナリオ　小学館　1996.9　159p　23cm（小学館版学習まんが人物館）〈監修：三木卓〉880円　Ⓘ4-09-270006-7

『ファーブル昆虫記　6　伝記 虫の詩人の生涯』奥本大三郎著　集英社　1996.7　303p　15cm（集英社文庫）640円　Ⓘ4-08-760288-5
目次 山の中の幼年時代, パンと知識と求めた日々,『昆虫記』を書いた地
内容 コムギも、ブドウも実らぬルーエルグの高地。山の中の貧しい家に生まれたファーブルは、都会に出て苦労を重ねる。鉄道坑夫をし、レモン売りをしながらも、少年ファーブルは詩にあこがれ、虫の美しさに夢中になっていた。やがて彼は独学で博物学者になる。自分の本当に好きなことに打ち込んでいれば、人に何といわれようとかまわない―その気持ちが永久に消えぬ名誉を彼に与えた。

『新装世界の伝記　38　ファーブル』小林清之介著　ぎょうせい　1995.12　298p　20cm　1600円　Ⓘ4-324-04481-3
目次 第1章 山村に生まれて, 第2章 泥にまみれて, 第3章 昆虫とともに, 第4章 安住の地を探して

『ファーブルものがたり』岡信子文　金の星社　1994.9　77p　18cm（フォア文庫―マーブル版）750円　Ⓘ4-323-01963-7
内容 1823年アンリ・ファーブルは、南フランスのサンレオンにうまれました。小さいころから、こん虫が大すきでした。ファーブルは、まずしいながらも勉強にうちこみ、やがて、学校の先生になります。1849年コルシカ島の中学校で教えることになったファーブルはそこで生物学者のタンドン教授にあい、こん虫研究に本気でとりくみはじめます。その後は、先生もやめて研究にうちこみ、1879年さいしょの「こん虫記」を出版。そして1910年には、10さつめの本をだしました。やく30年をかけて、ついに「こん虫記」は完成したのです。ファーブル84さいのことでした。

『ファーブル』砂村秀治著　ポプラ社　1994.1　164p　18cm（ポプラ社文庫―伝記文庫 D-16）580円　Ⓘ4-591-03998-6
目次 おさないファーブル, 少年ファーブル, べんきょうをする少年, ファーブル先生, アビニョンのファーブル

『ファーブル』小林清之介文，カターニオ絵　小学館　1993.5　116p　21cm　（新訂版オールカラー世界の伝記 2）980円　①4-09-231120-6

『ファーブル―『昆虫記』を書いた虫の詩人』高瀬直子漫画　集英社　1993.3　141p　22cm　（集英社版・学習漫画―世界の伝記）〈監修：奥本大三郎〉800円　①4-08-240030-3

目次 大自然のゆりかご，サン・レオンの学校，学問の虫，18歳の先生，最初の発見，職工の手，『昆虫記』の執筆，約束の地アルマス，ファーブルの日，アルマスの光のなかで

内容 フランスの昆虫学者ファーブルは、科学の本としても、また、文学書としてもすぐれている『昆虫記』を書いたことで有名です。貧しい家に生まれたために苦労を重ね、昆虫についての学問は、ひとりで身につけました。そして、観察と実験をくりかえして、子どものころから大好きだった虫の生活をくわしく調べ、半生をかけて『昆虫記』にまとめたのです。

『ファーブル』三木卓著，徳田秀雄画　講談社　1990.3　277p　22cm　（少年少女伝記文学館 第13巻）1440円　①4-06-194613-7

『ファーブル―自然の観察・研究に一生をささげた昆虫学者』大森光章著，小泉保夫画　新学社・全家研　1989.6　189p　22cm　（少年少女こころの伝記 16）1340円

『ファーブル―虫の詩人』ドーリー作，榊原晃三訳　偕成社　1989.5　312p　19cm　（偕成社文庫）570円　①4-03-651600-0

目次 第1章 ファーブルを見つけに旅へでたイチイの木の家族，第2章 探求がはじまったわけ，第3章 ファーブルの生まれた村サンレオン，第4章 学校と池，第5章 ファーブルの不運の時代，第6章 アビニョンでの有名な授業，第7章 くぼんだ道，第8章 サソリ，第10章 訪問者たち，第11章 ツバメ，第12章 セリニャンの昆虫，13章 ファーブルの庭，第14章 晩さんに集まる友人たち，第15章 オオクジャクサンとヒメクジャクサン

内容 〈昆虫おじさん〉ファーブルの業績と生涯を知るため、三人の子どもたちが、彼の住んだ村や町をたずねます。『昆虫記』の記述もまじえながら語られる、ファーブルの生いたち、研究生活のエピソード。そして、昆虫たちの興味ぶかい暮らしや習性、伝記作者として評価の高いドーリーが、ユニークな手法でえがいたファーブル伝。

『伝記世界の偉人　12　ファーブル』かたおか徹治作画　中央公論社　1985.6　143p　23cm　（中公コミックス）〈監修：永井道雄，手塚治虫〉750円　①4-12-402500-9

『ファーブル―虫のひみつをしらべたこん虫博士』岡信子文，丹治みちお絵　学習研究社　1985.6　67p　23cm　（学研アニメ伝記シリーズ）650円

『偉人ファーブル―小さな生命の尊さを教えた「昆虫学者」』大坪万記まんが　秋田書店　1985.5　145p　23cm　（まんが学習アルバム―伝記シリーズ）〈監修：津田正夫〉750円

『世界の伝記―国際カラー版　第20巻　ファーブル』小林清之介文，ピエロ・カターニオ絵　小学館　1983.11　116p　21cm　650円　①4-09-231120-6

『ファーブル―昆虫の詩人』古川晴男著　講談社　1982.7　221p　18cm　（講談社火の鳥伝記文庫）390円　①4-06-147531-2

『少年少女世界伝記全集―国際版　第13巻　ファーブル・ライト兄弟』小学館　1981.11　133p　28cm　1350円

◆◆南方 熊楠

『おしえてわかやま　熊楠編』中瀬喜陽編・監修，松下千恵現代語訳・イラスト　和歌山　わかやま絵本の会　2006.7　204p　15cm　（郷土絵本 no.81―100シリーズ 4）〈年譜あり〉1000円　Ⓝ382.166

『南方熊楠』戸西葉子文，松下千恵絵，江川治邦エスペラント訳　和歌山　わかやま絵本の会　1999.12　64p　19cm（郷土絵本 no.56）〈エスペラント語併記〉600円

『南方熊楠―自然を愛した「人間博物館」』みやぞえ郁雄まんが，千葉幹夫シナリオ　小学館　1996.9　159p　23cm（小学館版学習まんが人物館）〈監修：荒俣宏〉880円　Ⓘ4-09-270104-7

『「狂気か天才か」南方熊楠―エコロジーの先駆者』亀井宏作，小島利明絵　三友社出版　1995.6　142p　22cm（コミック巨人再発見 1）1300円　Ⓘ4-88322-601-8

『南方熊楠―自然保護のさきがけ』保永貞夫著　講談社　1993.10　205p　18cm（講談社火の鳥伝記文庫 87）490円　Ⓘ4-06-147587-8

目次 1 学校ぎらいの勉強ずき,2 アメリカ放浪,3 ロンドン放浪,4 紀の国の巨人,5 栄光のご進講

内容 学校はきらいだが勉強は大すき。いまでいう落ちこぼれ。しかし、18か国語を話す、大博物学者の熊楠。天才か奇人か？型やぶりの人生を生きぬいた、巨人の一生をえがく。

『自由のたびびと南方熊楠―こどもの心をもちつづけた学問の巨人』三田村信行作，飯野和好絵　PHP研究所　1992.9　173p　22cm（PHP愛と希望のノンフィクション）1300円　Ⓘ4-569-58791-7

目次 旅立ち,アメリカのてんぎゃん,ピストルと顕微鏡,KUMAGUS MINAKATA,骨身をけずる,米虫ひょっとこ坊主さま,さらばロンドン,ふるさと寒く,熊野の天地,松の枝のもとに,たたかう熊楠,ふたりの巨人,人びとの中で,天皇をわらわせた男,もう医者はいらない

内容 南方熊楠は、生物学者としてだけでなく、博物学、考古学、民俗学の分野でも、世界に通じた偉大な学者であった。その巨人の生涯をたどる。小学上級以上。

◆◆レイチェル・カーソン

『自然と共にレイチェル』杉山薫里文・絵　汐文社　2008.12　47p　27cm（絵で読む教科書に出てくる世界の科学者たち）〈年譜あり〉2000円　Ⓘ978-4-8113-8409-2　Ⓝ930.278

目次 第1章 レイチェルを知ろう（夢は小説家,大学時代,初めての海,海洋学者と作家,ベストセラー作家へ,晩年,レイチェルが残したもの）,第2章 レイチェルの研究（われらをめぐる海,鳥,空,生き物のつながり,失われた森）,第3章 沈黙の春（レイチェルの思い,新たな研究,レイチェルの警告,エコロジストとその活動,そうぞうしい夏,日本の環境問題）

『レイチェル―海と自然を愛したレイチェル・カーソンの物語』エイミー・エアリク文，ウェンデル・マイナー絵，池本佐恵子訳　神戸　BL出版　2005.7　1冊（ページ付なし）29cm　1400円　Ⓘ4-7764-0134-7　Ⓝ930.278

内容 顕微鏡でしか見えない生き物がたくさんすみ、なぞと美しさにみちた海、さんさんと日光を浴びた木々のあいだで、鳥たちの歌声が聞こえる森。レイチェルは知っていました、自然は、海や森の生き物たちだけでなく、人間にも必要だということを―。心の声に耳を傾け、自分を信じ、勇気あるメッセージを送った、ひとりの女性の物語。

『レイチェル・カーソン―「沈黙の春」で地球の叫びを伝えた科学者』ジンジャー・ワズワース著，上遠恵子訳　偕成社　1999.6　198p　22cm〈肖像あり　年譜あり〉2000円　Ⓘ4-03-814190-X

目次 第1章 自然と本,第2章 さあ、海へ,第3章 作家への道,第4章 『潮風の下で』,第5章 『われらをめぐる海』の出版,第6章 『われらをめぐる海』がベストセラーに,第7章 『海辺』『センス・オブ・ワンダー』,第8章 一通の手紙,第9章 反響を呼んだ『沈黙の春』,第10章 生命の終わりへの旅立ち

内容 1962年アメリカで出版された一冊の本が、世界中に大きな衝撃を与えた。『沈黙の春』と題されたこの本は、当時広く使用されていた殺虫剤、除草剤、その他の化学物質

が、環境や生き物に、世代をこえて影響を与えることを初めて警告したのだ。人類のもっとも重要な課題といえる環境問題の原点として、この本の著者レイチェル・カーソンは「地球の恩人」とも呼ばれている。

『レイチェル・カーソン―沈黙の春をこえて』 キャスリン・カドリンスキー作，上遠恵子訳　佑学社　1989.9　125p　22cm　（愛と平和に生きた人びと）〈解説：加藤幸子〉1009円
Ⓘ4-8416-0550-9

目次 1 海へのあこがれ,2 大きな計画,3 作家か科学者か,4 困難をのりこえて,5 はじめての本,6 われらをめぐる海,7 コマドリが死んだ,8 最後のたたかい

内容 "環境汚染"ということばは、いまを生きるわたしたちにとって、もっとも重要な意味をもつことばのひとつです。しかし、ほんの30年ほど前には、このことばを知っている人は、ほとんどいませんでした。レイチェル・カーソンは、1962年に『沈黙の春』という本を発表し、環境汚染のおそろしさを、はじめて世界に訴えた女性です。ガンとたたかいながら、未来の地球のためにペンをとりつづけた彼女の生涯をご紹介しましょう。小学校中学年から。

医学の進歩のために努力した人びと
―医学者・薬学者

『いのちの歌声―医師・岩淵謙一のたたかい』 鈴木喜代春著，山口晴温絵　らくだ出版　2009.4　143p　21cm　（鈴木喜代春児童文学選集 12巻）1400円
Ⓘ978-4-89777-473-2

目次 死んだ子をおぶってきた女の人,いなくなった女の子,ハーモニカ,若いおばあさん,ツル子の病気,「医者様、どうするだ」,四郎との約束,神様のフダコ,米をつくる人びと,働きにいったハナ子,「おらが医者だ」,昭和の新しい年,やみを通って広野原,その後のこと

内容 病気やけがをすると、健康保険によって治療を受けることは、いま、当たり前です。しかし、昭和の初めまで健康保険はありませんでした。病気やけがは、本人の不注意でおこる。だから、本人のお金で治す。かつては、そう考えられていました。そうすると、お金がなければ死んでしまいますし、伝染病の場合は、一村全滅ということもあります。それを救うためには、医師の無償の働きにまつしかありませんでした。この本は、青森県の寒村で、そういうきびしい情況に直面した医師、岩淵謙一の物語りです。

『ジュノー―絵本版』 津谷静子文，enjin productions,Union Cho絵　米子　ありがとう出版　2008.2　1冊（ページ付なし）19×27cm〈発売：星雲社〉1000円
Ⓘ978-4-434-11370-3　Ⓝ289.3

内容 原爆投下後のヒロシマに15トンの医薬品を運び大勢の命を救ったスイス人医師の物語。

『永井隆―平和を祈り愛に生きた医師』 中井俊已著　童心社　2007.6　175p　22cm〈年譜あり　著作目録あり〉1400円　Ⓘ978-4-494-02238-0　Ⓝ289.1

目次 第1章 学生時代（難産の末に生まれた子,父と母 ほか）,第2章 医学者として（物理的療法科,手編みのジャケット ほか）,第3章 原子爆弾を受けて（子どもたちの疎開,別れの日 ほか）,第4章 如己堂にて（如己堂,天国行きの切符 ほか）

内容 長崎から世界へ平和を訴え続けたひとりの医師がいた。被爆し病床にあっても常に夢と愛の心を失わず、戦後の日本人に感動と生きる希望を与えた永井隆博士の生涯をたどる伝記。

『現代のヒーロー ベン・カーソン―貧しさに立ち向かって偉大な業績を遂げたひとりの医師の成長物語』 グレッグ&デボラ・ショー・ルイス著，小沢静枝訳　立川　福音社　2006.10　159p　19cm〈発売：三育協会（立川）〉1600円　Ⓘ4-89222-308-5　Ⓝ289.3

『馬に乗ったお医者様―日本の一隅を照らした人』 田中光春著　日高　ロバ通信社　2006.4　179p　19cm　1238円

①4-947644-08-7 Ⓝ289.1

『ドイツ人に敬愛された医師・肥沼信次』舘沢貢次文，加古里子絵 瑞雲舎 2003.11 31p 26cm （海を渡った日本人 第1巻）〈年表あり〉1500円 ①4-916016-42-4 Ⓝ289.1

『ノーベル生理学・医学賞―人類を病気から救った人びと』戎崎俊一監修 ポプラ社 2003.4 48p 29cm （ノーベル賞100年のあゆみ 4）2800円 ①4-591-07514-1,4-591-99483-X Ⓝ490.28
目次 ノーベル生理学・医学賞と20世紀，エミール・ベーリング，イヴァン・パブロフ，ロベルト・コッホ，サンチャゴ・ラモン・イ・カハル，パウル・エールリヒ，フレデリック・バンティング，カール・ラントシュタイナー，アレクサンダー・フレミング，ジェームズ・ワトソン，フランシス・ラウス，マーシャル・ニーレンバーグ，アラン・コーマック，ロジャー・スペリー，バーバラ・マクリントック，スタンリー・プルシナー，ノーベル生理学・医学賞受賞者一覧

『華岡青洲』戸西葉子日本文，芝田浩子絵，崔商烈，松井仁淑訳 〔和歌山〕〔松井仁淑〕 2002.12 32p 26cm〈ハングル併記〉Ⓝ289.1

『世紀の医学者秦佐八郎―まんが』坂本瓢作画，くまのおさむシナリオ，美都町教育委員会編 美都町（島根県）島根県美都町 2000.3 129p 26cm Ⓝ289.1

『高野長英』筑波常治作，田代三善絵 国土社 1999.3 222p 22cm （堂々日本人物史 戦国・幕末編 13）1200円 ①4-337-21013-X
目次 はてしない夢，あこがれの江戸，よき師をもとめて，苦難のまえぶれ，下男に身をやつす，長崎のシーボルト塾，各地をめぐる，江戸での名声，しのびよる危機，モリソン号事件，鳥居燿蔵のたくらみ，投獄，脱走，のがれのがれて，壮絶な死

『はなおかせいしゅう』和歌山県那賀町文献研究会作 那賀町（和歌山県）和歌山県那賀町文献研究会 1999.3 1冊 27cm

『ジェンナーの贈り物―天然痘から人類を守った人』加藤四郎著 菜根出版 1997.3 125p 22cm〈ジェンナー種痘法発明200年記念図書 文献あり 年表あり〉1400円 ①4-7820-0120-7
目次 1 ワクチンの名づけ親,2 人類は天然痘と闘い続けた,3 ジェンナーの生い立ち,4「牛痘種痘法」はこうして開発された,5 ジェンナーと博物学,6 日本での天然痘対策,7 現実となったジェンナーの予言,8 ワクチンはなぜきくのか,9 ジェンナーの贈り物
内容 現代医学の視点に立った新しいジェンナー像。伝染病の原因さえ明らかでなかった18世紀末、ジェンナーはどうやって予防ワクチンを発明したのか？人類の生命を守る予防接種のはじまりから、病原菌とたたかう体のしくみまでを、ウイルス研究の第一人者がときあかす。ジェンナー種痘法発明200年記念図書。

『シーボルトお稲―日本で初めての女性西洋医』まさきまきマンガ 草土文化 1995.1 137p 22cm （マンガ大江戸パワフル人物伝）1400円 ①4-7945-0642-2
内容 異人シーボルトの娘…混血児…と注がれる冷たいまなざしをはね返し、めざすは日本最初の女性西洋医。

『ウィリアム・ハーベイ―やはり心臓はただのポンプだ』平見修二著，佐分優絵 リブリオ出版 1994.5 63p 27cm （科学史のヒーローたち 第3巻） ①4-89784-384-7,4-89784-381-2

『日本ではじめての女医―楠本いね』浜田けい子文，依光隆絵 岩崎書店 1992.4 103p 26cm （伝記・人間にまなぼう 2）2400円 ①4-265-05402-1
目次 あこがれの日本，名医シーボルト先生，お医者になりたいいね，二宮先生にまなぶ，産科医をめざす，ふたたび蘭学をまなびに，鎖国がとける！，シーボルト先生の再来日，いねをのみこむ時代のながれ，略年表

『Otsuka漫画ヘルシー文庫　4（伝記編）』 大塚製薬　1992.2　10冊　15cm〈監修：日本学校保健会　外箱入〉

目次 1 ヒポクラテス 近代医学を開いた科学の目 横山ふさ子漫画 2 ジェンナー 人間を救った牛の病気 赤塚不二夫漫画 3 ナイチンゲール 「天使」になった少女 あべさより漫画 4 パスツール ニワトリが教えた免疫 ヒサクニヒコ漫画 5 レントゲン 骨まで写す不思議な光 二階堂正宏漫画 6 シュバイツァー 密林にまいた愛の種子 横山隆一漫画 7 華岡青洲 家族愛から生まれた麻酔薬 秋竜山漫画 8 北里柴三郎 細菌と戦ったガキ大将 小山賢太郎漫画 9 野口英世 世界を駆けぬけた生涯 浜田貫太郎漫画 10 杉田玄白 運命の本と蘭学者たち 石ノ森章太郎漫画

『吉見先生ありがとう―51歳で医者への道にすすんだ元海軍少将』 森下研作，依光隆絵　PHP研究所　1991.12　175p　22cm　（PHP愛と希望のノンフィクション）1300円　Ⓘ4-569-58505-1

目次 第1部 命をささげるために（51歳の受験生，末は大将の時代に，戦争への坂道，楽園は死のにおい，はだかにされた島，飢えた腹に日本がふる，ゴキブリを喰い…），第2部 命をすくうために（そして、51歳の受験生，ゼロにもどっての出発，お父さんも大学生，仁術病院の出帆，ふたたびの海，陸でも休みなく，ほのお燃えつくすまで）

内容 軍人の道をひとすじにあゆんだ海軍少将、吉見信一は、戦後、51歳で医師の道を志した。戦争と平和、ふたつの時代をけんめいに生きた男の感動の人生を描く。小学上級以上向。

『生命をまもる―生理学・医学賞』 ネイサン・アーセング著，牧野賢治訳　大日本図書　1991.3　150,5p　22cm　（ノーベル賞の人びと　1）1200円　Ⓘ4-477-00075-8

目次 1 青白い死―結核，2 息がつまる死―ジフテリア，3 魔法の弾丸―サルファ剤・抗生物質の発見，4 身体障害―ポリオ，5 殺し屋のカ―マラリア・黄熱，6 兵士の敵―チフス，7 ペルシャの火―糖尿病，8 欠けている成分―ビタミンの発見，9 日本初の生理学・医学賞受賞―利根川進

◆◆北里 柴三郎

『人類をすくった“カミナリおやじ”―信念と努力の人生・北里柴三郎』 若山三郎作，安井庸浩絵　オンデマンド版　PHP研究所　2000.7　151p　21cm　（PHP愛と希望のノンフィクション）〈原本：1992年刊〉2200円　Ⓘ4-569-68800-4　Ⓝ289.1

『北里柴三郎 高峰譲吉―国際舞台への登場』 新津英夫漫画，藤本彰シナリオ　ほるぷ出版　1992.2　144p　21cm　（漫画人物科学の歴史 日本編 16）1300円　Ⓘ4-593-53146-2

目次 北里柴三郎（激動の明治，念願のドイツ留学，破傷風菌の純粋培養に成功，微生物狩りの天才，帰国後の北里），高峰譲吉（青年の誓い，アメリカへの旅立ち，タカジアスターゼの発見，アドレナリンの研究～そして日本のために）

『北里柴三郎―日本細菌学の父』 斎藤晴輝著　講談社　1982.7　189p　18cm　（講談社火の鳥伝記文庫）390円　Ⓘ4-06-147532-0

◆◆シュヴァイツァー

『シュバイツァー』 鶴見正夫文，長谷川京平絵　チャイルド本社　2002.7（第4刷）　30p　25cm　（こども伝記ものがたり2 絵本版 4　西本鶏介責任編集）　571円　Ⓘ4-8054-2415-X

『シュバイツァー』 杉山勝栄著　ポプラ社　1994.3　174p　18cm　（ポプラ社文庫―伝記文庫 D-20）580円　Ⓘ4-591-03745-2

目次 かがやくノーベル賞，うつくしい心のめばえ，不幸な動物たちへのいのり，心にかおる音楽，じぶんの幸福を人びとにも，アフリカの黒人をすくおう，原始林のなかに病院を，病気も心もなおす医者，牧師として裁判官として，少年の日のいのりをいまも，世界の偉人として

『シュヴァイツァー』 ジェームズ・ベントリー著，菊島伊久栄訳　偕成社　1992.3　180p　22cm　（伝記世界を変えた人々 7）1500円　①4-03-542070-0

目次 ジャングルのなかの病院, おそろしい病気, シュヴァイツァーの患者たち, 彼の著作と音楽, 非難にこたえて, アフリカが変わる, シュヴァイツァー、有名になる, アルザスですごした幼年時代, 学校でのアルベルト, 村の子どもとすもうをとる, 暴力と苦しみに対する嫌悪, なんじ、殺すべからず, ギュンスバッハ教会, ギムナジウム, ピアノとオルガンを学ぶ, 先生、感動させられる, 聖書に問いをなげかける, 音楽か宗教か, アルベルト、大学へいく, 若い大学講師, 学者、そしてオルガン製作者として, イエスについて, 重荷をともに背負う, 医師への道, シュヴァイツァー、結婚する, はじめてアフリカへ, とり小屋の病院, 病院建設, シュヴァイツァー、逮捕される, 絶望のどん底にて, ふたたびアフリカへ, 自分の人生をささげて, ふたたび世界大戦に, ランバレネでの日常生活, マンガの絵みたいな風変わりな英雄, 疲れを知らないシュヴァイツァー, 生命への畏敬, 傷ついたペリカン, アフリカの人々, ジャングルの裁判, アフリカの開発・利用, 原子爆弾, ノーベル平和賞, 世界平和の努力, 核兵器の撤廃にむけて, ランバレネの最後の旅, シュヴァイツァーの死

内容 これは、偉大な人道主義者、アルベルト・シュヴァイツァーの伝記です。有名な音楽家・著作家、そして宗教家であった彼は、30歳の時、とつぜん、当時、「暗黒大陸」とよばれていたアフリカに行き、病人や死に直面している人々を助けたいと宣言しました。でも、その時から、彼の著書や言葉が世界中の人々に影響を与えることになりました。彼は50年間、自分の信念を推進し、「世界で一番偉大な人物」と言われるまでになり、世界平和のためにたたかい続けたのです。

『アフリカのシュバイツァー』 寺村輝夫著，依光隆画　童心社　1990.4　234p　18cm　（フォア文庫）550円　①4-494-02677-8

目次 原始林に聖者をたずねて, 人間はみな兄弟か, うちのめされたアフリカ, 白人の生命・黒人の生命

内容 シュバイツァーは、ほんとうに“密林の聖者”だったのか？何度もアフリカへ旅した著者がその文明と歴史のなかで、シュバイツァーの“なぞ”にせまる。

『シュバイツァー―医療と伝道に一生をささげた聖者』 川崎堅二シナリオ，栗原清漫画　第2版　集英社　1989.9　141p　21cm　（学習漫画 世界の伝記）700円　①4-08-240011-7

目次 牧師館のぼっちゃん, 殺してはいけない, 音楽のよろこび, 21歳の決心, アフリカへ, 第一次世界大戦, ふたたびアフリカへ, 密林の聖者

内容 シュバイツァーは、「密林の聖者」とよばれ、熱帯の風土病で苦しむアフリカの人たちの医療に一生をささげました。また、神学・哲学者でもあったシュバイツァーは、「生命への畏敬」ということを考え、それを実行した人でもありました。そして、1952年度のノーベル平和賞がおくられ、博士の長いあいだの努力が、世界じゅうからたたえられました。

『世界の伝記―国際カラー版　第2巻　シュバイツァー』 手島悠介文，ジアンニ・レンナ絵　小学館　1982.12　116p　21cm　650円

『少年少女信仰偉人伝　30　シュバイツァー―アフリカの愛の医師』 大谷美和子著　日本教会新報社　1982.7　200p　22cm　（豊かな人生文庫）1200円

『シュバイツァー―ジャングルにともした愛の灯』 山室静著　講談社　1981.11　197p　18cm　（講談社火の鳥伝記文庫）390円　①4-06-147513-4

『少年少女世界伝記全集―国際版　第2巻　ダ・ビンチ, シュバイツァー』 小学館　1980.12　133p　28cm　1350円

◆◆杉田 玄白

『杉田玄白―蘭学のとびらを開いた一冊の書物』 酒寄雅志監修，小西聖一著　理論社　2004.7　109p　25cm　（NHKに

んげん日本史)〈年譜あり　年表あり〉1800円　Ⓘ4-652-01472-4　Ⓝ289.1
目次 とざされた時代に, 第1章 医師の家に生まれて(オランダ流の先生, さしはじめた光), 第2章 『ターヘル・アナトミア』との出会い(京都のできごと, 平賀源内 ほか), 第3章 『解体新書』(艪もかじもない船で, 悪戦苦闘 ほか), 第4章 行くすえを見つめて(蘭学の時代, あとを継ぐ人びと ほか), 蘭学がはたした役割

『杉田玄白/平賀源内―科学のはじまり』 スタジオ・ネコマンマ, もり・せ・いちる著, インタラクティブ編　ほるぷ出版　1991.11　144p　21cm　(漫画人物科学の歴史 日本編 14)〈監修・指導:奥山修平〉1300円　Ⓘ4-593-53144-6　Ⓝ726.1

◆◆野口 英世

『この人を見よ!歴史をつくった人びと伝 15　野口英世』 プロジェクト新・偉人伝著作・編集　ポプラ社　2009.3　143p　22cm〈文献あり 年表あり〉1200円　Ⓘ978-4-591-10737-9　Ⓝ280.8

『野口英世』 浜野卓也文　ポプラ社　2009.3　158p　18cm　(ポプラポケット文庫 072-1―子どもの伝記 1)〈ものしりガイドつき　1998年刊の新装版　文献あり 年表あり〉570円　Ⓘ978-4-591-10857-4　Ⓝ289.1
目次 すすむべき道, 運命のやけど, てんぼう清作, 左手の手術, おしかけげんかん番, はかまの少女, こころざしをえざれば…, きまえのいい医学生, 医者になれるぞ!, 細菌の研究, 横浜から世界へ, 二十四時間人英世, その名、世界にとどろく, むねをはって日本へ, つかのまの休日, とどかなかったねがい
内容 野口英世はお医者さんです。でも、毎日見ていたのは、患者さんではなく、こわい病気をおこす細菌たち。英世は、どのようにして医者になり、なぜ細菌を研究するようになったのでしょう?英世ものしりガイド付。小学校中級から。

『野口英世』 こわせ・たまみ文, かどた・りつこ絵　ひさかたチャイルド　2006.3　31p　27cm　(伝記絵本ライブラリー)〈年譜あり〉1400円　Ⓘ4-89325-662-9　Ⓝ289.1
内容 左手のやけどから"てんぼう"とからかわれた、こども時代。母に励まされた英世は、勉学にうちこみ、医学の道を志しました。人類のために、目に見えない細菌と闘い続け、そしてたおれた、世界的な医学者…野口英世。その生涯を支えたのは、母の大きな愛でした。

『こちら葛飾区亀有公園前派出所両さんの野口英世』 秋本治キャラクター原作, 下山馬虎漫画, 井出孫六監修　集英社　2004.12　205p　19cm　(満点人物伝)〈年譜あり〉880円　Ⓘ4-08-314026-7　Ⓝ289.1

『野口英世の一生』 「目でみる人物記念館」刊行会編　日本図書センター　2003.4　63p　31cm　(目でみる野口英世記念館 1)〈年譜あり〉Ⓘ4-8205-9942-9,4-8205-9941-0　Ⓝ289.1

『野口英世の足跡をたずねて』 「目でみる人物記念館」刊行会編　日本図書センター　2003.4　63p　31cm　(目でみる野口英世記念館)　Ⓘ4-8205-9943-7,4-8205-9941-0　Ⓝ289.1

『野口英世―黄熱病の根絶に尽くした医学者』 中島健志画, すぎたとおる作, 関山英夫監修　コミックス　2003.3　143p　19cm　(講談社学習コミック―アトムポケット人物館 20)〈発売:講談社　年譜あり〉700円　Ⓘ4-06-271820-0　Ⓝ289.1
目次 第1章 左手の大火傷, 第2章 医学への道, 第3章 何のために勉強?, 第4章 ノグチはいつ眠る?, 第5章 人類のために, アトムと博士のQ&A
内容 幼いころ、大火傷をして左手が不自由になった野口英世は、逆境にめげることなく医師になるために猛勉強をして、単身でアメリカに渡ったんだ。そして世界各地を飛び回って未知の病気の研究に取り組み、

世界的な医学者になったんだ。人々を苦しめる病原菌と闘った彼の人生を見てみよう。

『のぐち・ひでよ』こわせ・たまみ文，かどた・りつこ絵　チャイルド本社　2002.5（第4刷）30p　25cm　（こども伝記ものがたり2 絵本版 2　西本鶏介責任編集）571円　①4-8054-2413-3

『野口英世―伝染病に命をかけた医学の戦士』みやぞえ郁雄まんが，西原和海シナリオ　小学館　1996.5　159p　23cm　（小学館版学習まんが人物館）〈監修：関山英夫〉880円　①4-09-270105-5

目次 第1章 医者へのあこがれ, 第2章 東京で学ぶ, 第3章 ここがアメリカだ, 第4章 世界のノグチ, 第5章 アフリカに死す

『野口英世』大石邦子文，吉田利昭絵　改訂版　会津若松　歴史春秋出版　1996.5　67p　23cm　（歴史春秋社児童文庫）970円　①4-89757-142-1

『新装世界の伝記　33　野口英世』漆原智良著　ぎょうせい　1995.12　304p　20cm　1600円　①4-324-04476-7

目次 第1章 風雪に耐えて（雪の道, いろりの中へ, 母の力 ほか）, 第2章 無限の可能性（血脇先生, 開業医試験合格, 酒と借金 ほか）, 第3章 細菌との闘い（暗い部屋, 蛇毒の研究, ノグチへの期待 ほか）

『野口英世―ジュニア版』高橋美幸著　吟遊社　1992.8　126p　22cm　（少年・少女伝記ノンフィクション）〈監修：関山英夫　発売：星雲社〉1200円　①4-7952-9404-6

目次 1 運命の日,2 てんぼう,3 友情の輪,4 会津のナポレオン,5 研究者への道,6 世界へはばたく,7 アメリカでの努力,8 母の手紙,9 黄熱病との戦い, 野口英世略年表

『ノグチの母―野口英世物語』新藤兼人作，吉田純絵　小学館　1992.6　195p　18cm　（小学館コンパクト 007）500円　①4-09-230007-7

目次 野口シカ, おばあさんの死, 会津戦争, 二つの婚礼, 清作の火傷, 母の願い, えびをとって売る, 佐代助という男, 父と清作, 手ン棒, いじめ, 背あぶり峠, 手ン棒を切る, 弟が生まれた, 小林栄先生, 猪苗代高等小学校, 手術, 会陽医院, 初恋, 志を得ざれば再び此地を踏まず, 血脇守之助, ふたたび初恋の人に, 夫婦というもの, 医術開業試験合格, 決定的失恋, 母は知らなかった, 母と子, アメリカへ, 世界のノグチ, 母の手紙, 英世の妻, 大正4年9月5日, 待つ人びと, 故郷の山河, もういっぺん会おうな, 母の死, アクラに死す

内容「その手を堂どうと世の中に出しなさい。」―幼い頃の左手の大火傷にも負けずに、細菌学者として『世界のノグチ』になった野口英世だが、英世を世に出したのは母シカだった。母と子の愛あふれる、感動の物語。

『野口英世』角田光男文，阿部肇絵　舞阪町（静岡県）ひくまの出版　1991.3　77p　22cm　（新しい日本の伝記 9）1300円　①4-89317-158-5

内容 世界の人びとのために伝染病の研究に一生をささげた、野口英世の美しい人間愛のものがたり。小学校中級以上向。

『野口英世ものがたり―病気から人びとを守った医者』森いたるぶん，近藤高光え　金の星社　1991.2　75p　22cm　（せかいの伝記ぶんこ 3）780円　①4-323-01433-3

内容 野口英世は、いじめられっ子だった。…でも、がんばって、黄熱病とたたかい、人の命を守りました。2・3・4年生向。

『野口英世―伝染病にたちむかった医学の父』三上修平シナリオ，堀田あきお漫画　第2版　集英社　1989.9　141p　21cm　（学習漫画 世界の伝記）700円　①4-08-240001-X

目次 かなしいやけど, 小林先生, 指がうごいた！, 医学への道, 清作から英世へ, アメリカへ, 世界のノグチ, 母さんただいま, すべての人のために

内容 野口英世は、福島県猪苗代町のまずしい農家に生まれました。英世は、おさないころのやけどや、まずしさにめげず、たいへんな努力をして明治という時代に世界的な医者になりました。

『野口英世―いじめられっ子だった世界の

恩人』大森光章著，井口文秀画　新学社・全家研　1988.9　205p　22cm　（少年少女こころの伝記 27）1300円

『野口英世』神戸淳吉著，吉井忠画　講談社　1987.11　297p　22cm　（少年少女伝記文学館 第20巻）1400円　Ⓘ4-06-194620-X

『野口英世―まんがでべんきょう』森田拳次作・絵　ポプラ社　1985.11　127p　18cm　（ポプラ社・コミック・スペシャル）450円　Ⓘ4-591-02137-8

『野口英世―たくさんの人のいのちをすくったお医者さん』きりぶち輝文，松田辰彦絵　学習研究社　1985.4　67p　23cm　（学研アニメ伝記シリーズ）650円

『偉人野口英世―障害を克服した「世界に誇る医学博士」』なぎさ謙二まんが　秋田書店　1985.1　145p　23cm　（まんが学習アルバム―伝記シリーズ）〈監修：関山英夫〉750円　Ⓘ4-253-01030-X

『野口英世・エジソン』木暮正夫，手島悠介作，鴇田幹，海津正道絵　ポプラ社　1983.1　151p　22cm　（三年生文庫）750円

『世界の伝記―国際カラー版　第3巻　野口英世』氷川瓏文，鈴木博絵　小学館　1982.12　116p　21cm　650円

『野口英世』馬場正男著　ポプラ社　1982.3　174p　18cm　（ポプラ社文庫）390円

『野口英世―見えない人類の敵にいどむ』滑川道夫著　講談社　1981.11　213p　18cm　（講談社火の鳥伝記文庫）390円　Ⓘ4-06-147501-0

『少年少女世界伝記全集―国際版　第4巻　野口英世，アムンゼン』小学館　1981.2　133p　28cm　1350円

◆◆パスツール

『見えない敵と戦う パスツール』塩瀬治文，杉山薫里絵　汐文社　2009.3　47p　26cm　（絵で読む教科書に出てくる世界の科学者たち）2000円　Ⓘ978-4-8113-8410-8

目次 第1章 パスツールを知ろう（貧しい子ども時代，がりべんになる，若き化学者 ほか），第2章 非科学と戦う（対照実験，すっぱいワイン，リービッヒとの戦い ほか），第3章 伝染病と戦う（カイコの病気，ニワトリコレラ，炭そ病 ほか）

『新装世界の伝記　35　パスツール』吉田比砂子著　ぎょうせい　1995.12　303p　20cm　1600円　Ⓘ4-324-04478-3

目次 第1章 酒石酸とパスツール，第2章 発酵も腐敗も生命の営み，第3章 光と影，第4章 伝染病と闘う

『パストゥール』スティーヴ・パーカー著，百々佑利子訳　岩波書店　1995.11　32p　25cm　（世界を変えた科学者）1600円　Ⓘ4-00-115697-0

『パスツールものがたり』としまかをり文　金の星社　1995.9　77p　18cm　（フォア文庫 B171―マーブル版）750円　Ⓘ4-323-01968-8

目次 屋根裏部屋の研究室，空気中には微生物がいる，低温殺菌法のはじまり，外科医リスターからの手紙，生きていたニワトリ，狂犬病へのとりくみ，この子の命をすくって！，世界じゅうの人びとのために

『ルイ・パスツール―微生物を追いつめろ』平見修二著，村松雅一絵　リブリオ出版　1994.5　63p　27cm　（科学史のヒーローたち 第6巻）　Ⓘ4-89784-387-1,4-89784-381-2

『パストゥール』ビバリー・バーチ著，菊島伊久栄訳　偕成社　1992.1　192p　22cm　（伝記世界を変えた人々 10）1500円　Ⓘ4-03-542100-6

『ダーウィン パスツール―生物は進化する』佐々木ケンシナリオ・漫画　ほるぷ

出版　1991.1　144p　21cm　（漫画人物科学の歴史 世界編 08）1100円　Ⓘ4-593-53138-1

内容 19世紀半ばまでのキリスト教社会では、ほとんどの人々が「あらゆる生物は神が創造した」と信じていた。しかし、ダーウィンは1859年11月、『種の起原』を著し「人間はサルから進化した」といった。進化論の反響は激しく、教会の怒りをかったダーウィンはその後、問題の紛糾を嫌い、細かい点で多少の妥協をしたために「初版が最も優れている」という後世の批判を残している。「病気は細菌によるものだ」というパスツールの発見は、古今東西を通じて医学上最大の発見であったが、世界で第一級の化学者・生物学者・医学者にも悲劇が…。

『細菌と戦うパストゥール』ブルーノ＝ラトゥール著，岸田るり子，和田美智子訳　偕成社　1988.11　123p　19cm（偕成社文庫）450円　Ⓘ4-03-651580-2

目次 いたいけな犠牲者，見えない酵母，伝染病との戦い，自然発生説，プイイ・ル・フォールのワクチン接種，狂犬病，パストゥール亡きあとのパストゥール研究所

内容 狂犬病のワクチンを接種して、少年をすくったことで有名なパストゥール。伝染病で多くの人が死んでいた19世紀半ば、人の命を病気から守るために、見えない敵と戦ったフランスの化学者。科学と社会について研究する哲学者が、青少年のためにパストゥールの仕事を正確に伝える貴重な伝記です。小学上級から。

『少年少女世界伝記全集―国際版　第21巻　パスツール，ヘレン・ケラー』小学館　1982.7　133p　28cm　1350円

新たな事物を作り出した人びと
―発明家・実業家

『キルトにつづる物語―アメリカ開拓時代を生きた少女』アンドレア・ウォーレン作，もりうちすみこ訳，せきねゆき絵　汐文社　2008.12　167p　22cm〈文献あり〉1400円　Ⓘ978-4-8113-8584-6　Ⓝ289.3

『北前船、海の百万石物語―豪商、銭屋五兵衛の無念』小西聖一著，高田勲絵　理論社　2008.3　141p　22cm（新・ものがたり日本歴史の事件簿 5）1200円　Ⓘ978-4-652-01645-9　Ⓝ289.1

目次 とどけ、無実のさけび，出船入船、北前船（加賀百万石の港、宮殿―商人の家に生まれて，はじめての持ち船―海への一歩をふみだす），「海の百万石」への道（飛躍のチャンス―ますますさかんになる北前船，五兵衛じまんの常豊丸―加賀百万石を背負って，密貿易のうわさ，最後の大仕事―河北潟干拓に乗りだす），栄華の果て―埋立て旨業が落とし穴に（魚が浮いた―それが事件のはじまりだった，証このない事件―銭屋一族逮捕される，つくられたすじ書き，むなしいさけび―おしつぶされた夢），よみがえる銭屋五兵衛

『産業・技術をうみだした人』湯本豪一監修　日本図書センター　2008.2　51p　31cm（まるごとわかる「日本人」はじめて百科 4）4400円　Ⓘ978-4-284-20082-0　Ⓝ502.1

『食べ物・飲み物をつくった人』湯本豪一監修　日本図書センター　2008.2　51p　31cm（まるごとわかる「日本人」はじめて百科 2）4400円　Ⓘ978-4-284-20080-6　Ⓝ383.81

『イザムバード・キングダム・ブルネルのお話―イギリス技術職人』マーチン・マルコルム著，おおかわときお訳，おかのみきお絵，技術史出版会編　福生　技術史出版会　2007.7　28p　22×22cm（歴史をつくった人々）〈発売：星雲社　文献あり　年表あり〉1500円　Ⓘ978-4-434-10803-7　Ⓝ289.3

目次 少年時代，成長期，徒弟時代，地底の冒険，地上の冒険，ロイアル・アルバート橋，橋上の冒険，海上の冒険，家族の暮らし，世界一の技術職人，ブルネルの生涯と活躍の年表，いろいろ，もっと知りたい人のために，索引

内容 一技術職人のイザムバード・キングダ

ム・ブルネルはどんな風に皆さんに記憶されているのでしょうか？誰がトンネルや鉄道や近代的な橋や鉄鋼船舶の革命的なデザインを創り出したのでしょうか？またはせっかちで向こう見ずな男で巨大なお金を浪費し多くの人達を犠牲にした張本人としてでしょうか？子供達は自ら此の本を読むことで自分なりの考え方を読み取ることができるでしょう。

『風になった覚さん―グライダーで大空に夢を描いた男』久木田雅之著　鳥影社　2007.7　152p　22cm〈肖像あり〉1500円　Ⓘ978-4-86265-078-8　Ⓝ289.1

目次 主人公・原田覚一郎氏,覚さん、グライダーに誘われる,自然豊かな霧ヶ峰高原,グライダーの先駆者、藤原博士,ハシゴに障子をのせたよう,初飛行は、わずか数秒間,大空にあこがれた人びと―ダ・ビンチ、ライト兄弟、忠八さん,唐傘少年、二階から飛び降りて気絶,名人ヒルトがやってきた,限りなく鳥に近い「ミニモア」〔ほか〕

内容「グライダーの神様」とたたえられ、「覚さん」としたわれた原田覚一郎の生涯。空を飛ぶ楽しさがいっぱい。はやしたかし童話大賞受賞。

『むかし二人の鉛版師がいた』高取武著　鳥影社　2007.3　108p　22cm　1400円　Ⓘ978-4-86265-062-7　Ⓝ749.44

内容 日本の印刷の基礎をきずいた人たち。日本の印刷黎明期から、消滅していった印刷をしのんで。

『スーパーパティシエ物語―ケーキ職人・辻口博啓の生き方』輔老心著　岩崎書店　2006.9　231p　22cm　（イワサキ・ノンフィクション 6）1200円　Ⓘ4-265-04276-7　Ⓝ289.1

目次 出発,第1部 紅屋の息子（百海,東京,時限爆弾,言葉の力,なりあがり,ハッピーバースデー）,第2部 フランス（フランスの熱いシャワー,スカウト,一〇〇万円,セ・ラ・ヴィ,聖なるクレールの丘）,第3部 夢のあとの夢（オヤジの血,和をもって世界を制す）,新たなる旅立ち

内容 東京・自由が丘の「モンサンクレール」を知ってますか？この本には、どうやって世界一のパティシエになり、どうやって自由が丘に店をかまえることができたのか、スーパーパティシエ・辻口の夢のつかみかたが熱く書かれています。

『星になった少年―ぼくの夢はぞうの楽園』坂本小百合監修，島田和子文　汐文社　2005.8　98p　22cm　1300円　Ⓘ4-8113-8002-9　Ⓝ289.1

目次 1 ミッキーがやってきた,2 ぞう使いになりたい,3 チェンダオぞう訓練センター,4 もう一度タイへ,5 ぞうファミリーの海水浴,6 ランディは売れっ子タレント,7 ヨーコはひきこもりぞう,8 哲ちゃんは星になった,9 ぞうの楽園,夢のリレー

内容「ぞう使いになりたい！」夢を追い、12才でタイに旅立った少年は、帰国後、「日本最年少のぞう使い」となりました。子ぞうランディと出会い、ぞう使いとして日本中をとびまわる少年の次の夢は、「ぞうの楽園」をつくることだったのですが…。小学校中学年から。

『三河のエジソン―障害を克服する自助具の発明家加藤源重』今関信子文　佼成出版社　2005.4　127p　22cm　（感動ノンフィクションシリーズ）1500円　Ⓘ4-333-02135-9　Ⓝ369.18

目次 第1章 救急車に乗って,第2章 機械のお医者さん,第3章 チャレンジはじまる,第4章 アイデアを形に,第5章 もう一歩先へ,第6章 生活チャレンジャーとよんでくれ

内容 不自由は自由に変えられる。事故で指を失った発明家が歩んだ、不屈の半生。

『海時計職人ジョン・ハリソン―船旅を変えたひとりの男の物語』ルイーズ・ボーデン文，エリック・ブレグバッド絵，片岡しのぶ訳　あすなろ書房　2005.2　47p　27cm　1300円　Ⓘ4-7515-2274-4　Ⓝ289.3

内容 古くから、海上で緯度を知る方法は伝えられていた。しかし、経度は…？なんと人は、何百年ものあいだ、現在地を知ることなく航海していたのである。18世紀、この男が出現するまでは…。

『海外の建設工事に活躍した技術者たち―

青山士・八田与一・久保田豊』かこさとし作　瑞雲舎　2005.2　31p　26cm　（土木の歴史絵本 第5巻）〈年表あり　年譜あり〉1200円　Ⓘ4-916016-49-1　Ⓝ510.921

内容 青山士　八田与一　久保田豊―明治から大正にかけてすぐれた先人たちは、欧米の技術を取り入れ近代的な土木技術の基礎を築き、世界でもその力を発揮した新時代の日本人技術者たちを紹介します。

『土木技術の自立をきずいた指導者たち―井上勝・古市公威・沖野忠雄・田辺朔郎・広井勇』かこさとし作　瑞雲舎　2004.12　31p　26cm　（土木の歴史絵本 第4巻）〈年表あり　年譜あり〉1200円　Ⓘ4-916016-48-3　Ⓝ510.921

『技術と情熱をつたえた外国の人たち―モレル・ブラントン・デ＝レーケ・ケプロン』かこさとし作　瑞雲舎　2004.10　31p　26cm　（土木の歴史絵本 第3巻）〈年表あり〉1200円　Ⓘ4-916016-47-5　Ⓝ510.921

『遠い海までてらせ！―日本で最初の女性灯台守・萩原すげ物語』青木雅子作，高田勲絵　松戸　ストーク　2004.10　127p　22cm〈発売：星雲社　年譜あり〉1200円　Ⓘ4-434-04889-9　Ⓝ289.1

目次 第1章 女性灯台守への道（夢をつないで―灯明台から灯台へ，おれたちの灯台建設へ ほか），第2章 女性灯台守の活躍（女性灯台守の誕生，沖いく船に灯でしらす ほか），第3章 家族で守った灯台（灯台は家族のひとり，開戦・休灯・終戦・廃灯），第4章 わかれ、そして復元のよろこび（峠のくらし、柚野村の旅，光一帰郷、灯台復元の夢 ほか）

内容 本書は女性灯台守という特異な人物に焦点を当て、その気丈さと優しさあふれる人物像を、文献調査と丹念な取材とによって浮き彫りにし、物語風にまとめたものである。

『清兵衛八日―大島新田開拓ものがたり』篠崎恵昭著　さいたま　さきたま出版会　2004.5　154p　22cm　1000円　Ⓘ4-87891-369-X　Ⓝ611.24134

『野球ボールに夢をのせて―スポーツ産業とスポーツ振興につくした水野利八』佐藤一美作，伊藤展安絵　PHP研究所　2003.7　135p　22cm　（未知へのとびらシリーズ）〈年譜あり〉1250円　Ⓘ4-569-68401-7　Ⓝ289.1

目次 プロローグ 野球殿堂のレリーフ，いたずらっ子，大きな志をいだいて，はじめて見た野球，たった二人の「水野兄弟商会」，第一回関西学生連合野球大会，野球ボールをつくろう，利八はアイデアマン，世界に負けない，ヤミをしたらあかん，スポーツ産業は聖業ですのや，エピローグ水野利八の野球殿堂入り

内容「甲子園野球大会」への道をつけたミズノ株式会社創業者、水野利八の、スポーツ産業とスポーツの振興にかけた一生を描く。小学中級以上。

『ぼくのフライドチキンはおいしいよ―あのカーネルおじさんの、びっくり人生』中尾明著，宮崎耕平画　PHP研究所　2002.12　167p　22cm　（PHP愛と希望のノンフィクション）〈肖像あり〉1250円　Ⓘ4-569-68352-5　Ⓝ289.3

目次 白いスーツの老人たち，十二歳の別れ，十六歳の火夫，弁護士への夢，四つの事業家テスト，サービス満点のガソリンスタンド，車にはガソリン、人には食事！，フライド・チキンと圧力釜，六十五歳の挑戦，味の親善大使

内容 お店の前に立っていて、誰もが知っているカーネルおじさん。あのモデル、カーネル・サンダースこそがアメリカ生まれのあのフライドチキンの味を世界中に広めた。しかし、そのカーネルの驚くような波乱の人生は、意外と知られていない。苦労と失敗続きの青春時代、無一文になり65歳からはじめたフライドチキンの事業、そして味に対してのガンコなまでの姿勢など、とにかくびっくりする人生にせまる！小学上級以上。

『「産業技術」につくした日本人』畠山哲明監修　くもん出版　2002.4　47p　28cm　（めざせ！21世紀の国際人 この人たちから学ぼう！国際社会の“現在”と“未来” 4）2800円　Ⓘ4-7743-0620-7

目次 ASIMOプロジェクト―人のパート

ナーとなるロボットをつくる, 豊田喜一郎―自動車工業の明日を夢見て, 井深大―人がやらないことをやる技術者魂, 池田菊苗―第五の味、うま味の発見, 森英恵―日本のファッション産業を世界的水準に高めた, 村井純―世界をつなぐ「国境なき」ネットワークの開発, 安藤百福―世界初のインスタントラーメンを開発, 中村修二―ノーベル賞にいちばん近いといわれる日本人, 岡田良男―手道具をつくることがわたしの天職折る刃のオルファカッター, 金メダリストたち―かつては、日本の独壇場だった「技能オリンピック」へあらたな挑戦

内容 本巻では、日本の産業技術が世界に広まり、国際社会で有効に活用されている例を紹介すると同時に、その産業技術を開発したり、世界に発信するために活躍した人びとを紹介します。小学校高学年～中学生向け。

『海をわたり夢をかなえた土木技術者たち―青山士・八田与一・久保田豊』 高橋裕監修, かこさとし画・構成, おがたひでき文・編集 全国建設研修センター 2002.3 32p 24×24cm (土木の絵本シリーズ)〈年譜あり 年表あり〉 Ⓘ4-916173-21-X Ⓝ510.28

『心の灯台―成瀬博士の歯車物語』 林太郎文, 丹下敬二え 東銀座出版社 2001.4 138p 19cm〈企画:成瀬政男博士顕彰会 共同刊行:なのはな出版 年譜あり〉 952円 Ⓘ4-89469-041-1

目次 故障した水あげポンプ, 白浜村の人たち, ダコタ号の座礁, ひとには無限の力がある, 4里(16km)の道を歩いて, 寒げいこ, 山桜, 代用教員になる, 山崎先生のぬくもり, 仙台での勉強〔ほか〕

内容 ものづくりは、もともと、人びとの幸せを願って行なわれる。黒潮おどる白浜が生み育てた歯車博士・成瀬政男の生涯。

『盛田昭夫―世界を相手に日本製品を売り込んだ国際派ビジネスマン 「世界のソニー」をつくった企業家』 中島健志画, 氷室勲作, 黒木靖夫監修 コミックス 2001.2 159p 19cm (講談社学習コミック―アトムポケット人物館 8)〈発売:講談社 年譜あり〉 660円 Ⓘ4-06-271808-1

目次 第1章 盛田家の跡取り息子, 第2章 井深との出会い, 第3章 テープレコーダーの誕生, 第4章 新社名はSONY, 第5章 盛田のスピリット, 盛田昭夫の電脳博物館(「世界人」盛田昭夫の秘密, 人物紹介・盛田昭夫と同じ時代をあゆんだ政・財界人, 年表・盛田昭夫の生涯)

内容 盛田昭夫はどうして実家の造り酒屋を継がずにソニーの創業に加わったのかな。

『美しく個性かがやけ』 岩崎書店 2000.4 167p 20cm (20世紀のすてきな女性たち 4)〈年譜あり 文献あり 索引あり〉 1600円

Ⓘ4-265-05144-8,4-265-10218-2

目次 ココ・シャネル, 吉行あぐり, 森英恵, アニータ・ロディック, ここにすてきな女性たち(山野千枝子, 桑沢洋子, 鴨居羊子, ワダエミ, 山口小夜子, ダナ・キャラン), 女性はじめて物語―小林照子

『元気がいちばん!―ミクロの世界から人びとの健康をつくりだした代田稔』 森下研作, 高田勲絵 PHP研究所 1999.11 167p 22cm (PHP愛と希望のノンフィクション) 1260円 Ⓘ4-569-68200-6

内容 病気にかかる前に、なんとか人びとを救えないか。代田稔は、その思いひとすじにはてしもない研究をくり返した後、乳酸菌飲料「ヤクルト」をつくりあげた。人間愛にみちた熱い思いで、生涯を人びとの健康につくした代田稔の感動的な一生を描く。小学上級以上。

『ヘレン・ケラーを支えた電話の父・ベル博士』 ジュディス・セントジョージ著, 片岡しのぶ訳 あすなろ書房 1999.11 131p 21cm 1200円 Ⓘ4-7515-1810-0

内容 “奇跡の人”誕生の秘話!電話の父・ベル博士にはもうひとつの顔があった。ヘレン・ケラーを筆頭とした耳の不自由な人のコミュニケーションを豊かにするため、聴覚障害者教育に生涯情熱をそそいだベル博士の素顔に迫る。

『近代土木の夜明け―日本人技術者の努力

と自立 井上勝・古市公威・沖野忠雄・田辺朔郎・広井勇』高橋裕監修, かこさとし画・構成, おがたひでき文・編集 全国建設研修センター 1999.9 32p 24×24cm (土木の絵本シリーズ)〈年譜あり 年表あり〉Ⓘ4-916173-15-5

『お菓子の街をつくった男―帯広・六花亭物語』上条さなえ作, 山中冬児絵 文渓堂 1999.4 85p 23cm〈年譜あり〉1500円 Ⓘ4-89423-227-8

目次 1 1998年秋,2 札幌千秋庵,3 お菓子の道へ,4 帯広千秋庵,5 父の死,6 奇跡,7 帯広千秋庵、再建,8 六花亭、誕生,9 お菓子の街をつくった男

内容 「帯広を、お菓子のおいしい街にしたい」そんな夢をむねに、お菓子の道ひとすじに生きる小田豊四郎。きびしい修行のすえに、帯広でお菓子屋さんの主人となった豊四郎だが、そこにはさまざまな試練がまちうけていた…。ホワイトチョコレートをはじめ、さまざまなお菓子を生みだした、北海道帯広市の「六花亭製菓株式会社」会長、小田豊四郎の物語。小学校3・4年生から。

『アメリア・イヤハート―それでも空を飛びたかった女性』リチャード・テームズ著, シェリー佐藤訳 国土社 1999.2 55p 27cm (愛と勇気をあたえた人びと 3)〈肖像あり 年譜あり〉1600円 Ⓘ4-337-15903-7

目次 空へのあこがれ, 飛行の歴史, アメリアの飛行体験, リンドバーグの大西洋横断飛行, 新しい女性, レディー・リンデン, ジョージ・パトナム, 記録への挑戦, 最後の飛行

内容 アメリア・イヤハートは、空を飛びたいという気持ちをあこがれだけに終わらせず、勇かんに飛行機を操縦しました。女性として、はじめて大西洋横断飛行をなしとげるなど、数々の飛行記録を打ちたてます。また、女性の自由と解放をもとめて、「ナインティー・ナインズ」を組織。1920年代のアメリカで、女性が社会に進出していこうという気運をもりあげます。さらに、世界一周飛行を計画しますが、完遂を目前に、飛行機ごと行方不明になってしまいます。「多くの人々に、飛行を身近に感じてほしい」というアメリアの願いは、今も生きつづけています。

『おやとい外国人とよばれた人たち―異国にささげた技術と情熱』高橋裕監修, かこさとし画・構成, おがたひでき文・編集 全国建設研修センター 1998.11 32p 24×24cm (土木の絵本シリーズ) Ⓘ4-916173-13-9

『インスタントラーメン誕生物語―幸せの食品インスタントラーメンの生みの親・安藤百福』中尾明作, 宮崎耕平絵 PHP研究所 1998.7 155p 22cm (PHP愛と希望のノンフィクション)〈文献あり〉1260円 Ⓘ4-569-68110-7

目次 「チキンラーメン号」被災地へ, ハレー彗星の申し子, でこぼこの富士山, カエルのばくはつ, 青年隊にかこまれて, 新しいラーメン, 魔法のラーメン, 快進撃, チキンラーメンを守る戦い, 海外に新しい夢をもとめて〔ほか〕

内容 お湯さえそそげば、かんたんに食べられるカップラーメン。この小さな食品のなかには、さまざまな工夫がいっぱいつまっている。そのひとつひとつを研究、開発してきた男・安藤百福のラーメンとともに歩んだ人生を、いきいきと描く。小学上級以上。

『お父さんの技術が日本を作った！―夢をかなえるエンジニア 3』茂木宏子著 小学館 1998.5 195p 20cm 1100円 Ⓘ4-09-290133-X

目次 第1章 2本足で歩くロボットでアトムの夢に近づいた―広瀬真人さん・本田技術研究所, 第2章 打ち上げ開始！宇宙ステーションは人類の可能性を広げるか―北村幸雄さん・石川島播磨重工業, 第3章 地球に優しいクリーン・カー、FCEVを走らせる―木村良雄さん・トヨタ自動車, 第4章 アナログからCD、MDへ。デジタルの音を身近なモノに―鶴島克明さん・ソニー, 第5章 世界最高レベルの飛行機エンジン整備を支える―杉浦進さん・全日空

内容 モノを作り出す知恵と努力によって、日本を支えてきた人々の熱い記録です！2本足で歩くロボット、充電不要の電気自動車…、「近未来の夢」に取り組むエンジニア

達の物語。将来の進路を考え始める小学校高学年〜高校生にぜひ読んでほしい本。

『人をたすけ国をつくったお坊さんたち―日本の土木工事をひらいた人びと』高橋裕監修，かこさとし画・構成，おがたひでき文・編集　全国建設研修センター　1997.10　31p　24×24cm　（土木の絵本シリーズ）〈年譜あり　年表あり〉
①4-916173-08-2

『お父さんの技術が日本を作った！―「メタルカラー」のエンジニア伝　2』茂木宏子著　小学館　1997.3　183p　20cm　1070円　①4-09-290132-1

『紀伊国屋文左衛門』小田淳文，滝波実絵　勉誠社　1997.1　126p　22cm　（親子で楽しむ歴史と古典 18）1545円
①4-585-09019-3

目次 紀州密柑の起源，江戸のくらしと鞴まつり，定期船路のはじまり，紀州密柑の販売経路，文左衛門の生い立ち，弁才船「妙見丸」，夢のお告げ，紀州男子の決意，守り神，義父の温情，覚悟の船出，難所続きの荒海，運命の岐路，難関突破

内容 男一代、千両万両の夢。ミカン夢船、紀伊国屋文左。楽しいお話。

『お父さんの技術が日本を作った！―「メタルカラー」のエンジニア伝』茂木宏子著　小学館　1996.4　183p　20cm　1100円　①4-09-290131-3

目次 第1章 リニアモーターカー発進，第2章 海底に4000kmの光ケーブルをひく，第3章 明石海峡大橋の足元をかためる，第4章 缶がプシュッと気持ちよく開くまで，第5章 超精密時計から古代時計の復元まで「時計作り40年」

内容 明石大橋、リニアモーターカー、海底ケーブル敷設…、技術立国を支えるエンジニアたちの喜びの物語。職業選択を考える小学校高学年〜高校生にぜひ読んでほしい本。

『肥前の石工 平川与四右衛門』白武留康文と絵　牛津町（佐賀県）牛津町教育委員会　1995.12　89p　21cm　（牛津町史物語シリーズ 2）

『マルコーニ』スティーヴ・パーカー著，鈴木将訳　岩波書店　1995.11　32p　25cm　（世界を変えた科学者）1600円
①4-00-115696-2

『ポルシェ―自動車を愛しすぎた男』斎藤憐著，広野徹挿絵　ブロンズ新社　1995.8　204p　21cm　（にんげんの物語）1500円　①4-89309-013-5

目次 ポルシェの生まれた時代，ウィーンまでの道のり，電気で走る馬なし馬車，戦争をするには、優秀な機械がいる，自動車野郎のスピード・レース，地球の上は戦争だらけ，みんなでつくってみんなで乗ろう，ポルシェ設計事務所，ロシアより愛をこめて，ヒトラーとの出会い，フォードとポルシェ，ついに夢が実現する！，二回目の世界戦争，ポルシェの遺産

『菓子づくりに愛をこめて―お菓子の王さま・森永太一郎』若山三郎作，木川秀雄絵　PHP研究所　1994.12　167p　22cm　（PHP愛と希望のノンフィクション）1300円　①4-569-58921-9

目次 伊万里に吹く風（母との別れ，孤児の悲しみ ほか），巣立ち（他人のめし，ぬれ衣 ほか），アメリカ時代（夢は破れて，洗礼を受ける ほか），菓子づくりこそ、わが使命（森永西洋菓子製造所，求めよ、さらば与えられん ほか）

内容 日本で初めて洋菓子を手がけ、森永製菓を創業した森永太一郎。「菓子王」とよばれるまでの波乱にみちた生涯から、生きる喜びや人間の魅力を浮彫りにする。小学上級以上向。

『世界へチャレンジ―夢の計算機にかける樫尾四兄弟』今井喬文，西村達馬絵　汐文社　1994.10　1冊　26cm　1400円
①4-8113-0269-9

内容 今、私たちがなにげなく使っている、“電卓”。カードのように小さいものから、電子手帳のようにたくさんの機能がついたものまで、とても便利で役に立っている。こんな便利な計算機が発明され、創られた陰には、新しい計算機を創り出すことに燃えた四人兄弟の不屈の努力と創意があった

のだ。新しいモノ創りに挑戦しつづける樫尾兄弟物語。

『星空のバイオリン』和田登著　愛蔵版　PHP研究所　1994.9　202p　19cm　1200円　①4-569-58907-3

目次 1 夕方のラッパ,2 夜のバイオリン,3 決意,4 風雨の中を…,5 初雪の朝,6 山をさまよう,7 香代という娘,8 無残！大陸へ,9 紅蘭、玉蘭,10 アレキサンドル・レンスキーの家,11 さらば姉妹よ、エスカヤロフェよ,12 燃える島,13 生と死と,14 ツバメ帰る,15 風の林で

内容 音の魔術師・ストラディヴァリが世を去ってから、およそ二百年のち、信州の少年・小沢僖久二は誰の力も借りずにバイオリンを作りあげた。それは、彼が生涯の夢としておいつづけた「美しい音色」への第一歩であった。—本書は、バイオリンづくりにすべてをかけた男の波乱にとんだ青春を、愛と感動とスリルで描くノンフィクション。

『からくり儀右衛門—アイデア連発！大江戸のハイテク王』富士鷹なすびマンガ　草土文化　1994.7　141p　22cm　（マンガ大江戸パワフル人物伝）1400円　①4-7945-0639-2

『ジェームズ・ワット—わたしの模型が世界を変えた』平見修二著，境木康雄絵　リブリオ出版　1994.5　63p　27cm　（科学史のヒーローたち 第4巻）　①4-89784-385-5,4-89784-381-2

『飛びたかった人たち』佐々木マキ作　福音館書店　1994.5　39p　26cm　（たくさんのふしぎ傑作集）1200円　①4-8340-0197-0

『玉屋創始者 田中丸善蔵』白武留康文・絵　牛津町（佐賀県）牛津町教育委員会　1994.4　86p　21cm　（牛津町史物語シリーズ 1）

『グーテンベルク—印刷術を発明、多くの人々に知識の世界を開き、歴史の流れを変えたドイツの技術者』マイケル・ポラード著，松村佐知子訳　偕成社　1994.3　165p　22cm　（伝記世界を変えた人々 15）1500円　①4-03-542150-2

目次 気がかり, 印刷物のない世界, 退屈, 最初の印刷者たち, 需要と供給, 可動活字, ライバルの主張, 謎の男, 好調なすべりだし, 流浪の身, 秘密の鏡, 事業再開, 活字鋳造, 印刷機へ, グーテンベルクの聖書, 訴訟ののち, 印刷の時代, 報道印刷, 回転式, 機械による植字, 写真植字, 読書人口の増加〔ほか〕

内容 ヨハネス・グーテンベルクは、活字を使った活版印刷術を発明しました。しかし、グーテンベルクは、謎につつまれた人物で、彼の一生については、あまりよく分かっていません。ただ、彼が20年以上の歳月をかけて、ひたむきに活版印刷術のアイデアを発展させていき、完成させたことは確かです。印刷術が登場する以前は、ほとんどの書物は手書きで、数も少なく、聖職者や学者、それに裕富な人たちだけしか読むことができませんでした。ところが、活版印刷術によって、書物が大量に、安く、速くつくられるようになると、多くの人々の手に書物が行きわたるようになり、知識は急速に広がり、歴史の流れまでも変えたのです。小学中級から大人まで。

『玉虫とんだ—世界初の模型飛行機をとばした日本人二宮忠八物語』菅原千夏作，かみやしんん絵　講談社　1993.10　212p　22cm　1400円　①4-06-206456-1

目次 ゾウとからくり人形, ふしぎな穴, 二宮家の没落, 父の死, 凧、凧、あがれ！, 魂をぬく箱, 海の竹とんぼ, 音吉との出会い, 空に舞う紙吹雪, カラスのつばさ, けなげな理解者, あせりの日々, あきらめきれぬ望み, あらたな決意, めざましいステップ, あと一歩, おそれていたニュース

内容 幼いときから機械や動物に人なみはずれた好奇心をいだく忠八。家の事情から進学もあきらめたが、趣味ではじめた凧作りから、夢は空にひろがる。ある日、カラスの飛ぶすがたにヒントを得て飛行機の製作を思いつき、その完成に半生をかけた男の物語。小学中級から。

『沖縄の心を染める—伝統の紅型を復興させた城間栄喜の物語』藤崎康夫著　くもん出版　1992.5　189p　22cm　（く

もんのノンフィクション・愛のシリーズ22）1200円 Ⓘ4-87576-716-1

目次 沖縄の心を染める, 紅型への道, すばらしい文化遺産, 戦火の故郷, うしなわれた文化, よみがえる紅型, 息づく伝統

内容 栄喜は、代だいクゥヤ（染め物屋）をつとめる城間家の長男として、小さいころから父の仕事ぶりを見てきました。先祖からつたわる独自の技法で、色あざやかに染めあげる紅型。これは、時代の荒波や戦争という困難にぶつかりながらも紅型をまもりつづけてきた城間栄喜の物語です。小学生中級以上むき。

『ウガンダの父とよばれた日本人―アフリカにワイシャツ工場をつくった柏田雄一』今井通子作，瀬野丘太郎絵 PHP研究所 1991.9 130p 22cm （PHP愛と希望のノンフィクション）1200円 Ⓘ4-569-58502-7

目次 第1章 いざ、ウガンダへ, 第2章 ここはアフリカだ, 第3章 ワイシャツができたぞ, 第4章 つきつけられた銃口, 第5章 わたしはこの国が大すき, 第6章 ウガンダのあたらしい政策, 第7章 アミン大統領の誕生, 第8章 へこたれたら夢がなくなる

内容 ウガンダに20年。現地にとけこみ、衣料品工場づくりにけんめいにとりくんだ会社員、柏田雄一の劇的な半生をいきいきと描いたノンフィクション物語です。小学上級以上。

『マルコーニ ダイムラー ライト兄弟―飛躍する電信・輸送技術』熊谷聡漫画，草川昭シナリオ ほるぷ出版 1991.6 144p 21cm （漫画人物科学の歴史 世界編 10）1100円 Ⓘ4-593-53140-3

目次 マルコーニ（電信のはじまり, モールスの電信機, 無線電信の発達）, ダイムラー（自動車への夢, 蒸気機関の利用, ダイムラーとベンツ）, ライト兄弟（気球から飛行船へそしてライト兄弟）

内容 マルコーニ。部屋の壁ごしに電波を発信、ベルを鳴らして母親を驚かせたのが1894年のこと。この、電線に頼らない発信・受信の距離はその後飛躍的に延び、5年後にはイギリス海峡を渡り、その1年後には大西洋を渡った。ダイムラー。今日の自動車用エンジンの原型となった高速ガソリン機関を発明し、1885年には二輪車を、翌年には四輪車を完成させたダイムラーは、自動車発明家としては最高の功績者。1890年にはダイムラー自動車会社を設立、自動車の称号をメルセデスに。のちにベンツ社と合併、現在この社の車は世界最高の性能をもつ車として知られている。ライト兄弟。有史以来、空を自由に飛ぶという人間の夢をかなえてくれたライト兄弟はエジソンとならぶ発明界の有名人。学歴はなかったが研究熱心だったライト兄弟が最初に考えたことは、軽いエンジンの完成だった。

『少年時代―糸川英夫―ロケット博士への道』嵐山光三郎編，松本零士画 講談社 1991.4 175p 18cm （講談社KK文庫）680円 Ⓘ4-06-199015-2

目次 1 幼年時代,2 小学生時代,3 中学生時代,4 高校生時代

内容 エジソンが大好き！レンズ遊びや、ベーゴマが大好き！好奇心100パーセントの英夫少年が、関東大震災や、マムシにかまれる事故を乗りこえ、"大空への夢"を実現。

『ベッセマー ハーバー エジソン―鉄・化学・電気の時代』関口たか広漫画，草川昭シナリオ ほるぷ出版 1991.4 144p 21cm （漫画人物科学の歴史 世界編 09）1100円 Ⓘ4-593-53139-X

目次 ベッセマー（銑鉄の大量生産, パドル法の誕生, 鋼の時代へ, 鋼の大量生産）, ハーバー（化学肥料の発達, 空中窒素固定, アンモニアの合成, ハーバーの悲しみ）, エジソン（発明家エジソン誕生, メンロ・パークの発明工場, 白熱電球への道, エジソンの白熱電球, 直流の問題点, 遠距離送電への道）, 資料室（特許制度の成立, 万国博覧会, 近代産業の企業家たち, ドイツとイタリアの統一）

内容 やすくて良質な鋼の製法を発明し、世界を鉄の時代へ導いたベッセマー。窒素肥料の原料・アンモニアの合成に成功、ヨーロッパを食糧不足から救ったハーバー。光をつくり、世界をてらしだしたエジソン。

『小さなかわいい遊園地―花やしきとごらくや山田貞一』北川幸比古作，山口み

ねやす絵　小峰書店　1991.1　119p　22cm　（いきいき人間ノンフィクション 6）1080円　①4-338-09206-8

目次 マッチとおかゆと、汽笛がだいきらい,なにをやっているのか、わからない店ができた,子ネコのような、子どものような好奇心で,スポーツランドで、なぞはとけた,浅草で遊んで、かんがえて,人のいのちは、かけがえがないのに,いままでにないもの、新しいものを,世界最初の「歩行象」があるきだす,たすけてもらって、遊園地の仕事に,豆汽車は青白いけむりをもうもうと,ビックリハウスの前と後

内容 ビックリハウス、メリーゴーランド、ジェットコースターなど、遊園地には、楽しい乗り物がいっぱい！暗い戦争の時代にも、人びとに夢をおくりつづけた、ごらくや山田貞一さんと、遊園地のお話です。小学校中級以上。

『アークライト ワット―産業革命と科学技術』草川昭シナリオ，熊谷聡漫画　ほるぷ出版　1990.12　144p　21cm　（漫画人物科学の歴史 世界編 05）1100円　①4-593-53135-7

目次 アークライト（イギリスの紡績業,ジョン＝ケイの飛杼,ハーグリーブスの発明,蒸気機関の応用）,ワット（産業革命と石炭産業,運命的な出会い,ワットの蒸気機関,蒸気機関車とジョージ＝スチーブンソン）,この巻の年表,資料室（アメリカの独立,産業革命期の民衆の生活,民衆運動の高揚,アダム＝スミスと『国富論』,ディドロと『百科全書』の刊行）

内容 世界を変えた！2人の大発明家。ワットが蒸気機関を発明してエネルギー革命を起こすと、アークライトは自分の発明した紡績機にいち早くこれを取り入れた。産業革命が始まったのだ。この革命は怒とうのように農村を襲い、都市を変え、イギリスはもちろん、ヨーロッパを、世界を、激しい勢いで変えていく。

『飯沼正明―夢と冒険の飛行士』高橋忠治文，こさかしげる絵　松本　郷土出版社　1990.10　173p　22cm　（信濃の伝記シリーズ 4）1200円　①4-87663-150-6

『チューリップが咲いた―メルヘンの花を咲かせた水野豊造』伊藤真智子作，井口文秀絵　小峰書店　1990.10　114p　21cm　（いきいき人間ノンフィクション 3）1080円　①4-338-09203-3

目次 花の好きな少年,だいじな田んぼに花つくって,カタログの花の球根十個,おとぎ話の花を市場へ,今にみんなが花を楽しんで,えらいこっちゃ！花が…,花をとられて、球根は,花が咲いてからでも心配,花でぼろもうけなんかしたくない,チューリップの花の歌がきこえて,花が好きだからくろうもできた

内容 チューリップの花は好きですか？富山県は、世界各国にチューリップの球根を送り出す球根輸出が日本一の県です。この地でチューリップの栽培をはじめた、水野豊造さんの、さわやかなお話です。小学校中級以上。

『夢にかける―6人の社長の創業物語』久保田千太郎原作，今道英治まんが　小学館　1990.10　176p　22cm　（こども伝記まんが 2）880円　①4-09-296512-5

目次 スピード王は日本のエンジン―本田宗一郎物語（本田技研工業）,シャープペンシルからの出発―早川徳次物語（シャープ）,星のマークは世界のタミヤ―田宮義雄物語（田宮模型）,真心を売って日本一―伊藤雅俊物語（イトーヨーカ堂）,グリコ元気印物語―江崎利一物語（江崎グリコ）,スポーツ夢工場―水野利八物語（ミズノ）

『アイディアに生きる―6人の社長の創業物語』久保田千太郎原作，今道英治まんが　小学館　1990.9　176p　22cm　（こども伝記まんが 1）880円　①4-09-296511-7

目次 9才の旅立ち―松下幸之助物語（松下電器）,おもちゃの王様―佐藤安太物語（タカラ）,世界の真珠王―御木本幸吉物語（ミキモト）,魔法のラーメン―安藤百福物語（日清食品）,しあわせの魔法瓶―菊池武範物語（タイガー魔法瓶）,夢を追う巨人―小林一三物語（阪急電鉄）

『夢の地下鉄冒険列車―地下鉄の父・早川徳次と昭和をはしった地下鉄』佐藤一美

作　くもん出版　1990.4　189p　21cm（くもんのノンフィクション・愛のシリーズ 19）1130円　Ⓘ4-87576-534-7

目次 まぼろしの駅,夢は大きく,ロンドンの出あい,ポケットに豆いっぱい,けわしい道のり,ハンマーの音たかく,地下鉄、はしった,レールはのびて,争い,徹夜の運転,空襲のながい夜,ほりだしもの,早川徳次の胸像

内容 昭和のはじめ、東京に地下鉄が必要であることをとき、たったひとりで交通量調査をおこない、独力で地下鉄建設の夢を実現させた早川徳次の軌跡。小学中級以上むき。

『日本一のからくり師―発明くふうを生涯つづけた田中久重』風巻絃一作，高田勲絵　PHP研究所　1989.3　155p　22cm（PHP愛と希望のノンフィクション）1100円　Ⓘ4-569-28417-5

目次 1 儀ィしゃんは勉強がにがて,2 からくり人形の秘密,3 成功するまでやめない,4 絵がすりを織る機械,5 すきなしごとにうちこむ幸せ,6 からくり興行の旅に出る,7 新しい時代の流れ,8 折りたたみ式ろうそく台,9 いちばん年上の生徒,10 実現しない夢はない

内容 江戸のおわりから明治のはじめにかけてかつやくした発明家、田中久重（からくり儀右衛門）の物語。新しい機械をつくる研究心と情熱を生涯もちつづけた久重のチャレンジ精神をいきいきと描く。小学上級以上向。

『大きな夢に挑んだ人―正力松太郎ものがたり』竹内良夫著　教育企画出版　1988.12　136p　22cm（少年少女伝記ノンフィクション）1200円　Ⓘ4-906280-02-1

『技術の日立を築いた人―小平浪平ものがたり』倉持正夫著　教育企画出版　1987.7　124p　22cm（少年少女伝記ノンフィクション）〈発売：川又書店（水戸）〉1000円　Ⓘ4-906280-00-5

『はばたこう世界の空へ―女性パイロット・及位ヤエ』浜田けい子作，田代三善絵　佼成出版社　1987.5　163p　23cm（ノンフィクション・シリーズかがやく心）1200円

目次 転校生,佐太郎ちゃん,あたしはちがうんだ,恋人は飛行機,反対されても,空へ,エア・ガールになっても,日本、戦争にまける,ふたたび空へ,空は男だけのものじゃない

内容 約50年前、女性ながらも空を飛ぶ夢を持ち続け、その夢を実現した及位ヤエが語りかけるのは、どんな試練にもチャレンジ精神で挑戦する大切さ。

『斎藤憲三ものがたり―夢と科学に生きた人 学習まんが』斎藤憲三顕彰会監修，佐藤貞夫まんが　本荘　由利本荘青年会議所　〔1987〕　126p　23cm〈年譜あり〉Ⓝ289.1

『パパの大飛行』アリス・プロヴェンセン，マーティン・プロヴェンセン作，脇明子訳　福音館書店　1986.2　39p　21×26cm　1100円　Ⓘ4-8340-0465-1

内容 時は1901年、フランスの空をわたる飛行船を目撃したルイ・ブレリオ（1872―1936）は、自分も空を飛びたいという夢にとりつかれました。重なる失敗にもめげず、ついに実用にたえる飛行機を作りあげたブレリオは、1909年、英仏海峡の無着水横断に成功し、航空新時代を切りひらいたのです。それはライト兄弟の飛行機発明から6年、リンドバーグの大西洋横断に先立つこと18年の偉業でした。史実をもとに、ベテラン、プロヴェンセン夫妻が制作したこの楽しい絵本は、1984年、アメリカの年間最優秀絵本に与えられるコールデコット賞を受賞しました。

『ゆめを実らせた空想科学少年―SONY（ソニー）をきずいた井深大』手島悠介作，依光隆絵　佼成出版社　1986.2　163p　23cm（ノンフィクション・シリーズかがやく心）1200円　Ⓘ4-333-01211-2

内容 子どもの頃の夢を実らせ、日本で初めてテープレコーダーやトランジスターラジオを作った井深大が伝える、ロマンと創造することの楽しさ。

『遠くの声を聞こう―アニメ伝記・アレクサンダー・グラハム・ベル』小学館　1984.4　40p　21cm（小学館のテレビ名作―ミームいろいろ夢の旅）330円

Ⓘ4-09-110434-7

『豊田佐吉―発明と技術に生きる』神戸淳吉著　講談社　1984.3　189p　18cm（講談社火の鳥伝記文庫）390円　Ⓘ4-06-147548-7

『少年少女世界伝記全集―国際版　第25巻　チャップリン,フォード』小学館　1982.11　133p　28cm　1350円

『少年少女世界伝記全集―国際版　第23巻　ワシントン,ツェッペリン』小学館　1982.9　133p　28cm　1350円

『物語久米栄左衛門』野田弘編著　坂出　坂出文化協会　1982.5　124p　21cm

『少年少女信仰偉人伝　4　カーネギー―世界の鉄鋼王』栗栖ひろみ著　日本教会新報社　1981.1　200p　22cm（豊かな人生文庫）1200円

『からくり儀右衛門』大坪草二郎著　葦真文社　1980.8　202p　20cm　1300円　Ⓘ4-900057-07-X

◆◆エジソン

『エジソン』こわせ・たまみ文，福原ゆきお絵　チャイルド本社　2009.4　30p　25×22cm（絵本版 こども伝記ものがたり 1）571円　Ⓘ978-4-8054-2349-3

『この人を見よ！歴史をつくった人びと伝20　エジソン』プロジェクト新・偉人伝著作・編集　ポプラ社　2009.3　143p　22cm〈文献あり 年表あり〉1200円　Ⓘ978-4-591-10742-3　Ⓝ280.8

『夢の発明王エディソン』杉山薫里文・絵　汐文社　2007.7　47p　27cm（絵で読む教科書に出てくる世界の科学者たち）〈年譜あり〉2000円　Ⓘ978-4-8113-8407-8　Ⓝ289.3

目次 第1章 エディソンを知ろう(やんちゃでいたずら好き,先生はお母さん,何でもやってみる!,さすらいの通信士,アメリカン・ドリーム,一生、発明家,エディソンの仲間たち),第2章 発明家エディソン(研究所から,アメリカの産業革命,発明が発明を生む,失敗をおそれない!,起業家として,発明品大集合!),第3章 白熱球の発明(電気のはじまり,実験のようす,日本と白熱球,日本の電気)

『エジソン』こわせ・たまみ文，福原ゆきお絵　ひさかたチャイルド　2006.2　31p　27cm（伝記絵本ライブラリー）〈年譜あり〉1400円　Ⓘ4-89325-660-2　Ⓝ289.3

内容 電灯や蓄音機などを発明し、「世界の発明王」といわれたエジソン。でも、こどもの頃のエジソンは知りたがりやのいたずらっ子でした。そんなエジソンをあたたかく見守り、育てたお母さん…。これは、生涯つきることのない好奇心を持ち続けたエジソンの一生を少年時代のエピソードを中心に描いたノンフィクション物語です。

『エジソン―魔術師と呼ばれた発明家「技術の20世紀」の幕を開いた世界の発明王』井上元画，杉原めぐみ作，河野通広監修　コミックス　2000.11　159p　19cm（講談社学習コミック―アトムポケット人物館 1）〈発売：講談社　年表あり〉660円　Ⓘ4-06-271801-4

目次 第1章 いたずらっ子アル,第2章 走る実験室,第3章 発明家への道,第4章 メンロパークの魔術師,第5章 未来へ,エジソンの天才発明館

内容 世の中に"光"を提供したエジソン—。印刷技術の発展や、イギリスのワットによる"蒸気機関"の発明で世界の工業化、近代化がはじまりました。それまでの人の力に頼る労働に代わって、蒸気の力や機械を利用することで、人びとの労働条件や流通が改善されるようになり、アメリカでもますます機械や交通、通信、運搬が発達しました。このような時代の中で、トマス・アルバ・エジソンは、自分の能力や努力におごることもなく、「神様が自分の手を通して発明させてくださっているに違いない」といいながら、生涯で1093件もの発明をして世界に貢献しました。エジソンは発明を通して、電力・音響・映画産業などをおこし、実用化に努め、それらは今もわれわれの生活の中に息づいています。それが、人類の生活にどうかかわったかを、この漫画を読みなが

ら考えてみましょう。小学3年生〜中学生。

『エジソン』桜井信夫文　ポプラ社　1998.9　165p　22cm　（おもしろくてやくにたつ子どもの伝記 10）〈肖像あり　文献あり　年譜あり〉880円　Ⓘ4-591-05782-8

目次 ランプの光のもとで，どうして？なぜ？，お母さん先生，はたらくたのしみと実験，新聞売りになる，はしる実験室の火事，またとないお礼，わたりあるきながらも，ノートにメモを，発明にとりかかる〔ほか〕

内容 わたしたちのべんりなくらしの中には、エジソンのつくりだしたものがたくさんあります。エジソンは、どのようにして、「発明王」とよばれるようになったのでしょうか。

『エジソン―努力がうんだ発明の天才』神戸淳吉作，岩淵慶造絵　岩崎書店　1998.5　140p　18cm　（フォア文庫 B198）〈年譜あり〉560円　Ⓘ4-265-06318-7

内容 十九世紀なかばにアメリカ北部の町にうまれたエジソンは、子どものころは「なぜなぜ」と質問をくりかえし、古典や科学の本を読み、科学の実験のすきな少年でした。十二歳で汽車の中の新聞売りとしてはたらきはじめ、十六歳で電信手になります。その後、二十一歳で発明家をめざし、蓄音機、電球、蓄電池、映画など画期的な発明をつづけた偉大な人物を生き生きとえがいています。小学校中・高学年向き。

『エジソン―電気の時代を開いた天才発明家』小林たつよしまんが，黒沢哲哉シナリオ　小学館　1996.5　159p　23cm　（小学館版学習まんが人物館）〈監修：竹内均〉880円　Ⓘ4-09-270003-2

目次 序章 よみがえるエジソン，第1章 少年編集長，第2章 早打ち電信士，第3章 大発明家への道，第4章 電話戦争，第5章 光の館，第6章 名声は世界へ，終章 エジソンの遺産

『エディソン』スティーヴ・パーカー著，鈴木将訳　岩波書店　1995.9　32p　25cm　（世界を変えた科学者）1600円　Ⓘ4-00-115694-6

目次 1 子どものころ,2 芽を出しはじめた発明家,3 事業家エディソン,4 メンロ・パーク帝国,5 もっと明かりを,6 新しい門出,7 エディソンの成しとげたこと

『新装世界の伝記　6　エジソン』大野進著　ぎょうせい　1995.2　308p　20cm　1600円　Ⓘ4-324-04383-3

『エジソン』西沢正太郎文，アルバネーゼ，ウッサルディ絵　小学館　1993.7　116p　21cm　（新訂版オールカラー世界の伝記 3）980円　Ⓘ4-09-231104-4

目次 1 七ばんめの子,2 なぜなぜぼうやのしっぱい,3 おかあさん先生,4 空をとぶじっけん,5 あこがれの汽車で,6 電信ごっこ,7 ニュースをうる,8 うできの電信ぎし,9 メンロパークのまほうつかい

内容 エジソンは、小さいときから、いろいろなものにきょうみをもち、なぜなぜとしつもんし、まわりの人たちをこまらせました。のちに、ちく音機や、電とう、レコード、映画のさつえい機などつぎつぎと発明し、世界の発明王といわれました。

『努力がうんだ発明の天才―エジソン』神戸淳吉文，岩淵慶造絵　岩崎書店　1993.4　103p　26cm　（伝記・人間にまなぼう 18）2400円　Ⓘ4-265-05418-8

目次 なぜなぜぼうや，かあさん先生，人間風船，車内実験室，少年電信手，発明家1年生，ものをいう機械、蓄音機，電灯がともった，うごく写真,2つのしっぱい,10年めの蓄電池，あかりは、まだもえている

『エジソンものがたり―世界一の発明王』三越左千夫ぶん，山田千鶴子え　金の星社　1990.9　79p　22cm　（せかいの伝記ぶんこ 1）780円　Ⓘ4-323-01431-7

『図書館探検シリーズ　第12巻　エジソンの発明』藤野励一，柴田弘子著　リブリオ出版　1990.4　24p　31cm　Ⓘ4-89784-210-7,4-89784-198-4

『エジソン―光をつかまえた！』生江有二著，伊藤アシュラ絵　ブロンズ新社　1990.2　213p　22cm　（にんげんの物語）1339円

目次 はじめに―エジソンとエディソン, 列車内の少年売り子, 情熱的な両親, 学校なんて、行かない！, 週刊ヘラルド、本日発売！, 放浪の通信士, 発明家への第1歩, 発明第1号が完成, メアリー―16さいの美少女へくぎづけ！, 電話―ライバルはグラハム・ベル！, 蓄音機―大統領もビックリ！, 光を！電球かがやきつづけた, 勇気をもって前にすすもう
内容 ネバー・ギブ・アップ！あきらめないぞ―学校に行かなくても、おかねがなくても、エジソンは自分を信じて発明の道を歩みつづけた。そして世界に人びとに“光と音”という大きな贈り物を残したのだった。

『エジソン―魔術師といわれた発明王』 三上篤夫シナリオ, かたおか徹治漫画 第2版 集英社 1989.9 141p 21cm （学習漫画 世界の伝記）700円 ①4-08-240004-4
目次 なぜなぜアル, お母さんが先生, 走る実験室, 電信技手エジソン, 放浪時代, お母さんの死, メンロパークの魔術師, エジソン電灯を発明, 発明は次から次へ, 世界の英雄エジソン
内容 エジソンは、白熱電灯や蓄音機をつくった世界の発明王です。エジソンは、学校へはほとんどいっていませんが、独学で発明に必要な科学の勉強をしました。そして、何度も失敗をかさねながらも、それにくじけずつぎつぎに偉大な発明をしていきました。

『エジソン―好奇心と負けじ魂の発明王の一生』 三越左千夫著, 小林与志画 新学社・全家研 1989.6 205p 22cm （少年少女こころの伝記 20）1340円

『エジソン』 光瀬竜著, 荻太郎画 講談社 1988.1 317p 22cm （少年少女伝記文学館 第16巻）1400円 ①4-06-194616-1

『エジソン―まんがでべんきょう』 山根あおおに作・絵 ポプラ社 1985.11 127p 18cm （ポプラ社・コミック・スペシャル）450円 ①4-591-02139-4

『エジソン―電灯やえいがをつくったはつめいの王様』 鶴見正夫文, 人見倫平絵 学習研究社 1985.6 67p 23cm （学研アニメ伝記シリーズ）650円

『伝記世界の偉人 13 エジソン』 田中つかさ作画 中央公論社 1985.5 143p 23cm （中公コミックス）〈監修：永井道雄, 手塚治虫〉750円 ①4-12-402501-7

『偉人エジソン―不屈の努力を続けた「偉大な発明王」』 小山規まんが 秋田書店 1985.1 145p 23cm （まんが学習アルバム―伝記シリーズ）〈監修：青木国夫〉750円 ①4-253-01031-8

『野口英世・エジソン』 木暮正夫, 手島悠介作, 鴇田幹, 海津正道絵 ポプラ社 1983.1 151p 22cm （三年生文庫）750円

『世界の伝記―国際カラー版 第4巻 エジソン』 西沢正太郎文, ガエターノ・アルバネーゼ, ジョルジオ・ウッサルディ絵 小学館 1982.12 116p 21cm 650円

『エジソン』 野村兼嗣著 ポプラ社 1982.4 174p 18cm （ポプラ社文庫）390円

『エジソン―いたずらと発明の天才』 崎川範行著 講談社 1981.11 253p 18cm （講談社火の鳥伝記文庫）390円 ①4-06-147502-9

『少年少女世界伝記全集―国際版 第8巻 エジソン, ダーウィン』 小学館 1981.6 133p 28cm 1350円

◆◆渋沢 栄一

『渋沢栄一のこころざし』 山岸達児著 増補改訂版 銀の鈴社 2005.4 164p 22cm （ジュニア・ノンフィクション）〈初版の出版者：教育出版センター新社 年譜あり〉1200円 ①4-87786-528-4 Ⓝ289.1

『渋沢栄一―近代産業社会の礎を築いた実業家』 小笠原幹夫著 明治図書出版 1997.12 112p 19cm （教科書が教え

ない歴史人物の生き方 幕末・明治編 no.6 自由主義史観研究会編）〈年譜あり 文献あり〉1048円 ①4-18-461618-6

『学習まんが人間渋沢栄一』矢野功作・画 渋沢青淵記念財団竜門社 1988.3 143p 22cm〈監修：渋沢史料館 発売：国書刊行会〉800円

『日本の近代を築いた人—渋沢栄一ものがたり』渡辺和一郎著 教育企画出版 1988.3 139p 22cm （少年少女伝記ノンフィクション）1200円 ①4-906280-01-3

◆◆スチーブンソン

『スチーブンソン』鶴見正夫文，伊藤悌夫絵 チャイルド本社 2001.11（第4刷） 30p 25cm （こども伝記ものがたり絵本版 8 西本鶏介責任編集）〈年譜あり〉581円 ①4-8054-2356-0

『走れ蒸気機関車—アニメ伝記・スチーブンソン』小学館 1983.12 40 21cm （小学館のテレビ名作—ミームいろいろ夢の旅）330円 ①4-09-110431-2

『世界の伝記—国際カラー版 第11巻 スチーブンソン』矢崎節夫文，セベリノ・バラルディ絵 小学館 1983.6 116p 21cm 650円 ①4-09-231111-7

『スチーブンソン—走れ！ロケット号』白木茂著 講談社 1982.9 181p 18cm （講談社火の鳥伝記文庫）390円 ①4-06-147537-1

『少年少女世界伝記全集—国際版 第5巻 スチーブンソン，ゴッホ』小学館 1981.3 133p 28cm 1350円

◆◆ノーベル

『新装世界の伝記 34 ノーベル』大野進著 ぎょうせい 1995.12 312p 20cm 1600円 ①4-324-04477-5

目次 第1章 起爆原理の確立（病弱な三男坊，異国の首都へ，家庭教師につく ほか），第2章 ダイナマイト王の誕生（弟エミールの爆死，湖上の爆薬工場，戦うアルフレッド・ノーベル ほか），第3章 平和と幸福への願い（二人の女性—ベルタとゾフィ，石油事業への参加，二大トラストの結成 ほか）

『ノーベル—ダイナマイトの発明者』比留間五月シナリオ，栗原清漫画 第2版 集英社 1989.9 141p 21cm （学習漫画 世界の伝記）700円 ①4-08-240017-6

目次 すてきな誕生日，お父さんの工場で，ひとりぼっちの旅立ち，アルフレッドの勉強，戦争がはじまる，長い冬のあとに，おそろしい火薬，ダイナマイトの発明，発明におわりはない，平和へのねがい

内容 アルフレッド・ノーベルは、「ノーベル賞」のうみの親として、また、ダイナマイトの発明者としてゆうめいです。ダイナマイトの発明により、巨額の富を得たノーベルでしたが、一方では、この発明が戦争につかわれるようになったことに心を痛めました。世界の平和と科学の進歩を願っていたノーベルは、自分の財産をつかって、「人類のために大きな貢献をした人に、毎年賞をおくるように」という遺言状をのこしてなくなりました。この遺言をもとに設けられたのが、「ノーベル賞」です。

『ノーベル—人類の幸せのため、ノーベル賞の創設者』萩原葉子著，柳柊二画 新学社・全家研 1989.6 205p 22cm （少年少女こころの伝記 18）1340円

『ノーベル—ノーベル賞をつくったダイナマイトの発明者』岡本文良文，松田辰彦絵 学習研究社 1985.9 67p 23cm （学研アニメ伝記シリーズ）650円

『ノーベル—人類に進歩と平和を』大野進著 講談社 1983.3 189p 18cm （講談社火の鳥伝記文庫）390円 ①4-06-147541-X

『少年少女世界伝記全集—国際版 第16巻 ナポレオン，ノーベル』小学館 1982.2 133p 28cm 1350円

◆◆本田 宗一郎

『この人を見よ！歴史をつくった人びと伝

1 本田宗一郎』プロジェクト新・偉人伝著作・編集 ポプラ社 2009.3 143p 22cm〈文献あり 年表あり〉 1200円 ①978-4-591-10723-2 Ⓝ280.8

『本田宗一郎―世界一速い車をつくった男』中嶋悟解説，ひきの真二まんが，毛利甚八原案 小学館 1996.7 159p 23cm （小学館版学習まんが人物館） 880円 ①4-09-270109-8

『F・1おやじ―エンジンにいのちをかけた男 本田宗一郎の生涯』高橋透絵と文 汐文社 1994.9 1冊 26cm 1500円 ①4-8113-0266-4

◆◆松下 幸之助

『松下幸之助勇気のでることば』岡本文良文，高田勲絵 PHP研究所 1994.12 62p 23cm 1200円 ①4-569-58920-0

目次 母のことが思いだされて, 考えて行動し、行動して考える, しかられて当然のときは, 一日をふりかえってみる, 仕事の疲れ, 人間の価値, 魂をつくる道場, 悩みのない人間には, 一日一日をいっしょうけんめいに〔ほか〕

内容 経営者として世界的企業を育てあげるとともに、つねに人々の平和と幸福と繁栄をねがいつづけた松下幸之助の一生を描く。小学中級以上。

『松下幸之助―光と夢をもとめつづけた90年』岡本文良作，高田勲絵 PHP研究所 1991.5 175p 22cm （PHP愛と希望のノンフィクション）1200円 ①4-569-58488-8

目次 1 考える少年,2 ふくらむ夢の世界,3 かがやかしい光の道,4 未来の夢にむかって

内容 ふるさとの和歌山から9歳で大阪に出、火鉢屋の小僧となった松下幸之助は、のちに電気器具の製造を始め、一代で世界的な大企業に育てあげた。つねに世と人のより豊かな幸せを願い、その実現のために力をつくした一生を事実をもとに感動的に描く。小学上級以上向。

◆◆ライト 兄弟

『ライト兄弟』早野美智代文 ポプラ社 2009.3 158p 18cm （ポプラポケット文庫 072-4―子どもの伝記 4）〈ものしりガイドつき 1998年刊の新装版 文献あり 年表あり〉570円 ①978-4-591-10860-4 Ⓝ289.3

目次 おたんじょうびのこま, 小さな修理屋さん, ぼくたちにもできた！, 空飛ぶおもちゃ, たこあげきょうそう, ウィルバーのけが, 新聞をつくろう！, 兄弟の自転車屋さん, 大空へのゆめ, 飛んだ！

内容 人間が空を飛んだ！人類はじめての動力つき飛行機は、ライト家のなかよし兄弟がつくったものでした。―強くねがえば、きっとかなう…。夢をかなえた兄弟のすがたをみてみましょう。小学校中級から。

『ライト兄弟―大空にいどんだ飛行機の開発者』鈴木真二監修，大林かおるまんが，今村恵子シナリオ 小学館 2008.7 159p 23cm （小学館版学習まんが人物館）〈年譜あり〉900円 ①978-4-09-270021-5 Ⓝ289.3

目次 第1章 なかよし兄弟, 第2章 新たな夢へ, 第3章 大空への挑戦, 第4章 ついに飛んだ!!, 第5章 祖国の英雄

内容 ライト兄弟は、ただ飛行機を作ってみて実験したのではなく、作る前に、資料を集め、専門家の助けを求め、きちんと飛べることを計算して機体を設計したのです。それはスミソニアン協会のラングレー教授も同じでしたが、ライト兄弟は、さらに自分でグライダーを操縦することで、飛行機の操縦法も作り上げたのです。すべてを自分で確かめたところにライト兄弟の成功の秘密があったのです。

『キティホークの風―ライト兄弟物語』鈴木保生著 文芸社ビジュアルアート 2007.12 94p 20cm 800円 ①978-4-86264-303-2 Ⓝ289.3

目次 ライト・フライヤーの話, 大空への夢, 本当のフライヤー

内容 大空を飛ぶというとほうもない夢を実現させたライト兄弟の物語。約百年前、アメリカで、兄のウイルバーと弟のオービルという仲の良い兄弟が、たいした学歴もなく、自転車屋程度の技術で、やがて機体、エンジ

ンまでも作り上げて、世界で初めて、飛行機を大空に飛び立たせた苦労と努力のお話。

『ライト兄弟』鶴見正夫文，徳田秀雄絵　ひさかたチャイルド　2006.3　31p　27cm　（伝記絵本ライブラリー）〈年譜あり〉1400円　Ⓘ4-89325-663-7　Ⓝ289.3

内容 「ねえ、お母さん。鳥はどうして空を飛べるの？」「だって、鳥には翼があるわ。」「そうか…。ぼくたちにも翼があればなあ。」ライト兄弟の胸はいつも大空への憧れでいっぱいでした。そんなこどもの頃の夢を持ち続け、ついに飛行機を発明したライト兄弟の物語。

『ライトきょうだい』鶴見正夫文，徳田秀雄絵　チャイルド本社　2001.6（4刷）　30p　25cm　（こども伝記ものがたり絵本版 3　西本鶏介責任編集）〈年表あり〉581円　Ⓘ4-8054-2351-X

『ライト兄弟―空にあこがれた“永遠の少年”』リチャード・テームズ著，森泉亮子訳　国土社　1999.3　55p　27cm　（愛と勇気をあたえた人びと 6）〈肖像あり　年譜あり〉1600円　Ⓘ4-337-15906-1

目次 はじまりは自転車から，空にあこがれた人びと，うまく飛ぶためには，オットー・リリエンタール，運命の日がやってきた，シャヌートとの仲，旋回飛行も達成，フランス人は飛びたがり!?，いよいよ飛行の時代へ！

内容 ウィルバーとオーヴィルのライト兄弟が、最初に「飛行機」と出会ったのはまだ少年のとき。それは、父のミルトンが買ってきてくれたおもちゃのヘリコプターでした。空中をすいすいと飛ぶそのすがたは、2人の心に強くきざみこまれます。成人して自転車屋をひらいた兄弟は、その合間に自分たちで飛行機の研究をはじめました。「人間が操縦する飛行機で空を飛びたい」そう考えた2人は、グライダーをつくり実験をくりかえします。成功、失敗、挑戦の日々を重ねた結果、1903年、ライト兄弟は最初の動力機を完成させたのです。

『ライト兄弟ものがたり』岡信子文　金の星社　1994.6　77p　18cm　（フォア文庫―マーブル版）750円　Ⓘ4-323-01962-9

目次 機械が大すきな兄弟，兄弟にあったしごと，ゆめは大空へ，おもいがけないヒント，まいあがるグライダー，あたらしい実験，初飛行はコインで

内容 1867年兄のウィルバー・ライトは、アメリカ・インジアナ州のミルビルに生まれました。その後、ライト一家はオハイオ州のデートンにうつり、1871年に弟のオービル・ライトが生まれました。なかのよい兄弟は、“大空を鳥のようにとんでみたい”というゆめに、一歩一歩近づいていきます。1900年二人の作ったグライダー1号が、ウィルバーをのせて大空にまいあがりました。ウィルバー33さい、オービル29さいのときのことです。

『ライト兄弟―空を飛ぶなら自転車屋にかぎる』平見修二著，境木康雄絵　リブリオ出版　1994.5　63p　27cm　（科学史のヒーローたち 第9巻）　Ⓘ4-89784-390-1,4-89784-381-2

『ライト兄弟』おきたかし著　ポプラ社　1994.1　166p　18cm　（ポプラ社文庫―伝記文庫 D-14）580円　Ⓘ4-591-03996-X

目次 ぼくたちのたからもの，たこたこあがれ，うっかり道くさ，ドングリゴマ，だいじな大工どうぐ，おんぼろ手おし車，これは、おどろいた！，とびあがるヘリコプター，ちょ金しなくちゃ，クルミのえだの刀，もうけたお金，どさっとおちた，ウィルバーのけが，大成功の週刊新聞，さようなら、おかあさん，機械が大すき，空をとんでみたい，空にいどんだ人たち，箱がたのたこ，とんだよ、にいさん！，世界さいしょの飛行機，人類の恩人ライト兄弟

『ライト兄弟―空を飛ぶ夢にかけた男たち』ラッセル・フリードマン著，松村佐知子訳　偕成社　1993.10　221p　22cm　1800円　Ⓘ4-03-814140-3

『ライト兄弟』鶴見正夫文，リッツァート絵　小学館　1993.8　116p　21cm　（新訂版オールカラー世界の伝記 6）

980円 ①4-09-231123-0

目次 1 大空へのゆめ,2 とんでいくそり,3 おとうさんのおみやげ,4 だれにもまけないたこ,5 大けがをしたウィルバー,6 印刷屋から自てん車屋に,7 空へのかどで,8 ついにひらかれた空,9 世界をかえた飛行機

内容 鳥のように自由に大空を飛びたい—。大むかしからの人類の夢を実現するために、ライト兄弟はねっしんな研究と、数多くの実験をくりかえし、フライヤー一号機をつくり、世界ではじめて、動力による飛行にせいこうしました。

『ライト兄弟』富塚清著, 金森達画 講談社 1991.9 281p 22cm (少年少女伝記文学館 第18巻) 1600円 ①4-06-194618-8

『ライト兄弟—人類の夢・飛行機の発明者』三上修平シナリオ, 熊谷さとし漫画 第2版 集英社 1989.9 141p 21cm (学習漫画 世界の伝記) 700円 ①4-08-240019-2

目次 大空へのあこがれ, たこあげ大会, ひろがる夢とかなしみ, 空を飛ぶ自転車, 風をつかまえた, 夢の実現, かがやかしい日, ひらかれた空

内容 ライト兄弟の名は、飛行機の発明者として、世界じゅうの人びとに知られています。空を飛ぶことは、大むかしからの人類の夢でした。ライト兄弟も子どものころからの夢を実現させようと、飛行の原理を学び、何度も失敗をかさねて、世界ではじめての動力飛行に成功したのです。

『ライト兄弟—まんがでべんきょう』山根赤鬼作・絵 ポプラ社 1986.4 127p 18cm (ポプラ社・コミック・スペシャル) 450円 ①4-591-02267-6

『ライト兄弟—世界ではじめて飛行機をつくった発明兄弟』牧ひでを文, さいとうてるひこ絵 学習研究社 1985.10 67p 23cm (学研アニメ伝記シリーズ) 650円

『世界の伝記—国際カラー版 第23巻 ライト兄弟』鶴見正夫文, ロマーノ・リッツァート絵 小学館 1983.12 116p 21cm 650円 ①4-09-231123-0

『空をかける兄弟—アニメ伝記・ライト兄弟』小学館 1983.12 40p 21cm (小学館のテレビ名作—ミームいろいろ夢の旅) 330円 ①4-09-110432-0

『少年少女世界伝記全集—国際版 第13巻 ファーブル・ライト兄弟』小学館 1981.11 133p 28cm 1350円

『ライト兄弟—とべ！飛行機第一号』富塚清著 講談社 1981.11 237p 18cm (講談社火の鳥伝記文庫) 390円 ①4-06-147509-6

芸術の才能を開花させた人びと
—芸術家

『芸術のヒーロー伝—8分で読める!?歴史のヒーロー感動の名場面 4巻』天沼春樹監修, 日本児童文芸家協会執筆 教育画劇 2009.4 267p 19×22cm 2800円 ①978-4-7746-0977-5

目次 1話 ビートルズ,2話 紫式部,3話 清少納言, 4話 手塚治虫,5話 樋口一葉,6話 ヴォルフガング・モーツァルト,7話 ポール・ゴーギャン,8話 パブロ・ピカソ,9話 与謝野晶子,10話 宮沢賢治

内容 人間は表現をすることが本能的に好きです。どのような時代であっても、自分が確信した気持ちに素直に表現をし続けた芸術家は世界各地にいます。彼らの姿勢から、創造することのすばらしさを感じとれます。

『メンデルスゾーンとアンデルセン』中野京子著 さ・え・ら書房 2006.4 223p 19cm 1500円 ①4-378-02841-7

目次 第1章 再会のとき, 第2章 三匹のクモの子, 第3章 優等生の良い子, 第4章 栄光と挫折, 第5章 はい上がる, 第6章 三人の接点, 第7章 「彼女を恋している！」, 第8章 幸せな家庭, 第9章 ひびきあう心, 第10章 「お兄

さま」, 第11章 結ばれない運命, 第12章 突然の終わり
内容 人生における幸運とは？ドイツの作曲家メンデルスゾーン、デンマークの作家アンデルセン、スウェーデンのソプラノ歌手リンド―境遇も生まれも違う三人の出会いと別れを激動の十九世紀を舞台に描く。

『文に生きる絵に生きる』 岩崎書店 2000.4 159p 20cm （20世紀のすてきな女性たち 2）〈年譜あり 文献あり 索引あり〉 1600円
①4-265-05142-1,4-265-10218-2
目次 与謝野晶子, ビアトリクス・ポター, リリアン・ヘルマン, いわさきちひろ, ここにすてきな女性たち（ケーテ・コルヴィッツ, 長谷川時雨, 宮本百合子, シモーヌ・ド・ボーヴォワール, 長谷川町子, 茨木のり子, 吉田ルイ子, 吉本ばなな）, 女性はじめて物語―上村松園

『現代文化の開拓者』 天沼春樹ほか著 ぎょうせい 1999.10 238p 20cm （物語・20世紀人物伝 人間ドラマで20世紀を読む 第6巻） 1714円
①4-324-05810-5
目次 パブロ・ピカソ―20世紀最大の天才画家, ウォルト・ディズニー―夢と魔法の国をめざして, 北大路魯山人―逆境をはねのけて, 大宅壮一―マスコミ大将、わが道をいく, ロバート・キャパ―戦場を写したカメラマン, 手塚治虫―夢に命をかけた天才マンガ家

『教科書にでてくる人物124人―教科別 7 「美術・音楽」にでてくる人物』 稲垣友美, 鈴木喜代春編 生越嘉治著, 仙石ともつぐ画 あすなろ書房 1992.4 85p 27cm ①4-7515-1707-4

『夢をもとめた人びと 3 芸術・文化』 玉川学園編 町田 玉川大学出版部 1987.3 126p 22cm 1200円
①4-472-05591-0
目次 みんなの幸福をいのりつづけた詩人―宮沢賢治, 中国人の心をなおす―魯迅, 一生消えない母のおもかげ―夏目漱石, 自然の中の友だち―ファーブル, ひろがるゆめの世界―アンデルセン, お母さんにささげる曲―シューベルト, なかよしの学者兄弟―グリム兄弟, 力いっぱいの努力―ベートーベン, 一人旅をしつづけた人―小林一茶, 新しい絵をもとめて―葛飾北斎, 永遠の天才―モーツァルト, あこがれの中国へ―雪舟
内容 スイスの山々は、むかしも今も、かわらぬ美しいながめです。しかし、むかしの人は、その美しい自然をながめても、それほど美しいとは思わなかったそうです。何人もの芸術家が、スイスの自然の美しさに感動し、次々と作品にしたことによって、人びとは、その美しさをはっきり知ることができたそうです。これが「芸術・文化」の力だといえるでしょう。すばらしい芸術や文化は人びとのものの見方や考え方、心の持ち方をいつのまにか決めてしまうのです。この本では「芸術・文化」の面で夢を求め、それをやりとげ、すぐれた仕事を残した人たちの物語を紹介します。

美術作品で名を残した人びと
―画家・建築家

『「かいじゅうたち」の世界へ―モーリス・センダック』 ハル・マルコヴィッツ著, 水谷阿紀子訳 文渓堂 2009.3 156p 22cm （名作を生んだ作家の伝記シリーズ 8）〈年譜あり〉 1600円
①978-4-89423-623-3 Ⓝ726.601
目次 第1章 子ども時代の暗い片隅と向かいあって, 第2章 画家そして物語作家になるまで, 第3章 三冊の大事な本, 第4章 ミッキーにおむつ!?, 第5章 物語の芸術, 第6章 センダック、舞台へ, 第7章 センダックの「ユダヤ人大虐殺」物語, 第8章 子どもたちを怖がらせて
内容 名作絵本『かいじゅうたちのいるところ』を描いたモーリス・センダックの伝記。

『この人を見よ！歴史をつくった人びと伝 5 岡本太郎』 プロジェクト新・偉人伝著作・編集 ポプラ社 2009.3 143p 22cm〈文献あり 作品目録あり 年表あり〉 1200円 ①978-4-591-10727-0

Ⓝ280.8

『子どものうちから知っておきたい西洋美術を築いた画家20人の生涯』 チャーリー・エアーズ著，木島俊介日本語版監修，伊藤已令訳　ランダムハウス講談社　2009.2　96p　30×26cm　2500円　Ⓘ978-4-270-00437-1

目次 ジョット，レオナルド・ダ・ヴィンチ，アルブレヒト・デューラー，ミケランジェロ，ラファエロ，ティツィアーノ，ハンス・ホルバイン（子），エル・グレコ，カラヴァッジョ，アルテミジア・ジェンティレスキ〔ほか〕

内容 ジョットからゴッホまで、さまざまな時代の西洋美術を築いた20人の大芸術家をとりあげて、彼らの傑作や、制作にまつわる愉快な話をわかりやすく解説。100点以上のカラー図版を含み、巻末には芸術家の略年表、収録作品の所蔵先リスト、美術用語の解説を収録。

『イエスの誕生とうわさの壁画―ベノッツォ・ゴッツォリ 1420頃－1497頃』 森田義之監修　博雅堂出版　2008.8　1冊　34×26cm　（おはなし名画シリーズ）　3200円　Ⓘ978-4-938595-36-4

内容 ときは1400年代、ところはイタリア花の都といわれたフィレンツェ、その華やかな時代。画家ベノッツォ・ゴッツォリによって描かれたメディチ家の栄華メディチ宮殿の壁画がいまおはなし名画シリーズの一冊としてあざやかによみがえりました。子ども～おとなまで。

『千佳慕の横浜ハイカラ貧乏記』 熊田千佳慕著　フレーベル館　2008.6　157p　22cm　1600円　Ⓘ978-4-577-03505-4　Ⓝ723.1

目次 1章 絵本画家はビンボーズ（埴生の宿，絵本画家になる ほか），2章 ビンボーズの醍醐味（ビンボーズの暮らし，イソップどうわ ほか），3章 チカボ・ルネッサンス（ボローニャの原画展で入選，颯爽と展覧会デビュー ほか），4章 かがやける八十代（八十歳のバースデー・プレゼント，横浜文化賞受賞で、市歌を熱唱 ほか），5章 一日一日を生きる（老いの影，はじめての信州 ほか）

内容 絵本画家になり、念願のファーブルを描くことに。しかし、生活はどん底に…。

『ふるさと棚尾の達吉さん』 松碕冴子著　文芸社　2008.1　30p　22×31cm　1200円　Ⓘ978-4-286-03974-9　Ⓝ289.1

内容 明治から昭和にかけて幅広い工芸の分野で活躍し、地場産業や伝統工芸にも力を注いだ孤高の芸術家・藤井達吉の偉大な足跡と懸命な生き方を描いた感動の絵本。

『天馬のように走れ―書聖・川村驥山物語』 那須田稔著　浜松　ひくまの出版　2007.11　200p　20cm〈年譜あり〉　1500円　Ⓘ978-4-89317-387-4　Ⓝ728.216

目次 第1章 神童・二葉（お薬師さまの子，大丈夫の書 ほか），第2章 驥山になる（書の武者修行に出る，友人、関雪 ほか），第3章 月琴を奏でる（皓台寺にて，月琴を奏でる ほか），第4章 戦火のなかを生きて（お父さんは春の日，父、東江の死 ほか），第5章 天翔ける幻の馬（驥山、健在なり，お春さん ほか）

内容 これは、書を愛し、自然を愛し、自由を愛し、ひとすじの清流のように生きたひとりの人間の記録である。

『千佳慕の横浜ハイカラ青年記』 熊田千佳慕著　フレーベル館　2007.10　187p　22cm　1700円　Ⓘ978-4-577-03504-7　Ⓝ723.1

『藤井達吉物語―今よみがえれ、達吉の想い 碧南出身の人物伝』 碧南　碧南市教育委員会文化振興課市史資料調査室　2006.8　94p　30cm　（碧南市史料 別巻 3）〈文献あり〉Ⓝ750.21

『戦争をくぐりぬけたおさるのジョージ―作者レイ夫妻の長い旅』 ルイーズ・ボーデン文，アラン・ドラモンド絵，福本友美子訳　岩波書店　2006.7　70p　29cm　（大型絵本）2300円　Ⓘ4-00-110887-9　Ⓝ726.601

内容 1940年6月のある朝、H.A.レイとその妻マーガレットはドイツの軍隊が攻めてくる数時間前にパリを脱出した。それも自分で組み立てた自転車に乗って！わずかな荷物のなかにあったジョージの原画が絵本になるのは、翌年アメリカでのこと。ふたりの生い立ちや奇跡の逃避行を、日記や写真、イラストをまじえてたどる大型絵本。

『シャガール―わたしが画家になったわけ』ビンバ・ランドマン文・絵，白崎容子訳　西村書店　2006.4　1冊（ページ付なし）32cm〈肖像あり　年譜あり〉1800円　Ⓘ4-89013-890-0　Ⓝ723.35

内容 ぼくの名前がまだモイシェ・セガルだったころ。空飛ぶ家、ヴァイオリン弾き、牛や馬、緑色の顔をした人…シャガールの描いた幻想世界の秘密がときあかされる。

『千佳慕の横浜ハイカラ少年記』熊田千佳慕著　フレーベル館　2006.3　149p　22cm〈肖像あり〉1500円　Ⓘ4-577-03176-0　Ⓝ723.1

『ユージン・スミス―楽園へのあゆみ』土方正志著　偕成社　2006.2　158p　22cm〈佑学社1993年刊の増訂　年譜あり　著作目録あり〉1400円　Ⓘ4-03-645030-1　Ⓝ740.253

目次 フォト・ジャーナリストをめざして，もっとすごい写真が撮れるのに，ほんとうの戦争，楽園へのあゆみ，かがやきをうしなわない人びと，迷宮・ピッツバーグ，日立での日々，日本の漁村を撮りたい，真実を偏見となせ，水俣へ，さいごのたたかい，写真は小さな声だ

内容 「ぼくの一生の仕事は、あるがままの生をとらえることだ―」人間のかがやきを撮りつづけたフォト・ジャーナリスト、ユージン・スミス。未来へと歩きだそうとしている子どもたちを撮った「楽園へのあゆみ」や水俣病とたたかう人びとを撮り、世界じゅうに衝撃をあたえた「水俣」など、多くの作品を残しました。日本を、水俣を愛した彼の生涯を追います。第41回産経児童出版文化賞受賞の『ユージン・スミス―楽園へのあゆみ』（佑学社刊）に、加筆した新装版。小学中級から。

『いわさきちひろ―子どもに夢をたくして』松永伍一文，ちひろ美術館監修　講談社　2005.12　189p　18cm　（火の鳥人物文庫 8）〈年譜あり　著作目録あり〉720円　Ⓘ4-06-271208-3　Ⓝ726.601

目次 絵のじょうずなチイちゃん，戦争が始まった，火の海になった東京，平和がもどってきた，さあ、絵をかくのだ，母になったちひろ，夢いっぱいの絵本，世界と握手した旅，にじ色の夢を，ちひろが語りかける美術館

内容 「いわさきちひろ」絵を見れば、だれもが「あ、見たことがある。」と思うほど、多くの人に親しまれてきた画家いわさきちひろ。幼いころから絵をかくことが大好きだったちひろは、画家として、また母として、子どもの姿をかきつづけた。「世界じゅうの子どももみんなに平和と幸せを」と祈りつづけた55年の生涯を、激動の昭和史を背景にえがく。

『フェルメールとレンブラント―絵本画集』森田義之監修　博雅堂出版　2005.7　1冊（ページ付なし）34cm　（おはなし名画シリーズ 17）〈年譜あり〉3200円　Ⓘ4-938595-28-1　Ⓝ723.359

『クリムトと猫』ベレニーチェ・カパッティ文，オクタヴィア・モナコ絵，森田義之訳　西村書店　2005.4　1冊（ページ付なし）32cm　1800円　Ⓘ4-89013-888-9　Ⓝ723.346

内容 グスタフ・クリムト（1862-1918）は、19世紀末から、20世紀初めにかけて、オーストリアの首都ウィーンで活躍した有名な画家です。1897年、クリムトは伝統的な美術に反抗して、「ウィーン分離派（ゼツェッション）」というグループを創立し、同じ時代のエゴン・シーレやココシュカなどとともに、ウィーンの世紀末美術の立役者になりました。そのころのウィーンでは、音楽家のマーラーやシェーンベルク、精神分析学者のフロイト、哲学者のヴィトゲンシュタインが活躍していました。クリムトは、「黄金のクリムト」といわれるように、絵画のなかに金色をたくさん使い、きらびやかで装飾的な画面と官能的な女性のイメージを結びつけています。彼は56年の生涯を独身ですごしましたが、大の猫好きで、8匹もの猫を飼っていたといわれます。巻末の有名な写真でも、猫を大切そうに抱いた彼がうつっています。これは、愛猫がみたグスタフ・ク

リムトの人生を、華麗で美しいビジュアルイメージとともに愛情をこめてよみがえらせた絵本です。アンデルセン賞受賞。

『かぎりなくやさしい花々』星野富弘著　偕成社　2004.11　163p　19cm　（偕成社文庫）700円　Ⓘ4-03-652510-7　Ⓝ289.1

目次　とつぜんの悲しみ（体育の先生,腕があるんだろうか,父母の顔,死にやしないよ）,文字を書くよろこび（はげましの帽子,文字をつづる ほか）,心の虹（たのしみに待つ人,桑畑の歌,罪ぶかくよわい人間,母と見る虹）,花とともに生きる（車椅子にのって,ランの花への思い ほか）,めぐりくる季節に（秋のふるさと,かがやく季節,十字架の花,花にかこまれて）

内容　花の詩と絵をとおして生命のすばらしさを語りつづける感動の記録。星野富弘の自伝。小学上級から。

『小林和作伝 花を見るかな』かわぐちきょうじ編著,高橋玄洋原作　広島　ガリバープロダクツ　2004.11　199p　21cm　（ガリバーBOOKS）952円　Ⓘ4-86107-012-0

目次　1 生い立ち,2 和作、京都へ,3 東京の田舎大臣,4 和作破産,5 尾道へ,6 戦火の中で,7 画業開花,8 尾道にて（ゲンと和作,天井画伯）,終章

『ほんまにオレはアホやろか』水木しげる著　ポプラ社　2004.11　233p　18cm　（私の生き方文庫）650円　Ⓘ4-591-08353-5　Ⓝ289.1

目次　「こいつあ、アホとちゃうか」,へんな美術学校,落ちたのは一人,男らしい仕事？,靴をはかずに新聞配達,ドロボウと流行歌手,夜なら頭がさえると、夜間中学に,支那通信,ぼくは落第兵,エプペとなる〔ほか〕

内容　ゲゲゲ先生のおもしろ不思議人生体験記。

『ダリー絵本画集』ダリ画,森田義之監修　博雅堂出版　2004.5　1冊（ページ付なし）34cm　（おはなし名画シリーズ 16）〈年譜あり〉3200円　Ⓘ4-938595-26-5　Ⓝ723.36

内容　幼いころから目立つことが大好きなダリの性格は、その作品にも表れています。奇抜な発想で人々を驚かせたダリは、奇想天外な作品で私たちを楽しませてくれます。子ども〜大人まで。

『歌川広重』榎本紀子監修　ポプラ社　2004.4　79p　27cm　（徹底大研究日本の歴史人物シリーズ 13）〈年譜あり〉2850円　Ⓘ4-591-07998-8　Ⓝ721.8

目次　第1章 誕生から見習い時代（広重が生まれたのはどんな時代？,広重は武家の出身だった ほか）,第2章 風景画家として自立（広重、風景画シリーズ『東都名所』をえがく,爆発的に広まる旅のブーム ほか）,第3章 円熟期の傑作（天保の改革と歌川派の全盛,天童藩織田家の財政危機を救う ほか）,第4章 浮世絵の巨匠たち—歌麿・写楽・北斎（浮世絵の黄金時代を生きた喜多川歌麿,謎の浮世絵師東洲斎写楽 ほか）

内容　旅の景色や名所をえがいて、風景版画の第一人者となった広重の生涯を追います。北斎や歌麿、写楽ら、おもな浮世絵師も紹介。

『てのひらのほくろ村』スズキコージ著　架空社　2004.2　135p 図版11枚　19cm　1500円　Ⓘ4-87752-132-1　Ⓝ726.601

『ものがたり清水南山　下』郷土と南山先生を語る会,三原市立幸崎小学校編　〔三原〕　郷土と南山先生を語る会　2003.8　91p　26cm〈共同刊行：南山資料館　年譜あり〉Ⓝ756.13

『ミレーとコローー絵本画集』森田義之監修,西村和子企画・構成　博雅堂出版　2003.3　1冊（ページ付なし）34cm　（おはなし名画シリーズ 15）〈年表あり　年譜あり〉3200円　Ⓘ4-938595-25-7　Ⓝ723.35

『ものがたり清水南山　上』郷土と南山先生を語る会,三原市立幸崎小学校編　〔三原〕　郷土と南山先生を語る会　2002.11　67p　26cm〈共同刊行：南山資料館　肖像あり〉Ⓝ756.13

『浅井力也—障害に負けず描き続ける少年画家』萌木ミカ画，柳川茂作，浅井三和子監修　コミックス　2002.8　143p　19cm　（講談社学習コミック—アトムポケット人物館 13）〈発売：講談社〉700円　①4-06-271813-8

目次 第1章 力也誕生！, 第2章 冷たい国と暖かい国, 第3章 二羽のピジョン, 第4章 大好きマイク先生！, 第5章 新たな出発, アトムと博士のQ&A

内容 浅井力也君、通称リッキーは、1984年生まれの少年画家。脳性まひという障害を持ちながら、4歳のときにたまたま絵の具と出合い、それ以来たくさんの絵を描いて人々に勇気を与え続けているんだ。リッキーは、絵を通じてどんなメッセージを送ろうとしているのかな？小学校3年生～中学生向け。

『やなせたかし』高見まこ画，圷紀子作，やなせスタジオ監修　コミックス　2002.7　143p　19cm　（講談社学習コミック—アトムポケット人物館 12）〈発売：講談社〉700円　①4-06-271812-X

目次 第1章 父・母・弟, 第2章 父の見た風景, 第3章 顔のない主人公, 第4章 アンパンマン飛び立つ, 第5章 何をして生きるのか, アトムと博士のQ&A

内容 みんなのヒーロー、アンパンマンを生んだやなせたかし。彼は漫画だけではなく、童話や詩、アニメなど、さまざまな世界で作品をつくり続けている作家なんだ。ぼろぼろのマントを着て少年にパンを与えるという童話の主人公から生まれたアンパンマンに、どんなメッセージが込められているのかな？小学校3年生～中学生向。

『クレー—絵本画集』クレー画，森田義之監修，西村和子企画・構成　博雅堂出版　2002.5　1冊　34cm　（おはなし名画シリーズ 14）〈年譜あり〉3200円　①4-938595-22-2

『平山郁夫と玄奘三蔵』平山郁夫監修，西村和子企画・構成　博雅堂出版　2002.4　1冊（ページ付なし）24cm　（おはなし名画シリーズ 普及版 別冊）　1600円　①4-938595-24-9　Ⓝ721.9

『藤子不二雄（A）—夢と友情のまんが道』菅紘著　講談社　2002.4　229p　18cm　（火の鳥人物文庫 6）700円　①4-06-271205-9

目次 第1章 出会い, 第2章 二人のまんが少年, 第3章 新聞記者時代, 第4章 「藤子不二雄」の誕生, 第5章 トキワ荘の青春, 第6章 藤子不二雄Aへの道, 終章 友だちと夢と

内容 転校生の素雄が、昼休みぽつんと似顔絵を描いていると、1人の少年に声をかけられた…！いじめられっ子で、赤面症だった素雄が、数々の出会いをへて、成長していく姿を描く、藤子不二雄Aの人物伝。

『アリになったカメラマン—昆虫写真家・栗林慧』栗林慧写真・文　講談社　2002.2　173p　22cm　1500円　①4-06-210944-1

『おらは、岩木山になる！—じょっぱりの画家・奈良岡正夫物語』鈴木喜代春作　国土社　2001.11　175p　22cm　1400円　①4-337-33034-8

目次 はじめに 豊田小学校校長室, 第1部 生い立ち（広い田んぼと大家族のなか, 小学校入学, ネプタと正夫, たたみ二十枚の大ネプタ絵, 玉成高等小学校,「正夫は、おかしぐねべか？」）, 第2部 上京（東京へ出る正夫, バケツ生活時代, すばらしい正夫の学校、正夫の先生）, 第3部 奈良岡正夫画伯（つぎつぎに入選, 牛は壊れない,「示現会」をつくる,「牛」から「山羊」へ, ネプタの正夫, 奥入瀬と岩木山）, おわりに 描きつづける正夫—黒石市立六郷小学校

『光のように鳥のように…—画家マティスの物語』ビジュ・ル・トール作，今江祥智訳　神戸　BL出版　2001.10　1冊　29×26cm　1600円　①4-89238-591-3

『マティス』森田義之監修　博雅堂出版　2000.11　1冊　37cm　（おはなし名画シリーズ）3200円　①4-938595-21-4

『水木しげる—鬼太郎と妖怪たちの世界』児玉淳著　講談社　2000.11　189p　18cm　（火の鳥人物文庫 3）〈肖像あり

文献あり〉660円 ①4-06-271203-2

目次 第1章 妖怪との出会い, 第2章 戦争で南方へ送られる, 第3章 めまぐるしい生活, 第4章 紙芝居、そして鬼太郎誕生, 第5章 つらい貧乏生活, 第6章 鬼太郎の大ヒット, 第7章 世界一の妖怪博士

内容 勉強は大きらいだが、絵ではだれにもまけなかった少年時代。21さいで出征し、左腕をうしない帰国する。のちに漫画家となり独特の死生観をもとに妖怪漫画をえがき、「鬼太郎」や「悪魔くん」「河童の三平」など数々のキャラクターを生みだした。

『セザンヌとスーラ』森田義之監修, 西村和子企画・構成 博雅堂出版 2000.8 1冊 34×26cm (おはなし名画シリーズ) 3200円 ①4-938595-20-6

内容 人々に笑われながらも自分の絵を信じ描き続けた近代美術の父セザンヌ。独自の点描画法で人々の心を打ったスーラ。後期印象派を代表する二人の画家の生涯を彼らの名画で辿る絵本画集。子供〜大人まで。

『夢色の絵筆―ハンディキャップをのりこえる少年画家・浅井力也の物語』遠藤町子著 くもん出版 2000.4 165p 20cm (くもんのノンフィクション児童文学)〈年譜あり〉1100円 ①4-7743-0380-1

目次 プロローグ はじめまして、リッキーです!, 第1章 「わたしのあかちゃんを、たすけて。」, 第2章 坂の上のバギー, 第3章 サンパンの海へ, 第4章 ぼくの新しい友だち, 第5章 ママ、もっとお話きかせてよ!, 第6章 はじめての絵筆, 第7章 「天才画家誕生!」, 第8章 卒業式, 第9章 クリスマスプレゼント, 第10章 もう、ひとりで歩けるよ

内容 リッキーが絵をかくと、あたたかな色が、絵筆から、そして、キャンバスからあふれだし、見る人の心は、きらきらとかがやきだす…。生まれつき、からだに障害をもちながらも、絵をかくことで、みずからの命を燃やしつづける、小年画家・浅井力也。愛と勇気にみちた、ひとりの少年の歩みを、たんねんにえがくノンフィクション。

『小川芋銭』牛久市立図書館刊行物編集委員会編 牛久 牛久市立中央図書館 2000.3 35p 31cm (牛久むかしばなし 伝記 8)〈英文併記 肖像あり 年譜あり〉

『雪の写真家ベントレー』ジャクリーン・ブリッグズ・マーティン作, メアリー・アゼアリアン絵, 千葉茂樹訳 神戸 BL出版 1999.12 1冊 23×24cm 1400円 ①4-89238-752-5

内容 本書は、家族の愛情に見守られ、ひたむきに雪を追いつづけたベントレーの生涯を、美しくぬくもりのある版画とともにつづった心あたたまる伝記絵本です。1999年度コールデコット賞受賞。

『まんが印象派の画家たち 2』島田紀夫監修, あきやま耕輝画, 本田論作 美術出版社 1999.3 227p 21cm (アートコミック) 2000円 ①4-568-26009-4

目次 第3章 印象派の変質―まんが「成功、そして危機」(アルジャントゥイユ―印象派の聖地, ポントワーズにて―ピサロとセザンヌ, 第4回グループ展―アンデパンダン展と名のる ほか), 第4章 印象派を越えて―まんが「印象派の勝利」(印象派の女性画家たち―モリゾ・カサット・ブラックモン, カイユボットの遺言, 巨匠たちのその後―モネ・ドガ・ルノワール ほか)

内容 本書では、印象派のグループがどのようにして成立し、グループ展活動をとおしてどのように作品を発表したか、ということを中心に物語が進められています。その過程ではぐくまれた友情や、心ならずも生じた葛藤にも、多くのページをさいています。

『まんが印象派の画家たち 1』島田紀夫監修, あきやま耕輝画, 本田論作 美術出版社 1999.2 227p 21cm (アートコミック) 2000円 ①4-568-26008-6

目次 第1章 印象派の誕生―まんが「新たなる出会い」(パリ万国博覧会とピサロ, アカデミー・シュイスでの出会い, 若き日のモネ ほか), 第2章 印象派の展開―まんが「印象派宣言」(敗戦後のパリで, 第1回グループ展〜印象派の誕生, オテル・ドゥルオでのオークション ほか)

内容 印象派のすべてがわかる。

『ル・コルビュジエ―建築家の仕事』フランシーヌ・ブッシェ, ミッシェル・コーアン作, ミッシェル・ラビ絵, 小野塚昭三郎訳 すえもりブックス 1999.2 1冊 27cm 1500円 ①4-915777-23-5

内容 ル・コルビュジエが生まれてから一世紀がたちます。かれは建築家でした。ところで、建築家ってどんなひとでしょう？かれはほかの建築家とはちょっとちがっていました。かれがいなかったら家も都市もいまとは別のものになっていただろうといわれています。新しい家、技術、考え方を私たちに教えてくれた建築家、ル・コルビュジエ。彼の残した仕事をわかりやすく、しかも小粋に楽しく伝えてくれます。

『私たちの棟方志功―わだばゴッホになるまんが伝記』矢野功作・画 青森 青森市 1999.1 170p 22cm〈肖像あり 年譜あり〉

『おぎすたかのり―いなざわとパリがふるさと』稲沢市荻須記念美術館編 稲沢 稲沢市荻須記念美術館 c1999 12p 21cm

『絵で見る神田日勝の生涯』平田兌子著〔鹿追町(北海道)〕 神田日勝記念館 1998.12 1冊 15×21cm〈神田日勝記念館開館5周年記念出版 共同刊行：北海道文化財団, 神田日勝記念館開館5周年記念事業実行委員会〉

『藤子・F・不二雄―こどもの夢をえがき続けた「ドラえもん」の作者』藤子プロ監修, さいとうはるおまんが, 黒沢哲哉シナリオ 小学館 1997.10 159p 23cm （小学館版・学習まんが人物館）〈年譜あり〉850円 ①4-09-270111-X

『マリー・ローランサン―「パリの美神」とよばれた画家』千明初美漫画, 川崎堅二シナリオ 集英社 1996.11 141p 23cm （集英社版・学習漫画―世界の伝記）〈監修：阿部良雄〉800円 ①4-08-240039-7

目次 母ひとり娘ひとり, リセ・ラマルティーヌ, 運命の出会い, 詩人と画家の恋, 異国の空の下で, パリの流行画家, シュザンヌとともに, 手に一輪のバラ

『小堀遠州物語―日本のレオナルド・ダ・ヴィンチ』田中館哲彦文, 梶鮎太絵 汐文社 1996.2 1冊 27cm 1500円 ①4-8113-0310-5

内容 徳川将軍家茶道指南役、ガーデンアーティスト・南禅寺庭園、建築家・駿府城、名古屋城の天守閣。茶の湯から作庭・建築造営、茶碗などの陶芸にいたるまで数寄を極め、近代的な技法で構成した遠州の美学(綺麗さび)。小堀遠州三百五十年大遠諱記念出版。

『平山郁夫のお釈迦さまの生涯』平山郁夫画, 西村和子構成・文 博雅堂出版 1995.9 1冊 34cm （おはなし名画シリーズ）〈監修：高田好胤〉3000円 ①4-938595-12-5

『「謎を描いた男」写楽―いま、そのあしあとをたどる』吹上流一郎作, 水流添浩絵 三友社出版 1995.6 142p 22cm （コミック巨人再発見 3）1300円 ①4-88322-603-4

『マネとモネ』マネ, モネ画, 川滝かおり文 博雅堂出版 1994.12 1冊 34cm （おはなし名画シリーズ）〈監修：辻茂〉3000円 ①4-938595-11-7

『日本の「マンガの神様」―すばらしい芸術家』近野十志夫編著 小峰書店 1994.11 127p 22cm （こどもノンフィクション 9）1280円 ①4-338-11809-1

目次 日本の「マンガの神様」, 長髪のロックグループ, ちょびひげの喜劇王, 大空の文学者, ゴジラをうみだした男たち

内容 戦後のマンガとアニメをかえた手塚治虫、世界じゅうのわかものに愛されたビートルズ、世界をわらいにつつんだチャールズ・チャップリン、パイロットの経験を小説にかいたサン・テグジュペリ、永遠の怪獣・ゴジラのひみつ。

『天才画家ダ・ビンチの夢―偉大な発明発見』 近野十志夫編著　小峰書店　1994.7　127p　22cm　（こどもノンフィクション 1）1280円　①4-338-11801-6

目次 天才画家ダ・ビンチの夢―空飛ぶ機械をかんがえたレオナルド・ダ・ビンチ, 暗やみにうかぶ青白い光―ラジウムを発見したマリー・キュリー, 安全な火薬をもとめて―ノーベル賞を創設した科学者アルフレッド・ノーベル, 花のお江戸のアイデアマン―江戸時代に電気の実験をした平賀源内, 日本のテレビの父―世界にさきがけてテレビを開発した高柳健次郎

『山下清―放浪の画家』 長谷川敬著　講談社　1994.5　205p　18cm　（講談社火の鳥伝記文庫 90）540円　①4-06-147590-8

目次 1 絵をかくことがすき,2 兵隊の位にすると,3 放浪の旅から旅へ,4 花火のように生きて, 山下清の年表

内容 「裸の大将」「放浪の画家」とよばれた山下清は、少年時代に貼り絵の才能を花ひらかせる。美しい風景をもとめて全国を放浪し、多くの作品で人々に感動をあたえた人間清の一生。

『ボッティチェッリと花の都フィレンツェ』 西村和子企画・構成　博雅堂出版　1994.4　1冊　34×27cm　（おはなし名画シリーズ）3000円　①4-938595-09-5

内容 ボッティチェッリの作品をわかりやすく解説。また伝記を童話風にたどりながら、ルネッサンス時代のフィレンツェを再現します。子供向・絵本画集。

『伝記荻原碌山』 高田充也著　長野　信濃教育会出版部　1994.1　196p　19cm　①4-7839-1077-4

『赤い十字章―画家ベラスケスとその弟子パレハ』 エリザベス・ボートン・デ・トレビノ作, 定松正訳　さ・え・ら書房　1993.11　159p　21cm　1236円　①4-378-00739-8

内容 十七世紀の前半といえば、冒険、芸術、科学、政治の世界などで名をなした偉人たちが、つぎつぎとあらわれた時代である。光あふれる大地スペインでは、画家ベラスケスが〈真実の絵筆〉をふるっていた。そして、ベラスケスの仕事を陰になり日なたになりして助けた黒人奴隷パレハが、そこにいた。この物語は、あたらしい思潮やゆたかな芸術にいろどられた当時のヨーロッパにあって、はなばなしい流れの陰にかくれた、ひとりの奴隷の生涯である。小学上級～中学生向き。

『凛たれ！天を指して輝け―岡倉天心物語』 木暮正夫作　妙高高原町（新潟県）　妙高高原町　1993.9　182p　22cm〈監修：石川一矢　発売：新潟日報事業社〉　1500円　①4-88862-481-X

『アンリ・ルソーとシャガール』 川滝かおり文　博雅堂出版　1993.5　1冊　34×26cm　（おはなし名画シリーズ）3000円　①4-938595-07-9

『ルノワールとドガ』 川滝かおり文　博雅堂出版　1993.4　1冊　34×27cm　（おはなし名画シリーズ 3）3000円　①4-938595-06-0

内容 ルノワールとドガの伝記を童話風にアレンジ。名画といっしょにたのしめる、初めての幼児向け画集・絵本です。幼児～おとなまで。

『ローランサンとモディリアーニ』 川滝かおり文　博雅堂出版　1992.12　1冊　34×27cm　（おはなし名画シリーズ）　3000円　①4-938595-05-2

内容 ローランサンとモディリアーニの伝記を童話風にアレンジ。名画といっしょにたのしめる、初めての幼児向け画集・絵本です。

『ガウディの夢―愛と幻想の建築家のものがたり』 きたがわけいこ文, いしはらみわこ絵　金の星社　1989.12　94p　22cm　1100円　①4-323-01241-1

目次 1 レウスの白い雲,2 とべ！ガジョ,3 竜って、どんな形？,4 修道院たんけん,5 バルセロナへ,6 雲のうかんだ設計図,7 ぼくは、建築家,8 まがったベンチ,9 バルセロナの街から,10 神さまへのお礼,11 鐘の音が、鳴りひびくとき

内容 ガウディは、スペインの生んだ、偉大な建築家です。けれども、子どものころは、特に勉強ができたわけではありません。ガウディは、いつも、自分の目で、大好きな自然を観察し、自分だけの形をつくりつづけました。このものがたりは、ガウディの一生を、たのしいエピソードもとり入れながら、建物の写真とともに、紹介しています。小学校3・4年生から。

『百年前の報道カメラマン―磐梯山大噴火を激写』千世まゆ子著，吉井忠絵　講談社　1989.7　221p　22cm　（講談社ジュニアノンフィクション）1100円　①4-06-204474-9

目次 ひいおじいさんの足跡をたずねて,目が、なにかを待っている,新天地「横浜」での修業,ふるさと会津での再出発,写真師の使命に燃えて,自然の驚異をとらえる冷静な"目"

内容 百年前の大自然の驚異が、現代によみがえり、目前にせまる！福島県・磐梯山大噴火のすさまじさを決死の覚悟で撮影した写真師・岩田善平の誇りと信念をえがく。小学上級から。

『動物と話せる男―宮崎学のカメラ人生』塩沢実信著　理論社　1989.6　189p　19cm　（シリーズヒューマンドキュメント）1200円　①4-652-01841-X

目次 子リスのコロ,ヘビにのまれたコロ,伊那谷の自然,山と川に学ぶ,自然に学ぶ日々,野鳥の言葉を聞きながら,中学"落ちこぼれ"時代,カメラとの出会い,初めての入選,まぼろしのカモシカを追う,動物カメラマンをこころざす,やってきた幸運の使者,フクロウにのめりこむ,絶望のなかから,3人の恩人たち,ワシとタカをねらって,先輩に学ぶプロ魂,ようやくひらけた道,自然は眠らない,鳥に聞け,ハヤブサとの出会い,みのった少年時代の夢

内容 信州・伊那谷に住み、その強烈な個性と技法で動物写真に新風をふきこんだカメラマン、宮崎学の少・青年時代を描き、人間の個性とはなにかを、問いかける。

『風色にそまるキャンバス―筋ジストロフィーと闘いつづける画家・大塚晴康の物語』浜田けい子作，井上正治画　ペップ出版　1989.3　211p　19cm　1200円　①4-89351-104-1

目次 1 足に力が入らない,2 ほんとうに脚気なの？,3 ぼくの筋肉がちぢんでいく,4 杖なんかつきたくない,5 絵描きのたまご,6 清水先生との出会い,7 国画会展に挑戦,8 さゆり幼稚園,9 手をつなぐ筋ジスの仲間たち,10 中村先生の教えてくれたこと,11 新しい旅だち

内容 大学1年生のときに発病して以来、32年あまり、〈筋ジストロフィー〉という病気とともに生き、〈生〉と〈死〉をみつめつづけた、ひとりの画家の姿をえがく、愛と勇気の尊さをうたう物語。小学校5・6年生から。

『時代をつかめこの手のなかに―日本初のプロ・カメラマン上野彦馬』藤崎康夫作，小島直絵　PHP研究所　1988.11　149p　22cm　（PHP愛と希望のノンフィクション）1100円　①4-569-28398-5

目次 第1章 外国のあたらしい学問,第2章 自分でカメラをつくる,第3章 「化学」の先生になる,第4章 写真館を開業,第5章 全国にひろまる写真の波

内容 下岡蓮杖とともに日本の写真のはじまりをつくった人といわれる上野彦馬。苦心のすえカメラや薬品を自分でつくり、写真術発展の道を切りひらいていった、そのひたむきな姿を描く。小学校中級以上。

『ディズニー―愛とゆめを世界に』三浦清史著　講談社　1987.7　189p　18cm　（講談社火の鳥伝記文庫）420円　①4-06-147566-5

目次 1 心にのこる町マーセリーン（いたずらぼうず,すばらしいプレゼント,お父さんの病気）,2 まけるものか（学校の人気者,校内誌のさし絵画家）,3 強い兄弟愛（家からの独立,ミッキーマウス）,4 20世紀の偉大な天才（アカデミー賞受賞,生みだされる名作,映画にそそいだ努力と愛情,ゆめとまほうの王国誕生,ウォルト＝ディズニーの年表）

内容 20世紀の天才ディズニーの努力と愛情の生涯。子どものときから、よいまんが映画製作への道を志したディズニーが、兄弟

の協力で苦難をのりこえ、世界の人々にうったえる数数の名作を生み、ディズニーランド誕生にいたるまでの一生を描く。

『ゴヤ—魔の世界』雪山行二執筆　サンケイ新聞写真ニュースセンター　1987.5　40p　30cm　（少年少女名作絵画館 4）　2200円　①4-88238-010-2

内容 1792年、マドリードの花形画家フランシスコ・ゴヤは運命の呼び声を聞きました。音のない世界に暮らしはじめた画家は、神の造った人間の砂漠のはずれで、何を見、何を描いたのでしょうか…。若い世代のための新しい美術入門シリーズ第4巻は、妖しい魅力を放つゴヤの世界を紹介します。

『モネ—素晴らしい眼』中山公男執筆　サンケイ新聞写真ニュースセンター　1987.5　40p　30cm　（少年少女名作絵画館 5）　2200円　①4-88238-012-9

内容 公式の展覧会に通らなかったモネたちは自主的な展覧会を開き、「自然の一瞬の姿を絵に表現する」ことを考え『印象・日の出』を出品しました…。好評のシリーズ第5巻は、不遇に長く耐えながら、光の中の自然を追い続けた「素晴らしい眼の人」モネの作品と生涯を紹介。

『レンブラント—光と影のドラマ』高橋裕子執筆　サンケイ新聞写真ニュースセンター　1987.4　37p　30cm　（少年少女名作絵画館 3）　2200円　①4-88238-009-9

内容 17世紀オランダの画家レンブラントは、物語画、肖像画、風景画など絵画の全ての分野にすばらしい傑作を残しています。光と影がドラマを生み出していく豪華な絵画美の世界を中心に、西洋絵画の各分野の成立ちや、芸術家と社会の結び付きがどのように変化していったかを解説します。

『ゴーギャン—楽園のまぼろし』阿部信雄執筆　サンケイ新聞写真ニュースセンター　1987.3　37p　30cm　（少年少女名作絵画館 9）　2200円　①4-88238-008-0

内容 ゴーギャンはともかく画家になりたかった。それも芸術に関する常識をひっくり返してしまうような、そんな画家になりたかったのです……。一流執筆陣が競作、小・中・高校の若い世代に美の感動を贈る新しい美術入門シリーズ、第9巻はゴーギャンの生涯と芸術を考えます。

『だからマンガはやめられない』ちばてつや著　ポプラ社　1986.7　188p　20cm　（どんぐりブックス）　980円　①4-591-02302-8

『歩け泰治（たいじ）』原田武雄文，原田泰治絵　講談社　1986.5　182p　21cm　1200円　①4-06-202740-2

目次 1. 泰治の幼年時代,2. 伊賀良村での少年時代,3. 泰治の中学・高校時代,4. 泰治、上京,5. 泰治のひとりだち

内容 あのやさしい絵を描く素朴画家・原田泰治さんにこんな苦しい少年時代があった。お父さんが綴る感動のドキュメント！

『たゆまぬ歩みおれはカタツムリ—長崎の平和像を作った北村西望』畑島喜久生作，小林与志絵　佼成出版社　1986.2　163p　23cm　（ノンフィクション・シリーズかがやく心）　1200円　①4-333-01212-0

内容 病苦・貧困・戦争など、いくつもの試練に負けず、その燃えたぎる情熱で日本一の彫刻家をめざした不屈の人・北村西望の感動の記録。

『安永三年の絵師』野村敏雄作，梶鮎太画　金の星社　1985.12　205p　21cm　（文学の扉）　980円　①4-323-00914-3

『実録あだち充物語』あだち勉，あだちプロ有志著　小学館　1984.8　187p　18cm　（少年ビッグコミックス）　360円　①4-09-150490-6

◆◆ヴォーリズ

『ヴォーリズさんのウサギとカメ』山崎富美子ぶん，山崎さやかえ，芹野与幸監修　西宮　上ヶ原文庫　2007.5　1冊（ページ付なし）29cm〈年譜あり〉　1905円　①978-4-9903784-0-0　Ⓝ523.1

『ここが世界の中心です一日本を愛した伝道者メレル・ヴォーリズ』国松俊英作，依光隆絵　PHP研究所　1998.12　174p　22cm　（PHP愛と希望のノンフィクション）〈肖像あり　文献あり〉1260円　Ⓘ4-569-68142-5

目次 第1章 ヴォーリズ先生, 第2章 ふるさとの日々, 第3章 あふれる情熱と愛, 第4章 いつかりっぱな大樹に, 第5章 人々の幸せのために

内容 キリスト教の伝道者として、教育者として、また建築家、実業家としても偉大な足跡をのこしたウィリアム・メレル・ヴォーリズ。明治の末アメリカから日本にきて、滋賀県の近江八幡に住み、つねに人々の幸せを願いつつ活動したその感動の生涯を描く。小学校上級以上。

『ヴォーリズ一日本人を志願した』浦谷道三著　改訂版　近江八幡　近江兄弟社学園同窓会　1991.10　197p　22cm　1500円

◆◆円空

『円空さん』赤座憲久作，鴇田幹絵　小峰書店　1984.2　119p　22cm　（創作こどもの文学）950円　Ⓘ4-338-05207-4

『円空』はやふねちよ文，ほづみはじむ画　草土文化　1983.12　31p　27cm　1200円

『円空さん』岩田明宏作画　羽島　羽島青年会議所青少年開発委員会　1983.12　29p　26cm

◆◆葛飾 北斎

『葛飾北斎一絵本画集』葛飾北斎画，小沢弘監修，西村和子構成・文　博雅堂出版　2006.11　64p　34cm　（おはなし名画シリーズ 19）〈年譜あり〉3200円　Ⓘ4-938595-34-6　Ⓝ721.8

『新装世界の伝記　8　葛飾北斎』桂木寛子著　ぎょうせい　1995.2　321p　20cm　1600円　Ⓘ4-324-04385-X

『葛飾北斎一ゴーギャンも絶賛！八方破れの絵師人生』アンベ幸マンガ　草土文化　1994.9　145p　22cm　（マンガ大江戸パワフル人物伝）1400円　Ⓘ4-7945-0641-4

◆◆ゴッホ

『ゴッホ一人はなぜ絵をえがくのか』趙美恵作，パオロ・ルイ絵，今西大文　鈴木出版　2001.4　1冊　31cm　（はじめてであう世界なるほど偉人伝）〈年譜あり　文献あり〉2500円　Ⓘ4-7902-3078-3,4-7902-3072-4

『ゴッホ一太陽を愛した『ひまわり』の画家』鈴木みつはるまんが，黒沢哲哉シナリオ　小学館　1996.11　159p　23cm　（小学館版学習まんが人物館）〈監修：圀府寺司〉880円　Ⓘ4-09-270009-1

『ゴッホとゴーギャン』川滝かおり文　博雅堂出版　1992.10　1冊　34×27cm　（おはなし名画シリーズ）3000円　Ⓘ4-938595-04-4

内容 ゴッホとゴーギャンの伝記を童話風にアレンジ。名画といっしょにたのしめる、初めての幼児向け画集・絵本です。幼児～おとなまで。

『ゴッホ一画家になった男の子の話』木下長宏著　ブロンズ新社　1988.5　221p　22cm　（にんげんの物語）1300円

目次 1853年早春—誕生の日の会話, 画廊につとめる話, ロンドンへ転勤することになる話, グーピル画廊をくびになって職を変える話, 炭鉱町の牧師になろうとする話, ハーグへ行って、元気をとりもどす話, 農夫たちがモデルになってくれなくなった話, アントワープの美術学校で、先生とけんかをする話, たくさんの画家と知り合いになる話, ベルナールとゴーギャンやセザンヌのことを語り合った話, アルルに黄色い家を借りた話, ゴーギャンとけんかしても勝てない話, 冬にひまわりの絵を何枚も描く話, サン・レミの修道院にとじこめられる話, ついうっかりピストルを撃った話, 臨終の日の会話〔ほか〕

内容 『ひまわり』の絵にゴッホは夢を塗りこめた。子供から大人まで楽しく読める21世紀の伝記シリーズ。小学高学年以上。

『ゴッホ―ほのおの画家』式場隆三郎著　講談社　1982.11　173p　18cm　(講談社火の鳥伝記文庫) 390円
①4-06-147535-5

『少年少女世界伝記全集―国際版　第5巻　スチーブンソン, ゴッホ』小学館　1981.3　133p　28cm　1350円

◆◆雪舟

『雪舟―戦乱の時代、水墨画の世界』酒寄雅志監修, 小西聖一著　理論社　2004.9　108p　25cm　(NHKにんげん日本史)〈年表あり〉1800円　①4-652-01474-0　Ⓝ721.3
目次 第1章 京都(天才少年の伝説, 花の都, 都をおおう影, 水墨画の世界), 第2章 山口(都を去ったわけ, 西の京都, 雲谷庵), 第3章 明(中国への船便, 目の前の景色, 一流の証明), 第4章 旅(都を焼きつくした戦争, 五十歳からのかがやき, 日本の風景にひかれて, 京都、東山山荘, 雪舟と義政, えがきつづけて)

『雪舟と応仁の乱』三田村信行文　フレーベル館　2004.2　48p　27cm　(あるいて知ろう! 歴史にんげん物語 5)〈年譜あり〉2900円　①4-577-02789-5　Ⓝ721.3
目次 なみだでかいたネズミの絵, きえたゆめ, 応仁の乱おこる, ふかまる自信, きた、見た、かいた, 戦乱をさけて, 雲谷庵に住む, 雪舟の旅路, 人物しらべ―雪舟と同時代の人びと, たずねてみよう! 歴史の舞台

◆◆手塚 治虫

『この人を見よ! 歴史をつくった人びと伝　4　手塚治虫』プロジェクト新・偉人伝著作・編集　ポプラ社　2009.3　143p　22cm〈文献あり 年表あり〉1200円　①978-4-591-10726-3　Ⓝ280.8

『手塚治虫―未来からの使者』石子順作, 手塚治虫画　童心社　2004.2　158p　18cm　(フォア文庫愛蔵版)〈年譜あり 文献あり〉1000円　①4-494-02783-9　Ⓝ726.101

『手塚治虫　part3　少女まんがの世界』石子順作, 手塚治虫画　童心社　2002.6　157p　18cm　(フォア文庫) 560円
①4-494-02764-2
目次 1 少女まんがの魅力,2 少女まんがのめばえ,3 外国の少女たち,4 現実の少女たち,5 時代、民話の少女たち,6 少女まんがの秘密
内容 『リボンの騎士』『ユニコ』『エンゼルの丘』『ナスビ女王』『つるの泉』『あらしの妖精』…たくさんの少女まんがを描いた手塚治虫。おなじみの作品や、多様な作品にこめた天才まんが家のメッセージをさぐります。小学校中・高学年向き。

『手塚治虫―鉄腕アトムを生んだ漫画家　15万枚の原稿で人間愛を訴えつづけた漫画の巨匠』わたべ淳画, 柳川茂作, 手塚プロダクション監修　コミックス　2000.11　159p　19cm　(講談社学習コミック―アトムポケット人物館 3)〈発売：講談社〉660円　①4-06-271803-0
目次 第1章 ガチャボイ頭の反撃, 第2章 修練所大脱出, 第3章 おれは生き残ったんだ, 第4章 ペンかメスか, 第5章 アニメか漫画か, 手塚治虫の漫画歴史館
内容 手塚治虫は17歳で4コマの新聞漫画「マアチャンの日記帳」でデビューしてから、60歳で亡くなるまでの43年間の漫画家生活で、約15万枚の原稿を描いたといわれております。漫画の作品タイトル数はおよそ700余りありますが、これだけの質と量を支えてきた秘密の一端は子ども時代にあります。この本にも一部描かれておりますが、手塚治虫は子どもの時から、漫画は勿論の事、アニメーション、映画、読書、昆虫、宇宙、作文、お芝居、落語等、なんにでも興味を持つ、大変好奇心の強い子どもでありました。それらが全て血となり、肉となって、漫画家としての創作活動の糧になっています。小学校3年生～中学生。

『手塚治虫―少年まんがの世界』石子順作, 手塚治虫画　童心社　2000.9　158p　18cm　(フォア文庫) 560円
①4-494-02753-7
目次 未来の世界(アトムの誕生, アトムの第一印象, アトムの実力, アトムの内容 ほか),

現実の世界(生命の世界,『ブラック・ジャック』,動物の世界,『ジャングル大帝』ほか),過去の世界(『平原太平記』,『冒険狂時代』,『夜明け城』,『おれは猿飛だ!』ほか)
内容 『鉄腕アトム』『0マン』『ジャングル大帝』『ブラック・ジャック』『火の鳥』…数かずの少年まんがを描いた手塚治虫。そのまんがの内容、見どころとはなにか?天才まんが家の創作の秘密に迫ります。小学校中・高学年向き。

『手塚治虫』国松俊英文 ポプラ社 1998.12 174p 22cm (おもしろくてやくにたつ子どもの伝記 16)〈文献あり 年譜あり〉880円 ①4-591-05876-X
目次 ポイトコナの話をします,ガジャボイ頭が泣きました,荒野のインディアンごっこ,おしいれのプラネタリウム,ペンネームは治虫,昆虫の魅力にとりつかれる,トイレの連載マンガ,マンガ家への道,白いライオンの物語,トキワ荘のマンガ家たち,マンガの神さま
内容 「鉄腕アトム」「ジャングル大帝」など、手塚治虫がうみだしたマンガは、七百あまり。手塚治虫の作品には、いのちをたいせつにおもう気もちと、未来への夢が、たくさんつまっています。

『手塚治虫―21世紀をデザインしたまんが家』藤子・F・不二雄解説,伴俊男まんが・シナリオ 小学館 1996.4 159p 23cm (小学館版学習まんが人物館)〈監修:手塚プロダクション〉880円 ①4-09-270103-9

『手塚治虫―まんがとアニメで世界をむすぶ』中尾明著 講談社 1991.9 221p 18cm (講談社 火の鳥伝記文庫 75) 490円 ①4-06-147575-4
目次 1 まんが少年,2 医者か、まんが家か,3 レオとアトム,4 ガラスの地球を救え
内容 子どものころから、まんがばかりでなく、昆虫や天文もすきだった手塚治虫は、その一生をまんがとアニメの世界にささげ、活躍した。人々に夢と希望をあたえた生涯を描く。

◆◆ピカソ

『ピカソ―『ゲルニカ』を生んだ反骨の芸術家 二十世紀を代表する大芸術家』岩崎こたろう画,杉原めぐみ作,大高保二郎監修 コミックス 2001.2 159p 19cm (講談社学習コミック―アトムポケット人物館 6)〈発売:講談社 年譜あり〉660円 ①4-06-271806-5
目次 第1章 闘牛と鳩の町で,第2章 旅立ちの時,第3章 パリへ そして世界へ,第4章『ゲルニカ』,第5章 平和の鳩,ピカソの天才絵画館(ピカソは本当に天才だったの?,人物紹介・ピカソの愛した巨匠とサロンの仲間たち,年表・ピカソの生涯)
内容 ピカソは、「キュビスム」とよばれる新しい表現方法や、戦争を激しく批判した壁画『ゲルニカ』などを生み出した天才芸術家だよ。

『ピカソ』ピカソ画,森田義之監修,西村和子構成,小手鞠るい文 博雅堂出版 1998.12 1冊 34cm (おはなし名画シリーズ)〈年譜あり〉2912円 ①4-938595-19-2

『ピカソ―絵画の革命』神吉敬三執筆 サンケイ新聞写真ニュースセンター 1987.5 40p 30cm (少年少女名作絵画館 10) 2200円 ①4-88238-011-0
内容 スペインはふしぎな国です。エル・グレコ、ベラスケス、ゴヤ…。美術の歴史を塗り変えるような巨人が突然出現するのです。そして私たちの時代の巨人は、いうまでもなく、ピカソです。若い感性に贈る美術入門シリーズ最終巻はピカソによる絵画の革命の全容を紹介します。

『ピカソ―二十世紀の天才画家』中山公男監修 学習研究社 1984.3 128p 23cm (学習まんが―伝記シリーズ) 680円 ①4-05-100406-6

◆◆ミケランジェロ

『ミケランジェロ』フィリップ・ウィルキンソン著,大岡亜紀訳 神戸 BL出版 2009.1 64p 26cm (ビジュアル版伝記シリーズ) 1800円

Ⓘ978-4-7764-0307-4
目次 1 少年時代（ポデスタの息子, フィレンツェの少年：イタリアにおけるルネサンス, ラテン語を学ぶ, 画家の弟子）,2 若き彫刻家（彫刻の庭園, メディチ家, 彫刻家への第一歩, ロレンツォの死, ローマでの制作, 高まる名声）,3 教皇たちの注文（ダヴィデ, 教皇, 軍人教皇ユリウス2世, システィーナ礼拝堂, 新たなる挑戦, 要塞設計）,4 晩年の日々（詩人ミケランジェロ, ミケランジェロの信仰, 「最後の審判」, サン・ピエトロ大聖堂, 晩年, ミケランジェロの遺産）

『レオナルド・ダ・ヴィンチとミケランジェロ』 辻茂監修, 西村和子構成, 川滝かおり文　博雅堂出版　1997.4　1冊　33×26cm　（おはなし名画シリーズ）　2912円　Ⓘ4-938595-18-4
内容 絵本でたのしむ世界の名画。ルネッサンスの代表的な画家、レオナルド・ダ・ヴィンチとミケランジェロの生涯を名画でたどる子供向け・絵本画集。

『少年少女世界伝記全集―国際版　第22巻　宮沢賢治, ミケランジェロ』 小学館　1982.8　133p　28cm　1350円

◆◆レオナルド・ダ・ヴィンチ

『ダ・ヴィンチのひみつをさぐれ！―ねらわれた宝と7つの暗号』 トーマス・ブレツィナ著, 越前敏弥, 熊谷淳子訳　朝日出版社　2006.5　192p　19cm　（冒険ふしぎ美術館）1100円
Ⓘ4-255-00335-1
目次 レオナルド・コード『レオナルドの暗号』, パブロ, 冒険のはじまり, 冒険ふしぎ美術館, 魔法の展示室, 深みのある顔をさがしているのは？, レオナルドってどんな人？, レオナルドのお気に入りの楽器, 古びた石の宝入れ, レオナルドがあぶない〔ほか〕
内容 冒険ふしぎ美術館へようこそ。ここは、謎に包まれたふしぎなできごとが起こる場所だ。きみも、あのレオナルド・ダ・ヴィンチの人生やアイディアについて、おどろくべき興味深い事実をいくつも発見できる。さあ、本を開いて、作業場にいるレオナルドに会いにいこう。レオナルドのかくされたひみつをさぐりだそう。すばらしい発明品のかずかずを見てみよう。

『レオナルド・ダ・ビンチ―人間の可能性とすばらしさ』 徐梓寧作, パオロ・ルイ絵, 今西大文　鈴木出版　2001.4　1冊　31cm　（はじめてであう世界なるほど偉人伝）〈年譜あり　文献あり〉2500円　Ⓘ4-7902-3079-1,4-7902-3072-4
内容 レオナルド・ダ・ビンチは、「万能の人」といわれます。『モナ・リザ』を描いたかと思えば、望遠鏡をつくって天体観測をし、解剖学、動物・植物学、数学、光学、機械工学、水力学に関する手稿を書き、これに関する多数の素描を描き…。なぜこんなに多岐にわたることがらをこなすことができたのか、と現代のわたしたちはおどろいてしまいます。ちょっと見ると、バラバラでつながりがないように見えますが、ダ・ビンチには、少しもバラバラではありませんでした。それぞれの学問がおたがいにつながっていることは、物語のなかにも出てくるとおりです。小学中学年から中学生向き。

『レオナルド・ダ・ヴィンチとミケランジェロ』 辻茂監修, 西村和子構成, 川滝かおり文　博雅堂出版　1997.4　1冊　33×26cm　（おはなし名画シリーズ）　2912円　Ⓘ4-938595-18-4
内容 絵本でたのしむ世界の名画。ルネッサンスの代表的な画家、レオナルド・ダ・ヴィンチとミケランジェロの生涯を名画でたどる子供向け・絵本画集。

『新装世界の伝記　24　ダ＝ビンチ』 榊原晃三著　ぎょうせい　1995.2　285p　20cm　1600円　Ⓘ4-324-04401-5

『レオナルド・ダ・ビンチ―『モナ・リザ』で知られる万能の人』 古城武司漫画, 柳川創造シナリオ　集英社　1993.3　141p　22cm　（集英社版・学習漫画―世界の伝記）〈監修：木村尚三郎〉800円　Ⓘ4-08-240029-X
目次 左利きの少年, 芸術の都フィレンツェ, ミラノへむかう, 母との再会,『最後の晩餐』, ミケランジェロとの対決, 万能の天才

内容 レオナルド・ダ・ビンチは、イタリアのルネサンス期を代表する、もっとも有名な芸術家のひとりです。みなさんは『モナ・リザ』や『最後の晩餐』という世界的に有名な絵画をみたり、名前を聞いたことが一度はあるかと思います。その作者がダ・ビンチです。彼の才能は芸術の世界だけでなく、科学の世界でも発輝され、人体や馬の精密な解剖図をつくったり、当時としては画期的だった飛行機やヘリコプターの原型の発明をしたりして、ありとあらゆる分野におよんでいます。

『レオナルド＝ダ＝ヴィンチ/コペルニクス―ルネサンスの科学』宮川正行漫画，インタラクティブ編　ほるぷ出版　1990.10　144p　21cm　（漫画人物科学の歴史 世界編 02）〈監修・指導：山崎正勝,木本忠昭〉1100円
①4-593-53132-2　Ⓝ289.3

『むかし、レオナルド・ダ・ヴィンチが…』シルヴィー・ラフェレール,クレール・メルロ・ポンティ,アンヌ・タルディ編著，大西昌子,大西広訳　福音館書店　1987.6　41p　28×22cm　1200円　①4-8340-0278-0

内容 この本は、年わかいみなさんのための美術の本です。ふつうの本とはすこしちがっているところがあります。この本のねらいは、レオナルド・ダ・ヴィンチのほんとうのすがたを知ってもらうことにあります。レオナルドは、身のまわりの自然や人間を観察するという、たいへんかんたんなことからはじめました。そして、ゆたかで変化にとんだ作品をつくりだしたのです。

『レオナルド・ダ・ヴィンチ―万能のルネサンス人』三神弘彦執筆　サンケイ新聞写真ニュースセンター　1987.2　37p　30cm　（少年少女名作絵画館 1）2200円　①4-88238-007-2

内容 レオナルドにとって自然は謎にみちあふれていました。彼は素描することで万物について考え、認識し、その真髄を美として表現したのです。レオナルドの考えでは、真と美は分かちがたく結びついているものでした。彼はもっと力強く「絵画は科学である」と語っています。

『伝記世界の偉人　6　ダ・ビンチ』はやせたくみ作画　中央公論社　1985.7　143p　23cm　（中公コミックス）〈監修：永井道雄,手塚治虫〉750円
①4-12-402494-0

『世界の伝記―国際カラー版　第16巻　ダ・ビンチ』杉浦明平文，アルド・リパモンティ絵　小学館　1983.9　116p　21cm　650円　①4-09-231116-8

『少年少女世界伝記全集―国際版　第2巻　ダ・ビンチ,シュバイツァー』小学館　1980.12　133p　28cm　1350円

音楽・芸能分野で功績をあげた人びと
―音楽家・俳優

『メンデルスゾーン―美しくも厳しき人生』ひのまどか著　リブリオ出版　2009.4　289p　21cm　（作曲家の物語シリーズ）2000円
①978-4-86057-386-7

目次 1 家庭が「学校」,2 ベルリンの外れの小王国,3 蘇った『マタイ受難曲』,4 大旅行の日々・その前半,5 大旅行の日々・その後半,6 ベルリンとの決別,7 ライプツィヒの若きリーダー,8 王たちの要請,9 『真夏の夜の夢』と『ヴァイオリン協奏曲』,10 止まらない歯車

内容 ゲーテ72歳、メンデルスゾーン12歳、年の差を越えた友情で結ばれた二人。知られざるメンデルスゾーンの研究や演奏が…。38歳の死はあまりにも若かった。

『この人を見よ！歴史をつくった人びと伝10　オードリー・ヘップバーン』プロジェクト新・偉人伝著作・編集　ポプラ社　2009.3　143p　22cm〈文献あり年表あり〉1200円
①978-4-591-10732-4　Ⓝ280.8

『この人を見よ！歴史をつくった人びと伝 2 黒沢明』プロジェクト新・偉人伝著作・編集　ポプラ社　2009.3　143p　22cm〈文献あり 作品目録あり 年表あり〉1200円　Ⓘ978-4-591-10724-9　Ⓝ280.8

『もし大作曲家と友だちになれたら… 続』スティーブン・イッサーリス著，板倉克子訳　音楽之友社　2008.5　397p　19cm　2800円　Ⓘ978-4-276-21521-4　Ⓝ762.8

『ビゼー―劇場に命をかけた男』ひのまどか著　リブリオ出版　2007.12　259p　22cm　（作曲家の物語シリーズ 19）　2000円　Ⓘ978-4-86057-333-1　Ⓝ762.35

目次 1 巨匠たちの夜会,2 青春のローマ,3 オペラ・デビュー,4 セーヌ川のほとりで,5 結婚の条件,6 内に心配、外に恐怖,7 「アルルの女」,8 「カルメン」への道のり,9 「カルメン」,10 三ヶ月後, そして、いま

内容 世界で最も人気があり、上演回数も多いオペラ「カルメン」。初演は失敗し、ビゼーは攻撃された。このナゾを解くため著者はフランス各地へ。36歳7ヶ月という短い生涯を現地取材で見事に描く。

『絵本で読むシューマン』クリストフ・ハイムブーヒャー文，ディートマー・グリーゼ絵，秋岡寿美子訳　ヤマハミュージックメディア　2007.6　31p　31cm　1800円　Ⓘ978-4-636-81495-8　Ⓝ762.34

『ルイ・アームストロング』外山喜雄監修，西村和子編集・文　博雅堂出版　2007.5　47p　22cm　（おはなし音楽会 5）〈付属資料：CD2枚（12cm）切り紙：戸部翼　年譜あり〉2000円　Ⓘ4-938595-32-X　Ⓝ764.78

『古典音楽の父ハイドン』さいとうみのる文，伊藤まさあきイラスト　汐文社　2007.2　30p　27cm　（世界の音楽家たち 第2期）〈年譜あり〉2000円　Ⓘ978-4-8113-8090-2　Ⓝ762.346

『総合芸術の開拓者ワーグナー』さいとうみのる文，杉山薫里イラスト　汐文社　2007.2　30p　27cm　（世界の音楽家たち 第2期）〈年譜あり〉2000円　Ⓘ978-4-8113-8093-3　Ⓝ762.34

『ロマン派の推進者シューマン』さいとうみのる文，村上典正イラスト　汐文社　2006.12　30p　27cm　（世界の音楽家たち 第2期）〈年譜あり〉2000円　Ⓘ4-8113-8092-4　Ⓝ762.34

『にこぽん先生の沖縄メロディー―宮良長包物語』三木健著　ルック　2006.3　103p　21cm〈付属資料：CD1〉1600円　Ⓘ4-86121-041-0

目次 「沖縄のフォスター」と呼ばれて, 音楽好きな少年, ぼくと音楽は一心同体, ことばの栄養, 子どもたちの個性をたいせつに, 沖縄の郷土音楽で演奏会, 花ひらく「長包メロディー」, うもれていた初の作曲集, 校門を出た演奏会,「汗水節」が大ヒット, ふるさとを救う組曲,『琉球の新民謡』の誕生, 家族に愛をそそぐ, 長包さんの遺言

内容 沖縄音楽の先駆長包メロディー誕生の物語。

『スメタナ―音楽はチェコ人の命！』ひのまどか著　リブリオ出版　2004.10　268p　22cm　（作曲家の物語シリーズ 17）2000円　Ⓘ4-86057-163-0　Ⓝ762.348

目次 1 プルゼニュの人気者,2 音楽生活のスタート,3 スメタナ音楽塾,4 悲しみの曲,5 異国での成功,6 仮劇場をめぐるドラマ,7 『売られた花嫁』,8 闘いの果て,9 『わが祖国』,10 悲しみのヤプケニツェ村, そして、いま

内容 ベートーヴェン以上に難聴になったスメタナ。生誕180年・没後120年。「ひたすら暗くて、辛い人生を送った人…」と作者は思いこんでいたが、チェコの取材を開始してすぐに、その間違いを知る。全6曲の『わが祖国』をはじめ、耳の病に苦しみつつも大きな成功を得たスメタナの前向きな生きる姿を感動的に描く。

『エルヴィス・プレスリー』須崎妙子絵・

文 〔札幌〕 須崎妙子 2004.9 32p 26cm〈英語併記〉1200円 Ⓘ4-944120-27-3 Ⓝ767.8

『サティさんはかわりもの』M.T.アンダーソン文, ペトラ・マザーズ絵, 今江祥智, 遠藤育枝訳 神戸 BL出版 2004.9 1冊(ページ付なし) 28cm 1400円 Ⓘ4-7764-0078-2 Ⓝ762.35

『ようこそ!おやこ寄席へ―落語で広がる笑いの輪』桂文我著, 東菜奈画 岩崎書店 2004.9 162p 22cm (イワサキ・ライブラリー 15) 1300円 Ⓘ4-265-02745-8 Ⓝ779.13

内容 幼いころに落語のおもしろさにめざめた桂文我さん。学生時代には、友だちといっしょにクラブや研究会をつくって活動しました。その後、念願の落語家になった文我さんは、「子どもたちに落語のおもしろさを伝えたい」と、「おやこ寄席」をはじめます。上方落語・四代目桂文我の自伝的エッセイ。

『ぼくの人生落語だよ』林家木久蔵著 ポプラ社 2004.8 226p 18cm (私の生き方文庫 15-1) 650円 Ⓘ4-591-08233-4 Ⓝ779.13

目次 病院での彦六師匠(「あたしはねえ、しぜん消滅いたしますからね…」), ぼくの師匠、林家彦六(彦六門下になる), ふしぎなプロポーズからとんだ結婚式(結婚への試練), 生活とたたかう少年時代(戦争は残酷だ, 新聞配達、工業高等学校、森永乳業へ), 漫画家、清水崑さんの弟子になる(『考えるヒント』クイズの本?)

内容 何にでも興味をもってキョロキョロすれば、世の中には面白いこと、いっぱいある。先生も、自分で求めてゆけば、学校の先生ばかりでなくいろんな専門のえらい先生がいる。自分の師を発見して教えを乞うのも、自分からすすんでやらなければだめだ。人生の達人、木久蔵師匠がおくる痛快エッセイ。

『夢みるバレリーナ』マルバーン作, 大野芳枝文, 長沢和子訳 改訂 ポプラ社 2004.5 206p 18cm (ポプラ社文庫—世界の名作文庫 W-48) 600円 Ⓘ4-591-08137-0 Ⓝ769.938

内容 アンナ・パブロワは、子どもの頃からあこがれていたプリマ・バレリーナになった後も、人々の生活に喜びをあたえようと、バレエ団を率いて死ぬまで世界各国を巡業しました。パブロワは、あらゆる苦難をのりこえて、世界の小さな町々まで、バレエの種をまき続けたのです。世界中を感動させた伝説のバレリーナアンナ・パブロワの情熱の生涯。

『バイエル―マンガ音楽家ストーリー 8』加藤礼次朗作画, 芦塚陽二原作 ドレミ楽譜出版社 2004.2 139p 21cm 900円 Ⓘ4-8108-8176-8

目次 序章 音楽との出会い, 第1章 旅立ち, 第2章 ハレの街で, 第3章 父の死そして, 第4章 大海の中の小舟, 第5章 再会, 第6章 教則本作り, 終章 未来へ続く道

『もし大作曲家と友だちになれたら…―音楽タイムトラベル』スティーブン・イッサーリス著, 板倉克子訳 音楽之友社 2003.3 254p 20cm 2000円 Ⓘ4-276-21520-X Ⓝ762.8

『自伝・描きかけの自画像』片岡鶴太郎著 講談社 2003.2 126p 20cm (ヒューマンbooks) 950円 Ⓘ4-06-271353-5 Ⓝ289.1

『チンドンひとすじ70年』菊乃家〆丸語り, 栗原達男写真 岩波書店 2002.11 44p 26cm (岩波フォト絵本) 1700円 Ⓘ4-00-115352-1 Ⓝ674.8

『バーンスタイン―愛を分かちあおう』ひのまどか著 リブリオ出版 2002.11 278p 22cm (作曲家の物語シリーズ 16) 2000円 Ⓘ4-86057-018-9 Ⓝ762.53

目次 1 一九四〇年、タングルウッド,2 チャンスを求めて,3 何かが起きた,4 無敵のヒーロー,5 戦場のコンサート,6 『ウエスト・サイド物語』,7 ニューヨーク・フィルとの十一年,8 空飛ぶマエストロ,9 平和への旅,10 雨のタングルウッド

内容 「ウエスト・サイド物語」等で有名な

バーンスタイン。作曲家として指揮者として、必死に生きる姿…。現地取材とインタビューを織りまぜ読者を感動させる。

『シューマン』志生野みゆき作画，芦塚陽二監修　ドレミ楽譜出版社　2002.10　143p　21cm　（マンガ音楽家ストーリー 6）〈年譜あり〉900円
①4-8108-9973-X　Ⓝ762.34

『いのちの太鼓』村上功著　学陽書房　2002.5　182p　19cm　1500円
①4-313-81312-8
目次 プロローグ ぼくに人あり、太鼓あり，第1部 宿命（耳のない障害児に生まれて，和太鼓が勇気をくれた），第2部 葛藤（「耳なし」といじめられ，いじめから不登校、そして自殺未遂），第3部 飛躍（冬は必ず春となる，涙の「太鼓の甲子園」），エピローグ 君よ、いのちの太鼓を打ち鳴らせ！
内容 障害児に生まれ、いじめ、不登校、そして自殺未遂へ…。だが、ついに和太鼓日本一へ。小学校高学年から。

『ものがたり円谷英二』鈴木和幸文，吉田利昭絵，2001円谷英二生誕100年記念プロジェクト監修　歴史春秋出版　2001.12　69p　23cm　1143円
①4-89757-440-4
内容 飛行機にあこがれた少年時代いつか自分も大空を飛びたいと思っていた。大人になって映画の世界に入ってからもいつも夢をみていた。ゴジラ、ウルトラマンの特撮を手がけた円谷英二。彼は飛行機が大好きな、ごく普通の少年でした。生誕100年記念出版。

『ナターシャ―チェルノブイリの歌姫』手島悠介著，広河隆一写真　岩崎書店　2001.4　201p　22cm　（イワサキ・ライブラリー 9）〈年譜あり　文献あり〉1300円　①4-265-02739-3
目次 第1章 失われたふるさと（消えた森，深夜の大爆発），第2章 苦難・そして希望へ（おそすぎた避難，首都キエフ市へ，チェルボナ・カリーナ日本へ），第3章 ナターシャ・グジーコンサート（救援コンサート，幻想のチェルノブイリ），第4章 ナターシャとぼくとの対話（ヨハネの黙示録）
内容 1986年4月26日、ロシアのチェルノブイリ原発が爆発事故を起こし、広い範囲にわたる住民が被曝しました。当時6歳の少女だったナターシャもそのひとりです。ナターシャはその後、少年少女民族音楽団に入団。天性の美声と民族楽器バンドゥーラをたずさえて、弾き語りの歌手として活躍をはじめます。来日のたびに、日本でも多くのファンを魅了しました。「被曝の後遺症にいまなお苦しむ多くの子どもたちを助けたい」希望のともしびをかかげながら、日本各地で「救援コンサート」を開いているナターシャを紹介します。

『ザ・ビートルズ―ロックの革命児たち』広田寛治著　講談社　2000.11　205p　18cm　（火の鳥人物文庫 2）〈肖像あり　年表あり　文献あり〉660円
①4-06-271202-4
目次 第1章 誕生，第2章 であい，第3章 めざすはナンバーワン，第4章 世界のアイドル，第5章 成功の光と影，第6章 愛こそはすべて，第7章 新しい道の模索，第8章 ビートルズ・フォーエバー
内容 20世紀最高のミュージシャン―ザ・ビートルズ。リンゴ・ジョン・ポール・ジョージの4人がバンドを結成。子どものころから、であい、デビューにまつわる話、世界のトップアーティストにのぼりつめ、解散する。その後の活躍までをくわしくえがく。

『歌い演じるよろこび』岩崎書店　2000.4　168p　20cm　（20世紀のすてきな女性たち 1）〈年譜あり　文献あり　索引あり〉1600円
①4-265-05141-3,4-265-10218-2
目次 オードリー・ヘプバーン，三浦環，ビリー・ホリデイ，松尾葉子，ここにすてきな女性たち（アンナ・パヴロヴァ，松井須磨子，山本安英，エディット・ピアフ，マリリン・モンロー，羽田澄子，長嶺ヤス子，美空ひばり），女性はじめて物語―和泉淳子・十世三宅藤九郎
内容 20世紀にいろいろな分野で活躍された、また、現在活躍中の女性たちの短い伝記、人生の物語を集めたシリーズ。

『プロコフィエフ―音楽はだれのために？』ひのまどか著　リブリオ出版

2000.4 245p 22cm (作曲家の物語シリーズ 15)〈肖像あり 文献あり〉2000円 ①4-89784-784-2

内容 「ピーターと狼」の作曲者がたどった波乱の生涯。ふたつの大戦とロシア革命を駆けぬけて…。現地取材とインタビュー・貴重な資料を織りまぜてドラマチックに描いた話題作。

『エルトン・ジョン―輝き続けるポピュラー音楽のトップスター』 ジョン・オマホニー著, 橘高弓枝訳 偕成社 1999.4 185p 22cm (伝記世界の作曲家 14)〈肖像あり 年譜あり 索引あり〉2000円 ①4-03-542340-8

目次 名コンビの誕生, 父親ゆずりの才能,R&Bバンド『ブルーソロジー』, 運命の出会い, レコード会社との専属契約, ユニークな創作方法, 成功するための方式, エルトン・ジョンの誕生, アメリカ・ツアー―大きな転機, スターダムをまっしぐら〔ほか〕

『ドボルザーク―チェコが生んだ偉大な作曲家』 ロデリック・ダネット著, 橘高弓枝訳 偕成社 1999.4 190p 22cm (伝記世界の作曲家 9)〈肖像あり 年譜あり 索引あり〉2000円 ①4-03-542290-8

目次 交響曲第九番「新世界より」, 田舎の素朴な少年, 道の曲がり角, プラハのオルガン学校, 不遇の時代, 新たな世界を求めて, 幸運の二重唱曲集, 飛躍への足がかり, チェコ国民劇場, 海をこえたチェコ音楽〔ほか〕

『ボブ・マーリー―レゲエを世界に広めた伝説のミュージシャン』 マーシャ・ブロンソン著, 五味悦子訳 偕成社 1999.4 183p 22cm (伝記世界の作曲家 13)〈年譜あり 索引あり〉2000円 ①4-03-542330-0

目次 平和はひとつ, 戦いの歴史, ボブ・マーリーの誕生, ルードボーイ, レゲエ、民衆の音楽, ウェイリング・ウェイラーズ, 自由を求めて, ラスタファリ, ラスタの生活, 格闘, 世界へ, 怒りを忘れずに, スマイル・ジャマイカ, なすべきこと, 永遠のラスタマン, 伝説の始まり

『レーナ・マリア―障害をこえて愛と希望を歌い続ける女性シンガー』 あべさよりまんが, 菅谷淳夫シナリオ, ビヤネール多美子解説 小学館 1999.4 156p 23cm (小学館版学習まんがスペシャル)〈肖像あり 年譜あり〉900円 ①4-09-270015-6

目次 第1章 「たとえ腕がなくても、この子に必要なのは家族だ」, 第2章 「レーナ、歩いてごらん」, 第3章 レーナは人気もの, 第4章 ソウル・パラリンピックを目指して, 第5章 歌は国境をこえて

内容 レーナ・マリアは、重い障害をもちながら普通の人と変わらない生活をしているばかりか、音楽や水泳を通して世界で活躍しています。「本に署名をするのに、口あるいは右足でサインをする人。水の中でイルカのように泳ぐ人。自分の障害にたいしてユーモアをもって笑える人」なのです。

『グリーグ―ノルウェーを代表する民族音楽の作曲家』 ウエンディ・トンプソン著, 新井朋子訳 偕成社 1999.3 176p 22cm (伝記世界の作曲家 10)〈年譜あり〉2000円 ①4-03-542300-9

『スティング―熱帯雨林の保護を訴えるロックスター』 マーシャ・ブロンソン著, 松村佐知子訳 偕成社 1999.3 166p 22cm (伝記世界の作曲家 15)〈肖像あり 年譜あり 索引あり〉2000円 ①4-03-542350-5

『野菊のように―下総皖一の生涯』 大利根町教育委員会編 〔大利根町(埼玉県)〕 大利根町 1999.3 96p 26cm〈執筆：中島睦雄 肖像あり 年譜あり〉Ⓝ289.1

『バーンスタイン―「ウエストサイド物語」の作曲者』 デイビッド・ウィルキンズ著, 大沢満里子訳 偕成社 1999.3 179p 22cm (伝記世界の作曲家 11)〈肖像あり 年譜あり 索引あり〉2000円 ①4-03-542310-6

『ドビュッシー―印象主義音楽をつくりあげたフランスの作曲家』 ロデリック・ダ

ネット著，橘高弓枝訳　偕成社　1998.4　159p　22cm　（伝記世界の作曲家 8）〈肖像あり　年譜あり〉2000円　①4-03-542280-0

目次 第1章 牧神の午後への前奏曲, 第2章 パリ音楽院の異端児, 第3章 初恋の女性, 第4章 印象主義の音楽, 第5章 新たな地平を求めて, 第6章 唯一のオペラ『ペレアスとメリザンド』, 第7章 恋人との別れ—そして結婚, 第8章 大きなスキャンダル, 第9章 晩年の傑作, 第10章 ロシア音楽とバレエ, 第11章 晩年の憂鬱

『ビバルディ―バロック音楽を代表するイタリアの作曲家』パム・ブラウン著，橘高弓枝訳　偕成社　1998.4　156p　22cm　（伝記世界の作曲家 1）〈肖像あり　年譜あり〉2000円　①4-03-542210-X

目次 第1章 天才作曲家の誕生, 第2章 赤毛の司祭『プレーテ・ロッソ』, 第3章 作曲家として, 第4章 オペラの世界, 第5章 協奏曲（コンチェルト）, 第6章 オラトリオ, 第7章 ベネツィアをはなれて, 第8章 『四季』, 第9章 過ぎ去った栄光, 第10章 復活

『ヨハン・シュトラウス―「ワルツ王」の喜びと悲しみ』ひのまどか著　リブリオ出版　1998.3　237p　22cm　（作曲家の物語シリーズ 14）〈肖像あり　文献あり〉2000円　①4-89784-650-1

『ハイドン―使い捨て作品と芸術作品』ひのまどか著　リブリオ出版　1996.12　253p　22cm　（作曲家の物語シリーズ 13）2060円　①4-89784-474-6

目次 1 聖シュテファン教会の少年労働者,2 ウィーンの家なき子,3 ベッドの上に雪が降る,4 エステルハージ侯爵家,5 夏の宮殿エステルハーザ,6 女帝マリア・テレジアの三日間,7 若き親友モーツァルト,8 ドーバー海峡を渡って,9 『天地創造』,10 ナポレオンの砲火の下で

『円谷英二―ウルトラマンをつくった映画監督』小林たつよしまんが，野添梨麻シナリオ　小学館　1996.10　159p　23cm　（小学館版学習まんが人物館）〈監修：円谷プロダクション〉880円　①4-09-270107-1

『園井恵子物語・野いちご』藤原成子著　盛岡　博光出版　1995.9　104p　21cm　〈絵：川又康子, 大井武子〉1500円　①4-938681-23-4

『ジェニー・リンド物語―美しきオペラ歌手の生涯』森重ツル子作　金の星社　1995.8　213p　19cm　1300円　①4-323-02421-5

『シベリウス―アイノラ荘の音楽大使』ひのまどか著　リブリオ出版　1994.10　287p　22cm　（作曲家の物語シリーズ 12）2060円　①4-89784-400-2

『わたしは歌う―ミリアム・マケバ自伝』ミリアム・マケバ, ジェームズ・ホール著，さくまゆみこ訳　福音館書店　1994.7　544p　19cm　（福音館日曜日文庫）1900円　①4-8340-1177-1

内容 31年間にわたる国外追放に屈せず、「希望と決意と歌と」を胸に、アフリカの魂を全身で表現しながら歌いつづけてきた〈ママ・アフリカ〉ミリアム・マケバ。ひとりの女性のひたむきな半生の向こうに、アフリカの現代史が、そしてアフリカの大地に生きる人々の想いが、くっきりと浮かびあがる。

『レーナ・マリア物語』レーナ・マリア，遠藤町子作　金の星社　1993.10　150p　23cm　1500円　①4-323-01860-6

目次 レーナ・マリアの誕生, 水曜日は、お菓子の日, お馬の赤ちゃんは？, キャンドルの灯、ルシア祭, パパに贈った初めての曲, 友情・あこがれ・夢, ゴスペルシンガーになりたい, 入学試験, ストックホルムのひとり暮らし, ソウルでのふしぎな体験, 世界に響く歌声

内容 生まれたときから両腕がないスウェーデンの女性歌手、レーナ・マリアの生いたちから現在までを、写真と共につづった感動の読物。

『中山晋平』和田登文，和田春奈絵　松本　郷土出版社　1993.4　173p　19cm　（信濃の伝記シリーズ 6）1200円

①4-87663-215-4

『風の中の少女 金髪のジェニー』 石森史郎文，日本アニメ企画絵　ポプラ社　1993.1　158p　21cm　（テレビドラマシリーズ 19）880円　①4-591-04288-X

内容 ちょっぴりおてんばで、男の子のあこがれの的、金髪のジェニーと、ハーモニカのじょうずな少年スチーブンの心あたたまる物語。作曲家スチーブン・C・フォスターを描くアニメ。小学中・高学年向。

『シュトラウス―ようこそワルツの国へ』 吉田比砂子文，徳田秀雄絵　音楽之友社　1992.12　158p　22cm　（ジュニア音楽ブックス―クラシックの大作曲家 9）1450円　①4-276-33049-1

目次 第1章 父、母、そして息子たち，第2章 二人のヨハン・シュトラウス，第3章 シュトラウス3兄弟

『ボロディン，ムソルグスキー，リムスキー＝コルサコフ―嵐の時代をのりこえた「力強い仲間」』 ひのまどか著　リブリオ出版　1992.12　236p　22cm　（作曲家の物語シリーズ 11）1854円　①4-89784-327-8

『シューマン―心のふるさとを求めて』 内山登美子文，麻岡宏之絵　音楽之友社　1992.10　158p　22cm　（ジュニア音楽ブックス―クラシックの大作曲家 5）1450円　①4-276-33045-9

目次 第1章 音楽家への夢，第2章 ピアニストから作曲家へ，第3章 クララとの結婚，第4章 不滅の音楽

『クララ・シューマン―愛をつらぬいた女性ピアニスト』 柳川創造シナリオ，高瀬直子漫画　集英社　1992.3　141p　23cm　（集英社版・学習漫画―世界の伝記）〈監修：笠間春子〉800円　①4-08-240022-2

目次 はじめまして，やさしいお兄さん，ピアニストとして，ふたりのパピヨン，ドレスデンの別れ，結婚―そして，苦しみのはてに，永遠にあなたと

内容 クララ・シューマンは、19世紀に活躍した名ピアニストです。また、大作曲家ロベルト・シューマンの妻でもあります。クララは、おさないころから、たえまない努力をつんで、若くして天才ピアニストとして有名になりました。そして、さまざまな困難が待ちかまえていたのに、くじけないで、生涯にわたって、夫ロベルトと家族への愛を、つらぬきとおしたのです。

『大音楽家伝記事典』 伊藤良子ほか漫画　学習研究社　1992.3　208p　23cm　（学研まんが事典シリーズ）〈監修・指導：ひのまどか〉980円　①4-05-105720-8

目次 近世音楽の父 バッハ，交響曲の父 ハイドン，音楽の神童 モーツァルト，情熱の革命家 ベートーヴェン，歌曲の王 シューベルト，幻想の音楽家 シューマン，ピアノの詩人 ショパン，オペラの巨匠 ワーグナー，アメリカ民謡の父 フォスター，バレエ音楽の最高峰 チャイコフスキー，交響曲の完成者 ブラームス，民族音楽の英雄 ドヴォルザーク，印象派の巨匠 ドビュッシー，日本音楽の明星 滝廉太郎，不屈の作曲家 バルトーク

内容 本書は、音楽史に名前を残す、大作曲家たちの人生をわかりやすくえがいた本です。本文中のかこみ記事には、その作曲家が作った、名曲にまつわるエピソードを入れました。また音楽の歴史に対する理解を深めるため、巻末に「音楽史のまとめ」と「音楽家人名事典」をいれました。

『白鳥の夢はるか―日本ではじめてのバレエ学校』 まごめやすこ作，藤枝つう絵　小峰書店　1990.11　131p　21cm　（いきいき人間ノンフィクション 4）1080円　①4-338-09204-1

目次 バレエダンサーとして，はるかな国へ，バレエ「瀕死の白鳥」，ふたりのパブロバ，ゆれる炎の街，名づけてE・P・B・S，レッスンはフランス語で，暗い影，飛びたった白鳥，夢はマジック

内容 すてきな音楽と踊りの芸術、「白鳥の湖」「眠りの森の美女」「ドンキホーテ」などのバレエをみたことがありますか？日本で、はじめてバレエ学校をつくった、エリアナ・パブロバの涙と汗の感動のお話。小学校中

級以上。

『感動をフィルムにきざめ―記録映画の鬼とよばれた映画カメラマン林田重男』 藤崎康夫作，かみやしん絵　PHP研究所　1990.3　136p　22cm　（PHP愛と希望のノンフィクション）1200円　①4-569-58450-0

目次 1章 映画との出会い,2章 カメラマン修行,3章 映画のもつ力,4章 レンズに心をこめて,5章 感動は事実のなかに,6章 今をのちの世につたえる

内容 『南極大陸』『カラコルム』『学徒出陣』など、数々の記録映画やニュース映画を撮影するなかで、時代をみつめ、自然や人間のすばらしさを表現しつづけた名カメラマン林田重男の物語。小学上級以上。

『ヴェルディ―太陽のアリア』 ひのまどか著　リブリオ出版　1989.10　277p　22cm　（作曲家の物語シリーズ 9）1545円　①4-89784-070-8

目次 いけ、わが思いよ、金色の翼にのって,愛国の作曲家,成功と失敗,パリの再会,「リゴレット」,「椿姫」,イタリア統一,結婚,「アイーダ」,永遠なれ、ヴェルディ

内容 ありし日の作曲家の足跡や時代背景を克明にたどり、その人間像を生き生きと描いた力作。豊富な写真、資料を織りこんで語られたエピソードの数々。華やかな音楽に隠された作曲家の真実の姿をいま、子どもと大人たちに贈る。小学校上級以上向。

『バルトーク―歌のなる木と亡命の日々』 ひのまどか著　リブリオ出版　1989.8　286p　22cm　（作曲家の物語シリーズ 8）1545円　①4-89784-069-4

目次 1 村にて,2 歌のなる木,3 コダーイ・ゾルターン,4 作曲家、ピアニスト、民族音楽学者として,6 寒々とした国よ,6 ブダの丘,7 第二次世界大戦,8 亡命の日々,9 内なる敵,10 孤高の人

内容 ありし日の作曲家の足跡や時代背景を克明にたどり、その人間像を生き生きと描いた力作。豊富な写真、資料を織りこんで語られたエピソードの数々。華やかな音楽に隠された作曲家の真実の姿をいま、子どもと大人たちに贈る。小学校上級以上向。

『松井須磨子―日本で初めての近代劇女優』 小沢さとし文，田代三善絵　松本郷土出版社　1989.8　154p　22cm　（信濃の伝記シリーズ 2）1200円　①4-87663-137-9

『ビートルズ―世界をゆるがした少年たち』 正津勉著，三嶋典東イラストレーション　ブロンズ新社　1989.7　189p　22cm　（にんげんの物語）1339円

目次 リヴァプール,ジョン,ポール,ジョージ,グループ・デビュー,ハンブルグ,ア・ハード・デイズ・ナイト,ブライアン,リンゴ,ラヴ・ミー・ドゥー,ビートルズ・マニア,ワールド・ツアー,アイム・ソー・タイアド,ヨーコ,レット・イット・ビー,ザ・ドリーム・イズ・オーヴァー,ダブル・ファンタジー,アイム・ショット！,ビートルズ・フォーエヴァー

内容 ぼくがこの本で書こうとしたのは歯の浮くようなことばで祭りあげられる偉大なビートルでなんかない。君たちとおなじガキ。ぼくもまたそうだった。ガキたちであるビートルズそれだ。

『炎のなかのリンゴの歌―東京大空襲・隅田川レクイエム』 早乙女勝元著　小学館　1988.7　187p　19cm　980円　①4-09-294023-8

目次 水上バスに乗って,隅田川のさざめき,それは私のふるさと,東京大空襲3月10日,北風の強い夜の明暗,父と姉をなくした娘の話,母をなくした娘の話,子をなくした母の話,夫と子をなくした母の話,朋よ、やすらかに,カメラは…のひとことが,焼跡にひびく「リンゴの歌」,幸せと自由を求め,復興はなったけれど,今日から明日のために

内容 昭和20年3月10日の東京大空襲の夜、あの明るい「リンゴの歌」の並木路子にも悲しい思い出があった。

『音の旅人―津軽三味線・高橋竹山ものがたり』 藤田博保作，高田勲画　金の星社　1986.9　213p　21cm　（文学の扉 29）980円　①4-323-00919-4

『少年少女信仰偉人伝　7　ヘンデル―苦難の音楽家』 栗栖ひろみ著　日本教会

新報社　1982.7　203p　22cm　（豊かな人生文庫）1200円

『少年少女世界伝記全集―国際版　第17巻　クララ・シューマン,豊臣秀吉』小学館　1982.3　133p　28cm　1350円

◆◆シューベルト

『歌曲王シューベルト』さいとうみのる文，村上典正イラスト　汐文社　2006.7　30p　27cm　（世界の音楽家たち 第2期）〈年譜あり〉2000円　Ⓘ4-8113-8091-6　Ⓝ762.346

『CD絵本 シューベルト』エンルスト・A.エッカー文，ドリス・アイゼンブルガー絵，宮原峠子訳　カワイ出版　2006.5　27p　30cm〈付属資料：CD1〉2200円　Ⓘ4-7609-4720-5

内容 今から200年ほど前、ウィーン少年合唱団で歌っていたシューベルト。スラッと長身の美しい少年だったのでしょうか？女の子にモテたのでしょうか？どんな曲を書いたのでしょう？きれいな奥さんやかわいいこどもたちに囲まれ、大きな家に住んでいたのでしょうか？平和な国内や外国をつぎつぎ旅行してまわり、長生きをしたのでしょうか？答えはこの絵本の中にあります。本を開いて、シューベルトのお話と絵と音楽を楽しんで下さい。

『シューベルト』朝舟里樹作画　ドレミ楽譜出版社　2002.10　143p　21cm　（マンガ音楽家ストーリー 5）〈年譜あり〉900円　Ⓘ4-8108-9972-1　Ⓝ762.346

『シューベルト―歌曲の王といわれるオーストリアの作曲家』バリー・カーソン・ターナー著，橘高弓枝訳　偕成社　1998.4　163p　22cm　（伝記世界の作曲家 5）〈肖像あり　年譜あり〉2000円　Ⓘ4-03-542250-9

目次 第1章 生粋のウィーンっ子, 第2章 コンビクトの優等生, 第3章 作曲家の卵, 第4章 作曲家としての道, 第5章 ドイツ歌曲の誕生, 第6章 プロの作曲家をめざして, 第7章 遅々とした歩み, 第8章 未完成交響曲, 第9章 高まりつつある名声, 第10章 病状の悪化―そして、死

『歌曲王 シューベルト』庄野英二文，稲沢美穂子絵，辻荘一監修，黒田恭一CD監修　音楽之友社　1996.11　155,8p　21cm　（母と子の音楽図書館 4）〈付属資料：CD1〉2987円　Ⓘ4-276-33064-5

『新装世界の伝記　20　シューベルト』今日泊亜蘭著　ぎょうせい　1995.2　285p　20cm　1600円　Ⓘ4-324-04397-3

『シューベルト―あこがれは歌の調べに』井上明子文，鹿野尚子絵　音楽之友社　1992.10　158p　22cm　（ジュニア音楽ブックス―クラシックの大作曲家 4）1450円　Ⓘ4-276-33044-0

目次 天才はさびしがりや, ベートーベンにあこがれて, 友情の五線紙, さようなら、お母さん, 兵隊にはなりたくない, 勇気をくれた人, はじめての恋,「シューベルトを聞く会」, すてきな仲間たち, 愛するテレーゼへ, ふたつの別れ,「黒衣のスペイン館」で, 変わらぬ愛, ひばり鳴く丘, 心の歌, 帰ることのない旅へ

『シューベルト―音楽まんが』田哲平シナリオ，永田洋子作画　音楽之友社　1987.6　125p　23cm　（大作曲家シリーズ）〈制作：手塚プロダクション〉680円　Ⓘ4-276-34154-X

目次 第1章 「魔王」の誕生, 第2章 フォーグルとの出会い, 第3章 作曲家に専念, 第4章 ベートーベンへの憧れ, 第5章 すばらしい仲間たち

『少年少女世界伝記全集―国際版　第20巻　シューベルト,ヘディン』小学館　1982.6　133p　28cm　1350円

『シューベルト―「野ばら」の曲とともに』塩谷太郎著　講談社　1982.4　181p　18cm　（講談社火の鳥伝記文庫）390円　Ⓘ4-06-147525-8

◆◆ショパン

『ショパン―ポーランドを愛した“ピアノの詩人”』市川能里まんが，黒沢哲哉シナリオ，小坂裕子監修　小学館

2008.12　159p　23cm　（小学館版学習まんが人物館）〈文献あり　年表あり〉900円　Ⓘ978-4-09-270020-8　Ⓝ762.349
目次 第1章 天才ピアノ少年, 第2章 旅立ち, 第3章 ウィーン、そしてパリ, 第4章 ふたつの恋, 第5章 黄金時代
内容 祖国ポーランドの家族と国民を想いながら約240曲の作品を書いた偉大なピアニストの物語。

『ショパン』 照屋正樹監修　博雅堂出版　2006.3　64p　21cm　（おはなし音楽会 4）〈付属資料：CD1枚（12cm）　切り紙：戸部翼　年譜あり〉2000円　Ⓘ4-938595-32-X　Ⓝ762.349
目次 「ノクターン」変ホ長調作品9の2,「マズルカ」変ロ長調作品7の1, 変奏曲「パガニーニの思い出」イ長調,「練習曲集」より「黒鍵」変ト長調作品10の5,「練習曲集」より「別れの曲」ホ長調作品10の3,「練習曲集」より「革命」ハ短調作品10の12, ポロネーズ「英雄」変イ長調作品53,「華麗なる大円舞曲」変ホ長調作品18,「幻想即興曲」嬰ハ短調作品66,「別れのワルツ」変イ長調作品69の1〔ほか〕

『ショパン―わが心のポーランド』 ひのまどか著　リブリオ出版　2006.3　291p　22cm　（作曲家の物語シリーズ 18）　2000円　Ⓘ4-86057-230-0　Ⓝ762.349
目次 1 動乱の日々,2 亡命者の都,3 秘められた婚約,4 ジョルジュ・サンド,5 ノアン、さいしょの夏,6 実りの年月,7 再会,8 別れ,9 死出の旅,10 わが心のポーランド, そして、いま
内容 39年の短い生涯の半分を亡命者として生きたショパン。どの国のどの土地にいても心は祖国ポーランドと共にあった。その一方、悪女と思われていたジョルジュ・サンドの実像は限りなく優しく献身的な恋人だった…。現地取材と丹念な資料調べで見事に描いた伝記物語。

『ピアノの詩人ショパン』 さいとうみのる文，村上典正イラスト　汐文社　2006.3　30p　27cm　（世界の音楽家たち）〈年譜あり〉2000円　Ⓘ4-8113-8010-X　Ⓝ762.349

『ショパン』 岸田恋作画　ドレミ楽譜出版社　2002.7　143p　21cm　（マンガ音楽家ストーリー 4）〈年譜あり〉900円　Ⓘ4-8108-9944-6　Ⓝ762.349
目次 第1章 RUNNING FREE, 第2章 TOO YOUNG TO DIE, 第3章 IN THE FUTURE TO COME, 第4章 LOVE WOLK IN, 終章 STRANGER IN A STRANGE LAND
内容 ピアノを愛する人はもちろん、誰もが一度は可愛らしい「小犬のワルツ」や優しい「ノクターン」を自分で弾くことを夢みます。或いはその曲は「別れの曲」や「革命のエチュード」かもしれません。ショパンのピアノの曲は甘く切ない詩情に溢れています。このお話の中からあなたにショパンがそっと甘くささやきかけてきます。

『ショパン―ピアノの詩人とよばれるポーランドの作曲家』 パム・ブラウン著，秋山いつき訳　偕成社　1998.4　154p　22cm　（伝記世界の作曲家 6）〈肖像あり　年譜あり〉2000円　Ⓘ4-03-542260-6
目次 第1章 音楽の夕べ, 第2章 子ども時代, 第3章 ウィーンでのデビュー, 第4章 ポーランド蜂起！, 第5章 パリのショパン, 第6章 高まる名声, 第7章 サンドとの出会い, 第8章 いさかい, 第9章 孤独と不安, 第10章 最後の日々

『ピアノの詩人 ショパン』 立原えりか文，林博絵，園部三郎監修，黒田恭一CD監修　音楽之友社　1996.11　155,8p　21cm　（母と子の音楽図書館 5）〈付属資料：CD1〉2987円　Ⓘ4-276-33065-3

『ショパン―「ピアノの詩人」とよばれた天才作曲家』 千明初美漫画，柳川創造シナリオ　集英社　1996.7　141p　23cm　（集英社版・学習漫画―世界の伝記）〈監修：笠間春子〉800円　Ⓘ4-08-240037-0

『ショパン―ピアノで語る愛の言葉』 広瀬寿子文，長谷川正治絵　音楽之友社　1992.11　158p　22cm　（ジュニア音楽ブックス―クラシックの大作曲家 6）

1450円 Ⓘ4-276-33046-7
目次 1 ショパン家の人びと,2 少年時代,3 ワルシャワ音楽院,4 ウィーンでのデビュー,5 初恋の人,6 失意の日び,7 パリ,8 友人たち,9 ドレスデンのばら,10 わが悲しみのマリア,11 なぞのジョルジュ・サンド,12 崖の上の僧院,13 ノアンの家,14 葬送行進曲
内容 音楽への情熱にあふれる偉大な作曲家の生涯。時代をこえて感動をよび起こす作曲家たちの姿を、ベテランの児童文学作家が伝記物語として贈る。小学校高学年から。

『ショパン―音楽まんが』田哲平シナリオ，中本力作画　音楽之友社　1987.6　125p　23cm　（大作曲家シリーズ）〈制作：手塚プロダクション〉680円
Ⓘ4-276-34155-8
目次 第1章 革命のエチュード, 第2章 別れのワルツ, 第3章 雨だれ, 第4章 葬送行進曲

◆◆ジョン・レノン

『ジョン・レノン―世界を変えた歌声』淡路和子著　講談社　2003.11　204p　18cm　（火の鳥人物文庫 7）〈年譜あり〉660円　Ⓘ4-06-271207-5　Ⓝ767.8
目次 第1章 誕生〜少年時代, 第2章 ロックンロールと出会う, 第3章 ビートルズ, 第4章 ヘルプ！, 第5章 愛こそはすべて, 第6章 ジョンとヨーコ, 第7章 平和を我等ら, 第8章 ジョンの魂とイマジン, 第9章 アメリカでの活動と苦難, 第10章 再出発, 第11章 ジョンの遺志をついで
内容 ビートルズのメンバーとして、そしてソロとなってからも、数々の名曲を作りだしてきたジョン・レノン。音楽の枠をこえ、オノ・ヨーコと共に行った平和活動など、さまざまな面で、時代の風を作り出した。幼少時代から、凶弾に倒れるまでを描く。

『ジョン・レノン―愛と平和を歌い続けたミュージシャン ザ・ビートルズのリーダー』わたべ淳画，浅野有生子作，斉藤早苗監修　コミックス　2001.5　159p　19cm　（講談社学習コミック―アトムポケット人物館 10）〈年譜あり〉660円　Ⓘ4-06-271810-3
目次 第1章 心の傷, 第2章 反逆児, 第3章 出会いと別れ, 第4章 成功の光と影, 第5章 愛と平和（ラブ・アンド・ピース）, ジョン・レノンの音楽と平和館, ジョンとヨーコの愛の詩「ラブ・アンド・ピース」, 人物紹介 ジョン・レノンと同じ時代を生きた人々

『ジョン・レノン―永遠に語りつがれるスーパースター』マイケル・ホワイト著，乾侑美子訳　偕成社　1999.4　180p　22cm　（伝記世界の作曲家 12）〈年譜あり　索引あり〉2000円
Ⓘ4-03-542320-3
目次 イギリスの国民的英雄, リバプールでの少年時代, ロックンロールとの出会い, レノン&マッカートニー, 新しいグループ, プロへの道, 幸運のはじまり, 最初のレコーディング, ザ・ビートルズ, アメリカ上陸〔ほか〕
内容 ジョン・レノンの天才は、ときには、常軌を逸して見えることもあった。しかし、その音楽と生きる哲学とは、「きみ自身でいろよ」とよびかける、あの独特なハスキーな声とともに、あらゆる種類の自由を求める人々に、今も、これからも、インスピレーションをあたえつづけるだろう。

『ジョン・レノン―愛こそはすべて』トニー・ブラッドマン作，坂本真理訳　佑学社　1987.11　125p　21cm　（愛と平和に生きた人びと 4）980円
Ⓘ4-8416-0544-4
目次 1 夢は終わった,2 反逆児,3 ロックンロール,4 ジョンとポール,5 キャバーン時代,6 ビートルズ！,7 スターの座にしばられて,8 解散,9 ジョンとヨーコ,10 スターティング・オーバー
内容 ジョン・レノンは、歌を通じて、世界中の人に愛と平和を語りかけました。ビートルズの一人としても、ビートルズの肩書きぬきにしても、「特別な存在」だったジョンの、波乱に満ちた生涯を紹介しましょう。

◆◆滝 廉太郎

『滝廉太郎ものがたり』楠木しげお作，日向山寿十郎絵　銀の鈴社　2008.5　133p　22cm　（ジュニア・ノンフィクション）〈年譜あり〉1200円
Ⓘ978-4-87786-537-5　Ⓝ762.1

『もういくつねるとお正月―滝廉太郎と東クメ』上笙一郎文，こさかしげる絵　岩崎書店　1993.4　103p　26cm　（伝記・人間にまなぼう 17）2400円　①4-265-05417-X

目次 ある幼稚園にて, 玉をころがす音, 横浜から竹田へ, 城あとのバイオリン, 音楽学校のかえり道, 東基吉のなやみ, 『もういくつ寝るとお正月』の歌, 名曲『荒城の月』を, 船出する人と見おくる人, ドイツに病む, 土井晩翠とのめぐりあい, クメの悲しみ, 大阪府池田市の五月山に

『滝廉太郎―日本の心を世界の歌に』西沢正太郎文，中釜浩一郎絵　音楽之友社　1992.12　158p　22cm　（ジュニア音楽ブックス―クラシックの大作曲家 10）1450円　①4-276-33050-5

目次 1 生いたち・転校つづきの小学生,2 城のある町,3 あこがれの音楽学校,4 かがやく星のいのち

◆◆チャイコフスキー

『チャイコフスキー』照屋正樹監修，戸部翼切り紙　ブック版　博雅堂出版　2009.4　48p　21cm　（おはなし音楽会 3）1000円　①978-4-938595-42-5

『ロシア音楽の星チャイコフスキー』さいとうみのる文，えんどうけんいちイラスト　汐文社　2006.3　29p　27cm　（世界の音楽家たち）〈年譜あり〉2000円　①4-8113-8011-8　Ⓝ762.38

『チャイコフスキー―19世紀ロシアの代表的作曲家』マイケル・ポラード著，五味悦子訳　偕成社　1998.4　186p　22cm　（伝記世界の作曲家 7）〈肖像あり　年譜あり〉2000円　①4-03-542270-3

目次 故郷をはなれて, 官吏への道, ロシア音楽協会, ペテルブルグ音楽院, モスクワへ, 交響曲第一番, 恋におちて, 転機, 家庭へのあこがれ, フォン・メック夫人との出会い〔ほか〕

『チャイコフスキー―ロシアに輝くバレエの光』きりぶち輝文，田谷純絵　音楽之友社　1992.12　158p　22cm　（ジュニア音楽ブックス―クラシックの大作曲家 8）1450円　①4-276-33048-3

目次 1 ガラスの子供,2 音楽家になろう！,3 芽を出した才能,4 細い神経の男,5 感動の名曲誕生,6 人生の曲がり角,7 過去を忘れて,8 悲しい出来事,9 快調な日々,10 運命の生水

『チャイコフスキー―「白鳥の湖」の大作曲家』野村光一著　講談社　1981.12　173p　18cm　（講談社火の鳥伝記文庫）390円　①4-06-147517-7

◆◆チャップリン

『新装世界の伝記 26 チャップリン』矢崎節夫著　ぎょうせい　1995.12　306p　20cm　1600円　①4-324-04469-4

目次 第1章 巣立ちゆく日々（手品のまね, 初舞台の日, 貧しさとズボン ほか）, 第2章 世界のチャーリー（第一作『成功争い』, チャップリンの誕生, エドナとの出会い ほか）, 第3章 自由のために（サイレントの王様, 五・一五の日, 孤独な戦い ほか）

『チャップリン』パム・ブラウン著，橘高弓枝訳　偕成社　1993.5　202p　22cm　（伝記世界を変えた人々 12）1500円　①4-03-542120-0

内容 喜劇の天才チャップリンは、19世紀末、ロンドンの下層階級の家庭に生まれ、幼いころは、浮浪児同然の暮らしで、救貧院にも入りました。そんな逆境のなかでも、母が語ってくれる寄席芸人の世界に胸をときめかせ、10代になると、寄席で芸人の物真似や演芸を披露して、天才の片鱗を見せはじめます。この舞台経験が、ハリウッドへの道につながり、やがて世界的な映画監督・俳優になったのです。そして、巨万の富と成功にめぐまれながらも、社会の不正に対するはげしい憤りや、弱い立場に置かれた者への深い愛情を持ち続け、少年時代の悲しみや喜びも映画のなかであざやかに表現し、新しい喜劇を確立しました。小学中級から大人まで。

『チャップリン―ほほえみとひとつぶの涙を』ラジ・サクラニー作，上田まさ子訳　佑学社　1987.9　127p　22cm　（愛と平和に生きた人びと）980円　①4-8416-0542-8

『少年少女世界伝記全集—国際版　第25巻　チャップリン,フォード』小学館　1982.11　133p　28cm　1350円

◆◆バッハ

『絵本で読むバッハ』クリストフ・ハイムブーヒャー文，ディートマー・グリーゼ絵，秋岡寿美子訳　ヤマハミュージックメディア　2007.4　30p　31cm　1800円　Ⓘ978-4-636-81493-4　Ⓝ762.34

内容 この絵本ではバッハの生涯とその暮らしぶりが具体的に描かれ、そのころの世の中の様子がいっしょにみてとれるようになっています。カッセルの原稿審査員であり音楽家でもあるクリストフ・ハイムブーヒャーの文章と、教科書や児童書のイラストレーターとして有名なラーツェンのディートマー・グリーゼの挿絵があいまって、独自の新鮮なバッハ像を生み出し、この巨匠の生涯をわかりやすく生き生きと伝えています。

『音楽の父J.S.バッハ』さいとうみのる文，三国淳イラスト　汐文社　2005.8　35p　27cm　（世界の音楽家たち）〈年譜あり〉2000円　Ⓘ4-8113-8007-X　Ⓝ762.34

『バッハ』岸田恋作画，芦塚陽二監修　ドレミ楽譜出版社　2002.7　142p　21cm　（マンガ音楽家ストーリー 1）〈年譜あり〉900円　Ⓘ4-8108-9941-1　Ⓝ762.34

目次 第1章 月夜の勉強家,第2章 アルンシュタットの若先生,第3章 ワイマールの貴公子たち,第4章 ケーテンの宮廷楽長

内容 とても気むずかしく、近よりがたい、バッハにはそんなイメージを持っている人が多いようです。でも実際には愛する奥さんや子供達の為に素晴らしい曲をいっぱい作曲した、優しい家庭人でした。このマンガでそんなバッハといっしょに笑い、悲しみ、愛しあってください。そのあとでバッハの音楽を聞いてみて下さい。きっとバッハが微笑みながら、あなたに話しかけているのが聞こえてきますよ。

『バッハ—バロック音楽を集大成した近代音楽の父』シャーロット・グレイ著，秋山いつき訳　偕成社　1998.4　160p　22cm　（伝記世界の作曲家 2）〈肖像あり　年譜あり〉2000円　Ⓘ4-03-542220-7

目次 音楽家バッハ一族,マルティン・ルター,両親の死,リューネブルク,広い世界へ,世界へのステップ,ワイマール時代,宮廷でのもめごと,ケーテン,再婚〔ほか〕

『音楽の父 バッハ』やなせたかし文・絵，角倉一朗監修，黒田恭一CD監修　音楽之友社　1996.11　154,8p　21cm　（母と子の音楽図書館 1）〈付属資料：CD1〉2987円　Ⓘ4-276-33061-0

『バッハ—すべては神の栄光に』神戸淳吉文，恩田好子絵　音楽之友社　1992.10　158p　22cm　（ジュニア音楽ブックス—クラシックの大作曲家 1）1450円　Ⓘ4-276-33041-6

目次 1 ひとりぼっちのセバスティアン,2 オルガニストになって,3 バツハここにあり,4 悲しみと喜び,5 苦しみの果て

内容 時代をこえて感動をよび起こす作曲家たちの姿を、ベテランの児童文学作家が伝記物語として贈る。小学校高学年から。

『バッハ』柏倉美穂シナリオ，石原俊作画　音楽之友社　1987.5　125p　21cm　（音楽まんが 大作曲家シリーズ 1）680円　Ⓘ4-276-34151-5

目次 第1章 オルガニストの青春,第2章 ケーテンの宮廷楽長,第3章 妻の死,第4章 再婚,第5章 ライプツィヒの合唱長,第6章 フリードリヒ大王訪問

◆◆ブラームス

『新古典派の完成者ブラームス』さいとうみのる文，杉山薫里イラスト　汐文社　2006.5　30p　27cm　（世界の音楽家たち 第2期）〈年譜あり〉2000円　Ⓘ4-8113-8094-0　Ⓝ762.34

『ブラームス』葛城まどか作画，芦塚陽二監修　ドレミ楽譜出版社　2002.10　143p　21cm　（マンガ音楽家ストーリー 7）〈年譜あり〉900円　Ⓘ4-8108-9974-8　Ⓝ762.34

『ブラームス―秘められた熱情と苦悩』 竹野栄文，田谷純絵　音楽之友社　1992.11　158p　22cm　（ジュニア音楽ブックス―クラシックの大作曲家 7）　1450円　Ⓘ4-276-33047-5

目次 1 生いたち,2 独立,3 名声,4 晩秋

内容 音楽への情熱にあふれる偉大な作曲家の生涯。時代をこえて感動をよび起こす作曲家たちの姿を、ベテランの児童文学作家が伝記物語として贈る。小学校高学年から。

◆◆ベートーヴェン

『ベートーヴェン』 照屋正樹監修　ブック版　博雅堂出版　2009.4　48p　21cm　（おはなし音楽会 1）〈切り紙：戸部翼〉 1000円　Ⓘ978-4-938595-40-1

『この人を見よ！歴史をつくった人びと伝 17　ベートーベン』 プロジェクト新・偉人伝著作・編集　ポプラ社　2009.3　143p　22cm〈文献あり　年表あり〉　1200円　Ⓘ978-4-591-10739-3　Ⓝ280.8

『ベートーベン』 加藤純子文　ポプラ社　2009.3　158p　18cm　（ポプラポケット文庫 072-5―子どもの伝記 5）〈ものしりガイドつき　1998年刊の新装版　文献あり　年表あり〉 570円　Ⓘ978-4-591-10861-1　Ⓝ762.34

目次 おじいさんとベートーベン,お父さんとお母さん,音楽の練習,ボンからウィーンへ、そして…,ふたたびウィーンへ,耳が、きこえない,ベートーベンの恋,遺書,ナポレオンと英雄交響曲,弟の死,カールとのすれちがい,あらしのなかの死

内容 ベートーベンは、その生涯に、ひとの心をうつ名曲をたくさんつくりました。耳がきこえないくるしみをのりこえて、美しい曲をつくりつづけられたのは、なぜでしょう。ベートーベンものしりガイド付。小学校中級から。

『伝記ベートーヴェン―大作曲家の生涯と作品』 葛西英昭著　文芸社　2008.12　323p　22cm〈新風舎2006年刊の増訂　年譜あり〉 1500円　Ⓘ978-4-286-05971-6　Ⓝ762.34

『CD絵本 ベートーヴェン』 レネ・マイヤー・スクマンツ文，ヴィンフリート・オプゲノールト絵，宮原峠子訳　カワイ出版　2006.5　27p　30cm〈付属資料：CD1〉 2200円　Ⓘ4-7609-4721-3

内容 この本は、家族みんなで楽しむ絵本です。ルートヴィヒ・ヴァン・ベートーヴェンの生涯からいくつか大切なできごとをとりだして、そのときのようすやことば、ベートーヴェンがどんな曲を書いたのかをお伝えします。

『楽聖ベートーヴェン』 さいとうみのる文，えんどうけんいちイラスト　汐文社　2005.11　29p　27cm　（世界の音楽家たち）〈年譜あり〉 2000円　Ⓘ4-8113-8009-6　Ⓝ762.34

『ベートーベン―「楽聖」と呼ばれた大作曲家』 高瀬直子画，神田貴幸作，藤本一子監修　コミックス　2003.1　143p　19cm　（講談社学習コミック―アトムポケット人物館 18）〈発売：講談社　年譜あり〉 700円　Ⓘ4-06-271818-9　Ⓝ762.34

目次 第1章 音楽家になるために,第2章 旅立ちの時,第3章 三十歳代の爆発,第4章 苦悩から歓喜へ,第5章 戦いの果てに

内容 56年の生涯の中で、交響曲『運命』や『第九』、ピアノ曲『エリーゼのために』など、数多くの優れた作品を生み出した大作曲家、ベートーベン。彼は、だんだん耳が聞こえなくなるという障害を抱えながらも、常に理想を追い求めて自分に率直に生き、あきらめずに創作を続けたんだ。そんな彼の不屈の精神は、どうやって育まれたのかな。

『ベートーベン』 加藤礼次朗作画，芦塚陽二監修　ドレミ楽譜出版社　2002.7　143p　21cm　（マンガ音楽家ストーリー 3）〈年譜あり〉 900円　Ⓘ4-8108-9943-8　Ⓝ762.34

目次 第1章 ベートーベン、誕生す！,第2章 ブロイニング家の人々,第3章 音楽の都へ,第4章 一流の音楽家に!!,第5章 音楽は心の中に,第6章 うらぎられる,終章 喜びへ到る道

内容 誰もが一度はピアノで弾いてみたいと思う「エリーゼのために」。誰もが一度はみんなといっしょに歌いたいと憧れる「第九」。こんな素敵な曲をいっぱい作ったベートーベンという人は、どんな人だったのだろう。このマンガはベートーベンが生活していたその時代をそのままに、私達に見せてくれるタイムマシーンです。「さあ、君もいっしょにベートーベンの所へ行ってみよう」。

『ベートーベン』こわせ・たまみ文，長野ひろかず絵　チャイルド本社　2001.12（第4刷）30p　25cm　（こども伝記ものがたり 絵本版 9　西本鶏介責任編集）〈年譜あり〉581円　①4-8054-2357-9

『ベートーベン―古典派音楽を完成したドイツの作曲家』パム・ブラウン著，橘高弓枝訳　偕成社　1998.4　177p　22cm　（伝記世界の作曲家 4）〈肖像あり　年譜あり〉2000円　①4-03-542240-1

目次 第1章 音楽家の家系, 第2章 第二のモーツァルト, 第3章 宮廷音楽家, 第4章 ウィーンでの音楽修行, 第5章 独特のピアノ奏法, 第6章 難聴のきざし, 第7章 ハイリゲンシュタットの遺書, 第8章 傑作の森, 第9章 運命は扉をたたく, 第10章 苦悩と幻滅の日々, 第11章 最後の大舞台, 第12章 闘いは終わった

『ベートーベン―生きる喜びと情熱を作曲した大音楽家』黒田恭一監修，いちかわのりまんが，早野美智代シナリオ　小学館　1997.9　159p　23cm　（小学館版学習まんが人物館）〈年譜あり〉850円　①4-09-270011-3

『不屈の人 ベートーベン』北畠八穂文，斎藤壮一絵，黒田恭一CD監修　音楽之友社　1996.11　155,8p　21cm　（母と子の音楽図書館 3）〈付属資料：CD1〉2987円　①4-276-33063-7

『新装世界の伝記　41　ベートーベン』野火晃著　ぎょうせい　1995.12　286p　20cm　1600円　①4-324-04484-8

目次 第1章 楽聖の誕生, 第2章 貴族社会のなかで, 第3章 失意の底から, 第4章 名声と孤独, 第5章 喜劇は終わった！

『ベートーベン』片岡輝文，アルバネーゼ，ウッサルディ絵　小学館　1993.11　116p　21cm　（新訂版オールカラー世界の伝記 10）980円　①4-09-231109-5

『ベートーベン―運命への挑戦』高橋宏幸文，徳田秀雄絵　音楽之友社　1992.10　158p　22cm　（ジュニア音楽ブックス―クラシックの大作曲家 3）1450円　①4-276-33043-2

目次 1 天才のおいたち,2 ボンからウィーンへ,3 耳病と失恋と,4 不屈の天才,5 楽聖の最期

『たましいの音楽家―ベートーヴェン』東竜男文，伊藤悌夫絵　岩崎書店　1992.4　103p　26cm　（伝記・人間にまなぼう 8）2400円　①4-265-05408-0

目次 ルードウィヒという少年, はじめてのウィーン, ふるさとにもどったベートーヴェン, ふたたびウィーンへ, 不幸のふちで…, つぎつぎに名曲を, さいごの力をふりしぼって, 略年表

『ベートーベンものがたり―偉大な音楽家』大蔵宏之ぶん，小室しげ子え　金の星社　1990.9　75p　22cm　（せかいの伝記ぶんこ 9）780円　①4-323-01439-2

内容 ベートーベンは、つらいことや、いやなことがたくさんあった。…でも、がんばって、すばらしい音楽をたくさん作曲しました。2・3・4年生向。

『ベートーベン―楽聖とよばれた大作曲家』比留間五月シナリオ，よしかわ進漫画　第2版　集英社　1989.9　141p　21cm　（学習漫画 世界の伝記）700円　①4-08-240008-7

目次 やさしいおじいさん, きびしいけいこ, すばらしい先生, はじめての友だち, であいとわかれ, ふたたびウィーンへ, 苦しみのはじまり, 心の中の音楽, 作曲家として, よろこびの詩

内容 ベートーベンは、ドイツの生んだ偉大な作曲家です。子どものころは、第2のモー

ツァルトといわれるほどの天才ピアニストでしたが、25歳ころから耳が悪くなりはじめ、31歳ころにはなにも聞こえなくなってしまいました。そのために自殺まで考えたベートーベンでしたが、それをのりこえ、今でも世界中の人びとに親しまれている曲を、たくさん作曲しました。

『ベートーベン』畑山博著，堀研画　講談社　1988.11　297p　21cm　（少年少女伝記文学館 10）1400円　①4-06-194610-2

目次 1 少年ベートーベン（大天才の生まれる夜, ふうがわりな家庭教育, 燃える宮殿,12さい、はじめての作曲, ネーフェ先生の心）,2 17さいの悲しみ（ウェーゲラーとのふしぎな出会い, 初恋、ブロイニング家の人々, ウィーンへの旅立ち, 母の死）,3 創造主とのたたかい（ナポレオンの進撃, エレオノーレとの再会, 耳が聞こえない,『英雄』の敗北,『フィデリオ』の敗北）,4 楽聖ベートーベン（『運命』と『田園』, 貧しさとのたたかい, ベッティーナとの友情,『第9交響曲』）

内容 遊びにいかず小学校もとちゅうでやめて、おさないベートーベンは苛酷な父の天才教育に耐えぬいた。どんな不幸にも心をねじ曲げられず美しい曲をつくりつづけた。偉大な楽聖の生涯。

『ベートーベン』堀内元シナリオ・作画　音楽之友社　1987.5　125p　21cm　（音楽まんが 大作曲家シリーズ 3）680円　①4-276-34153-1

目次 第1章 新しい息吹き, 第2章 たちこめる暗雲, 第3章 不屈の魂, 第4章 巨星墜つ！

『伝記世界の偉人　10　ベートーベン』岩崎健二作画　中央公論社　1985.2　143p　23cm　（中公コミックス）〈監修：永井道雄, 手塚治虫〉750円　①4-12-402498-3

『世界の伝記―国際カラー版　第9巻　ベートーベン』片岡輝文，ガエターノ・アルバネーゼ, ジョルジオ・ウッサルディ絵　小学館　1983.5　116p　21cm　650円　①4-09-231109-5

『運命は扉をたたく―ベートーヴェン物語』ひのまどか作　リブリオ出版　1982.2　285p　22cm　1200円

『ベートーベン―運命の大音楽家』高木卓著　講談社　1981.11　229p　18cm　（講談社火の鳥伝記文庫）390円　①4-06-147511-8

『少年少女世界伝記全集―国際版　第3巻　リンカーン, ベートーベン』小学館　1981.1　133p　28cm　1350円

◆◆モーツァルト

『モーツァルト』照屋正樹監修，西村和子編集・文　ブック版　博雅堂出版　2009.3　64p　22cm　（おはなし音楽会 2）〈切り紙：戸部翼　文献あり 年譜あり〉1200円　①978-4-938595-38-8　Ⓝ762.346

『モーツァルト―音楽で世界を変えた天才』マーカス・ウィークス著，室住信子訳　神戸　BL出版　2008.11　64p　26cm　（ビジュアル版伝記シリーズ）1800円　①978-4-7764-0309-8

目次 1 神童誕生（音楽一家, オーストリアでほか）,2 コンサートマスター時代（はじめての仕事, 大司教の宮廷にて ほか）,3 ウィーンへ（独立の旅立ち, 一家をかまえる ほか）,4 最期の日々（お金の心配, オペラについて ほか）

『絵本で読むモーツァルト』ハンスイェルク・エーヴェルト文，ディートマー・グリーゼ絵，秋岡寿美子訳　ヤマハミュージックメディア　2007.4　31p　31cm　1800円　①978-4-636-81494-1　Ⓝ762.346

内容 この絵本に描かれているモーツァルトの生涯とそのたぐいまれな暮らしぶりは深く心に残り、そのころの世の中の様子もよくわかります。ビュルツブルクの音楽学者ハンスイェルク・エーヴェルトの文章と、教科書や児童書のイラストレーターとして有名なラーツェンのディートマー・グリーゼの挿絵があいまって、独自の新鮮な、時にはびっくりするようなモーツァルト像が姿を

あらわし、この天才の生涯を具体的に生き生きと伝えてくれます。

『モーツァルト』間所ひさこ文，篠崎三朗絵　ひさかたチャイルド　2006.10　31p　27cm　（伝記絵本ライブラリー）〈年譜あり〉1400円　Ⓘ4-89325-668-8　Ⓝ762.346

内容「旅をすることが、ぼくの学校なんだ。」旅先で出会ったたくさんの人々、豊かな大自然…。モーツァルトは見るもの、出会うものすべてを美しいメロディーへと生まれ変わらせます。神童と呼ばれた天才作曲家の一生を描いた物語です。

『モーツァルトへようこそ』イエジ・ボトルバ絵　小学館　2006.4　32p　22×19cm〈付属資料：CD1〉1400円　Ⓘ4-09-480141-3

『神童モーツァルト』さいとうみのる文，三国淳イラスト　汐文社　2006.1　33p　27cm　（世界の音楽家たち）〈年譜あり〉2000円　Ⓘ4-8113-8008-8　Ⓝ762.346

『モーツァルト』間所ひさこ文，篠崎三朗絵　チャイルド本社　2002.12（第4刷）　30p　25cm　（こども伝記ものがたり2絵本版 9　西本鶏介責任編集）　571円　Ⓘ4-8054-2420-6

『モーツァルト』岸田恋作画　ドレミ楽譜出版社　2002.7　141p　21cm　（マンガ音楽家ストーリー 2）〈年譜あり〉900円　Ⓘ4-8108-9942-X　Ⓝ762.346

目次 第1章 脱出, 第2章 飛翔, 第3章 失墜

内容 幼くして天才の名を欲しいままにし、数々の名曲を生み出したウォルフガング・アマデウス・モーツァルト。自ら作曲したオペラ“フィガロの結婚”“ドン・ジョバンニ”の主人公の様に自由奔放にヨーロッパを駆け巡った青年音楽家。その長くもあり短くもある生涯を今、一冊の本にたくして君に熱く語る。

『モーツァルト―オーストリアが生んだ古典派の天才作曲家』マイケル・ホワイト著，松村佐知子訳　偕成社　1998.4　162p　22cm　（伝記世界の作曲家 3）〈肖像あり　年譜あり〉2000円　Ⓘ4-03-542230-4

目次 第1章 ザルツブルクの神童, 第2章 成功に向けての旅, 第3章 パリ、そしてロンドンへ, 第4章 オペラへの挑戦, 第5章 大司教との対立, 第6章 母の死, 第7章 自由を求めて, 第8章 『フィガロ』と『ドン・ジョバンニ』, 第9章 過去の栄光, 第10章 『魔笛』, 第11章 『レクイエム』

『ミューズの子 モーツァルト』高橋英郎文，緒方直絵，黒田恭一CD監修　音楽之友社　1996.11　158,8p　21cm　（母と子の音楽図書館 2）〈付属資料：CD1〉2987円　Ⓘ4-276-33062-9

『モーツァルト―神のメロディーをかなでた音楽家』三枝成彰解説，市川のりまんが，鈴木悦夫シナリオ　小学館　1996.7　159p　23cm　（小学館版学習まんが人物館）880円　Ⓘ4-09-270004-0

『モーツァルト』真篠将著　ポプラ社　1993.12　158p　18cm　（ポプラ社文庫―伝記文庫 D-12）580円　Ⓘ4-591-03994-3

目次 音楽のおけいこ, モーツァルトの家, はじめての曲, いたずら, かてい音楽会, 二つのバイオリン, ウィーンへのたび, 金色の馬車, お城の演奏会, 女王さまのおくりもの, おこった王さま, なかよしのマリー王女, いろいろなべんきょう, びょうき, イタイアへ, まほうつかい, おどろいたローマの人びと, くんしょうをいただく, おかあさんの死, じぶんの力で, ミカンばたけ, ドン・ジョバンニ, あかるく、うつくしい音楽, さいごの音楽

『モーツァルト』立原えりか文，レンナ絵　小学館　1993.7　116p　21cm　（新訂版オールカラー世界の伝記 4）980円　Ⓘ4-09-231118-4

目次 1 はじめての作曲,2 ウィーンへのたび,3 パリとロンドン,4 火をはく山,5 さびしい日び,5 『フィガロの結婚』,7 神のつかい

『モーツァルト―美の神の愛を受けて』

野火晃文, 中釜浩一郎絵　音楽之友社　1992.10　158p　22cm　(ジュニア音楽ブックス―クラシックの大作曲家 2)　1450円　①4-276-33042-4
目次 1 神童,2 自立,3 燃えつきるまで

『天使の声をかきとめた人―モーツァルト』中山知子文, 帆足次郎絵　岩崎書店　1992.4　103p　26cm　(伝記・人間にまなぼう 6)　2400円　①4-265-05406-4
目次 ピアノとバイオリン, ながい旅のはじまり, さまざまな経験, オペラへの道, たくさんの道, たくさんのなかま, こころのふるさと, 未来へのことば―闇と光と, 略年表

『伝記 モーツァルト―その奇跡の生涯』ブリギッテ・ハーマン著, 池田香代子訳　偕成社　1991.12　505,8p　21cm　3800円　①4-03-814120-9
目次 ザルツブルクの子ども時代, 腕試しの旅行, ウィーンへ、偉大な女帝陛下のもとへ, 病気、そしてあらたな計画, ヨーロッパ縦断, ついに来たパリ, イギリス, オランダ, ザルツブルクのよそ者,2度目のウィーン旅行, イタリアへ、修業の旅, 突然の成長, 新しい大司教, 職を求めて, マンハイム, ウェーバー家, 母とパリで, レオポルト、ヴォルフガングを呼びもどそうとする, アロイジア, イドメネオ, 決裂, コンスタンツェの誘拐, 若い夫婦, ザルツブルクとの再会, ピアニストとしての成功, フィガロ, プラハ, ドン・ジョヴァンニ, ベルリンそしてライプツィヒ, コシ・ファン・トゥッテ, フランクフルトの戴冠式, 魔笛, レクイエム
内容 5歳で作曲を始め、その後30年間に600以上の作品を生みだしたモーツァルト。ウィーン在住の女性歴史研究家が、いま、愛情こめて描く天才作曲家の奇跡の生涯。

『音楽の神童モーツァルト』ひのまどか監修, 江田二三夫漫画　学習研究社　1991.7　128p　23cm　(学研まんが伝記シリーズ)　780円　①4-05-105721-6
目次 プロローグ 音楽の神童あらわる, 第1章 音楽へのめざめ, 第2章 神童がやってきた, 第3章 太陽の国イタリアへ, 第4章 あてのない旅路, 第5章 母、異郷パリに死す, 第6章 さらば、ザルツブルクよ, 第7章 ウィーンでのはなやかな新生活, 第8章 人びとにすばらしいオペラを, 第9章 不安な苦しい日びのなかで, 第10章 なみだのレクイエム, モーツァルトの足あとをたどってみよう
内容 5才で作曲を始めた天才作曲家モーツァルトをまんがで読もう。

『モーツァルト―美しき光と影』ひのまどか著　リブリオ出版　1990.3　326p　22cm　1545円　①4-89784-168-2
目次 プロローグ, ブレンナー峠をこえて, 栄光と称賛の日び, 少年オペラ作曲家, イタリア病, 求職の旅, 悲しみの都パリ, コロレドとの争い, あまい生活,《ドン・ジョヴァンニ》, 涙の日び, そして、いま
内容 豊富な写真、資料を織りこんで語られたエピソードの数々。華やかな音楽に隠された作曲家の真実の姿をいま、子どもと大人たちに贈る。

『モーツァルト―神童とよばれた天才作曲家』水城ゆうシナリオ, 高瀬直子漫画　第2版　集英社　1989.9　141p　21cm　(学習漫画 世界の伝記)　700円　①4-08-240015-X
目次 音楽の子, 演奏旅行のはじまり, 天然とうの恐怖, 新しい大司教, 初恋と失恋と, ほんとうの愛, フィガロの結婚, 貧しさとの戦い, レクイエム
内容 モーツァルトは、おさないころから神童とよばれた作曲家で、35年の短い生涯に、600曲以上にのぼる名曲をかきのこしました。

『モーツァルト』水城ゆうシナリオ, 原田千代子作画　音楽之友社　1987.5　125p　21cm　(音楽まんが 大作曲家シリーズ 2)　680円　①4-276-34152-3
目次 第1章 ウィーン, 第2章 マンハイム, 第3章 再びウィーン, 第4章 プラハ

『世界の伝記―国際カラー版　第18巻 モーツァルト』立原えりか文, ジアンニ・レンナ絵　小学館　1983.10　116p　21cm　650円　①4-09-231118-4

『少年少女世界伝記全集―国際版　第14

巻 モーツァルト,レセップス』小学館 1981.12 133p 28cm 1350円

スポーツの世界で活躍した人びと
—スポーツ選手・監督

『朝原宣治—歴史をつくった感動のスプリンター』金田妙著 旺文社 2009.4 137p 19cm （シリーズ・素顔の勇者たち）1100円 ①978-4-01-069578-4

目次 北京の夜,ひとりで走ってなにがおもしろいん？,どや？きみ、陸上やらんか？,いっしょにオリンピックにいこう,ひとりぼっちのドイツ留学,はじめてのオリンピック,折れた左足,アメリカでのスプリンター修業,消えていく情熱,ボロボロになるまでやったらええやん,かけぬけた夢の空間,再出発へのファーストラン,朝原宣治さんからみなさんへのメッセージ,朝原宣治データファイル

内容 真の完全燃焼を求めて。日本陸上界ヒーローのメダル獲得までの感動ストーリー。

『闘莉王 超攻撃的ディフェンダー』矢内由美子著 学習研究社 2009.4 175p 21cm （スポーツ・ノンフィクション）1200円 ①978-4-05-203086-4

目次 Red&Blue浦和レッズの闘莉王/日本代表の闘莉王,第1章 1981‐1996 ブラジルで過ごした日々。—誕生〜中学校時代,第2章 1997‐2000 十六歳で日本へ。—渋谷幕張高校時代,第3章 2001‐2003 プロの洗礼と飛躍。—サンフレッチェ広島、水戸ホーリーホック時代,第4章 2004‐2009 Jリーグ、そしてアジアの頂点へ。—浦和レッズ時代,第5章 2003‐2009 サッカーで日本に恩返しを。—日本代表の闘莉王,エピローグ 闘莉王からのメッセージ,田中マルクス闘莉王プロフィール,資料編 田中マルクス闘莉王の足跡

内容 ディフェンダーとして味方のゴールを守っていたかと思えば、いつの間にか相手のゴール前で得点をねらっている背番号4。つねに闘志あふれるプレーをみせてくれる田中マルクス闘莉王の、努力と成長の物語。

『名波浩 栄光への道のり—サッカー元日本代表』粂田孝明文 学習研究社 2008.9 179p 22cm （スポーツノンフィクション）1400円 ①978-4-05-202970-7 Ⓝ783.47

目次 第1章 少年時代（初めてのスパイク,10年にひとりの天才プレーヤー ほか）,第2章 高校・大学時代（「キヨショウ」の余波,おまえは静岡県のプレーヤー ほか）,第3章 フランスワールドカップ（お母さんのために…,充実のルーキーイヤー ほか）,第4章 イタリア移籍（足りないものを探しに…,サブメンバーだった！ ほか）,第5章 アジアカップ（3カ月間の空白,イタリアでの成長を実感 ほか）

内容 中学、高校のころから大きな期待を寄せられ、ジュビロ磐田では数々のタイトルに貢献。そして日本代表をワールドカップ初出場へと導き、アジアカップでは優勝とMVPを獲得。輝かしい成績を残せた背景には、世界に挑戦し、そこで成長してきた名波浩の苦難のストーリーがあった！日本サッカー史上最高のレフティー・名波浩物語。

『夢をあきらめない—全盲のランナー・高橋勇市物語』池田まき子著 岩崎書店 2008.7 161p 22cm （イワサキ・ノンフィクション 9）1200円 ①978-4-265-04279-1 Ⓝ782.3

目次 あこがれのパラリンピック,アテネの風になった,小中学校の思い出,目が悪くなった高校時代,葛藤の日々,国立身体障害者リハビリテーションセンター,マラソンとの出会い,幻のシドニー・パラリンピック,大けがを乗りこえて,伴走ボランティアとランナー仲間たち,バリアフリーめざして署名活動,夢に向かって,新しい生活,世界最高記録の樹立,センターポールに掲げられた日の丸の旗,次の目標に向かって,可能性への挑戦

内容 盲人マラソンの元世界記録保持者（2時間37分43秒）であり、パラリンピック・マラソンの金メダリスト、高橋勇市。視力を失いながらも、懸命に努力を重ねて金メダルを勝

ちとった力強さ、さらなる目標に向かって走り続けるその姿。人びとに夢と勇気をあたえるランナーの、感動のノンフィクション。

『上原浩治—闘うピッチャー魂』鳥飼新市著　旺文社　2008.4　151p　20cm　(素顔の勇者たち)〈年譜あり〉1000円　Ⓘ978-4-01-072558-0　Ⓝ783.7
目次「我慢」の刺しゅう, はじまりは新聞紙のボール, 団地の壁が練習場, 楽しみは日曜日の試合, この一回のマウンドに, オレはやっぱり投手でやる!,19年ぶりのルーキー20勝, 日の丸をせおって, 大好きな野球のために, 上原浩治データファイル
内容 成長しつづける努力のエース。日本を代表するピッチャー上原の感動ストーリー。

『女流棋士石橋幸緒物語—サッちゃんの駒』石橋幸緒著, 北崎拓画　小学館　2008.4　195p　19cm　1000円　Ⓘ978-4-09-387784-8
目次 サッちゃんの駒(まんが・北崎拓)(お相手お願いします, 運命の出会い!, ヒミツの特訓, サチの決意, わたしの生きがい, あきらめない), サッちゃんの思い出の対局(第21期女流王将戦第5局—vs清水市代女流王将, レディースオープントーナメント'95—vs中井広恵女流五段, 第49期王座戦1次予選—vs渡辺明四段, 第1回朝日杯将棋オープン戦—vs森雞二九段, 第18期女流王位戦第5局vs清水市代女流王位)
内容 腸閉塞で生まれて、3歳になるまで口から物を食べられなかった女の子が、将棋と出会い、その人生が変わった!将棋界初!まんが+自戦記本!石橋女流王位の波瀾万丈な人生が、マンガとエッセイ風自戦記で楽しめるゴキゲンな一冊。

『高原直泰物語』本郷陽二編　汐文社　2008.3　178p　22cm　(夢かけるトップアスリート　スポーツノンフィクション)　1500円　Ⓘ978-4-8113-8449-8　Ⓝ783.47
目次 第1章 アジアナンバーワン・ストライカー(久しぶりのピッチ, すべてに優れたオールラウンダー ほか), 第2章 努力を重ねた少年時代(やんちゃで恥ずかしがり屋, サッカーを始める ほか), 第3章 Jリーグそして世界の檜舞台へ(プロデビュー戦, ドゥンガとの出会い ほか), 第4章 ドイツでのあくなき挑戦(エコノミー症候群発症、そして代表落選,Jリーグ史上最年少得点王 ほか), 第5章 最後のチャンスへ向けて(フランクフルトへ, ハットトリック ほか)

『谷亮子物語』本郷陽二編　汐文社　2008.2　170p　22cm　(夢かけるトップアスリート　スポーツノンフィクション)　1500円　Ⓘ978-4-8113-8450-4　Ⓝ789.2
目次 第1章 ひたすら柔道に打ち込んだ幼少時代(衝撃の世界デビュー, 女の子らしく育てたい ほか), 第2章 高校進学そして夢の舞台へ(高校進学, 日本一の座 ほか), 第3章 ついにつかんだ金メダル(背負っている重い荷物, 強い精神力 ほか), 第4章 歓喜のオリンピック連覇(世界に一つだけの部屋, 夢は夫婦で金メダル ほか), 第5章 北京へ向けた戦いは続く(最悪の体調を乗り越えて, 世界選手権を辞退する ほか)

『ちいさくても大丈夫』ロベルト・カルロス著, 中谷綾子・アレキサンダー構成・文, はまのゆか絵　集英社　2007.12　63p　20cm〈ポルトガル語併記〉1000円　Ⓘ978-4-08-780481-2　Ⓝ783.47

『北島康介物語』本郷陽二編　汐文社　2007.11　178p　22cm　(夢かけるトップアスリート　スポーツノンフィクション)　1500円　Ⓘ978-4-8113-8447-4　Ⓝ785.2
目次 第1章 世界のトップスイマー, 第2章 下町に生まれた元気な子, 第3章 大きく成長を遂げた中学生時代, 第4章 世界での戦い, 第5章 栄光のアテネオリンピック, 第6章 世界一への挑戦はつづく

『室伏広治物語』本郷陽二編　汐文社　2007.11　145p　22cm　(夢かけるトップアスリート　スポーツノンフィクション)　1500円　Ⓘ978-4-8113-8448-1　Ⓝ782.5
目次 第1章 栄光のアテネ五輪(みんなのために, アドバイスに耳を傾ける ほか), 第2章 偉大な父と重ねた努力(偉大な父, 才能あふ

れる子供 ほか), 第3章 ハンマー投げという競技(競技のルール, 遠くへ飛ばすために ほか), 第4章 世界での活躍(トップ選手への仲間入り, 記者泣かせ ほか), 第5章 室伏家の輝かしい栄光(アジアの鉄人, 体格に恵まれた活発な少年 ほか), 第6章 北京へ向けて(人生はチャレンジだ, 思い切って休養 ほか)

『愛は負けない—福原愛選手ストーリー』 生島淳文 学習研究社 2007.10 164p 22cm (スポーツノンフィクション) 1200円 Ⓘ978-4-05-202428-3 Ⓝ783.6

目次 はじめに アテネ・オリンピックの大舞台, 第1章 卓球を始めたわけは, 第2章 泣いていたのは最初だけ, 第3章 強くなるために必要なこと, 第4章 勉強とスポーツの両立, 第5章 素顔の福原愛選手, 第6章 世界へ羽ばたく, おわりに 時代を変えた福原選手

内容 3歳9カ月でラケットを握り、4歳で全国デビュー。7歳で初の国際大会に出場して「天才卓球少女、あらわる!」とマスコミの注目を浴びた福原愛選手。"卓球の愛ちゃん"は、本当に天才なのだろうか? 卓球とともに歩んできたひとりの少女がオリンピック出場の夢をつかむまでの日々を振り返る。

『清原和博—夢をつらぬく情熱のバッター』 平井勉著 旺文社 〔2007.4〕 149p 19cm (シリーズ・素顔の勇者たち)〈重版〉1000円 Ⓘ978-4-01-072555-9

目次 夢のはじまり, ヤンチャなどろんこ大将, 野球ってきびしいな, プロの選手になったる!, 甲子園の13本大アーチ, 涙のドラフト, 記録をぬりかえたルーキー, 「夢」だった巨人軍へ, 夢をつらぬいて

内容 ここいちばんの大舞台、真剣勝負がはじまる。ファンの歓声、応援のコールそんなすべてが力をくれる。清原が吠える、チームが勝つ! ここは夢をつかむグラウンド、永遠の野球少年が、すむ場所だ。

『宮里藍—世界にはなつミラクルショット』 柳田通斉著 旺文社 2007.4 151p 20cm (素顔の勇者たち)〈年譜あり〉1000円 Ⓘ978-4-01-072557-3 Ⓝ783.8

目次 青い海の前で生まれた、藍, ゴルフだけじゃダメ。学校が一番, かけがえのない家族, 上には上がいた!, 実力はプロのスーパー高校生, 史上初! 女子高生プロゴルファー誕生, かみの毛もぬけるほどの重圧, なみだの世界メジャーデビュー, たのしい! アメリカでのゴルフと生活

内容 ライバルは自分。チャレンジの先に成長がある。夢に向かって一歩ずつ。ゴルフの世界で自分をみがく藍ちゃんの感動秘話。勇気と力が出てくる本。

『羽生善治 夢と、自信と。』 椎名竜一著 学習研究社 2006.11 262p 20cm 〈肖像あり〉1200円 Ⓘ4-05-202644-6 Ⓝ796

『ロナウジーニョ物語』 本郷陽二編 汐文社 2006.8 169p 21cm 1300円 Ⓘ4-8113-8142-4 Ⓝ783.47

目次 第1章 ドイツ・ワールドカップ, 第2章 「ガウショ」と呼ばれた少年, 第3章 憧れのヨーロッパへ, 第4章 夢の世界一, 第5章 熱狂するカンプ・ノウ, 第6章 世界で最高の選手

『北島康介—世界最速をめざすトップアスリート』 折山淑美著 旺文社 2006.4 151p 20cm (素顔の勇者たち)〈肖像あり 年譜あり〉1000円 Ⓘ4-01-072556-7 Ⓝ785.23

目次 ついにきた夢の舞台, 水泳のはじまり, きびしい練習, ぼくもオリンピックにでたい!, 水泳への思い, オリンピックをめざして, とれなかったメダル(シドニーオリンピック), やぶられた世界新記録, 夢がかなった瞬間, 世界一への挑戦はつづく, 北島康介データファイル

内容 金メダリストの果てしなき挑戦。水泳にかける康介の熱き戦いの物語。勇気と力が出てくる本。

『スーパーキャッチャー城島健司』 西松宏文, 繁昌良司写真 学習研究社 2006.4 120p 22cm (スポーツノンフィクション)〈年譜あり〉1200円 Ⓘ4-05-202535-0 Ⓝ783.7

目次 第1章 父と歩んだ日々(健司誕生, 三歳

で十メートルも投げた！ ほか），第2章 運命の再会（「ぼく、野球やめる」，王さんにほめられた！ ほか），第3章 日本一の捕手への道（「一人ずつ追いぬいてやる！」，三年目でレギュラー正捕手へ ほか），第4章 キャッチャーの魅力（城島選手が気をつけていること，ピッチャーとの信頼関係―右手に勇気、左手に信頼を ほか），第5章 はてしなき挑戦（「スーパーキャッチャー」を目ざして！，夢のあるプレーを見せるために ほか）

内容 三歳のころから、父と始めたキャッチボール。「ぼくはプロ野球選手になれる」と信じ、小学校四年生から野球クラブで本格的な練習を始め、めきめきとその才能をあらわす中学、高校時代。まるで運命のような王監督との再会で、プロ野球へ入団。「十二球団一へたなキャッチャー」と言われた日から、どうやって「日本を代表するスーパーキャッチャー」へと成長したのか？城島健司選手にとっての「勇気と信頼」とは。

『栗原恵・大山加奈物語』本郷陽二編　汐文社　2006.1　149p　22cm　（スポーツのニューヒロイン 3）1500円
①4-8113-8026-6　Ⓝ783.2

目次 第1章 救世主は19歳，第2章 ひまわりのように明るく、まっすぐな女の子（大山加奈），第3章 がんばりやの女の子（栗原恵），第4章 アテネを目指して，第5章 夢の舞台アテネ，第6章 これからの日本を支える二人

『夢が、かなう日―モーグルスキーヤー上村愛子物語』山石やすこ文　学習研究社　2006.1　142p　22cm　（スポーツノンフィクション）1200円
①4-05-202521-0　Ⓝ784.3

目次 第1章 すくすく！子ども時代，第2章 スキーといじめ，第3章 モーグル人生のはじまり，第4章 アスリートとしての成長，第5章 二度目のオリンピック，第6章 新たな第一歩

内容 モーグルスキーという競技を知っていますか？真っ白なゲレンデいっぱいのコブをすべり、途中二カ所に設置されているジャンプ台でエアと呼ばれる技を入れる。それがモーグルスキーです。そんなコースを、楽しそうに、そしてカッコよくすべる女の子がいました。その女の子とは、「愛ちゃん」こと、上村愛子選手です。この本には、夢をあきらめない愛ちゃんからのメッセージが、いっぱいつまっています。

『福原愛物語』本郷陽二編　汐文社　2005.11　149p　22cm　（スポーツのニューヒロイン 2）1500円
①4-8113-8025-8　Ⓝ783.6

目次 第1章 誕生、そして卓球との出会い（福原家に長女「愛」誕生，ひらがなの読み書きを2歳でマスター ほか），第2章 “天才少女”現る（小学校へ入学，3年生対6年生 ほか），第3章 仙台から大阪、青森へ（国内初の女子プロ卓球選手になる，「世界」という舞台にデビュー ほか），第4章 世界からも注目される選手（年齢の壁を越えた活躍，世界から注目を浴びる ほか），第5章 卓球王国、中国での挑戦（気持ちを新たにして、中国のスーパーリーグへ，記録塗り替えならず ほか）

『宮里藍物語』本郷陽二編　汐文社　2005.9　151p　22cm　（スポーツのニューヒロイン 1）1300円
①4-8113-8024-X　Ⓝ783.8

目次 第1章 藍ちゃんを生んだ宮里家（世界と戦う19歳，ゴルフのとりこになったお父さん ほか），第2章 がんばり屋の少女時代（世界への初めての挑戦，世界で通用する人間に ほか），第3章 輝き続けたアマチュア時代（国際的に通用する人間に，人前で堂々とスピーチ ほか），第4章 プロとして世界と戦う（緊張しても力を発揮，大活躍の2004年 ほか）

『カーン・バティストゥータ・フィーゴ』本郷陽二編　汐文社　2004.3　133p　22cm　（世界のファンタジスタ no.3）1500円　①4-8113-7835-0　Ⓝ783.47

目次 第1章 カーン（絶対にゴールを許さない，2002年韓国・日本ワールドカップ），第2章 バティストゥータ（ゴールを決めることしか頭にない，いよいよアルゼンチン代表に），第3章 フィーゴ（失敗を恐れずに戦う，世界の舞台で）

『デルピエロ・ラウル・エムボマ』本郷陽二編　汐文社　2004.3　149p　22cm　（世界のファンタジスタ no.2）1500円
①4-8113-7834-2　Ⓝ783.47

『世界のスーパースター物語―ベッカム・ロナウド・ジダン・エムボマ』本郷陽二編　汐文社　2004.2　186p　21cm　1300円　Ⓘ4-8113-7855-5

目次 第1章 ベッカム(スーパースターの誕生,栄光と挫折 ほか),第2章 ロナウド(ついに頂点へ,世界の最優秀選手 ほか),第3章 ジダン(広場からの出発,サッカーの将軍になる ほか),第4章 エムボマ(快挙,大阪から世界をめざす ほか)

『チラベルト・バッジョ・イルハン』本郷陽二編　汐文社　2004.2　143p　22cm　(世界のファンタジスタ no.4)1500円　Ⓘ4-8113-7836-9　Ⓝ783.47

目次 第1章 チラベルト(強い意志が夢を実現させた,世界のゴールキーパーに―新たなるスタート),第2章 バッジョ(いつもボールと暮らしていた,世界中から愛される選手),第3章 イルハン(父親の努力―名スポーツ選手の子として生まれた,大きなチャンスをつかむために)

『ベッカム・ジダン・ロナウド』本郷陽二編　汐文社　2004.2　137p　22cm　(世界のファンタジスタ no.1)1500円　Ⓘ4-8113-7833-4　Ⓝ783.47

目次 第1章 ベッカム(スーパースター誕生―世界が注目,栄光と挫折―あこがれの代表,勝利への道―チャンス),第2章 ジダン(広場からの出発―得意技,将軍になる―初めての挫折,新たなステージ―白い巨人へ),第3章 ロナウド(頂点へ―決勝ゴール,世界最優秀選手―セレソン,どん底から―フランス大会の不運)

『海を渡ったヒーローたち―収録中村俊輔・稲本潤一・小野伸二・中田英寿』本郷陽二編　汐文社　2003.8　211p　21cm　1300円　Ⓘ4-8113-7654-4　Ⓝ783.47

目次 第1章 中村俊輔―世界にはばたけフリーキックのファンタジスタ(夢の国立競技場、全国制覇の夢破れる,Jリーガーとオリンピックの夢,無念、ワールドカップと新たな旅立ち),第2章 稲本潤一―めざせ！世界一のボランチ(サッカーのもうし子、ジャイアントベイビー,最年少Jリーグ出場―夢はワールドカップ,サッカーの母国、イングランドへ渡る),第3章 小野伸二―Jリーグの天才から世界へ(サッカー王国・静岡県の逸材から日本代表へ,Jリーグ入りとワールドカップ・フランス大会,夢の実現、本場ヨーロッパのクラブへ),第4章 中田英寿―世界で活躍、最強の司令塔(優れた才能と最大の努力,世界が注目するキラーパス,シドニーオリンピックと日韓共催ワールドカップ)

『稲本潤一物語』本郷陽二編　汐文社　2003.4　159p　22cm　(黄金のカルテット)1400円　Ⓘ4-8113-7645-5　Ⓝ783.47

目次 第1章 サッカー新時代のヒーローの誕生,第2章 本格的なサッカーへ,第3章 Jリーガー稲本潤一,第4章 代表チームへの定着と活躍,第5章 2002ワールドカップへ,第6章 ヨーロッパへの旅立ち,第7章 2002ワールドカップ開幕

『聖の青春』大崎善生作　講談社　2003.4　331p　18cm　(講談社青い鳥文庫)720円　Ⓘ4-06-148614-4　Ⓝ796

目次 第1章 折れない翼(発病,不思議なゲーム ほか),第2章 心の風景(師匠,奇妙な生活 ほか),第3章 彼の見ている海(デビュー,天才と怪童 ほか),第4章 夢の隣に(自立のとき,よみがえる悪夢 ほか),第5章 魂の棋譜(帰郷,手術 ほか)

内容 村山聖は5歳の頃から、腎ネフローゼという病気のために、途方もなく長い時間を病院のベッドの上ですごさなければならなかった。そんなある日、父が聖に「将棋」というゲームを教えてくれた。その日を境に彼の人生は一変する。「ぜったいに名人になってやる。」聖の夢への疾走がはじまった…!!癌のために29歳で亡くなった天才棋士の青春を描いた感動のノンフィクション。小学上級から。

『中田英寿物語』本郷陽二編　汐文社　2003.4　127p　22cm　(黄金のカルテット)1400円　Ⓘ4-8113-7642-0　Ⓝ783.47

目次 第1章 山梨から日本の中田へ(サッカーのために生まれた,ジュニアユース代表になる ほか),第2章 Jリーグ時代(Jリーグ

デビュー, ワールドユースでの活躍 ほか), 第3章 ワールドカップフランス大会(いよいよ日本代表に, ジョホールバルの歓喜 ほか), 第4章 世界に羽ばたく(セリエA・ペルージャに入団, 衝撃の2ゴールデビュー ほか), 第5章 2002ワールドカップと新天地での再生(ワールドカップで初めての勝ち点, ワールドカップ初勝利 ほか)

『高橋由伸―華麗なるスラッガー』鳥飼新市著 旺文社 2003.3 135p 20cm (素顔の勇者たち)〈年譜あり〉1000円 ①4-01-072552-4 Ⓝ783.7

目次 しずかなるファイター, 天才・ヨシノブ誕生, 父との二人三脚, チームの「守護神」として, 甲子園へ、2度!, 六大学のホームラン王, 努力しつづける「天才」

『高原直泰物語―夢のゴールに向かって』佐藤俊原作, 高橋功一郎まんが 小学館 2002.11 171p 18cm (てんとう虫コミックススペシャル) 486円 ①4-09-149751-9

『裸百貫』KONISHIKI著 講談社 2002.11 135p 20cm (ヒューマンbooks) 950円 ①4-06-271351-9 Ⓝ788.1

『わたしはあきらめない―大事故をのりこえた競歩選手板倉美紀』国松俊英作, 藤本四郎絵 PHP研究所 2001.12 130p 22cm (未知へのとびらシリーズ)〈肖像あり〉1250円 ①4-569-68304-5

目次 1 かけっこのすきな女の子,2 競歩をやってみよう,3 バルセロナ・オリンピックへ,4 ダンプカーにはねられる,5 地下室のトレーニング,6 おねえちゃん 1とうおめでとう,7 失格になった美紀,8 オリンピックをめざして

内容 高校二年でオリンピックに出場し、日本競歩の星として期待された板倉美紀選手。練習中に大事故にあい、ひん死の重傷をおってしまった。再起不能といわれていたのに、勇気とあきらめない心で、みごと復活をとげる。ひたむきな努力の日々を、あざやかに描きだす。小学中級以上。

『暁の超特急―吉岡隆徳ものがたり』辺見じゅん著 松江 松江今井書店 2001.11 187p 22cm 1300円 ①4-89593-038-6 Ⓝ289.1

『井上康生―初心でつかんだ金メダル』瀬戸環著 旺文社 2001.8 143p 20cm (素顔の勇者たち)〈肖像あり 年譜あり〉1000円 ①4-01-072498-6

目次 柔道をするために生まれてきた子, 大きな相手を投げ飛ばせ, 気はやさしくて力持ち, 山下泰裕をめざして, 母からの手紙, 果てしない夢, 井上康生データファイル

『佐々木主浩―メジャーをゆるがす大魔神』平井勉著 旺文社 2001.8 133p 20cm (素顔の勇者たち)〈肖像あり 年譜あり〉1000円 ①4-01-072499-4

目次 メジャー新人王に, 父のお守り, 泣き虫だった大魔神, 野球はもういい…, エースで甲子園へ, 仲間のために, ストッパーは天職, つぎは、メジャーで優勝だ, 佐々木からのメッセージ, 佐々木主浩データファイル

『第三十六代横綱羽黒山政司―心・力・技』江川蒼竹文, 小野塚喜一画 新潟 考古堂書店 2001.8 1冊 27cm (ビジュアルふるさと風土記) 1200円 ①4-87499-594-2

『荻原健司―白銀の世界チャンピオン』岩瀬孝文著 旺文社 2000.12 135p 20cm (素顔の勇者たち)〈肖像あり 年譜あり〉1000円 ①4-01-072496-X

目次 プロローグ―世界への一歩, 双子の「けんつんちゃん」, ジャンプってすごい!, ノルディック複合競技へ, 次晴には負けない!, ライバルで親友, キング・オブ・スキー, 金メダルへの思い, 新たなる挑戦, 荻原健司データファイル

内容 飛べ走れいつもトップを!不屈のアスリート健司のあくなき挑戦の物語。

『松江美季―はばたけ車いすアスリート』鳥飼新市著 旺文社 2000.12 135p 20cm (素顔の勇者たち)〈肖像あり 年譜あり〉1000円 ①4-01-072497-8

目次 シャーンペーンの青い空,“ハイジ”の

ような女の子, スポーツってすばらしい, カッコいい障害者になろう, もうひとつのオリンピックへ,3つの金メダル, 大きすぎる夢なんてない, 松江美季データファイル
内容 ひたむきなダッシュ！カッコイイ障害者金メダリスト・ミキの物語。

『南雄太―型やぶりなゴールキーパー』 野上伸悟著　旺文社　2000.5　135p　20cm　（素顔の勇者たち）〈肖像あり　年譜あり〉1000円　①4-01-072492-7
目次 プロローグ 世界がそこに…, 暴れんぼう赤ちゃん, サッカーとの出会い, え？ゴールキーパー？, サッカーよりもバスケットボール, やっぱりサッカー, あこがれの静岡学園, ステップアップ雄太, くるしみをのりこえて, はてしなき道, エピローグ 世界のピッチへ
内容 めざせ世界のピッチ！柏レイソル守護神南雄太の物語。勇気と力が出てくる本。

『スポーツに生きる』 岩崎書店　2000.4　152p　20cm　（20世紀のすてきな女性たち 5）〈年譜あり　文献あり　索引あり〉1600円
①4-265-05145-6,4-265-10218-2
目次 伊達公子, ヴェラ・チャスラフスカ, 成田真由美, 谷川真理, ここにすてきな女性たち（二階堂トクヨ, 人見絹枝, 及位野衣, 小林則子, フロレンス・ジョイナー, 吉岡牧子, 畑中和, 田村亮子）, 女性はじめて物語―田部井淳子

『サミー・ソーサー神さまがくれたホームラン』 キャリー・マスカット著, 山本シェリー詩恵訳, 鉄矢多美子監修　ポプラ社　2000.3　143p　20cm〈肖像あり　年譜あり〉880円　①4-591-06447-6
目次 1 サミー・ソーサ・デー,2 靴みがきの少年,3 ウェルカム・トウ・ザ・U.S.A.,4 メジャーリーガーへの道,5 30‐30（サーティ‐サーティ）,6 夢を信じて,7 サンタクロースになったサミー

『笑顔は無敵だ―プロレスを愛し、ファンを愛したジャイアント馬場』 吉川良作, 瀬野丘太郎絵　PHP研究所　1999.12　121p　22cm　（未知へのとびらシリーズ）〈肖像あり〉1200円
①4-569-68207-3
内容 プロレスラーとして世界の頂点に立ち、生涯、プロレスの発展につくしたジャイアント馬場。数々の苦難をのりこえたその感動の足跡と、たくさんのファンに愛されたその人柄を、具体的にいきいきと描いた物語です。小学中級以上向。

『奇跡を呼ぶ男落合博満物語』 綾野まさる著　小学館　1999.4　194p　20cm〈肖像あり〉1238円　①4-09-290095-3
目次 第1章 天才野球少年、秋田にあらわる, 第2章 夢を失った青春時代, 第3章 新たな挑戦, 第4章 奇跡を呼ぶ男, 第5章 いつでも夢を胸に, 野球がうまくなりたい！Q&A
内容 三冠王三度、奇跡の一打。史上最強の四番打者が熱く語る野球生命。

『母が語る有森裕子物語』 有森広子著　あいゆうぴい　1997.11　134p　22cm〈肖像あり　発売：萌文社〉1400円
①4-900801-09-7
目次 1 誕生から小学校時代,2 中学校・高校・大学時代,3 マラソンランナーとして,4 ふたたびオリンピックへ, 今を生きる君たちへ――所懸命はかならず勝つ, 有森裕子マラソン記録, 目標に向かって…それが生きること
内容 小学中級から中学生向き。

『Kazu十五の旅立ち―三浦知良物語』 綾野まさる著　小学館　1997.9　205p　20cm　1140円　①4-09-290191-7

『栄光へのシュプール―猪谷千春物語』 和田登作　岩崎書店　1997.8　70p　21×19cm　（アニメ童話 8）1143円
①4-265-03308-3
内容 すぐれたスキーヤー、猪谷六合雄を父として生まれた少年、猪谷千春。おさないころから、父によるきびしいトレーニングをうけて、千春はぐんぐんと、天才的なスキーの才能をのばしていきます。“気持ちが自然と一体になったときに、はじめて、ほんとうのスキーができるんだよ”父のことばをむねに、毎日れんしゅうにはげむ千春。ゆめは、オリンピックですべることです―。小学校低学年～中学年向。

『ちょっと素敵なまちの物語　第5編　第十八代横綱大砲万右衛門物語』小岩庄一監修　〔白石〕　白石青年会議所　〔1997〕　23p　26cm〈肖像あり　年譜あり〉

『嘉納治五郎ー近代日本五輪の父』高野正巳著　講談社　1996.6　285p　18cm（講談社火の鳥伝記文庫 96）690円　①4-06-147596-7

目次 1 やわらの道,2 日本の講道館,3 オリンピック

内容 “世界の柔道”をめざした講道館館長。やわらの道をきわめ、スポーツとして広め、教育に情熱を燃やす。国際オリンピックに一身をささげ、東京大会決定に成功するが…。

『まんが 羽生善治物語』高橋美幸原作，まきのまさる画　くもん出版　1995.6　189p　19cm　800円　①4-87576-993-8

内容 天才棋士“羽生善治”のすべて。

『新装世界の伝記　9　嘉納治五郎』きりぶち輝著　ぎょうせい　1995.2　281p　20cm　1600円　①4-324-04386-8

『土俵の鬼たちーアニメ版』岡本文良原作　金の星社　1994.9　93p　22cm　1100円　①4-323-01859-2

内容 花田勝治は、ゆたかなリンゴ農家に生まれた。小学校一年生のとき、台風でリンゴ園はなくなり、家をたすけるために、はたらく。製鋼所での仕事で、きたえられた勝治は、力士にスカウトされ、若ノ花のしこ名をもらった。体の小さい若ノ花は、けいこにはげみ、たった二年半で関取になった。三役、大関とすすんでいった若ノ花だったが…。小学校3.4年生から。

『スキーはぼくの夢ランドー荻原健司物語』田中館哲彦作　汐文社　1994.2　130p　22cm　1300円　①4-8113-0078-5

目次 1 どっちがどっち,2 春の海に落ちたけんちゃん,3 宙返りを見てよ！,4 開かずのランドセル,5 入団します,6 ぼくは空を飛んだ,7 転ばないけんつん,8 長ぐつけんつん,9 バーフライ,10 終章ーギングオブスキーへの道

内容 ジャンプとクロスカントリー、まったく性格のちがう二つの種目を合わせて行なう複合競技のチャンピオンを、ヨーロッパの人々はスキーの王様、「キング・オブ・スキー」と呼んでいます。荻原健司選手は、今、この名誉ある種目で世界のトップにいます。本書は、双子の弟をはじめまわりの人々とのふれあいの中で、のびのびと育った健司選手の少年時代の物語です。

『ロシアからきた大投手ー日本のプロ野球外国人選手第一号スタルヒン』中尾明作，金沢佑光絵　PHP研究所　1993.12　148p　22cm　（PHP愛と希望のノンフィクション）1200円　①4-569-58867-0

目次 1 祖国をおわれて,2 ブロンドの少年投手,3 甲子園をめざして,4 夜汽車の汽笛,5 木彫りのクマ,6 日本人にしてください,7 外国語禁止時代,8 日本から野球がきえた日,9 300勝投手,10 スタルヒン球場

内容 ロシア革命に追われた難民の子として日本にきて、のちに日本プロ野球初の300勝投手となったビクトル・スタルヒン。激動の昭和時代に国籍をもたない者の悲哀を味わい、偏見と圧迫に耐えつつ、ひたすら白球に栄光への夢をかけたその姿を感動的に描く。小学上級以上。

『アボットさん こんにちはー片腕のエース板垣政之君の挑戦』綾野まさる作，金成泰三絵　文渓堂　1993.7　157p　21cm　1200円　①4-938618-97-4

目次 1 まっ赤なトマト,2 かみついた機械,3 小さな手くび,4 はじめての挑戦,5 サヨナラ、ぼくの右手,6 つきだした白い骨,7 ぴかぴかのグラブ,8 野球なんてやめちまえ！,9 希望の虹,10 はるかなるアボット,11 男は一念発記ぶべ,12 去っていった友,13 もうやめちまうべ,14 チャンスは自分でつくれ！,15 大きなデコレーションケーキ,16 夢にみる甲子園

内容 アメリカの大リーガー、ニューヨーク・ヤンキースには、片腕のエース、アボット投手が活躍している。この物語は、障害を苦ともせずに活躍するアボット投手に魅せられた一人の少年の物語である。彼は小

さい頃片腕を失ったが、アボット投手のすばらしい生き方と勇気に接する機会を得、感動と共に進むべき自分の道をみつけた。こうして、同じ片腕のエースとしての彼の挑戦がはじまったのである。彼は現在、日大山形高校の三年生。高校生活最後の夏を、甲子園にかけた。小学中級以上。

『雷電為右衛門』はまみつを文，斎藤俊雄絵　松本　郷土出版社　1993.7　165p　19cm　（信濃の伝記シリーズ 7）1200円　Ⓘ4-87663-216-2

目次 1 浅間のお山のもうし子か,2 馬をかつぎあげた怪童児,3 草相撲とはちがう石尊の辻,4 太郎吉めざせ江戸相撲,5 大関谷風の秘蔵っ子力士,6 雷電門出の初土俵,7 出世街道ひたはしり,8 我は天下の大関ぞ,9 花のお江戸か雷電か,10 故郷でかざる土俵入り

内容 信州が生んだ古今無双最強豪力士、雷電為右衛門の波乱の生涯を描く。

『夢は、かならずかなう―最強の将棋名人・大山康晴』山本亨介作，安井庸浩絵　PHP研究所　1993.3　160p　22cm　（PHP愛と希望のノンフィクション）1300円　Ⓘ4-569-58830-1

目次 1 最初の師匠,2 内弟子生活,3 名人への道,4 18期名人の大記録,5 50歳で新人宣言,6 史上で最強の名人

内容 厳しい勝負の中で何度も挫折を経験しながらどんなときでも、“明日への希望”をすてずひとつひとつ夢を実現させた、名人・大山康晴の生涯をえがく。小学上級以上。

『スキーに生きる―猪谷六合雄と千春の長い旅』和田登作，こさかしげる絵　ほるぷ出版　1992.11　189p　21cm　（ほるぷ創作文庫）1300円　Ⓘ4-593-54033-X

目次 北のはてへの旅,古丹消の村で,千春生まれる,さらば、千島よ,樹氷輝く山,一本橋の試練,日光大会のスキー少年,ニワトリ小屋の灯,敗戦の日、青森で,志賀高原に移る,運命の出会い,猪谷くん！2位、銀決定だ

内容 大正3年のこと、青年猪谷六合雄は、雪のうえに不思議な2本の線を発見した。それは、六合雄が生まれてはじめてみた、スキーのすべったあとだった。その時いらい、スキーの魅力にとりつかれた六合雄は、雪とスキーにてきした土地をもとめて、全国各地をあるきまわる。それはまさに、スキーにかけた夢をおいつづける一生だった。その父から、ユニークな指導と教育をうけた千春は、スキーへの夢をうけつぎ、やがで日本人初めての、冬季オリンピック銀メダル受賞という輝かしい舞台に立つことになる。

『土俵の鬼たち―横綱若乃花から若・貴兄弟へ』岡本文良作，梶鮎太画　金の星社　1992.8　206p　18cm　（フォア文庫）550円　Ⓘ4-323-01950-5

目次 第1章 横綱若乃花の不屈のたたかい,第2章 うけつがれる心と技,第3章 熱戦！感動の土俵はつづく

内容 今、大相撲は、日本で一番人気のあるスポーツです。子どもから大人まで、相撲を楽しんでいます。そして、この相撲ブームの主役が、若・貴兄弟。2人の兄弟の体には、かつて“土俵の鬼”と言われた横綱若乃花の熱い血が流れています。相撲の頂点を駆け続ける、若乃花、貴の花、そして、若・貴兄弟の物語です。小学校高学年・中学向。

『鉄人衣笠』関屋敏隆文・絵　くもん出版　1992.6　49p　31cm　1300円　Ⓘ4-87576-729-3

内容 けがにもスランプにも負けず、連続出場の世界記録をうちたてたプロ野球選手・衣笠祥雄。その少年時代から、ユニホームをぬぐ日までのかがやける道のりを、切り絵の手法で描いた感動の絵本。

『世界の名選手物語』加藤博夫著　偕成社　1991.5　189p　21cm　（わたしのノンフィクション 25）1000円　Ⓘ4-03-634500-1

目次 海外編（ターザン映画でも人気 ジョニー＝ワイズミュラー,野球殿堂入り第1号 タイ＝カップ,大リーグ最高の本塁打王 ベーブ＝ルース,銀盤の女王 ソニア＝ヘニー,ヒトラーの意気くじく ジェシー＝オーエンス,2130試合連続出場の鉄人 ルー＝ゲーリッグ ほか),日本編（日本のマラソンの父 金栗四三,日本人初の金メダリスト 織田幹雄,柔よく剛を制した小兵 三船久蔵,五輪二連勝の肝っ玉スイマー 鶴田義

行, 日本女子スポーツの先駆者 人見絹枝,14歳10カ月の金メダリスト 北村久寿雄 ほか）
内容 苦しみや喜び、悲しみをこえて、大記録にいどんだ55人の世界の名選手たち…。スポーツのおもしろさ、奥深さをえがいて、さわやかな感動を呼ぶユニークな読み物。小学高学年から。

『愛で育てる世界チャンピオン―ボクシングトレーナーひとすじに生きたエディ』 中尾明作，岩淵慶造絵 PHP研究所 1988.9 139p 21cm （PHP愛と希望のノンフィクション）1100円 ①4-569-28393-4
目次 6人目の世界チャンピオン, 混血児, 竹刀はいらない, ハンマー・パンチ, 黒い金魚, ガラスのこぶし, 神様からもらったもの, ふしぎな日本語, 車いすのトレーナー, 最後のVサイン
内容 数多くの名ボクサーを教え育てたエディ・タウンゼント。そのボクシングにかけた情熱、勝負にかけた気迫、選手たちにかけた愛情をあざやかに描き出したノンフィクション。小学中級以上向。

『植芝盛平ものがたり―絵本』 太田雄司絵・文，伊瀬知明美英訳，わかやま絵本の会編 田辺 植芝盛平顕彰像建立をすすめる会 1988.8 24p 27cm〈英文併記 監修：和田寛〉600円

『野球少年キヨマー―清原和博』 戸部良也文，上総潮絵 講談社 1988.5 185p 21cm 980円 ①4-06-203668-1
目次 1 リトルリーグへのあこがれと入団（グラウンドの金網にかじりついた少年, ファームから、いきなり一軍へ）,2 リトルリーグでの試練と活躍（和博と元プロ野球投手との運命的な出会い, 及川コーチが教える九つのトレーニング, やったぜ！完全試合）,3 野球も勉強も―苦しいシニアリーグ（和博に対する敬遠作戦, 球場を騒然とさせた3連続ホームラン, 監督よりきびしい“鬼コーチ”出現！）,4 ぼくの人生はプロ野球で（よろこびを分かちあう“KKコンビ”, 和博の運命を変えたドラフト会議）
内容 西武ライオンズの清原和博選手は、体も大きく、高校時代からの甲子園での活躍、そしてプロ野球界での活躍は、あまりにも有名です。しかし、こうなるには、少年時代に、なみなみならぬ努力と、苦しみにたえぬく勇気や闘志をもちつづけたからでした。それでは、いったいどんな少年だったのでしょうか？ここに、清原選手の少年時代を再現してみました。

『走ったぞ！地球25万キロ―マラソンの父・金栗四三』 浜野卓也作，清水耕蔵絵 佼成出版社 1987.5 163p 23cm （ノンフィクション・シリーズかがやく心）1200円 ①4-333-01274-0
目次 おかあさん、白梅がきれいばい, ぼく、なにになろうか, 走ってみたら勝っていた, 日本一、記録は世界一, シベリア鉄道, オリンピック第一号, 駅伝のはじまり, 走って走って25万キロ

『沢村栄治ものがたり―南の海に消えたエース』 小倉肇著，高田勲絵 さ・え・ら書房 1987.2 159p 22cm （さ・え・ら図書館）1200円 ①4-378-02209-5
目次 1 三角ベースのちびっ子エース,2 右手のひみつ,3 サインはグーとチョキだけ,4 あこがれの甲子園,5 まがり角,6 ベーブ・ルースも三振だ,7 巨人軍のたんじょう,8 猛練習に、たぬきもびっくり,9 うなる速球、敵なし沢村,10 日本一をとった三連投,11 最高殊勲選手第一号,12 打倒沢村にもえるタイガース,13 赤紙がきた,14 よみがえった鉄腕,15 ふたたび戦場へ,16 さいごのピッチング,17 ボールをにぎりしめたまま,18 不滅の背番号14
内容「春の選抜」と「夏の大会」が行われる甲子園は、野球少年たちのあこがれの舞台です。沢村栄治も、甲子園のマウンドに立ったひとりです。そして、昭和11年、日本にプロ野球が生まれた最初から、巨人軍のエースピッチャーとして、かがやかしいスタートを切りました。しかし、日本がおかした「戦争」という罪のために、一球一球に全力をかけた青春のゆめは、打ちくだかれてしまいます。小学校中級から。

『いつか見た甲子園―悲運の剛球投手楠本保の生涯』 浜野卓也作，成瀬数富絵

くもん出版　1986.8　205p　21cm　（くもんのノンフィクション・愛のシリーズ 11）1100円　①4-87576-234-8

内容 延長25回！明石中か中京商か!?もっとも速い球をなげる投手、剛球投手とよばれた明石中（現・兵庫県明石高校）の楠本保。甲子園球史にのこる、中京商（現・愛知県中京高校）との対決のときがきた。

『西郷四郎』赤城源三郎文，村木真弓絵　会津若松　歴史春秋社　1982.1　60p　24cm　（歴史春秋社児童文庫）950円

◆◆イチロー

『イチロー―努力の天才バッター』高原寿夫著　旺文社　〔2007.4〕　133p　19cm　（シリーズ・素顔の勇者たち）〈重版〉1000円　①978-4-01-072494-1

目次 驚異の200本安打，野球の申し子，ふたりだけの練習，バッティングセンターでの特訓，名門野球部での苦闘，プロへの道のり，くるしい日々，「イチロー」誕生！，記録への挑戦，「人の心」がわかる男，イチローの夢，イチローデータファイル

内容 ゆうぜんとバッターボックスにはいったイチローに観客の視線があつまる。しずかなダンスのはじまりだ。ゆっくり足場をならし、右手のバットを体の前で1回転させる。投手に向かってピタリと右手がとまる。左手で、ユニフォームの右そでを少し、ひきあげる。ファンも、そしてピッチャーもイチローの世界にひきこまれていく。―さあ、勝負だ。小学校高学年～中学生向き。

『イチロー　2　メジャーにはばたく夢』四竈衛著　旺文社　〔2007.4〕　135p　19cm　（シリーズ・素顔の勇者たち）〈重版〉1000円　①978-4-01-072553-5

目次 2001年メジャー開幕，メジャーへの思い，はじめてのキャンプ，メジャーリーグとは，オールスター出場，日本人対決，いたましい事件，すばらしい記録の数々，2年めのシーズン，のこされた夢，メジャーリーグデータファイル

内容 風がふいているのを、たしかに感じた。夢だったメジャーへの挑戦。そのグラウンドにたったとき、背中をおす風を、たしかに感じたのだ。風をおこしたのは、ささえてくれる人たちと、強い意志の力。イチローはこれからも夢をかなえていくだろう。アスリートとしてのさらなる高みをめざして、終わりなき挑戦はつづく。小学校高学年～中学生向き。

『大リーガーイチローの少年時代』鈴木宣之著　二見書房　2001.10　222p　22cm　1200円　①4-576-01169-3

目次 プロローグ がんばれ！われらがスポーツ少年団，第1章 ボクらにゃ、超デカイ夢がある，第2章 夢を追って、さあ出発だ！，第3章 父と子の二人だけの猛特訓，第4章 できたてほやほやチームの快進撃，第5章 イチローと十三人の“ワンパク”チーム，第6章 大ピンチのあとに大チャンス！

内容 小さな町の名もない少年野球チームがみごと全国大会に出場するまでの4年間の涙と感動の実話物語。

『イチロー―進化する天才の軌跡』佐藤健著　講談社　2000.11　183p　18cm　（火の鳥人物文庫 4）〈肖像あり　年表あり〉660円　①4-06-271204-0

目次 第1章 最高の遊び（誕生～小学校時代），第2章 夢にむかって（中学～高校時代），第3章 スーパースター「イチロー」の誕生，第4章 イチローのすごさ，第5章 イチローの新たな挑戦

内容 3歳で野球と出会い、父と2人で本格的な野球の練習を始めたのは小学3年生のとき。野菜ぎらいの偏食で、やせっぽちなのに、中学生のころには140キロに近い速球をらくに打ち返すようになっていたといいます。のちに7年連続の首位打者となり、「プロ野球の至宝」といわれるイチローの、これまでの歩みを描く。

『イチローと13人の仲間―野球少年「鈴木一朗」物語』鈴木宣之著　二見書房　1996.7　222p　22cm　950円　①4-576-96075-X

目次 プロローグ がんばれ！われらがスポーツ少年団，第1章 ボクらにゃ、超デカイ夢がある，第2章 夢を追って、さあ出発だ！，第3章 父と子の二人だけの猛特訓，第4章 できたてほやほやチームの快進撃，第5章 イチ

ロー と十三人の“ワンパク”チーム, 第6章 大ピンチのあとに大チャンス！
内容 われらがイチローの少年時代。小さな町の名もない少年野球チームがみごと全国大会に出場するまでの4年間の涙と感動の物語。小学校中級以上。

◆◆王 貞治

『王vs長嶋秘話』吉田憲生著　新装版　リイド社　2001.12　218p　19cm　1238円　Ⓘ4-8458-0100-0
目次 第1章 偉大なるバットマン・長嶋茂雄（長嶋・新天地へ門出, 目指すは、精神野球, 鬼の砂押監督が泣いた!!, 長嶋、巨人軍入団 ほか), 第2章 世界のビッグ1・王貞治（ON時代の幕開け, 投手から打者に専念, 不調のドン底にあえぐ王, 魔術師・三原監督 ほか）
内容 ONのデビュー時から密着取材を続けてきた著者が、膨大な取材ノートと長い交遊から“人間”ONの本当の姿に迫る！ファンも知らないヒミツの話、満載。

『世界のホームラン王―王貞治』中尾明文, 木川秀雄絵　岩崎書店　1992.4　103p　26cm　（伝記・人間にまなぼう 5）2400円　Ⓘ4-265-05405-6
目次 左なげ右うち, 父のゆめ, あにのコーチ, 早実の1年生投手, 血ぞめのボール, 大学か？プロ野球か？, オー、オー、三振王！, 荒川道場, 世界にはばたくフラミンゴ打法, 野球少年たちにかけるゆめ, 略年表

『ぼくらの星、王貞治』栗原達男著　ポプラ社　1990.3　182p　21cm　（ポプラ・ノンフィクション 46）910円　Ⓘ4-591-03493-3
目次 第1章 ぼくと野球（大リーグを撮りながら, 野球との出会い), 第2章 「1番星」と「2番星」（鳩の街ビジョンの燕木正夫, 厩四ケープハーツの王貞治), 第3章 1989年8月16日（隅田公園少年野球場), 第4 マリナーズ、ラフィーバー監督から王さんへメッセージ（日本館劇場の緞帳）
内容 世界の野球少年をコーチする王貞治。おなじ東京下町で生まれ育った写真家栗原達男が、つづる王貞治と下町野球少年との青春記。小学校中級以上。

◆◆小野 伸二

『小野伸二―ベルベットパスへの軌跡』　小西弘樹著　旺文社　2003.3　149p　20cm　（素顔の勇者たち）〈年譜あり〉1000円　Ⓘ4-01-072551-6　Ⓝ783.47
目次 なみだのちかい―だれよりもうまくなってやる, がんばる者の前に道はできる, 世界へチャレンジ, スターへの道, 日本代表, トルシエとの出会い, オレはもっとやれる！, オランダの風, いちばん暑い夏, 小野選手からのメッセージ
内容 天才司令塔・伸二のサッカー大好き物語。

『小野伸二物語』本郷陽二編　汐文社　2003.3　155p　22cm　（黄金のカルテット）1400円　Ⓘ4-8113-7643-9　Ⓝ783.47
目次 第1章 きらめき, 第2章 成長, 第3章 開花, 第4章 逆流, 第5章 展開, 第6章 飛躍

◆◆高橋 尚子

『高橋尚子―夢に乗って走る』増島みどり著　講談社　2008.4　187p　18cm　（火の鳥人物文庫 9）〈年譜あり〉720円　Ⓘ978-4-06-271209-5　Ⓝ782.3
目次 「内気で、ごくごく平凡な女の子でした。」, 誕生から小学生まで, 中学、そして高校, 大学へと続く陸上の日々, 初めてのひとり暮らし, 就職活動と進路の決断, 実業団一年目の葛藤, マラソンでトップランナーに, アジアから世界のひのき舞台へ, 金メダルを追いかけて, 女子ランナー史上初の快挙達成, 次々とふりかかる試練のなかで, 旅立ちのとき, 暗闇からの脱出, 陸上生活、集大成の年へ, 「夢は終わらない」
内容 走ることが大好きで、中学校から陸上部に入部。その後、高校、大学と続けていくけれど、それは走ることが、ただ楽しかったから。オリンピックなんて考えたこともなかった彼女が、どのようにして五輪金メダリストとなり、世界最高記録を樹立するランナーとなったのか―。国民的ヒロイン「Qちゃん」の、勇気と元気に溢れる生き方を描きます。

『高橋尚子物語』本郷陽二編　汐文社

2006.3 161p 22cm （スポーツのニューヒロイン 4）1500円 Ⓘ4-8113-8027-4 Ⓝ782.3
目次 第1章 栄光のシドニーオリンピック（シドニーの朝,感謝の手紙 ほか）,第2章 自分にきびしく、他人にやさしく（マラソン大会で優勝,男の子になってやる ほか）,第3章 世界へはばたけ（あこがれの小出監督,大学最後の戦い ほか）,第4章 まぼろしのアテネオリンピック（金メダルの翌朝,オリンピックを終えて ほか）,第5章 もう一度、オリンピックへ（「チームQ」結成,あのレースで走る ほか）

『高橋尚子一走る、かがやく、風になる』 早野美智代著 旺文社 2002.3 151p 20cm （素顔の勇者たち）〈肖像あり 年譜あり〉1000円 Ⓘ4-01-072500-1
目次 歓声につつまれて,かけっこのすきな女の子,野にさく花,はじめての陸上,走れ走れ、どこまでも,運命の出会い,つらい日々,深い信頼,アクシデント,金メダルへ一直線,世界一の選手として
内容 笑顔のトップランナー、マラソン世界最速をめざすQちゃんの物語。

◆◆長嶋 茂雄

『王vs長嶋秘話』 吉田憲生著 新装版 リイド社 2001.12 218p 19cm 1238円 Ⓘ4-8458-0100-0
目次 第1章 偉大なるバットマン・長嶋茂雄（長嶋・新天地へ門出,目指すは、精神野球,鬼の砂押監督が泣いた!!,長嶋、巨人軍入団 ほか）,第2章 世界のビッグ1・王貞治（ON時代の幕開け,投手から打者に専念,不調のドン底にあえぐ王,魔術師・三原監督 ほか）
内容 ONのデビュー時から密着取材を続けてきた著者が、膨大な取材ノートと長い交遊から“人間”ONの本当の姿に迫る！ファンも知らないヒミツの話、満載。

『ウルトラ百科長嶋茂雄』 戸部良也著 講談社 1993.3 143p 18cm （講談社KK文庫）680円 Ⓘ4-06-199545-6
目次 背番号33、誕生！,ミスター・G栄光の記録,長嶋茂雄熱血ヒーロー物語,スーパーコミック長嶋茂雄、一茂とべ！父子鷹,“さあ、こい。長嶋”ライバル九人衆,長嶋野球をみせてやる！,Q&Aきみもナガシマになれる！
内容 さあ、プロ野球のはじまり、はじまり…。長嶋茂雄新監督で巨人軍団はどこまでやるか。お父さんもお母さんも元気に燃えている。なぜ？長嶋ってそんなにすごい人なの？答えはこの本を読めば分かる。きみもたちまち長嶋ファンだ！

『長島茂雄一夢をかなえたホームラン』 小林信也著，峰岸達さし絵 ブロンズ新社 1992.8 221p 22cm （にんげんの物語）1500円 Ⓘ4-89309-053-4
目次 誕生,空,手づくりの道具,新しい時代,初めてみたプロ野球,打球をかっ飛ばす魅力,評判の迷ショート,テレビがはじまった,高校3年生,サード・長島、誕生,プロ野球にいく自信,憧れの県営大宮球場,昭和28年夏からはじまったこと,巨人軍のスカウトが来た！,巨人いりに心がかたむく,砂押監督との出会い,杉浦投手と無名同士の対決,新しい時代をむかえる前に,脱落者続出の立教大学野球部,砂押監督が見こんだ未完の大器,闇夜の猛練習,父とかわした最後の約束,初めての試練,まちにまったプロ野球,天国から地獄へ,天覧試合の前夜,それぞれの緊張,長島になった少年
内容 しげお少年が、みんなのナガシマになるまでの物語。すべての長島ファンと長島を知らない子どもたちへ。子供から大人まで。

◆◆中村 俊輔

『中村俊輔世界をかける背番号10』 矢内由美子文 学習研究社 2007.9 175p 22cm （スポーツ・ノンフィクション）1200円 Ⓘ978-4-05-202814-4 Ⓝ783.47
目次 第1章 最高の舞台―欧州チャンピオンズリーグ,第2章 デビュー大会でいきなり優勝―小学校時代まで,第3章 最初にして最大のざせつ―マリノスジュニアユース,第4章 才能は開花した―桐光学園高校時代,第5章 F・マリノスの10番―Jリーグ時代,第6章 欧州へ挑戦―イタリアのレッジーナへ,第7章 セルティックで頂点へ―欧州第二章,エピローグ サッカーノートに書き記した未来へ

の言葉

内容 今や「世界最高のキッカー」と呼ばれる俊輔も、これまでに何度も大きなかべにぶち当たった。そのたびに俊輔は自分の力ではい上がってきた。そして成長を続けてきた。つねにもっと上をめざし続ける「ファンタジスタ」中村俊輔からのメッセージ。

『ファンタジスタ中村俊輔』本郷陽二編 汐文社 2007.8 179p 21cm 1300円 Ⓘ978-4-8113-8425-2 Ⓝ783.47

目次 第1章 南アフリカを目指せ(ついに代表に復帰, オシム・ジャパン ほか), 第2章 夢中で努力した少年時代(深園サッカークラブ, マラドーナが教科書 ほか), 第3章 横浜F・マリノスそして日本代表(アスカルゴルタ監督, 背番号25 ほか), 第4章 屈辱の落選、憧れのヨーロッパ, 第5章 アジア予選そしてスコットランドへ(アウェーの洗礼, 激しい戦い ほか), 第6章 ドイツでの苦しみを超えて(強敵ぞろいのグループF,「サッカルーズ」ほか)

『中村俊輔―世界へはなつシュート』北条正士著 旺文社 〔2007.4〕 135p 19cm (シリーズ・素顔の勇者たち) 〈重版〉 1000円 Ⓘ978-4-01-072495-8

目次 世界は、すぐ手のとどくところにある, ひとり遊びの天才, だれよりも練習する, 史上最大のくやしさ, まちにまった急成長, 高校サッカー界にシュンスケあり, くやしかった冬の全国大会, シドニーオリンピックへ, 中村俊輔データファイル

内容 シュンスケがフェイントで抜く、自分よりからだの大きな選手を。絶妙なパスをピタリと合わせる、全力で走る味方の選手に。そして、はるかにはなれた場所からここしかないというコースへシュート。黄金の左足がはなつそのキックで、シュンスケは世界へとはばたいていく。小学校高学年～中学生向き。

『黄金のカルテット 中村俊輔物語』本郷陽二編 汐文社 2003.3 161p 21cm 1400円 Ⓘ4-8113-7644-7

目次 第1章 サッカーとの出会い, 第2章 最初の挫折…そして自信を取り戻すまで, 第3章 全国レベルの評価, 第4章 プロサッカー選手・中村俊輔, 第5章 シドニー五輪へ, 第6章 2002年に向けて試練, 第7章 ワールドカップイヤー・ジェットコスターイヤー

◆◆ベーブ・ルース

『やくそくのホームラン』小沢正文, なかのひろたか絵 チャイルド本社 2004.10 29p 25cm (感動ノンフィクション絵本 7) 571円 Ⓘ4-8054-2570-9 Ⓝ783.7

内容 いまから、80ねんほどまえ、アメリカにベーブ・ルースという、やきゅうせんしゅがいました。ニューヨーク・ヤンキースのせんしゅでしたが、まいとしたくさんのホームランをうちつづけてだいかつやくでした。子どもを愛した野球選手ベーブ・ルースの絵本。

『ベーブ・ルース―世界不滅のホームラン王』砂田弘作, 高田勲絵 岩崎書店 1999.1 141p 18cm (フォア文庫 B211) 〈年譜あり 文献あり〉 560円 Ⓘ4-265-06324-1

目次 1 わんぱく時代(港町の不良少年, 少年院へ, マシアス先生の教え ほか),2 プロ野球の世界へ(でっかい赤んぼう, あこがれの大リーグ入り, ピッチャーからバッターへ ほか),3 大ホームラン王(ヤンキースの星, なきだしたホームラン王, 約束のホームラン ほか),4 世界の人気者(予告ホームラン, 日本をおとずれて, 最後の試合 ほか)

内容 店の品物をかっぱらったり、通りがかりの子どもをいじめていた少年時代のベーブ・ルースは、両親のすすめで不良少年や親や家のない子どもたちがいる少年院に送られましたが、そこでやさしいマシアス先生に出会って野球をおそわります。そして、野球に熱中するうちにスカウトの目にとまり、アメリカ大リーグの偉大なホームラン王として多くのファンをひきつけた人物の生涯は…。マグワイアやソーサに先んじた大ホームラン王の素顔。小学校中・高学年向。

『ベーブ・ルース―不滅の大ホームラン王』甲斐汎シナリオ, 古城武司漫画 第2版 集英社 1989.9 141p 21cm (学習漫画 世界の伝記) 700円

Ⓘ4-08-240012-5
目次 不滅の60号ホーマー, わんぱく時代, セントメリー学校, 野球との出会い, ルース投手に, 左腕のあばれんぼう, 希望の星ベーブ・ルース, 約束のホームラン, 沈みゆく巨星
内容 ベーブ・ルースは、アメリカ大リーグの歴史にのこる、世界のホームラン王です。少年時代のルースはあまりよい子ではありませんでしたが、マシアス先生というすばらしい指導者によって、野球のすばらしさを知り、立ち直ることができました。その後、プロ野球界に入り、打者として、また投手としても、すばらしい活躍を続けました。

『ベーブ=ルース』久米穣著, 高田勲画 講談社 1989.1 269p 22cm (少年少女伝記文学館 第22巻)〈折り込図1枚〉1400円 Ⓘ4-06-194622-6
目次 1 わんぱく時代,2 マシアス先生とめぐりあう,3 名投手からホームラン王へ,4 ホームランキング時代
内容 ベーブ=ルースは、いたずらのうえに、わんぱくで、食いしんぼ。この弱点は一生つづいたのに、なぜ、1シーズン60本、生涯714本のホームランなどの記録をうちたてることができたのだろう？それは、ルースがただのいたずらっ子時代から、いつもまわりの人を自分の力ですこしでもしあわせにしてやりたいとねがい、がんばったからだ。実力作家が書き下ろす、力作ぞろいの本格的な人間伝。

『ベーブ=ルース―少年の心を持ちつづけたホームラン王』松村喜彦著, 柳柊二画 新学社・全家研 1988.9 197p 22cm (少年少女こころの伝記 28) 1300円

『ベーブ・ルース』真野一雄文, 近石朋子絵 オレンジ―ポコ 1986.5 31p 30cm (オレンジ絵本伝記シリーズ 23) 840円 Ⓘ4-900359-48-3 ⓃK289

『ベーブ・ルース―まんがでべんきょう』吉森みき男作・絵 ポプラ社 1986.4 127p 18cm (ポプラ社・コミック・スペシャル) 450円 Ⓘ4-591-02266-8
目次 1 ベーブ・ルースがやってきた,2 ボルチモアのわるがき,3 マティアス先生のおしえ,4 野球でまなべ,5 プロ野球への旅立ち,6 あだ名はベーブ(赤んぼう),7 赤い自転車,8 ホームラン王へ,9 赤んぼう・ルース,10 ルースの反省,11 約束のホームラン,12 60本の大記録,13 太陽はしずむ

『ベーブ=ルース―世界一のホームラン王』岡本文良文, 木村光雄絵 学習研究社 1985.9 67p 23cm (学研アニメ伝記シリーズ) 650円

『世界の伝記―国際カラー版 第15巻 ベーブ・ルース』砂田弘文, 加地三十郎絵 小学館 1983.8 116p 21cm 650円 Ⓘ4-09-231115-X

『ベーブ・ルース』赤坂包夫著 ポプラ社 1983.1 164p 18cm (ポプラ社文庫) 390円

『ベーブ=ルース―やくそくのホームラン』久米元一著 講談社 1981.11 229p 18cm (講談社火の鳥伝記文庫) 390円 Ⓘ4-06-147508-8

『少年少女世界伝記全集―国際版 第9巻 ベーブ・ルース, コロンブス』小学館 1981.7 133p 28cm 1350円

◆◆松井 秀喜

『松井秀喜―日本を飛び出しメジャー・リーグで大活躍する野球選手』広岡勲原作, 山下東七郎まんが, 菅谷淳夫シナリオ 小学館 2005.8 175p 23cm (小学館版学習まんがスペシャル)〈肖像あり 年譜あり〉900円 Ⓘ4-09-270114-4 Ⓝ783.7
目次 第1章 ゴジラ誕生, 第2章 巨人の4番, 第3章 メジャー挑戦, 第4章 新たな可能性, 第5章 終わらぬ闘い
内容 初の松井秀喜公認まんが自伝。日本を飛び出しメジャー・リーグで大活躍する野球選手。スーパースターから君へ、夢と情熱のキャッチボール。

『松井秀喜メジャー物語―ゴジラ・松井は世界の頂点を目指す！』広岡勲文 学習研究社 2005.4 141p 22cm (学研のノンフィクション) 1200円

Ⓘ4-05-202317-X Ⓝ783.7
目次 1 メジャー最強打者への道,2 二十世紀最後の優勝と日本一,3 悩んだすえメジャーへ！,4 すばらしい仲間たち,5 苦しみを乗り越えて,6 夢に向かって,7 アメリカで考えたこと,8 二度目の“夢”に破れても,9 ぼくもがんばるから、みんなもがんばれ！
内容 先輩・清原選手から送られた一枚のファックス…。そして松井選手はあこがれのヤンキースへ旅立った—。日本のプロ野球界から世界のメジャー、頂点を目指す松井選手の活躍ぶりはもちろん、その舞台裏をも明かします。

『松井秀喜—メジャーにかがやく55番』 四竈衛,飯島智則著 旺文社 2004.4 149p 20cm （素顔の勇者たち）〈年譜あり〉1000円 Ⓘ4-01-072554-0 Ⓝ783.7
目次 歓喜の大ジャンプ,三角ベースの日々,野球一直線だ！,しずかな闘志,巨人入団,ホームラン王をめざして,「命をかけた」決断,ルーキーシーズン,夢はつづく,松井選手からのメッセージ
内容 めざせ！世界の4番バッター。メジャーにかけたゴジラ松井の魅力のすべて。勇気と力が出てくる本。

『松井秀喜 僕には夢がある』 広岡勲著 学習研究社 2004.3 223p 20cm 1200円 Ⓘ4-05-402003-8 Ⓝ783.7

『松井秀喜物語—愛猫ナナとたどったホームラン・ロード』 高橋功一郎まんが,市田実プロット 小学館 2002.11 177p 18cm （てんとう虫コミックススペシャル）486円 Ⓘ4-09-149752-7

『松井秀喜—ゴジラパワーの秘密』 広岡勲著 講談社 2002.3 184p 18cm （火の鳥人物文庫 5）660円 Ⓘ4-06-271206-7
目次 プロローグ くやしさをバネに,第1章 誕生～小学校時代,第2章 中学～高校時代,第3章 巨人入団～プロ五年目,第4章 プロ六年目～現在,第5章 素顔
内容 松井選手が、初めて本格的に打ち込んだスポーツは柔道だった。小学五年生のときに、石川県大会で個人戦3位。柔道をつづけていれば、オリンピック選手も夢ではなかったという。柔道も野球も面白い。中学生になったらどっちをやろうか、秀喜少年は迷っていた。

『松井秀喜物語—少年時代から今日までの、すべてを明かす』 広岡勲文 学習研究社 1998.6 138p 22cm （学研のノンフィクション）〈肖像あり〉1200円 Ⓘ4-05-200990-8
目次 1 苦しみを乗り越えて,2 野球との出会い,3 つらくても野球が好き,4 プロに入っての試練とよろこび,5 人間・松井秀喜の素顔,6 「ゴジラ」の夢
内容 とてつもない大ホームランをかっ飛ばすパワーと、スランプにもくじけない強い精神力—。松井選手は、どこで、どのように育ったのか!?子どものころから今日まで、松井選手のすべてを解き明かす。小学中級から。

◆◆松坂 大輔

『松坂大輔メジャー物語—世界一に輝いた』 石田雄太文 学習研究社 2008.3 203p 22cm （スポーツノンフィクション）1200円 Ⓘ978-4-05-202969-1 Ⓝ783.7
目次 はじめに ダイスケ、アメリカへ渡る,第1章 ずっと世界に目を向けてきた,第2章 仲間たちとの出会い,第3章 8年前に重なる衝撃のデビュー,第4章 イチローという存在,第5章 自分を操れない、メジャーでの苦闘,第6章 世界一のフィナーレへ
内容 横浜高校時代に夏の甲子園大会で優勝して以来、常に日本の野球界の中心として活躍してきた松坂大輔。ワールド・ベースボール・クラシックも制した松坂は、2007年、アメリカに渡った。超破格の移籍金で。4月5日、大きな期待の中、松坂がメジャー第1球を投げた…。

『松坂大輔 メジャーへの挑戦！』 本間正夫著 汐文社 2007.3 150p 21cm 1300円 Ⓘ978-4-8113-8406-1 Ⓝ783.7

『松坂大輔—160キロへの闘志』 鳥飼新市著 旺文社 2000.5 134p 20cm

（素顔の勇者たち）〈肖像あり　年譜あり〉1000円　Ⓘ4-01-072491-9

『目標にいどむ青春―大輔のベースボール魂』永谷脩文　学習研究社　2000.4　171p　22cm　（学研のノンフィクション）〈肖像あり〉1200円　Ⓘ4-05-201243-7
目次 序章 大輔二年目の決意, 第1章 怪物・松坂大輔の誕生, 第2章 「リベンジ」の始まり, 第3章 夢にまで見た甲子園, 第4章 プロ一年目の挑戦
内容 子どものころからプロ野球選手になることが目標だった大輔少年は、それを次々と実現させた。そしていま、新しい目標に向かって挑戦を始めている。

すぐれた文学作品を生み出した人びと
―作家・文学者

『「ハリー・ポッター」の奇跡―J・K・ローリング』チャールズ・J.シールズ著，水谷阿紀子訳　文渓堂　2008.8　133p　22cm　（名作を生んだ作家の伝記シリーズ 7）〈年譜あり〉1600円　Ⓘ978-4-89423-596-0　Ⓝ930.278
目次 第1章 "そばかすだらけの女の子", 第2章 ハリーあらわる, 第3章 スーツケース半分の物語, 第4章 白熱の入札, 第5章 出版界は大さわぎ, 第6章 わかれる評価, 第7章 児童文学の中のハリー, 第8章 それから
内容 『ハリー・ポッター』シリーズ完結！歴史的ベストセラーを生んだローリングの伝記。

『天国のパパへのおくりもの―苦難をのりこえたジーンの物語』ジーン・リトル作，磯村愛子訳　女子パウロ会　2007.11　303p　21cm　1800円　Ⓘ978-4-7896-0629-5　Ⓝ289.3
目次 わたしは負けない, 二人のピアニスト, ママとわたしだけの秘密, 妹なんていらない, 見えないめがね, ママの裏切り, 人さらいに気をつけろ, わたしだけのスージー, 現実, ボガート先生との出会い, 四十人の敵, オレンジ船団, 初めての暗算テスト, 言葉の力, 物語作家の誕生, 空想の楽しさ, 夜空の七つの星, 図書館こそ楽園, もう逃げない, パパのおせっかい, 妹がいてよかった, 原稿料の使い道, 老詩人, パパの入院, パパの本当の望み, 予期せぬ別れ, 家族のきずな, 新しい経験, 天国のパパにおくる
内容 生まれつき視力の弱かったジーンを、やさしく、厳しくささえたママとパパ。涙の日々をのりこえたジーンの作品は、みごとカナダ児童文学賞を獲得し、作家の道への第一歩となった…。

『「チョコレート工場」からの招待状―ロアルド・ダール』チャールズ・J.シールズ著，水谷阿紀子訳　文渓堂　2007.10　125p　22cm　（名作を生んだ作家の伝記シリーズ 5）〈年譜あり〉1600円　Ⓘ978-4-89423-565-6　Ⓝ930.278
目次 第1章 文才あふれる戦闘機乗り, 第2章 ボーイ, 第3章 「フィクションだって書けるんだ」, 第4章 大人のために書く, 第5章 人生の試練, 第6章 子どもの心を動かして, 第7章 庭の物書き小屋で, 第8章 ゆかいなくすくす笑い
内容 世界中で愛されるロングセラー『チョコレート工場の秘密』を生んだ作家ロアルド・ダールの伝記。

『赤い鳥翔んだ―鈴木すずと父三重吉』脇坂るみ著　小峰書店　2007.8　335p　20cm　（Y.A.books）2200円　Ⓘ978-4-338-14422-3　Ⓝ289.1

『遊んで遊んで―リンドグレーンの子ども時代』クリスティーナ・ビヨルク著，エヴァ・エリクソン絵，石井登志子訳　岩波書店　2007.7　88p　28cm〈年譜あり　著作目録あり　文献あり〉2300円　Ⓘ978-4-00-115582-2　Ⓝ949.83

『「ダ」ったらダールだ！』ロアルド・ダール著，ウェンディ・クーリング編，クェンティン・ブレイク絵，柳瀬尚紀訳　評論社　2007.4　173p　18cm　（ロアルド・ダールコレクション 別巻2）〈著作目録あり〉1100円

①978-4-566-01431-2　Ⓝ930.278

『ダールさんってどんな人？』クリス・ポーリング著，灰島かり訳　評論社　2007.4　149p　18cm　（ロアルド・ダールコレクション 別巻1）〈絵：スティーヴン・ガルビス　年譜あり　著作目録あり〉1000円
①978-4-566-01430-5　Ⓝ930.278
目次 第1章 たまげて当然, 第2章 ダールさんのお宅を訪問, 第3章 作家になる前のびっくり, 第4章 作家になってからのびっくり, 第5章 映画のびっくり, 第6章 ダールさんに聞いてみよう, 第7章 批評するのは、きみだ！
内容 あるときは石油会社の駐在員、あるときは戦闘機乗り、あるときはスパイにして、医学装置の発明家、映画の脚本も書けば、有名女優と結婚、そして…永遠のベストセラー作家。チャーリー・バケツやウィリー・ワンカ、マチルダやBFG、すばらしき父さん狐の生みの親は、その人自身、おちゃめで魅力にあふれ、奇想天外な人生をおくった。

『若山牧水ものがたり』楠木しげお文，山中冬児絵　銀の鈴社　2007.4　206p　22cm　（ジュニア・ノンフィクション）〈肖像あり　年譜あり〉1200円
①978-4-87786-536-8　Ⓝ911.162

『与謝蕪村―俳人芭蕉・蕪村・一茶を知ろう』高村忠範文・絵　汐文社　2007.3　79p　21cm　1400円
①978-4-8113-8180-0
目次 蕪村の故郷, 蕪村の本名, 蕪村の生いたち, 蕪村と宋阿, 宰鳥から蕪村へ, 放浪時代, 画家蕪村, 蕪村と芭蕉, 蕪村、四国へ,「夜半亭」二世, 夜半亭蕪村の仕事と死, 俳句の歴史, 季語

『「ライラ」からの手紙―フィリップ・プルマン』マーガレット・S.ユアン著，中村佐千江訳　文溪堂　2007.3　133p　22cm　（名作を生んだ作家の伝記シリーズ 4）〈年譜あり〉1600円
①978-4-89423-516-8　Ⓝ930.278
目次 第1章 物語がいっぱいの子ども時代, 第2章 村の生活, 第3章 大学生活、アルバイト時代、そして結婚, 第4章 教師の仕事と演劇, 第5章 ルビー・イン・ザ・スモーク, 第6章 ライラの冒険シリーズ, フィリップ・プルマン年譜
内容 作品は知っているけれども、意外と知られていない生涯と作品に込められた思いを紹介。リンドグレーン賞受賞作家（2005年）「ライラの冒険シリーズ」プルマンの伝記。

『がんばりやの作太郎―古典文学研究の開拓者・藤岡作太郎』かつおきんや文，かみでしんや絵　金沢　北国新聞社　2006.12　43p　30cm　（ふるさと偉人絵本館 2　ふるさと偉人絵本館編集委員会編，金沢市立ふるさと偉人館監修）〈解説：上田正行〉1714円
①4-8330-1504-8　Ⓝ289.1

『伝えたい大切なこと―司馬遼太郎さんの遺志を継ぐ25話』産経新聞社編　東洋経済新報社　2006.2　207p　21cm　〈述：野村忠宏ほか〉1300円
①4-492-04248-2　Ⓝ281

『「ピーター・パン」がかけた魔法―J・M・バリ』スーザン・ビビン・アラー著，奥田実紀訳　文溪堂　2005.9　156p　22cm　（名作を生んだ作家の伝記シリーズ 1）〈年譜あり〉1600円
①4-89423-440-8　Ⓝ930.268

『久留島武彦―児童文化の開拓者 普及版』後藤惣一文，江原勲絵　〔大分〕　大分県教育委員会　2005.3　175p　19cm　（大分県先哲叢書　大分県立先哲史料館編）〈年譜あり〉Ⓝ910.268

『ハリエット・B・ストー』村岡花子著，朝倉摂絵　童話屋　2004.11　323p　16cm　（この人を見よ 4）1500円
①4-88747-044-4　Ⓝ930.268
目次 第1編 聖家族（あるクリスマスの前夜, 母の花園, 光ほのか ほか）, 第2編 どれいトムの小屋（黒人の少女, チャールズの死, 逃亡黒奴令 ほか）, 第3編 南北戦争（風雲急をつぐ, 戦火, 血をつぐなうもの ほか）
内容 「アンクル・トムの小屋」の作者がハリエット・ビーチャー・ストー夫人。一人の女性が黒人奴隷によせた断腸の思いは、アメ

リカの良心を甦らせ、リンカーンを立たせ、南北戦争に勝利して、ついに奴隷解放を成し遂げるにいたった。

『ノーベル文学賞と経済学賞―暮らしと心を豊かにした人びと』 戎崎俊一監修　ポプラ社　2003.4　48p　29cm　(ノーベル賞100年のあゆみ 6) 2800円　Ⓘ4-591-07516-8,4-591-99483-X　Ⓝ902.8
目次 ノーベル文学賞と20世紀, セルマ・ラーゲルレーブ, ラビンドラナート・タゴール, ウィリアム・イェーツ, トーマス・マン, ヘルマン・ヘッセ, ウィンストン・チャーチル, アーネスト・ヘミングウェイ, アルベール・カミュ, ジョン・スタインベック, アイザック・シンガー, ヨシフ・ゾロツキー, そのほかのノーベル賞受賞作家の作品を読んでみよう!, 経済学賞と20世紀, ポール・サミュエルソン, ミルトン・フリードマン, ジョン・ナッシュ, アマルティア・セン, ノーベル文学賞受賞者一覧, 経済学賞受賞者一覧

『日本のアンデルセン巌谷小波―ブックレット』 水口町教育委員会編　水口町(滋賀県) 水口町教育委員会　2003.3　23p　22cm〈年譜あり〉Ⓝ910.268

『幼ものがたり』 石井桃子作, 吉井爽子画　福音館書店　2002.6　333p　17cm　(福音館文庫) 750円　Ⓘ4-8340-1822-9
目次 早い記憶, 身近な人びと, 四季折々, 近所かいわい, 明治の終り, 一年生
内容 「古希」七十歳に近づいたころ、著者の心の中に、忘れ去って久しい幼い日々の記憶が、まるで魔法のように蘇りはじめました。それもまるで昨日のことのように、ひとつひとつ鮮やかに…!「失われた時」を、幼児の目と心に映ったまま輪郭もくっきりと再現した、たぐいまれな自伝・回想記。小学校上級以上。

『秋田の歌人 絵本・後藤逸女』 高橋伝一郎文, 小松脩一絵　十文字町　イズミヤ出版　2000.10　39p　15×21cm　3000円

『少年むくはとじゅう物語』 宮下和男原作　理論社　2000.4　93p　22cm　(椋鳩十の動物アニメ絵本) 1200円　Ⓘ4-652-02024-4

『ケストナー―ナチスに抵抗し続けた作家』 クラウス・コードン著, 那須田淳, 木本栄訳　偕成社　1999.12　403p　22cm〈年譜あり〉2800円　Ⓘ4-03-814200-0
目次 ドレスデンに生まれて, 子ども時代, 大砲の花咲く国, ひとりぼっちの幸運児, 天使のいたずら, ベルリン, 小さな執筆工房,『エミールと探偵たち』の誕生, 燃えている, 冬眠〔ほか〕
内容 若い世代にとって、ケストナーは、もはや社会ロマン派の作家であり、児童文学作家にすぎなかった。彼らには、なぜケストナーがナチスに禁じられたのが、わからなかった。ケストナーの全体像は、学校でも家庭でも、教えられることはなかったのだ。今日のケストナーといえば、児童文学作家としてしか確立された地位を得ていない。だが、それだけでは、今世紀最大の時事評論家として活躍してきたケストナーに対する、十分な評価とはいえないだろう。激動の時代を生きのびて、人々に自由と平和の意味を訴え続けた、作家の生き方。ドイツ児童文学賞受賞。

『戸隠の絵本―津村信夫 その愛と詩』 堀井正子作・構成, 中村仁絵・写真　長野　信濃毎日新聞社　1999.2　127p　15×21cm　1600円　Ⓘ4-7840-9819-4
目次 1 愛と死と―ある詩人の軌跡(ミルキーウエイは黒いチョウ―津村信夫 軽井沢の夏, ナイーブにサンプリシテに―食事のお運びさんにひとめぼれ, 遠距離恋愛 八時間の信越線―室生犀星夫人がキューピッド, 初めての戸隠デートに感動―昌子の大病 死線を越えて ほか),2 旅と詩と―津村信夫ワールド(内円世界, 外円世界),3 津村信夫グラフィティ―写真資料・年譜・関係MAP

『少年・椋鳩十物語』 宮下和男著, 北島新平絵　理論社　1998.12　204p　19cm　1500円　Ⓘ4-652-01752-9
目次 やんちゃな少年, 金色の光の中で, 山窩の男, 名作との出会い, たくましい人々, 反抗,

またたく星の群れ, ダッタン草のように, 松風よ吹け

内容 夕映えの山々、森の中の読書—山河をかけめぐる少年の心に、野性へのあこがれがめばえ、やがてそれが名作となった。多くの名作を世におくった動物作家の少年時代。

『アフリカへつなぐ夢―20世紀を生きて』 土屋哲著　ポプラ社　1998.6　227p　19cm　（シリーズ未来へ歩く 2）1200円　Ⓘ4-591-05730-5

目次 別離—プロローグ,「死」とむかいあう青春, ひとりぼっち, 新生—新しい旅立ち, 荒れる安保闘争・大学紛争, 自然とともに生きる—アフリカ遍歴, 広がるアフリカの輪

内容 戦争のきな臭さがただようアジアの諸地域で少年時代をすごした著者は、やがて徴兵され、戦場へ赴く。国家によって理由づけられた死とむきあい、生きることの意味を問いつづけた日々、そして終戦。抑留生活を経て帰国後、教師となった著者は、生徒たちの若々しい生命に触発されながら、新しい時代への希望をはぐくんでいく。アフリカ文学、文化を日本に紹介した草分けとして知られる著者の、ドラマチックな人生をたどりながら、20世紀とは何かを考える。

『もうひとつの幸福』 江崎雪子著　ポプラ社　1998.6　177p　20cm　（シリーズ未来へ歩く 1）1200円　Ⓘ4-591-05729-1

目次 はじめての試練, 青春・紫陽寮, 氷心玉骨, もうひとつの幸福

内容 ルームメイトのにぎやかな笑い、ホームシック、うつろいゆく自然の美しさ—すべての出来事が、鮮やかに胸にきざまれた寮生活。だが青春を謳歌する著者を、病がおそった。苦悩の日々に著者の心の支えとなった旧友も、やがて若くしてこの世を去ってしまう—。現在、児童文学者として活躍する著者の道程は、決して平坦ではなかった。絶望を突き抜け、希望とともに生き抜いてきた著者の心に、いま、新しい歓びがあふれる。澄みきった文章で綴る、江崎雪子の心の旅。

『ジョイ・アダムソン―自然を愛した「野生のエルザ」の作家』 藤原英司監修, 堀ノ内雅一シナリオ, 高瀬直子漫画　集英社　1998.3　141p　23cm　（集英社版・学習漫画—世界の伝記）〈肖像あり　年譜あり　索引あり〉780円　Ⓘ4-08-240036-2

目次 エルザとの出会い, ライオン狩りごっこ, 好奇心でいっぱい, 新天地アフリカ, 生涯のパートナー, エルザとの生活,『野生のエルザ』, 自然保護にささげた半生

内容 野生動物を守れ！アフリカの大自然と野生動物たちを愛し続けた作家ジョイ・アダムソンの愛と感動に満ちた伝記マンガ。

『ジョン・スタインベックの物語―少年少女のための伝記』 Beverly Hollett Renner著, テツマロ・ハヤシ監訳, 白神栄子訳　岡山　西日本法規出版　1997.6　70p　21cm〈英文併載　肖像あり　発売：星雲社〉1800円　Ⓘ4-7952-1287-2

『岡本かの子―多摩川の流れを命として』 林朝子著, 池田三郎絵　川崎　多摩川新聞社　1997.5　136p　22cm〈文献あり〉1500円　Ⓘ4-924882-19-4

目次「誇り」のモニュメント, 蛙のかの子, かの子、短歌を詠む, 琴のひびき, 花嫁のかの子, やみの中へ, あゆみより, シャンゼリゼで, かの子の花火

『正岡子規ものがたり』 楠木しげお作, 村上保絵　銀の鈴社　1997.4（2刷）137p　22cm　（ジュニア・ノンフィクション）〈初刷の出版者：教育出版センター　肖像あり　文献あり　年譜あり〉Ⓘ4-87786-534-9　Ⓝ910.268

『小野小町』 松本徹文, 加藤道子絵　勉誠社　1997.1　116p　22cm　（親子で楽しむ歴史と古典 12）1545円　Ⓘ4-585-09013-4

目次 深草の少将、百夜通い, 仁明天皇の宮廷, 夢の歌, 悲しみと自由と, 驕慢のひと, 文の山, 噂, 花の色はうつりにけりな, 誘う水, 雨乞い, 関寺, 鸚鵡返し, 卒塔婆問答, あなめあなめ

内容 なぞの美貌歌人、小野小町。楽しいお話。

『高村光太郎・智恵子―変わらぬ愛をつら

ぬいたふたつの魂』村野守美まんが，杉原めぐみシナリオ　小学館　1997.1　159p　23cm　（小学館版学習まんが人物館）〈監修：北川太一〉880円　①4-09-270108-X

『ローラ・インガルス一大草原に生きた女性作家』後藤ユタカまんが，菅谷淳夫シナリオ　小学館　1996.8　159p　23cm　（小学館版学習まんが人物館）〈監修：服部奈美〉880円　①4-09-270007-5

『アガサ・クリスティー一名探偵ポアロを生んだ「ミステリーの女王」』森有子漫画，柳川創造シナリオ　集英社　1995.11　141p　23cm　（集英社版・学習漫画―世界の伝記）〈監修：数藤康雄〉800円　①4-08-240033-8

『ふしぎの国のアリスの物語一もうひとりのアリスとルイス・キャロル』クリスティーナ・ビョルク文，インガ-カーリン・エリクソン絵，山梨幹子訳　世界文化社　1995.11　93p　26cm　2300円　①4-418-95814-2

目次 むかし、むかし、その昔，こうもりボブの冒険，ドジソンさんのハンカチうさぎ，一人二役，ライオン、猫、馬、そしてアリスのパパ，悲しいドードーの物語，アリスは学校に行きましたか？，こじきのアリス…ママのお気に入りの服で，アリスのすてきな服，ふつうのこどもたちの生活〔ほか〕

内容 アリス・リデルはどこにでもいる少女とはちがう。彼女がいなかったなら、『ふしぎの国のアリス』は書かれなかったのだから。1862年7月4日にテムズ川のボート遊びのときルイス・キャロルにお話をさせ、のちにそのお話を本に書いてくれるように何度も頼んだのが、少女アリスなのだ。ルイス・キャロルの本名は、チャールス・ドジソンといって、オックスフォード大学で数学を教えていた。本書は、ドジソンさんと少女アリスのふたりの友情物語。本書の文もイラストも事実をもとにした。また、ドジソンさんのすばらしい写真、こっけいな絵、鏡の手紙などをたくさんのせた。

『サトウハチローものがたり』楠木しげお作，油野誠一絵　教育出版センター　1995.7　187p　22cm　（ジュニア・ノンフィクション 35）〈編集・企画：銀の鈴社〉1500円　①4-7632-4134-6

目次 序章 詩人の部屋，第1章 明治の都会っ子，第2章 ぼくは詩人だったのだ，第3章 多彩なかつやく，第4章 時代とともに，第5章 新しい童謡をめざして，終章 数かずの歌をのこして

内容 小学校中学年以上。

『新装世界の伝記　14　ゲーテ』植田敏郎著　ぎょうせい　1995.2　287p　20cm　1600円　①4-324-04391-4

『野口雨情物語一絵本』長久保片雲文，笹森真紀子絵　暁印書館　1994.12　112p　27cm　1600円　①4-87015-112-X

『「スーホの白い馬」への旅一世界は友達・エスペランチスト山本辰太郎』和田登作，高田勲絵　PHP研究所　1994.7　169p　22cm　（PHP愛と希望のノンフィクション）1300円　①4-569-58901-4

目次 1 さようなら、ソウルよ，2 信州、佐久の空は…，3 子どもたちは、逃げていった，4 馬を飼いたい，5 駒の里で聞いたエスペラント，6 風の子広場の子馬、はるかぜ，7 モンゴルからとどいた馬頭琴，8 蒙古族学校からの手紙，9 草原の国への旅立ち，10 ウラナさんとトーリーさん，11 スーホの国の夜に，12 馬の道は世界につづく

内容 信州の望月（駒の里）の小学校に赴任した辰太郎は、新しいクラスの子どもたちと、民話「望月の駒」について勉強を始める。やがて“風の子広場”をつくり、子馬を育てるが、心は遠くモンゴルの平原にまで広がっていく―人類の平和と博愛を願う辰太郎の、出会いの物語。小学上級以上。

『ひろすけ童話ひとすじに一日本のアンデルセン浜田広介の生涯』西沢正太郎作，黒沢梧郎絵　PHP研究所　1994.4　156p　22cm　（PHP愛と希望のノンフィクション）1300円　①4-569-58883-2

目次 序の章 汽船に変身した竜，1の章 ゆれ

うごく幼少年期,2の章 ひろすけ童話の花ひらく,結びの章 めぐる栄光の年月

内容 「りゅうの目のなみだ」「泣いた赤鬼」「むく鳥のゆめ」など、60年以上も読みつがれている名作童話の作者、浜田広介。人間の善意と愛を信じ、人の持つ美しい心や自然への憧れを,童話の世界にいきいきと表現し続けたその感動の一生を描く。小学中級以上向。

『エミリー』マイケル・ビダード文，バーバラ・クーニー絵，掛川恭子訳　ほるぷ出版　1993.9　1冊　24×27cm　1400円　①4-593-50303-5

内容 アマーストのせの高い生け垣にかこまれた黄色い家には、20年近くも家の外に出ないでくらしている女の人がいました。見知らぬ人が声をかけると、走ってかくれてしまいます。家にお客様を招いたときでさえ、その人は見えない所にいるのです。人々は彼女のことを“なぞの女性”と呼んでいました…。この絵本は“なぞの女性”エミリー・ディキンソンと少女の思いがけない出会いの日を美しく格調高い絵で、描いています。詩人のおだやかな日常と特別な世界をちらりとわたしたちにみせてくれる、この絵本は、アメリカの偉大な、そしてよく親しまれている詩人エミリー・ディキンソンの謎とそれを包みこむ世界の喜びをよくとらえているといえるでしょう。1993年度コルデコット賞受賞作。

『小さな家のローラ―ローラ・インガルス・ワイルダー物語』メガン・スタイン作，こだまともこ訳，マーシィ・ダン・ラムジー絵　講談社　1993.7　149p　18cm　（講談社 青い鳥文庫 173‐1）　460円　①4-06-147383-2

内容 やさしい父さんと母さんにまもられてのびのびと育った大草原の少女ローラ。やがて結婚し、つらい日々をのりこえて農場主に…。でも、ローラの胸には、いつも先へ先へとかりたてるなにかがありました。「小さな家」シリーズで、大自然とたたかう開拓者の生活をいきいきとえがいた作者ローラのものがたり。小学中級から。

『チョッちゃん物語』黒柳朝作，頓田室子画　金の星社　1993.6　188p　21cm　1300円　①4-323-01855-X

目次 1 ママになるまで,2 はじめての赤ちゃん,3 こまった道くさ,4 縁日とヒヨコたち,5 あのお店、なに屋さん？,6 入院、入院、また入院,7 徹子は小学1年生,8 滝川への里がえり,9 しあわせ家族の四季,10 天国へいった明児,11 パパが兵隊になった,12 駐とん地の演芸会,13 戦争の影をのがれて,14 リンゴの小屋のくらし,15 長くてこわい旅,16 戦争が終わった,17 汽車がくる、どうしよう！,18 シベリアにいるパパ,19 待ちにまった手紙

内容 元気ママ、チョッちゃんが、はじめて子どもたちに贈る、笑いと涙の半生記。小学校5・6年生から。

『ぼくが絵本作家になったわけ―ビル・ピート自伝』ビル・ピート作，ゆあさふみえ訳　あすなろ書房　1993.2　190p　22×18cm　1800円　①4-7515-1791-0

内容 先生にかくれ教科書に絵を描きまくった少年時代。できたばかりのディズニースタジオに就職しアニメ映画制作に燃える日々から、ディズニーと大げんかしてスタジオを飛び出し絵本作家になるまで。アメリカの絵本作家B・ピートのユニークなイラスト入り自伝。1990年度カルデコット賞オナーブック。

『教科書にでてくる人物124人―教科別 6 「国語」にでてくる人物』稲垣友美，鈴木喜代春編　八田洋弥著，松沢慧画　あすなろ書房　1992.4　85p　27cm　①4-7515-1706-6

『石川丈山』かみやもとみつ文，みねむらさとし絵　安城　安城市歴史博物館　1992.3　32p　26cm　（郷土を学ぶ絵本 1）

『魯迅―めざめて人はどこへ行くか』四方田犬彦著　ブロンズ新社　1992.2　189p　22cm　（にんげんの物語）1500円　①4-89309-046-1

目次 禹は熊となって水を治め、魯迅は紹興に生まれた。,跡とり息子の魯迅は、父親を悲しく思った。,魯迅は儒教の本より『山海

経』を好んだ。, 父親が死んだあと、魯迅は南京に出て勉強した。, 中国はこれでいいのか。魯迅は東京で深く悩んだ。, 医学生の魯迅は、藤野先生に出あった。, 文学を勉強する魯迅は、気のりしない結婚をする。, 中国では革命が起こり、魯迅は北京へむかう。, 革命に失望した魯迅は、小説を書きはじめる。, 最初の小説『狂人日記』は、人が人を食う話。, 『新青年』は話題をよぶが、魯迅は兄弟げんか。, 『阿Q正伝』の主人公は、中国のほんとうの民衆である。, 大学問題に怒る魯迅に、女子大生から手紙がくる。, 魯迅は北京を去り、南へとさまよい続ける。, つぎつぎと人びとが、虐殺されてゆく。, 魯迅と許広平は、上海で新しい生活を始める。, 魯迅は国民党に追われ、同志たちの死に怒る。, 魯迅は『出関』を書いたのち、五十五歳の生涯を終える。, 中国はそのあとも乱れつづける。

内容 『阿Q正伝』『狂人日記』の著者・魯迅はいくたびもの革命を乗りこえて、語りつづけた。子供から大人まで楽しく読める21世紀の伝記シリーズ。

『越後からの雪だより―『北越雪譜』をかいた鈴木牧之と江戸の文人たち』 松永義弘作, 高田勲絵 PHP研究所 1991.12 168p 21cm (PHP愛と希望のノンフィクション) 1300円 Ⓘ4-569-58520-5

目次 1 30年来の夢,2 19歳で江戸へ旅行,3 雪の話をつたえたい,4 守り札は忍の一字,5 ふたたび江戸をおとずれる,6 秋山郷への旅,7 うんざりするほどの歳月,8 雪国に生きる者

内容 江戸時代の末に出版され、今でも読みつがれている雪国の本『北越雪譜』。その誕生のドラマと、著者鈴木牧之の一生をいきいきと描いた物語。小学上級以上。

『島崎藤村―木曽が生んだ明治の文豪』 牛丸仁文, 北島新平絵 松本 郷土出版社 1990.5 155p 22cm (信濃の伝記シリーズ 3) 1200円 Ⓘ4-87663-147-6

『きっと明日は―雪子、二十年の闘病記』 江崎雪子著 ポプラ社 1989.11 166p 21cm (ポプラ・ノンフィクション 45) 910円 Ⓘ4-591-03360-0

目次 こんな病気があるなんて, 自力で呼吸ができなくなる, 嫉妬, 幸福とはひとの心がうみだしていくもの, 退院, 生きている証をもとめて, 思いがけないできごと, タンポポの綿毛のように

内容 重症筋無力症にたおれ20年、絶望から希望へ―童話作家となるまでの日々を描く。小学校中級以上。

『冬よぼくに来い―いちずに美をもとめつづけた高村光太郎』 日野多香子作, 小島丹奈絵 PHP研究所 1989.3 150p 22cm (PHP愛と希望のノンフィクション) 1100円 Ⓘ4-569-28414-0

目次 第1章 彫刻家の家のあとつぎ, 第2章 ロダンと出会う, 第3章 ヨーロッパの風, 第4章 古さへの反逆, 第5章 運命の出会い, 第6章 満ちたりた日々, 第7章 とつぜんの悲劇, 第8章 冬とむきあう

内容 『智恵子抄』『道程』などの詩で有名な彫刻家・詩人、高村光太郎。芸術と愛に生き、自己をきびしく見つめた彼の内面をいきいきと描く。小学上級以上向。

『ローラ・インガルス・ワイルダー―かがやく大草原の日々』 ウィリアム・アンダーソン著, 谷口由美子訳 佑学社 1988.9 125p 21cm (愛と平和に生きた人びと 7) 980円 Ⓘ4-8416-0547-9

目次 1 開拓の一家,2 インディアンの土地へそしてふたたび "大きな森"へ,3 プラム・クリーク,4 大草原の小さな町,5 ロッキー・リッジ農場,6 母と娘,7 作家になった開拓娘

内容 青い空、風にゆれる大草原、かけぬける幌馬車…。いつまでも読む人の胸をときめかせる "小さな家シリーズ"―それは、ローラ自身が、大草原ですごした輝く日々の思い出をつづった「消えてしまうのはもったいないほど、すばらしい物語」だったのです。物語やテレビ・ドラマでおなじみの少女時代のほか、農家の主婦として、アメリカ合衆国の西部開拓時代をたくましく生き、のちに作家として活躍したローラ・インガルス・ワイルダーの生涯をご紹介します。小学校中学年から。

『風雪の墓標―先駆的な北の詩人たち』

塩沢実信著，北島新平絵　理論社　1987.12　192p　21cm　（ものがたり北海道）1500円　Ⓘ4-652-01569-0

目次 1 国木田独歩と北海道,2 啄木の放浪生活,3 啄木、小樽へ,4 さいはての町にて,5 釧路をあとに,6 有島武郎のなやみ,7 大農場をタダで解放,8 貧しさから革命へ,9 虐殺された小説家,10 「これからだ」のひと言が,11 “転向者”とよばれて,12 植民地からの脱出

内容 有島武郎がいた。小林多喜二がいた。それにつらなる作家に島木健作が、久保栄が—。小熊秀雄をはじめ、北の詩人たちには、風雪にたえた強じんさと挫折のかげが見られる。

『陽だまりの家—父・小川未明とわたし』 岡上鈴江著　金の星社　1986.8　189p　21×16cm　980円　Ⓘ4-323-01222-5

内容 時は、大正から昭和のはじめ。童話作家として脂ののりきった仕事を続ける父・未明を中心にしてまわりつづける、日びの暮らし。母がいて、弟たちがいて、ねこがいて…決して、豊かとはいえないが、そこには、実に明るく、健康的で、かざり気のない生活があった。まるで、陽だまりの中にいるような、あたたかな暮らしがあった。—童話作家 小川未明を父に持つ著者が、自らの幼い頃の思い出をつづったエッセイ。

『少年少女のための芦東山先生伝』 芦文八郎編著　増補版　大東町（岩手県）芦東山先生記念館　1986.6　76p　21cm　700円

『智恵子と光太郎』 金田和枝文，橋本貢絵　会津若松　歴史春秋出版　1986.4　221p　21cm　（ふくしま子供文庫 2）1200円　ⓃK298

内容 あれが安達太良山……あの光るのが阿武隈川……高村智恵子の愛とかなしみの物語—。

『意地っぱりのおばかさん—ルーシー・M.ボストン自伝』 ルーシー・M.ボストン著，立花美乃里訳　福音館書店　1982.11　275p　19cm　（福音館日曜日文庫）1300円

『少年少女世界伝記全集—国際版　第24巻　オルコット，田中正造』 小学館　1982.10　133p　28cm　1350円

『少年少女信仰偉人伝　21　ヨハンナ・スピーリー「アルプスの少女」の作家』 玉木功著　日本教会新報社　1982.7　203p　22cm　（豊かな人生文庫）1200円

『少年少女世界伝記全集—国際版　第19巻　マゼラン，魯迅』 小学館　1982.5　133p　28cm　1350円

『カニンガムグレイアム伝』 ドナルド・K.シュルツ著，村井泰彦訳　京都　山口書店　1981.9　95p　18cm　550円　Ⓘ4-8411-1411-4

『少年少女世界伝記全集—国際版　第11巻　マーク・トウェイン，アンネ・フランク』 小学館　1981.9　133p　28cm　1350円

◆◆アンデルセン

『ぼくのものがたり—アンデルセン自伝』 高橋健二訳，いわさきちひろ絵　講談社　2005.2　269p　19cm　1500円　Ⓘ4-06-212805-5

目次 この物語のはじめに，父母の家，わたしの誕生，悲しい母と父，おばあさんとおじいさん，落ち穂ひろいと芝居，父の死んだ日，最初の作品，工場で働いたころ，二度めの父〔ほか〕

内容 世界の子どもたちに「夢・希望・創造」を与えつづける童話作家の貴重な自伝。

『アンデルセン』 大石真文，岩本康之亮絵　チャイルド本社　2001.9（6刷）30p　25cm　（こども伝記ものがたり 絵本版 6　西本鶏介責任編集）〈年譜あり〉581円　Ⓘ4-8054-2354-4

『アンデルセン—世界じゅうで愛される「童話の王さま」』 森有子漫画，堀ノ内雅一シナリオ　集英社　1996.7　141p　23cm　（集英社版・学習漫画—世界の伝記）〈監修：立原えりか〉800円　Ⓘ4-08-240034-6

『アンデルセン自伝—わたしのちいさな物語』ハンス・クリスチャン・アンデルセン著，イブ・スパング・オルセン絵，乾侑美子訳　あすなろ書房　1996.3　43p　28cm　1800円　①4-7515-1446-6

『新装世界の伝記　3　アンデルセン』山室静著　ぎょうせい　1995.2　303p　20cm　1600円　①4-324-04380-9

『アンデルセン—夢をさがしあてた詩人』ルーマ・ゴッデン著，山崎時彦，中川昭栄共訳　改訂版　偕成社　1994.4　368p　22cm　2500円　①4-03-814170-5
目次 第1章 小さな家に生まれて, 第2章 有名になるんだ, 第3章 失望とチャンス, 第4章 助けてくれた人々, 第5章 初めて戯曲を書く, 第6章 ラテン語学校時代, 第7章 「かあさん、ぼくはとても疲れた」, 第8章 コペンハーゲンへの帰還, 第9章 初恋と花束, 第10章 外国旅行, 第11章 恋わずらい, 第12章 旅行カバンをかかえて, 第13章 受け入れられた『即興詩人』, 第14章 アンデルセン童話、世界へ, 第15章 寂しい“錫の兵隊”, 第16章 アンデルセンの“ナイチンゲール”, 第17章 イギリスでの歓迎, 第18章 心のやすらぎ, 第19章 最後の夢, アンデルセン年譜
内容 貧しい靴職人の子として生まれながら、世界的童話作家となったアンデルセン。だが、生涯、恋にはむくわれず、放浪の旅をくり返した。アンデルセンの内面を描く伝記の決定版。

『世界の伝記—国際カラー版　第6巻　アンデルセン』鈴木徹郎文，リビコ・マラーヤ絵　小学館　1983.4　116p　21cm　650円　①4-09-231106-0

『アンデルセン—童話の王さま』山室静著　講談社　1982.5　189p　18cm（講談社火の鳥伝記文庫）390円　①4-06-147527-4

『少年少女世界伝記全集—国際版　第6巻　アンデルセン, シュリーマン』小学館　1981.4　133p　28cm　1350円

『少年少女信仰偉人伝　6　アンデルセン—魂の童話作家』栗栖ひろみ著　日本教会新報社　1981.2　234p　22cm（豊かな人生文庫）1200円

◆◆石川 啄木

『「短すぎた一生」石川啄木—友情に支えられた歌人』佐藤直人作，小島利明絵　三友社出版　1995.6　142p　22cm（コミック巨人再発見 4）1300円　①4-88322-604-2

『新装世界の伝記　4　石川啄木』須知徳平著　ぎょうせい　1995.2　315p　20cm　1600円　①4-324-04381-7

◆◆北原 白秋

『子どもの心をうたった詩人—北原白秋』鶴見正夫文，こさかしげる絵　岩崎書店　1992.4　103p　26cm（伝記・人間にまなぼう 7）2400円　①4-265-05407-2
目次 童謡「砂山」, トンカジョンはびいどろびん, 南の風のふくところ, ウォーター・ヒアシンス, からたちの小道, 本をよむよろこび, きらいな数学, 大火にまきこまれた家, さよなら、ふるさと, 花ひらく詩と歌と, 日本の童謡, ああ、ふるさと柳川, 略年表

『北原白秋ものがたり—この世の虹に』楠木しげお作，友添泰典絵，銀の鈴社編集・制作　教育出版センター　1989.1　147p　22cm（ジュニア・ノンフィクション）1000円　①4-7632-4128-1
目次 1 白秋会,2 柳川のジョン,3 第二のふるさと,4 文学へのときめき,5 福岡の北原白秋,6 さようなら柳川,7 歩みでた詩人,8 「五足の靴」,9 はじめての詩集,10 柳川をうたう,11 うすむらさきの桐の花,12 三崎での新生,13 葛飾のハクションおじさん,14 かずかずの「白秋童謡」,15 小田原の父親白秋,16 羽ばたく白秋,17 天の目かくし, 白秋文学碑めぐり

◆◆小泉 八雲〔ラフカディオ・ハーン〕

『ヘルンとセツの玉手箱—小泉八雲とその妻の物語』藤森きぬえ作，梅川和男絵　文渓堂　1992.7　144p　21cm　1500円　①4-938618-57-5
目次 初めて聞く名前, サギの紋, 母の夢, 西田千太郎, スクランブル・エグ, キツネ, 人柱,

宍道湖の夕日，献身，雪女，武家屋敷の日々，結婚式，美保の関，黄泉の国へ，さようなら松江，熊本の暮らし，隠岐，黒サンゴのたばこ入れ，青い目の男の子，帰化，耳なし芳一，国籍の溝，出雲への旅

内容 明治時代、帰化法ができる以前、ひとりのイギリス人作家が日本人女性と結婚した。日本を愛し「耳なし芳一」など多くの日本怪談を残したラフカディオ・ヘルン（小泉八雲）とその妻セツである。セツの献身、ヘルンとセツが二人三脚で多くの作品を残すまでを描いた作品。

『『怪談』をかいたイギリス人―小泉八雲』木暮正夫文，岩淵慶造絵　岩崎書店　1992.4　103p　26cm　（伝記・人間にまなぼう 3）2400円　Ⓘ4-265-05403-X

目次 ふしぎの国、日本へ，父と母と子，ゆうれいのでるへや，シンシナティの新聞記者，ニューオーリンズの博覧会，まっさきにお寺見物，家では、きものにたび，出雲ににちなんで、"八雲"，『怪談』をのこして日本の土に

◆◆小林 一茶

『小林一茶』高村忠範文・絵　汐文社　2007.2　79p　22cm　（俳人芭蕉・蕪村・一茶を知ろう）1400円　Ⓘ978-4-8113-8181-7　Ⓝ911.35

目次 一茶誕生と母の死，一茶と、まま母，一茶、江戸へ，一茶、俳諧と出会う，一茶と旅，父の遺産，帰郷から死まで，一茶の代表作「父の終焉日記」と「おらが春」，一茶が生きた時代，俳句の歴史，季語

『こばやし・いっさ』小林清之介文，福田岩緒絵　チャイルド本社　2003.1（第4刷）30p　25cm　（こども伝記ものがたり2 絵本版 10　西本鶏介責任編集）〈年譜あり〉571円　Ⓘ4-8054-2421-4　Ⓝ911.35

『一茶さん―小林一茶心のふるさとをたどる』森獏郎板画，一茶記念館編　信濃町（長野県）一茶記念館　2000.7　38p　21×23cm　1200円　Ⓘ4-900918-31-8

『世界の伝記―国際カラー版　第29巻　小林一茶』三田村信行文，金沢佑光絵　小学館　1984.12　116p　21cm　650円　Ⓘ4-09-231129-X

『小林一茶―泣き笑い人生詩』鶴見正夫著　講談社　1983.10　181p　18cm　（講談社火の鳥伝記文庫）390円　Ⓘ4-06-147545-2

◆◆サン・テグジュペリ

『星になったサン＝テグジュペリ』新井満文，はらだたけひで絵　文春ネスコ　2000.5　78p　20cm〈発売：文芸春秋〉1200円　Ⓘ4-89036-106-5

『サン＝テグジュペリ―「星の王子さま」の作者』横山三四郎著　講談社　1998.9　189p　18cm　（講談社火の鳥伝記文庫 106）〈肖像あり　年譜あり　文献あり〉590円　Ⓘ4-06-149907-6

目次 大空へのあこがれ，お城での幸せな幼年時代，もの思いに沈む少年，弟フランソワの死，海軍兵学校受験の失敗，操縦士になる，空か恋か，文壇へのデビュー，郵便機の飛行士，アフリカの星空の下で〔ほか〕

内容 伯爵家のわんぱく坊主は、はじめて乗った飛行機のすばらしさが忘れられず、ついにパイロットの夢を実現。大戦下の偵察飛行中に消息を断つまでの波乱と感動に満ちた生涯。

『サン＝テグジュペリ―大空をかけぬけた「星の王子さま」の作家』鈴木一郎監修，平松おさむまんが，黒沢哲哉シナリオ　小学館　1997.12　159p　23cm　（小学館版学習まんが人物館）〈年譜あり〉850円　Ⓘ4-09-270012-1

目次 第1章 アクランの騎士，第2章 大空へ，第3章 空飛ぶ作家，第4章 風と砂と星，第5章 少年の日びへ

◆◆C.S.ルイス

『「ナルニア国」への扉―C・S・ルイス』ビアトリス・ゴームリー著，奥田実紀訳　文渓堂　2006.4　149p　22cm　（名作を生んだ作家の伝記シリーズ 2）〈年譜あり〉1600円　Ⓘ4-89423-483-1　Ⓝ930.278

目次 ぼく、ジャックだよ，家をはなれて，最

犬の喜び, 戦争, ムーア夫人とルイス氏, 何かをさがして, 最後の階段をのぼる, キリスト教を守るために, ナルニア国へ, ナルニア探検, 喜びと奇跡, 影の国へ旅立つ
内容 不朽の名作「ナルニア国物語」を生んだC・S・ルイスの生涯を描いた伝記。

『ナルニア国をつくった人―C.S.ルイス物語』 M.コーレン著, 中村妙子訳　日本基督教団出版局　2001.9　145p　24cm　〈肖像あり　年譜あり　文献あり〉 3600円　①4-8184-0427-6

『C.S.ルイスの秘密の国』 アン・アーノット著, 中村妙子訳　すぐ書房　1994.6　252p　20cm　1545円　①4-88068-248-9

『ようこそナルニア国へ』 ブライアン・シブリー著, ポーリン・ベインズ画, 中村妙子訳　岩波書店　1992.10　139p　26cm　2800円　①4-00-115525-7
目次 1 C.S.ルイス―ナルニア国をつくった人,2 頭のなかの絵―ナルニア国のなりたち,3 わくわくさせる7冊の物語―ナルニア国の歴史,4 街灯柱とケア・パラベルの城のあいだ―ナルニア国の地理,5 かわった顔ぶれ―ナルニア国の住民,6 さらに深い魔法―『ナルニア国ものがたり』の意味,7 永久につづく物語
内容 壮大な空想上の国ナルニアをつくりあげたイギリスの大学教授C・S・ルイスはいったいどういう人だったか。どのようにしてナルニアの国を思いついたか。読者からの数々の疑問に写真やイラストレーションで答える、子どものためのルイスの伝記。コンパクトにまとめたナルニア国の全貌やルイス自身がつくった年表もそえました。小学五・六年以上。

◆◆シートン

『シートン伝記―ナチュラリストの先駆者』 藤原英司著, 熊谷さとし絵　集英社　2008.3　237p　22cm　（シートン動物記 別巻）〈肖像あり　年譜あり〉 1200円　①978-4-08-230009-8　Ⓝ289.3
目次 序章 シートンをめぐる新しい動き（シートン城, 精霊に満ちた土地 ほか）, 第1章 シートンって、どんな人?（母親アリスの願い, おふろぎらいの赤ん坊 ほか）, 第2章 画家としての修業（先住民になりたくて, 海をわたった人びと ほか）, 第3章 自然と動物を守るために（運命の分かれ道, 新婚の家さがし ほか）, あとがきにかえて わたしとシートン（アメリカを見たい理由, 軍服の先生と空襲の日々 ほか）
内容 シートン動物記の著者で野生動物保護の父といわれるナチュラリスト、アーネスト・T.シートンの波乱と感動に満ちた生涯。

『シートン―自然保護につくした「動物記」の作家』 藤原英司監修, 高瀬直子漫画, 蛭海隆志シナリオ　集英社　2003.9　141p　23cm　（集英社版・学習漫画―世界の伝記）〈年譜あり〉 900円　①4-08-240040-0　Ⓝ289.3
目次 自然保護の願い, 森に舞う流れ星, カナダの子ども時代, しあわせな貧乏学生, よろこびの西部へ, 画家として作家として―, パリのオオカミ, コランポーの王, 森のボーイスカウト運動, 安住の地の動物たち, 西部の風に
内容 シートンは、世界じゅうの人びとから愛されている『シートン動物記』を書いた作家として有名ですが、同時に、精密な動物の絵をたくさん描いた画家であり、すぐれた動物学者でした。また、動物が人間と同じように愛と勇気と友情に満ちた生活をしていることにいち早く気づき、人間が自然と調和して生きることのたいせつさを子どもたちに説いた教育者でもありました。

『シートン』 小林清之介文, 日限泉絵　チャイルド本社　2002.8（第6刷）30p　25cm　（こども伝記ものがたり2 絵本版 5　西本鶏介責任編集）571円　①4-8054-2416-8

『シートン―子どもに愛されたナチュラリスト』 今泉吉晴著　福音館書店　2002.7　367p　22cm　1800円　①4-8340-1853-9
目次 第1章 わがなつかしきリンゼーの森（シートンをかたちづくったもの, 小さなナチュラリスト ほか）, 第2章 画家から作家へ（はじめての自由, イギリスでアメリカを知る ほか）, 第3章 旅するナチュラリスト（野生動物の美しさを描くには, マイブリッジの

ウマの分解写真 ほか), 第4章 シートンのウッドクラフト運動(ニューヨークの仕事場, 動物の世界の楽しさを伝える ほか), 第5章 いまに生きるシートン(動物物語の反響, バローズの批判からえたもの ほか)
内容 シートンのすべてを、克明な文章と彼自身の200点の絵、時代を伝える図版50点で紹介します。ナチュラリスト、作家、画家—シートンのはじめての評伝。

『シートン—自然保護の願いを』 藤原英司作, アーネスト T.シートン絵 佑学社 1990.9 127p 22cm (愛と平和に生きた人びと) 1100円 ①4-8416-0551-7
目次 1 カナダの森の流れ星,2 トロントの子ども時代,3 美しいドン河の谷間で,4 ロンドン、夢の生活,5 西部をめざして,6 ニューヨークのスズメ,7 シカ狩りの青年,8 絵を描く博物学者,9 オオカミとの戦い,10動物たちに生きる場所を
内容 『シートン動物記』は、世界中の人びとに愛されています。しかし、その作者シートンが、一流の動物画家で、博物学者でもあったことを知る人はすくないでしょう。彼は、カナダの森やアメリカの荒野を歩き、観察をもとに、大自然に生きる野生動物の姿を描きつづけました。60年以上もまえに、動物たちのために、そして、子どもたちのために、"自然保護"を訴えていた、シートンの活躍をご紹介しましょう。小学校中学年から。

『世界の伝記—国際カラー版 第27巻 シートン』 舟崎克彦文, ピエロ・カターニオ絵 小学館 1984.10 116p 21cm 650円 ①4-09-231127-3

『少年少女世界伝記全集—国際版 第18巻 シートン, デュナン』 小学館 1982.4 133p 28cm 1350円

『シートンのかかげた灯』 戸川幸夫作, 清水勝絵 旺文社 1981.9 205p 22cm (旺文社創作児童文学) 980円

◆◆清少納言

『紫式部と清少納言—貴族の栄えた時代に』 酒寄雅志監修, 小西聖一著 理論社 2003.8 109p 25cm (NHKにんげん日本史) 〈年譜あり 年表あり〉 1800円 ①4-652-01462-7 Ⓝ913.36
目次 第1章 その生い立ち(家がらと家族, 少女時代に学んだこと ほか), 第2章 清少納言と中宮定子(一条天皇の登場, あこがれの宮仕え ほか), 第3章 紫式部と中宮彰子(道長のさそい, ライバルは清少納言 ほか), 第4章 宮仕えを終えて(二人のその後, 生きつづける作品)
内容 長い長い日本の歴史。一〇〇年前、五〇〇年前、一〇〇〇年前、二〇〇〇年前、わたしたちの祖先は、どんな時代を築いてきたのだろう。どんな人物がどんな足あとをしるしてきたのだろう。『にんげん日本史』は、いっこく、師匠の、いっこく堂コンビが出かけるタイムマシンの旅。行く手には、どんな人物、どんな時代が待ち受けているか。さあ、いっしょに、歴史の旅に出かけよう。

『清少納言—春はあけぼの』 遠藤寛子著 講談社 1993.5 189p 18cm (講談社火の鳥伝記文庫 85) 490円 ①4-06-147585-1
目次 1 少女の日,2 16さいの結婚,3 清少納言とよばれる,4 香炉峯の雪,5 ひろまる『枕草子』,6 悲劇のきさきとともに,7 その後の清少納言
内容 平安時代の中ごろ、一条天皇の中宮定子に仕え、あこがれの宮中の暮らしや四季のうつりかわりなどをつづり、わが国初の随筆文学『枕草子』を完成させた清少納言の一生。

◆◆近松 門左衛門

『近松門左衛門—日本の芝居の幕が開く』 酒寄雅志監修, 小西聖一著 理論社 2004.10 109p 25cm (NHKにんげん日本史) 〈年譜あり 年表あり〉 1800円 ①4-652-01476-7 Ⓝ912.4
目次 第1章 太平の世に(門左衛門のふるさと, 京都の暮らし ほか), 第2章 門左衛門売り出す(最初の作品, 竹本義太夫 ほか), 第3章 歌舞伎の世界で(歌舞伎の人気, 坂田藤十郎 ほか), 第4章 作者の氏神(新しい風, 大坂へひっこす ほか)

『近松門左衛門—庶民の心を描ききった日

本のシェークスピア』春樹椋尾マンガ 草土文化 1994.8 141p 22cm （マンガ大江戸パワフル人物伝）〈監修：小和田哲男〉1400円 ①4-7945-0640-6

◆◆トルストイ

『新装世界の伝記 29 トルストイ』山下喬子著 ぎょうせい 1995.12 309p 20cm 1600円 ①4-324-04472-4
目次 第1章 幼い日々, 第2章 少年時代の砂漠, 第3章 作家への道, 第4章 愛と苦悩

『トルストイ―「戦争と平和」の文豪』中村白葉著 講談社 1982.8 189p 18cm （講談社火の鳥伝記文庫）390円 ①4-06-147533-9

『少年少女世界伝記全集―国際版 第15巻 トルストイ, 平賀源内』小学館 1982.1 133p 28cm 1350円

◆◆夏目 漱石

『夏目漱石―「坊っちゃん」をかいた人』桜井信夫作, 鴇田幹絵 岩崎書店 1997.5 136p 18cm （フォア文庫 B184）〈年譜あり〉560円 ①4-265-06308-X
目次 江戸っ子の『坊っちゃん』, いつもひとりぼっちの子, 漱石と名づけて, 東京をはなれて, イギリスに留学, 作品をかきはじめる, 博士号はいらない
内容 『坊っちゃん』という小説のタイトルは、きいたことがあるでしょう。『坊っちゃん』は正義感あふれる先生で、悪をこらしめる、ゆかいな小説です。小学生にもひろくよまれています。では、この本をかいた「夏目漱石」という作家は、どんな人だったのでしょうか。「文豪」といわれるのは、どうしてでしょうか。漱石の一生にそのカギがひめられています。千円札にえがかれている肖像画の人・夏目漱石の伝記。

『夏目漱石―いまも読みつがれる数々の名作を書き、人間の生き方を深く追究しつづけた小説家』三田村信行著 偕成社 1994.3 218p 22cm （伝記世界を変えた人々 20）1500円 ①4-03-542200-2
目次 文豪・漱石, 夏目金之助の誕生, 里子から養子に, 中学をやめ、二松学舎へ, 漢学から洋学へ, 文学をこころざす, 親友・正岡子規, 日清戦争, 英語の教師として松山へ, 熊本へ、そして結婚, 二年間のイギリス留学, 一ぴきの猫, 作家・漱石の誕生, 文学にむかうはげしい決意, 「修善寺の大患」, 不安な神経, 『道草』の世界, 漱石はつねに新しい〔ほか〕
内容 それぞれの人の生涯史となっており、その業績と人間像が、いきいきと魅力的に、わかりやすく書かれています。小学中級から大人まで。

『『坊っちゃん』をかいた人―夏目漱石』桜井信夫文, 鴇田幹絵 岩崎書店 1992.4 99p 26cm （伝記・人間にまなぼう 10）2400円 ①4-265-05410-2
目次 江戸っ子の『坊っちゃん』, いつもひとりぼっちの子, 漱石と名づけて, 東京をはなれて, イギリスに留学, 作品をかきはじめる, 博士号はいらない, 略年表

『夏目漱石―近代人の悩みを描いた硬骨の小説家』福田清人著, 井口文秀画 新学社・全家研 1989.6 217p 22cm （少年少女こころの伝記 25）1340円

『夏目漱石―明治の文豪』田代脩監修 学習研究社 1984.10 125p 23cm （学研まんが伝記シリーズ）680円 ①4-05-101136-4

『夏目漱石―現代日本文学のあけぼの』西本鶏介著 講談社 1982.1 205p 18cm （講談社火の鳥伝記文庫）390円 ①4-06-147518-5

◆◆ビアトリクス・ポター

『「ピーターラビット」の丘から―ビアトリクス・ポター』マーガレット・S.ユアン著, 奥田実紀訳 文渓堂 2006.12 125p 22cm （名作を生んだ作家の伝記シリーズ 3）〈年譜あり〉1600円 ①4-89423-515-3 Ⓝ930.278
目次 第1章 はじめての本, 第2章 ペットと絵, 第3章 絵本が成功する, 第4章 ヒルトップ農場と湖水地方, 第5章 市民運動と結婚, 第6章 湖水地方を守る, 第7章 ビアトリクスがのこしたもの

内容 ピーターラビットの生みの親、英国の自然を愛したポターの伝記。

『ビアトリクス・ポターのおはなし』ジャネット・ウィンター絵・文，長田弘訳　晶文社　2006.6　63p　17cm　1800円　Ⓘ4-7949-2043-1　Ⓝ930.278

内容 ビアトリクス・ポターを知っていますか？そうです。あのピーターラビットを世界におくりだした絵本作家です。ビアトリクスは孤独な女の子でした。ビアトリクスの友だちは、はりねずみ、猫、小鳥、かえる、やまかがし、とかげ。うさぎのピーター。灰色の空のロンドンから、月の光をあびて妖精たちがダンスをしている、湖水地方の、ひろびろとした野原へ、ビアトリクスの成長を暖かく描きます。いまも世界中で愛される『ピーターラビットのおはなし』の絵本作家の伝記絵本。『バスラの図書館員―イラクで本当にあった話』(晶文社)につづき、詩人長田弘の名訳で贈ります。

『素顔のビアトリクス・ポター―〈ピーターラビット〉の作家』エリザベス・バカン著，吉田新一訳　絵本の家　2001.6　73p　22cm〈肖像あり〉1500円　Ⓘ4-900533-06-8

『ビアトリクス・ポター―ピーターラビットはいたずらもの』エリザベス・バカン作，上田まさ子訳　佑学社　1989.1　117p　21cm　（愛と平和に生きた人びと 9）980円　Ⓘ4-8416-0549-5

目次 1 友だちのいない少女,2 はじめての仕事,3 ピーターラビットのおはなし,4 「あな糸がたりぬ」,5 ロマンス,6 ヒルトップ農場,7 新しい出会い,8 ウィリアム・ヒーリス夫人,9 アメリカの友人,10 「そのままにして」,11 「神様ありがとう」,12 置きみやげ

内容 世界中で愛されている『ピーターラビットのおはなし』の始まりは、ビアトリクス・ポターが、5歳の少年ノエルにあてて書いた絵手紙でした。ピーターラビットのほか、こねこのトムや、あひるのジマイマたちのおはなしを生み出したビアトリクス・ポターの、秘密に満ちた生涯をご紹介します。

◆◆樋口 一葉

『樋口一葉―近代日本の女性職業作家』真鍋和子著　講談社　2009.3　205p　18cm　（講談社火の鳥伝記文庫）590円　Ⓘ978-4-06-149910-2

内容 いまから、140年ほどまえ。明治時代のはじめに生まれた樋口一葉。17歳で父を亡くし、若くして一家を背負うことになります。母や妹を養うために職業作家になりたいと願い、ひたむきに生き抜いた女性。

『ちびまる子ちゃんの樋口一葉』さくらももこキャラクター原作，高橋由佳利漫画，森まゆみ監修　集英社　2004.12　207p　19cm　（満点人物伝）〈年譜あり〉880円　Ⓘ4-08-314027-5　Ⓝ910.268

『新装世界の伝記　36　樋口一葉』村松定孝著　ぎょうせい　1995.12　310p　20cm　1600円　Ⓘ4-324-04479-1

目次 第1章 生い立ちから萩之舎入門, 第2章 歌道から作家志望へ, 第3章 新しき出発をめぐって, 第4章 竜泉寺転居前後, 第5章 丸山福山町時代

◆◆松尾 芭蕉

『松尾芭蕉』高村忠範文・絵　汐文社　2007.1　79p　22cm　（俳人芭蕉・蕪村・一茶を知ろう）1400円　Ⓘ978-4-8113-8179-4　Ⓝ911.32

目次 芭蕉誕生, 藤堂家に奉公に出る, 良忠の死, 宗房、江戸へ, 宗房から桃青へ, 桃青、芭蕉となる, 「野ざらし紀行」から「更科紀行」まで, 「蛙」のこと, 俳諧紀行「おくのほそ道」, 「おくのほそ道」マップ〔ほか〕

『旅の人芭蕉ものがたり』楠木しげお作，小倉玲子絵　銀の鈴社　2006.7（5刷）　159p　22cm　（ジュニア・ノンフィクション）〈文献あり〉1200円　Ⓘ4-87786-532-2　Ⓝ911.32

『松尾芭蕉と元禄文化』近藤ふみ文　フレーベル館　2004.3　48p　27cm　（あるいて知ろう！歴史にんげん物語 7）〈年譜あり〉2900円　Ⓘ4-577-02791-7　Ⓝ911.32

目次 江戸への旅立ち, 江戸の桃青, 蕉風の誕生と元禄文化, 旅へのあこがれ,『おくのほそ道』の旅, 俳諧は終わりのない旅, 旅はつづく, 人物しらべ 松尾芭蕉と同時代の人びと, たずねてみよう！歴史の舞台

『新装世界の伝記 43 松尾芭蕉』福田清人著 ぎょうせい 1995.12 347p 20cm 1600円 ①4-324-04486-4
目次 第1章 俳諧の道, 第2章 野ざらしの旅, 第3章 笈の小文, 第4章 奥の細道, 第5章 漂泊の生涯

『松尾芭蕉―「おくのほそ道」の俳聖』鶴見正夫著 講談社 1990.1 221p 18cm （講談社火の鳥伝記文庫） 430円 ①4-06-147569-X
目次 1 ふるさとに、かり（雁）のわかれ,2 芭蕉庵に住んで,3 旅と芭蕉,4 おくのほそ道,5 ゆめは枯れ野を, 松尾芭蕉の年表, 歴史人物事典
内容 「道ばたで死のう。これは天の命である。」とさけび、旅から旅への一生をおくった俳聖芭蕉の物語。忍者の里に生まれて武士をめざした芭蕉は、なぜ、ことば遊びの俳諧に命をかけるようになったのだろう。

『松尾芭蕉』芭蕉翁顕彰会, 上野市編, 小井土繁と学習まんが集団まんが 小学館 1989.3 151p 23cm （小学館版学習まんが）〈おくのほそ道紀行300年記念 責任監修：宗政五十緒〉

『芭蕉―自然を愛した詩人』伊馬春部著 改訂版 偕成社 1988.9 296p 20cm 1600円 ①4-03-808170-2
目次 ふるさと伊賀の国, 芭蕉庵のあけくれ, 俳諧への道, 初しぐれの旅, 奥の細道, 旅に病んで

◆◆宮沢 賢治

『この人を見よ！歴史をつくった人びと伝 16 宮沢賢治』プロジェクト新・偉人伝著作・編集 ポプラ社 2009.3 143p 22cm〈文献あり 年表あり〉 1200円 ①978-4-591-10738-6 Ⓝ280.8

『宮沢賢治』西本鶏介文 ポプラ社 2009.3 173p 18cm （ポプラポケット文庫 072-6―子どもの伝記 6）〈ものしりガイドつき 1998年刊の新装版 文献あり 年表あり〉 570円 ①978-4-591-10862-8 Ⓝ910.268
目次 宮沢家のえなさん, 人のことを思いやる心, ランプみがきは大すきだ, 仙人にでもなるつもり, どんな仕事をすればいい, なんてすばらしい教え, いったい、どうすればいいのだ, 母子水いらずの生活, これからの宗教は芸術です, 教科書を見ない授業, とおくへいってしまった妹, 詩と童話の本をだす, まだやりたいことがある, もうなんのまよいもない, 宇宙にかがやく星となって
内容 やさしい心をもち、自然のなかに生きた宮沢賢治。農村の人びとのためにつくして生きた賢治は、一方で、いまも愛されるたくさんの詩や童話をのこしました。かれの胸には、いったいどんな夢があったのでしょうか。賢治おもしろガイド付。小学校中級から。

『みやざわ・けんじ』西本鶏介文, 柿本幸造絵 チャイルド本社 2007.3 30p 25×21cm （絵本版 こども伝記ものがたり 2‐12） 571円 ①978-4-8054-2423-0

『宮沢賢治』西本鶏介文, 柿本幸造絵 ひさかたチャイルド 2006.12 31p 27cm （伝記絵本ライブラリー）〈年譜あり〉 1400円 ①4-89325-671-8 Ⓝ910.268
内容 「雨ニモマケズ風ニモマケズ…」みんなの幸せを願い、理想に向かってひたむきに生きた宮沢賢治の物語。

『宮沢賢治―銀河を旅したイーハトーブの童話詩人』村野守美まんが, 西原和海シナリオ 小学館 1996.8 159p 23cm （小学館版学習まんが人物館）〈監修：畑山博〉 880円 ①4-09-270106-3

『よくわかる宮沢賢治―イーハトーブ・ロマン 2 すきとおった風の物語』宮沢賢治, 石ノ森章太郎, 菅原千恵子ほか著 学習研究社 1996.7 555p 21cm 2500円 ①4-05-400579-9

目次 農学校教師時代(1)…二十五歳(大正十年)—突然の家出, 農学校教師時代(2)…二十六～二十九歳(大正十一年～十四年)—賢治先生, 農学校教師時代(3)…二十六～二十九歳(大正十一年～十四年)—『春と修羅』の出版, 農学校教師時代(4)…二十六～二十九歳(大正十一年～十四年)—妹との別れ, 農学校教師時代(5)…二十六～二十九歳(大正十一年～十四年)—『注文の多い料理店』の出版, 農学校教師時代(6)…二十六～二十九歳(大正十一年～十四年)—ほんとうの農民へ, 羅須地人協会時代(1)…三十歳(大正十五年・昭和元年)新しい農村の夢, 羅須地人協会時代(2)…三十歳(大正十五年・昭和元年)—芸術と東京への憧れ, 羅須地人協会時代(3)…三十～三十一歳(大正十五年～昭和二年)—花壇設計, 羅須地人協会時代(4)…三十二歳(昭和三年)—孤独と挫折, 東北砕向工場時代(1)…三十三～三十五歳(昭和四年～六年)—新たな理想, 東北砕石工場時代(2)…三十五歳(昭和六年)—奔走の果てに, 最期 三十六～三十七歳(昭和七年～八年)—豊年満作の年に…

内容 マンガでわかる賢治37年間の生涯と作品。作品21編収録。全文詳細解説、総ルビ付き。

『よくわかる宮沢賢治—イーハトーブ・ロマン 1 愛と修羅の物語』菅原千恵子, 石ノ森章太郎著 学習研究社 1996.6 521p 21cm 2500円 ①4-05-400578-0

目次 1 少年時代(1)イーハトーブの賢治,2 少年時代(2)石コ賢さん,3 盛岡中学時代(1)岩手登山と父との葛藤,4 盛岡中学時代(2)修羅のめばえ,5 盛岡中学時代(3)初恋、法華経との出会い,6 盛岡高等農林学校時代(1)ライオン教授のお気に入り,7 盛岡高等農林学校時代(2)保阪嘉内と「アザリア」,8 盛岡高等農林学校時代(3)迷いの青春

内容 みんなの“ほんとうの幸い”を真剣に願った「人間・宮沢賢治」37年間の生涯の心のメッセージ。作品17編収録。

『新装世界の伝記 46 宮沢賢治』須知徳平著 ぎょうせい 1995.12 329p 20cm 1600円 ①4-324-04489-9

目次 第1章 青春時代(憧れの中学校, その生い立ち ほか), 第2章 教師となって(父と子, 妹の病気 ほか), 第3章 土に生きる(開墾, 羅須地人協会 ほか), 第4章 晩年(倒れる, 花巻の一夜 ほか)

『兄さん宮沢賢治』藤井逸郎作, 小林敏也絵 あすなろ書房 1995.2 133p 21cm 1300円 ①4-7515-1232-3

目次 兄さん賢治, 賢治と妹、トシ, オトコオンナ, 賢治の子ども時代, 賢治と父、政次郎, 賢治の学生時代, 賢治と法華経, ガキ大将先生、賢治〔ほか〕

内容 「兄さん」というのは、宮沢賢治の生まれた岩手県地方で、家のあとを継ぐ長男を呼ぶことばです。でも、どの家の長男も「兄さん」と呼ばれるわけではありません。お金持ちの家の跡継ぎで、やがてその家を取りしきる「旦那さま」になる人のことを、よその人が敬って言うことばなのです。「兄さん」として生まれた宮沢賢治を描く伝記。

『宮沢賢治』馬場正男著 ポプラ社 1994.2 174p 18cm (ポプラ社文庫—伝記文庫 D-18) 580円 ①4-591-04325-8

『まんが宮沢賢治』矢野功作・画 柏プラーノ 1993.7 151p 22cm〈発売:柏書房〉1000円 ①4-7601-0995-1

『雨ニモマケズ風ニモマケズ—宮沢賢治』浜野卓也文, 依光隆絵 岩崎書店 1993.4 103p 26cm (伝記・人間にまなぼう 16) 2400円 ①4-265-05416-1

目次 おとうさんって、どんな人, 石コ賢さん, やさしい看護婦さん, ライオン先生, 日蓮上人がよんでいる,「ばかで、めちゃめちゃで、まるでなってない人」, かなしい『銀河鉄道の夜』, 雨ニモマケズ

『宮沢賢治』西本鶏介著, 朝倉摂画 講談社 1990.3 277p 22cm (少年少女伝記文学館 第23巻) 1440円 ①4-06-194623-4

『“銀河鉄道”にもとめた幸せ—思いやりの心に生きた宮沢賢治』木暮正夫作, 太田大八絵 佼成出版社 1986.2 164p 21cm (ノンフィクション・シリーズ

かがやく心）1200円　Ⓘ4-333-01213-9
内容 病苦に負けず、自分の信念を貫きとおし、数多くの美しい童話や詩を書き続け、貧しい農民とともに生きた、宮沢賢治の感動の一生。

『世界の伝記―国際カラー版　第12巻　宮沢賢治』桂木寛子文，谷俊彦絵　小学館　1983.7　116p　21cm　650円　Ⓘ4-09-231112-5

『少年少女世界伝記全集―国際版　第22巻　宮沢賢治, ミケランジェロ』小学館　1982.8　133p　28cm　1350円

『宮沢賢治―銀河鉄道の童話詩人』西本鶏介著　講談社　1982.2　229p　18cm（講談社火の鳥伝記文庫）390円　Ⓘ4-06-147520-7

◆◆紫式部

『紫式部と平安貴族』藤森陽子文　フレーベル館　2004.1　48p　27cm（あるいて知ろう！歴史にんげん物語 3）〈年表あり〉2900円　Ⓘ4-577-02787-9　Ⓝ913.36
目次 母のない子, 越前への旅, 物語を書く女房, 皇子誕生, 日本紀の局, 都の桜, 夢の浮橋, 人物しらべ 紫式部と同時代の人びと, たずねてみよう！歴史の舞台

『紫式部と清少納言―貴族の栄えた時代に』酒寄雅志監修，小西聖一著　理論社　2003.8　109p　25cm（NHKにんげん日本史）〈年譜あり　年表あり〉1800円　Ⓘ4-652-01462-7　Ⓝ913.36
目次 第1章 その生い立ち（家がらと家族, 少女時代に学んだこと ほか), 第2章 清少納言と中宮定子（一条天皇の登場, あこがれの宮仕え ほか), 第3章 紫式部と中宮彰子（道長のさそい, ライバルは清少納言 ほか), 第4章 宮仕えを終えて（二人のその後, 生きつづける作品）
内容 長い長い日本の歴史。一〇〇年前、五〇〇年前、一〇〇〇年前、二〇〇〇年前、わたしたちの祖先は、どんな時代を築いてきたのだろう。どんな人物がどんな足あとをしるしてきたのだろう。『にんげん日本史』は、いっこく、師匠の、いっこく堂コンビが出かけるタイムマシンの旅。行く手には、どんな人物、どんな時代が待ち受けているか。さあ、いっしょに、歴史の旅に出かけよう。

『紫式部―「源氏物語」の作者 平安時代中期』あおむら純まんが　小学館　1995.12　159p　19cm（小学館版学習まんが―ドラえもん人物日本の歴史 第4巻）〈責任監修：清水好子, 朧谷寿〉680円　Ⓘ4-09-230404-8

『紫式部―源氏物語を書いた女流作家』木村茂光立案・構成，柳川創造シナリオ，千明初美漫画　集英社　1988.5　142p　23cm（集英社版・学習漫画―日本の伝記）〈監修：永原慶二〉680円　Ⓘ4-08-241006-6
目次 第1章 少女時代, 第2章 北国越前へ, 第3章 結婚、そして, 第4章 宮仕え, 第5章 式部の日記, 第6章 『源氏物語』の完成
内容 一条天皇のきさきである彰子につかえた紫式部は、宮廷を舞台にした長編小説「源氏物語」を書きました。マンガで学ぼう、才女の生涯。

『紫式部―「源氏物語」の大女流作家』山本藤枝著　講談社　1987.3　197p　18cm（講談社 火の鳥伝記文庫 65）420円　Ⓘ4-06-147565-7
目次 1 少女時代,2 結婚のあとさき,3 宮づかえと「源氏物語」
内容 幼いときから本をよく読み、やがて一条天皇の中宮彰子に仕えた紫式部。一人むすめを育てながら、十数年をついやして日本で最初の長編小説「源氏物語」を書きあげ、世界にその名を知られる紫式部の伝記。

◆◆モンゴメリ

『「赤毛のアン」の島で―L・M・モンゴメリ』奥田実紀著　文渓堂　2008.3　156p　22cm（名作を生んだ作家の伝記シリーズ 6）〈年譜あり〉1600円　Ⓘ978-4-89423-579-3　Ⓝ930.278
目次 両親とはなれて 一八七四年～一八八一年, 想像力豊かな子ども 一八八一年～一八九〇年, 西部のプリンス・アルバートで暮らす 一八九〇年～一八九一年, 先生になり

たい 一八九一年～一八九三年, プリンス・オブ・ウェールズ・カレッジで学ぶ 一八九三年～一八九四年, 新米教師として働く 一八九四年～一八九五年, ダルハウジー大学で学ぶ 一八九五年～一八九六年, 再び、教師となる 一八九六年～一八九八年, 祖母と二人の生活 一八九八年～一九一一年, オンタリオ州・リースクデールで暮らす 一九一一年～一九二六年, ノーヴァル村へ移る 一九二六年～一九三五年,「旅の終わり」で 一九三五年～一九四二年
内容 アンを愛し、寄りそった作者モンゴメリの伝記。

『モンゴメリー「赤毛のアン」への遙かなる道』ハリー・ブルース著, 橘高弓枝訳 かいせいしゃ 偕成社 1996.5 333p 21cm 2500円 ①4-03-814180-2
目次 プロポーズ, 命がけの恋, 由緒ある家柄に生まれて, 孤独な女の子, 空想の世界, よく働き、よく祈るべし, 大いなる野心, 校庭にめばえた恋, カナダ西部への旅, わたしの作品が活字に!〔ほか〕

『モンゴメリー『赤毛のアン』を書いた女性作家』高瀬直子漫画, 堀ノ内雅一シナリオ 集英社 1995.11 141p 23cm (集英社版・学習漫画―世界の伝記)〈監修:松本侑子〉800円 ①4-08-240035-4
内容 L.M.モンゴメリは、『赤毛のアン』(1908年)を書いたことで有名なカナダの女性作家です。当時は、女性が仕事を持つことはめずらしい時代でした。幼いころから作家をめざしていたモンゴメリは、努力を重ね、カナダではじめて女性の職業作家として成功しました。プリンス・エドワード島を舞台に、作家を夢見る「アン」は、作者の分身ともいえるでしょう。

『わたしの赤毛のアン―モンゴメリの生涯』キャサリン・M.アンドロニク著, 折原みと訳 ポプラ社 1994.12 278p 22cm (心にのこる文学 16) 1200円 ①4-591-04645-1

◆◆与謝野 晶子

『与謝野晶子―女性の自由を歌った情熱の歌人』あべさよりまんが, 菅谷淳夫シナリオ 小学館 1996.11 159p 23cm (小学館版学習まんが人物館)〈監修:入江春行〉880円 ①4-09-270110-1
目次 初めての歌集, 海を見ていた少女, 星の子・鉄幹, 君死にたもうことなかれ, 二人は永遠に
内容 晶子の生きた明治時代の日本では、戦争に行く人に対して「勇ましく戦って立派に死んでこい」といわなければならないことになっていました。それに対し晶子は「戦争を憎み、命を大切に、と思うのは人間として当然の感情である。また、心の真実を表現することこそ、詩や歌の最も大切なことである」と反論して、一歩もゆずりませんでした。

『新装世界の伝記 47 与謝野晶子』桂木寛子著 ぎょうせい 1995.12 309p 20cm 1600円 ①4-324-04490-2
目次 第1章 駿河屋の娘(姉と弟, 生いたちほか), 第2章 運命のひと(めぐりあい, 陶酔ほか), 第3章 みだれ髪(多情のひと, みだれ髪 ほか), 第4章 再生と死(「明星」の衰退, 百号廃刊 ほか)

『「情熱のうた」与謝野晶子―その力強い生き方』秋山裕美作, 西村美華絵 三友社出版 1995.6 142p 22cm (コミック巨人再発見 5) 1300円 ①4-88322-605-0

独自の思想を打ち立てた人びと
―学者・思想家

『みんな仲よし幾多郎きょうだい―日本を代表する哲学者・西田幾多郎』かつおきんや文, かみでしんや絵 金沢 北国新聞社 2007.2 43p 30cm (ふるさと偉人絵本館 3 ふるさと偉人絵本館編集委員会編, 金沢市立ふるさと偉人館監修)〈解説:大熊玄〉1714円 ①978-4-8330-1564-6 Ⓝ121.63

『長生きをした貞太郎―禅を広めた鈴木大

拙』かつおきんや文，かみでしんや絵　金沢　北国新聞社　2006.11　43p　30cm　（ふるさと偉人絵本館 1　ふるさと偉人絵本館編集委員会編，金沢市立ふるさと偉人館監修）〈解説：松田章一〉1714円　Ⓘ4-8330-1503-X　Ⓝ188.82

『佐久間象山―誇り高きサムライ・テクノクラート』古川薫著，岡田嘉夫画　小峰書店　2006.7　183p　22cm　（時代を動かした人々　維新篇 9）〈年譜あり〉1600円　Ⓘ4-338-17109-X　Ⓝ121.55

『柴野栗山』小川太一郎著　高松　栗山顕彰会　2006.3　39p　30cm〈年譜あり〉Ⓝ121.54

『塙保己一とともに―ヘレン・ケラーと塙保己一』堺正一著　はる書房　2005.9　207p　19cm　1500円　Ⓘ4-89984-070-5

目次 第1章 児玉の空のもとで(塙保己一のプロフィール,生まれ故郷で,失明,悲しみを乗り越えて),第2章 夢と現実のはざまで(夢やぶれて,多くの人たちに支えられて学問の道へ,関西旅行,悔しさをバネに,天は自ら助ける者を助ける),第3章 水を得た魚のように(賀茂真淵先生との出会い,名声のためではなく,『群書類従』の編集・発行),第4章 名声をよそに(水戸の黄門様の『大日本史』,和学講談所を開く),第5章 大河の流れとなって(その生涯を振り返って,汗の結晶・あの版木は今？,保己一のエピソード)

『山崎闇斎』牛尾弘孝著　山崎町(兵庫県)山崎町教育委員会　2005.3　68p　26cm〈肖像あり　年譜あり〉Ⓝ121.54

『山田方谷物語』南一平漫画，高梁方谷会,山田方谷に学ぶ会監修，山陽新聞社編　〔高梁〕山田方谷生誕200年記念事業実行委員会　2005.3　95p　21cm〈共同刊行：高梁市観光協会　年表あり〉Ⓝ121.55

『武器では地球を救えない―エスペラント語をつくったザメンホフの物語』和田登著，高田勲画　文渓堂　2004.12　189p　22cm　1300円　Ⓘ4-89423-427-0　Ⓝ289.3

目次 サラの悲しみ,水車小屋のヨゼフさん,木になったサラ,ワルシャワの五角形の部屋,ああ、星までが味方だ,言葉では世界の病気はなおせない？,暗黒の町モスクワ,ユダヤ人が犯人だ！,ボフカをみた,シオンの丘かアメリカか,地下室の秘密集会,雪の中のクララ,その名はエスペラント博士,ジカ街のカンナの庭

内容 十九世紀末から二十世紀はじめ、ヨーロッパでは、ユダヤ人に対して大規模な迫害がおきた。やがて、国同士のあらそいは、第一次世界大戦へとつながっていく。そのような悲しい出来事があいつぐ時代、ザメンホフは、言葉の壁をなくし、コミュニケーションを十分にすることこそ、世界平和への道だと考え、エスペラント語をつくる…。十分な話し合いができないままに憎しみばかりがつのっていく現代の紛争解決へのヒントがここにある。

『TN君の伝記』なだいなだ作，司修画　福音館書店　2002.9　389p　17cm　（福音館文庫）800円　Ⓘ4-8340-1884-9

内容 幕府を倒したのは、世の中を変えるためじゃなかったか。足軽の子に生まれ、ルソーに学び、人間の自由をもとめつづけた思想家・TN君とはいったい誰？その歩みをたどりながら、明治という時代のおもしろさ、そして現代にまでつながるさまざまな問題について考えよう。伝記文学の楽しさを満喫できる作品。小学校上級以上。

『あおき・こんよう』小沢正文，夏目尚吾絵　チャイルド本社　2001.10(第4刷)　30p　25cm　（こども伝記ものがたり　絵本版 7　西本鶏介責任編集）〈年譜あり〉581円　Ⓘ4-8054-2355-2

『ソクラテス―もっともかしこい人はだれか』傅佩栄作，I.ギゼレフ絵，今西大文　鈴木出版　2001.4　1冊　31cm　（はじめてであう世界なるほど偉人伝）〈年表あり　文献あり〉2500円　Ⓘ4-7902-3075-9,4-7902-3072-4

内容 ソクラテスは、子どもが、どうしてどうして、としつこくたずねるように、人び

とに問いかけ、問われた人は、その問いについて、否応なく考えさせられました。その問いは、かんたんには答えが見つからないような、重要な問題でした。ソクラテスは、問いかけをつづけていくことにより、普遍的な知恵、真理を見つけ出そうとしたのです。多くの場合、明らかになるのは、自分の認識がいかにあやふやなものか、知っているようで、結局なにも知らないということでしたが、それを知ることがなによりも大切だと、ソクラテスは考えたのです。小学校中学年から中学生向き。

『歴史学者津田左右吉―歴史は未来をひらく』赤座憲久作, 岩淵慶造絵 小峰書店 1998.7 134p 22cm (新こみね創作児童文学)〈肖像あり 年譜あり 文献あり〉1400円 Ⓘ4-338-10713-8
目次 おばあさん子, 文明小学校, 名古屋へ勉学に, 東京専門学校, 中学校教師のころ, 研究者生活へ, 母親を東京へ迎える, 岩手県の平泉, 栄光と病魔と, 見果てぬ夢を

『大原幽学―教学の実践につとめた農民指導者』麻生はじめ作画 干潟町(千葉県) 干潟町 〔1996〕 12p 18cm (ふるさと歴史マンガ)

『おばけ博士不思議庵主人』木暮正夫作, 田代三善絵 旺文社 1992.3 158p 21cm (旺文社ジュニア・ノンフィクション) 1100円 Ⓘ4-01-069521-8
目次 1 村の寺子屋,2 神と仏のきりはなし,3 障子の幽霊,4 根気の虫,5 真理は哲学にある,6 "コックリさん"のなぞ,7 おばけの正体をあばく
内容 科学的にはときあかしきれないふしぎな現象を、"超常現象"といいます。こうしたおばけをめぐるできごとや、現代いまなおとりざたされているまかふしぎな現象のかずかずに、明治時代のなかごろから調査と研究のメスを入れた人がいました。おばけ博士、妖怪博士といわれ、みずから「不思議庵主人」と名のったりもした井上円了がその人です。

『びとうじしゅう―親子絵読本』尾藤二洲親子絵読本刊行委員会編 〔川之江〕 川之江ライオンズクラブ 1992.3 1冊 26cm 1000円

『ひと足ひと足―伝記西尾実』下伊那教育会編 長野 信濃教育会出版部 1991.4(2刷) 234p 22cm〈年譜あり〉Ⓝ289.1

『アリストテレス/アルキメデス―科学の誕生』関口たか広漫画, インタラクティブ編 ほるぷ出版 1990.10 144p 21cm (漫画人物科学の歴史 世界編 01)〈監修・指導：山崎正勝, 木本忠昭〉1100円 Ⓘ4-593-53131-4 Ⓝ289.3

『鈴せんせい―歴史漫画・本居宣長のすべて』小井土繁漫画, 岡田勝シナリオ, 宣長漫画づくり実行委員会編 松阪 松阪青年会議所 1989.9 122p 23cm〈監修：小泉祐次〉1000円

『幼年期から中等学校時代のレーニン』アンナ・ウリヤノワ著, 伊集院俊隆訳 新読書社 1988.11 68p 29cm〈共同刊行：マルイシ出版所(モスクワ)〉880円 Ⓘ4-7880-9415-0
内容 本書は、新読書社(東京)とマルイシ出版所(モスクワ)の国際共同出版として発行された。

『伝記世界の偉人 2 孔子』堀田あきお作画 中央公論社 1985.10 143p 23cm〈監修：永井道雄, 手塚治虫〉750円 Ⓘ4-12-402490-8

『三浦梅園伝』三浦頼義作, 永井潔画 草土文化 1981.7 82p 21×22cm 1100円

◆◆福沢 諭吉

『福沢諭吉―子どものための偉人伝』北康利著 PHP研究所 2007.12 166p 22cm 1300円 Ⓘ978-4-569-68747-6 Ⓝ121.6
目次 下級武士の子に生まれて, 蘭学への挑戦, 緒方洪庵先生との出会い, 蘭学塾を開く, 咸臨丸太平洋横断―自由の国との出会い, お錦との結婚、緒方先生との別れ, 慶応義塾と命名す, 学問のすゝめ, 同志・大隈重信, 北里

柴三郎と伝染病研究所,金玉均と朝鮮独立運動,独立自尊—彼の志は私たちへと引き継がれた

内容 慶応をつくった「日本一の先生」の生涯。国を愛し、人々が幸せになるために尽くす生き方が、いかに美しく尊いものであるかを、福沢先生は私たちに教えてくれています。

『福沢諭吉』小野忠男,相磯裕文,穂積和夫絵　国立　にっけん教育出版社　2006.10　1冊(ページ付なし)　25cm　〈発売：星雲社〉1500円　Ⓘ4-434-08476-3　Ⓝ121.6

『福沢諭吉—ペンでひらく新しい時代』酒寄雅志監修,小西聖一著　理論社　2004.3　113p　25cm　(NHKにんげん日本史)〈年譜あり　年表あり〉1800円　Ⓘ4-652-01468-6　Ⓝ121.6

目次 第1章 蘭学の修業(神さまのお札をふむ少年,故郷を脱出する ほか),第2章 西洋の空気(江戸、福沢先生のスタート,蘭学にまっしぐら ほか),第3章 攘夷のあらしのなかで(開国か攘夷か,攘夷の標的 ほか),第4章 新しい時代に(王政復古,新しい時代のこころざし ほか)

『福沢諭吉と明治維新』新冬二文　フレーベル館　2004.3　48p　27cm　(あるいて知ろう!歴史にんげん物語 8)〈年譜あり〉2900円　Ⓘ4-577-02792-5　Ⓝ289.1

目次 もっとひろい世界を,長崎で蘭学をまなぶ,緒方洪庵先生とのであい,慶応義塾のはじまり,咸臨丸で太平洋をわたる,ベストセラーの誕生,民間人として生きる,天は人の上に人を造らず,すすむ文明開花,一身で二生をいきる

『福沢諭吉』桑原三郎監修　ポプラ社　2003.4　79p　27cm　(徹底大研究日本の歴史人物シリーズ 7)〈年譜あり〉2850円　Ⓘ4-591-07556-7,4-591-99489-9　Ⓝ289.1

目次 第1章 激動の時代に生まれた論吉(1万円札の肖像になった福沢諭吉,身分差別に反発した諭吉 ほか),第2章 諭吉、世界に目を開く(黒船が来航し、諭吉、長崎へ行く,蘭学者、緒方洪庵との出会い ほか),第3章 アメリカとヨーロッパを体験(咸臨丸でアメリカに行く,諭吉、帰国後、危険な目にあう ほか),第4章 慶応義塾の発展(「慶応義塾」が誕生する,戦争のなかでも講義をつづける ほか),第5章 文明開化をみちびいた諭吉(『学問のすゝめ』がベストセラーに,諭吉と文明開化 ほか)

内容 福沢諭吉は、幕末にアメリカやヨーロッパにわたって見聞を広め、『西洋事情』や『学問のすゝめ』を著しました。明治時代、日本文明開化を指導した諭吉の足跡をたどります。

『福沢諭吉—人間の自由と平等を説いた思想家』甲斐謙二画,東桂市作,坂井達朗監修　コミックス　2002.11　143p　19cm　(講談社学習コミック—アトムポケット人物館 16)〈発売:講談社〉700円　Ⓘ4-06-271816-2　Ⓝ289.1

目次 第1章 封建制度は大嫌い,第2章 勉強は面白い,第3章 家老の息子の陰謀,第4章 英語との出会い,第5章 アメリカ・ヨーロッパへ行く!

内容 本書は近代日本の代表的な啓蒙思想家である福沢諭吉の生涯の内、彼が成長していく過程を中心にして、映像で表現したものである。

『福沢諭吉—天は人の上に人を造らず 普及版』後藤弘子文,南聡絵　〔大分〕大分県教育委員会　2002.3　193p　19cm　(大分県先哲叢書　大分県立先哲史料館編)〈折り込1枚　年譜あり〉Ⓝ121.6

『福沢諭吉』筑波常治作,田代三善絵　国土社　1999.3　222p　22cm　(堂々日本人物史 戦国・幕末編 17)　1200円　Ⓘ4-337-21017-2

目次 身分のひくい父のなげき,父の死をめぐるうわさ,武士にあるまじき反抗,べんきょうするなら長崎へ,家老の子のわるだくみ,父のくらした大阪へ,もうれつなべんきょう家,よくまなび、よくあそんだ塾生活,オランダ語は時代おくれだった,わが目でみたアメリカ〔ほか〕

『福沢諭吉』浜野卓也文　ポプラ社　1998.12　158p　22cm　（おもしろくてやくにたつ子どもの伝記 15）〈肖像あり　文献あり　年譜あり〉880円　①4-591-05875-1
目次 好奇心おうせいな子, 学問との出会い, 適塾の青年たち, 海のむこうの外国は？, ふたたび海を渡る, 剣をおそれず, 砲声をききながらの勉強, 学問のすすめ, 自由と平等, 新政府のあらそい〔ほか〕
内容 下級武士の家に生まれた福沢諭吉。あるとき、学問のたのしさにめざめ、猛勉強をはじめます。江戸時代から明治時代へ。日本の歴史に、諭吉は、どんな足あとをのこしたのでしょう。

『福沢諭吉―天は人の上に人をつくらず』藤田のぼる作，伊藤展安絵　岩崎書店　1998.3　131p　18cm　（フォア文庫 B206）〈年譜あり　文献あり〉560円　①4-265-06317-9
目次 大阪うまれの「中津人」, 中津での少年時代, 長崎へ, 洪庵先生とのであい, 第三の転機, アメリカへ, 時代をうごかした『西洋事情』, 慶応義塾の創立と『学問のすゝめ』, それからの諭吉
内容 中津藩の下級武士の家に生まれた福沢諭吉は、緒方洪庵の適塾でオランダ語を学んで、西洋の学問・文化を吸収します。さらに英語にもとりくんで、幕府の使節団の一員として咸臨丸でアメリカにわたります。続いてヨーロッパ各国も訪問して西洋の文物にひかれ、人びとにそれを伝えようと慶応義塾を創立し、「学問のすすめ」などの本を書き、新聞も創刊して熱心に発言しました。明治時代に民主主義的精神を訴えた福沢諭吉の伝記！小学校中・高学年むき。

『福沢諭吉―一身独立して一国独立する』長谷川公一著　明治図書出版　1997.12　120p　19cm　（教科書が教えない歴史人物の生き方 幕末・明治編 no.5　自由主義史観研究会編）〈年譜あり　文献あり〉1048円　①4-18-461514-7

『新装世界の伝記　39　福沢諭吉』福田清人著　ぎょうせい　1995.12　330p　20cm　1600円　①4-324-04482-1
目次 第1章 青春多難, 第2章 異国の風, 第3章 明治の夜明け, 第4章 独立自尊

『福沢諭吉』内田英二著　ポプラ社　1994.2　174p　18cm　（ポプラ社文庫―伝記文庫 D-17）580円　①4-591-04324-X

『天は人の上に人をつくらず…―福沢諭吉』藤田のぼる文，伊藤展安絵　岩崎書店　1993.4　99p　26cm　（伝記・人間にまなぼう 14）2400円　①4-265-05414-5
目次 大阪うまれの“中津人”, 中津での少年時代, 長崎へ, 洪庵先生とのであい, 第三の転機, アメリカへ, 時代をうごかした『西洋事情』, 慶応義塾の創立と『学問のすゝめ』, それからの諭吉

『福沢諭吉―ジュニア版』岳真也著　吟遊社　1991.12　121p　22cm　（少年・少女伝記ノンフィクション）〈発売：星雲社〉1200円　①4-7952-9401-1
目次 1 異国への旅,2 少年時代,3 長崎の蘭学塾,4 適塾での生活,5 慶応義塾を開校
内容 話題の東映映画『福沢諭吉』の明治維新を生きた実像に迫る。

『福沢諭吉の勉強法―チャレンジ精神が時代をつくった』斉藤規著　ポプラ社　1991.4　171p　20cm　（ポプラ社教養文庫 11）1500円　①4-591-03841-6
目次 プロローグ 激動の時代に学んだ諭吉,1 情報集めが決め手,2 何でもためしてみよう―中津の諭吉,3 勉強は自分でする―長崎の諭吉,4 先生との出会い、仲間との出会い―大阪の諭吉,5 オランダ語はもう古い―江戸、横浜の諭吉,6 生きた知識をめざして―アメリカ、ヨーロッパへ,7 情報収集から情報発信へ, エピローグ 情報を生かすのはあなた自身
内容 激動の時代に学んだ諭吉青年、情報集めが決め手。何でもためして、たしかめる。先生との出会い、仲間との出会い生きた知識を求めて―。

『福沢諭吉―文明開化につくした教育者』三上修平シナリオ，後藤長男漫画　第2

版　集英社　1989.9　141p　21cm　（学習漫画 世界の伝記）700円　Ⓘ4-08-240009-5

目次 悲しい旅立ち, 学問の道をこころざす, 長崎での蘭学修業, 緒方洪庵先生, 新しい学問, 咸臨丸にのって, ヨーロッパへ, 慶応義塾, 学問のすすめ

内容 福沢諭吉は、慶応義塾をつくり、「学問のすすめ」をかきあらわした、偉大な教育者です。諭吉は、江戸時代のおわりから、明治時代にかけて生きましたが、そのころ日本は、激しく変わりつつありました。諭吉は目を、つねに広い世界へ向け、人間の平等や、正しい知識のたいせつさを説くことで、日本人全体を教えみちびきました。

『福沢諭吉』小島直記著, 上総潮画　講談社　1989.4　273p　22cm　（少年少女伝記文学館 第15巻）1440円　Ⓘ4-06-194615-3

目次 1 自立への道,2 世界にひらく目,3 慶応義塾,4 新しい日本のために

内容 「天は人の上に人をつくらず、人の下に人をつくらず。」明治のはじめに、封建時代の不平等とたたかい新しい時代にむかう人々にすすむべき道をさししめした福沢諭吉の一生。

『福沢諭吉』宮崎章指導, 山口太一まんが　くもん出版　1987.9　120p　20cm　（くもんのまんがおもしろ大研究―歴史人物シリーズ）〈監修：影山昇〉580円　Ⓘ4-87576-379-4

目次 序章 ペンは剣よりも強い, 第1章 迷信なんかこわくない, 第2章 自由になるんだ, 第3章 よく学びよく遊べ, 第4章 一から出直しだ, 第5章 文明ってすごいぞ, 第6章 慶応義塾のあるかぎり, 第7章 天は人の上に人を造らず, 第8章 独立自尊の人, おもしろ研究1 蘭学ってどんな学問？, おもしろ研究2 適塾で学んだ人びと, おもしろ研究3 進んでいた欧米の技術と社会, おもしろ研究4 明治という時代と諭吉の思想

内容 諭吉は見た！文明開化の日本を。まんがでたどる福沢諭吉の生涯。

『ふくざわゆきち』影山昇文, 清水耕蔵絵　チャイルド本社　1986.5　30p　25cm　（チャイルド絵本館―伝記ものがたり）500円　Ⓘ4-8054-7622-2

『偉人福沢諭吉―人間の平等をといた「教育の先駆者」』なぎさ謙二まんが　秋田書店　1985.4　145p　23cm　（まんが学習アルバム―伝記シリーズ）〈監修：中森東洋〉750円

『福沢諭吉―慶応義塾の創立者』丸山信, 田代脩監修　学習研究社　1984.10　125p　23cm　（学研まんが伝記シリーズ）680円　Ⓘ4-05-101135-6

『世界の伝記―国際カラー版　第17巻　福沢諭吉』須知徳平文, 柳柊二絵　小学館　1983.9　116p　21cm　650円　Ⓘ4-09-231117-6

『福沢諭吉―ペンは剣よりも強し』高山毅著　講談社　1981.11　189p　18cm　（講談社火の鳥伝記文庫）390円　Ⓘ4-06-147510-X

『少年少女世界伝記全集―国際版　第7巻　ナイチンゲール, 福沢諭吉』小学館　1981.5　133p　28cm　1350円

◆◆細井 平洲

『中学生の描いた細井平洲』東海市教育委員会編　東海　東海市教育委員会　1994.12　98p　21×30cm

『細井平洲先生―上杉鷹山公の恩師 絵ばなし』川島良博編著, 長沢剛挿絵　米沢　酸漿出版　1993.7　43p　14×19cm〈監修：大井魁〉900円

◆◆吉田 松陰

『吉田松陰と高杉晋作―幕末・維新人物伝』加来耕三企画・構成・監修, すぎたとおる原作, 滝玲子作画　ポプラ社　2009.3　126p　22cm　（コミック版日本の歴史 13）〈文献あり 年表あり〉1000円　Ⓘ978-4-591-10600-6　Ⓝ121.59

目次 第1章 寅次郎学ぶ, 第2章 黒船来航, 第3章 上海行, 第4章 攘夷, 第5章 おもしろきこともなき世をおもしろく…

内容 信念の男は、まっすぐ生きた。情熱の男は、激しく生きた。夢を追い、理想を求め、幕末・維新を駆け抜けた男達の物語。

『若者たちに維新を託して—吉田松陰、安政の大獄に散る』小西聖一著，小泉澄夫絵　理論社　2007.11　141p　22cm（新・ものがたり日本歴史の事件簿）1200円　Ⓘ978-4-652-01642-8　Ⓝ121.59

目次 安政の大獄—志士のさけび、弾圧の刃に消える,萩の少年学者、時代に羽ばたく（殿さまのお気に入り—きびしい勉強で学問をみがく,旅に学び、世界に目を開く,約束は破れない—人生最初の無鉄砲,脱藩の罪—処分が下る）,ペリー来航、ゆれ動く日本（黒船を目の前にして,長崎へ、横浜へ—ひそかな計画,伊豆下田—ついにペリーの船へ）,松下村塾の日々（萩・野山獄—牢獄を学校に変えた,村塾の松陰—巣立て若者、日本を変えるために,草莽よ起て—牢獄からのさけび）,身はたとえ…（死刑の理由—松陰はみずから語りはじめた,留魂録）

内容 日本史をいろどった数々の事件。その歴史の断片から“未来”をさぐる。

『吉田松陰—国を愛し人を愛した至誠と情熱の生涯』後藤久子文，えんどうえみこ絵　新教育者連盟　2007.2　149p　21cm（子供のための伝記シリーズ 3）〈年譜あり　文献あり〉953円　Ⓘ4-902757-09-5　Ⓝ121.59

『吉田松陰—吟遊詩人のグラフィティ』古川薫著，岡田嘉夫画　小峰書店　2002.3　189p　22cm（時代を動かした人々 維新篇 5）〈年譜あり〉1600円　Ⓘ4-338-17105-7

『光をめざして走れ—時代をさきがけた吉田松陰』古川薫文，石井昭影絵　新日本教育図書　1997.12　1冊　25×22cm（影絵ものがたりシリーズ 3）1200円　Ⓘ4-88024-196-2

内容 日本がおおきく変わる幕末という時代に吉田松陰という人がいた。学問にはげみ、全国を旅して新しいことをたくさん学んだ一人の若者は、日本を大きく動かすひとびとをおおぜい育てた。その吉田松陰のものがたりをあざやかな影絵で語る。

『吉田松陰—松下村塾の指導者』福川祐司著　講談社　1996.10　189p　18cm（講談社火の鳥伝記文庫 97）540円　Ⓘ4-06-147597-5

目次 1 山鹿流の師範となる,2 黒船の艦隊,3 牢獄の生活,安政の大獄

内容 黒船の来航でゆれる日本の未来をうれえて、松下村塾をひらき、久坂玄瑞、高杉晋作、伊藤博文らの明治維新の原動力となった多くの門弟を教えた信念の人、吉田松陰の生涯。

『吉田松陰30年の生涯—わたしの人間発見』鈴木喜代春作，阿部誠一絵　あすなろ書房　1995.11　182p　21cm　1300円　Ⓘ4-7515-1234-X

目次 はじめに—鎖国を破ろうとした人,護国山のふもとで,吉田大助の養子,明倫館で教え学ぶ大次郎,アヘン戦争,読書と旅—『西遊日記』,江戸へ,脱藩,雪国を行く—『東北遊日記』,「育」となる〔ほか〕

内容 30年の短い人生を、ひたすら純粋に、理想を追いつづけた吉田松陰。死罪をもまぬがれぬほどの鎖国令を破ってまで外国へ行こうとした松陰とは、いったいどんな人物だったのか。その波乱に富んだ短き生涯を活写する。

『吉田松陰—明治維新の種をまいた男』八剣ヒロキマンガ　草土文化　1995.3　149p　22cm（マンガ大江戸パワフル人物伝）1400円　Ⓘ4-7945-0643-0

教えを開き広めた人びと
—宗教家・僧侶

『大きな手大きな愛—“胃袋の宣教師”函館カール・レイモン物語』川嶋康男著　農山漁村文化協会　2008.12　145p　22cm〈文献あり〉1350円　Ⓘ978-4-540-08263-4　Ⓝ289.3

内容 「レイモンさん」の手はふっくらとして、とても大きくてやわらかいのです。その大きな手から作り出されるハムやソーセージを口にした瞬間、豚肉のうまみや油の濃厚さが舌や胃袋に語りかけてくるのです…大正時代、国際結婚した最愛の妻と手づくりハムの店を始めたレイモンさん。戦争に向かう嵐の時代の中で、妻と日本への愛を貫いた波乱の人生。

『恵みの風に帆をはって―ペトロ岐部と187殉教者物語』『まるちれす』編纂委員会編著，溝部脩監修　ドン・ボスコ社　2008.4　158p　27cm〈年表あり〉1800円　Ⓘ978-4-88626-456-5　Ⓝ198.221

目次 八代の殉教者 どうかお父さんのように―神との約束を果たす父と子, 山口の殉教者 わたしに夜道はありません―苦しむ仲間たちにともし火をかざしたメルキオールとダミアン, 薩摩の殉教者 まっすぐ神さまに向かって―神のご慈悲にふれたレオ税所七右衛門, 生月の殉教者 自分で望んだ道ですから―黒瀬の辻の思い出と強い信仰で結ばれた家族, 有馬の殉教者 わたしも歩かせてください―神の教えをいつも学び大切なことを自分で選んだ少年ディエゴ, 天草の殉教者・アダム荒川 アダム、どこにいるのか―神の息吹を受け教会の裏方として生きた人, 京都の殉教者 まもなくすべてがはっきりと見えます―戦いの都に祈りと信仰の泉を残した人たち, 小倉・大分・熊本の殉教者 これだけは棄てられません―人生の苦労を喜びに変えた親と子, 江戸の殉教者・ヨハネ原主水 下に、下に―自分の弱さの中でほんとうの強さをいただいた人, 広島の殉教者・フランシスコ遠山甚太郎 平和のためにお使いください―愛して尽くして神の平和を生きた人たち〔ほか〕

内容 勇気と優しさを生きぬいた人たちが現代に伝える希望の福音。

『沢山保羅―郷土の偉人・愛と祈りの人ふるさとに誇りを持ち勇気と希望をあたえる物語』平和生著　〔山口〕〔平和生〕2006.7　212p　22cm〈年譜あり〉非売品　Ⓝ198.321

『おなあさんの雪うさぎ―祖心尼ものがたり』浜祥子作，うえだいずみ絵　臨済宗済松寺　2005.10　39p　19×23cm〈年譜あり〉Ⓝ188.82

『ショーさん物語―避暑地軽井沢のはじまり』宮本かほる著，ebicreamイラスト〔軽井沢町（長野県）〕軽井沢ナショナルトラスト　2005.4　1冊（ページ付なし）22cm〈発売：軽井沢新聞社（軽井沢町（長野県））　軽井沢ナショナルトラスト創立10周年記念事業〉1200円　Ⓘ4-9980-7642-6　Ⓝ198.42

『いのちやさしくあたたかく―恵信尼さまのおてがみ』中川晟文，小西恒光絵　京都　探究社　2005.1　35p　26cm　1300円　Ⓘ4-88483-731-2　Ⓝ188.72

『少年ドメニコ・サヴィオ』ガストン・クルトゥア文，ロベール・リゴ絵，前田和子訳　ドン・ボスコ社　2004.10　79p　15×21cm　500円　Ⓘ4-88626-387-9　Ⓝ198.2237

『イエスのおかあさんマリア』わきたあきこ文，やのしげこ絵　女子パウロ会　2004.4　160p　22cm　1238円　Ⓘ4-7896-0578-7　Ⓝ192.85

『キリストの使徒パウロ』脇田晶子著，岩淵慶造画　女子パウロ会　2003.6　131p　22cm　1200円　Ⓘ4-7896-0567-1　Ⓝ192.8

『インド賢者物語―スワミ・ヴィヴェーカーナンダ伝記絵本』Irene Ray,Mallika Clare Gupta著，Ramananda Banerjeeイラストレーション　逗子　日本ヴェーダーンタ協会　2003.5　69p　24cm〈訳：ウィンター涼子〉900円　Ⓘ4-931148-28-X　Ⓝ126.9

『玄奘法師とマルコ＝ポーロ―人類の交流と冒険』鈴木恒之監修，藤崎康夫シナリオ，アンベ久子漫画　全面新版　集英社　2002.11　165p　23cm（集英社版・学習漫画―世界の歴史 8）〈年表あり〉900円　Ⓘ4-08-249208-9　Ⓝ209

『こどものための聖母マリア物語』ブライアン・ワイルドスミス絵・文，星野真理訳　小学館　2002.11　1冊　30cm　1600円　Ⓘ4-09-263014-X

内容　これはイエス・キリストの母、マリアのお話です。マリアの幼少時代、イエスの誕生、十字架の悲しみ、そして復活のよろこび。聖母マリアが天にのぼり、天地の女王としてキリストから冠をあたえられるまでの物語をつづります。

『聖フランシスコ・サレジオ』カトリーヌ・フィノ文，ドミニク・バッハ絵，前田和子，松本小夜子，木村洋子訳　ドン・ボスコ社　2001.9　69p　20cm　900円　Ⓘ4-88626-294-5

『聖ヨハネ・ボスコ―青少年の友』キャロル・モンマルシェ文，オーギュスタ・キュレリ絵，児島輝美訳　ドン・ボスコ社　2001.9　71p　20cm　900円　Ⓘ4-88626-295-3

『聖マグダレナ・ソフィア・バラ』児島なおみ作　偕成社　2001.5　1冊　21cm　1300円　Ⓘ4-03-528150-6

内容　今から200年ほどまえ、フランスにマグダレナ・ソフィア・バラという修道女がおりました。マザーバラはとてもこがらで、きゃしゃなひとでした。革命のあとのこんらんしたフランスを、北から南へ、東から西へと、馬車にゆられてなんども往復しながら、修道院と学校をつくってまわったひとだとは、この若いちいさなマザーのすがたから、だれが想像できたでしょうか？これは、子どもたちの教育のためにつくした、実在の修道女、聖マグダレナ・ソフィア・バラのおはなしです。

『聖カタリナ・ラブレ』マリー＝ジュヌヴィエーヴ・ルー，エリザベット・シャルピー文，オーギュスタ・キュレリ絵，竹下節子訳　ドン・ボスコ社　2001.4　69p　20cm　900円　Ⓘ4-88626-287-2

『聖ヴィンセンシオ・ア・パウロ』カトゥリン・エティヴァン，キャロル・モンマルシェ，アン＝マリー・ストル文，オーギュスタ・キュレリ絵，竹下節子訳　ドン・ボスコ社　2000.9　69p　20cm　900円　Ⓘ4-88626-286-4

『栄西』ひろさちや原作，辰巳ヨシヒロ漫画　鈴木出版　1998.4　146p　22cm　（まんが日本の高僧 教科書にでてくる人物 6）〈年譜あり〉1800円　Ⓘ4-7902-1087-1

『ペトロ岐部カスイ―世界を旅した不屈のバテレン 普及版』神崎信博文，利光敏郎絵　〔大分〕 大分県教育委員会　1998.3　157p　19cm　（大分県先哲叢書　大分県立先哲史料館編）〈折り込1枚〉Ⓝ198.221

『らみいちゃんの聖書人物伝「この人だぁ～れ？」』みやしたはんな，鈴木聖美著，クリスチャン新聞監修　クリスチャン新聞　1997.9　156p　21cm〈発売：シーアール企画〉Ⓘ4-264-01677-0　Ⓝ193

『青少年の友ドン・ボスコ』カタリナ・ビッベ著，野口重光訳　改訂版　ドン・ボスコ社　1997.4　221p　18cm〈年譜あり〉750円　Ⓘ4-88626-015-2

『永遠の天台大師』望月あきらまんが，石川潔脚本　講談社　1996.9　223p　22cm〈天台智者大師千四百年遠忌　監修：野本覚成〉1800円　Ⓘ4-06-208291-8

内容　6世紀の中国・南北朝時代に生をうけた天台大師智顗は、「法華経」を中心に釈迦のおしえと修行法を民衆に説いた。その思想は伝教大師最澄を通して日本に渡り、今も日本の仏教界の根本原理として生きている。中国のお釈迦さまと称せられる天台大師智顗。その波乱に富んだ偉大な生涯をここに紹介。

『イエスの小さい花―リジューの聖テレーズの生涯』やなぎやけいこ著　ドン・ボスコ社　1996.5　175p　18cm　750円　Ⓘ4-88626-180-9

目次　マルタン家の人々，「おかあちゃま、お死にになればいいのに」，母の死，ビュイソン

ネ, 恐ろしい幻, 小さいママが…, ほほえみの聖母, 初聖体, マリーの入会, テレーズの秘密〔ほか〕

『絵本 良慶さん』樋口富麻呂絵，吉橋通夫文　大阪　東方出版　1995.3　35p　24×19cm　1600円　①4-88591-421-3

内容 百寿説法・日本画絵本。観音信仰に生きられた京都・清水寺の大西良慶師百七歳の生涯。

『マリアさまの生涯』博雅堂出版　1994.10　1冊　37cm　（おはなし名画シリーズ 6）3000円　①4-938595-10-9

内容 ルネッサンスの画家たちが描き続けた聖母マリア。「マリアの誕生」から「聖母戴冠」まで、マリアの生涯を名画でたどる。

『二つの勲章―ダミアン神父の生涯』柳谷圭子著　ドン・ボスコ社　1994.4　167p　18cm　750円　①4-88626-124-8

目次 ヨセフ・デ・ブースター, 胸に秘めた願い, 聖フランシスコ・ザビエルのように, ホノルルへ, 初めての任地プナへ, 山の中の村, はびこる偶像崇拝, 広がるハンセン病, 神はわたしを見捨てた！, モロカイ島へ〔ほか〕

『湯沢の生んだ名僧 了翁さま』田口大師文，小松脩一絵　湯沢　湯沢市　1994.3　1冊　19×20cm〈発行所：無明舎出版〉

『栄西禅師―末法の世を生きた大きな心』対雲室善来文，働正絵　福岡　石風社　1991.4　1冊　25cm　1030円

『残されたもの―ディーン・リーパー物語』篠輝久著　リブリオ出版　1989.12　174p　22cm　1236円　①4-89784-179-8

目次 「あの日」のできごと, 遠くを見つめて, 戦争の足音, 言語将校, 日本への道, 九月二十六日, 証言, 残された人びと, アメリカへ

内容 1954年9月26日。青函連絡船の洞爺丸は、大型の台風がちかづく函館港を出港、青森へ向かいました。アメリカ人宣教師のディーンもその船に乗っていました。まさか、数時間後に、死者1155人、「世界で2番目」といわれるほどの大事故に巻きこまれようとは、夢にも思わずに。ディーンは自分の救命胴衣をぬいで、ちかくにいた日本人にわたしました。そして、さらに目の前を流れていく救命胴衣をつぎつぎに―妻と4人の子どもたちをおいて、33歳の生涯をかけぬけていった彼のすがたは、残された多くの人びとの心に、いまも生きつづけています。

『ひびけ愛北の海をこえて―洞爺丸とともに波にきえたディーン・リーパー』森下研作，鴇田幹絵　PHP研究所　1988.12　162p　22cm　（PHP愛と希望のノンフィクション）1100円　①4-569-28412-4

内容 1954年（昭和29年）台風のため沈没した青函連絡船、洞爺丸。しずみかける船内で、恐怖におののく乗客たちをはげまし、最後まで脱出をたすけ、みずからは海にきえたアメリカ人、ディーン・リーパーを描く。小学上級以上。

『世界の四大聖人―孔子・シャカ・キリスト・マホメット』手塚治虫編　〔ジュニア愛蔵版〕　中央公論社　1988.9　611p　21cm　1100円　①4-12-001723-0

目次 孔子, シャカ（釈迦）, キリスト, マホメット, 深く知るための資料（解説, 図説, 年譜）

内容 世界の文化はこの4人によって築かれた。異なる文化や宗教をもつ人々と接する機会の多い今日、私達が真の国際人となるためにまず知らなければならない4人の教えを描く伝記コミック。豊富な学習資料つき。

『夢をもとめた人びと　4　愛と宗教』玉川学園編　町田　玉川大学出版部　1987.3　126p　22cm　1200円　①4-472-05601-1

目次 ヒマラヤをこえて―河口慧海, 愛と平和をもとめて―内村鑑三, じゅんすいな心で生きる―良寛, キリスト教を日本へ―ザビエル, 信念に生きた人―ルター, まずしさの中の清い心――休, 民衆のための仏教を―空海, インドへの長い旅―玄奘, 神はアラーの神ただ一つ―マホメット, 人のために生きる―イエス・キリスト, 身分も家もすてて―釈迦, 理想の国づくりをめざして―孔子

内容 人間のくらし方、生活のしかたは、時代ごとに変わっていきますが、人間そのも

のは、むかしも今も、そんなに変わるはずはありません。むかしの偉人たちについて、くわしく知れば知るほど、今のわたしたちの生き方に役立つたくさんのことが教えられます。それらの偉人は、みんな、大きな「夢」をもった人ばかりです。夢といっても、自分だけの小さな夢ではなく、世の中全体をながめたうえでの、もっともっと大きな夢です。すべての人の幸福を願う大きな夢です。その夢を、一生、追い求め、大事に育てた人ばかりです。その夢を大事にしたから、才能はますますふくらみ、どこまでも努力しつづけることができたのです。この本では「宗教」について、夢を求め、りっぱな仕事を残した人たちを紹介します。

『外海の聖者ド・ロ神父』谷真介著，矢車涼絵　女子パウロ会　1986.6　178p　22cm　1200円　Ⓘ4-7896-0222-2

『伝記世界の偉人　4　マホメット』原田千代子作画　中央公論社　1985.9　143p　23cm　（中公コミックス）〈監修：永井道雄, 手塚治虫〉750円　Ⓘ4-12-402492-4

『少年少女信仰偉人伝　28　デーン・リーパー―日本を愛し青年伝道に専心した人』一色義子著　日本教会新報社　1982.7　225p　22cm　（豊かな人生文庫）1200円

『少年少女信仰偉人伝　26　笹尾鉄三郎―福音的信仰のきよさを求めた人』荒木寛二著　日本教会新報社　1982.7　200p　22cm　（豊かな人生文庫）1200円

『少年少女信仰偉人伝　25　バックストン―神のきよさを伝えた人』荒木寛二著　日本教会新報社　1982.7　192p　22cm　（豊かな人生文庫）1200円

『少年少女信仰偉人伝　23　ジョン・ペートン―食人島の開拓伝道者』千野肇彦著　日本教会新報社　1982.7　234p　22cm　（豊かな人生文庫）1200円

『少年少女信仰偉人伝　20　内村鑑三―近代日本の福音の指導者』重平友美著　日本教会新報社　1982.7　202p　22cm　（豊かな人生文庫）1200円

『少年少女信仰偉人伝　19　ウイラン・タッコ―台湾の信仰の勇者』野口福秀著　日本教会新報社　1982.7　197p　22cm　（豊かな人生文庫）1200円

『少年少女信仰偉人伝　17　ハドソン・テーラ―中国伝道の開拓者』栗栖ひろみ著　日本教会新報社　1982.7　202p　22cm　（豊かな人生文庫）1200円

『少年少女信仰偉人伝　13　フランシスコ―アッシジの愛の使徒』横山麗子著　日本教会新報社　1982.7　197p　22cm　（豊かな人生文庫）1200円

『少年少女信仰偉人伝　10　ルター―宗教改革の第一人者』玉木功著　日本教会新報社　1982.7　213p　22cm　（豊かな人生文庫）1200円

『少年少女信仰偉人伝　9　仙太郎―幕末に陰で宣教師を支えた人』宮地慶信著　日本教会新報社　1982.7　259p　22cm　（豊かな人生文庫）1200円

『少年少女信仰偉人伝　5　J.ウエスレー―信仰復興の勇者』栗栖ひろみ著　日本教会新報社　1981.2　220p　22cm　（豊かな人生文庫）1200円

『少年少女信仰偉人伝　3　山室軍平―日本救世軍の創始者』栗栖ひろみ著　日本教会新報社　1980.12　205p　22cm　（豊かな人生文庫）1200円

『少年少女信仰偉人伝　1　ビリー・グラハム―世界の大衆伝道者』栗栖ひろみ著　日本教会新報社　1980.10　202p　22cm　（豊かな人生文庫）1200円

◆◆イエス・キリスト

『イエスの一生』和田三造画，加藤耀子文，加藤信朗監修　知泉書館　2008.12　55p　22×31cm　1800円　Ⓘ978-4-86285-048-5　Ⓝ192.8

『美しい少年・ナザレのイエス』西阪盾

作，渡辺禎雄画　復刊　新教出版社　2005.9　95p　22cm　1900円　Ⓘ4-400-73752-7　Ⓝ192.8

『絵で見るイエスを知る58の出来事』 ロイス・ロック文，雨宮泰紀訳　ドン・ボスコ社　2005.9　128p　27cm　1500円　Ⓘ4-88626-401-8　Ⓝ192.8

『イエスさま』 小原国芳著　町田　玉川大学出版部　2003.9　120p　22cm（玉川学園こどもの本）1400円　Ⓘ4-472-90502-7　Ⓝ192.8

目次 1 神さまのおつげ,2 イエスさまのおたんじょう,3 イエスさまとヨハネ,4 はじめのおでし,5 ガリラヤへ,6 イエスさまのたとえばなし,7 イエスさまと十二人のでし,8 エルサレム入城,9 さいごのばんさん,10 十字架

内容 イエス・キリストの生涯をたどることで、人生とは何か、人間は何のために生きるのか、この世でもっとも大切なものは何かを、小学校低学年の子どもたちにもわかりやすく語りかけます。子どもの心を養う一冊です。

『イエス・キリスト―あなたの敵を愛しなさい』 郝広才作，A.ミフナーシェフ絵，今西大文　鈴木出版　2001.4　1冊　31cm　（はじめてであう世界なるほど偉人伝）〈年譜あり　文献あり〉2500円　Ⓘ4-7902-3074-0,4-7902-3072-4

内容 新約聖書には、イエスの生涯についてのべられた福音書などが記されています。この物語は、4つの福音書のなかのできごとを選んで構成しています。小学校中学年から中学生まで。

『こどものためのイエス・キリスト物語』 ブライアン・ワイルドスミス絵・文，星野真理訳　小学館　2000.11　1冊　30cm　1600円　Ⓘ4-09-263013-1

『キリスト』 谷真介文　ポプラ社　1998.10　166p　22cm　（おもしろくてやくにたつ子どもの伝記 12）〈文献あり　年譜あり〉880円　Ⓘ4-591-05799-2

目次 救い主の誕生,ヘロデ王の悪だくみ,神のおきて,荒れ野の四十日,水がぶどう酒にかわる,起きて、家へかえりなさい,マタイ、ひとことで弟子になる,「山上の説教」と「主の祈り」,死んだ人がよみがえる,五つのパンが五千人に,罪のないものが石をなげよ,イエスとらわれる,ペトロとユダのなみだ,十字架への道,よみがえったキリスト

内容 いまから二千年前、馬小屋で生まれたひとりの子どもは、イエスと名づけられました。ふしぎな力をもち、愛にあふれることばで人びとの心をとらえたイエス・キリストは、みんなに神の教えを説いていきます。

『イエスの物語』 メアリー・バチェラー文，ジョン・ヘイサム絵，阿部仲麻呂，佐倉泉訳　ドン・ボスコ社　1995.12　190p　25cm　1700円　Ⓘ4-88626-155-8

『新装世界の伝記 12 キリスト』 香川茂著　ぎょうせい　1995.2　317p　20cm　1600円　Ⓘ4-324-04389-2

『キリスト』 山本藤枝著　ポプラ社　1994.1　174p　18cm　（ポプラ社文庫―伝記文庫 D-15）580円　Ⓘ4-591-03997-8

目次 救いぬしはいつくるか,ひつじかいたちはきいた,かいばおけの中の赤んぼう,三人の博士たち,ざんこくなヘロデ王,ナザレのイエス,エルサレムへの旅,学者たちをあいてに,ヨルダン川のほとり,あくまの声,水がぶどうしゅになった,マタイのよろこび,マグダラのマリアのなみだ,五つのパンと二ひきのさかな,ロバにのったキリスト,ユダのうらぎり,さいごの夜,ゲッセマネの森,ゴルゴダの丘,よみがえったキリスト

『キリスト―神の愛をといた救世主』 竹村早雄シナリオ，森有子漫画　第2版　集英社　1989.9　141p　21cm　（学習漫画 世界の伝記）700円　Ⓘ4-08-240013-3

目次 われらの救い主よ,神の子イエス,ヨルダン川のほとり,悪魔のゆうわく,ヨハネの首,エルサレムへ,最後の晩さん,十字架のイエス

内容 イエス・キリストは、いまから2000年ほど前に生き、愛を説いた宗教家です。その生涯はわずか30数年で、伝道をおこなった

のは、そのうちの最後の3年ほどだったといわれています。しかし、現在世界じゅうでキリストの教えを信じている人びとは、10億人以上にのぼっています。これほど人びとに知られ、また、大きな影響をおよぼした人物は,キリストのほかにはひとりもいません。

『イエス』森礼子著，田中忠雄画　講談社　1988.12　229p　22cm　（少年少女伝記文学館 第1巻）1400円　Ⓘ4-06-194601-3

目次 1 ナザレの日々（大工の子,旅立ち）,2 種をまく人（荒れ野にて,荒れ野の誘惑,伝道のはじめ,イエスのたとえ話,敵のわな,ふたりの姉妹,罪のある女,枕するところなく,受難の決意,エルサレムへ,ベタニアの村）,3 受難（ろばの子に乗って,ユダの裏ぎり,さいごの晩さん,ゲツセマネの園,裁判,十字架につけよ,ゴルゴタの丘,復活）,年表・イエスとキリスト教のあゆみ,歴史人物伝記 尾崎秀樹編

内容 わずか2、3年の布教活動で、弟子たちをはじめ、パウロのような敵であった者の魂をもゆりうごかした人。世界のあり方を変え、2000年後の今日もなお多くの人々の心をとらえてはなさない―不滅の人イエス。

『まんが聖書物語―イエス・キリスト』樋口雅一作・絵　いのちのことば社　1986.12　182p　23cm〈監修：山口昇〉1000円　Ⓘ4-264-00827-1

内容 この本は、イエス・キリストの生涯をまんがにしたものです。聖書の中には、四つの福音書があって、それぞれがイエス・キリストの生涯を書いています。この本では、みなさんにわかりやすくするために、この四つの福音書をもとにして一つにまとめてみました。

『伝記世界の偉人　3　キリスト』すずき清志作画　中央公論社　1985.5　143p　23cm　（中公コミックス）〈監修：永井道雄,手塚治虫〉750円　Ⓘ4-12-402491-6

『キリスト―大工の子・光の子』神戸淳吉著　講談社　1983.9　189p　18cm　（講談社火の鳥伝記文庫）390円　Ⓘ4-06-147546-0

◆◆一休

『一休』西本鶏介文，福田岩緒絵　ひさかたチャイルド　2006.12　31p　27cm　（伝記絵本ライブラリー）〈年譜あり〉1400円　Ⓘ4-89325-672-6　Ⓝ188.82

内容 安国寺の一休さんは、元気いっぱいの男の子。得意のとんちで、いばっているおとなたちをぎゃふんと言わせます。みんなから慕われた庶民のヒーロー、一休さん。本当の勇気とは何か、みんなが助けあう人間らしい生き方とは何かを教えてくれるお話です。

『いっきゅう』西本鶏介文，福田岩緒絵　チャイルド本社　2002.1（第4刷）30p　25cm　（こども伝記ものがたり 絵本版 10　西本鶏介責任編集）〈年譜あり〉581円　Ⓘ4-8054-2358-7

『一休』木暮正夫文　ポプラ社　1998.9　166p　22cm　（おもしろくてやくにたつ子どもの伝記 8）〈文献あり　年譜あり〉880円　Ⓘ4-591-05780-1

目次 嵯峨野の千菊丸,おしょうさんの水あめ,びょうぶのとら,こいに“引導”をわたす,へびに石をなげつける,ほんとうの禅はどこに,おんぼろ寺の西金寺,琵琶湖に身なげをして,きょうから、一休,いただいたすずり〔ほか〕

内容 とんちで有名な一休さんは、おさないころから、きびしい修行をした、おぼうさんでした。いつも弱い人のみかたになって、信じる道をあゆみつづけたのです。

『一休さん』平田昭吾企画・構成・文，大野豊画　改訂版　ポプラ社　1997.11　32p　18×19cm　（世界名作ファンタジー 28）350円　Ⓘ4-591-02661-2

内容 一休さんは、室町時代の偉いお坊さま。後小松天皇の子供として生まれ、本来なら皇子となる身分なのだが、母親が天皇家の敵である家系のため、御所を追われて、お寺に預けられたといわれている。一休さんのとんち話には、日本人が欠けているといわれるユーモアセンスあふれるものが多くある。

『一休』葉山修平文，魚住則子絵　勉誠社　1997.1　131p　22cm　（親子で楽しむ歴史と古典 14）1545円
Ⓘ4-585-09015-0
目次 とんち小僧の一休さん（なぞなぞ小僧，きれいってどんなこと？ ほか），禅の道ひとすじの一休さん（母とおくろ，天竜寺から建仁寺へ ほか），ふうがわりな一休さん（衣がエライのじゃ，お地蔵さんにナンタルことかほか）
内容 とんち小僧、一休さん。楽しいお話。

『一休』槇本ナナ子著　ポプラ社　1993.12　178p　18cm　（ポプラ社文庫—伝記文庫 D-11）580円
Ⓘ4-591-03993-5
目次 かわいい小ぞうさん，なつかしいおかあさま，うしろむき，門のはり紙，年よりのくすり，ないしょの水あめ，橋をわたってはいけません，びょうぶのとら，まずしい人のために，あたらしいお寺，水にとびこんで，雪のうえに五日，ころもにごちそうをそなえる，どくろが町をいく，ひどい代官，かなしいあらそい，みんなにしたわれて

『一休さん』鈴木喜代春文，岡本美子絵　舞阪町（静岡県）ひくまの出版　1991.3　77p　22cm　（新しい日本の伝記 3）1300円　Ⓘ4-89317-152-6
内容 小さいときからかしこくて、とんちがとくいな一休さんものがたり。親と子の歴史散歩付、小学校中級以上向。

『一休』伊藤桂一著，小松久子画　講談社　1989.12　285p　22cm　（少年少女伝記文学館 第5巻）1440円
Ⓘ4-06-194605-6

『一休さん—とんちで名高い禅宗の僧』三上修平シナリオ，堀田あきお漫画　第2版　集英社　1989.9　141p　21cm　（学習漫画 世界の伝記）700円
Ⓘ4-08-240007-9
目次 かなしい生いたち，水あめをなめる，周建義満に会う，謙翁おしょう，苦しみの世界，さとりをひらいた一休，弱いもののみかた，みんなの一休さん
内容 とんち話で親しまれている一休さんは、禅宗の一派である臨済宗のお坊さんで、室町時代に活躍した人です。また、後小松天皇の子どもだともいわれています。

『一休—自由奔放・風刺の精神に生きたとんち小僧』沖山明徳著，沼野正子画　新学社・全家研　1989.6　205p　22cm　（少年少女こころの伝記 5）1340円

『一休さん』高木あきこ著，片桐三紀子絵　ポプラ社　1983.1　109p　22cm　（一年生文庫）750円

『一休—とんち小僧から名僧に』武者小路実篤著　講談社　1981.11　213p　18cm　（講談社火の鳥伝記文庫）390円
Ⓘ4-06-147506-1

◆◆鑑真

『鑑真と大仏建立』桜井信夫文　フレーベル館　2004.1　48p　27cm　（あるいて知ろう！歴史にんげん物語 2）〈年譜あり〉2900円　Ⓘ4-577-02786-0
Ⓝ188.12
目次 少年鑑真，大師となる鑑真，あたらしい奈良の都，大仏建立の願い，鑑真をたずねあてて，日本への渡航，漂流のはてに，大仏完成と鑑真，おん目のしずく，人物しらべ—鑑真と同時代の人びと，たずねてみよう！歴史の舞台

『唐招提寺と鑑真和上物語』田中舘哲彦文，安土じょう画　汐文社　2001.1　97p　26cm〈年譜あり　年表あり〉1200円　Ⓘ4-8113-7151-8
内容 海で大時化に遭ったりして五度の失敗、また失明といった苦しさの中日本にやってきた鑑真は、日本初めての戒律のお寺『唐招提寺』を開き、日本の仏教界を正すために活躍しました。鑑真はまた、仏像類や仏教の経典類など数多くの貴重な物を日本に持ってきました。仏教関係以外では薬です。唐で病人の救済にも当たっていた鑑真は医学にも通じ、病に倒れた光明皇太后に薬を処方しています。中世以降、日本では鑑真を医事の祖としたことが伝えられています。

『鑑真』ひろさちや原作，芝城太郎漫画

鈴木出版　1998.4　146p　22cm　（まんが日本の高僧 教科書にでてくる人物 2）〈年譜あり〉1800円
①4-7902-1083-9

『少年少女世界伝記全集—国際版　第10巻　リビングストン, 鑑真』小学館　1981.8　133p　28cm　1350円

◆◆空海

『空海の話』和歌山　わかやま絵本の会　2004.7　52p　21cm　（郷土絵本 no.72）650円　Ⓝ188.52

『あなただけの弘法大師空海』松長有慶監修, 立松和平物語, 武内孝善解説　小学館　2001.12　126p　26cm　2800円
①4-09-387315-1
目次 第1章 修行時代（ご誕生, 子供の頃, 四天王の守護 ほか）, 第2章 求法の旅（嵐の中、唐に渡る, 大陸に上陸する, 長安にはいる ほか）, 第3章 世を照らす（三鈷杵を投げる, 帰ってきた空海さん, 聖徳太子と会う ほか）
内容 誰からも慕われる弘法大師空海は、今も私たちとともに生きている。作家立松和平がやわらかく温かな視点から弘法大師空海の風景とその人とを描く伝記絵物語。絵巻『高野大師行状図画』の名場面をオールカラーで掲載。

『空海』ひろさちや原作, 貝塚ひろし漫画　鈴木出版　1998.4　146p　22cm　（まんが日本の高僧 教科書にでてくる人物 4）〈年譜あり〉1800円
①4-7902-1085-5

『空海—真言宗を開いた弘法大師 平安時代前期』あおむら純まんが　小学館　1995.10　160p　19cm　（小学館版学習まんが—ドラえもん人物日本の歴史 第3巻）〈責任監修：松長有慶〉680円
①4-09-230403-X

『空海の生涯』ひろさちや原作, 貝塚ひろし漫画　鈴木出版　1994.12　153p　21cm　（仏教コミックス 78—仏教に生きた人たち）1200円　①4-7902-1928-3
内容 奈良、長岡、平安と都が変転する時代にひとりの傑物が躍り出た。その名は空海。官吏への道を捨てた学生時代、謎の山岳修行時代、渡唐、そして密教の恩師・恵果との劇的な出会い、帰国、最澄との交流と訣別、高野山の開創…。以後一千二百年の日本仏教の歴史を展開させた原動力＝密教とは何か。密教の大成者にして、土木技術者、書の天才—。日本のレオナルド・ダ・ビンチといわれるマルチ人間・空海が走り抜けた怒濤の生涯を追う。

『空海—真言宗をひろめた名僧』木村茂光立案・構成, 柳川創造シナリオ, 荘司としお漫画　集英社　1989.4　141p　23cm　（集英社版・学習漫画—日本の伝記）〈監修：永原慶二〉700円
①4-08-241015-5
目次 少年真魚, 仏教の修行, 密教をもとめて, 新しい仏教, 寺院の建立, 大いなる旅
内容 人びとに永遠にしたわれる弘法大師！真言密教を唐から日本に伝え、高野山に金剛峯寺をたてた空海は、教育や土木などの分野でも活躍しました。

『絵本空海—お大師さま』梶山俊夫絵　講談社　1984.3　1冊　34cm　1000円
①4-06-200490-9

◆◆最澄

『最澄』ひろさちや原作, 辰巳ヨシヒロ漫画　鈴木出版　1998.4　146p　22cm　（まんが日本の高僧 教科書にでてくる人物 3）〈年譜あり〉1800円
①4-7902-1084-7

『最澄の生涯』ひろさちや原作, 辰巳ヨシヒロ漫画　鈴木出版　1994.9　153p　21cm　（仏教コミックス 77）1200円
①4-7902-1931-3
内容 比叡山延暦寺は、後に各宗派の祖師を輩出したいわば当時の総合大学であった。その比叡山延暦寺を創建し、わが国に天台宗を樹立したのが伝教大師最澄である。真理を追い求めて山に入り、唐に渡り、また論争を重ね、活動し続けた最澄。旧来の仏教を越え、大乗仏教をこの国に定着させた最澄の生涯をドラマチックに展開。

◆◆ザビエル

『フランシスコ・ザビエル』岸野久監修 ポプラ社 2004.4 79p 27cm (徹底大研究日本の歴史人物シリーズ 10)〈年譜あり〉2850円 Ⓘ4-591-07995-3 Ⓝ198.22

目次 第1章 信仰への道(ヨーロッパ人がつたえた鉄砲とキリスト教,大航海に乗りだしたポルトガルとスペイン ほか),第2章 東洋への道(はるかなるインドへの旅立ち,インドで始まった布教活動 ほか),第3章 日本への道(あこがれの日本にやってきた,京都で知った日本の現実 ほか),第4章 中国への道(中国での布教を決意する,ザビエルが中国に入れなかったわけ ほか),第5章 ザビエルがのこした道(ザビエルのこころざしをついで,布教とつながっていた南蛮貿易 ほか)

内容 日本にはじめてキリスト教をつたえたザビエル。伝道につくした生涯をたどります。

『フランシスコ=ザビエル―日本にキリスト教を伝えた』浜田けい子著 講談社 1997.5 205p 18cm (講談社火の鳥伝記文庫 99)〈肖像あり〉580円 Ⓘ4-06-147599-1

目次 1 ミカエルの塔,2 ぱあでれとよばれて,3 日本に上陸,4 西のみやこ,5 さいごの旅

内容 スペインの小国ナバラの城主の子ザビエルが、やがて宣教師となり、1549年(天文18年)、鹿児島に上陸。日本にはじめてキリスト教を伝えることとなった波乱の一生を描く。

◆◆釈迦〔ブッダ〕

『シャカ』油野誠一作 福音館書店 2005.9 46p 31cm 1500円 Ⓘ4-8340-2130-0 Ⓝ182.8

『おしゃかさま 6 かがやくたびじ』豊原大成文,小西恒光絵 京都 自照社出版 2003.11 60p 21cm 952円 Ⓘ4-921029-28-8 Ⓝ182.8

『おしゃかさま 5 さまざまなじけん』豊原大成文,小西恒光絵 京都 自照社出版 2003.5 63p 21cm 952円 Ⓘ4-921029-27-X Ⓝ182.8

『おしゃかさま 4 いろんなおでしたち』豊原大成文,小西恒光絵 京都 自照社出版 2002.5 59p 21cm 952円 Ⓘ4-921029-26-1

『おしゃかさま 3 おしえのたび』豊原大成文,小西恒光絵 京都 自照社出版 2001.12 63p 21cm 952円 Ⓘ4-921029-25-3

内容 本書は、釈尊がいったん成道の地ウルヴェーラーに戻って、ウルヴェーラ・カッサパら千人の外道を教化し、一躍大教団の指導者として本格的な伝道を開始される頃からのさまざまなエピソードを取り扱っている。

『おしゃかさま 2 さとりとはじめてのおしえをとく』豊原大成文,小西恒光絵 京都 自照社出版 2001.4 64p 21cm 952円 Ⓘ4-921029-24-5 Ⓝ182.8

『釈迦―苦しみはどこからくるか』郝広才作,パオロ・ダルタン絵,今西大文 鈴木出版 2001.4 1冊 31cm (はじめてであう世界なるほど偉人伝)〈年表あり 文献あり〉2500円 Ⓘ4-7902-3073-2,4-7902-3072-4

内容 釈迦の生涯には、伝説と史実がまじりあい、どこまでが伝説で、どこまでが史実なのか、なかなかわかりません。釈迦がなくなったあと、その生涯は、仏教とともに、いろいろな時代をへて、また、山をこえ、海をこえて、伝わっていきました。そのあいだには、いろいろな伝説が生まれ、つけくわえられました。小学校中学年から中学生。

『おしゃかさま 1 おたんじょうからたびだちまで』豊原大成文,小西恒光絵 京都 自照社出版 2001.1 60p 21cm 952円 Ⓘ4-921029-23-7

目次 ゆめ,おたんじょう,ふしぎふしぎ,アシタせんにん,おかあさん,こどものころ,三つのごてん,ヤソーダラー妃,しんぱい,妃もしんぱい,としをとること,びょうき,おそうしき,サマナ(沙門),ラーフラ,おねがい,お城を出る,わかれ,たくはつ,たび(旅),ラージャ・ガバ(王舎城)へ,パンダバ山,王さま

とあう，王さまとやくそく

『おしゃかさま』赤根祥道文，長野ひろかず絵　佼成出版社　2000.10　32p　29cm　（読み聞かせ親子仏教絵本 2）　1000円

『お釈迦さまの話―誕生から悟りまで』つづき佳子作画，鎌田茂雄監修　いんなあとりっぷ社　1999.8　66p　26cm　（親子で読むマンガ仏教シリーズ 1）　Ⓘ4-266-00046-4　Ⓝ182.8

『おしゃかさま―絵物語』わかいだひさし文，辰巳一平絵　ワカイダ・プロダクション　1996.4　168p　23cm〈発売：国書刊行会〉2000円　Ⓘ4-336-03828-7

内容 おしゃかさまの生涯を、わかりやすく絵物語で伝える。

『新装世界の伝記　18　釈迦』中沢巠夫著　ぎょうせい　1995.2　289p　20cm　1600円　Ⓘ4-324-04395-7

『お釈迦さま』瓜生津隆真監修，野村玲絵，中川晟文　京都　本願寺出版社　1992.3　32p　27cm　（本願寺絵本シリーズ 2）680円　Ⓘ4-89416-851-0

『おしゃかさま』竹内均文，宮いつき絵　東村山　教育社　1987.4　74p　28cm　1200円　Ⓘ4-315-50454-8

内容 科学や技術の進歩した現代ほど、釈尊の教えが必要なときはない！子どもたちと、その母に贈る、美しい絵物語！

『おしゃかさまの一生』槇晧志文　フレーベル館　1986.6　3冊　28cm〈監修：石上善応ほか〉全3000円　Ⓘ4-577-80103-5

目次 1 おたんじょう 黒谷太郎絵 2 おさとり 井口文秀絵 3 ねはん 吉崎正巳絵

『伝記世界の偉人　1　シャカ（釈迦）』石原はるひこ作画　中央公論社　1985.8　143p　23cm　（中公コミックス）〈監修：永井道雄，手塚治虫〉750円　Ⓘ4-12-402489-4

◆◆親鸞

『親鸞さま―ご一代記』花岡大学文，小西恒光画　新装版　京都　探究社　2006.5　148p　19cm　800円　Ⓘ978-4-88483-762-4,4-88483-762-2　Ⓝ188.72

『しんらん聖人　下』藤木てるみ著　改訂版　京都　探究社　2005.6　287p　19cm　（伝記まんが家庭読本）1400円　Ⓘ4-88483-597-2

目次 妻、恵心尼公の夢，弁円との関わり，平太郎との出合い，雪の中、石を枕に，稲田に移り住む，御鳥羽院の企て，追いかけ弁天，承久の乱，弁円回心，教行信証を書き上げる〔ほか〕

内容 ほんとうの親鸞さまが年代順にくわしく分る。

『しんらん聖人　上』藤木てるみ著　改訂版　京都　探究社　2005.6　291p　19cm　（伝記まんが家庭読本）1400円　Ⓘ4-88483-596-4

目次 乱世に生まれる，母の死、父の出家，伯父の子になる，出家する，ひえい山で学ぶ，平氏が亡びる，憎み合いの世，救いを求めて，闇を、さ迷う，家庭生活者の救いとは〔ほか〕

内容 ほんとうの親鸞さまが年代順にくわしく分る。

『親鸞』ひろさちや原作，荘司としお漫画　鈴木出版　1998.4　146p　22cm　（まんが日本の高僧 教科書にでてくる人物 7）〈年譜あり〉1800円　Ⓘ4-7902-1088-X

『親鸞さま』千葉乗隆監修，野村玲絵，三栗章夫文　京都　本願寺出版社　1991.4　31p　27cm　（本願寺絵本シリーズ 1）　680円　Ⓘ4-89416-850-2

『親鸞さま―マンガ伝記』藤木てるみ著　京都　法蔵館　1988.4　1冊　25cm　600円　Ⓘ4-8318-8104-X

『親鸞 白い道』三国連太郎文，西村繁男画　旺文社　1987.5　78p　26cm　2000円　Ⓘ4-01-070754-2

内容 映画「親鸞 白い道」原作。'85絵本にっぽん大賞に輝く西村繁男の華麗な絵巻。

『親鸞さま』羽生透文，伊藤典子絵 京都 永田文昌堂 1980.4 1冊 27cm 1200円

◆◆道元

『道元禅師物語』浜田けい子作，田代三善画 金の星社 1999.12 215p 20cm〈年譜あり〉1300円 ①4-323-07010-1

内容 時は、建暦二(1212)年。十三歳の春、道元は比叡山にのぼった。僧侶になり、今は亡き母の菩提をとむらうために…。ほんものの仏法を求め、ほんものの師に出会い、激動の鎌倉時代を生きぬいた、道元禅師の生涯を感動的に描く伝記物語。

『道元』ひろさちや原作，七瀬カイ漫画 鈴木出版 1998.4 146p 22cm (まんが日本の高僧 教科書にでてくる人物 8)〈年譜あり〉1800円 ①4-7902-1089-8

『道元の生涯』ひろさちや原作，七瀬カイ漫画 鈴木出版 1995.12 153p 21cm (仏教コミックス 82―仏教に生きた人たち) 1200円 ①4-7902-1916-X

内容 建暦2年(1212)春。13歳の道元はある夜、天台僧である叔父・良観法眼を訪ね、出家を願う。それは亡き母の願いでもあった。しかし、比叡山での修行に疑問を感じた道元は、二年で下山、「禅」に真の仏道を見出していく―。真の師を探し求め、入宋した道元は運命の人・如浄禅師との出会いによって大悟の瞬間を迎えるのであった―。『正法眼蔵』を著し、「ひたすら坐禅すること(只管打坐)」を貫いた日本曹洞宗の祖・道元の生涯をたどる。

◆◆日蓮

『日蓮と元の襲来』森下研文 フレーベル館 2004.1 48p 27cm (あるいて知ろう！歴史にんげん物語 4)〈年表あり〉2900円 ①4-577-02788-7 Ⓝ188.92

目次 朝日にとなえる, この世がほろびる！, つよまる迫害, 国難をはこぶ使節, 三つのちかい, 侵略軍がきた！, 決意をあらたに, 日本を仏の世界に, 人物しらべ 日蓮と同時代の人びと, たずねてみよう！歴史の舞台

『日蓮さま』つぼいこう文・絵 大阪 西村信良 2002.3 1冊 22×27cm〈編集・製作：朝日新聞出版サービス(東京)〉

『日蓮』ひろさちや原作，本山一城漫画 鈴木出版 1998.4 146p 22cm (まんが日本の高僧 教科書にでてくる人物 9)〈年譜あり〉1800円 ①4-7902-1090-1

『日蓮―日本の危機を予言した』紀野一義著 講談社 1990.3 245p 18cm (講談社火の鳥伝記文庫 70) 460円 ①4-06-147570-3

目次 1 われは海の子,2 風さわやかな鎌倉へ,3 つづく迫害,4 佐渡流罪,5 身延の山

内容「命なんかおしくはない。ひたすらまことの道に生きていく。」といって危機にみまわれた日本を、正しい法によってみちびき、人々をすくおうとした法華経の聖者物語。

『日蓮大聖人と藤井日達大聖人のおはなし―こどものための読物』西数男著 一の宮町(熊本県)〔西数男〕 1988.9 128,99p 21cm 500円

『日蓮―新しい仏教をひらく』田中正雄まんが 学習研究社 1984.1 148p 23cm (学研まんが人物日本史)〈監修：樋口清之〉680円 ①4-05-100541-0

◆◆法然

『物語法然さま―ひとすじの白い道』知恩院編，山本正広著 京都 知恩院 2005.8 231p 18cm〈発売：四季社 年譜あり〉590円 ①4-88405-328-1 Ⓝ188.62

目次 序章 白い道, 第1章 勢至丸(武士の時代, 故郷で ほか), 第2章 源空(安らかな時代のはずが, まことの出家 ほか), 第3章 法然さま(おごる平家, 黒谷を出よう ほか), 終章 浄土へ, 付録

『法然さま』高橋良和文，飯田順雅画

第2版　浄土宗　2003.10　11p　20×20cm　200円　Ⓘ4-88363-503-1　Ⓝ188.62

『法然』ひろさちや原作，巴里夫漫画　鈴木出版　1998.4　146p　22cm　（まんが日本の高僧 教科書にでてくる人物 5）〈年譜あり〉1800円　Ⓘ4-7902-1086-3

『法然の生涯』ひろさちや原作，巴里夫漫画　鈴木出版　1995.3　153p　21cm　（仏教コミックス 79―仏教に生きた人達）1200円　Ⓘ4-7902-1925-9

『いちょうの木はのびる―法然上人ものがたり』高橋良和作，樋口富麻呂絵　東洋文化出版　1981.8　139p　21cm　900円

◆◆良寛

『良寛さま』小野忠男監修，おぎのゆうじ文，かさいまり絵　新訂版　国立　にっけん教育出版社　2008.10　63p　26cm　〈発売：星雲社〉1300円　Ⓘ978-4-434-12469-3　Ⓝ188.82

『埼玉を歩く良寛さん』五十嵐咲彦著　〔さいたま〕〔五十嵐咲彦〕2007.10　128p　21cm〈年表あり〉1000円　Ⓝ188.82

『良寛さま』相馬御風著　新潟　バナナプロダクション　2007.4　121p　21cm　〈発売：考古堂書店（新潟）実業之日本社昭和5年刊の復刻　年譜あり〉476円　Ⓘ978-4-87499-675-1　Ⓝ188.82
目次 おはなし（良寛さま，良寛さまと乞食，竹の子のびろ，良寛さまと犬 ほか），解説（良寛さま，相馬御風，多くの人に慕われた良寛さま，御風を取り巻く人物の紹介）

『良寛さま　続』相馬御風著　新潟　バナナプロダクション　2007.4　168p　21cm〈発売：考古堂書店（新潟）実業之日本社昭和10年刊の復刻　年譜あり〉476円　Ⓘ978-4-87499-676-8　Ⓝ188.82
目次 おはなし（良寛さまと春，良寛さまの手紙，『すわさままつり』，『古池や…』ほか），解説（良寛さま，相馬御風，多くの人に慕われた良寛さま，御風を取り巻く人物の紹介）

『良寛さまってどんな人』谷川敏朗著　新潟　考古堂書店　2006.2　191p　21cm　1200円　Ⓘ4-87499-648-5　Ⓝ188.82

『良寛さん―お母さんと子どものための絵本』「良寛さん」制作実行委員会絵，国保徳丸文，加藤僖一監修　名古屋　KTC中央出版　2003.6　55p　19×27cm　1400円　Ⓘ4-87758-311-4　Ⓝ188.82
内容 本書は一人でも多くの子どもさんに良寛さんを知ってほしいと考えて書いている。同時に子どもさんのお母さんにも（もちろんお父さん、おじいさん、おばあさんをふくめて）読んでほしい。

『良寛』ひろさちや原作，巴里夫漫画　鈴木出版　1998.4　146p　22cm　（まんが日本の高僧 教科書にでてくる人物 10）〈年譜あり〉1800円　Ⓘ4-7902-1091-X

『良寛さま』おぎのゆうじぶん，かさいまりえ　国立　にっけん教育出版社　1997.10　71p　25cm　（にっけん愛の伝記物語シリーズ 1　小野忠男監修）〈発売：星雲社〉1300円　Ⓘ4-7952-0288-5

『良寛』大森光章文，柳原雅子絵　勉誠社　1997.1　136p　22cm　（親子で楽しむ歴史と古典 19）1545円　Ⓘ4-585-09020-7
目次 竹の子よのびれ，名主の家に生まれる，カレイになるぞ，本の虫，昼あんどん息子，寺に入る，きびしい修行，旅から旅へ，父の死，古里に帰る，五合庵，手まりとおはじき〔ほか〕
内容 日本人の心のふるさと、歌僧良寛。楽しいお話。

『りょうかんさま』子田重次詩，飯野敞絵　新潟　考古堂書店　〔1997〕1冊　27cm　（ほのぼの絵本）971円　Ⓘ4-87499-126-2

『新装世界の伝記 49 良寛』桂木寛子著 ぎょうせい 1995.12 356p 20cm 1600円 ①4-324-04492-9
目次 第1章 愚直, 第2章 行乞, 第3章 迷悟, 第4章 風狂, 第5章 愛

『世界の伝記―国際カラー版 第22巻 良寛』角田光男文, 伊勢田邦貴絵 小学館 1983.12 119p 21cm 650円 ①4-09-231122-2

『良寛―雪国の手まりうた』牧原辰著 講談社 1982.10 181p 18cm (講談社火の鳥伝記文庫) 390円 ①4-06-147536-3

『少年少女世界伝記全集―国際版 第12巻 良寛, ガリレオ』小学館 1981.10 133p 28cm 1350円

◆◆**蓮如**

『蓮如―まんが戦国乱世を生きる』笠原一男, 原田満子監修, 荘司としおまんが 講談社 1998.3 223p 20cm (おもしろ日本史)〈年譜あり〉1500円 ①4-06-267303-7
目次 プロローグ さびれはてた本願寺, 第1章 母とのわかれ―戦国乱世にうまれる, 第2章 いじめにたえぬいて―弥陀と親鸞の救い, 第3章 本願寺法主はだれのもの―第八代法主蓮如, 第4章 布教こそ恩返し―本願寺復興への道, 第5章 戦国の民衆を救う―吉崎御坊での布教, 第6章 暴徒をいましめる――向一揆の戦い, 第7章 よみがえる仏の世界―山科本願寺造営, エピローグ 極楽浄土への旅立ち
内容 浄土真宗・中興の祖“蓮如”の、波乱の一生と教えを通して、混沌とした時代を生きぬく知恵を学ぶ。小学生から大人まで。

『蓮如さん―まんが御絵伝』岡崎教区蓮如上人500回御遠忌委員会教化伝道委員会企画・編纂, 本山一城漫画 岡崎 真宗大谷派岡崎教務所 1997.6 113p 21cm〈製作・発売：鈴木出版(東京)〉950円 ①4-7902-1076-6

『れんにょさん―マンガ伝記』藤木てるみ作・絵 京都 本願寺出版社 1997.4 64p 26cm 500円 ①4-89416-883-9

『まんがで読む蓮如上人 上巻』丹波元原作, ともずみゆう作画 京都 法蔵館 1996.11 173p 21cm〈指導・解説：山折哲雄〉1250円 ①4-8318-8107-4

『まんが蓮如さま』丹波元原作, 上山靖子作画 京都 法蔵館 1996.11 96p 26cm〈指導・解説：山折哲雄〉700円 ①4-8318-8106-6

『蓮如さま』千葉乗隆監修, 田中清一郎絵, 緒方倫子文 京都 本願寺出版社 1993.6 32p 27cm (本願寺絵本シリーズ 3) 680円 ①4-89416-852-9

書　名　索　引

【あ】

アイザック・ニュートン(フィリップ・スティール) …… 147
アイディアに生きる(久保田千太郎) …… 178
愛で世界を照らした人々(鈴木洋子) …… 10
愛で育てる世界チャンピオン(中尾明) …… 228
愛と真実の人びと …… 21
愛と勇気の鐘(藤崎康夫) …… 123
愛の点字図書館長(池田澄子) …… 121
愛は負けない(生島淳) …… 221
アインシュタイン(岩崎こたろう) …… 143
アインシュタイン(岡田好恵) …… 143
アインシュタイン(スティーヴ・パーカー) …… 144
アインシュタイン(フィオナ・マクドナルド) …… 144
アインシュタイン(柳川創造) …… 144
アインシュタイン(劉思源) …… 143
アインシュタイン コンピュータと半導体をめぐる人々(関口たか広) …… 144
青い眼の教師たち(塩沢実信) …… 123
あおき・こんよう(小沢正) …… 253
赤い十字章(エリザベス・ボートン・デ・トレビノ) …… 194
赤い鳥翔んだ(脇坂るみ) …… 235
「赤毛のアン」の島で(奥田実紀) …… 251
アガサ・クリスティー(森有子) …… 239
暁の超特急(辺見じゅん) …… 224
明るい話・正しい人(山本和夫) …… 19
秋田の歌人 絵本・後藤逸女(高橋伝一郎) …… 237
あきらめないこと、それが冒険だ(野口健) …… 103
あきらめないでまた明日も(越水利江子) …… 118
アークライト ワット(草川昭) …… 178
明智光秀(浜野卓也) …… 63
浅井力也(萌木ミカ) …… 191
麻田剛立(鹿毛敏夫) …… 138
朝原宣治(金田妙) …… 219
麻はん(吉本栄作) …… 96
足利尊氏(伊東章夫) …… 59
足利尊氏(木村茂光) …… 59
足利尊氏(佐藤和彦) …… 58
足利尊氏(手島悠介) …… 59
足利尊氏(浜野卓也) …… 59
足利尊氏と楠木正成(海城文也) …… 59, 60
足利義昭(筑波常治) …… 57
足利義満(蔵持重裕) …… 59
足利義満(酒寄雅志) …… 59
明日へ伝えたい桐生の人と心(「明日へ伝えたい桐生の人と心」編集委員会) …… 43
明日はどの道を行こう(ジュディス・セントジョージ) …… 104
遊んで遊んで(クリスティーナ・ビヨルク) …… 235
新しい産業をおこす(笠原秀) …… 35
新しい特産物をつくる(和順高雄) …… 35
あなただけの弘法大師空海(松長有慶) …… 266
アーネスト・サトウ(古川薫) …… 9
あばれ天竜を恵みの流れに(赤座憲久) …… 121
アフリカへつなぐ夢(土屋哲) …… 238
アフリカのシュバイツァー(寺村輝夫) …… 166
あふれる人間愛(漆原智良) …… 12
アボットさん こんにちは(綾野まさる) …… 226
天草四郎(筑波常治) …… 81
アムンゼン(戸川幸夫) …… 109
雨ニモマケズ風ニモマケズ―宮沢賢治(浜野卓也) …… 250
アメリア・イヤハート(リチャード・テームズ) …… 174
アメリカで学んだ少女(浜田けい子) …… 126
アメリカの空へ(ケネス・トーマスマ) …… 104
あらしの朱印船(愛知県小中学校長会) …… 45
アラスカのほし(谷真介) …… 103
アリストテレス/アルキメデス(関口たか広) …… 142, 254
アリになったカメラマン(栗林慧) …… 191
アリの街のマリア(酒井友身) …… 123
歩いてつくった日本地図―伊能忠敬(鈴木喜代春) …… 146
歩け泰治(たいじ)(原田武雄) …… 196
アルフレッド・ウェゲナー(平見修二) …… 140
あれ地を田畑に!(笠原秀) …… 35
荒れ野を拓く(伊達宗弘) …… 42
安永三年の絵師(野村敏雄) …… 196
アンデルセン(大石真) …… 242
アンデルセン(ルーマ・ゴッデン) …… 243
アンデルセン(森有子) …… 242
アンデルセン(山室静) …… 243
アンデルセン自伝(ハンス・クリスチャン・アンデルセン) …… 243
アンネのアルバム …… 24
アンネ・フランク(加藤純子) …… 22
アンネ・フランク(木島和子) …… 23, 24
アンネ・フランク(アン・クレイマー) …… 22
アンネ・フランク(高瀬直子) …… 23
アンネ・フランク(リチャード・テームズ) …… 22
アンネ・フランク(アンジェラ・ブル) …… 24
アンネ・フランク(ジョゼフィーン・プール) …… 22
アンネ・フランク(宮脇要子) …… 22
アンネ・フランク(森有子) …… 23
アンネ・フランク(キャロル・アン・リー) …… 22

アンネ=フランク(小山内美江子) 24
アンネ=フランク(中川美登利) 24
アンネ・フランクものがたり(J.ハルウィッツ) 23
安八町の先人(「安八町の先人」編集委員会) 44
アンリ・デュナン(江間章子) 125
アンリ・ルソーとシャガール(川滝かおり) 194

【い】

井伊直弼ってどんな人?(彦根城博物館) 77
飯沼正明(高橋忠治) 178
イエス(森礼子) 264
イエス・キリスト(郝広才) 263
イエスさま(小原国芳) 263
イエスの一生(和田三造) 262
イエスのおかあさんマリア(わきたあきこ) 259
イエスの誕生とうわさの壁画(森田義之) 188
イエスの小さい花(やなぎやけいこ) 260
イエスの物語(メアリー・バチェラー) 263
生きもの、みんな友だち(ジャック・T.モイヤー) 153
生きるこころ歩むすがた(ふるさと草津の人物編集委員会) 45
イザムバード・キングダム・ブルネルのお話(マーチン・マルコルム) 170
石井のおとうさんありがとう(和田登) 117
石川丈山(かみやもとみつ) 240
意地っぱりのおばかさん(ルーシー・M.ボストン) 242
偉人・英雄世界史事典 5
偉人エジソン(小山規) 182
偉人キュリー夫人(大坪万記) 152
偉人のおはなし(大石真) 18
偉人野口英世(なぎさ謙二) 169
維新の大聖山岡鉄舟(あきやま耕輝) 92
偉人の話(宮脇紀雄) 19, 20
偉人ファーブル(大坪万記) 161
偉人福沢諭吉(なぎさ謙二) 257
偉人物語(大石真) 21
偉人リンカーン(小山規) 32
出雲の虹(村尾靖子) 118
板垣退助(古川薫) 94
一無心豊(国枝法音) 62
いちょうの木はのびる(高橋良和) 270
イチロー(佐藤健) 229
イチロー(四竈衛) 229
イチロー(高原寿夫) 229
イチローと13人の仲間(鈴木宣之) 229
いつか見た甲子園(浜野卓也) 228
いっきゅう(西本鶏介) 264
一休(伊藤桂一) 265
一休(沖山明徳) 265
一休(木暮正夫) 264
一休(西本鶏介) 264
一休(葉山修平) 265
一休(槇本ナナ子) 265
一休(武者小路実篤) 265
一休さん(鈴木喜代春) 265
一休さん(高木あきこ) 265
一休さん(平田昭吾) 264
一休さん(三上修平) 265
一茶さん(森貘郎) 244
いつもUFOのことを考えていた(和田登) 139
伊藤博文(勝本淳弘) 99
伊藤博文(坂本一登) 99
伊藤博文(酒寄雅志) 99
伊藤博文(鶴見正夫) 99
伊藤博文(古川薫) 98
伊東むかし物語(綿引勝美) 44
いとしのマーニャ(ヴァンダ・ジュウキェフスカ) 152
稲本潤一物語(本郷陽二) 223
井上康生(瀬戸環) 224
伊能忠敬(今井誉次郎) 146
伊能忠敬(酒寄雅志) 144
伊能忠敬(清水靖夫) 145
伊能忠敬(鈴木喜代春) 145
伊能忠敬(藤原稔裕) 145
伊能忠敬豆辞典(やまおかみつはる) 144
生命をまもる(ネイサン・アーセング) 165
いのちの歌声(鈴木喜代春) 163
いのちの太鼓(村上功) 204
いのちの大地(高橋昭) 42
いのちのパスポート(アブラハム・クーパー) 11
いのち燃ゆ(乃木神社) 93
いのちやさしくあたたかく(中川晟) 259
今川義元(浜野卓也) 64
芋代官と金三郎(寿山五朗) 46
伊予聖人とくざんせんせいのおはなし(十日会) 46
「医療・保健衛生」につくした日本人(畠山哲明) 138
イレーナ・センドラー(平井美帆) 6
いわさきちひろ(松永伍一) 189
インスタントラーメン誕生物語(中尾明) 174
インド賢者物語(Irene Ray) 259
インドの独立につくした人—ガンジー(真鍋和子) 25

【う】

ウィリアム・ハーベイ(平見修二) …… 164
植芝盛平ものがたり(太田雄司) …… 228
上杉謙信(加来耕三) …… 64
上杉謙信(鈴木俊平) …… 65
上杉謙信(砂田弘) …… 65
上杉謙信(筑波常治) …… 65
上杉謙信(松永義弘) …… 65
上杉謙信と武田信玄川中島のたたかい(広岡球志) …… 65, 71
上杉鷹山公 …… 79
上原浩治(鳥飼新市) …… 220
植村直己(岩間芳樹) …… 110
植村直己(長尾三郎) …… 109
植村直己(本庄敬) …… 109
植村直己・地球冒険62万キロ(岡本文良) …… 109
植村直己ものがたり(さかいともみ) …… 110
ヴェルディ(ひのまどか) …… 208
ウォーターハウス・ホーキンズの恐竜(バーバラ・ケアリー) …… 153
ヴォーリズ(浦谷道三) …… 197
ヴォーリズさんのウサギとカメ(山崎富美子) …… 196
ヴォルタ ジュール ハーシェル(宮川正行) …… 141
ウガンダの父とよばれた日本人(今井通子) …… 177
牛久シャトー(牛久市立図書館刊行物編集委員会) …… 43
歌い演じるよろこび …… 204
右大臣道真の怨霊(小西聖一) …… 47
歌川広重(榎本紀子) …… 190
内山完造の生涯(南一平) …… 93
美しい少年・ナザレのイエス(西阪盾) …… 262
美しい話・いじんの心(二反長半) …… 19, 20
美しく個性かがやけ …… 173
馬に乗ったお医者様(田中光春) …… 163
海を渡ったヒーローたち(本郷陽二) …… 223
海をわたり夢をかなえた土木技術者たち(高橋裕) …… 173
海時計職人ジョン・ハリソン(ルイーズ・ボーデン) …… 171
海と星と太陽と(石上正夫) …… 21
ウルトラ百科長嶋茂雄(戸部良也) …… 231
運河(今西祐行) …… 124
運河 物語・川村孫兵衛重吉伝(今西祐行) …… 122
運命の人びと(河津千代) …… 21
運命は扉をたたく(ひのまどか) …… 216

【え】

永遠の天台大師(望月あきら) …… 260
栄光へのシュプール(和田登) …… 225
栄西(ひろさちや) …… 260
栄西禅師(対雲室善来) …… 261
エイブラハム・リンカン(アンナ・スプロウル) …… 30
エイブ・リンカーン(吉野源三郎) …… 30
英雄木曽義仲(松本利昭) …… 49
エヴェレストをめざして(ジョン・ハント) …… 106
笑顔は無敵だ(吉川良) …… 225
江川太郎左衛門 宇田川榕菴(熊谷聡) …… 140
エジソン(井上元) …… 180
エジソン(神戸淳吉) …… 181
エジソン(小林たつよし) …… 181
エジソン(こわせ・たまみ) …… 180
エジソン(崎川範行) …… 182
エジソン(桜井信夫) …… 181
エジソン(鶴見正夫) …… 182
エジソン(生江有二) …… 181
エジソン(西沢正太郎) …… 181
エジソン(野村兼嗣) …… 182
エジソン(三上篤夫) …… 182
エジソン(三越左千夫) …… 182
エジソン(光瀬竜) …… 182
エジソン(山根あおおに) …… 182
エジソンものがたり(三越左千夫) …… 181
越後からの雪だより(松永義弘) …… 241
エディソン(スティーヴ・パーカー) …… 181
絵で見るイエスを知る58の出来事(ロイス・ロック) …… 263
絵で見る神田日勝の生涯(平田兌子) …… 193
江藤新平(中島優) …… 97
江戸をいくアイデア・マン―平賀源内(岡本文良) …… 149
江戸時代の61人(PHP研究所) …… 78
兄さん宮沢賢治(藤井逸郎) …… 250
F・1おやじ(高橋透) …… 184
絵本空海(梶山俊夫) …… 266
絵本・熊谷次郎直実一代記(熊谷市立図書館美術・郷土係) …… 43
絵本ジャンヌ・ダルク伝(ジョゼフィーン・プール) …… 27
絵本武田信玄(小島勇) …… 70
絵本で読むシューマン(クリストフ・ハイムブーヒャー) …… 202
絵本で読むバッハ(クリストフ・ハイムブーヒャー) …… 213

絵本で読むモーツァルト（ハンスイェルク・エーヴェルト）……216
えほん 森の石松（静岡県立森高校3年5組（2005年度））……77
絵本 良慶さん（樋口富麻呂）……261
エミリー（マイケル・ビダード）……240
絵物語 斎藤実盛（柳田敏司）……49
エリザベス女王（石井美樹子）……9
エリノア・ルーズベルト（デイビッド・ウィナー）……14
エルヴィス・プレスリー（須崎妙子）……202
エルトン・ジョン（ジョン・オマホニー）……205
円空（はやふねちよ）……197
円空さん（赤座憲久）……197
円空さん（岩田明宏）……197

【お】

王家の谷とファラオの呪い（近野十志夫）……105
黄金のカルテット 中村俊輔物語（本郷陽二）……232
王者ジンギスカンの最期（たかしよいち）……28
奥州藤原氏四代（木暮正夫）……49
王vs長嶋秘話（吉田憲生）……230, 231
大石内蔵助（西本鶏介）……82
大石内蔵助（浜野卓也）……82
大石良雄（広岡ゆうえい）……82
大石良雄（大石内蔵助）（西本鶏介）……82
大梶七兵衛（寺井敏夫）……118
大梶七兵衛（寺戸良信）……118
大きな手大きな愛（川嶋康男）……258
大きな夢に挑んだ人（竹内良夫）……179
大久保利通（大倉元則）……99
大隈重信（鈴木俊平）……98
大蔵永常（小泊立矢）……118
大蔵永常（筑波常治）……120
太田に光をあたえた先人たち（太田市教育委員会）……43
Otsuka漫画ヘルシー文庫……165
大原幽学（麻生はじめ）……254
お菓子の街をつくった男（上条さなえ）……174
岡本かの子（林朝子）……238
小川芋銭（牛久市立図書館刊行物編集委員会）……192
おがわたくじ（まつしたちえ）……136
おぎすたかのり（稲沢市荻須記念美術館）……193
沖縄の偉人（たまきまさみ）……46, 47
沖縄の心を染める（藤崎康夫）……176
沖縄の先人たち（沖縄の先人たち編集委員会）……47
沖縄の星（増田信一）……47
沖縄歴史人名事典（島尻地区小学校社会科研究会）……46
荻原健司（岩瀬孝文）……224
幼ものがたり（石井桃子）……237
おしえて、アインシュタイン博士（アリス・カラプリス）……143
おしえてわかやま（中瀬喜陽）……161
おしゃかさま（赤根祥道）……268
おしゃかさま（竹内均）……268
おしゃかさま（豊原大成）……267
おしゃかさま（わかいだひさし）……268
お釈迦さま（瓜生津隆真）……268
おしゃかさまの一生（槇晧志）……268
お釈迦さまの話（つづき佳子）……268
織田信長（小和田哲男）……67
織田信長（海城文也）……67
織田信長（加来耕三）……65
織田信長（角田光男）……67
織田信長（木村茂光）……68
織田信長（桑田忠親）……65
織田信長（小井土繁）……66
織田信長（近藤竜太郎）……67
織田信長（酒寄雅志）……66
織田信長（鈴木俊平）……68
織田信長（谷口克広）……66
織田信長（筑波常治）……66
織田信長（津本陽）……67
織田信長（童門冬二）……67
織田信長（中島健志）……66
織田信長（宮崎章）……68
織田信長（森田拳次）……68
織田信長（山中恒）……68
織田信長（山本和夫）……68
織田信長（吉本直志郎）……66
織田信長と桶狭間のたたかい（荘司としお）……68
織田信長なんでも事典（小和田哲男）……67
織田信長歴史おもしろゼミナール（中西立太）……67
おっしょさん（野村昇司）……43
お父さんの技術が日本を作った！（茂木宏子）……174, 175
音吉少年漂流記（春名徹）……81
音の旅人（藤田博保）……208
おなあさんの雪うさぎ（浜祥子）……259
おにの作左（愛知県小中学校長会）……45
鬼もおどる花祭りの里（愛知県小中学校長会）……44
小野伸二（小西弘樹）……230
小野伸二物語（本郷陽二）……230
小野小町（松本徹）……238
おばけ博士不思議庵主人（木暮正夫）……254
オバマ（ロバータ・エドワーズ）……6
オパーリン ワトソン（熊谷聡）……155

おまえの道を進めばいい(安水稔和) ………… 46
おもしろ歴史人物100(古川範康) …………… 35
おやとい外国人とよばれた人たち(高橋裕)
……………………………………………… 174
おらは、岩木山になる!(鈴木喜代春) ……… 191
オロシャ雪原の逃亡者(鈴木喜代春) ………… 79
音楽の神童モーツァルト(ひのまどか) ……… 218
音楽の父J.S.バッハ(さいとうみのる) ……… 213
音楽の父 バッハ(やなせたかし) …………… 213
陰陽師安倍晴明(志村有弘) ………………… 48

【か】

海外の建設工事に活躍した技術者たち(かこさとし) ……………………………… 171
開国に生きた海の男—中浜万次郎(清水曉)
……………………………………………… 86
「かいじゅうたち」の世界へ(ハル・マルコヴィッツ) ……………………………… 187
『怪談』をかいたイギリス人—小泉八雲(木暮正夫) ……………………………… 244
ガウディの夢(きたがわけいこ) …………… 194
カエルはとんだ(愛知県小中学校長会) ……… 45
科学偉人伝(ムロタニ・ツネ象) …………… 139
化学をつくった人びと(三井澄雄) ………… 143
科学をひらいた人びと(田中実) …………… 143
科学者・探検家120人物語 ………………… 142
科学と技術を創造した人々(インタラクティブ) ……………………………………… 140
科学に魅せられて ………………………… 138
歌曲王 シューベルト(庄野英二) ………… 209
歌曲王シューベルト(さいとうみのる) …… 209
かぎりなくやさしい花々(星野富弘) ……… 190
学習人名辞典 ……………………………… 4
学習まんが人間渋沢栄一(矢野功) ………… 183
楽聖ベートーヴェン(さいとうみのる) …… 214
学問・宗教人物事典(山口昌男) …………… 3
菓子づくりに愛をこめて(若山三郎) ……… 175
春日局(安西篤子) ………………………… 82
春日局(加藤秀) …………………………… 82
春日局(木村茂光) ………………………… 83
春日局(鈴木俊平) ………………………… 83
春日局(田代脩) …………………………… 82
春日局(西本鶏介) ………………………… 82
Kazu十五の旅立ち(綾野まさる) ………… 225
和宮(神津良子) …………………………… 76
風色にそまるキャンバス(浜田けい子) …… 195
化石をみつけた少女(キャサリン・ブライトン) ……………………………………… 154
風になった覚さん(久木田雅之) …………… 171
風の中の少女 金髪のジェニー(石森史郎) … 207
語りつぎたい黒部人(黒部市教育委員会) …… 43
勝海舟(杉田幸三) ………………………… 83
勝海舟(竹内孝彦) ………………………… 83
勝海舟(古川薫) …………………………… 83
勝海舟(ムロタニツネ象) ………………… 83
勝海舟(保永貞夫) ………………………… 83
学研まんが日本の歴史 …………………… 4
葛飾北斎(アンベ幸) ……………………… 197
葛飾北斎(葛飾北斎) ……………………… 197
桂小五郎(古川薫) ………………………… 93
加藤清正(加来耕三) ……………………… 62
かなざわ偉人物語(金沢こども読書研究会)
……………………………………………… 44
カニンガムグレイアム伝(ドナルド・K.シュルツ) ……………………………………… 242
嘉納治五郎(高野正巳) …………………… 226
鎌倉・室町・安土桃山時代の50人(PHP研究所) ……………………………………… 57
カマタリ(和田たつみ) …………………… 54
神の声を聞いた少女(近野十志夫) ………… 14
ガモフ ウェゲナー(佐々木ケン) ………… 141
からくり儀右衛門(大坪草二郎) …………… 180
からくり儀右衛門(富士鷹なすび) ………… 176
ガリレイ(青木国夫) ……………………… 147
ガリレオ(北川幸比古) …………………… 147
ガリレオ(草下英明) ……………………… 147
ガリレオ(スティーヴ・パーカー) ………… 146
ガリレオ・ガリレイ(平見修二) …………… 146
ガリレオ・ガリレイ(堀ノ内雅一) ………… 147
ガリレオ・ガリレイ(マイケル・ホワイト)
……………………………………………… 146
ガリレオ・ガリレイ ハーヴェー(佐々木ケン) ……………………………… 141, 147
ガリレオものがたり(岡信子) ……………… 146
河井継之助(辺見輝夫) …………………… 78
川を治め水と戦った武将たち(かこさとし)
……………………………………………… 62
川島芳子(大坪かず子) …………………… 98
川尻浦久蔵(吉村昭) ……………………… 77
川とたたかう(二木紘三) ………………… 36
川に毒をながすな(近野十志夫) …………… 14
環境教育の母(エスリー・アン・ヴェア) …… 153
ガンジー(辛島昇) ………………………… 25
ガンジー(キャスリン・スピンク) ………… 25
ガンジー(マイケル・ニコルソン) ………… 25
ガンジー(林良) …………………………… 24
感謝の心を忘れずに(下川高士) …………… 33
鑑真(ひろさちや) ………………………… 265
鑑真と大仏建立(桜井信夫) ……………… 265
感動をフィルムにきざめ(藤崎康夫) ……… 208
カーン・バティストゥータ・フィーゴ(本郷陽二) ……………………………………… 222
がんばりやの作太郎(かつおきんや) ……… 236
カンボジアに心の井戸を(井上こみち) …… 118
咸臨丸の男たち(砂田弘) ………………… 80

【き】

義経記(岸田恋) …… 56
技術と情熱をつたえた外国の人たち(かこさとし) …… 172
技術の日立を築いた人(倉持正夫) …… 179
奇跡を呼ぶ男落合博満物語(綾野まさる) …… 225
北里柴三郎(斎藤晴輝) …… 165
北里柴三郎 高峰譲吉(新津英夫) …… 147, 165
北島康介(折山淑美) …… 221
北島康介物語(本郷陽二) …… 220
北の広野にいどんだ人(原田津) …… 41
北の時計台(塩沢実信) …… 125
北原白秋ものがたり(楠木しげお) …… 243
北前船、海の百万石物語(小西聖一) …… 170
きっと明日は(江崎雪子) …… 241
キティホークの風(鈴木保生) …… 184
紀伊国屋文左衛門(小田淳) …… 175
希望を胸に羽ばたいた人々(矢部美智代) …… 10
キュリーふじん(武鹿悦子) …… 150
キュリー夫人(あべさより) …… 150
キュリー夫人(伊東信) …… 150
キュリー夫人(生源寺美子) …… 150
キュリー夫人(ドーリー) …… 151, 152
キュリー夫人(ビバリー・バーチ) …… 151
キュリー夫人(比留間五月) …… 151
キュリー夫人(武鹿悦子) …… 149
キュリー夫人(山下喬子) …… 152
キュリー夫人(山根あおおに) …… 152
キュリー夫人(山本和夫) …… 152
キュリー夫人ものがたり(桂木寛子) …… 151
「教育・学問・文化」につくした日本人(畠山哲明) …… 94
教育・文化をはぐくんだ人(湯本豪一) …… 114
教科書人物事典(てのり文庫編集委員会) …… 5
教科書にでてくる最重要人物185人(漆原智良) …… 15
教科書にでてくる人物124人(稲垣友美) …… 18, 140, 187, 240
教科書に出てくる世界の偉人100人のことがよくわかる本(イデア・ビレッジ) …… 10
教科書に出てくる42人(このみひかる) …… 18
教科書にでる人物学習事典 …… 3, 4
「狂気か天才か」南方熊楠(亀井宏) …… 162
郷土に光をかかげた人々(米沢児童文化協会) …… 42
郷土の偉才松森胤保(志田正市) …… 43
郷土のひかり(郷土のひかり編集委員会) …… 45
郷土のひかり(平区域教育センター) …… 45
郷土の人々(下保真吾) …… 44
郷土八代に灯をともした人びと …… 46
恐竜公園たんじょう物語(和田登) …… 121
清原和博(平井勉) …… 221
きらり・山口人物伝 …… 46
キリスト(神戸淳吉) …… 264
キリスト(竹村早雄) …… 263
キリスト(谷真介) …… 263
キリスト(山本藤枝) …… 263
キリストの使徒パウロ(脇田晶子) …… 259
キルトにつづる物語(アンドレア・ウォーレン) …… 170
“銀河鉄道”にもとめた幸せ(木暮正夫) …… 250
キング牧師(V.シュローデト) …… 26
キング牧師(ナイジェル・リチャードソン) …… 26
キング牧師ってどんな人?(J.T.ドゥ ケイ) …… 26
キング牧師の力づよいことば(ドリーン・ラパポート) …… 25
きんさんぎんさん百年の物語(綾野まさる) …… 95
近代土木の夜明け(高橋裕) …… 173

【く】

空海(あおむら純) …… 266
空海(木村茂光) …… 266
空海(ひろさちや) …… 266
空海の生涯(ひろさちや) …… 266
空海の話 …… 266
釧路湿原(朽木寒三) …… 41
楠木正成(うめだふじお) …… 60
楠木正成(後藤久子) …… 60
楠木正成(浜野卓也) …… 60
楠木正行(後藤久子) …… 56
グーテンベルク(マイケル・ポラード) …… 176
暮らしをまもり工事を行ったお坊さんたち(かこさとし) …… 118
クララ・シューマン(柳川創造) …… 207
グリーグ(ウエンディ・トンプソン) …… 205
栗原恵・大山加奈物語(本郷陽二) …… 222
クリムトと猫(ベレニーチェ・カパッティ) …… 189
久留島武彦(後藤惣一) …… 236
クレー(クレー) …… 191
クレオパトラ(千明初美) …… 26
クレオパトラ(保永貞夫) …… 26
クレヨンしんちゃんのまんが世界の偉人20人(臼井儀人) …… 7
黒石人物伝(黒石人物伝編集委員会) …… 42

【け】

芸術のヒーロー伝（天沼春樹） ………………… 186
芸術・文学人物事典（山口昌男） ……………… 3
ケストナー（クラウス・コードン） ………… 237
決戦川中島（松本清張） ……………………… 69
ケネディ（きりぶち輝） ……………………… 27
ケネディ（平松おさむ） ……………………… 27
ケネディ（蛭海隆志） ………………………… 27
元気がいちばん！（森下研） ………………… 173
ゲンジボタルと生きる（国松俊英） ………… 156
原始・大和・奈良・平安時代の50人（PHP研究所） …………………………………… 48
玄奘法師とマルコ＝ポーロ（鈴木恒之） … 113, 259
現代人の伝記（致知出版社） ………………… 94
現代知識情報事典 ……………………………… 5
現代の礎を作った人々（稲垣純） …………… 13
現代のヒーロー ベン・カーソン（グレッグ&デボラ・ショー・ルイス） …………… 163
現代文化の開拓者（天沼春樹） ……………… 187

【こ】

高原の青い空の下（中川なをみ） …………… 98
ゴーギャン（阿部信雄） ……………………… 196
国際交流につくした日本人 ………… 18, 37〜39
「国際平和」につくした日本人（畠山哲明） …… 94
ここが世界の中心です（国松俊英） ………… 197
心を育てる偉人のお話（西本鶏介） ………… 9
心をそだてるはじめての伝記101人 ………… 11
心に太陽を唇に歌を（藤原正彦） …………… 136
心の灯台（林太郎） …………………………… 173
五体不満足（乙武洋匡） ……………………… 119
こちら葛飾区亀有公園前派出所両さんの聖徳太子（秋本治） ………………………… 49
こちら葛飾区亀有公園前派出所両さんの野口英世（秋本治） ………………………… 167
こちら葛飾区亀有公園前派出所両さんの源義経（秋本治） …………………………… 54
こちら葛飾区亀有公園前派出所両さんの宮本武蔵（秋本治） ………………………… 92
ゴッホ（木下長宏） …………………………… 197
ゴッホ（式場隆三郎） ………………………… 198
ゴッホ（鈴木みつはる） ……………………… 197
ゴッホ（趙美恵） ……………………………… 197
ゴッホとゴーギャン（川滝かおり） ………… 197
古典音楽の父ハイドン（さいとうみのる） ….. 202
こども偉人新聞（杉原一昭） ………………… 11
子供寺子屋 親子で学ぶ偉人伝（荒川和彦） ‥ 32, 33
子どもと一緒に楽しむ科学者たちのエピソード20（米山正信） ………………………… 139
こどもに伝えたい50人のおはなし（よだひでき） ………………………………………… 7
子どものうちから知っておきたい西洋美術を築いた画家20人の生涯（チャーリー・エアーズ） ………………………………… 188
子どもの心をうたった詩人—北原白秋（鶴見正夫） …………………………………… 243
こどものためのイエス・キリスト物語（ブライアン・ワイルドスミス） ……………… 263
こどものための聖母マリア物語（ブライアン・ワイルドスミス） ………………… 260
こども歴史人物新聞（杉原一昭） …………… 11
この人を見よ！歴史をつくった人びと伝（プロジェクト新・偉人伝） ……………… 22, 65, 72, 84, 87, 109, 126, 130, 133, 143, 159, 167, 180, 183, 187, 198, 201, 202, 214, 249
このひとすじの道を（川口汐子） …………… 45
こばやし・いっさ（小林清之介） …………… 244
小林一茶（高村忠範） ………………………… 244
小林一茶（鶴見正夫） ………………………… 244
小林和作伝 花を見るかな（かわぐちきょうじ） ………………………………………… 190
小堀遠州物語（田中館哲彦） ………………… 193
コミック ニュートン（犬上博史） ………… 148
米百俵 …………………………………………… 77
米百俵の心（稲川明雄） ……………………… 78
ゴヤ（雪山行二） ……………………………… 196
ゴーリューの空（鹿毛敏夫） ………………… 136
コルベ神父（早乙女勝元） …………………… 119
コロンブス（青木康征） ……………………… 110
コロンブス（加藤輝男） ……………………… 111
コロンブス（香山美子） ……………………… 110
コロンブス（竹村早雄） ……………………… 111
コロンブス（谷真介） ………………………… 110
コロンブス（平見修二） ……………………… 110
コロンブス（牧ひでを） ……………………… 111
コロンブス（保永貞夫） ……………………… 111
コロンブス（ナンシー・スマイラー・レビンソン） ……………………………………… 110
コロンブス・苦難の航海（ジョン・ダイソン） ………………………………………… 110
コロンブス物語（古田足日） ………………… 111
『ごんぎつね』にともす心の灯（愛知県小中学校長会） ……………………………… 44
ゴンザ（石森史郎） …………………………… 79
コンサイス学習人名辞典（安在邦夫） ……… 5
近藤富蔵（筑波常治） ………………………… 79

【さ】

細菌と戦うパストゥール（ブルーノ＝ラトゥール） …… 170
西郷四郎（赤城源三郎） …… 229
西郷隆盛（一色次郎） …… 101
西郷隆盛（加来耕三） …… 100
西郷隆盛（蔵持重裕） …… 101
西郷隆盛（小井土繁） …… 100
西郷隆盛（木暮正夫） …… 101
西郷隆盛（こばやし将） …… 101
西郷隆盛（下中弥三郎） …… 100
西郷隆盛（砂田弘） …… 101
西郷隆盛（筑波常治） …… 100
西郷隆盛（童門冬二） …… 102
西郷隆盛（福田清人） …… 102
西郷隆盛（古川薫） …… 100
西郷隆盛と大久保利通（酒寄雅志） …… 99, 100
西郷隆盛と大久保利通（千葉幹夫） …… 99, 101
埼玉を歩く良寛さん（五十嵐咲彦） …… 270
埼玉の偉人たち（埼玉県総合政策部文化振興課） …… 43
埼玉の三偉人に学ぶ（堺正一） …… 43
最澄（ひろさちや） …… 266
最澄の生涯（ひろさちや） …… 266
斎藤憲三ものがたり（斎藤憲三顕彰会） …… 179
斎藤孝の親子で読む偉人の話1年生（斎藤孝） …… 7
斎藤孝の親子で読む偉人の話2年生（斎藤孝） …… 7
斎藤孝の親子で読む偉人の話3年生（斎藤孝） …… 7
斎藤孝の親子で読む偉人の話4年生（斎藤孝） …… 8
彩の国埼玉の偉人たち（埼玉県総合政策部文化振興課） …… 43
さえむさん（野村昇司） …… 124
坂本竜馬（泉淳） …… 85
坂本竜馬（加来耕三） …… 84
坂本竜馬（木村茂光） …… 85
坂本竜馬（小井土繁） …… 85
坂本竜馬（小宮宏） …… 85
坂本竜馬（酒寄雅志） …… 84
坂本竜馬（砂田弘） …… 86
坂本竜馬（田代脩） …… 86
坂本竜馬（筑波常治） …… 84
坂本竜馬（古川薫） …… 84, 86
坂本竜馬（宮崎章） …… 86
坂本竜馬（宮崎知子） …… 84
坂本竜馬（横山充男） …… 85
坂本竜馬ものがたり（西岡光秋） …… 85
佐久間象山（古川薫） …… 253
佐々木主浩（平井勉） …… 224
察度王ものがたり（新里恒彦） …… 46
薩摩と竜馬（住吉重太郎） …… 84
サティさんはかわりもの（M.T.アンダーソン） …… 203
サトウハチローものがたり（楠木しげお） …… 239
聖の青春（大崎善生） …… 223
真田志ん・塚原健二郎・吉岡運右衛門（長野市校長会） …… 45
真田幸村（砂田弘） …… 68
真田幸村（広岡ゆうえい） …… 68
真田幸村と大坂城のたたかい（古城武司） …… 68
砂漠に緑の園を（日野多香子） …… 155
ザ・ビートルズ（広田寛治） …… 204
サミー・ソーサ（キャリー・マスカット） …… 225
サムライの娘（佐々木佳子） …… 96
サラの旅路（ウォルター・ディーン・マイヤーズ） …… 11
サリバンせんせい（武鹿悦子） …… 118
サルとねる少年（愛知県小中学校長会） …… 45
さわってごらん、ぼくの顔（藤井輝明） …… 117
沢村栄治ものがたり（小倉肇） …… 228
沢柳政太郎物語（成城学園初等学校社会科研究部） …… 115
沢山保羅（平和生） …… 259
産業・技術をうみだした人（湯本豪一） …… 170
産業・技術人物事典（山口昌男） …… 3
「産業技術」につくした日本人（畠山哲明） …… 172
さんちゃんのピラミッド（吉村作治） …… 105
サン＝テグジュペリ（鈴木一郎） …… 244
サン＝テグジュペリ（横山三四郎） …… 244

【し】

しあわせと平和がほしい …… 119
C.S.ルイスの秘密の国（アン・アーノット） …… 245
ジェニー・リンド物語（森重ツル子） …… 206
ジェームズ・ワット（平見修二） …… 176
ジェンナーの贈り物（加藤四郎） …… 164
志喜屋孝信伝（志喜屋孝信伝編集委員会） …… 124
始皇帝（保永貞夫） …… 14
See! Sea！She！（アーサー・モニーズ） …… 86
自然と共にレイチェル（杉山薫里） …… 162
時代をつかめこの手のなかに（藤崎康夫） …… 195
時代のヒーローたちのホントの話（平野あきら） …… 33
知っててほしい江戸幕府の世に活躍した人びと（佐藤和彦） …… 78
知っててほしい貴族・武士の世に活躍した人びと（佐藤和彦） …… 48

知っててほしい近代日本の歩みに活躍した人びと（佐藤和彦） …… 96
知っててほしい戦乱の世に活躍した人びと（佐藤和彦） …… 57
知っててほしい天下統一に活躍した人びと（佐藤和彦） …… 62
知っててほしい日本の国づくりに活躍した人びと（佐藤和彦） …… 48
知っててほしい幕末・明治維新に活躍した人びと（佐藤和彦） …… 78
実録あだち充物語（あだち勉） …… 196
実はこの人こんな人（中西進） …… 10, 11
CD絵本 シューベルト（エンルスト・A.エッカー） …… 209
CD絵本 ベートーヴェン（レネ・マイヤー・スクマンツ） …… 214
自伝・描きかけの自画像（片岡鶴太郎） …… 203
シートン（今泉吉晴） …… 245
シートン（小林清之介） …… 245
シートン（藤原英司） …… 245, 246
シートン伝記（藤原英司） …… 245
シートンのかかげた灯（戸川幸夫） …… 246
柴五郎ものがたり（鈴木喜代春） …… 79
柴野栗山（小川太一郎） …… 253
渋沢栄一（小笠原幹夫） …… 182
渋沢栄一のこころざし（山岸達児） …… 182
シベリウス（ひのまどか） …… 206
シーボルトお稲（まさきまき） …… 164
シーボルト豆辞典（やまおかみつはる） …… 158
島崎藤村（牛丸仁） …… 241
島津斉彬（筑波常治） …… 79
島津義久（筑波常治） …… 62
釈迦（郝広才） …… 267
シャカ（油野誠一） …… 267
社会科事典（菊地家達） …… 4
社会のためにつくした人類愛 …… 121
シャガール（ビンバ・ランドマン） …… 189
写真物語 アンネ・フランク（リュート・ファン・デル・ロル） …… 23
ジャンヌ・ダルク（岸田恋） …… 27
ジャンヌ・ダルク（高瀬直子） …… 27
ジャンヌ＝ダルク（長谷川敬） …… 27
シュヴァイツァー（ジェームズ・ベントリー） …… 166
15代将軍徳川慶喜（吉本直志郎） …… 90
自由と人権をもとめて …… 12
自由と平等をもとめた人—リンカーン（内田庶） …… 31
自由のたびびと南方熊楠（三田村信行） …… 162
シュトラウス（吉田比砂子） …… 207
ジュノー（津谷静子） …… 163
シュバイツァー（川崎堅二） …… 166
シュバイツァー（杉山勝栄） …… 165
シュバイツァー（鶴見正夫） …… 165
シュバイツァー（山室静） …… 166
シューベルト（朝舟里樹） …… 209
シューベルト（井上明子） …… 209
シューベルト（塩谷太郎） …… 209
シューベルト（バリー・カーソン・ターナー） …… 209
シューベルト（田哲平） …… 209
シューマン（内山登美子） …… 207
シューマン（志生野みゆき） …… 204
ジュリア・おたあ（谷真介） …… 81
シュリーマン（香山美子） …… 111
シュリーマン（佐藤一美） …… 112
ジョイ・アダムソン（藤原英司） …… 238
小学生の歴史人物はかせ（梶井貢） …… 4
小学・中学学習人物事典（旺文社） …… 3
小学歴史人名事典（瀬川健一郎） …… 5
譲吉は行く波のりこえて（かつおきんや） …… 147
将軍家光をささえた春日局（真鍋和子） …… 83
小・中学校の教科書にでる学習人物事典 …… 4
聖徳太子（あおむら純） …… 50
聖徳太子（きりぶち輝） …… 50
聖徳太子（蔵持重裕） …… 51
聖徳太子（酒寄雅志） …… 50
聖徳太子（沢田ふじ子） …… 51
聖徳太子（南谷恵敬） …… 50
聖徳太子（浜田泰三） …… 51
聖徳太子（ひろさちや） …… 50
聖徳太子（宮崎章） …… 51
聖徳太子（保永貞夫） …… 51
聖徳太子（柳井道弘） …… 51
聖徳太子（山本和子） …… 50
聖徳太子と仏教伝来（三田村信行） …… 50
「情熱のうた」与謝野晶子（秋山裕美） …… 252
少年天草四郎の決起（小西聖一） …… 81
少年王ツタンカーメン（たかしよいち） …… 28
少年時代—糸川英夫（嵐山光三郎） …… 177
少年少女信仰偉人伝 …… 21, 114, 124〜126, 128, 129, 133, 166, 180, 208, 242, 243, 262
少年少女世界伝記全集 …… 21, 22, 24, 29, 32, 74, 109, 111, 112, 114, 125, 126, 129, 133, 147, 149, 152, 159, 161, 166, 169, 170, 180, 182, 183, 186, 198, 200, 201, 209, 213, 216, 218, 233, 242, 243, 246, 247, 251, 257, 266, 271
少年少女のための芦東山先生伝（芦文八郎） …… 242
少年ドメニコ・サヴィオ（ガストン・クルトゥア） …… 259
少年・椋鳩十物語（宮下和男） …… 237
少年むくはとじゅう物語（宮下和男） …… 237
聖武天皇（蔵持重裕） …… 52
聖武天皇（滝浪貞子） …… 51
聖武天皇（保永貞夫） …… 52
聖武天皇と行基（酒寄雅志） …… 51
昭和天皇 …… 93

諸葛孔明（桜井信夫） …… 17
ショーさん物語（宮本かほる） …… 259
塩っぱい河をわたる（野添憲治） …… 97
ショパン（市川能里） …… 209
ショパン（岸田恋） …… 210
ショパン（千明初美） …… 210
ショパン（照屋正樹） …… 210
ショパン（田哲平） …… 211
ショパン（ひのまどか） …… 210
ショパン（広瀬寿子） …… 210
ショパン（パム・ブラウン） …… 210
女流棋士石橋幸緒物語（石橋幸緒） …… 220
ジョン・スタインベックの物語（Beverly Hollett Renner） …… 238
ジョン・万次郎（西東玄） …… 86
ジョン万次郎物語（アーサー・モニーズ） …… 86
ジョン・レノン（淡路和子） …… 211
ジョン・レノン（トニー・ブラッドマン） …… 211
ジョン・レノン（マイケル・ホワイト） …… 211
ジョン・レノン（わたべ淳） …… 211
白河藩主松平定信公物語（遠藤勝） …… 78
新教科書に出てくる42人の人物と日本の歴史 …… 40
信玄と謙信（小井土繁） …… 65, 69
新古典派の完成者ブラームス（さいとうみのる） …… 213
真実をときあかした発見 …… 140
真実はひとつ ガリレオ（後藤幹） …… 146
信州から世界をみよう（信州社会科教育研究会） …… 44
新世界に学ぶ（福本武久） …… 129
新装世界の伝記 …… 14, 26〜30, 54, 61, 65, 73, 83, 85, 89, 97, 100, 109, 110, 113, 114, 127, 129, 131, 144, 146, 148, 150, 159, 160, 168, 169, 181, 183, 197, 200, 209, 212, 215, 226, 239, 243, 247〜250, 252, 256, 263, 268, 271
新田開発に賭けた男（手塚忠憲） …… 122
神童モーツァルト（さいとうみのる） …… 217
信念に生きた生涯（稲垣純） …… 12
人物を調べる事典（増田信一） …… 4
人物事典（春日井明） …… 1
人物事典（鈴木恒之） …… 3
人物大探検（藤子・F・不二雄） …… 105
人物なぞとき日本の歴史（高野尚好） …… 47, 57, 61, 77, 93
甚兵衛と大和川（中九兵衛） …… 115
人名・地名おもしろ事典（青木たかお） …… 5
親鸞（ひろさちや） …… 268
親鸞さま（千葉乗隆） …… 268
親鸞さま（花岡大学） …… 268
親鸞さま（羽生透） …… 269
親鸞さま（藤木てるみ） …… 268
しんらん聖人（藤木てるみ） …… 268
親鸞 白い道（三国連太郎） …… 268
人類をすくった“カミナリおやじ”（若山三郎） …… 165
人類の起源にいどむ男（A.マラテスタ） …… 157

【す】

水族館のクジラ博士（北川幸比古） …… 154
水平の旗をかかげて（西田英二） …… 124
素顔のビアトリクス・ポター（エリザベス・バカン） …… 248
杉田玄白（酒寄雅志） …… 166
杉田玄白/平賀源内（スタジオ・ネコマンマ） …… 149, 167
スキーに生きる（和田登） …… 227
杉原千畝（酒寄雅志） …… 102
杉原千畝（渡辺勝正） …… 102
杉原千畝物語（杉原幸子） …… 102
スキーはぼくの夢ランド（田中館哲彦） …… 226
鈴せんせい（小井土繁） …… 254
スチーブンソン（白木茂） …… 183
スチーブンソン（鶴見正夫） …… 183
スティング（マーシャ・ブロンソン） …… 205
スーパーキャッチャー城島健司（西松宏） …… 221
スーパーパティシエ物語（輔老心） …… 171
すばらしい先輩たち（小野一二） …… 42, 43
スポーツ・芸能人物事典（山口昌男） …… 3
スポーツに生きる …… 225
「スーホの白い馬」への旅（和田登） …… 239
スメタナ（ひのまどか） …… 202

【せ】

聖ヴィンセンシオ・ア・パウロ（カトゥリン・エティヴァン） …… 260
聖カタリナ・ラブレ（マリー＝ジュヌヴィエーヴ・ルー） …… 260
生活・行事をはじめた人（湯本豪一） …… 33
世紀の医学者秦佐八郎（坂本瓢作） …… 164
政治・社会人物事典（山口昌男） …… 3
政治・社会の仕組みをつくった人（湯本豪一） …… 33
清少納言（遠藤寛子） …… 246
青少年の友ドン・ボスコ（カタリナ・ビッベ） …… 260
聖フランシスコ・サレジオ（カトリーヌ・フィノ） …… 260
清兵衛八日（篠崎恵昭） …… 172
聖マグダレナ・ソフィア・バラ（児島なおみ） …… 260

生命村長(及川和男) …… 98
生命の樹(ピーター・シス) …… 158
聖ヨハネ・ボスコ(キャロル・モンマルシェ) …… 260
聖ルイーズ・ド・マリヤック(ジュヌビエーブ・ルー) …… 119
世界へチャレンジ(今井喬) …… 175
世界を動かした世界史有名人物事典(「世界を動かした世界史有名人物事典」日本語版翻訳プロジェクトチーム) …… 1
世界人名事典(子ども文化研究所) …… 6
せかい伝記図書館 …… 21
世界にかがやいた日本の科学者たち(大宮信光) …… 136
世界の偉人の謎 …… 9
世界の偉人物語 …… 14
世界の偉人ものがたり22話(PHP研究所) …… 8
世界のお母さんマザー・テレサ(小林正典) …… 133
世界の科学者(手塚治虫) …… 142
世界のスーパースター物語(本郷陽二) …… 223
世界の伝記 …… 24, 32, 56, 74, 90, 111, 114, 128, 133, 147, 152, 159, 161, 166, 169, 182, 183, 186, 201, 216, 218, 233, 243, 244, 246, 251, 257, 271
世界のホームラン王—王貞治(中尾明) …… 230
世界の名選手物語(加藤博夫) …… 227
世界の四大聖人(手塚治虫) …… 261
世界の歴史人物事典(方倉陽二) …… 4
世界の歴史人物事典(三上修平) …… 5
世界の歴史人物伝(ムロタニ・ツネ象) …… 12
世界歴史人物なぜなぜ事典 …… 15〜17
セザンヌとスーラ(森田義之) …… 192
雪舟(酒寄雅志) …… 198
雪舟と応仁の乱(三田村信行) …… 198
戦国の虎武田信玄 …… 70
戦国の武将おもしろ人物事典(保永貞夫) …… 63
戦国武将おもしろ大百科(山梨輝雄) …… 64
戦国武将がわかる絵事典(山村竜也) …… 62
戦後の沖縄を創った人(喜屋武真栄) …… 97
先人のあしあと(福島県須賀川市教育委員会) …… 43
戦争をくぐりぬけたおさるのジョージ(ルイーズ・ボーデン) …… 188
善の綱(平林治康) …… 44
千利休と戦国武将(藤森陽子) …… 62
ぜんろくさん(なかつゆうこ) …… 43

【そ】

総合芸術の開拓者ワーグナー(さいとうみのる) …… 202
ソクラテス(傅佩栄) …… 253
外海の聖者ド・ロ神父(谷真介) …… 262
外はふぶきでも(山形県小中学校校長会) …… 43
園井恵子物語・野いちご(藤原成子) …… 206
空をかける兄弟 …… 186
それでも地球はまわる(伊藤仁) …… 147

【た】

ダイアナ(石井美樹子) …… 13
ダイアナ妃(岡田好恵) …… 12
ダイアナ物語(綾野まさる) …… 13
大音楽家伝記事典(伊藤良子) …… 207
太閤秀吉(高野正巳) …… 73
太閤秀吉(轟竜造) …… 73
第三十六代横綱羽黒山政司(江川蒼竹) …… 224
大自然にいどんだ冒険 …… 105
大志と野望(北海道放送「大志と野望」特別取材班) …… 125
大正・昭和・平成時代の50人(PHP研究所) …… 95
大地と海と人間(鶴見良行) …… 21
太平記の武将たち(木暮正夫) …… 59, 60
太平洋にかけた平和の橋(吉田比砂子) …… 103
平清盛(蔵持重裕) …… 52
平清盛(鈴木喜代春) …… 52
平清盛(柚木象吉) …… 52
平将門(森藤よしひろ) …… 49
大リーガーイチローの少年時代(鈴木宣之) …… 229
ダーウィン(アンナ・スプロウル) …… 159
ダーウィン(スティーヴ・パーカー) …… 158
ダーウィン進化の海へ(杉山薫里) …… 158
ダ・ヴィンチのひみつをさぐれ!(トーマス・ブレツィナ) …… 200
ダーウィン パスツール(佐々木ケン) …… 159, 169
ダーウィンものがたり(岡信子) …… 159
高杉晋作(後藤久子) …… 87
高杉晋作(筑波常治) …… 87
高杉晋作(浜野卓也) …… 87
高杉晋作(藤岡信勝) …… 87
高杉晋作(古川薫) …… 87
高杉晋作(堀江卓) …… 87
高野長英(筑波常治) …… 164
高橋尚子(早野美智代) …… 231
高橋尚子(増島みどり) …… 230
高橋尚子物語(本郷陽二) …… 230
高橋由伸(鳥飼新市) …… 224
高原直泰物語(佐藤俊) …… 224
高原直泰物語(本郷陽二) …… 220
高村光太郎・智恵子(村野守美) …… 238
高森の人 …… 44
高山右近(筑波常治) …… 63

だから、あなたも生きぬいて(大平光代) ····· 118
だからマンガはやめられない(ちばてつや) ······ 196
滝廉太郎(西沢正太郎) ······ 212
滝廉太郎ものがたり(楠木しげお) ······ 211
武田勝頼(筑波常治) ······ 63
武田信玄(今津巳嗣) ······ 69
武田信玄(今道英治) ······ 70
武田信玄(上野晴朗) ······ 69
武田信玄(蔵持重裕) ······ 70
武田信玄(木暮正夫) ······ 71
武田信玄(佐々木守) ······ 69
武田信玄(田代脩) ······ 69
武田信玄(童門冬二) ······ 71
武田信玄(土橋治重) ······ 69
武田信玄(西本鶏介) ······ 69
武田信玄(野村敏雄) ······ 70
武田信玄(浜野卓也) ······ 70
武田信玄(正岡たけし) ······ 71
武田信玄と上杉謙信(加来耕三) ······ 64, 68
武田信玄なんでも大全集 ······ 70
武田信玄ものがたり(桜井信夫) ······ 69
武丸の正助さん ······ 46
確かに生きる(野口健) ······ 103
たたかいの人(大石真) ······ 125
戦いのヒーロー伝(天沼春樹) ······ 6
「ダ」ったらダールだ!(ロアルド・ダール) ······ 235
伊達政宗(田代脩) ······ 71
伊達政宗(浜野卓也) ······ 72
伊達政宗(ムロタニツネ象) ······ 72
伊達政宗(義澄了) ······ 71
伊達政宗読本(伊達政宗読本編集委員会) ······ 71
立山を仰いで(富山県教育記念館) ······ 45
田中正造(酒寄雅志) ······ 125
田中正造(砂田弘) ······ 126
ダニイル須川長之助(井上幸三) ······ 42
谷亮子物語(本郷陽二) ······ 220
旅の人芭蕉ものがたり(楠木しげお) ······ 248
食べ物・飲み物をつくった人(湯本豪一) ····· 170
たましいの音楽家―ベートーヴェン(東竜男) ······ 215
魂の冒険者(岡島康治) ······ 12
玉虫とんだ(菅原千夏) ······ 176
玉屋創始者 田中丸善蔵(白武留康) ······ 176
たゆまぬ歩みおれはカタツムリ(畑島喜久生) ······ 196
ダリ(ダリ) ······ 190
ダールさんってどんな人?(クリス・ポーリング) ······ 236
探検家マルコ・ポーロ(砂田弘) ······ 113
探検!発見!科学者列伝(綿引勝美) ······ 137

【ち】

地域につくした人たち(高野尚好) ······ 37
ちいさくても大丈夫(ロベルト・カルロス) ······ 220
小さな家のローラ(メガン・スタイン) ······ 240
小さなかわいい遊園地(北川幸比古) ······ 177
小さな反逆者(C.W.ニコル) ······ 103
智恵子と光太郎(金田和枝) ······ 242
千佳慕の横浜ハイカラ少年記(熊田千佳慕) ······ 189
千佳慕の横浜ハイカラ青年記(熊田千佳慕) ······ 188
千佳慕の横浜ハイカラ貧乏記(熊田千佳慕) ······ 188
近松門左衛門(酒寄雅志) ······ 246
近松門左衛門(春樹椋尾) ······ 246
「地球環境」につくした日本人(畠山哲明) ····· 153
チコ・ブラーエ(平見修二) ······ 140
「地図に残った人生」間宮林蔵(平柳益実) ····· 113
ちびまる子ちゃんのナイチンゲール(さくらももこ) ······ 126
ちびまる子ちゃんの樋口一葉(さくらももこ) ······ 248
ちびまる子ちゃんのヘレン・ケラー(さくらももこ) ······ 130
チャイコフスキー(きりぶち輝) ······ 212
チャイコフスキー(照屋正樹) ······ 212
チャイコフスキー(野村光一) ······ 212
チャイコフスキー(マイケル・ポラード) ····· 212
チャップリン(ラジ・サクラニー) ······ 212
チャップリン(パム・ブラウン) ······ 212
チャールズ・ダーウィン(平見修二) ······ 159
中学生の描いた細井平洲(東海市教育委員会) ······ 257
チューリップが咲いた(伊藤真智子) ······ 178
聴導犬ロッキー(桑原崇寿) ······ 116
「チョコレート工場」からの招待状(チャールズ・J.シールズ) ······ 235
チョッちゃん物語(黒柳朝) ······ 240
ちょっと素敵なまちの物語(小岩庄一) ···· 42, 226
チラベルト・バッジョ・イルハン(本郷陽二) ······ 223
チンギス・ハン(三上修平) ······ 28
チンギス・ハン(渡辺世紀) ······ 28
チンドンひとすじ70年(菊乃家〆丸) ······ 203

【つ】

月のえくぼを見た男麻田剛立(鹿毛敏夫) ····· 136

津田梅子(津田塾大学津田梅子資料室) …… 126
伝えたい大切なこと(産経新聞社) …… 236
伝えたいふるさとの100話(「伝えたいふるさとの100話」選定委員会) …… 33
ツタンカーメン(ピエロ・ベントゥーラ) …… 28
土のさむらい(岡本文良) …… 63
ツツ大主教(デイビッド・ウィナー) …… 122
津波から人びとを救った稲むらの火(「歴画浜口梧陵伝」編集委員会) …… 117
津波からみんなをすくえ!(環境防災総合政策研究機構) …… 115
円谷英二(小林たつよし) …… 206
鶴岡が生んだ人びと(鶴岡市教育委員会) …… 42
鶴になったおじさんの動物記(高橋良治) …… 155

【て】

TN君の伝記(なだいなだ) …… 253
デイゴの花かげ(赤座憲久) …… 119
ディズニー(三浦清史) …… 195
手塚治虫(石子順) …… 198
手塚治虫(国松俊英) …… 199
手塚治虫(中尾明) …… 199
手塚治虫(藤子・F・不二雄) …… 199
手塚治虫(わたべ淳) …… 198
手塚縫蔵(高田充也) …… 122
鉄人衣笠(関屋敏隆) …… 227
てのひらのほくろ村(スズキコージ) …… 190
デュナン(那須田稔) …… 125
デルピエロ・ラウル・エムボマ(本郷陽二) …… 222
天かける山岡鉄舟(矢野功) …… 93
天下統一をめざす太閤秀吉(吉本直志郎) …… 73
伝記石川理紀之助(佐藤正人) …… 42
伝記荻原碌山(高田充也) …… 194
伝記世界の偉人 … 25, 27, 32, 109, 111, 144, 147, 148, 152, 161, 182, 201, 216, 254, 262, 264, 268
伝記に学ぶ生き方(稲垣友美) …… 19
伝記ベートーヴェン(葛西英昭) …… 214
伝記 モーツァルト(ブリギッテ・ハーマン) …… 218
伝記ものがたり101話 …… 9
天香さん(村田正喜) …… 124
天国のパパへのおくりもの(ジーン・リトル) …… 235
天才画家ダ・ビンチの夢(近野十志夫) …… 194
天才たちは10代、20代に何をしたか(芹沢俊介) …… 11
天智天皇(原島サブロー) …… 52
天使の声をかきとめた人—モーツァルト(中山知子) …… 218
天使のピアノ(真杉章) …… 119
デンジロウ博士がやってくる!(木暮正夫) …… 138
天と地を測った男(岡崎ひでたか) …… 144
天馬のように走れ(那須田稔) …… 188
天は人の上に人をつくらず…—福沢諭吉(藤田のぼる) …… 256

【と】

ドイツ人に敬愛された医師・肥沼信次(舘沢貢次) …… 164
道元(ひろさちや) …… 269
道元禅師物語(浜田けい子) …… 269
道元の生涯(ひろさちや) …… 269
東郷平八郎(上原卓) …… 102
東郷平八郎(手島悠介) …… 102
唐招提寺と鑑真和上物語(田中舘哲彦) …… 265
動物と話せる男(塩沢実信) …… 195
闘莉王 超攻撃的ディフェンダー(矢内由美子) …… 219
童話二宮金次郎の一生(森実与子) …… 129
遠い海までてらせ!(青木雅子) …… 172
遠くの声を聞こう …… 179
戸隠の絵本(堀井正子) …… 237
徳川家光(田中正雄) …… 81
徳川家康(伊東章夫) …… 90
徳川家康(加来耕三) …… 87
徳川家康(木村茂光) …… 89
徳川家康(桑田忠親) …… 87
徳川家康(小井土繁) …… 89
徳川家康(酒寄雅志) …… 88
徳川家康(谷口克広) …… 88
徳川家康(筑波常治) …… 88
徳川家康(西本鶏介) …… 88
徳川家康(二反長半) …… 90
徳川家康(浜野卓也) …… 88
徳川家康(平方久直) …… 90
徳川家康(松本清張) …… 89, 90
徳川家康(三上修平) …… 89
徳川家康(宮崎章) …… 89
徳川家康と関ケ原のたたかい(広岡球志) …… 90
徳川家康ものがたり(大蔵宏之) …… 89
徳川家康歴史おもしろゼミナール(中西立太) …… 89
徳川光圀(水戸黄門)(鈴木俊平) …… 90
徳川慶喜(筑波常治) …… 90
徳川慶喜(原田久仁信) …… 91
徳川慶喜(百瀬明治) …… 91
徳川慶喜(吉橋通夫) …… 91
徳川吉宗(小井土繁) …… 91
徳川吉宗(斎藤晴輝) …… 91
徳川吉宗(宮崎章) …… 91
独眼竜伊達政宗(木暮正夫) …… 71

独眼竜政宗（西本鶏介）…… 71
図書館探検シリーズ …… 181
とどまることなく（アン・ロックウェル）…… 119
利根川のはじまり探検（林朝子）…… 98
飛びたかった人たち（佐々木マキ）…… 176
ドビュッシー（ロデリック・ダネット）…… 205
土俵の鬼たち（岡本文良）…… 226, 227
土木技術の自立をきずいた指導者たち（かこさとし）…… 172
ドボルザーク（ロデリック・ダネット）…… 205
豊田佐吉（神戸淳吉）…… 180
とよとみ・ひでよし（西本鶏介）…… 73
豊臣秀吉（伊東章夫）…… 74
豊臣秀吉（大林かおる）…… 73
豊臣秀吉（岡田章雄）…… 74
豊臣秀吉（加来耕三）…… 72
豊臣秀吉（北島春信）…… 74
豊臣秀吉（桑田忠親）…… 72
豊臣秀吉（蔵持重裕）…… 74
豊臣秀吉（小井土繁）…… 73
豊臣秀吉（木暮正夫）…… 74
豊臣秀吉（酒寄雅志）…… 72
豊臣秀吉（谷口克広）…… 72
豊臣秀吉（豊田穣）…… 74
豊臣秀吉（福田清人）…… 74
豊臣秀吉（宮崎章）…… 74
豊臣秀吉（吉本直志郎）…… 72
豊臣秀吉と天下統一のたたかい（三原一晃）…… 74
豊臣秀吉物語（古田足日）…… 74
豊臣秀吉歴史おもしろゼミナール（中西立太）…… 73
鳥居強右衛門（若松正和）…… 61
ドリームじいちゃん（千葉杲弘）…… 115
努力がうんだ発明の天才―エジソン（神戸淳吉）…… 181
努力で生まれた数学界の星（渡辺誠）…… 143
努力は必ず報われる（下川高士）…… 34
トルストイ（中村白葉）…… 247

【な】

ナイチンゲール（岡信子）…… 128
ナイチンゲール（甲斐汎）…… 128
ナイチンゲール（香山美子）…… 127
ナイチンゲール（重兼芳子）…… 128
ナイチンゲール（リチャード・テームズ）…… 127
ナイチンゲール（土田治男）…… 128
ナイチンゲール（橋本るい）…… 126
ナイチンゲール（早野美智代）…… 127
ナイチンゲール（武鹿悦子）…… 126
ナイチンゲール（パム・ブラウン）…… 127
ナイチンゲール（アンジェラ・ブル）…… 128
ナイチンゲール（真斗）…… 127
ナイチンゲール（村岡花子）…… 128
ナイチンゲール（吉森みき男）…… 128
ナイチンゲールものがたり（岡信子）…… 128
直江兼続（上田史談会）…… 75
直江兼続（加来耕三）…… 75
直江兼続、愛と義に生きた武将（小西聖一）…… 75
長生きをした貞太郎（かつおきんや）…… 252
永井隆（中井俊已）…… 163
中江藤樹（千葉ひろ子）…… 117
長島茂雄（小林信也）…… 231
中田英寿物語（本郷陽二）…… 223
中大兄皇子と藤原鎌足（酒寄雅志）…… 52, 53
中浜万次郎（春名徹）…… 86
中村俊輔（北条正士）…… 232
中村俊輔世界をかける背番号10（矢内由美子）…… 231
中村久子の一生（瀬上敏雄）…… 120
中谷宇吉郎物語（小納弘）…… 138
中山晋平（和田登）…… 206
中山竜次（平野幸作）…… 44
「謎を描いた男」写楽（吹上流一郎）…… 193
なぞの女王と少年のゆめ（岡本文良）…… 46
ナターシャ（手島悠介）…… 204
夏目漱石（桜井信夫）…… 247
夏目漱石（田代脩）…… 247
夏目漱石（西本鶏介）…… 247
夏目漱石（福田清人）…… 247
夏目漱石（三田村信行）…… 247
名波浩 栄光への道のり（粂田孝明）…… 219
ナポレオン（小宮正弘）…… 28
ナポレオン（那須辰造）…… 29
ナポレオン（三上修平）…… 29
ナポレオンの愛した后ジョゼフィーヌ（椋本千江）…… 10
「ナルニア国」への扉（ビアトリス・ゴームリー）…… 244
ナルニア国をつくった人（M.コーレン）…… 245
南極にいどむ（堂本暁子）…… 109

【に】

新島襄（岡本清一）…… 129
新島襄（新島襄編集委員会）…… 129
にこぽん先生の沖縄メロディー（三木健）…… 202
仁科芳雄 本多光太郎（関口たか広）…… 140
西堀栄三郎ものがたり（西堀栄三郎記念探検の殿堂）…… 105
21世紀を元気に生きる・女性資料集（岩崎書店編集部）…… 96

21世紀こども人物館 …… 4
日蓮(紀野一義) …… 269
日蓮(田中正雄) …… 269
日蓮(ひろさちや) …… 269
日蓮さま(つぼいこう) …… 269
日蓮大聖人と藤井日達大聖人のおはなし(西数男) …… 269
日蓮と元の襲来(森下研) …… 269
新田義貞(浜野卓也) …… 58
新渡戸稲造(斉藤栄一) …… 103
新渡戸稲造(三上修平) …… 102
新渡戸稲造(保永貞夫) …… 103
二宮金次郎(打木村治) …… 130
二宮金次郎(木暮正夫) …… 129
二宮金次郎(千葉ひろ子) …… 129
二宮金次郎(松山市造) …… 129
二宮金次郎(三上修平) …… 130
二宮金次郎(山下智之) …… 129
二宮金次郎(和田伝) …… 129
二宮金次郎・富田高慶からの贈りもの(報徳仕法原町市版副読本編集委員会) …… 129
二宮尊徳(伊藤桂一) …… 130
二宮尊徳(八木繁樹) …… 130
日本一のからくり師(風巻絃一) …… 179
日本を足で測った男(一森純直) …… 145
日本をあるいた四千万歩(近野十志夫) …… 105
日本を変えた53人(高野尚好) …… 48, 57, 62, 77, 78, 94, 95
日本をつくった日本史有名人物事典(「日本史有名人物事典」編集委員会) …… 1
日本史人物55人のひみつ(小和田哲男) …… 34
日本人名事典(子ども文化研究所) …… 6
日本・世界偉人物語100話 …… 20
日本・世界人物図鑑 …… 5
日本ではじめての女医―楠本いね(浜田けい子) …… 164
日本のアンデルセン巌谷小波(水口町教育委員会) …… 237
日本の偉人物語 …… 35
日本の偉人ものがたり22話(PHP研究所) …… 33
日本の近代を築いた人(渡辺和一郎) …… 183
日本のファーブルたち(長谷川洋) …… 157
日本の「マンガの神様」(近野十志夫) …… 193
日本の歴史をつくった人びと …… 49, 58, 64, 80, 98
日本の歴史15人 …… 34
日本の歴史人物(佐藤和彦) …… 1
日本の歴史人物事典(岡村道雄) …… 3
日本の歴史人物事典(笠原一男) …… 5
日本の歴史人物事典(小井土繁) …… 4
日本の歴史人物事典(渡辺幹雄) …… 4
日本の歴史人物伝(ムロタニ・ツネ象) …… 35
日本の歴史まんが人物事典(ムロタニ・ツネ象) …… 5
日本の歴史ライバル人物伝(ながいのりあき) …… 33
日本の歴史ライバル対決(田代脩) …… 33
日本初、新聞が発行された(小西聖一) …… 76
ニュートン(斎藤晴輝) …… 148
ニュートン(スティーヴ・パーカー) …… 148
ニュートン(よしかわ進) …… 148
ニュートン(劉思源) …… 148

【ね】

猫と海賊(なだいなだ) …… 104
ネルソン・マンデラ(リチャード・テームズ) …… 13
ネルソン・マンデラ(メアリー・ベンソン) …… 18

【の】

野菊のように(大利根町教育委員会) …… 205
乃木希典(千葉ひろ子) …… 93
野口雨情物語(長久保片雲) …… 239
野口健(綾野まさる) …… 104
ノグチの母(新藤兼人) …… 168
のぐち・ひでよ(こわせ・たまみ) …… 168
野口英世(大石邦子) …… 168
野口英世(大森光章) …… 168
野口英世(角田光男) …… 168
野口英世(神戸淳吉) …… 169
野口英世(きりぶち輝) …… 169
野口英世(こわせ・たまみ) …… 167
野口英世(高橋美幸) …… 168
野口英世(中島健志) …… 167
野口英世(滑川道夫) …… 169
野口英世(馬場正男) …… 169
野口英世(浜野卓也) …… 167
野口英世(三上修平) …… 168
野口英世(みやぞえ郁雄) …… 168
野口英世(森田拳次) …… 169
野口英世・エジソン(木暮正夫) …… 169, 182
野口英世の一生(「目でみる人物記念館」刊行会) …… 167
野口英世の足跡をたずねて(「目でみる人物記念館」刊行会) …… 167
野口英世ものがたり(森いたる) …… 168
残されたもの(篠輝久) …… 261
ノストラダムス(飛鳥昭雄) …… 14
野の天文学者 前原寅吉(鈴木喜代春) …… 140
信長はどんな人物だった?(佐藤和彦) …… 66
ノーベル(大野進) …… 183

ノーベル（岡本文良） …… 183
ノーベル（萩原葉子） …… 183
ノーベル（比留間五月） …… 183
ノーベル化学賞（戎崎俊一） …… 137
ノーベル賞を受賞した日本人（戎崎俊一） …… 34
ノーベル生理学・医学賞（戎崎俊一） …… 164
ノーベル物理学賞（戎崎俊一） …… 137
ノーベル文学賞と経済学賞（戎崎俊一） …… 237
ノーベル平和賞（戎崎俊一） …… 118

【は】

バイエル（加藤礼次朗） …… 203
ハイドン（ひのまどか） …… 206
バキタのおはなし（オーギュスタ・キュレリ） …… 119
白鳥の夢はるか（まごめやすこ） …… 207
幕末維新ものしり大百科（山梨輝雄） …… 80
走ったぞ！地球25万キロ（浜野卓也） …… 228
はじめての総理大臣―伊藤博文（高橋宏幸） …… 99
はじめて読むみんなの伝記 …… 8
橋本左内って知ってるかい？（福井市立郷土歴史博物館） …… 77
芭蕉（伊馬春部） …… 249
走れ蒸気機関車 …… 183
パスカル ニュートン（佐々木ケン） …… 142, 148
パスツールものがたり（としまかをり） …… 169
パストゥール（スティーヴ・パーカー） …… 169
パストゥール（ビバリー・バーチ） …… 169
支倉常長（仙台市博物館） …… 77
裸百貫（KONISHIKI） …… 224
畠山重忠一代記（福島茂徳） …… 57
八代将軍徳川吉宗（浜野卓也） …… 91
発覚、シーボルト事件（小西聖一） …… 158
バッハ（柏倉美穂） …… 213
バッハ（神戸淳吉） …… 213
バッハ（岸田恋） …… 213
バッハ（シャーロット・グレイ） …… 213
発明のヒーロー伝（天沼春樹） …… 6
発明・発見への挑戦（天沼春樹） …… 12
はなおかせいしゅう（和歌山県那賀町文献研究会） …… 164
華岡青洲（戸西葉子） …… 164
花のお江戸のスーパースター（小西聖一） …… 76
塙保己一とともに（堺正一） …… 253
母が語る有森裕子物語（有森広子） …… 225
はばたけ西国の智将毛利元就（吉本直志郎） …… 75
はばたこう世界の空へ（浜田けい子） …… 179
母と子でみるアンネ・フランク（早乙女勝元） …… 24
パパの大飛行（アリス・プロヴェンセン） …… 179
羽生善治 夢と、自信と。（椎名竜一） …… 221
浜田の人物ものがたり（浜田市教育委員会） …… 46
バリアを越えて …… 119
ハリエット・B・ストー（村岡花子） …… 236
パリのオギス（愛知県小中学校長会） …… 45
「ハリー・ポッター」の奇跡（チャールズ・J.シールズ） …… 235
はるかなり モヨロの里（吉樹朔生） …… 106
バルトーク（ひのまどか） …… 208
バーンスタイン（デイビッド・ウィルキンズ） …… 205
バーンスタイン（ひのまどか） …… 203
ハンセン病の療養所をつくったお坊さん（トレヴァー・マーフィ） …… 116
半分のふるさと（イサンクム） …… 115

【ひ】

ビアトリクス・ポター（エリザベス・バカン） …… 248
ビアトリクス・ポターのおはなし（ジャネット・ウィンター） …… 248
ピアノの詩人 ショパン（立原えりか） …… 210
ピアノの詩人ショパン（さいとうみのる） …… 210
悲運に散った若武者義経（小西聖一） …… 54
ピカソ（岩崎こたろう） …… 199
ピカソ（神吉敬三） …… 199
ピカソ（中山公男） …… 199
ピカソ（ピカソ） …… 199
光をめざして走れ（古川薫） …… 258
光のように鳥のように…（ビジュ・ル・トール） …… 191
光はやみより（手島悠介） …… 120
樋口一葉（真鍋和子） …… 248
悲劇の少女アンネ（シュナーベル） …… 23
ひげのとのさま（愛知県小中学校長会） …… 45
栄は元気ないちばん星（かつおきんや） …… 136
ビゼー（ひのまどか） …… 202
肥前の石工 平川与四右衛門（白武留康） …… 175
ピーター・スコット（ジュリア・コートニー） …… 154
「ピーター・パン」がかけた魔法（スーザン・ビビン・アラー） …… 236
陽だまりの家（岡上鈴江） …… 242
「ピーターラビット」の丘から（マーガレット・S.ユアン） …… 247
ひと足ひと足（下伊那教育会） …… 254
びとうじしゅう（尾藤二洲親子絵読本刊行委員会） …… 254

人をたすけ国をつくったお坊さんたち(高橋裕) …… 175
ビートルズ(正津勉) …… 208
日野富子(真鍋和子) …… 58
ビバルディ(パム・ブラウン) …… 206
ひびけ愛北の海をこえて(森下研) …… 261
ひびけエンジン(愛知県小中学校長会) …… 45
ヒミカ(卑弥呼)(中山千夏) …… 53
ヒミコ(宮崎章) …… 53
卑弥呼(あおむら純) …… 53
卑弥呼(木村茂光) …… 53
卑弥呼(酒寄雅志) …… 52
卑弥呼(真鍋和子) …… 53
卑弥呼(山岸良二) …… 53
百年前の報道カメラマン(千世まゆ子) …… 195
日吉丸のお通りだい(吉本直志郎) …… 73
平賀源内(蔵持重裕) …… 149
平賀源内(ムロタニツネ象) …… 149
平塚らいてう(日野多香子) …… 98
平山郁夫と玄奘三蔵(平山郁夫) …… 191
平山郁夫のお釈迦さまの生涯(平山郁夫) …… 193
ひろすけ童話ひとすじに(西沢正太郎) …… 239

【ふ】

ファーブル(あべさより) …… 160
ファーブル(大森光章) …… 161
ファーブル(岡信子) …… 161
ファーブル(小林清之介) …… 160, 161
ファーブル(砂田弘) …… 160
ファーブル(砂村秀治) …… 160
ファーブル(高瀬直子) …… 161
ファーブル(ドーリー) …… 161
ファーブル(平松修) …… 160
ファーブル(古川晴男) …… 161
ファーブル(三木卓) …… 161
ファーブル昆虫記(奥本大三郎) …… 160
ファーブルものがたり(岡信子) …… 160
ファンタジスタ中村俊輔(本郷陽二) …… 232
風雲菊池一族(菊池祭り再興を考える会) …… 46
風雪の墓標(塩沢実信) …… 241
風林火山武田信玄(木暮正夫) …… 71
風林火山の武田信玄(浜野卓也) …… 70
フェルメールとレンブラント(森田義之) …… 189
武器では地球を救えない(和田登) …… 253
ふくざわゆきち(影山昇) …… 257
福沢諭吉(内田英二) …… 256
福沢諭吉(小野忠男) …… 255
福沢諭吉(甲斐謙二) …… 255
福沢諭吉(岳真也) …… 256
福沢諭吉(北康利) …… 254
福沢諭吉(桑原三郎) …… 255
福沢諭吉(小島直記) …… 257
福沢諭吉(後藤弘子) …… 255
福沢諭吉(酒寄雅志) …… 255
福沢諭吉(高山毅) …… 257
福沢諭吉(筑波常治) …… 255
福沢諭吉(長谷川公一) …… 256
福沢諭吉(浜野卓也) …… 256
福沢諭吉(藤田のぼる) …… 256
福沢諭吉(丸山信) …… 257
福沢諭吉(三上修平) …… 256
福沢諭吉(宮崎章) …… 257
福沢諭吉と明治維新(新冬二) …… 255
福沢諭吉の勉強法(斉藤規) …… 256
不屈の人 ベートーベン(北畠八穂) …… 215
福原愛物語(本郷陽二) …… 222
藤井達吉物語 …… 188
ふしぎの国のアリスの物語(クリスティーナ・ビョルク) …… 239
藤子・F・不二雄(藤子プロ) …… 193
藤子不二雄(A)(菅紘) …… 191
伏してぞ止まんぼく、宮本警部です(山口秀範) …… 115
藤原道長(朧谷寿) …… 54
藤原道長(人見倫平) …… 54
二つの勲章(柳谷圭子) …… 261
二つのノーベル賞をうけた人―マリー・キュリー(佐藤一美) …… 151
ブータンの朝日に夢をのせて(木暮正夫) …… 97
冬の花びら(高田宏) …… 143
冬よぼくに来い(日野多香子) …… 241
ブライユ(ビバリー・バーチ) …… 122
ブラジルに夢をおって(馬場淑子) …… 157
ブラジルの大地に生きて(藤崎康夫) …… 96
ブラームス(葛城まどか) …… 213
ブラームス(竹野栄) …… 214
フランクリン(板倉聖宣) …… 139
フランクリン(加藤恭子) …… 142
フランシスコ・ザビエル(岸野久) …… 267
フランシスコ＝ザビエル(浜田けい子) …… 267
ふるさとが生んだふたりの英雄(ふたりの英雄編集委員会) …… 44
ふるさと棚尾の達吉さん(松碕冴子) …… 188
ふるさとに文化のともしびを(和順高雄) …… 36
ふるさとの自然をまもる(笠原秀) …… 36
プロコフィエフ(ひのまどか) …… 204
文に生きる絵に生きる …… 187

【へ】

平和へのかけ橋(明石康) …… 97
平和をきずく(ネイサン・アーセング) …… 122
平和にかける虹(立石巌) …… 120

ベッカム・ジダン・ロナウド(本郷陽二) …… 223
ベッセマー ハーバー エジソン(関口たか広) …… 177
ベートーヴェン(照屋正樹) …… 214
ベートーベン(片岡輝) …… 215
ベートーベン(加藤純子) …… 214
ベートーベン(加藤礼次朗) …… 214
ベートーベン(黒田恭一) …… 215
ベートーベン(こわせ・たまみ) …… 215
ベートーベン(高木卓) …… 216
ベートーベン(高瀬直子) …… 214
ベートーベン(高橋宏幸) …… 215
ベートーベン(畑山博) …… 216
ベートーベン(比留間五月) …… 215
ベートーベン(パム・ブラウン) …… 215
ベートーベン(堀内元) …… 216
ベートーベンものがたり(大蔵宏之) …… 215
ペトロ岐部カスイ(神崎信博) …… 260
ベーブ・ルース(赤坂包夫) …… 233
ベーブ・ルース(甲斐汎) …… 232
ベーブ・ルース(砂田弘) …… 232
ベーブ・ルース(真野一雄) …… 233
ベーブ・ルース(吉森みき男) …… 233
ベーブ=ルース(岡本文良) …… 233
ベーブ=ルース(久米元一) …… 233
ベーブ=ルース(久米穣) …… 233
ベーブ=ルース(松村喜彦) …… 233
ヘルンとセツの玉手箱(藤森きぬえ) …… 243
ヘレン・ケラー(久米みのる) …… 132
ヘレン・ケラー(砂田弘) …… 131
ヘレン・ケラー(高瀬直子) …… 131
ヘレン・ケラー(リチャード・テームズ) …… 131
ヘレン・ケラー(武鹿悦子) …… 130, 131
ヘレン・ケラー(フィオナ・マクドナルド) …… 132
ヘレン・ケラー(三上修平) …… 132
ヘレン・ケラー(村岡花子) …… 132
ヘレン・ケラー(八木理英) …… 130
ヘレン・ケラー(山口正重) …… 133
ヘレン・ケラー(山根赤鬼) …… 133
ヘレン・ケラー(吉田定一) …… 133
ヘレン=ケラー(内山登美子) …… 132
ヘレン=ケラー(香山美子) …… 132
ヘレン=ケラー(ヘレン=ケラー) …… 132
ヘレン・ケラーを支えた電話の父・ベル博士(ジュディス・セントジョージ) …… 173
ヘレン=ケラー自伝(今西祐行) …… 133
ヘレン・ケラーものがたり(若林利代) …… 132

【ほ】

冒険者たちの世界史(ミシェル・ド・フランス) …… 107〜109
冒険のヒーロー伝(天沼春樹) …… 6
北条早雲(伊東章夫) …… 75
北条早雲(筑波常治) …… 75
北条早雲(浜野卓也) …… 75
北条時宗(浜野卓也) …… 58
法然(ひろさちや) …… 270
法然さま(高橋良和) …… 269
法然の生涯(ひろさちや) …… 270
ホーキング(キティ・ファーガスン) …… 140
ぼくが絵本作家になったわけ(ビル・ピート) …… 240
ぼくが宇宙をとんだわけ(日野多香子) …… 139
ぼくの人生落語だよ(林家木久蔵) …… 203
ぼくのフライドチキンはおいしいよ(中尾明) …… 172
ぼくのものがたり(高橋健二) …… 242
ぼくらの星、王貞治(栗原達男) …… 230
ボクは動物少年だい!(吉村卓三) …… 157
ぼくはマサイ(ジョゼフ・レマソライ・レクトン) …… 116
星空のバイオリン(和田登) …… 176
星になったサン=テグジュペリ(新井満) …… 244
星になった少年(坂本小百合) …… 171
星の使者(ピーター・シス) …… 146
細井平洲先生(川島良博) …… 257
細川ガラシャ(さかいともみ) …… 64
『坊っちゃん』をかいた人—夏目漱石(桜井信夫) …… 247
ボッティチェッリと花の都フィレンツェ(西村和子) …… 194
炎のなかのリンゴの歌(早乙女勝元) …… 208
ボブ・マーリー(マーシャ・ブロンソン) …… 205
ポルシェ(斎藤憐) …… 175
ボロディン, ムソルグスキー, リムスキー=コルサコフ(ひのまどか) …… 207
本田宗一郎(中嶋悟) …… 184
ほんとうにあった!世界の怪人魔人物語(小沢章友) …… 8
ほんまにオレはアホやろか(水木しげる) …… 190

【ま】

まいあがれ!春の女神(赤座憲久) …… 154
牧野富太郎(林富士馬) …… 156
牧野富太郎(山本和夫) …… 157

正岡子規ものがたり（楠木しげお）……238
マザー・テレサ（綾野まさる）……133
マザー・テレサ（沖守弘）……134
マザー・テレサ（岸田恋）……133
マザー・テレサ（パトリシア・ギフ）……135
マザー・テレサ（シャーロット・グレイ）……135
マザー・テレサ（リチャード・テームズ）……134
マザー・テレサ（薇薇夫人）……134
マザー・テレサ（間所ひさこ）……134
マザー・テレサ（三上修平）……135
マザー・テレサ（やなぎや・けいこ）……133
マザー＝テレサ（望月正子）……135
マザーテレサ（沖守弘）……134
マザー・テレサこんにちは（千葉茂樹）……136
魔術師のくだものづくり（岡本文良）……156
マゼラン（谷真介）……112
マゼラン（平見修二）……112
松井須磨子（小沢さとし）……208
松井秀喜（四竈衛）……234
松井秀喜（広岡勲）……233, 234
松井秀喜 僕には夢がある（広岡勲）……234
松井秀喜メジャー物語（広岡勲）……233
松井秀喜物語（高橋功一郎）……234
松井秀喜物語（広岡勲）……234
松江美季（鳥飼新市）……224
松尾芭蕉（高村忠範）……248
松尾芭蕉（鶴見正夫）……249
松尾芭蕉（芭蕉翁顕彰会）……249
松尾芭蕉と元禄文化（近藤ふみ）……248
松坂大輔（鳥飼新市）……234
松坂大輔 メジャーへの挑戦！（本間正夫）……234
松坂大輔メジャー物語（石田雄太）……234
松沢求策ものがたり（松沢求策顕彰会）……96
松下幸之助（岡本文良）……184
松下幸之助勇気のでることば（岡本文良）……184
マティス（森田義之）……191
マネとモネ（マネ）……193
まぼろしの天使（松永伍一）……81
まぼろしの難波宮（浜田けい子）……106
まぼろしの花がさいた（神戸淳吉）……156
間宮林蔵（筑波常治）……112
間宮林蔵豆辞典（やまおかみつはる）……112
マリアさまの生涯……261
マリア・モンテッソーリ（国際モンテッソーリ教育101年祭実行委員会）……115
マリー・アントワネット（石井美樹子）……29
マリー・アントアネット（堀ノ内雅一）……29
マリーアントワネット（真野一雄）……29
マリ・キュリー（桶谷繁雄）……149
マリー・キュリー（佐藤一美）……150
マリー・キュリー（フィリップ・スティール）……149
マリー・キュリー（リチャード・テームズ）……150
マリー・キュリー（スティーブ・パーカー）……150
マリー・ローランサン（千明初美）……193
マルコーニ（スティーヴ・パーカー）……175
マルコーニ ダイムラー ライト兄弟（熊谷聡）……177
マルコ・ポーロ（木暮正夫）……113
マルコ・ポーロ（薇薇夫人）……113
マルコ・ポーロ（ニック・マカーティ）……113
マルコ＝ポーロ（春名徹）……114
マルコ＝ポーロ（保永貞夫）……114
まんが印象派の画家たち（島田紀夫）……192
まんが聖徳太子（さいわい徹）……50
まんが聖書物語（樋口雅一）……264
まんが世界の科学者物語（舟木嘉浩）……143
まんがで読む蓮如上人（丹波元）……271
マンガ徳川慶喜（佐久間好雄）……90
まんが仁科芳雄博士物語（遠藤孝次）……142
まんが日本の歴史人物事典（小西聖一）……1
まんが 羽生善治物語（高橋美幸）……226
まんが宮沢賢治（矢野功）……250
まんが八幡浜偉人伝……46
まんが蓮如さま（丹波元）……271

【み】

三浦梅園伝（三浦頼義）……254
見えない敵と戦う パスツール（塩瀬治）……169
三河のエジソン（今関信子）……171
ミケランジェロ（フィリップ・ウィルキンソン）……199
「短すぎた一生」石川啄木（佐藤直人）……243
水木しげる（児玉淳）……191
ミステリーはぼくの夢（愛知県小中学校長会）……44
水とたたかった戦国の武将たち（かこさとし）……63
ミズバショウの花いつまでも（蜂谷緑）……157
道けわしくても心きよらかに（岩崎京子）……98
みちしるべ（小浜ライオンズクラブ）……45
未知の世界を開いた探検……106
光政と綱政（柴田一）……46
水戸黄門（松尾政司）……90
緑のドクター（藤崎康夫）……156
みどりのゆめ一すじの60年（岡本文良）……157
みどりのランプ（いじゅういんとしたか）……20
南方熊楠（戸西葉子）……162
南方熊楠（みやぞえ郁雄）……162
南方熊楠（保永貞夫）……162
南雄太（野上伸悟）……225
源義経（今西祐行）……54, 56
源義経（蔵持重裕）……56

源義経(小井土繁) ………… 55
源義経(砂田弘) ………… 55
源義経(二階堂玲太) ………… 55
源義経(西本鶏介) ………… 55
源義経の大常識(樋口州男) ………… 55
源頼朝(今西祐行) ………… 61
源頼朝(奥富敬之) ………… 60
源頼朝(木村茂光) ………… 61
源頼朝(酒寄雅志) ………… 60
源頼朝(左近義親) ………… 61
源頼朝(高橋宏幸) ………… 61
源頼朝(宮崎章) ………… 61
美作もも語り(安藤由貴子) ………… 116
宮里藍(柳田通斉) ………… 221
宮里藍物語(本郷陽二) ………… 222
みやざわ・けんじ(西本鶏介) ………… 249
宮沢賢治(西本鶏介) ………… 249〜251
宮沢賢治(馬場正男) ………… 250
宮沢賢治(村野守美) ………… 249
宮本武蔵(加来耕三) ………… 92
宮本武蔵(木暮正夫) ………… 92
宮本武蔵(砂田弘) ………… 92
宮本武蔵(田代脩) ………… 92
宮本武蔵(浜野卓也) ………… 92
ミューズの子 モーツァルト(高橋英郎) ………… 217
未来をひらく(ネイサン・アーセング) ………… 141
未来のきみが待つ場所へ(宮本延春) ………… 115
ミレーとコロー(森田義之) ………… 190
みんなが知りたい!「世界の偉人」のことがわかる本(イデア・ビレッジ) ………… 8
みんな仲よし幾多郎きょうだい(かつおきんや) ………… 252
みんなの篤姫(寺尾美保) ………… 77

【む】

向井千秋(橋本るい) ………… 138
むかし二人の鉛版師がいた(高取武) ………… 171
むかし、レオナルド・ダ・ヴィンチが…(シルヴィー・ラフェレール) ………… 201
麦さん(青木雅子) ………… 154
武蔵坊弁慶(田代脩) ………… 49
虫に出会えてよかった(矢島稔) ………… 153
むねをはろう大空にむかって(児玉美智子) ………… 124
紫式部(あおむら純) ………… 251
紫式部(木村茂光) ………… 251
紫式部(山本藤枝) ………… 251
紫式部と清少納言(酒寄雅志) ………… 246, 251
紫式部と平安貴族(藤森陽子) ………… 251
室伏広治物語(本郷陽二) ………… 220

【め】

明治維新をしかけた男—坂本竜馬(北川幸比古) ………… 85
明治時代の54人(PHP研究所) ………… 95
明治天皇(きりぶち輝) ………… 98
明治のともしび(愛知県小中学校長会) ………… 45
恵みの風に帆をはって(『まるちれす』編纂委員会) ………… 259
メンデルスゾーン(ひのまどか) ………… 201
メンデルスゾーンとアンデルセン(中野京子) ………… 186

【も】

もういくつねるとお正月—滝廉太郎と東クメ(上笙一郎) ………… 212
盲導犬が日本に生まれた日(竹内恒之) ………… 117
盲導犬チャンピィ(桑原崇寿) ………… 120
もうひとつの幸福(江崎雪子) ………… 238
毛利元就(稲垣純) ………… 76
毛利元就(小和田哲男) ………… 75
毛利元就(浜野卓也) ………… 76
毛利元就(吉本直志郎) ………… 76
燃えろ!若きジンギスカン(たかしよいち) ………… 28
最上川にひびくうたごえ(山形県小中学校校長会) ………… 43
目標にいどむ青春(永谷脩) ………… 235
もし大作曲家と友だちになれたら…(スティーブン・イッサーリス) ………… 202, 203
モーツァルト(マーカス・ウィークス) ………… 216
モーツァルト(岸田恋) ………… 217
モーツァルト(三枝成彰) ………… 217
モーツァルト(立原えりか) ………… 217
モーツァルト(照屋正樹) ………… 216
モーツァルト(野火晃) ………… 217
モーツァルト(ひのまどか) ………… 218
モーツァルト(マイケル・ホワイト) ………… 217
モーツァルト(真篠将) ………… 217
モーツァルト(間所ひさこ) ………… 217
モーツァルト(水城ゆう) ………… 218
モーツァルトへようこそ(イエジ・ボトルバ) ………… 217
もっと知りたい!人物伝記事典(漆原智良) ………… 2
モネ(中山公男) ………… 196
物語久米栄左衛門(野田弘) ………… 180
ものがたり清水南山(郷土と南山先生を語る会) ………… 190

ものがたり円谷英二(鈴木和幸) …… 204
物語法然さま(知恩院) …… 269
盛田昭夫(中島健志) …… 173
森の昆虫博士(松居友) …… 154
森のメルヘンをおいもとめて(高橋健) …… 157
モンゴメリ(高瀬直子) …… 252
モンゴメリ(ハリー・ブルース) …… 252

【や】

矢板武 …… 43
柳生十兵衛(砂田弘) …… 79
野球少年キヨマー(戸部良也) …… 228
野球ボールに夢をのせて(佐藤一美) …… 172
やくそくのホームラン(小沢正) …… 232
やさしい啓発録(はしもとさない) …… 77
優しさと強さと(早乙女勝元) …… 122
野鳥と生きた80年(岡本文良) …… 156
野鳥とともに生きる—中西悟堂(国松俊英) …… 155
野鳥よ、おれとうたおう(鶴見正夫) …… 157
やなせたかし(高見まこ) …… 191
矢野竜渓(山田繁伸) …… 95
山口・人物ものがたり(「山口・人物ものがたり」研究会) …… 46
山崎闇斎(牛尾弘孝) …… 253
山下清(長谷川敬) …… 194
山田方谷物語(南一平) …… 253
ヤマトタケル(高橋宏幸) …… 56
ヤマトタケル(浜田けい子) …… 56
ヤマトタケル(松田稔) …… 56
ヤマトタケル(保永貞夫) …… 56
ヤマトタケルノミコト(ムロタニツネ象) …… 56
山中鹿之介(筑波常治) …… 63
「弥生の村」を探しつづけた男(鈴木喜代春) …… 104

【ゆ】

ユーカラの祭り(塩沢実信) …… 123
湯川秀樹(二反長半) …… 152
湯川秀樹・朝永振一郎・利根川進(藤井博司) …… 140, 152
雪にあこがれて南極へ(島田治子) …… 104
雪の写真家ベントレー(ジャクリーン・ブリッグズ・マーティン) …… 192
湯沢の生んだ名僧 了翁さま(田口大師) …… 261
ユージン・スミス(土方正志) …… 189
ユタ日報のおばあちゃん・寺沢国子(上坂冬子) …… 93
弓の名人為朝(矢代和夫) …… 49
夢、一直線(吉村作治) …… 103
夢色の絵筆(遠藤町子) …… 192
夢をあきらめない(池田まき子) …… 219
夢をかなえた世界の人々(岡信子) …… 10
夢を実現させた男(酒井徹郎) …… 117
夢を育てた人々(谷川澄雄) …… 13
夢を掘りあてた人(ヨハンナ・インゲ・フォン・ヴィーゼ) …… 112
ゆめを実らせた空想科学少年(手島悠介) …… 179
夢をもとめた人びと(玉川学園) …… 106, 123, 124, 142, 187, 261
夢が、かなう日(山石やすこ) …… 222
夢にかける(久保田千太郎) …… 178
夢にむかって飛べ(毛利恒之) …… 142
夢のかけ橋(竹田道子) …… 80
夢の地下鉄冒険列車(佐藤一美) …… 178
夢の発明王エディソン(杉山薫里) …… 180
夢のひとつぶ(左近蘭子) …… 93
ゆめの用水(愛知県小中学校長会) …… 45
夢みるバレリーナ(マルバーン) …… 203
夢は、かならずかなう(山本亨介) …… 227

【よ】

夜明けへの道(岡本文良) …… 121
よいっつぁん夢は大きく(まつだしょういち) …… 115
ようこそ！おやこ寄席へ(桂文我) …… 203
ようこそナルニア国へ(ブライアン・シブリー) …… 245
幼年期から中等学校時代のレーニン(アンナ・ウリヤノワ) …… 254
よくばりおっさま(愛知県小中学校長会) …… 45
よくわかる宮沢賢治(菅原千恵子) …… 250
よくわかる宮沢賢治(宮沢賢治) …… 249
横山実(矢野功) …… 42
与謝野晶子(あべさより) …… 252
与謝蕪村(高村忠範) …… 236
吉田松陰(後藤久子) …… 258
吉田松陰(福川祐司) …… 258
吉田松陰(古川薫) …… 258
吉田松陰(八剣ヒロキ) …… 258
吉田松陰30年の生涯(鈴木喜代春) …… 258
吉田松陰と高杉晋作(加来耕三) …… 87, 257
吉見先生ありがとう(森下研) …… 165
吉宗がゆく！(稲垣純) …… 91
淀君(さかぐち直美) …… 64
ヨハン・シュトラウス(ひのまどか) …… 206
よみがえる黄金の宝(たかしよいち) …… 112
読谷の先人たち(読谷村史編集委員会) …… 46

【ら】

雷電為右衛門(はまみつを) …… 227
ライトきょうだい(鶴見正夫) …… 185
ライト兄弟(おきたかし) …… 185
ライト兄弟(鈴木真二) …… 184
ライト兄弟(鶴見正夫) …… 185
ライト兄弟(リチャード・テームズ) …… 185
ライト兄弟(富塚清) …… 186
ライト兄弟(早野美智代) …… 184
ライト兄弟(平見修二) …… 185
ライト兄弟(ラッセル・フリードマン) …… 185
ライト兄弟(牧ひでを) …… 186
ライト兄弟(三上修平) …… 186
ライト兄弟(山根赤鬼) …… 186
ライト兄弟ものがたり(岡信子) …… 185
「ライラ」からの手紙(マーガレット・S.ユアン) …… 236
ラヴォワジェ ドルトン(宮川正行) …… 141
らみいちゃんの聖書人物伝「この人だぁ〜れ?」(みやしたはんな) …… 260
ランプをもったてんし(香山美子) …… 126

【り】

理科室から生まれたノーベル賞(国松俊英) …… 137
リゴベルタの村(工藤律子) …… 120
リビングストン発見隊(ヘンリー=モートン・スタンレー) …… 114
劉備・関羽・張飛(桜井信夫) …… 16
良寛(大森光章) …… 270
良寛(ひろさちや) …… 270
良寛(牧原辰) …… 271
りょうかんさま(子田重次) …… 270
良寛さま(おぎのゆうじ) …… 270
良寛さま(小野忠男) …… 270
良寛さま(相馬御風) …… 270
良寛さまってどんな人(谷川敏朗) …… 270
良寛さん(「良寛さん」制作実行委員会) …… 270
竜馬海へ(浜田けい子) …… 84
竜馬が走る(海城文也) …… 85
竜馬の夢は君たちの夢(百瀬昭次) …… 84
リンカーン(内田庶) …… 30
リンカーン(小沢正) …… 29, 30
リンカーン(上崎美恵子) …… 31
リンカーン(砂田弘) …… 32
リンカン(ラッセル・フリードマン) …… 31
リンカーン(牧ひでを) …… 32
リンカーン(松岡洋子) …… 32
リンカーン(三上修平) …… 31
リンカーンものがたり(西岡光秋) …… 31
凛たれ!天を指して輝け(木暮正夫) …… 194
リンドバーグ(今西祐行) …… 104

【る】

ルイ・アームストロング(外山喜雄) …… 202
ルイ・パスツール(平見修二) …… 169
ル・コルビュジエ(フランシーヌ・ブッシェ) …… 193
ルノワールとドガ(川滝かおり) …… 194

【れ】

レイチェル(エイミー・エアリク) …… 162
レイチェル・カーソン(キャスリン・カドリンスキー) …… 163
レイチェル・カーソン(ジンジャー・ワズワース) …… 162
レオナルド・ダ・ヴィンチ(三神弘彦) …… 201
レオナルド=ダ=ヴィンチ/コペルニクス(宮川正行) …… 142, 201
レオナルド・ダ・ヴィンチとミケランジェロ(辻茂) …… 200
レオナルド・ダ・ビンチ(古城武司) …… 200
レオナルド・ダ・ビンチ(徐梓寧) …… 200
歴史を生きた78人 …… 36, 37
歴史をかえた15人の冒険者たち(山主敏子) …… 106
歴史学者津田左右吉(赤座憲久) …… 254
歴史人物絵事典(河合敦) …… 2
歴史人物なぜなぜ事典 …… 38〜41
レーナ・マリア(あべさより) …… 205
レーナ・マリア物語(レーナ・マリア) …… 206
蓮如(笠原一男) …… 271
蓮如さま(千葉乗隆) …… 271
れんにょさん(藤木てるみ) …… 271
蓮如さん(岡崎教区蓮如上人500回御遠忌委員会教化伝道委員会) …… 271
レンブラント(高橋裕子) …… 196

【ろ】

6000にんのいのちをすくえ(こわせ・たまみ) …… 102
ロケットの父 …… 143
ローザ(ニッキ・ジョヴァンニ) …… 8

ロシア音楽の星チャイコフスキー（さいとうみのる） …… 212
ロシアからきた大投手（中尾明） …… 226
魯迅（四方田犬彦） …… 240
ロナウジーニョ物語（本郷陽二） …… 221
ロマノフ朝最後の皇女 アナスタシアのアルバム（ヒュー・ブルースター） …… 14
ロマン派の推進者シューマン（さいとうみのる） …… 202
ローラ・インガルス（後藤ユタカ） …… 239
ローラ・インガルス・ワイルダー（ウィリアム・アンダーソン） …… 241
ローランサンとモディリアーニ（川滝かおり） …… 194

【わ】

和井内貞行・内藤湖南（鹿角市先人顕彰館） …… 42
わが道は白衣とともに（森下研） …… 120
若者たちに維新を託して（小西聖一） …… 258
若山牧水ものがたり（楠木しげお） …… 236
わが夢は八重瀬をこえて（比屋根照夫） …… 97
ワシントン（清水博） …… 32
ワシントン（わだとしお） …… 32
私たちの棟方志功（矢野功） …… 193
わたしの赤毛のアン（キャサリン・M.アンドロニク） …… 252
わたしの呼び名は〈まあもちゃん〉（森山真弓） …… 94
わたしはあきらめない（国松俊英） …… 224
わたしは歌う（ミリアム・マケバ） …… 206
ワレンバーグ（M.ニコルソン） …… 18

事 項 名 索 引

【あ】

アインシュタイン, アルバート　→アインシュタイン ……143
麻田 剛立　→科学の発展に貢献した人びと ……136
足利 尊氏　→足利 尊氏 …… 58
足利 義満　→足利 義満 …… 59
飛鳥時代　→先史時代〜平安時代の人びと …… 47
安土・桃山時代　→戦国時代〜安土・桃山時代の人びと …… 61
アスリート　→スポーツの世界で活躍した人びと ……219
アニメ作家　→美術作品で名を残した人びと ……187
天草 四郎　→天草 四郎 …… 81
アムンゼン, ロアルド　→アムンゼン ……109
アンデルセン,H.C.　→アンデルセン ……242
イエス・キリスト　→イエス・キリスト ……262
医学者　→医学の進歩のために努力した人びと ……163
囲碁棋士　→スポーツの世界で活躍した人びと ……219
石川 啄木　→石川 啄木 ……243
イチロー　→イチロー ……229
一休　→一休 ……264
伊藤 博文　→伊藤 博文 …… 98
伊能 忠敬　→伊能 忠敬 ……144
上杉 謙信　→上杉 謙信 …… 64
植村 直己　→植村 直己 ……109
ヴォーリズ,W.M.　→ヴォーリズ ……196
宇宙飛行士　→科学の発展に貢献した人びと ……136
栄西　→教えを開き広めた人びと ……258
江崎 雪子　→すぐれた文学作品を生み出した人びと ……235
エジソン,T.A.　→エジソン ……180
江戸時代　→江戸時代〜幕末・維新期の人びと …… 76
絵本作家　→美術作品で名を残した人びと ……187
円空　→円空 ……197
エンジニア　→新たな事物を作り出した人びと ……170
王 貞治　→王 貞治 ……230
大石 内蔵助　→大石 内蔵助 …… 82
大石 良雄　→大石 内蔵助 …… 82
大梶 七兵衛　→社会につくした人びと ……114
大久保 利通　→大久保 利通 …… 99
大蔵 永常　→社会につくした人びと ……114
沖縄　→沖縄の人びと …… 46
織田 信長　→織田 信長 …… 65
小野 伸二　→小野 伸二 ……230
音楽家　→音楽・芸能分野で功績をあげた人びと ……201

【か】

画家　→美術作品で名を残した人びと ……187
化学者　→科学の発展に貢献した人びと ……136
科学者
　→科学の発展に貢献した人びと ……136
　→自然の謎にいどんだ人びと ……153
　→医学の進歩のために努力した人びと ……163
学者　→独自の思想を打ち立てた人びと ……252
歌手　→音楽・芸能分野で功績をあげた人びと ……201
歌人　→すぐれた文学作品を生み出した人びと ……235
春日局　→春日局 …… 82
カーソン, レイチェル　→レイチェル・カーソン ……162
勝 海舟　→勝 海舟 …… 83
葛飾 北斎　→葛飾 北斎 ……197
嘉納 治五郎　→スポーツの世界で活躍した人びと ……219
鎌倉時代　→鎌倉時代〜室町時代の人びと …… 56
カメラマン　→美術作品で名を残した人びと ……187
からくり儀右衛門　→新たな事物を作り出した人びと ……170
ガリレイ, ガリレオ　→ガリレオ・ガリレイ ……146
川村 孫兵衛　→社会につくした人びと ……114
環境学者　→自然の謎にいどんだ人びと ……153
看護師　→社会につくした人びと ……114
ガンジー,M.K.　→ガンジー …… 24
鑑真　→鑑真 ……265
関東地方　→関東地方の人びと …… 43
監督(スポーツ)　→スポーツの世界で活躍した人びと ……219
監督(映画)　→音楽・芸能分野で功績をあげた人びと ……201
棋士　→スポーツの世界で活躍した人びと ……219
技術者　→新たな事物を作り出した人びと ……170
気象学者　→科学の発展に貢献した人びと ……136
北里 柴三郎　→北里 柴三郎 ……165
北島 康介　→スポーツの世界で活躍した人びと ……219
北原 白秋　→北原 白秋 ……243
九州地方　→九州地方の人びと …… 46
キュリー, マリー　→マリー・キュリー ……149
キュリー夫人　→マリー・キュリー ……149
教育者　→社会につくした人びと ……114
清原 和博　→スポーツの世界で活躍した人びと ……219
キリスト　→イエス・キリスト ……262
キリスト教　→教えを開き広めた人びと ……258
近畿地方　→近畿地方の人びと …… 45
キング牧師　→キング牧師 …… 25

空海　→空海 …………266
楠木 正成　→楠木 正成 …………60
楠本 いね　→医学の進歩のために努力した人びと …………163
熊田 千佳慕　→美術作品で名を残した人びと ‥187
クラーク, ウィリアム・スミス　→ウィリアム・スミス・クラーク …………125
クレオパトラ　→クレオパトラ …………26
経営者　→新たな事物を作り出した人びと ……170
芸術家
→芸術の才能を開花させた人びと …………186
→美術作品で名を残した人びと …………187
→音楽・芸能分野で功績をあげた人びと …………201
芸能人　→音楽・芸能分野で功績をあげた人びと …………201
ケネディ,J.F.　→ケネディ …………27
ケラー, ヘレン　→ヘレン・ケラー …………130
建築家　→美術作品で名を残した人びと ………187
小泉 八雲　→小泉 八雲 …………243
工芸家　→美術作品で名を残した人びと ………187
考古学者　→未知の世界を切り開いた人びと …103
ゴッホ, フィンセント・ファン　→ゴッホ ……197
小林 一茶　→小林 一茶 …………244
小林 虎三郎　→江戸時代～幕末・維新期の人びと …………76
古墳時代　→先史時代～平安時代の人びと …… 47
コルベ神父　→社会につくした人びと …………114
コロンブス, クリストファー　→コロンブス ……110
昆虫学者　→自然の謎にいどんだ人びと ………153

【さ】

細菌学者　→医学の進歩のために努力した人びと …………163
西郷 隆盛　→西郷 隆盛 …………100
最澄　→最澄 …………266
坂本 竜馬　→坂本 竜馬 …………84
作家　→すぐれた文学作品を生み出した人びと ‥235
サッカー選手　→スポーツの世界で活躍した人びと …………219
作曲家　→音楽・芸能分野で功績をあげた人びと …………201
真田 幸村　→戦国時代～安土・桃山時代の人びと …………68
ザビエル, フランシスコ　→ザビエル …………267
沢田 美喜　→社会につくした人びと …………114
サン・テグジュペリ　→サン・テグジュペリ …244
塩屋 賢一　→社会につくした人びと …………114
四国地方　→中国・四国地方の人びと ………… 46
詩人　→すぐれた文学作品を生み出した人びと ‥235
思想家　→独自の思想を打ち立てた人びと ……252
実業家　→新たな事物を作り出した人びと ……170
児童文学作家　→すぐれた文学作品を生み出した人びと …………235
シートン,E.T.　→シートン …………245
渋沢 栄一　→渋沢 栄一 …………182
シーボルト, フィリップ・フランツ・フォン　→シーボルト …………158
釈迦　→釈迦 …………267
社会事業家　→社会につくした人びと …………114
シャガール, マルク　→美術作品で名を残した人びと …………187
写真家　→美術作品で名を残した人びと ………187
ジャンヌ・ダルク　→ジャンヌ・ダルク ………27
シュヴァイツァー, アルベルト　→シュヴァイツァー …………165
宗教家　→教えを開き広めた人びと …………258
シューベルト,F.P.　→シューベルト …………209
シューマン, クララ　→音楽・芸能分野で功績をあげた人びと …………201
シューマン, ローベルト　→音楽・芸能分野で功績をあげた人びと …………201
シュリーマン, ハインリヒ　→シュリーマン ……111
将棋棋士　→スポーツの世界で活躍した人びと ‥219
将軍
→鎌倉時代～室町時代の人びと ………… 56
→江戸時代～幕末・維新期の人びと ………… 76
聖徳太子　→聖徳太子 …………49
聖武天皇　→聖武天皇 …………51
昭和　→明治～今の人びと ………… 93
書家　→美術作品で名を残した人びと …………187
職人　→新たな事物を作り出した人びと ………170
植物学者　→自然の謎にいどんだ人びと ………153
ジョセフ・ヒコ　→江戸時代～幕末・維新期の人びと …………76
ショパン,F.F.　→ショパン …………209
ジョン万次郎　→ジョン万次郎 …………86
人名事典　→人物について調べる …………1
親鸞　→親鸞 …………268
随筆家　→すぐれた文学作品を生み出した人びと …………235
数学者　→科学の発展に貢献した人びと ………136
杉田 玄白　→杉田 玄白 …………166
杉原 千畝　→杉原 千畝 …………102
スチーブンソン, ジョージ　→スチーブンソン ‥183
スポーツ選手　→スポーツの世界で活躍した人びと …………219
清少納言　→清少納言 …………246
聖職者　→教えを開き広めた人びと …………258
聖人　→教えを開き広めた人びと …………258
生物学者　→自然の謎にいどんだ人びと ………153
雪舟　→雪舟 …………198
宣教師　→教えを開き広めた人びと …………258

戦国時代　→戦国時代～安土・桃山時代の人びと……61
先史時代　→先史時代～平安時代の人びと……47
僧侶　→教えを開き広めた人びと……258

【た】

ダイアナ妃　→歴史の中の人びと(世界)……6
大正時代　→明治～今の人びと……93
大統領　→歴史の中の人びと(世界)……6
平 清盛　→平 清盛……52
ダーウィン,C.R.　→ダーウィン……158
高杉 晋作　→高杉 晋作……87
高橋 尚子　→高橋 尚子……230
高峰 譲吉　→高峰 譲吉……147
高村 光太郎　→すぐれた文学作品を生み出した人びと……235
高村 智恵子　→すぐれた文学作品を生み出した人びと……235
滝 廉太郎　→滝 廉太郎……211
武田 信玄　→武田 信玄……68
伊達 政宗　→伊達 政宗……71
田中 正造　→田中 正造……125
田中 久重　→新たな事物を作り出した人びと……170
ダール, ロアルド　→すぐれた文学作品を生み出した人びと……235
探検家　→未知の世界を切り開いた人びと……103
近松 門左衛門　→近松 門左衛門……246
治水家　→社会につくした人びと……114
チャイコフスキー,P.I.　→チャイコフスキー……212
チャップリン,C.S.　→チャップリン……212
中国地方　→中国・四国地方の人びと……46
中部地方　→中部地方の人びと……43
彫刻家　→美術作品で名を残した人びと……187
チンギス・ハン　→チンギス・ハン……28
津田 梅子　→津田 梅子……126
ツタンカーメン　→ツタンカーメン……28
手塚 治虫　→手塚 治虫……198
哲学者　→独自の思想を打ち立てた人びと……252
デュナン, アンリ　→アンリ・デュナン……125
天智天皇　→天智天皇……52
天皇
　→先史時代～平安時代の人びと……47
　→明治～今の人びと……93
天文学者　→科学の発展に貢献した人びと……136
道元　→道元……269
東郷 平八郎　→東郷 平八郎……102
動物学者　→自然の謎にいどんだ人びと……153
東北地方　→東北地方の人びと……42
童話作家　→すぐれた文学作品を生み出した人びと……235
徳川 家康　→徳川 家康……87
徳川 光圀　→徳川 光圀……90
徳川 慶喜　→徳川 慶喜……90
徳川 吉宗　→徳川 吉宗……91
登山家　→未知の世界を切り開いた人びと……103
豊臣 秀吉　→豊臣 秀吉……72
トルストイ,L.N.　→トルストイ……247

【な】

ナイチンゲール, フローレンス　→ナイチンゲール……126
直江 兼続　→直江 兼続……75
長嶋 茂雄　→長嶋 茂雄……231
中臣 鎌足　→藤原 鎌足……53
中西 悟堂　→自然の謎にいどんだ人びと……153
中大兄皇子　→天智天皇……52
中浜 万次郎　→ジョン万次郎……86
中村 俊輔　→中村 俊輔……231
中谷 宇吉郎　→科学の発展に貢献した人びと……136
夏目 漱石　→夏目 漱石……247
ナポレオン1世　→ナポレオン1世……28
奈良時代　→先史時代～平安時代の人びと……47
新島 襄　→新島 襄……129
日蓮　→日蓮……269
新渡戸 稲造　→新渡戸 稲造……102
二宮 金次郎　→二宮 金次郎……129
二宮 尊徳　→二宮 金次郎……129
ニュートン, アイザック　→ニュートン……147
農業家　→社会につくした人びと……114
乃木 希典　→明治～今の人びと……93
野口 健　→未知の世界を切り開いた人びと……103
野口 英世　→野口 英世……167
ノーベル,A.B.　→ノーベル……183

【は】

俳人　→すぐれた文学作品を生み出した人びと……235
俳優　→音楽・芸能分野で功績をあげた人びと……201
博物学者　→自然の謎にいどんだ人びと……153
幕末　→江戸時代～幕末・維新期の人びと……76
橋本 左内　→江戸時代～幕末・維新期の人びと……76
パスツール, ルイ　→パスツール……169
バッハ,J.S.　→バッハ……213
発明家　→新たな事物を作り出した人びと……170
華岡 青洲　→医学の進歩のために努力した人びと……163
羽生 善治　→スポーツの世界で活躍した人びと……219
浜口 梧陵　→社会につくした人びと……114
浜田 彦蔵　→江戸時代～幕末・維新期の人びと……76

ハーン, ラフカディオ →小泉 八雲……243
バーンスタイン, レナード →音楽・芸能分野で功績をあげた人びと……201
ピカソ, パブロ →ピカソ……199
樋口 一葉 →樋口 一葉……248
ビートルズ →音楽・芸能分野で功績をあげた人びと……201
卑弥呼 →卑弥呼……52
平賀 源内 →平賀 源内……148
ファーブル, ジャン・アンリ →ファーブル……159
福沢 諭吉 →福沢 諭吉……254
藤井 達吉 →美術作品で名を残した人びと……187
藤原 鎌足 →藤原 鎌足……53
藤原 道長 →藤原 道長……54
仏教 →教えを開き広めた人びと……258
ブッダ →釈迦……267
物理学者 →科学の発展に貢献した人びと……136
舞踊家 →音楽・芸能分野で功績をあげた人びと……201
ブラームス, ヨハネス →ブラームス……213
フランク, アンネ →アンネ・フランク……22
フランクリン, ベンジャミン →科学の発展に貢献した人びと……136
文学者 →すぐれた文学作品を生み出した人びと……235
平安時代 →先史時代〜平安時代の人びと……47
ベートーヴェン,L.v. →ベートーヴェン……214
ベル, アレクサンダー・グラハム →新たな事物を作り出した人びと……170
冒険家 →未知の世界を切り開いた人びと……103
北条 早雲 →北条 早雲……75
法然 →法然……269
細井 平洲 →細井 平洲……257
ポター, ビアトリクス →ビアトリクス・ポター……247
北海道 →北海道の人びと……41
ポーロ, マルコ →マルコ・ポーロ……113
本田 宗一郎 →本田 宗一郎……183

【ま】

牧野 富太郎 →自然の謎にいどんだ人びと……153
マザー・テレサ →マザー・テレサ……133
マゼラン, フェルディナンド →マゼラン……112
松井 秀喜 →松井 秀喜……233
松尾 芭蕉 →松尾 芭蕉……248
松坂 大輔 →松坂 大輔……234
松下 幸之助 →松下 幸之助……184
マティス, アンリ →美術作品で名を残した人びと……187
間宮 林蔵 →間宮 林蔵……112
マラソン選手 →スポーツの世界で活躍した人びと……219
マリア（聖母） →教えを開き広めた人びと……258
マリア, レーナ →音楽・芸能分野で功績をあげた人びと……201
マリー・アントワネット →マリー・アントワネット……29
漫画家 →美術作品で名を残した人びと……187
マンデラ, ネルソン →歴史の中の人びと（世界）……6
ミケランジェロ,B. →ミケランジェロ……199
水木 しげる →美術作品で名を残した人びと……187
水戸黄門 →徳川 光圀……90
南方 熊楠 →南方 熊楠……161
源 義経 →源 義経……54
源 頼朝 →源 頼朝……60
宮沢 賢治 →宮沢 賢治……249
宮本 武蔵 →宮本 武蔵……92
ミュージシャン →音楽・芸能分野で功績をあげた人びと……201
椋 鳩十 →すぐれた文学作品を生み出した人びと……235
紫式部 →紫式部……251
室町時代 →鎌倉時代〜室町時代の人びと……56
明治時代 →明治〜今の人びと……93
毛利 元就 →毛利 元就……75
モーツァルト,W.A. →モーツァルト……216
モンゴメリ,L.M. →モンゴメリ……251

【や】

野球選手 →スポーツの世界で活躍した人びと……219
薬学者 →医学の進歩のために努力した人びと……163
山岡 鉄舟 →山岡 鉄舟……92
ヤマトタケルノミコト（日本武尊） →ヤマトタケルノミコト……56
湯川 秀樹 →湯川 秀樹……152
与謝野 晶子 →与謝野 晶子……252
吉田 松陰 →吉田 松陰……257
吉村 作治 →未知の世界を切り開いた人びと……103

【ら】

ライト兄弟 →ライト兄弟……184
落語家 →音楽・芸能分野で功績をあげた人びと……201
力士 →スポーツの世界で活躍した人びと……219
リーパー, ディーン →教えを開き広めた人びと……258
リビングストン, デヴィッド →リビングストン……114
良寛 →良寛……270

料理人　→新たな事物を作り出した人びと……170
リンカーン, エイブラハム　→リンカーン……… 29
ルイス,C.S.　→C.S.ルイス………………………244
ルース, ベーブ　→ベーブ・ルース………………232
レオナルド・ダ・ヴィンチ　→レオナルド・ダ・ヴィンチ……………………………………200
レノン, ジョン　→ジョン・レノン………………211
蓮如　→蓮如………………………………………271

【わ】

ワイルダー, ローラ・インガルス　→すぐれた文学作品を生み出した人びと……………………235
ワシントン, ジョージ　→ワシントン…………… 32
ワレンバーグ, ラウル　→歴史の中の人びと（世界）…………………………………………………6

子どもの本 伝記を調べる2000冊

2009年 8月25日 第1刷発行
2010年 10月25日 第2刷発行

発 行 者／大高利夫
編集・発行／日外アソシエーツ株式会社
〒143-8550 東京都大田区大森北1-23-8 第3下川ビル
電話(03)3763-5241(代表) FAX(03)3764-0845
URL http://www.nichigai.co.jp/
発 売 元／株式会社紀伊國屋書店
〒163-8636 東京都新宿区新宿3-17-7
電話(03)3354-0131(代表)
ホールセール部(営業) 電話(03)6910-0519

電算漢字処理／日外アソシエーツ株式会社
印刷・製本／光写真印刷株式会社

ISBN978-4-8169-2201-5 Printed in Japan,2010